本书为教育部2009年度人文社会科学基金项目《世界祖宗型神话——中上古创世神话叙事原型重构》（编号09YJA751023）最终成果

世界祖宗型神话

——中国上古创世神话源流与叙事类型研究

张开焱 著

中国社会科学出版社

图书在版编目(CIP)数据

世界祖宗型神话：中国上古创世神话源流与叙事类型研究/张开焱著.
—北京：中国社会科学出版社，2016.12
ISBN 978 - 7 - 5161 - 9018 - 0

Ⅰ.①世…　Ⅱ.①张…　Ⅲ.①神话　研究—中国—古代
Ⅳ.①B932.2

中国版本图书馆 CIP 数据核字(2016)第 237641 号

出　版　人	赵剑英
责任编辑	郭晓鸿
特约编辑	王冬梅
责任校对	韩海超
责任印制	戴　宽

出　　版	中国社会科学出版社
社　　址	北京鼓楼西大街甲 158 号
邮　　编	100720
网　　址	http://www.csspw.cn
发 行 部	010 - 84083685
门 市 部	010 - 84029450
经　　销	新华书店及其他书店

印　　刷	北京君升印刷有限公司
装　　订	廊坊市广阳区广增装订厂
版　　次	2016 年 12 月第 1 版
印　　次	2023 年 6 月第 3 次印刷

开　　本	710×1000　1/16
印　　张	34.25
插　　页	2
字　　数	568 千字
定　　价	118.00 元

凡购买中国社会科学出版社图书，如有质量问题请与本社营销中心联系调换
电话：010 - 84083683

谨以此书纪念我的父母亲——
武汉市新洲区张公讳柏青（1919—2009）
武汉市新洲区沈母讳子香（1922—1991）
愿他们在天之灵安息

目　　录

上编　周以后创世神话研究

中编 商人创世神话研究

下编 夏人创世神话研究

序　言

叶舒宪

19 世纪中期，文化人类学作为一门学科还处在萌芽阶段时，马克思研究人类生产方式的变迁，曾经针对亚洲的特殊情况，提示"亚细亚生产方式"的存在。马克思主义创始人虽然没有来过亚洲，却把亚洲的生产方式问题作为悬而待解的学术难题留给后学，希望从亚洲社会的特殊性中，反观从西方社会演进中得出的发展模式是否具有人类普遍性。20 世纪后期，文化人类学获得长足发展后，早期人类学寻找普世性进化模式的做法遭到质疑，相当多的人类学家转向对单个的族群文化之特殊性研究。美籍华裔人类学家张光直专研中华文明的起源，他特别期望通过中国道路的形成研究，发现不同于西方社会科学一般结论的特异所在，从而为世界学术提供独到的洞见，并且做出中国经验式的贡献。张光直预言说，中国文明的特性决定了中国的人文社会科学研究成果，将给世界学术带来改变。

20 世纪 90 年代，在改革开放后终于打破封闭状态的国内的人文学者，读到人类学家张光直从海外发出的这一预言时，既感到鼓舞，又体会到未来的责任和努力方向。就中国人文学界的神话学研究而言，如果说整个 20 世纪基本上是移植和模仿西方神话学的世纪，那么进入 21 世纪，情况正在悄然发生改变，本土文化自觉的浪潮，借助于人类学知识范式的再启蒙作用，给研究者带来观念上和对象上推陈出新的重要契机。

中国神话学知识创新的表现之一，是以中国文化内部多样性的认识为出发点，重新审视中国神话存在形态的多样性和复杂性，不再一味地遵从 20 世纪初以来的模式化做法，从汉文典籍中去搜寻相当于古希腊罗马神话那样的叙事故事。多族群、多民族、多地域特征的活态口传神话，需要得到和汉文典籍神话同样重要的地位，得到同样广泛和深入的认识。表现之二，是从援西套中的"中国神话"观念，转向充分考虑中国传统文化特性的"神话中国"观念。神话式的感知和思维方式，天人合一即神人合一式的宇宙观念系统，如何自古及今地支配着国人的精神生活，催生出一代又一代的官方与民间互动的造神运动。从根源上考察"神话中国"现象的成因，则有中国社会科学院重大项目"中华文明探源的神话学研究"（2009—2012）等项目的完成，提示出汉字产生以前的非文字符号所表达的神话信仰和玉石崇拜观念，找出华夏传统核心价值观（化干戈为玉帛）的史前原型。表现之三，是神话研究走出现代性学科划分格局中的文学一科，成为创新贯通文、史、哲、政治、宗教、艺术、民俗等最具有学术聚焦效应的研究热点，催生出"神话哲学"、"神话历史"、"神话地理"、"神话天文"、"神话礼仪"、"神话表演"、"口传与非物质文化遗产"等诸多新研究视角与研究领域。2013 年 3 月由海峡两岸官方组织的山西解州关公祖庙圣像到全台湾巡游活动，在共享"中国梦"的语境下，形成"神话中国"的当代新景观。由此引发的学术新问题是，为什么西方文明的神庙（如雅典娜神庙、宙斯神庙等）供奉的都是天界神祇，而且如今都已失去神圣性，成为游览观光的景点，而中国的神庙供奉的多是地上的人杰（从孔圣人到关老爷），至今依然香火不断，受到民众的广泛祭拜呢？此类根本性的差异，又能否成为"神话中国"说的有力佐证，让人们明白，神话在中国，不只是文学性的故事，更多的是神话信仰、宇宙观和人生观？

对神话在中国文化中支配性作用的体认，给神话类型与文化特质关系研究开启了新思路。2011 年 10 月在武汉召开的新世纪神话学走向学术研讨会上，与会专家对此问题展开热烈讨论。会后，湖北师范大学张开焱教授告诉我，他的新著《世界祖宗型神话——中国上古创世神话源流与叙事类型研究》即将完成。果然，一年后该书稿电子版就送到我处，嘱我写序的殷殷期盼，让我犹疑良久。张开焱教授从 20 世纪 90 年代初就着手研究神话叙事学，出版过多种相关专著，此次专门探讨中国创世神话的叙事类型，重点解析案例为夏代和商代的创世神话，得出华夏创世神话以世界祖宗型为基本类型特征的结论。所谓世界祖宗型这个名称，脱胎于国际上通用的"世界父母型创世神话"，即最初由一对夫妇神充当万事万物创生的父母，如日本神话中的伊邪纳岐和伊邪纳美。中国的祖先崇拜以父权制社会价值为尊，充当创世神圣职责的以男性大神为主，并不突出表现夫妇二神的角色和功能，这类男性大神又往往兼为族群始祖，所以开焱就参照已有的"世界父母型创世神话"（creation by world parents）之名，自创出"世界祖宗型创世神话"这样的命名，希望能言简意赅地凸显中国创世神话的特点。我针对他这个命名提议说，如此术语叠加的词组，看上去很容易被误解为全世界的祖宗型创世神话。开焱想修改书名，又觉得已经单篇发表的论文和本书所对应的教育部课题都用的是世界祖宗型创世神话这样的说法，不便再改弦更张，免得造成自相矛盾，于是就沿用其惯例，不再变动书名，好在有副标题对书名中较为冷僻的新词给予补充说明。

　　具体来看，本书讨论到的祖先型创世神话包括华夏人文初祖伏羲的神话，殷商人崇拜的帝俊、帝喾、舜、夒的神话，夏族人崇拜的鲧、禹、启神话。开焱在前人研究基础上，根据古文献的排比分析，尝试一一梳理出各位祖宗神话的源流和变化情况。其用功之勤，辨析之细，新意迭出，难能可贵。窃以为本书基本论点是可以成立的。众所周知，在头绪纷繁的上古神话传说领域，要俯瞰全局，统领多种多样的材料和观点，自创新说，非常不易。某些立论所留下的讨论空间，还是很大的。比如关于伏羲神话的源流认识，开焱作为湖北人，赞同其湖北老乡闻一多《伏羲考》的观点，认为伏羲神话始于南方苗蛮集团，与葫芦崇拜有关，在秦汉以后被附会到西北地区，如伏羲出生于天水的成纪等传说等。如果作者能够到甘肃天水地区做一些实地考察，了解到天水地区民间传承的伏羲神话之丰富，还有静宁县的汉代成纪古城遗址及相关传说和礼俗、葫芦河流域的大地湾文化（距今 7800 年）和马家窑文化（距今 5000 年）彩陶上出现的葫芦纹，其年代之早，早于一切汉字文献达两三千年之多，那么作者对闻一多依据文献分析得出的伏羲神话始源于南方的结论，就会有所保留。尽管在个别问题上我和开焱的看法不尽相同，但是我认同他在本书中提出的基本观点，研究中国神话需要联系中国文化的特质，关注祖先崇拜对神话叙事的制约现象。

关于中国文化祖宗崇拜由来的问题，开焱的著作基本立足于典籍文献记载的文字文本，而对于前文字时代的文化遗存，涉猎较少。我觉得这个问题还可以追溯到更远的史前文化传统。以下根据个人经验，略谈一下如何超越文献记载的限制，从前文字的大传统视角审视祖先崇拜由来的问题。

2013年元月，逢龙年岁末，我随中国民间文艺家协会专家团去广东陆丰大安镇考察明清古村落，在石寨村看到黄氏家庙供奉祖宗牌位共三排十四个；石寨旁有始建于清代的新寨名叫和安里，寨中有黄氏宗祠，也供奉着十四个祖先牌位。这样以十四为单位的祖谱系统早在商代就已存在，可知其源远流长。同年到江西省博物馆，看到展出的客家人的祖德堂，三个牌位后方还有图绘的列祖列宗十二位群像。对于自古聚族而居的华夏村落社会，精神生活中最重要的莫过于祭拜祖先。汉人社会历来供奉的祖先形象有两种：图画的人像和替代性的祖宗牌位。如果追问这两种崇拜方式的渊源，会探查到二者同源的迹象，即夏商周三代流行的玉礼器，古文献中找不到其确切名称及使用说明，今人根据其外形称作"柄形器"。

距今四千至五千年前，世界各大文明起源都伴随着玉石神话信仰及由此发展出的金属崇拜。但唯有一个文明在距今两千多年时孕育出有关人伦道德的"玉德"理论，这便是华夏文明中儒家的特有发明。儒家伦理充分显示着祖先崇拜传统的力量，同时也强调祖德体现于玉器的观念。由于儒家崛起于春秋战国之际礼崩乐坏的背景，潜伏在玉德说背后的古老信仰要素逐渐失传于后世，后人习惯于从伦理道德方面解说，形成一种新的君子比德观和君子佩玉习俗，取代和遮蔽了更加悠久的"祖德"观，即祖先比德于玉的信仰及实践。借助于当代考古发现，今人有可能穿越汉字文献小传统的束缚，根据出土的远古玉器实物，复原那个失落已久的大传统。

祖德的观念是怎样体现在玉器上呢？首先是史前玉器上的祖神形象的重现天日。从良渚文化、龙山文化和石家河文化等玉礼器上普遍出现的神人兽面纹形象或圆雕人头像，或可看到四五千年前华夏祖先崇拜的早期表现，其具象化形式和功能大致相当于后世的彩绘祖像图。其次是由江汉平原的石家河文化到中原二里头文化，以及随后的商周两代一直盛行的玉柄形器，有学者将它看成后世祖灵牌位的前身。孔子曾感叹夏商周三代古礼一脉相承。如今从玉柄形器的沿革看，孔圣的话确实能得到玉礼器方面的求证。率先生产柄形器的石家河文化晚期，距今约在4000年至4200年之间，大致对应着虞和夏两代。这里既有批量制作的玉雕人头像，也有玉柄形器，可分三类，一是光素无纹饰的；二是顶端雕琢为开花状的；三是柄上刻划分节和人面纹饰的。这三种形式都在日后近千年的中原王朝玉礼器中继承下来。距今3700年的二里头遗址出土玉柄形器18件。其中有一件最精美的是白玉质，雕有神人兽面纹和花瓣纹，既威严又神秘。商代遗址和墓葬中常见玉柄形器。其分布已遍及北方各地，如河南、山西、河北、山东等。一次发现随葬数量最多的殷墟妇好墓，共33件。商代小型墓中也有一定的普及率。随葬位置多见于墓主人头部或腰部。在某些祭祀坑中也有发现。这意味着来自虞夏时代的石家河文化玉礼器在商代社会极度崇拜祖先的氛围里，发展为祭祀活动的重要符号物。1991年殷墟出土六件朱书玉柄形器，把六位祖先的大名写在器上，如祖庚、祖甲、父癸等。这生动地说明玉器可承载祖德、祖灵的宗教想象。西周时期，柄形器的数量有增无减，还增加了雕琢凤鸟纹的新形式，再现周人的天命观和王权起源神话"凤鸣岐山"。西周的衰亡使得流行一千四百年的柄形器宣告终结。正是在祖先比德于玉的礼制大传统废墟上，儒家才重建出君子比德于玉的新传统，并深刻影响到其后两千多年华夏玉文化的发展。从华夏文明特有的玉器符号出发，我们如今考察祖先崇拜由来的眼光，在历史纵深方面可以超过文献，甚至超过殷商的甲骨文字。

　　老子《道德经》云："孔德之容，唯道是从。"汉焦赣《易林·坤之比》云："孔德如玉，出于幽谷。升高鼓翼，辉光照国。"对祖灵的信仰导致子孙后代与祖灵相互沟通的需要。祖庙的建立，成为生人沟通祖灵的标志。"祖"这个汉字，其基本的字义就是指祭拜祖先之宗庙。《尚书·舜典》云："受终于文祖。"孔传："文祖者，尧文德之祖庙。"《管子·山至数》云："三世则昭穆同祖，十世则为祐。"郭沫若等集校引张佩纶曰："《说文》：'祐，宗庙主也。'"在这里似乎能看到后世成组的祖宗牌位在先秦时代的使用原型。那么，有没有可能探询比东周时代更古老的祖像或祖宗牌位之原型呢？

　　逝去的先祖不能像活人一样存在于现实世界，却能够以灵的虚幻现实存在于想象的天上世界。从看不见摸不着的天界存在到现实的人间，祖灵能够通过玉器形象得到转换和体现。如古人又称祖灵为"灵祖"，表示的是一种敬称。汉扬雄《元后诔》："皇皇灵祖，惟若孔臧，降兹珪璧，命服有常。"按此说法，祖灵可以从天界降临人间，其表现形式就是玉制礼器，汉代人的这种观念不是那个时代的发明，而是因袭自先秦时代乃至史前时代的。扬雄的话，是我们今日能够通过玉礼器研究玉教神话观的重要提示，希望能够在精美亮丽的古玉上，体认到古人所想见的"皇皇灵祖"之存在。

　　以上提出考察华夏祖先崇拜的这些粗浅见解，求教于开焱兄及学界同人，是为序。

2013 年 3 月 31 日于上海

绪论　本课题研究目标、方法及研究现状述评

第一节　本课题的研究目标与方法[*]

　　本课题的基本目标是对中国古代创世神话的源流与叙事类型进行研究。由于中国古代创世神话的特殊性，导致本课题的研究在一些学者眼中可能是一个具有疑问性的问题，所以，在此对有关问题作一些限定和厘清。

一　本课题的研究目标

（一）目标之一：中国古代创世神话的源流研究

　　20 世纪出现了著名民俗学学者乌丙安所说的中国"创世神话大发现"的现象①，百年间尤其是 1949 年之后，通过大规模文化和社会调查，我们已经记录和发掘出包括汉族在内的中国各民族民间近现代还存在的大量创世神话。神话研究学者陶阳、钟秀广搜博采，在精心甄别、选择的基础上选出三百多篇神话，编成一部洋洋百万言、包括汉族与各少数民族神话在内的资料集《中国神话》（全三册），该书对这些神话资

---

*　本节主要内容以《中国古代创世神话类型研究述评》为题，发表于《湖北民族学院学报》2014 年第 1 期。
①　乌丙安：《中国神话学百年反思之四：中国创世神话的大发现》，中国民俗学网：http://www.chinesefolklore.com/news/news_detail.asp? id=1925，2013-5-26。

料按照"宇宙起源神话"、"天体神话"、"人类起源神话"、"洪水神话"四个主题进行分类编组①，资料宏富，是目前为止综合中华各族神话资料最全的一套资料。潜明兹教授在该书序言中评价其"既全面反映了中国神话的丰富，又很有意味地显示了中国神话的独特"②。按照该书的结构体例，《中国神话》一书搜集的资料是围绕着创世神话的构成来编组的，或者说主要是汉族与各少数民族关于创世神话的资料。这些资料有力地证明，中国并不是如许多外国学者认为的那样，是一个没有创世神话的民族，它有丰富的创世神话，只是长期以来没有被发现而已。正如潜明兹教授指出的那样，包括创世神话在内的中国神话"与古代希腊神话、埃及神话、罗马神话、希伯来神话、印度神话相比较，毫不逊色"③。

陶阳、钟秀先生在自己搜集的丰富创世神话基础上，撰写了《中国创世神话》一书，这是中国当代学者跨越汉族与各少数民族的界限，而在"中国"这一概念的框架中对中国 50 多个民族创世神话的构成和规则进行研究的第一部学术著作，其开拓性价值是显而易见的。正如杨堃先生指出的，"过去的创世神话研究，多着眼于汉文古籍所载，而这本书却包容了五十多个民族的文献和口头传说的创世神话"④，其研究对象的突破是最大的特色所在。

相比之下，本课题研究的对象要狭隘得多，本课题研究的只是中国古代的创世神话。在此，要对这个对象做一些界定和说明：

首先，如何界定这个"古代"的时间限度呢？神话应该是人类早期的精神形式，所以，这个"古代"的时间限度自然是越早越好。那么时间下限呢？我设定的时间下限是，一个创世神话至少应该在汉魏文献中有记载，并且可以通过各种方法推定产生于汉代或汉之前，或者地下考古资料证明是年代古远的神话。这里的文献概念，既指中国古代历史上长期流传的那些文献，也指近现代考古发掘出来的、可以判定为是汉魏

---

① 陶阳、钟秀编：《中国神话》（全三册）（见潜明兹教授为该书写的序言），商务印书馆2008 年版。该书是在编者 1990 年出版的《中国神话》（上海文艺出版社出版）基础之上扩展的结果。

② 陶阳、钟秀编：《中国神话》（全三册），商务印书馆 2008 年版，第 4 页。

③ 同上书，第 2 页。

④ 陶阳、钟秀：《中国创世神话》（见杨堃先生为该书所写的序言），上海人民出版社2006 年版，第 1 页（该书最早于 1989 年由上海人民出版社出版）。

以前的文献，例如 20 世纪 40 年代长沙子弹库发掘出的帛书甲篇，经研究，已经证实为战国时代楚国中期的文献，自然在本课题的研究范围之列。相反，陶阳、钟秀先生《中国神话》中所搜集的大量汉族以外众多民族的创世神话就基本不在本研究的范围之内。中国各少数民族创世神话中的某些神话实际产生的年代可能十分久远，但因为其中大多数一直未能载诸古代文献，所以，其出现年代的上下限我们实在无法作出准确的判断，为了保证研究对象在时间上的古远性和可靠性，我们只能对其中一些与在汉魏以前的典籍中就出现过的具有创世神话性质的神话相关的部分予以采用，而对无关的部分则排除在研究对象之外，这是十分遗憾和不得已的事情。本课题的研究中，当然会在某些地方涉及近现代记载的中国各民族创世神话，但大都只作为佐证，而不作为主证来使用。

其次，对本课题研究的对象——创世神话——内容的大体构成要作一个界定。由于不同学者从不同角度切入创世神话研究，对创世神话的界定就不一样。陶阳、钟秀先生的《中国神话》尽管没有明确标示主要是按照创世神话的构成来编辑的，但按照其体例和结构框架看，其神话资料大部分都可以包容进创世神话中去，他们大约也是按照创世神话的基本构成来选择和组编这些资料的。而在日本著名神话学家大林太良看来，几乎所有神话都和起源神话相关，他说：

> 神话是根据远古时代发生的一次性事件，说明和证明特定自然现象与文化现象的传说故事。这里所说的一次性事件，对于现有的各种现象来说，它是这些现象的典型和先例，更是它们的起源。在这个意义上，正如佩塔佐尼所阐述的那样，几乎所有真正的神话都具有"起源神话"的性质。事实上，北美的切罗基·印第安人把神圣的神话和世俗的故事加以区别开来，在神圣的神话里包括世界的起源、天体的创造、死的起源，而在世俗的故事里包括讲述一些动物在解剖学或生理学上的显著特征的故事。因此，我们可以这样说，世界上所有民族的神话，都是以人类及其本质、自然和文化环境的起源作为其主要的题材。①

①　[日] 大林太良：《神话学入门》，林相泰、贾福水译，中国民间文艺出版社 1989 年版，第 46 页。

但说所有神话都具有起源神话性质，似乎过分宽泛了。应该说，不是一切神话都是起源神话。大林太良接着介绍的起源神话可以分为三大构成方面，也证明了这一点：

> 德国民族学家卡尔·施密茨提出了每个民族文化必须借助于神话世界加以解答的三个基本问题，给人以很大启示：
>
> 1. 是谁用什么方法创造了世界？（宇宙起源论）
>
> 2. 是谁用什么方法创造了人类？（人类起源论）
>
> 3. 是谁用什么方法创造了文化？
>
> 有关天和地的神话、天体与其他自然现象的神话、洪水神话和其他大劫难神话，我认为都属于宇宙起源论或宇宙起源神话的一个部分，但大劫难神话中只要有说明人类起源的内容就属于人类起源神话，在有关远古状态的神话中如有说明远古文化起源的内容，它就属于文化起源神话。[①]

人类神话肯定不仅仅只关乎上面三个方面，西方学者 L. 斯彭斯在《神话学绪论》中，对人类神话开列了 21 种类型：

> 1. 创造神话；2. 人类起源神话；3. 洪水神话；4. 报答神话；5. 惩罚神话；6. 太阳神话；7. 月亮神话；8. 英雄神话；9. 野兽神话；10. 习俗或祭礼的解释神话；11. 对阴曹地府历险的神话；12. 神的诞生神话；13. 火的神话；14. 星辰神话；15. 死亡神话；16. 向死者供祭食物的神话；17. 禁忌神话；18. 化身神话；19. 善恶两元论神话；20. 生活用具起源神话；21. 灵魂神话。[②]

这 21 种神话类型中，很多与大林太良所说的创世神话没有关系。如果我们看希腊神话、希伯来神话，将发现它们很多很多都和创世神话

---

① 〔日〕大林太良：《神话学入门》，林相泰、贾福水译，中国民间文艺出版社 1989 年版，第 46—47 页。

② 〔英〕L. 斯彭斯：《神话学绪论》，转引自朱狄《原始文化研究》第四章"神话和神话学"，生活·读书·新知三联书店 1988 年版，第 717—718 页。

想象力的产物是否携带特定的历史信息，那就要看是从哲学认识论还是历史学角度去考察了。如果从哲学认识论角度考察，则是肯定的，因为任何想象世界的产物其实都不可避免地携带有特定历史存在的印痕，他们是"历史地"产生的，是特定历史阶段的产物。但这并不意味着就可以从历史学角度将他们都看成是曾经真实地存在的某些历史个体的神化结果。一个古代民族神话系统中的诸神，大量的可能并没有这样的历史原型，他们只是先民想象力的产物。但另一方面，确实有一些曾经存在的历史人物和重大历史事件，可能在漫长的口传过程中成为神性十足的人物和事件，这在史诗性作品中最为突出。古代民族史诗中的英雄主人公和历史事件，往往可能有某些历史原型，这些远古历史中曾经真实存在的历史人物和真实发生的历史事件，在漫长的口头流传过程中，不断被神化，从而成为神性英雄和神性事件。《伊利亚特》、《奥德赛》中主要的英雄人物和事件可能都是这样的。但这并不具有普遍性，不能作为规律性的结论。

在这个前提下来考察诸如鲧、禹、启、炎帝、黄帝、伏羲、女娲这样的中国古代传说中的神性人物，他们是神还是神化了的历史人物呢？我个人将他们当成神话传说中的古代圣君看待。这个历史是神话传说中的历史，而不一定是真实存在的信史。在实质上他们是神话人物。这些神话人物中的某些人尤其是禹和启，可能具有某个具体的历史原型，是在这个原型基础之上神化的结果，但这都只能是一种猜测，而无法证之于考古学意义上的证据。他们也可能从一开始就是神话人物，只是在后来的流传过程中慢慢附着了许多历史信息，被某些具体的历史个体所借用（就像埃及法老将自己说成是太阳神拉或阿蒙一样）。这意味着，如何对待这些人物会存在不同的角度，历史学家也许可以将他们当成真实存在过的历史人物，据此编写传说中的夏代历史，而神话学家则完全可以将他们当成神话人物来研究。我相信，在没有充分可信的夏代考古学证据证实存在着鲧、禹、启这样的历史人物之前，这种分歧一直会存在。

在廓清了这些之后，来回答何以要还原性重构夏商创世神话的问题。之所以要还原性重构，是因为在我看来，现今所见的中国古代大部分神话在今文本中都严重地传说化、历史化和伦理化了，前文本中的神祇在今文本中都成了传说性历史人物，或者其神话严重地碎片化和湮灭，只有很少的神话碎片流传下来，并丧失了前文本中原初的状貌。所以，本课题要做的工作之一就是逆向还原它们的原初状貌。

（二）还原性重构中国古代创世神话是否可能

要还原性重构中国古代（夏商）创世神话是可能的吗？在我看来是可能的。这种可能性体现在这几方面。

首先，夏商创世神话尽管在今文本中已经历史化得十分厉害，但前文本中的神话还是有某些碎片逸出历史化的进程，顽固地保留着自己原初的本原状貌，通过这些碎片，我们可以推原性重构前文本中它存在于其中的创世神话系统。这个工作与考古学极其相近。考古学家的工作就是通过十分有限的考古发掘材料，去复原性重建一个历史事件或人物、或动物的全貌。例如在非洲发现某一颗史前人类的牙齿化石，考古学家和人类学家就会据此推原性描绘这颗牙齿的主人的全部身形构造甚至他的生活状态。史前人类生活其实都是历史学家和人类学家根据有限的考古学材料、参照古代文献和近现代还处于原始状态的民族生活状态推原性重构的。在这个意义上讲，本书对夏商创世神话所做的还原性工作，是类似于考古学家的工作。例如，《山海经》载帝俊曾经分别娶羲和和常羲生了 10 个太阳和 12 个月亮，这就是一个神话碎片，日月的诞生，在任何民族神话系统中都是其创世神话最重要的内容之一，根据这个神话碎片，我们至少可以推断曾经存在着以商族至上神帝俊为主神的一个创世神话。而且，这个创世神话绝不可能只有日月诞生这个关目，很可能还有大多数创世神话所具有的基本关目，诸如天地创生、主要星辰创生、人类诞生、宇宙灾难、灾难平息、宇宙再生等基本内容。而这些内容，今文本中并不全部完整地具备，但如果全面整合有关帝俊和与之相关的历史传说人物（如舜与帝喾、后羿等）的传说，我们将发现，其实这个大体完整的创世神话系统是一直隐蔽地存在于后世的文献中的，只是原初的神话形态在今文本中不一定都以神话形态存在，许多是以历史传说存在而已，它们是神话的置换形式。

其次，与之相关的是，神话历史化的过程中，神祇可能变成历史人物，神祇创世的故事可能变成历史人物生活的故事，两者之间表面的形态完全改变了，但在深层，其神话的深层故事结构一般是不会改变的，这一点，原型理论和结构叙事学的深层结构理论都已经给予了深刻揭示。因此，我们完全可以从表层形象变形—置换的理论角度，推断出其不变的深层结构，也就是原型结构，还原其原初创世神话的形象特征和故事结构。

再次，是比较神话学的视野为我们复原性重构中国古代创世神话提供了参照。人类各民族神话既有各自的特点，也有许多类似和相同之处，这种异同对我们复原性重构中国古代创世神话有重要的参考作用。例如许多民族的创世神话中，世界最初都是混沌状态，这种混沌状态有的表述为浑茫的原始海水，有的表述为昏蒙的原始雾气，在此基础上，依序创生或诞生地—天—日—月等，这个规律性的顺序对于我们在某些碎片基础之上重构中国古代创世神话就具有重要的参照作用。同时，许多民族的创世神话类型也为我们重构中国古代创世神话类型提供了重要参照。例如本书上面引录的《新大英百科全书》中，编写者根据各民族神话归纳的五种创世神话类型，叶舒宪先生就据此重构了中国古代创世神话，通过他的重构，原本被人看成是没有创世神话的中国古代，五种（其实是六种）类型的创世神话都存在。①

中国古代创世神话、尤其是夏商创世神话从其产生到载之于秦汉典籍，中间经过漫长的流传时间和过程，它们的表层形态会随着不同社会和时代的环境与要求而发生改变，这些变化过程有些零星地体现在不同时代的文献典籍中，有些则只有蛛丝马迹，这些都需要研究者运用多方面的知识去给予一个基本还原。也就是说，本课题的研究希望通过有关资料的梳理，还原一个创世神话在不同时代的流传和变异的历史过程的大体情形，最后追溯到其产生的时代，重构其原初的基本构成和形态。

显然，历史还原法是和一个理论相关的，就是原型理论。按照这种理论，一个民族远古神话结构作为一种文化的原型结构，具有长期的稳定性，对这个民族后世文化深层结构具有奠基意义。从叙事角度讲，深层的原型意象和结构是永远不变的，而表层形象会随着不同时代人们的认知水平、文化观念、历史发展状态而不断变形，每一个时代的人们，

①　参见叶舒宪《中国神话哲学》一书，中国社会科学出版社 1992 年版。

都会根据当代人的文化观念、历史处境和认知水平无意识地按照深层原型意象和结构去创造出表层形象，并用它去置换前一时代人们创造的形象，这就是置换—变形的规则。表层形象会不断变形—置换，深层原型则千古不变。对此，诺斯罗普·弗莱谈到文学形象的变形—置换规律时的一段话，如果从荣格的角度看，其适用范围应该不止于文学，整个文化活动显然也遵循着这个共同的规则：

> 神话可谓文学构思的一个极端，自然主义则是另一个极端，而在两者之间是浪漫故事之广大的区域。我们这里说的"浪漫故事"（指 romance）一词……指按照凡人的意向"移用"的神话，并且朝着理想化了的方向使内容程序化，以形成与"现实主义"相反的那种倾向。……移用的基本原则，是在神话中可以通过隐喻来具有同一性的，在浪漫故事中却只能通过明喻的方式联系起来……在神话中，我们可以有太阳神或森林之神，在浪漫故事里，我们只能有一个与太阳或森林有意义联系的人物，在各种现实主义的模式中，联想的意义减少了，毋宁说它是属于伴随的甚至属于共生的或偶然的意象。在圣乔治和帕尔修斯家族的杀龙传说中，在一位年老软弱的国王治下的王国处在一条龙的威胁之下，这条龙所要的是国王的女儿，但他被一位英雄杀死。……在神话中，龙与老国王可被视为同一体。我们还可以进一步把这一神话浓缩为俄狄浦斯幻想故事。英雄不是老国王的女婿而是他的儿子，而被救出的女性却是英雄的母亲。……要使这个梦成为一个似乎真实的、在道德上也能被人接受的故事，大量的移用是必不可少的。[①]

弗莱是在告诉我们，希腊古代英雄传说中俄狄浦斯杀父娶母的故事和圣乔治屠龙娶公主的故事，表层人物姓名、身份等变了，但深层原型结构都是一样的，后者是前者的变形形式。这个思想在根本上来自荣格，荣格告诉我们，一个民族的原始神话尤其是创世神话作为原型，会在这个民族以后的文学和文化创造物中反复出现。改变的只是表层形

---

① ［加］诺斯罗普·弗莱：《批评的剖析》，陈慧、袁宪军、吴伟仁译，百花文艺出版社1998年版，第151—152页。

象，深层的神话结构是不会改变的。上引《新大英百科全书》第一段也表达了类似的思想：

> 作为一种典型的神话，创世神话是所有其他文化实践和产品所源自之神话的模型。许多（宗教）仪式可能被视为创世神话之戏剧化形式，用以加强和突出神话在规序和维护文化及其生活方式的效力。而且，一种文化之艺术表达的模式——仪式中的姿态和舞蹈以及视觉和口头艺术中的意象——在诸种创世的神话中可以找到它们的形态和意义。

这个观点也是本课题在今文本基础之上还原性重构前文本创世神话的理论基础之一。

但在倚重原型理论的基本观念和方法的前提下，我也对这个理论的不足保持清醒认识，那就是这个理论比较忽略神话在历史流变过程中的改变。原型理论认为，一则神话不管在什么年代以什么方式流传，它的深层原型结构永远不会改变，这意味着最原初的就是一切和永远的。但这个观点似乎绝对了。相比之下，我觉得应该适度引入乔姆斯基的生成转换语法理论视野作为补充，这种语法理论的核心要义是，语言的深层结构确实是十分稳定的，但并非绝对不会改变的，语言表层结构的改变，会为深层结构带来某些新的质素，缓慢地影响着深层结构，并导致其发生改变。同时，从静态角度而言，一种语言的表层结构可能指向多种深层结构，它在具备某一种深层结构的规则的同时，还存在指向另外深层结构的要素。这种思想既肯定了深层规则的相对稳定性，也承认一切都是历史地发生和改变的这样一个不可抗拒的规律。其实，列维—斯特劳斯的结构主义神话学分析，已经在某种程度上有这样的认识。我相信引入乔姆斯基的理论视野，适度调整原型理论，以克服后者过分将原型固化的思想也许是有意义的。

在我的研究中，我将运用原型分析的方法通过现有文献资料中今文本神话去复原性重构夏商前文本神话，同时，我还将特别重视一个神话在后世流传过程中发生的改变，我认为这种改变具有重要的意义，尤其是对神话类型的分析有重要的意义。因为神话类型的分析着眼于表层故事结构，而表层故事结构恰恰是在历史过程中不断变异的，我的目标之一是，希望通过中国古代不同创世神话在后世流传过程中的变异过程去寻找它们共同的类型指向和特征。所以，实际上，我希冀将两种从某种意义上看是不兼容的方法结合起来（原型分析一般是排斥历史方法的）完成我的课题任务。至于这种结合是否成功，那要由同行学者和读者判断。

第二节　中国古代创世神话若干专题研究述评

本书的目标是对中国古代创世神话的源流和类型进行研究。那首先我们面临的问题是，有关这个课题的研究现在已经有哪些成果，已经深入到了什么程度，还需要我们做什么？

一般性地概要描述近百年来关于中国古代创世神话研究发展的过程和主要成果的工作，已有学人做过，例如李滟波的《中国创世神话研究评述》[①]。尽管有些重要的专题性成果（如楚帛书创世神话研究的成果）作者完全没有涉及，但总体上来看，百年间有关这个领域主要的研究成果还是基本进入了作者的视野；另外，与中国古代创世神话有密切关系的中国少数民族创世神话的研究在 20 世纪以来（尤其是最近几十年）成绩显著，亦有学者对百年来尤其是最近 30 年来这个方面的研究成果进行了概观式扫描，陈娜和笔者所撰《近 30 年中国各少数民族创世神话研究述评》[②]，尽管论文题目称研究的对象是近 30 年的成果，但实际上文章是在对百年间中国少数民族创世神话研究成果的概述基础之上进行的。叶舒宪先生 2009 年发表《中国神话学百年回眸》一文[③]，尽管是对整个中国神话研究的一个概要回顾和评析，但创世神话研究成果的介评是其重要构成。该文从比较神话学、女权主义神话学、比较宗教学

---

① 参见李滟波《中国创世神话研究评述》，《上海师范大学学报》（哲学社会科学版）2006 年第 5 期。

② 参见陈娜、张开焱《近 30 年中国各少数民族创世神话研究述评》，《内蒙古民族大学学报》（社会科学版）2010 年第 2 期。

③ 参见叶舒宪《中国神话学百年回眸》，《学术交流》2005 年第 1 期。

三个不同的角度切入对中国 20 世纪神话研究成果的述评，相比以上二文，不仅对中国百年间神话研究的核心构成作了概要性梳理，尤其是介评了大量近百年间国际学术界对中国神话研究的成果，体现出开阔的国际学术视野，这是上二文所欠缺的。最近 20 年，国内学术界也出现了对百年间中国神话研究进行全景式深入描述的著作，潜明兹教授 2008 年出版了超过 50 万字的厚厚的《中国神话学》一书①，该书对 1903 年蒋观云首次提出"神话"一词到 21 世纪初的百年间中国神话研究成果进行了分专题的深入介评，包含了诸位重要学者的创世神话研究成果。

　　为了避免与上述成果重复，并且突出与本课题相关的研究，此处不一般性地以历史过程为线索对百年间中国古代创世神话研究成果进行全局性概要扫描，而以不同的创世神话为单位，对有关成果进行专题性回顾和评析，这种选择的局限是无法提供关于中国古代神话研究全面的、具有历史先后关系的发展过程的概观性评述（欲了解这个过程的朋友请参阅上面的文章和著作），但围绕主要专题进行的介评也有助于突出百年间学者们在这个课题上注意的重点、热点和存在的问题。

一　盘古创世神话研究述评

　　很长一段时间，中外学者对中国古代创世神话的讨论主要集中于盘古创世神话，导致这个专题集中了中国古代创世神话研究的大部分成果。这个原因乃在于直到 20 世纪 70 年代，在中国古代文献中有案可稽的只有盘古创世神话。关于盘古创世神话的研究成果，总体上看，显在或潜在地围绕着一根主线展开：这个神话是中国本土产生的还是外来的？所以，值得我们作为主线来评述。

　　总体上看，关于盘古神话的来源，有本土说和外来说两种，而每一种内面又有若干不同观点。本土说中，主要有南方（华南）说、中原说、苗蛮说三种观点。同一种观点之内，又可分为若干不同的子观点，譬如"南方说"中，又有吴越说、俚僚说、壮族说、苗蛮说或盘瓠说；又如"中原说"中，则有源于伏羲、女娲、土地神（社神）、烛阴或烛

---

① 参见潜明兹《中国神话学》，上海人民出版社 2008 年版。该书曾于 1994 年初版，再版时做了大量修改。

龙等多种说法；而在"外来说"中，有印度说、北欧说、北美说和巴比伦说等等。[①]

"外来说"最早要追踪到日本学者高木敏雄 1904 年出版的《比较神话学》一书，在该书中，高木敏雄通过对盘古神话和印度《魔奴法论》梵天金蛋创世神话、《梨俱吠陀》原人布尔夏尸化宇宙万物的创世神话的比较，得出结论：盘古创世神话来源于印度文化，是随着印度佛经传入中国后产生的。这个观点在当时真算是石破天惊。有学者评价"其意义之深远，对于中国文史研究来说，相当于西方神话学方法引入的第一个划时代成果，为后来的疑古辨伪学术运动提供了重要的方法论启示"[②]。19 世纪大盛于西方的比较文化学、比较宗教学、比较语言学和建基于这些学科基础之上的比较神话学在揭示古代各民族遥远年代文化之间的关联性方面，取得了令人瞩目的成就，尤其是在对于印度原住民与欧洲原住民语言与文化之间同源性关系、巴比伦、埃及等古代中东地区国家文化与欧洲文化的影响关系的研究方面，成就巨大。在这种开阔的视野中来考察盘古创世神话与印度古代创世神话，看到它们之间极大的类同性是很自然的事情。

高木敏雄的观点以正面和反面的方式影响了中国学术界一个世纪对盘古神话的研究。认同者通过更深入具体的研究提供更多的证据，反对者则从不同角度证明盘古神话出自中国本土。

在外来说的认同者中，著名历史学家吕思勉先生在 1939 年撰写的《盘古考》较为扎实。[③] 该文列举汉译佛经《外道小乘涅盘论》、《摩登伽经》中的尸体化生神话为证，论述盘古神话应该是受印度影响产生的。同时，该文还通过中国东汉至三国时代佛教传入中国线路的考察，证明佛教在这个时期主要是首先影响中国东南地域，由东南而西北传播的，所以，东南地区受佛教文化影响最早和最深。而首次记载盘古创世神话的典籍《三五历记》、《五运历年纪》的作者徐整，正是三国时代地处东南的吴人。吕思勉先生后来在他的《中国民族史》、《先秦史》二书

---

① 可参见马卉欣《盘古之神》，上海文艺出版社 1993 年版。

② 叶舒宪：《中国神话学百年回眸》，《学术交流》2005 年第 1 期。

③ 吕思勉：《盘古考》，载吕思勉、童书业编《古史辨》第七册（中），上海古籍出版社 1982 年版（影印本），第 14—20 页。

中，都表达了类似的看法。

认同盘古神话外来说的学者众多，80 年代何新《盘古之谜的阐释》① 一文的观点值得介绍，他将盘古神话的原型追踪到古代巴比伦神话中："我认为可能来自西亚巴比伦关于天地开辟的一部创世史诗中，这部史诗中说，在天地开辟以前，有一个最原始混沌之神（The Premitive chaos），名叫 Bau，由它产生了大地和天空诸神，它死后尸体被分尸化作天穹和陆地。Bau 的故事向东流传，演变为梵天的故事。梵天（Brahma）的汉译音也作盘。他从蛋中创造了宇宙，别名 Atman。"② 何新先生说的这部巴比伦史诗，应该就是《恩努马—埃利希》。这样，他就将盘古神话的源头追溯到巴比伦古代神话中去了。盘古神话外来说也得到了叶舒宪先生的支持，在《中国神话哲学》一书中，他认为"中国典籍中最早出现的盘古神话……均因印度佛教影响而产生。这个问题已由中外学者在几十年前做了结论，盘古神话的来源已经不是谜了"③。盘古神话来源于印度的观点，显然在国外汉学家那里有深远影响。20世纪国外汉学家的著作涉及中国古代创世神话的，大都认为中国古代没有创世神话，中国几乎是世界古代文明民族中唯一没有创世神话的民族，这个看法，很明显地受了高木敏雄观点的影响。

盘古神话外来说中，还有来自古代波斯、澳洲、美洲等多种说法，印度说最有名，影响也最深远，故予以特别介绍。

与盘古神话外来说相对立，一些本土学者通过各种研究证明了这个神话的中国本土起源。这类学者人数众多，难以历述，其中苏时学、夏尊佑、茅盾、闻一多、常任侠、袁珂、范文澜、张振犁、马卉欣等人的成果较有影响。这些学者中，不少主张盘古神话来自南方少数民族，其后才流传到中部地区，被汉族接受，变为自己的神话（当然也有学者如张振黎等认为盘古神话最早起源于中原）。茅盾先生在《中国神话研究ABC》一书中④，认为盘古神话的最早记录者"徐整是吴人，大概这盘古开天辟地的神话当时就流行在南方（假定是两粤），到三国时始传播

---

① 该文首载于《哲学研究》1985 年第 5 期，后收入其论著《诸神的起源》。

② 何新：《诸神的起源——中国远古太阳神崇拜》，生活·读书·新知三联书店 1986 年版，第 179—180 页。

③ 叶舒宪：《中国神话哲学》，中国社会科学出版社 1992 年版，第 329 页。

④ 参见玄珠（即茅盾）《中国神话研究 ABC》，上海世界书局 1929 年版。

到东南的吴。如果这是北部和中部本有的神话，则秦汉之书不应毫无说及；又假定是南方两粤地方的神话，则汉文（帝）以后始通南粤，到三国时有神话传到吴越，似乎也在情理之中（汉时与南方交通大开，征伐苗蛮，次数最多；因战争而有交通，因此南方的神话传说也流传过来了）"①。茅盾先生认为，我们现在有的神话是北中南三部民族的混合物，所以我们的片段的开辟神话也是混合品。始创天地的盘古神话，本发生于南方，经过了中部文人的采用修改而成为中华民族的神话。袁珂先生也持盘古神话来源于南方少数民族的观点。他在注释任舫《述异记》中有关盘古神话资料的时候，引证关于广西桂林地区有盘古祠的相关资料，认为汉族盘古神话可能出自南方瑶族盘瓠神话："徐整作《三五历纪》，吸收了南方少数民族盘瓠或盘古的传说，综合了古神话里开辟诸神的面影，再加上经典中哲理的成分和自己的推想，才塑造了一个开天辟地的伟大的盘古，成为我们中华民族共同的老祖宗。"② 壮族民间文艺学家蓝鸿恩先生则在茅盾研究的基础之上，明确提出盘古神话来源于广西壮族先民俚僚的神话。另苏时学、夏曾佑、顾颉刚、刘亚虎、过伟、黄世杰等学者，均认为盘古神话来源于古代南方壮侗或苗蛮等民族。

认为盘古神话来自南方少数民族的学者并非始自茅盾和袁珂，之前不少学者认为盘古即盘瓠，即《后汉书·南蛮传》所载古代南方犬戎族的神性首领。证明两者的同一性又多用音训的方法。晚清学人苏时学在其所著《爻山笔话》一书中，据《后汉书·南蛮传》记载的盘瓠传说，认为"盘古乃盘瓠之音转"。夏曾佑先生在他1905年出版的《中国历史教科书》（后改名《中国古代史》多次再版）一书中把历史上的第一个时代命名为"传疑时代"，也怀疑盘古之说"非汉族旧有之说"，而是受了南方少数民族关于盘瓠神话传说的影响产生的："今按盘古之名，古籍不见，疑非汉族旧有之说，或盘古盘瓠音近，盘瓠为苗蛮之祖；……故南海独有盘古墓，桂林又有盘古祠。不然，吾族古皇并在北方，何盘古独居南荒哉？"③ 他由此断定，是汉民族把南方盘瓠神话误袭为己有。

---

① 玄珠（茅盾）：《中国神话研究 ABC》，上海世界书局1929年版，第30页。
② 袁珂编：《古神话选释》，人民文学出版社1979年版，第7页。
③ 夏曾佑：《中国古代史》，河北教育出版社2004年版，第14页。

　　顾颉刚、闻一多、常任侠、袁珂以及其他不少学者也多持此"音转"之说。顾颉刚《三皇考》云："盘瓠的命运太好了，他竟在无意中变成了开天辟地的人物——盘古。"[①] 闻一多则在《伏羲考》中，从音训角度谓伏羲、盘瓠、盘古乃同一人。[②] 袁珂先生在《中国神话传说》、《古神话选释》等书中，都从音训角度认为盘古即盘瓠之音转，将盘古作为中国古代神话开天辟地第一神放到神话史的开端讲述，认为徐整《三五历纪》中开天辟地的盘古形象"吸收了南方少数民族盘瓠或盘古的传说，综合了古神话里开辟诸神的面影，再加上哲理中经典的成分和自己的推想，才塑造了一个开天辟地的伟大的盘古，成为我们中华民族共同的老祖宗"。[③] 范文澜《中国通史简编》也认为"古时代就居住在中国的苗、瑶、黎等族，都有传说和神话，可是很少有人记载，一般说来，南方各族中最流行的神话是'盘瓠'。三国时，徐整作《三五历纪》吸收'盘瓠'入汉族神话，盘瓠成了开天辟地的盘古氏"[④]。

　　但盘古、盘瓠同一说也招致激烈的争论，不少学者从两者故事构成的角度提出，此二人完全没有共同性，不可能是同一个人，仅从音训角度证明两者为同一个人是不可靠的。

　　也有学者主张盘古神话起源于中原地区。河南学者张振黎先生20世纪80年代带领学生在河南地区历经数年进行广泛的田野考察，获得大量的关于伏羲、女娲、盘古等的民间传说，在此基础上，他出版《中原古典神话流变论考》（上海文艺出版社1991年版），在书中他研究河南地区民间神话传说中伏羲、女娲与盘古互相转化和影响的情形，断定伏羲、女娲和盘古神话最早都发端中原河南。

　　而来自河南桐柏的民间文学研究者马卉欣先生用力尤勤，历经数年，遍访多个省区，在广泛搜集资料的前提下，先后出版了有关盘古古今资料汇集和研究的《盘古之神》（上海文艺出版社1993年版）、《盘古学启论》（中国社会科学出版社2003年版）二书，力主盘古名号在中国先秦就已经出现，其本土性不容置疑。另70年代以后，在湖北神农架

----

　　① 顾颉刚：《三皇考》，载吕思勉、童书业编《古史辨》第七册（中），上海古籍出版社1982年版（影印本），第153页。
　　② 闻一多：《伏羲考》，见闻一多《神话与诗》，上海人民出版社2006年版，第49页。
　　③ 袁珂编：《古神话选释》，人民文学出版社1979年版，第7页。
　　④ 范文澜：《中国通史简编》（修订本）第一编，人民出版社1949年版，第94页。

也发现民间流传的长篇史诗《黑暗传》，其中创世部分的主角也是盘古。关于 20 世纪研究盘古神话的成果，过伟《盘古研究发展轨迹与"盘古国"的新解读》[①]、侯红良《是是非非话盘古：近代以来盘古神话研究述评》[②]、覃乃昌《追问盘古——盘古来源问题研究之一》[③] 等文有较好的归纳和介绍，可参阅。

总体上看，20 世纪初以来，关于盘古创世神话的研究，成果十分丰富。其中，最重要的是其来源问题，本土说和外来说的争论或隐或现地贯穿其间。但从现在的成果来看，盘古创世神话来源的外来说和本土说都存在一些需要继续解决的问题，对于本土说学者而言，他们虽然拒绝外来说，但他们还不能提供可靠的文献资料证明盘古神话与外来文化（尤其是印度文化）的影响没有任何关系。同时，外来说的软肋他们也似乎一直没有准确地抓住，那就是外来说依据的材料问题。高木敏雄、吕思勉等学者作为盘古神话外来证据的那几部印度经典，如《梨俱吠陀》、《魔奴法论》、《摩登伽经》、《外道小乘涅盘论》、《厄泰梨雅优婆尼沙昙》（即《五十奥义书》之首篇的《爱多列雅奥义书》），除了《摩登伽经》一篇由与最早记载盘古创世神话的徐整大体同时的吴国竺律炎和支谦合译出来以外，其余各书均远远晚出于徐整生活的年代，《魔奴法论》、《爱多列雅奥义书》等，晚至现代才有汉译本，徐整那个时代的人能否知道很是问题。而且，有资料证明，东汉末年，盘古的名号就已经出现了，也就是说，这个神名字在中国的出现，早于上述印度经典中任何一部在中土的传译。

尽管如此，也没有理由断然否定盘古神话外来说，因为纸质文本的翻译完全可能晚于口头传播，而东汉中晚期开始，印度佛教就在中国东南和西南开始传播，这是有案可稽的，中土信徒完全可能通过传教士的口头传播了解印度创世神话，并受此影响编制中土创世神话。只是这种推测在理论上虽然合理，但在重视文献铁证的考证式研究中，却存在还无法弥补的缺陷。

---

① 过伟：《盘古研究发展轨迹与"盘古国"的新解读》，《广西民族研究》2007 年第 4 期。

② 侯红良：《是是非非话盘古：近代以来盘古神话研究述评》，《广西民族研究》2008 年第 1 期。

③ 覃乃昌：《追问盘古——盘古来源问题研究之一》，《广西民族研究》2006 年第 4 期。

但盘古神话起源中土说也存在致命的问题。这个问题就是，如果认为盘古创世神话与外来影响，尤其是印度文化影响基本没有关系，那就得证明这个神话远在印度佛教大规模传入中土的东汉中晚期之前就已经产生了。但恰恰这一点是十分困难的。就文献而言，完整的关于盘古创世神话的记载，毕竟只在三国时代，盘古的名号，可以考察于文献的，也只能推到汉代晚期，更早的年代确认，也存在铁证不足的问题。至于某些学者（如马卉欣）说先秦典籍《六韬》中已有盘古名号，那还得不到文献支持。《六韬》在周初至宋代漫长的流传过程中不断变化，出现了几十个不同的文本，秦以前的《六韬》原文如何，已不可睹。但从20世纪70年代在山东临沂银雀山和河南定县发掘出来的汉代初年墓葬中发现的《六韬》竹简中，尚无盘古名号。《六韬》中有盘古名号的资料来自宋代罗苹在《路史·前纪一》中的一段话，谓《六韬·大明》云"召公对文王曰：……盘古之宗不可动也，动者必凶"[①]。考古发掘的汉代竹简本《六韬》和今传任何一种《六韬》文本中，都没有这一段话，所以，这段话多半是《六韬》在汉以后的流传过程中出现后来又失传的某一版本中的。尽管不能由此上推已经失传的秦以前的《六韬》中绝不会有盘古名号，但要断定它存在则更是没有依据。而作为盘古神话本土说重要支持材料的中国各少数民族和地域的盘古创世神话，也不能作为铁证使用，这是因为没有一篇少数民族的创世神话文本在徐整之前已经著之竹帛，它们究竟是徐整记载的盘古神话传播的结果，还是早于徐整记载的盘古神话，也是无法确认的事情。所以，这些资料可以作为佐证和参考，但不能作为主证。至于当代收集的南方各少数民族和中原地区流传的盘古神话传说，那更不能作为盘古神话起源本土说的证据。它们都存在的问题是："这类传说皆近世民族调查所得，它们的历史可以上溯到什么时代，不易证得。"[②]

因此，关于盘古神话来源的问题，无论是外来说还是本土说，都没有学者提供无可争议的铁论铁证，都存在一些需要继续深入研究的问

---

① （宋）罗泌：《路史·前纪一》，景印文渊阁四库全书·史部一四一·别史类，（台北）商务印书馆1986年版，第4页。

② 常金仓：《伏羲女娲神话的历史考察》，《陕西师范大学学报》（哲学社会科学版）2002年第6期。

题。同时，我们还要特别注意的一个问题是，盘古神话的来源固然是重要的，但也许同样重要的是盘古神话出现后在中国各地的流传过程中族属化、祖宗化的现象，这个现象体现了最强烈的中国文化的特征和发展规律，而这个问题，恰恰是十分有意义的，本土说学者的研究客观上大都和这个问题相关，从这个角度研究盘古神话的发展变化，也许是另一个有特殊价值的视角。

二 楚帛书甲篇创世神话研究述评*

20 世纪 40 年代楚国帛书在湖南长沙子弹库楚墓出土到现在，70 多年来，对这份帛书的研究成果已经有许多，曾宪通先生 20 世纪 80 年代中期撰写的《帛书研究四十年》、[①] 1993 年撰写的《楚帛书研究述要》二文，分别对此前发表的研究成果有较为系统的收录，[②] 台湾学者许学仁先生 1997 年开始，对国际国内有关楚帛书学术成果进行跟踪性辑录，至 2002 年 6 月公布的《长沙子弹库战国楚帛书研究文献要目》更提供了较为精确的统计：至是年 6 月止，国内外共出版有关帛书研究的著作 13 部，发表学术论文 114 篇，其中中文 100 篇，日文 7 篇，英文 7 篇；2007 年台湾年轻学人郑礼勋的硕士论文《楚帛书文字研究》，对于帛书各篇文字研究的成果也有较为全面翔实的搜集，文后开列有较为丰富的参考文献，为后续性研究提供了较好的资料汇集。而 2002 年以来 10 年间，国内时见以楚帛书为对象的研究性著作以及论文，据本人不精确的搜检，其数量应该超过 50 篇（部）。

学者们根据楚国帛书的结构图式，将帛书分为甲乙丙三篇。位于帛书中部有方向互倒的两篇文字，分别为 8 行和 13 行；四周排列附有图形的 12 段文字，可视为第三篇（丙篇）。但关于楚帛书中间分别为 8 行和 13 行两段文字何为甲篇、何为乙篇，学者认定尚有不同：蔡季襄、饶宗颐、巴纳德等人以 8 行一段为先即甲篇；而董作宾、商承祚、陈梦

---

* 本专题以《楚帛书甲篇创世神话研究述评》为题，发表于《湖北师范学院学报》2014年第 1 期。

　　① 参见饶宗颐、曾宪通《楚帛书》，中华书局香港分局 1985 年版。

　　② 参见饶宗颐、曾宪通《楚地出土文献三种研究》，中华书局 1993 年版。

家、陈公柔、严一萍、李学勤、李零等人则以 13 行一段为先即甲篇。李学勤先生称中部 8 行一篇为《四时》，13 行一篇为《天象》，四周的为《月忌》。本书以饶宗颐等先生的划分为准，即以 8 行一段为甲篇。2007 年吉林大学刘波撰写的硕士论文《楚帛书甲篇集释》，以句读为单位，对迄今为止诸位学者有关帛书甲篇文字和意义的释读成果进行了比较全面的搜集整理，较有参阅价值。

正如陈斯鹏博士所言，"楚帛书早在二十世纪四十年代即已出土，但因其释读的艰难，且半个多世纪以来主要集中在古文字学及古史学的圈子中进行研讨，一般的神话研究者绝少能注意及之，其创世神话的内容和意义的抉发尚很不充分。近年来始有数位学者相继撰文讨论，帛书神话渐被关注"①。较长一段时间，学者们主要致力于文字识读和文意解释，角度不一。学者们长期将其看成是战国时代楚人的历忌书或节候文献对待，也有学者将其看成楚人的历史传说文献对待。即使将帛书甲篇内容当作神话研究的，也多没有从创世神话角度对待，直到1991 年，专门从创世神话角度研究楚帛书甲篇的成果开始出现，据笔者收集，截至 2012 年年底一共有 18 篇，它们是：连劭名先生 1991年发表的《长沙楚帛书与中国古代的宇宙论》；② 院文清先生 1994 年发表的论文《楚帛书与中国创世纪神话》③；江林昌博士 1995 年发表的论文《子弹库帛书〈四时〉篇宇宙观集有关问题新探——兼论古代太阳循环问题》④；吕威 1996 年发表的《楚地帛书、敦煌残卷与佛经伪经中的伏羲女娲故事》⑤；旅美著名古史辨派学者杨宽先生 1997 年发表的论文《楚帛书的四季神像及创世神话》⑥；院文清先生 1997 年发表《楚国帛书中神话传说与楚先祖谱系略证》⑦；董楚平先生 2002 年发表《中

①　陈斯鹏：《楚帛书甲篇的神话构成、性质及其神话学意义》，载《文史哲》2006 年第 6 期。
②　连劭名：《长沙楚帛书与中国古代的宇宙论》，载《文物》1991 年第 2 期。
③　院文清：《楚帛书与中国创世纪神话》，载《楚文化论集》第四集，河南人民出版社1994 年版。
④　江林昌：《子弹库帛书〈四时〉篇宇宙观集有关问题新探——兼论古代太阳循环问题》，载《长江文化论集》，湖北教育出版社 1995 年版。
⑤　吕威：《楚地帛书、敦煌残卷与佛经伪经中的伏羲女娲故事》，《文学遗产》1996 年第4 期。
⑥　杨宽：《楚帛书的四季神像及创世神话》，《文学遗产》1997 年第 4 期。
⑦　院文清：《楚国帛书中神话传说与楚先祖谱系略证》，王光镐主编《文物考古文集》，武汉大学出版社 1997 年版。

国上古创世神话钩沉——楚帛书甲篇解读兼谈中国神话的若干问题》①；1999 年 10 月，在清华大学主办的"第二届中国古典文学国际学术研讨会——纪念闻一多先生百周年诞辰"上，曾宪通先生发表的题为《楚帛书神话系统试论》的学术报告②；董楚平先生 2002 年发表的《楚帛书"创世篇"释文释义》③；台湾政治大学中文系高莉芬女士 2007 年 3 月发表的论文《神圣的秩序——〈楚帛书·甲篇〉中的创世神话与宇宙秩序》④；台湾明道学院陈忠信先生 2005 年发表的《试论长沙子弹库楚帛书之水化宇宙思维——混沌创世神话视野之分析》；⑤中山大学博士陈斯鹏先生于 2006 年发表的《楚帛书甲篇的神话构成、性质及其神话学意义》⑥；王窈姿女士的《试论楚帛书中雹戏的创世神话》⑦；笔者 2009年发表的论文《楚国帛书创世神话产生的时代问题》、2012 年发表的《〈楚帛书·甲篇〉新释》（该文是从创世神话角度解释帛书甲篇文、义的，故与许多对甲篇释读类文章有较大差异）⑧；叶舒宪先生 2009 年发表的《从"太初有熊"到"太一生水"——四重证据探索儒道思想的神话起源》⑨；刘书惠的《出土文献中的创世神话与〈周易〉宇宙生成》⑩；蔡先金、张兵、李佩瑶等学者 2012 年发表的《中国创世神话图景及其

---

① 董楚平：《中国上古创世神话钩沉——楚帛书甲篇解读兼谈中国神话的若干问题》，《中国社会科学》2002 年第 5 期。

② 曾宪通：《楚帛书神话系统试论》（学术报告），后收入朱晓海主编《新古典主义——纪念闻一多先生百周年诞辰国际学术研讨会论文集》，学生书局 2002 年版。

③ 董楚平：《楚帛书"创世篇"释文释义》，《古文字研究》第五二四辑，中华书局 2002年版。

④ 高莉芬：《神圣的秩序——〈楚帛书·甲篇〉中的创世神话与宇宙秩序》，台北"中研院"中国文哲研究所《中国文哲研究集刊》第 30 期。

⑤ 陈忠信：《试论长沙子弹库楚帛书之水化宇宙思维——混沌创世神话视野之分析》，台湾《汉学研究通讯》2005 年第 24 卷第 3 期。

⑥ 陈斯鹏：《楚帛书甲篇的神话构成、性质及其神话学意义》，《文史哲》2006 年第 6 期。

⑦ 王窈姿：《试论楚帛书中雹戏的创世神话》，《民俗研究》2007 年第 4 期。

⑧ 张开焱：《楚帛书创世神话产生的时代问题》、《〈楚帛书·甲篇〉新释》，分别载《东方丛刊》2009 年第 2 期、《湖北师范学院学报》2012 年第 5 期。

⑨ 叶舒宪：《从"太初有熊"到"太一生水"——四重证据探索儒道思想的神话起源》，载台湾兴大中文学报第二十七期增刊《新世纪神话研究之反思》（2010 年版），收入叶舒宪《金枝玉叶——比较神话学的中国视角》（复旦大学出版社 2012 年版）。

⑩ 刘书惠：《出土文献中的创世神话与〈周易〉宇宙生成》，《长春师范学院学报》2010年第 6 期。

诸神谱系——以〈楚帛书〉为中心的探讨》①。另有学者著有从创世角度专门探讨楚帛书的专著，如何新先生 2002 年出版的《宇宙的起源——长沙楚帛书新考》②；还有不少学者在其他主题的论文论著中也涉及楚帛书甲篇的创世神话研究。此外，不少学者对帛书甲篇的一些神祇进行了专门研究考索，因为其主要视角不是创世神话，所以不在上述统计之内。上述研究成果主要的贡献是：

　　首先，通过识字辩词释义，确认了楚帛书甲篇的内容是神话，是关于以伏羲女娲为原始父母、中经四子（神）、禹、契、俊、炎帝、祝融、共工、相土等多神共同完成的创世神话。连劭名先生 1991 年发表的《长沙楚帛书与中国古代的宇宙论》一文，将帛书神话与中国古代哲学中的宇宙生成论对比，将《周易·系辞》中"太极生两仪，两仪生四象，四象生八卦"的宇宙生成模式比附伏羲、女娲为两仪、四子为四象，意谓帛书神话具有创世神话性质，③ 这是目前最早指认帛书神话具有创世性质的论文，但该文研究的目的是哲学而不是神话。院文清先生的《楚帛书与中国创世纪神话》作为第一篇纯粹从创世神话角度研究楚帛书甲篇的论文，确认楚帛书甲篇对于宇宙创生过程有系统的叙述，世界起源于混沌原始大水，这与世界许多民族创世神话都是一样的。伏羲作为原始创世祖神从混沌世界出生，表示世界创造的开始，他和女娲所生四子成为创世的主要力量，"是生四子"的叙述，可视为中国最原始的"生殖神话"④。院文清先生进而认为："帛书所述神话可以说是中国最为古老的创世神话版本，这无疑对于中国神话学的研究有着很重要的意义和价值。……我们完全可以将楚帛书'创世篇'中的神话体系，称之为'中国的前奥林匹斯神话'，'创世篇'的学术价值也绝不亚于巴比伦的《埃努玛—埃立什》泥版，也可以与印度的创世神话相媲美。"⑤ 此后的学者都在确认这个认识的基础之上对这个创世神话

---

　　① 蔡先金、张兵、李佩瑶等：《中国创世神话图景及其诸神谱系——以〈楚帛书〉为中心的探讨》，《理论学刊》2012 年第 2 期。

　　② 何新：《宇宙的起源——长沙楚帛书新考》，时事出版社 2002 年版。

　　③ 参见连劭名《长沙楚帛书与中国古代的宇宙论》，《文物》1991 年第 2 期。

　　④ 院文清：《楚帛书与中国创世纪神话》，载《楚文化论集》第四集，河南人民出版社 1994 年版，第 598—601 页。

　　⑤ 同上书，第 605—606 页。

进行研究的。

其次，厘清了甲篇创世神话与整个楚帛书的整体关系，杨宽先生1997年发表的《楚帛书的四季神像及创世神话》一文，主要以此为目标。他指出，尽管对帛书研究的成果已经不少，可是所有的探讨，看来还没有得其要领，因而尽管不少学者一次次对此作出种种推断，至今还没有得出学术界公认的结论。我认为，楚帛书四边所载的十二月神像中包含有四季神像，帛书中心的两篇配合神像的文章，讲到了"四时"（即四季）之神的创世神话及其对"四时"运行和天象灾异的调整作用，这是楚帛书的主旨所在，要求人们对"四时"之神加以崇拜和祭祀。① 他据这一认识对帛书甲篇创世神话与丙篇文字和四周图像之间的内在联系进行了深入的研究，这一研究的价值在于揭示了甲篇创世神话在帛书整体结构中的地位。② 董楚平先生也意识到整个帛书并不是以创世神话为核心内容的，它的核心内容是古代楚人关于四时天象历忌的，但它的甲篇种瓜得豆，却无意中留下了一份古代创世神话，这是因为，这些四时天象历忌的根源，与世界的创造过程和结构有密切关系。③ 这就从整体上理清了甲篇和其他诸篇在内容上的结构性关系。

再次，厘清了帛书创世神话的过程和结构。台湾学者高莉芬女士在《神圣的秩序——〈楚帛书·甲篇〉中的创世神话与宇宙秩序》中，认为帛书甲篇创世神话是讲述由混沌到有序的世界神圣秩序形成过程的神话，她对帛书甲篇创世神话进行具体分析后总结道：

> 神话是上古人民对宇宙自然的解释模式与抽象认知的方式之一，也是人类思维从混沌无序走向有序的过程之一。《楚帛书·甲篇》的创世神话，叙述宇宙从有序无序、无形无状的混沌中开辟，历经了有序无序的秩序、失序，再回归有序的过程，其实也就是一篇讲述宇宙、人与秩序的神话。《楚帛书·甲篇》的创世神话，从混沌到二神到四子、四神；到四晦、九州、三天、四极；到四时、

---

① 杨宽：《楚帛书的四季神像及创世神话》，《文学遗产》1997年第4期。
② 同上。
③ 参见董楚平《中国上古创世神话钩沉——楚帛书甲篇解读兼谈中国神话的若干问题》，《中国社会科学》2002年第5期。

十日，宇宙从混沌到分化，分化后的宇宙，即是秩序化后的宇宙，创世的过程即是宇宙秩序化的过程。①

陈斯鹏则在《楚帛书甲篇的神话构成、性质及其神话学意义》一文，通过具体细致的文字识读和释义，归纳出"它所描述的是整个宇宙的形成及其秩序的确立过程，概括起来主要包含三大阶段，即：天地开辟及宇宙秩序的初步确立——宇宙秩序的破坏及其重整和巩固——宇宙秩序的精密化，是一个包括了原创世和再创世的完整创世神话"②。杨宽先生认为"楚帛书中间八行一段文章，讲的是开天辟地的创世神话，这是我们所见到的时代最早的创世神话文献。全文可以分为上下两节，上节较短，讲的是伏羲创世的神话；下节较长，讲的是祝融进一步创世的神话"③。蔡先金、张兵、李佩瑶等学者 2012 年发表的论文《中国创世神话图景及其诸神谱系——以〈楚帛书〉为中心的探讨》则更简要地将帛书神话叙事结构分为原创世和再创世两个部分④，这可以看成是对杨宽先生研究的进一步概括。上述学者对帛书创世神话的创世结构的归纳有重要意义，从叙事结构角度揭示了帛书创世神话与其他民族创世神话的构成的共同性或相通性所在。

最后，已有研究成果将楚帛书创世神话放置于中国古代神话与文化大系统中，确认它在这个系统中的地位和意义。

董楚平先生《中国上古创世神话钩沉》一文，则从中国古代创世神话的原始性、民族性、地域性角度研究楚帛书神话的特点和意义，并由此论及中国古代创世神话的丰富性以及楚帛书创世神话的哲学和文化价值。

叶舒宪先生《从"太初有熊"到"太一生水"——四重证据探索儒道思想的神话起源》一文，从中国古代"太初有熊"的神话观角度，将楚帛书创世神话置于这一神话观的发展流传历史过程中考察其与中国古

---

① 高莉芬：《神圣的秩序——〈楚帛书·甲篇〉中的创世神话与宇宙秩序》，台北"中研院"中国文哲研究所《中国文哲研究集刊》第 30 期。
② 陈斯鹏：《楚帛书甲篇的神话构成、性质及其神话学意义》，《文史哲》2006 年第 6 期。
③ 杨宽：《楚帛书的四季神像及创世神话》，《文学遗产》1997 年第 4 期。
④ 蔡先金、张兵、李佩瑶等：《中国创世神话图景及其诸神谱系——以〈楚帛书〉为中心的探讨》，《理论学刊》2012 年第 2 期。

代神话史的关系，值得特别介绍。

所谓"太初有熊"的神话观，是叶舒宪先生模仿《圣经·新约》"太初有言"的表述，将中国古代神话中关于神熊创世的内容浓缩为"太初有熊"句式的表述，以此突出中国古代创世神话中神熊的重要性。中国古代典籍在描述世界的起源时，经常将"太极"作为最原初的一个环节或因素，即所谓"易有太极"，但叶舒宪先生从汉代纬书《易纬·乾凿度》中有关"黄帝曰：太古百皇辟基，文籀遽微萌，始有熊氏，知生化柢，晤兹天心。……大易始著，太极成，太极成，乾坤行"的创世叙述，推断"易有太极"尚非中国文化关于世界源头的认知，在"易有太极"之前，还有一个"始有熊氏"的更早源头，由此他认定，在中国文化中，世界的起源来自于神熊的创造，即神熊创世："这一由华夏共祖黄帝亲口叙述的创世神话，其特殊之处在于，透露出在'易有太极'一说之前更加古老的文化渊源，原来是始于有熊氏。由有熊氏的'知生化柢，晤兹天心'，才开启了世界万物的萌生过程。在太古百皇所开辟文明的创造历程中，有熊氏被派到了第一的神圣位置。"[①]

据叶舒宪先生研究，神熊崇拜在中国古代源远流长。最早可以追溯到史前红山文化时期。在红山文化发掘出的文物中，有一只熊首龙（学术界先前将其认定为猪首龙），这是先民神熊崇拜的标志性器物，由此可以确认中华民族对神熊崇拜来源古远。而楚帛书中"曰古大熊雹戏"的创世表述，与汉代纬书《易纬·乾凿度》中有关远古时期"始有熊氏，知生化柢，晤兹天心"的创世叙述，都在确认神熊创世的神话，而这种神熊创世神话的源头，应该追溯到红山文化的神熊崇拜那里，由此也可以推断楚帛书中大熊雹戏创世神话来源久远。在这个前提下，叶舒宪梳理了中国古代与有熊氏相关联的一些重要神话人物，如黄帝、伏羲、鲧、禹以及楚国传说先祖熊盈、鬻熊等，他通过文献材料的征引，证明伏羲才是有熊氏中出现最早的神祇。由此提示，楚帛书将伏羲作为创世元神的创世神话，应该来源于遥远的远古社会。楚帛书大熊伏羲创世的神话，正是遥远的神熊创世神话在战国时代的流传结果。

值得一提的是，叶舒宪先生论证上述观点的方法——四重证据法——

---

① 叶舒宪：《金枝玉叶——比较神话学的中国视角》，复旦大学出版社 2012 年版，第143 页。

有特殊的学术意义。他早先曾经提出中国古代神话研究要运用古代文献、口传文学、近现代考古成果三重证据的方法，后来又补充一重证据法即运用古代图像文化资料的方法。四重证据法的提出对中国古代神话研究的方法论具有重要意义。在《从"太初有熊"到"太一生水"——四重证据探索儒道思想的神话起源》一文中，他先后运用古代文献典籍、口传文化与文学资料、近现代考古资料、古代各种图像文化资料等四重证据，对中国古代"太初有熊"的创世神话来源古远的观点进行论证，使得论文有较强的说服力。这可以说是在神话研究的方法论上为四重证据法的运用和有效性提供了一个范例，其学术意义是明显的。

诸位学者的研究中，对楚帛书创世神话类型的判断值得注意。因为这个创世神话已经很完整了，因此，对其结构和类型进行判断遂成为可能。有两位学者的判断特别值得提出：一是陈斯鹏博士在《楚帛书甲篇的神话构成、性质及其神话学意义》一文中，他通过文字训释和文意阐释后，对帛书创世神话的叙事结构进行了归纳，其后参照叶舒宪先生在《中国神话哲学》一书中所介绍的《新大英百科全书》中所列的几种创世神话类型，提出楚帛书甲篇创世神话属于比较典型的世界父母型神话。[①] 二是董楚平先生在《中国上古神话钩沉》一文中，则判断楚帛书创世神话是生殖型神话："该神话以伏羲娶妻为创世活动的发轫，具有强烈的民族特色，是典型的生殖型创世神话。汉祠汉墓大量伏羲女娲交尾图是上古创世神话的孑遗，交尾是'化生万物'即创世的开始。""楚帛书甲篇所传的生殖型创世神话，符合中国早期文明的宗法制特征，符合中国早期哲学的神话原型。相比之下，后世所传的盘古故事，缺乏中国早期文明的这些特有素质，很难从中找到先秦哲学的神话原型。"[②]

上述研究最大的价值是，在其来源存在争议的盘古神话之外，确认了中国古代尚有其他创世神话文本，这就证伪了国外部分学者关于中国古代无创世神话的说法，这是有重大学术价值的成果。但我们也要注意到，关于楚帛书甲篇的研究不少方面都存在一些争议和异见，下面这几

---

① 陈斯鹏：《楚帛书甲篇的神话构成、性质及神话学意义》，《文史哲》2006 年第 6 期。
② 董楚平：《中国上古创世神话钩沉——楚帛书甲篇解读兼谈中国神话的若干问题》，《中国社会科学》2002 年第 5 期。

个方面或许最为重要。

首先，并不是所有研究者都认为楚国帛书甲篇的内容是创世神话，在连劭名先生 1991 年发表《长沙楚帛书与中国古代的宇宙论》、院文清先生 1994 年发表《楚帛书与中国创世纪神话》之前，鲜有学者从创世神话角度理解帛书甲篇内容的。这里尤其是那些历史学者，他们多是将帛书甲篇当做古代华夏诸族或者楚国上古历史传说对待的，由于这个基本角度，他们对甲篇文字的辨识和释读也与从创世神话角度研究的学者有很大区别。在这方面，夏商周断代工程的主持人之一李学勤先生是一个典型的代表。这位著名的历史学家先后撰写过多篇关于楚帛书的研究论文，这些成果后收入 2001 年出版的《简帛佚籍与学术史》一书（江西教育出版社 2001 年版），在该书第二编"楚帛书研究"的第二篇《楚帛书中的古史与宇宙论》中，他认为："楚帛书的《四时》篇，文字比《天象》篇短，内容则涉及古史传说，对研究当时的宇宙论尤有重要价值。"① "帛书上一章和本章连续记述炎帝、祝融、共工，可能不是偶然的。……炎帝到祝融、共工，是一脉相承的。《海内经》讲祝融降处江水，有可能这是长江流域的流行传说。"② "可以肯定地说，帛书所记是久已佚失无闻的楚人的古史传说。"③ 他的这个观点具有一定代表性。历史学者研究帛书甲篇，多取的是这个角度。而实际上，对帛书甲篇解读角度的这种差异，又与 20 世纪 30 年代以来古史辨派学者所引发的那场旷日持久的论争有关。疑古的古史辨派学者在古史传说背后看到了其神话的原始真相，而信古的历史学者则在古史传说后面寻找真实的历史事实。因此，对楚帛书甲篇内容性质的基本认定方面，信古的历史学家和神话学者们持守完全不同的看法。

其次，与此相关的是，学者们对楚帛书甲篇文字辨识和释义还存在相当大的差异。应该说，不管持有怎样立场和角度的学者，面对一个书写性文本，文字辨识和释义这一个环节一般不会出现太大的分歧，但楚帛书的文字辨识和意义考释却是一个例外。出现这个例外主要是由于下面几个方面的原因造成的：一是因为楚帛书年代久远，许多文字字迹漫

---

① 李学勤：《简帛佚籍与学术史》，江西教育出版社 2001 年版，第 48 页。

② 同上书，第 54 页。

③ 同上书，第 55 页。

漶不清，增加了辨识的困难，有的基本无法辨识。二是楚帛书当初发掘的时候，曾经截断为几块，虽然后来拼接到一起了，但拼接的破损处本已漫漶不清的文字就更无法辨识了；在现在看到的帛书三篇文字的红外图片中，甲篇是文字缺损最多的，辨识也最为困难。三是秦以前的春秋战国时代，文字未曾统一，各国都有自己的书写系统，楚国文字的书写有许多大异秦统一后的篆书，也不同于此前的金文和甲骨文，这也增加了辨识的困难。四是由于中国古代文字的含义在其发展和流传过程中，出现了十分复杂的变化，同时也存在很多不同的训诂方法，这导致对同一个字的含义在众多义项中也可能有很不同的训释取舍。五是学者的不同角度和立场也会一定程度上影响辨识和训释结果。举例如帛书中有"日月□生"一句，"□"中字形状似"允"，李学勤训释云：

> "允"是假设之词，意同"如果"。古代神话认为日月由一定的山或海生出。帛书是说，那时日月如果生出，碍于九州不平，山陵也都倾侧，致使四神（即四时）相代运转遇到困难。[①]

杨宽先生也将"□"中字辨识为"允"，但对其含义的训释与李学勤先生大为不同：

> "允"和"夋"古音义相通，《说文》说："夋，行夋夋也，从夂，允声。""行夋夋"是说不断推行。所谓"日月夋生"，是说日月不断产生，古神话中有十日和十二月并生的说法，如说帝俊生十日和生十二月，见于《山海经》的《大荒南经》和《大荒西经》。这是说，经历千百年之后，上天下地又发生混乱，天上有日月不断产生，地下的九州又不平，山陵都变得倾斜了，以致"四神"不能使"四时"按常规运转。[②]

而董楚平先生也将"□"中字辨识为"夋"，而"夋"即"俊"，就是帝俊：

---

① 李学勤：《简帛佚籍与学术史》，江西教育出版社 2001 年版，第 51 页。
② 杨宽：《楚帛书的四季神像及创世神话》，《文学遗产》1997 年第 4 期。

日月□生，商承祚说即□生日月，陈邦怀是之。然近年多数学者读□为允，释为演，谓日月自然演化生成。此说与全文精神相悖，帛书说宇宙生成，无不由人间祖神所为，无一自然生成，这是中国创世神话的特点所在。而且，《山海经》已有帝俊之妻生日月的明确记载，我们没有必要无中生有，提出日月自然生成的新说。[①]

帛书甲篇中文字辨识和意义训诂上存在歧见的地方还比较多，例如"娲"、"禹"、"契"等重要人物名字的辨识都存在不同意见。很显然，形成这些差异性训释的原因分别与笔者上面指出的几个方面的原因有直接或间接的关系。

帛书甲篇创世神话的研究中，还有一个问题大多数学者都没有涉及，就是这个创世神话的产生年代和其原生性问题。大约因为好不容易发现了一份古代创世神话文献，学者们都认为这是中国最古老的（产生于上古时代）、具有原生性的创世神话。但笔者在仔细研究了帛书创世神话的构成后，却对其产生年代的认定没有那么古老，且也不认为它具有原生性。笔者认为，帛书创世神话产生的年代大约只在战国时代，而且流传地区主要是战国时代楚国的区域，尤其是楚国南方苗蛮族团居住的地方。这个创世神话具有明显的组合性，进入这个创世神话中的诸神并不都具有生殖意义上的血缘关系，其主要的神祇如禹、契、共工、俊、炎帝、相土等，分别来自夏商周三个不同时代，显然是楚国人将前面几个时代的创世神、始祖神组合在一起编织的结果。既然如此，这个创世神话一定也有更为古老的范本或者说原型，其次生性是明显的。[②]所以，尽管这份帛书中的创世神话很宝贵，但古代华夏诸族一定还有比它更早更具有原生意义的创世神话先在。

最后，关于帛书创世神话类型问题，这也是与本书目标直接相关的问题，笔者注意到陈斯鹏和董楚平二先生的判断命名不一样。笔者开始也判断帛书创世神话大体符合《新大英百科全书》中对于"世界父母

---

① 董楚平：《中国上古创世神话钩沉——楚帛书甲篇解读兼谈中国神话的若干问题》，《中国社会科学》2002 年第 5 期。

② 参见张开焱《楚帛书创世神话产生的时代问题》，《东方丛刊》2009 年第 2 期。

型"神话的规定，但仔细研究，觉得这样判断似不准确。之所以不准确，关键在于帛书一开始就叙述的最早出现的创世者"包戏"是作为楚人的祖先出场的，其标志是它是"大熊"。而楚国王室正是熊姓：其远祖鬻熊、熊丽、熊绎等，均以熊姓。熊是楚王室的图腾（即族徽）之一。说伏羲是天熊显然是强调他是楚人的始祖神。这就和《新大英百科全书》中"天地父母型"神话中的原始父母有很大的区别。在后者那里，创造世界的天地父母神，不是任何人类的始祖，更不是某一个族团或民族的始祖。他们或他们的子孙可能创造人类（如用某些材料如泥土制造人类），但却不是人类的直接生殖者，和人类没有完全的血缘关系。但楚国帛书创世神话却一开始就特别强调世界创始者的族属特征，伏羲是大熊，即熊姓楚王室的始祖神（李学勤等历史学家认为楚帛书甲篇是楚人古史传说也体现了伏羲乃楚人传说祖宗的类似认识），女娲是某某氏之女，也在强调其族属特征，这是天地父母型神话不具有或不强调的特征。同时，世界父母型创世神话中的各代神祇都是原始天地父母神的子孙，但楚帛书创世神话中的诸神，并不都是伏羲女娲的子孙。帛书只明确交代伏羲女娲生了"四子"，也就是帛书所说的"四神"，但这个创世神话中一些十分重要的大神如禹、契、俊、炎帝、共工、祝融、相土等，在这个神话中，并不是伏羲女娲的子孙。由于上面的原因，将这个神话归为世界父母型神话似不准确。

董楚平先生将这个神话判断为"生殖型神话"，但帛书中的世界并不完全是通过生殖行为创造的。例如天地的产生，四方四时的产生等，都不是原始父母神生殖的结果。同时，参与创世的诸神与伏羲女娲之间并没有严格的血缘生殖关系。所以，陈、董二位学者的类型判断似乎尚不准确。但另一方面，他们的这种判断确实抓住了帛书创世神话的某些特征。

上述存在的争议或歧见，是今后关于楚帛书神话的研究中应该特别注意的问题。

三　混沌与鸡人创世神话述评

关于混沌，在中国古代典籍中出现时有两种形式，一是作为一个哲学范畴出现，代表的是宇宙始源状态。《老子》、《淮南子》中的混沌，都具有这样的特征。但在另外的典籍如《左传》、《山海经》、《庄子》、《神异经》中，混沌又是一个神性生命体。从古到今，中国文化人谈论混沌的不计其数，但大都没有将它和创世神话联系起来加以考察。最早将混沌与创世神话联系起来的，是著名神话学者袁珂先生，他1979年出版的《古神话选释》在注释"盘古"的资料中，就特别说到，在盘古神话出现之前，中国古代已经出现了不少类似"造物主"式的英雄人物，他列举的资料中就有《庄子·应帝王》中的混沌故事，他认为这虽是寓言，"但也可信有古神话作为这个寓言的底子"①。在1985年出版的《中国神话资料萃编》一书首篇介绍开天辟地神话资料的《开辟篇》中，他就开列有"混敦"（混沌）一条，也说明他是将《庄子·应帝王》中的混沌寓言作为创世神话对待的。而在他1993年出版的《中国神话通论》"分论"部分之"世界的构成"中，更专门谈到庄子混沌的寓言，认为"这虽是寓言，其实也是古老的开天辟地神话在寓言形式下的再现"②。

国外从创世神话角度研究混沌神话的，有美国比较宗教学学者吉拉道特（N. J. Girardot）1983年出版的《早期道家的神话与意义》（*Myth and Meaning in Early Taoism*）一书，作者认为，"古代中国的世界观与其他文明传统之间有重要的差异，但是并不是因为没有创世神话才导致了宇宙论的差异，而是由于中国人对神话的创世故事的解释方式和性质，是对'混沌'的不同态度所致"③。混沌在中国道家神话系统中，是宇宙的本原和始源状态，作为一种母题和宇宙卵创世神话、葫芦创世神话、原始父母创世神话类型具有内在的象征对应关系，所以他认为："可以说早期道家的思想和表达是'神话的'，因为它对神话主题加以规范的运用。道家文本的'感觉结构'基于某一创世文学和神话意象、主题的宗教诠释。"④ 这里已经很明确地将混沌神话作为创世神话对待。

---

① 袁珂编：《古神话选释》，人民文学出版社1979年版，第5页。

② 袁珂：《中国神话通论》，巴蜀书社1991年版，第88页。

③ N, J, Girardot, *Myth and Meaning in Early Taoism*, The University Press of alifornia, 1983, p. 12. 转引自叶舒宪《中国神话学百年回眸》，《学术交流》2005年第1期。

④ Ibid., p. 14.

　　大约是这一研究启发了中国学者，90 年代以后，中国学者将混沌神话作为创世神话来研究的成果逐渐出现。首先值得介绍的是叶舒宪先生的研究。1992 年出版的《中国神话哲学》中，叶舒宪先生致力于以原型理论为基础重构中国古代创世神话。在他的重构中，中国古代文化中，太阳形象、明堂形制、黄帝形象、混沌寓言、《荆楚岁时记》中的七日鸡人民俗、鲧、禹洪水神话等，原初都是具有创世性质的形象和神话。该书第七章专门研究了混沌开窍与鸡人民俗的创世神话的深层结构。关于混沌，他的有关见解概括如下：

　　《庄子》中的混沌寓言可以肯定是由古代一个神话改编的，这个神话本身具有创世神话的性质。南海北海大帝倏和忽既是时间之神也是空间之神，混沌则代表的是时空未分的宇宙始源状态。倏和忽开凿七日，七窍成而混沌死，这一神话讲述的是世界如何从混沌状态走向时空分明状态的过程，其创世神话性质是明显的。

　　作者的研究并不到此为止，他还从开凿七日通七窍这个关目中注意到数字"七"的特殊意义，他从比较文化学和比较神话学的视野，将巴比伦、苏美尔、希伯来以及中国诸多少数民族古代创世神话中对神秘数字"七"特别倚重的研究中，得出"七"是很多民族神话和文化的宇宙圣数的结论。不少民族的古代神话中都是按照"七"这个原型数字来创造世界的。正是从这里，他揭示了中国的混沌七日开窍神话与苏美尔、巴比伦、希伯来创世神话创世过程和结构的一致性。以"七"为宇宙圣数的原因，乃在于数字"七"的神圣意蕴发生于人类神话思维中三维空间的全部方位为七（前后左右上中下），在中国文化传统中，它反映了殷商时代的先民们所特有的以周围方国的图腾为具体的空间象征的世界观。①

　　到这里，混沌神话的创世性质已经完全被揭示出来了。值得注意的是，叶舒宪对混沌七日开窍神话创世性质的研究，是和对另一个民俗创世神话性质的揭示联系在一起进行的，那就是中国古代新年的"人日"礼俗。

　　据南朝梁人宗懔《荆楚岁时记》载楚地新年礼俗，"正月七日。为

---

　　①　参见叶舒宪《中国神话哲学》第七章"混沌七窍"，中国社会科学出版社 1992 年版，第 228—268 页。

人日。以七种菜为羹。剪彩为人。或镂金箔为人。以贴屏风。亦戴之以头鬓。亦造华胜以相遗。登高赋诗。按董勋《问礼俗》曰：正月一日为鸡。二日为狗。三日为羊。四日为猪。五日为牛。六日为马。七日为人"①。叶舒宪在 1989 年就发表了名为《人日之谜：中国上古创世神话发掘》（《中国文化》1989 年第 1 期）的论文，探讨古代春节"人日"礼俗后面潜藏着的创世神话原型，而到 1992 年出版的《中国神话哲学》一书中，则继续深入展开对这个问题的研究。叶舒宪认为，这种礼俗后面，深藏着一个在表层形态上已经失落了的中国古代创世神话，这个创世神话与倏、忽二帝七天为混沌凿七窍、七窍成而混沌死、宇宙诞生的神话有内在的关系，它们都内涵着以"七"为原型圣数的创世模式。作者甚至开列出了七日凿七窍的过程与《荆楚岁时记》七日礼俗相对应，他认为，"可以把《荆楚岁时记》中所记载的迄今尚未有发生学揭示的正月初一至初七的民间礼俗或活动以及相关的禁忌规定（如'一日不杀鸡'）等，看成是远古创世神话的'重演'"②。而且这个创世神话的原型模式与上述苏美尔、巴比伦、希伯来等七日创世的模式具有内在的一致性。作者同时对两个中国古代寓言或民俗资料内在的创世神话原型结构进行了重构，这种重构给人耳目一新之感。

人日礼俗与创世神话的关系，已故著名神话学家袁珂先生曾经提及过，他认为这个礼俗关涉到原始开辟神话，并认为这个开辟神话有点类似《旧约·创世纪》的创世神话。③ 但袁珂先生只是提出了这个猜想，并未具体展开研究和论证，这个工作在叶舒宪先生那里完成了，应该说，这是从中国古代文献资料中发掘和重构已经失传了的创世神话的可贵成果，值得给予特别肯定。董楚平先生在 2002 年发表的《中国古代创世神话钩沉》一文中，再次肯定了中国古代春节人日礼俗的创世神话性质。

混沌神话的创世性质，在叶舒宪之后，已经引起不少学者重视，他们从不同的方面对这个神话的创世性质和意义作了阐发。笔者统计，90年代中期到现在，在公开的学术期刊网和会议论文集上，已经发表八篇

---

① （梁）宗懔：《荆楚岁时记》，岳麓书社 1986 年版，第 9 页。
② 叶舒宪：《中国神话哲学》，中国社会科学出版社 1992 年版，第 216 页。
③ 参见袁珂《中国神话传说》，中国民间文艺出版社 1984 年版，第 69 页。

从创世神话角度研究混沌神话的学术论文，分别是：陈忠信《〈太一生水〉之混沌神话》①；朱任飞《上古神话传说中的"混沌母题"与〈庄子〉寓言》②；刘向政《"混沌"创世神话的原始象征意义与宇宙观》③；乔兰《〈老子〉混沌概念的双重意义》④；李红英《追寻原母神——关于宇宙创生神话的探索》⑤；饶春球、饶雪《"混沌"与洪水神话》⑥；李滟波《中希"混沌"神话的哲学意蕴》⑦；齐昀《道家"天人合一"思想的神话渊源——论混沌神话的本体论意义》⑧。上述研究都是将混沌神话当成宇宙始源神话对待的，肯定了它在中国文化尤其是中国道家哲学中具有十分重要的地位，尤其是陈忠信先生的《〈太一生水〉之混沌神话》一文值得注意。作者对混沌神话的创世重要性给予了明确肯定，"所谓'混沌'（chaos）是原始神话宇宙观最重要的内容及宇宙生成的方式之一，为对世界形成之初的前宇宙（precosmic）状态描述及创世神话中重要的主题"⑨。以此为起点，他描述了混沌形象在古代神话和文化中的六种基本表现形态，并由此切入郭店楚简文献《太一生水》与混沌神话关系的研究，发现《太一生水》的宇宙生成论模式基本和混沌创世神话模式有内在的同一性，由此得出结论："从混沌创世神话的角度探颐《太一生水》的宇宙生成模式。就混沌神话而论，无论是水、圆、由无秩序转为有秩序及回归原始混沌等特性，《太一生水》实具有混沌创世神话的特质与意象。根据上述所论，《太一生水》即为古代混

---

①　陈忠信：《〈太一生水〉之混沌神话》，天下论文网，http://www. lunwentianxia. com/product，free，1877661，1/。

②　朱任飞：《上古神话传说中的"混沌母题"与〈庄子〉寓言》，《社会科学战线》1998年第 1 期。

③　刘向政：《"混沌"创世神话的原始象征意义与宇宙观》，《求索》2007 年第 2 期。

④　乔兰：《〈老子〉混沌概念的双重意义》，华东师范大学，2007 年硕士论文，中国知网：http://www. cnki. net/KCMS/detail/detail. aspx? dbcode = CMFD&QueryID = 4&CurRec = 3&dbname=CMFD9908&filename=200708096. nh&urlid=&yx=2007 - 08 - 22。

⑤　李红英：《追寻原母神——关于宇宙创生神话的探索》，《中州大学学报》2009 年第 3 期。

⑥　饶春球、饶雪：《"混沌"与洪水神话》，《郧阳师范高等专科学校学报》2009 年第 4 期。

⑦　李滟波：《中希"混沌"神话的哲学意蕴》，《世界文学评论》2009 年第 1 期。

⑧　齐昀：《道家"天人合一"思想的神话渊源——论混沌神话的本体论意义》，《青海师范大学学报》2011 年第 3 期。

⑨　陈忠信：《〈太一生水〉之混沌神话》，天下论文网，http://www. lunwentianxia. com/product. free. 1877661. 1/。

沌创世的宇宙生成体系模式。"① 陈忠信先生的研究解决了一个理论问题：楚帛书创世神话还没有被学术界注意和确认之前，不少学者认为中国古代没有创世神话（盘古神话既晚起亦被一些学者论证来自印度），但根据一般的逻辑推断，一个民族早期哲学中的宇宙论模式，应该是从更早的创世神话中脱胎和抽象出来的，是创世神话内涵的宇宙论的理性表达方式。而中国古代无论《老子》、《庄子》还是《淮南子》中，都以哲学的方式明确提供了一个成熟的宇宙论模式，按照一般的逻辑推断，中国远古必有创世神话先在，这也是包括袁珂在内的中国不少学者所坚持的。但学术界一直没有人找到一个具体案例，对中国古代创世神话和哲学宇宙论之间的内在对应关系作一个具体的对比性研究，陈忠信先生的论文完成了这个任务，其学术价值是显而易见的。

　　对混沌创世神话哲学内涵的关注，是上列乔兰、朱任飞、齐昀等学者共同的兴趣所在，他们的论文都在确认混沌神话与中国古代哲学、尤其是道家哲学之间的内在影响关系。

　　在关于混沌创世神话的研究成果中，将中外创世神话中的混沌神话进行比较，从而去寻找其内在共同的内涵和特征，是一部分学者注意的重心所在。刘向政先生的《"混沌"创世神话的原始象征意义与宇宙观》一文，在比较神话学和文化学的视域中发现，中国与世界许多民族古代创世神话中，混沌都是世界的原始起点，世界的创造都是从混沌中开始，并且是对混沌状态的破坏为前提的，他的研究结论是："中外有关'混沌'的创世神话，在对世界宇宙的认知上具有相似性。它们不仅包含了具象与意象的原初思维方式、原始宗教——巫信仰，还以隐喻为认知方式，以象征为述事手段，记叙其哲学、科学、历史和宗教观。因此，'混沌'创世神话也就成为远古先民各种思维方式与意识形态的综合体。"② 李湍波博士的《中希"混沌"神话的哲学意蕴》一文，以中希创世神话中的'混沌'神话为研究对象，考察和探究该神话中所包含的哲学意蕴，即为中希早期哲学概念的形成所提供的文化资源。她认为，"'混沌'神话是原始先民对宇宙如何起源和万物如何生成等本原问

---

① 陈忠信：《〈太一生水〉之混沌神话》，天下论文网，http：//www. lunwentianxia. com/product. free. 1877661. 1/。

② 刘向政：《"混沌"创世神话的原始象征意义与宇宙观》，《求索》2007 年第 2 期。

题的集体想象和解释。就其对本原问题的探索和认识而论，'混沌'神话与中希哲学之间存在一种或隐或显的渊源关系。在中国，远古的'混沌'神话观念潜隐地影响了老子'道'的提出，老子对'道'的描述反过来又影响了后来文献对'混沌'神话的记述；而在希腊，先于哲学而存在的'混沌'神话则直接启发了'始基'这一核心概念的形成，但希腊哲学产生之后不再回到作为其文化背景的神话母体中，而是继续向前发展"①。这种比较性研究的意义在于将混沌创世神话作为文化的起点考察，从它与中希两个民族哲学的关系与发展过程揭示两者在起点阶段的共同与差异所在，自有价值。

神话作为叙事性作品，其深层叙事意象构成特征应该是切入的角度之一。笔者的《瞽叟生舜、混沌凿死的深层结构与商人创世神话——商人创世神话研究之二》一文取的正是这个角度。在该文中，我将混沌神话与商人神话传说中关于"瞽叟生舜"的故事关目结合起来研究两者的深层共同叙事结构所在。我的研究发现，春秋战国时人编织的"瞽叟生舜"的故事关目其实源自商人创世神话，瞎了眼睛的瞽叟在商人创世神话中乃是一个黑暗的混沌元神，舜即商人神话中的帝俊，是一个具有光明特性的儿神。俊娶羲和常羲生日月的神话，也确证了他创世主神的身份，因为任何民族神话中日月的诞生都是创世神话的核心关目之一。而日月是时间和空间的标志与坐标，作为日月主神的俊也是时空之神。因此，瞽叟生舜的关目乃是黑暗世界诞生光明世界的创世过程的形象表达。舜作为中国上古孝子贤君的形象，是春秋至秦汉间对俊神话伦理化处理的结果，这个处理既具有重大的文化意义和价值，同时也掩盖了其创世神话的原初特征和内容。后世瞽叟夫妻和他们生的儿子象在原初商人神话中，乃是具有黑暗神性的神祇，他们对舜（俊）的死亡迫害的内在实质，就是黑暗试图扼杀光明的神话表达。在原初，帝俊应该不是象后来的帝舜那样，以超人的温顺孝悌接受父母兄弟死亡迫害的方式并感动他们，而是如《韩非子》、《古本竹书纪年》、《庄子》等文献说的那样，以打败并惩罚他的对手的方式战胜黑暗的压迫。"瞽叟生舜"与另一个创世神话"七窍凿而混沌死"的混沌神话在深层具有共同的原型结

---

① 李漹波：《中希"混沌"神话的哲学意蕴》，《世界文学评论》2009年第1期。

构。所谓南海北海大帝，正是时间和空间之神，他们的开凿使得无有吸食视听的混沌神成为有吸食视听器官的神，混沌之神也因此而死亡。光明世界诞生是通过与黑暗世界的对抗和冲突、最后打败黑暗世界的方式完成的。这两个神话的深层原型意象结构具有共同性，它们各自不同的表层叙事形态，应该是这个共同的原型意象结构的不同转换结果。在此基础上，笔者提出一个猜想：瞽叟和混沌在原初很可能是同一个神，混沌凿死的神话与瞽叟生舜的故事，在原初很可能有内在的关联。[①]

但关于混沌神话的研究中，还没有学者像叶舒宪先生那样，注意到混沌神话中七日凿七窍的关目与中国古代春节礼俗中人日模式的内在关系，揭示两者之间的内在关系，从而重构出一个可能曾经存在而后世仅以礼俗方式表达的创世神话，这应该是一个很有意思的联想和很有发现力的成果。

关于混沌神话，也有一些需要继续研究的问题。

首先，混沌神话是否是与人日礼俗有内在关联的神话？叶舒宪先生将两者联系在一起是十分有发现性和想象力的，但也有学者对人日礼俗的创世神话性质提出质疑。1999年云南大学中文系傅光宇先生发表了《"人日创世神话"献疑》一文，该文列举大量古代典籍资料，证明与人日相关的古代春节礼俗其实有两种模式：一是《荆楚岁时记》中所记的、源自晋代董勋《问礼俗》中的"一日为鸡，二日为犬，三日为豕，四日为羊，五日为牛，六日为马，七日为人"的礼俗。二是托名东方朔的《东方朔占书》中"一日为鸡，二日为犬，三日为豕，四日为羊，五日为牛，六日为马，七日为人，八日为谷"的礼俗。隋唐文献中，多引董勋所说的礼俗，而宋以后文献，则多引《东方朔占书》中的礼俗。从文献记载资料看，《东方朔占书》应该产生于东汉至南北朝这个阶段，董勋《问礼俗》亦产生于这个阶段，因此在时间上大体差不多。作者说：

> 由上可知，董勋《问礼俗》与《东方朔占书》均著录于隋、唐史书，至《宋史》方不见著录，则宋以前二书并行于世。宋代诸书

① 张开焱：《瞽叟生舜、混沌凿死的深层结构与商人创世神话——商人创世神话研究之二》，《中国文化研究》2012年第3期。

多引《东方朔占书》，则该书宋代尚流行于时。但董勋《问礼俗》释"人日"只言"正月一日至七日"，而《东方朔占书》则言"岁后八日"，从元日说到初八。这起码可以说明："人日"礼俗源自以圣数"七"为结构素之创世神话的说法并不可靠。因为它还涉及数字"八"。《周易·系辞上》"天七，地八"；《京房易传》卷下：七为"阳之数"，八为"阴之数"。"七"与"八"均为神秘数字，所谓圣数字但天地有别，阴阳迥异，不能混淆为一。①

　　作者进而从典籍和民俗资料中找到不少案例，说春节这一礼俗在后来，还有以十日为限的，如九麻十豆之类的说法。而无论《荆楚岁时记》还是《东方朔占书》中的上述春节礼俗，在中国古代，都是农业民族为了预知、祈求、祭祀和庆贺一年风调雨顺、人事平安、六畜兴旺、五谷丰登的一种"占候"习俗，"在这'占候'习俗和开天辟地的创世神话之间，根本找不到一点联系。详析《荆楚岁时记》中古之'人日'礼俗，实系以祝愿人畜兴旺为解，与占卜之意并不相悖"②。

　　傅文之后，学者闻斋亦发表《人日创世神话质疑》一文③，继续对叶舒宪将人日礼俗作为中国古代创世神话进行质疑。

　　笔者老家正在鄂中，这是古代荆楚的核心地域，儿时也常听长辈谈论这种春节礼俗，却是以十日为限的，即在第七日"人日"之后，还有正月初八、九、十分别为谷日、豆日、麻日的说法，农民们根据正月这十天每一天的阴晴状态，预判相应的动植物当年的盛衰丰歉状态。这在笔者的长辈人那里，是常识性的礼俗。可见近现代的鄂中一带，春节以后的占候习俗不是以七日为模式的。但这是否就意味着叶舒宪的重构性研究就是错的呢？那还不能作这样的判断，完全存在这种可能：即"人日"为最后一日的七日模式可能是起源最早的，而在七日之后添加一日或三日，形成八日或十日模式，可能起源相对较晚。这种在一个原生性模式基础之上顺序性地添加新的因素，衍生出新的次生性模式的情形，在文化史上是常见的。当然，这只是本人的

---

① 傅光宇：《"人日创世神话"献疑》，《楚雄师专学报》1999 年第 4 期。
② 同上。
③ 闻斋亦：《人日创世神话质疑》，《民俗研究》2000 年第 2 期。

一个猜测。

人日礼俗是否具有创世神话性质，这是它与混沌神话是否有关联的前提，这个问题上的不同意见大约还将继续存在，有待更进一步的研究。

其次，混沌神话在古代文献中有多个，而不是一个，诸位研究者基本都是取《庄子》中的那个寓言，确认这个寓言是古代神话转换而来的，但还有三个混沌神，即《山海经》、《左传》、《神异经》中的混沌神。

《左传·文公十八年》载为舜所放四凶之一的"混沌"：

> 帝鸿氏有不才子，掩义隐贼，好行凶慝，天下之民谓之混沌。[1]

《山海经·西山经》：

> 又西三百五十里，曰天山，多金玉，有青雄黄。英水出焉，而西南流注于汤谷。有神焉，其状如黄囊，赤如丹火，六足四翼，浑敦无面目，是识歌舞，实为帝江也。[2]

《神异经·西荒经》：

> 昆仑西有兽焉，其状如犬，长毛，四足，似黑而无爪，有目而不见，行不开，有两耳而不闻，有人知性，有腹无五脏，有肠直而不旋，食径过。人有德行而往抵触之，有凶德则往依凭之。名浑沌。[3]

这几个混沌与《庄子》中的混沌神不同，这些不同的混沌神之间的

---

[1] 杨伯峻编：《春秋左传注》（卷二），中华书局1990年版，第638—639页。
[2] 袁珂校注：《山海经校注》，上海古籍出版社1980年版，第55页。
[3] （汉）东方朔撰，（晋）张华注：《神异经》，见《汉魏六朝笔记小说大观》，上海古籍出版社1999年版，第54页。

关系是怎样的？它们都源自古代混沌创世神话吗，是同一个神吗？如果是，何以有如此不同的形象？如果不是，它们的关系是怎样的？迄今为止，尚未有一种研究令人信服地解决这个问题。

再次，从神话角度讲，世界的创生一般是通过具有人格形态的神祇们的相关行动（生殖或动作）展开和完成的，因此具有较强故事性，但《庄子》中的混沌神话中，混沌基本是一种自然世界始源状态的表述，也没有关于他的故事，如果要采取重构的方式，是否能够在古代文献中找到可靠的资料，可信地重构一个具有故事性的混沌创世神话？

上述几个方面都存在继续探讨的空间。

四 鲧、禹洪水创世神话研究述评 *

关于鲧、禹洪水传说，一直以来，历史学家都将其当成真实发生过的历史事实和人物对待，直到 20 世纪，大部分的历史学家还是这样看待这个传说的。90 年代完成的夏商周三代断代工程依然将禹、启看成历史上存在的人物，并对他们的生卒年代都给予了大致的判断。但另一方面，对鲧、禹洪水传说的研究，在 20 世纪出现了一个新的视角，即将他们看成是神话人物，而才历史化为历史人物。最早提出这个看法的是日本史学家白鸟库吉。1909 年（明治 42 年），他发表《中国古代传说研究》一文，大胆提出了尧、舜、禹非历史人物，而是神话传说中的英雄的新论。由此他进一步论证了中国上古史记载都具有神话性。[1] 这个观点在中国历史学界获得了响应，那就是顾颉刚先生领军的古史辨派学者研究尧、舜、禹等古史传说人物的神话视角以及与白鸟库吉相同的结论。这种完全推翻中国几千年历史学家成见的观点和视角引起的震撼是可想而知的，由此也引发了 20 世纪关于包括鲧、禹、启在内的上古传说中的帝王们的生平和故事究竟是神话传说还是历史真实的长期争论，这场争论其实到现在也没有结束。

从神话研究角度回顾，近百年来，我们发现关于鲧、禹、启的研究

---

　* 本专题以《鲧禹创世神话研究述评》为题发表于《湖北理工学院学报》（社会科学版）
2014 年第 1 期。

　① 参见贺学君《中日中国神话研究百年比较》，载《文学评论》2001 年第 5 期。

是最丰富的，几乎所有进入中国神话研究的学者，都要在这个问题上留下自己的声音。总体上看，对鲧、禹、启的研究，经历过一个将他们从传说人物确认为历史人物、从历史人物确认为神话人物，从一般神话人物确认为创世神话中的神话人物这样三个阶段。将鲧禹及其故事从传说人物与故事确认为真实历史人物和他们的故事，主要是先秦完成，由司马迁《史记·夏本纪》所定型，而为后世漫长历史过程中无数文化人所继承的；从历史人物到神话人物的确认，是白鸟库吉开始，顾颉刚等先生完成的；而鲧禹故事从一个洪水神话故事中的治水失败者或成功者的英雄传说到发现这个传说后面掩藏着更远的中国古代创世神话，则是从日本学者大林太良开始的。

　　大林太良在《神话学入门》这本书中，从比较神话学角度，发现阿尔泰地区古代广泛流传着一种创世神话类型，就是潜水捞泥造陆神话（又称大地潜水者（Earth－diver）神话），这种神话流传地域遍及欧亚大陆乃至美洲印第安部落，按照大林太良的描述，这类创世神话的基本内涵是这样的：

　　　　——最初，世界只有水。神和最早的人（或者是恶魔）以二只黑雁的形体盘旋在最初的大洋上空，神命令人从海底拿些土来。人拿来土以后，神把它撒在水上并命令说："世界啊，你要有形状。"说罢又让人再一次送些土来。可是，人为了把土藏掉一些来创造他自身的世界，只把一只手中的土交给了神而把另一只手中的土吞进了自己口中。神把拿到手中的那部分土撒在水面上之后，土开始渐渐变硬变大。

　　　　随着宇宙的成长，人嘴里的土块也越来越大，简直大到足以使其窒息的程度。这时人才不得不向神求救。被神盘问的结果，人才坦白了自己所做恶事，吐出了口中的土块，于是地上便出现了沼泽地。[1]

　　大林太良由此指出："中国古代的洪水神话，鲧从上帝那里盗走

————————

　　[1]　［日］大林太良：《神话学入门》，林相泰、贾福水译，中国民间文学出版社 1989 年版，第 51 页。

了叫做息壤的永远成长不止的土，并用它平息了洪水。此事惹怒了上帝，命令火神祝融，在羽山将鲧杀死，把余下的息壤要了回来。"① 他认为鲧的神话原来应当就是捞泥造陆神话。从比较神话学角度将鲧、禹神话的类型认定为流布人类广泛地域的捞泥造陆创世神话，这个发现令人耳目一新。自顾颉刚将鲧、禹传说当成是古代神话之后，尽管有关鲧、禹神话的研究成果众多，但似乎都没有这个观点别开生面和有震撼力。

嗣后，中国云南大学李道和 1990 年发表《昆仑：鲧、禹所造之大地》一文②，该文明显受了大林太良的启发，将鲧、禹神话看成是捞泥造陆创世神话，并认为他们所造的大地就是昆仑。

1992 年，叶舒宪在《中国神话哲学》一书中，专辟"息壤九州"一章，论述鲧、禹息壤神话的创世性质，并确认这种神话的类型就是陆地潜水者创世神话："在中国的洪水神话中，天帝和鲧分别扮演了上帝和魔鬼的角色，潜水取土造陆的情节改变成了自天帝处取土造陆的情节，魔鬼的听命于上帝演变成了鲧的不待帝命。"③ 叶舒宪也注意到了，鲧、禹洪水神话在今文本中只是治水神话，和流布欧美的陆地潜水者创世神话的表层形态并不一样，创世和治水，是不同的主题。但他认为"按照弗莱的原型理论，我们可以从原型结构的置换变形（displacement）规律着眼解释这两类神话的同构性，即把鲧、禹治洪水的神话看成是更早的潜水型创世神话的置换变形。换言之，现存的中国上古洪水神话不是凭空产生和偶然产生的，而是以华夏已经失传于后世的原始创世神话为原型范本，按照已有的结构模式而创造出来的。"④ 叶舒宪进而对人类各民族洪水神话与创世神话的关系进行归纳，发现很多民族的洪水神话与创世神话是一个有机的整体，其普遍的逻辑程序是：创世—造人—人的罪过—惩罚性洪水—再创世。这一普遍性的神话程序广泛存在于亚欧非美各大洲古代神话中。他由此发现尽管鲧、禹洪水神话中没有明确叙述因为人（自身的堕落）得罪了至上神，导致至上神

① ［日］大林太良：《神话学入门》，林相泰、贾福水译，中国民间文学出版社 1989 年版，第 51 页。
② 李道和：《昆仑：鲧禹所造之大地》，《民间文学论坛》1990 年第 4 期。
③ 叶舒宪：《中国神话哲学》，中国社会科学出版社 1992 年版，第 338 页。
④ 同上。

对人发动大洪水进行惩罚的故事，但鲧、禹洪水神话中明确存在的那个"帝"，应该不是与发动洪水毫不相干的人物，很可能是他发动了大洪水淹没人类世界。今见文本中帝、鲧、禹三个角色，应该是第一次创世中就存在的三个角色，现见"由天帝和鲧、禹父子共同演出的治洪水故事，实际是第二次创世，即以息壤原型为基础的潜水造陆型神话的一种变相重演"。①

1999 年 10 月，清华大学中文系举办"第二届中国古典文学国际研讨会——纪念闻一多先生百周年诞辰"会议，参会的中国台湾清华大学中文系主任胡万川教授提交了《捞泥造陆——鲧、禹神话新探》的论文，该文是迄今为止从陆地潜水者创世类型角度探讨鲧、禹神话最深入细致具体的成果之一。该文作者在对此前有关这个主题的研究成果进行述评的基础之上，从比较神话学角度，以丰赡的资料和深入细致的研究，对捞泥造陆创世神话（即陆地潜水型创世神话）母题的基本构成、母题的不同变异形态、这一创世神话类型的流布范围、流传中的变异形态等，从理论和实际构成两个角度进行了较为集中细致的讨论。他在西方学者汤普逊《民间故事母题索引》中归纳的 A810 "原始大水"神话母题组的基础上，拟构出针对中国鲧、禹神话的 8 个基本母题，并由此分析鲧、禹神话，确认它们在原初是创世神话："中国古代传说中的鲧、禹治水故事应该是原始造地神话的后世置换、改编本"，属于"动物潜水取土造地"的创世神话类型；② 这个神话中，鲧是潜水捞泥者，禹是将泥土铺敷于鲧身上而造就大地的神。他并从这一见解出发对《天问》中许多关于鲧和禹的诗句进行了新的读解，颇多新意。③ 后来，吕微先生在《神话何为——神圣叙事的传承与阐释》一书中，也采信了鲧、禹洪水神话的原型是捞泥造陆创世神话的观点。④ 也就是说，鲧禹洪水神话在原初应该具有创世神话性质。

笔者 2007 年发表论文《鲧禹创世神话类型再探》，文中确认此前大

---

① 叶舒宪：《中国神话哲学》，中国社会科学出版社 1992 年版，第 339 页。

② 胡万川：《捞泥造陆——鲧、禹神话新探》，民间文化青年论坛，网址：http：//www. pkucn. com/chenyc/viewthread. php？tid＝2795。

③ 同上。

④ 参见吕微《神话何为——神圣叙事的传承与阐释》第二章"鲧、禹神话：口头传说与权力话语"，社会科学文献出版社 2001 年版。

林太良、叶舒宪、胡万川、吕微等学者将鲧禹洪水神话作为原初创世神话在后世的置换形式的观点具有十分重要的学术价值，但对于诸位学者将这个神话的类型确认为陆地潜水类型创世神话提出异议。该文认为：1. 作为创世神话，肯定不只有大地创造一个环节，大地、天空、日月星辰、动物植物等的创造、人类的由来以及宇宙劫难和宇宙再造等，都应该是一个创世神话的必然构成部分，相信夏人原初创世神话也具有这些环节，仅仅根据造陆一个环节就将夏人创世神话确认为陆地潜水型神话，是十分片面的；2. 就造陆这个环节而言，现有文献中那个"帝"即尧或舜，而根据顾颉刚等学者的研究，这两个人物并非夏初就存在的人物，而是周代、甚至可能是春秋战国时代的人们为了特定政治和文化建设的需要造设的，在夏人原初神话中，不存在这个"帝"的角色；3. 夏代作为中国上古三代中最早出现的一个朝代，其原初创世神话中，鲧是一个具有混沌黑暗神性的原始水神，世界的创造由这个混沌黑暗的原始水神开始。先有原始混沌大水，然后在混沌大水中产生陆地，继而在陆地上产生高山和天空，这是夏人创世神话的程序。所以，原初神话中，这个混沌黑暗元神之上，不可能有其他更高的天神存在。世界创造从原始混沌水神开始，这是苏美尔、巴比伦、埃及、印度等古老民族原初创世神话共同的规律，中国夏人神话也与之相同；4. 从直到汉代还流传着的"惩父山"命称和秦汉文献资料，以及杨宽等学者的相关研究，中国夏人创世神话中，原初混沌水神鲧与他的儿子大地之神禹之间曾经先有合作的经历，但后来发生了冲突，这个冲突与所谓"息壤"相关，应该是两人在如何将最初的神土息壤创造成大地和创造成怎样的大地的方案与模型上发生了冲突，冲突的结果是禹战胜并惩罚了自己的父亲，按照自己的"洪范九畴"（禹创造大地的方案和模型）创造了大地，并其后和妻子涂山氏生育了天空之神启，完成了世界的创造，成为世界新的神性首领；5. 从上述构拟的夏人创世神话基本的环节看，夏人创世神话的类型不是陆地潜水型神话，而比较符合《大英百科全书》关于人类创世神话几种类型中的"世界父母型"创世神话。①（这个判断现在看来还是不准确。）

---

① 张开焱：《鲧禹创世神话类型再探》，载《民族文学研究》2007 年第 3 期；《2007 年中国民间文艺学年鉴》转载，华中师范大学出版社 2010 年版。

　　也有学者对鲧、禹洪水神话是创世神话的观点表示怀疑，2008 年
10 月，由中国社会科学院民族文学研究所主持召开的"中国创世神话
比较研究国际学术研讨会"上，北京大学陈连山先生提交了题为
《鲧、禹神话原型研究中的"捞泥造陆说"献疑》的论文（该文后发
表在《百色学院学报》2010 年第 1 期），该文认为，"鲧、禹父子治水
相关记载既有超自然的神话，也有远古历史传说，一般认为先有超自
然的神话，经过历史化改造，转变为远古历史传说。鲧、禹故事无论
历史化发生之前，还是之后，其基本内容都是治理洪水，和创世神话
似乎无关。部分神话学家认为这组治水神话的原型是创世神话之一即
所谓'捞泥造陆'型似乎根据不足"①。相信古典文学学者和历史研究
领域的学者，很多都不会认同鲧、禹洪水神话是创世神话，他们甚至根
本就不会认为这是神话。这里，研究视角和立场的差异显然对于如何看
待鲧、禹传说是最重要的。

　　就笔者看来，鲧、禹传说的本原是神话应该是可以确认的，而且从
大林太良到叶舒宪、胡万川等学者将其确认为创世神话，是一个很有价
值的学术发现，是 20 世纪以来，关于鲧、禹传说研究的一个具有突破
性的成果。但他们的研究确实存在可以讨论的地方，笔者认为下面两个
方面就是需要继续讨论和深入研究的。

　　首先，如果说鲧、禹神话的原型是创世神话，那么一个完整的创
世神话应该包含有天地创生、万物创生、人类起源、宇宙灾难与宇宙
再造这些基本的构成环节，但是上述所有学者都没有提供关于鲧、禹
创世神话构成中这些完整的叙述。例如，鲧、禹神话的原型如果是潜
水者捞泥造陆的神话，那么，天空是如何创造的？难道古代夏人的神
话只提供了造地神话而没有开天神话？这在逻辑上似乎是说不过去
的。同时，天是先于地创造出来的吗？如果是，那是谁创造的？如果
不是，为什么又有一个天帝存在？还有，万物和人类是如何来的？是
否发生过宇宙灾难？谁平息的宇宙灾难？等等，这理应是创世神话的
必要构成，但是上述诸位学者都没有提供这样的研究成果，其实叶舒
宪已经意识到一个完整的创世神话应该有这些环节，但他并没有从原

---

　　① 　陈连山：《鲧、禹神话原型研究中的"捞泥造陆说"献疑》，《百色学院学报》2010 年
第 1 期。

型重构角度完备地提供这些环节，而这些环节应该是可以从今文本提供的资料中重构的。

其次，将鲧、禹神话的类型确定为陆地潜水者创世型（或胡万川先生所说的"捞泥造陆创世神话"）是否准确？笔者觉得这是大可讨论的。比较神话学的视野有助于我们在一个开阔的学术背景中寻找中国神话与其他民族神话的共同性所在，但这个优势的另一面也可能是局限，就是障蔽了中国古代神话的民族特性。因此，如何在运用比较神话学的视野和方法的同时，特别关注中国文化和中国神话的独特性所在，是应该重视的问题，笔者觉得上述成果在这个方面都存在不足。叶舒宪先生也特别强调，陆地潜水型创世神话是具有海洋文化特征的一种创世神话，但远在夏代或夏代以前的中国先民，生活的地域主要是内陆，海洋性因子在文化中的影响应该是很弱的，内陆性因子应该是最根本的，在集中表达自己集体无意识的创世神话中，如何会以海洋性因子作为主导性构成呢？这在逻辑上也存在问题。

笔者在先前的论文中将鲧禹创世神话类型判断为世界父母型，这个判断今天看来，也有继续讨论的必要，因为，仔细对照《新大英百科全书》对世界父母型创世神话的归纳将会发现，鲧禹神话中有很多关键的因素是不太符合这种类型的，例如，世界父母型神话中，世界最初是由一对原始父母的生殖行为开始的，但夏人神话中，鲧原初只是一个独神而不是配偶神（战国至秦汉的《世本》中才给鲧安排一个配偶），这个起点的环节两者就不相符。其次，世界父母型神话中，原始父母神祇是世界的创造者，但不是人类某些部落或民族的始祖，而夏人创世神话中三代大神鲧禹启，都既是创世神，也是夏人的祖宗神，而这也是世界父母型神话不必定具备的特征。所以，夏人创世神话类型究竟应该如何判定，是一个尚待继续研究的问题。我现在的观点是，最好命之为世界祖宗型创世神话。

所以，在笔者看来，将鲧、禹神话的原型确认为创世神话是具有很高学术价值发现，但与此相关的问题也还需要继续深入探讨。

五　其他有关中国古代创世神话研究成果

关于中国古代创世神话的研究，上述五个专题（盘古神话，楚帛书神话，混沌神话，人日神话，鲧，禹神话）取得了引人注目的成果，也相对集中，此外，还有一些成果与这五个专题无关，但学者们的研究也有值得注意的地方。2008 年在中国社会科学院民族文学研究所主办的"中国古代创世神话国际学术研讨会"上，叶舒宪先生宣读了《从女娲到女蛙——中国的蛙神创世神话及信仰背景》的论文①，该文利用新发现的考古材料，结合神话的综合叙事功能（即图像、故事和表演功能），认为中国远古存在过蛙神（女娲的原型）创世的神话，青蛙/蟾蜍是新石器时代欧亚大陆宗教信仰的对象，是中国第一个史前神话女神——女娲的原型。认为女娲是蛙神的见解，中国社会科学院赵国华先生在 20 世纪 90 年代出版的《生殖崇拜文化论》（中国社会科学出版社 1990 年版）一书中也有过明确表达，但他没有从创世神话角度来研究她，而且也不是在跨民族文化与神话的比较视野中进行的，所以叶舒宪的这个成果提供了新的视角和见解。同时，叶舒宪先生在《中国神话哲学》一书中，还通过原型重构的方法，构拟了中国古代另一类创世神话，即太阳创世（黄帝创世）的神话。在中国古代创世神话研究这个领域，应该说，叶舒宪先生提供的成果是最多最系统的。董楚平先生对中国古代创世神话研究也表现出浓厚的兴趣，在研究楚帛书创世神话的《中国上古创世神话钩沉——楚帛书甲篇解读兼谈中国神话的若干问题》一文之外，他还发表了《"鸟祖卵生日月山"良渚文化文字释读之一兼释甲骨文的"帝"字》②、《良渚文化创世神话补证》③、《中国最早的创世神话》④，三文均是对良渚文化遗存进行的研究，董先生的研究成果如果能够确认，则中国古代创世神话出现的可靠年代当可望前推几千年。按照他的研究，良渚文化十件传世玉器上的刻符既是图画，也是文字，他结合李学勤等历史学家的研究成果，参照商人帝俊神话和甲骨文中"帝"字的含义，从十件玉器的刻符破译出"鸟祖卵生日月山"几个字。良渚文化中，鸟既是太阳

---

① 收入米尼克·希珀、叶舒宪、尹虎彬主编会议论文集《中国创世与起源神话——口头与书面传统的跨文化探索》，由 Brill 出版社于 2011 年出版。
② 董楚平：《"鸟祖卵生日月山"良渚文化文字释读之一兼释甲骨文的"帝"字》，《故宫文物月刊》1997 年第 168 期。
③ 董楚平：《良渚文化创世神话补证》，《故宫文物月刊》1997 年第 174 期。
④ 董楚平：《中国最早的创世神话》，《杭州师范学院学报》1998 年第 2 期。

神形象，也是部落的图腾，即祖先的形象，故有"鸟祖"的称谓。在中国古代创世神话中，世界的创造都是先有大地、高山和日月，最后才有天，天在先民心理和文化中地位并不高，良渚先民创世神话的记载中，没有出现"天"字。因此，十件良渚器物上的刻符是良渚先民对自己神祖创世的记载。董楚平先生在此基础上对中国古代创世神话有这样一段总结值得重视："在以后的中国文明史上，祖宗崇拜始终占有压倒优势，自然神地位始终不高，这是中国文明的一大特点，其根源可以追溯到良渚文化。"① 这意味着，从一开始，中国创世神话中，祖宗崇拜就是最重要的内涵。而这个认识，正和本课题对中国古代创世神话类型的认识密切相关。

由于本述评采取了以中国古代创世神话故事专题为核心的视角，并且只选取了成果较为集中的五个专题，所以，还有不少不能纳入这五个专题的学术成果未能兼顾，如对中国创世神话有长期研究和丰富成果的陶阳、钟秀的重要著作《中国创世神话》，刘雨婷的博士论文《中国创世神话研究》，王宪昭的博士论文《人类起源神话》等。此外，还有大量已经发表的有关中国古代创世神话论文本处也没有涉及，这主要是从中外比较角度、创世神话的文化和哲学内涵角度、创世神话与民俗角度、华夏古代创世神话与中国其他民族创世神话比较角度的大量成果，这里基本没有涉及，特此说明。

六　已有研究成果留下的问题

从本课题的角度讲，上述创世神话研究的成果留下了一些需要继续研究的问题。

一是对中国古代创世神话中单个神话的还原性研究缺乏系统性。一个完整的创世神话应该是包含有天地宇宙、日月星辰、诸神人类、动物植物的诞生、宇宙大灾难发生、灾难平复等基本关目的，而已有还原性研究的成果，都只涉及其中某些关目，而鲜有系统地建构创世—灾难—再创世整个过程的。例如将鲧、禹神话确认为捞泥创世者神话的研究，只解释了

---

① 董楚平：《中国最早的创世神话》，《杭州师范学院学报》1998年第2期。

大地的来源，而其他世界构成因素的来源则都没有解释，更没有灾难和再创世的环节；那么，是否有关夏人的神话传说资料中没有相关资源可供重构这些环节使用的？当然还不是。笔者觉得这主要是学者们先在地接受的理论模式的限制使然。如果先在地对鲧、禹神话用捞泥创世类型（即陆地潜水型）来解释或重构，自然对夏人创世神话资料只会注意鲧、禹息壤这个因素，其他的因素就难进入研究视野，即使进入也无法将它们纳入这个创世模式中，这才是问题的核心所在，这不免让人想起"削足适履"这个成语。

二是商人创世神话的研究一直没有出现有力的成果。应该说，现有资料中，商人的神话资料遗存已经明确地提供了创世神话的片段，例如商人至上神和始祖神帝俊娶羲和和常羲生日月的故事、帝俊的传说化形态之一高辛氏两个儿子变为参商二星的故事、帝俊的十个太阳儿子乱出天空导致大灾难、俊派后羿射杀其中九个的故事等，都明显是创世神话的核心构成之一，如果结合帝俊的另一传说化形态帝舜的故事，重构一个完整的商人创世神话，是不困难的，今文本已经提供了相当充分的资料。但迄今为止，虽有学者在某些研究中提及这些资料中的某些可能和创世神话有关，但却没有从创世神话角度专题进行系统重构的成果。

三是不少学者的研究成果，对创世神话流变史的价值重视不够，没有注意到这个流变史中蕴含的特殊文化价值。上古创世神话的传说化和历史化，确实对神话而言有令人遗憾的一面，但几乎任何文明民族的古代神话在后世都或先或后、或重或轻地会经历过传说化和历史化的过程，这几乎是个规律性的现象，只不过在中国，这种传说化和历史化更为全面和彻底一些。但这并不是只有负面价值的过程，这个流变过程中显示的许多重要现象，是具有特殊文化价值的。例如，不管古代是属于哪个族团的创世神话，也不管是不是外来的（如盘古神话），它们在后世的漫长的流传过程中，都根据时代和历史的需要，不断地被地域化、族属化、祖宗化，这就是最具有中国文化特征的一个现象，它具有重要的历史与文化意义。这和希伯来神话的流传过程比较就更能见出其特殊性。希伯来远古创世神话中的至上神耶和华，本来最早也只是一个部落的保护神，但随着希伯来人迁徙世界各地，在流传过程中，耶和华的神性在不断改变，从仅仅是古代希伯来部族的至上神和保护神变成了没有任何族属特征的、全人类的至上神。这和中国古代那些创世大神在后世流传过程中不断被族属化，最后历史化为某些部落、部落族团的祖先，是完全不同的过程和结果，这个过程和结果中有十分有价值的东西存在，它需要我们正面地给予重视和研究，而不是一味地从负面给予否定的。

最后，与此相关的问题也是本书的目标之一是，诸位学者对中国上古创世神话类型的总结存在再讨论和再深化的余地。叶舒宪先生在《新大英百科全书》总结的五种创世神话类型基础上提出六种创世神话类型，分别对应性地重构出中国古代创世神话。他的研究证明，中国古代不是没有创世神话，而是有很丰富的创世神话，人类创世神话有的六种类型，中国古代都有。毫无疑问，这是很有价值的成果，而且，他的成果已经产生了广泛的影响。但以这六种模式来重构中国古代创世神话，可能存在一个问题：中国古代创世神话有某种共同的特征和类型吗？如果没有，为什么？如果有，是什么？而且，更重要的是，中国古代创世神话真的可以完全被《新大英百科全书》归纳的这五种模式概括吗？众所周知，很长一段时间内，西方学者基本都认为中国古代没有创世神话，所以，《新大英百科全书》撰写"创世神话的理论与类型"的学者肯定不是以中国创世神话作为对象进行归纳的。那么，这个建立在对其他民族创世神话概括基础之上的五种类型对中国古代神话是否完全适用？我们民族古代创世神话类型是否存在超出这五种类型的特征？

而王宪昭、向柏松等学者则提出了更多的创世神话类型，其价值是使我们对中国不同创世神话故事的构成差别能有更为具体细致的了解。但针对他们繁复的分类，我的问题是，中国古代创世神话有一种超越所有这些具体分类的共同性特征和类型吗？如果有，它们是什么？它们又有何价值？

这正是本课题要回答的问题。

****

上编

周以后创世神话研究

****

第一章　盘古创世神话的异域影响与本土元素

很长一段时间，人们谈论中国古代创世神话，想到的就是盘古神话，但关于这个神话的来源，却引发了长期的争论，有学者认为是受了印度文化尤其是印度佛教文化的影响而产生的，更多学者则坚持这个神话是中国本土产生的，一直到现在，都没有一个大家都能接受的结论。本章将检讨外来说与本土说各自的证据，并在此基础上对其结论的可靠性作出判断。同时，本章在尊重外来说的前提下，更注重这个神话与中国本土神话与文化要素的关联，尤其是它在后世流传过程中的变化，以及由此所体现的中国文化的重要特征。

第一节　盘古创世神话外来说文献证据再检讨*

在关于盘古创世神话的研究中，外来说由来已久，一直存在。在多种外来说观点中，印度来源说影响最大。在这种观点的主张者看来，盘古神话是在印度文化影响下产生的，这是不需再证明的铁论。尽管一些坚持盘古神话本土论的学者对这个观点是坚决抵制的，但迄今为止，本土说学者提供的材料尚未能有力地驳倒外来说。关于本土说学者观点存在的问题，笔者将在下节讨论，本节只对外来说进行再检讨。因为几十年来，对外来说的检讨性论文已经有不少，所以本节是在此基础之上的

＊ 本节以《盘古创世神话外来说文献证据再检讨》为题发表于《贵州师范学院学报》2013 年第 5 期。

再检讨。本节检讨的视角，主要是对外来说学者提供的文献证据本身进行检讨，而这个角度恰恰是本土说学者都忽视了的，这是让笔者感到很奇怪的事情。笔者的检讨将证明，被一些学者视为不需再讨论的外来说的"铁论"，其实并不那么铁，它本身存在不少疑问。下面笔者将通过对外来说学者依据的文献证据的分析对这个观点展开再检讨。

有人认为盘古神话来源他国之说由来已久，例证是明代跟随郑和下西洋的马欢曾著《瀛洲胜览》一书，其中"锡兰国"条下云："王居之侧，有一大山，侵云高耸，山顶有人脚迹一个，入石深二尺，长八尺余，云是人祖阿聃圣人，即盘古之足迹也。"[①] "阿聃"（Adam）音同"亚当"，是伊斯兰教中人祖之名 Adam 的中文翻译，（Adam 若在伊斯兰经典，则译为阿聃；若在基督教经典，则译为亚当），伊斯兰教某些教义和神圣故事脱胎于犹太教、基督教《圣经》是人所共知的，这个"阿聃"当是脱胎《旧约》创世神话中的人祖"亚当"，和盘古神话无关。马欢云"即盘古之足迹也"，用中国古代神话人物盘古来对比性定位这位锡兰（斯里兰卡）人心目中的人祖，应该是一种比附性说法。已经有学者指出，将中国古代神话中人祖盘古比附外来宗教中的某个人物，这在明清伊斯兰教和基督教的传播中是惯例性的事情，"将阿聃比附为盘古不会是马欢个人的误解，而是中国穆斯林中流行的说法。明代中国犹太人也有相似的做法。稍晚于郑和时代的开封犹太教《重建清真寺记》碑文中称'一赐乐业（以色列）立教祖师，阿无罗汉（亚伯拉罕），乃盘古阿耽（亚当）十九代孙也'，也是将阿耽比附为盘古。显然，前引《瀛涯胜览》的记载中称阿耽为盘古，是附加于此传说之上的汉文化因素，而不是锡兰固有的内容"[②]。所以上引马欢的资料，不能作为盘古神话外来说最早的证据。

盘古神话外来说具有学术意义的研究，应该是 20 世纪才出现。

从学术研究角度讲，日本学者高木敏雄是盘古创世神话外来说在20 世纪的始作俑者。1904 年在其著作《比较神话学》（日本东京：博文馆出版）中将人类创世神话区分为卵生型（天地开辟型）和尸化型两大

---

① （明）马欢：《瀛洲胜览》，中华书局 1985 年版，第 48 页。
② 杨军：《从〈瀛涯胜览〉所载神话看伊斯兰教在南亚的传播》，《当代宗教研究》2008年第 1 期。

类，并指出，相比之下，卵生型神话要比尸体化生型神话晚出，它更带有哲学意味。① 这两种创世神话最早出现在古代印度，《梨俱吠陀》中的原人布尔夏牺牲献祭、尸体化生宇宙万物神话和《摩奴法论》中的梵天金蛋创世神话就是范本。而中国三国人徐整《三五历纪》、《五运历年纪》等文献中的盘古创世神话基本属于这两大类，但比印度相关神话要晚出得多，他由此断言中国盘古创世神话来源于印度梵天和布尔夏创世神话。这个结论深远地影响着 20 世纪学者对盘古神话本土性的判断。后面的学者针对这个结论基本是从肯定和否定两个方面展开对盘古神话研究的，或者说是以此为显在和潜在参照的。在外来说的认同者中，吕思勉、何新、叶舒宪等学者比较引人注目，其提供的材料和认识也具有代表性。而坚持盘古神话本土论的学者则认为，盘古神话应该古已有之，虽然载籍较晚，但口头流传应该较早。夏曾佑、常任侠、闻一多、袁珂、马卉欣等学者都是本土论的坚持者，他们提供的资料和观点在本土论学者成果中较具代表性。

应该说，高木敏雄最早提出盘古神话来自印度这个观点，真是石破天惊的发现，显示出一个比较神话学家开阔的学术视野和优势。直到今天，诸位主张盘古创世神话外来论学者主要的资料和观点，都还与之大体相同或相去不远。但从学术结论的可靠性角度考察，高木敏雄的观点面临着一个问题：这种跨民族神话故事的类同性比较，如果采取的是平行比较的方法，那么，其结论（盘古神话源于印度神话）与比较方法之间就存在矛盾：平行比较的目的并不是要证明不同民族神话之间存在渊源关系，而是要证明人类神话之间有某些共同性或差异性；如果是从影响比较角度着眼进行，那高木敏雄的研究又是很不严密和规范的：影响比较研究结论的可靠性，要建立在精细深入地揭示影响源文本经过何种具体途径（何时、何地、何人、何种原因和背景、通过何种文本和方式）如何导致受影响者终端文本的形成，但高木敏雄恰恰没有做这个关键的工作。同时，他没有扎实地证明在徐整之前印度"吠陀"已经大量传播到中土；他列举的印度梵天金蛋创世神话和原人布尔夏尸化世界万物的神话，分别来自《摩奴法论》和《梨俱吠陀》，均是印度最古老的

---

① ［日］高木敏雄：《比较神话学》，东京博文馆明治 37 年版，第 159 页。

文化典籍，是婆罗门教的经典。但迄今尚无资料证明两书在魏晋以前传译中土。《摩奴法论》到 20 世纪才有两种汉译本：马香雪从法译本转译的《摩奴法典》（商务印书馆 1982 年版），蒋忠新从梵文原本译出的《摩奴法论》（中国社会科学出版社 2007 年版）；《梨俱吠陀》在印度本身长期没有书写本，是通过经师口耳相传的方式传播的，唐僧人义净在《南海寄归内法传》中就明确提到印度婆罗门"所尊典诰，有四薜书（即四吠陀书）"，"咸悉口相传颂，而不书之于纸叶"[1]。可见那时候吠陀典籍都还没有可能以纸媒的方式传译到中国。《梨俱吠陀》在中国唐以前没有全译本，那以后才有其选译本（译作《赞颂明论》），所以，高木敏雄从婆罗门经典角度证明中国盘古神话是受《摩奴法论》、《梨俱吠陀》创世神话影响而产生的，证据并不充分可靠。而且，必须注意的是，中国对印度文化最早的大规模接受，是东汉末年开始的对佛教的接受，而佛教是排斥婆罗门教的，《摩登伽经》、《外道小乘涅盘论》等佛教经典都有对于婆罗门教有关思想批判性的明确表述，斥之为"妄论"。尽管佛教的经典中转换了某些"吠陀"经典的东西，但它与婆罗门教的冲突和互相排斥是众所周知的，这意味着，在佛教大规模传入中土的汉末至六朝，《梨俱吠陀》与《摩奴法论》不大可能在这个时候大规模直接在中国传播并产生多大影响。

尽管有人说西周时期印度文化就已经传播到中国，季羡林先生在《印度文化论集》中也提到春秋时代印度文化就影响到中国文化，但这些都只是推测，而无铁证，不能作为可靠的学术证据；从"吠陀"文化影响中国的途径看，它早期应该主要是间接通过佛教经籍播入中土的，佛教经籍对"吠陀"某些创世神话有批判性转述（详下论），至于"吠陀"经籍以其本来的形态部分传译到中国，那是近古的事情。如果从"吠陀"创世神话经过佛教经典影响中国的途径立论，则高木敏雄要做的一个工作是，清晰地勾勒"吠陀"创世神话的经典在中土翻译传播的线路和过程，尤其是三国之前吴人接受这些经典的事实，但高木敏雄也没有做这个十分困难的工作，而且即使他想做这种影响渊源的比较工作，也是不容易成功的。故而从严格意义上讲，高木敏雄先生的这个结

---

① （唐）义净原著，王邦维校注：《南海寄归内法传校注》，中华书局 1995 年版，第 205 页。

论还只是一个推测，难为确论，尽管这个推测有十分重要的学术价值。其实高木敏雄只是在研究全世界各民族创世神话的几种类型的时候，顺便提及盘古创世神话与印度创世神话的关联，其主旨并不是去深入分析论证盘古神话来源于印度的。

中国学者中，著名史学家吕思勉先生是较早接受盘古神话来源于印度观点的学者。他的研究一定程度上弥补了高木敏雄存在的问题。吕先生从东汉至三国时代佛教在中国的传播、尤其是在中国南方的传播角度，研究盘古创世神话的来源，认为盘古创世神话是受了佛教创世神话影响而产生的。1934 年他撰《中国民族史》一书，1939 年撰《盘古考》一文，1941 年后又著《先秦史》一书，分别部分或专门涉及对盘古神话与印度神话渊源关系的考论。吕先生从历史学角度对印度佛经从汉代至六朝传播到中土的路径和过程进行了大体勾勒，并对印度古书和佛经中与盘古创世神话相近的神话资料进行了列举，认为盘古神话恰好和东晋时期印度文化在江南的影响最深有明显的关系，最后结论曰：

> 予案盘古名号，雅记无征。司马贞作《补三皇本纪》，从郑玄说，以伏羲、女娲、神农为三皇；又据《河图三五历》，列天皇、地皇、人皇之说于后；可谓好用纬候矣；然亦不采盘古。而《三五历记》及《五运历年记》之说，与《摩登伽经》所谓"自在以头为天，足为地，目为日月，腹为虚空，发为草木，流泪为河，众骨为山，大小便利为海"；《外道小乘涅盘论》所说"本无日、月、星辰、虚空及地，惟有大水。时大安茶生，形如鸡子。周匝金色。时熟破为二段。一段在上作天，一段在下作地"者，顾极相类。疑为象教东来以后，窃彼外道之说而成。案厄泰梨雅优婆尼沙昙（Aitareya Upanishab）云："大古有阿德摩（Atman），先造世界，世界既成，后造人。此人有口，始有言，有言乃有火。此人有鼻，始有息，有息乃有风。此人有目，始有视，有视乃有日。此人有耳，始有听，有听乃有空。此人有肤，始有毛发，有毛发，乃有植物。此人有心，始有念，有念，乃有月。此人有脐，始有出气，有出气，乃有死。此人有阴阳，始有精，有精乃有水。"其思想亦相类，

盖本印度民族旧说，各种神教哲学，同以为蓝本也。既非吾族固有之词，亦非苗族相传之说。①

在吕先生看来，中国古代文献记载的盘古化生故事，恰在佛经大量汉译之时，"其为窃此等说加以文饰而成，形迹显然，无待辞费。"从影响比较角度讲，吕思勉先生的工作做得比高木敏雄扎实和细致一些，他是一位历史学家，历史研究奉行证据说话的原则，所以，他的研究资料是比较翔实而深入的。但吕思勉先生的研究也面临一个严重的问题，这个问题也是后世一切主张盘古神话是受印度佛教有关创世神话影响而产生的学者都面临的，而恰恰是这个至关重要的问题，那些质疑盘古神话外来论的本土论学者们都没有提出，这让人感到奇怪。这个问题就是：如果说中国盘古创世神话受上引吕思勉先生所提到的三部印度经籍创世神话影响而成，则它们至少要在徐整之前较长时间传译到中土，才可能演化为中国本土神话（徐整所记载的盘古神话，应非自己创造，而是对当时流传于民间的创世神话的搜寻记录，因此，这个神话必于徐整之前在民间流布时间空间较长较广），而据文献查实，上面吕思勉先生所引三部经籍的中文翻译年代为：

《摩登伽经》，吴竺律炎共支谦译，大正藏第 21 册，1300 号。

《外道小乘涅盘论》，全名《提婆菩萨释楞伽经中外道小乘涅盘论》，又作《破外道小乘涅盘论》或《破外道涅盘论》，后魏菩提流支译，大正藏第 32 册，1640 号。

《厄泰梨雅优婆尼沙昙》，即《爱多列雅奥义书》（*Aitareya Upanisad*），乃婆罗门教经典，为《五十奥义书》之首篇，古代中国无汉译本，至当代学者徐梵澄始将其翻译为中文，1984 年由中国社会科学出版社出版。

此外，高木敏雄言及盘古神话受《魔奴法论》创世神话影响，而《魔奴法论》中国古代根本就没有中译本，是到 20 世纪才翻译为中文的。

《摩登伽经》和《外道小乘涅盘论》均为佛经，而《五十奥义书》则为婆罗门经典，虽然佛教经典对于婆罗门经典如"吠陀"有某些吸纳

---

① 吕思勉：《中国民族史》，东方出版社 1996 年版，第 221—222 页。

转借，但直接的意义上，它却是排斥婆罗门教及其经典的，这也是中国东汉末年开始，佛教在中国大规模传播，而婆罗门教则在中土几无影响，其经典也很少被译入中土的原因。上引吕思勉先生提到的三部经典中，只有《摩登伽经》是与徐整大体同一时代译出，《外道小乘涅盘论》在其后百余年北魏（公元386—534年）时才传译中土，那是徐整和他之前的吴人无法看到的。至于《厄泰梨雅优婆尼沙昙》（即《爱多列雅奥义书》），则是到20世纪始有译本，谓其内容影响到东汉末年盘古神话的产生，较难服人，至少是无法确证的。而且，从外来文化本土化的过程角度讲，就是《摩登伽经》中有关自在身化宇宙万物的说法，要转化为中土神祇盘古的创世神话，在民间广泛流布，按照常理，那也应该有相当长的一段时间，一部大体当代传译过来的经典，立即就演变成中土自己的神话广泛流布，这似乎十分困难。即使这是可能的（应该说是很不可能的），那也只是佛典《摩登伽经》中自在身化万物神话影响了盘古神话，但盘古神话中卵生宇宙、开天辟地的神话母题却是《摩登伽经》中没有的。这意味着，吕思勉先生建立于上述所引佛典资料基础之上的盘古神话来自佛教的观点是有疑问的。

同时，我们更要注意到，几部佛经是从排斥的角度转述《梨俱吠陀》和其他婆罗门经典中的创世神话的。吕思勉先生所引《摩登伽经》主要是斥责婆罗门教的异端邪说的，转述自在天创世的那段经文恰是作为婆罗门教异端邪说被批判性征引的：

> 自在天者，造于世界。头以为天。足成为地。目为日月。腹为虚空。发为草木。流泪成河。众骨为山。大小便利。尽成于海。斯等皆是。汝婆罗门。妄为此说。夫世界者。由众生业。而得成立。何有梵天，能办斯事。汝等痴弊。横生妄想。[①]

这种否定的态度十分明显。《外道小乘涅盘论》则斥责二十种关于涅槃的外道邪说，其中几种都来自"吠陀"或其他婆罗门经典中的创世神话，吕思勉先生上引"本生安荼论师说"创世神话即其一：

---

① 《摩登伽经》，见《中华大藏经》第34册，中华书局1988年版，第449页。

问曰：何等外道说梵天是涅盘因？

答曰：第四外道围陀论师说。从那罗延天脐中生大莲华。从莲华生梵天祖公。彼梵天作一切命。无命物从梵天口中生。婆罗门两臂中生。刹帝利两髀中生。毘舍从两脚跟生。首陀一切大地。是修福德戒场生一切华草。以为供养。化作山野禽兽人中猪羊驴马等。于界场中杀害供养梵天。得生彼处名涅盘。是故违陀论师说梵天名常是涅盘因。[①]

……

问曰：何等外道说见自在天造作众生名涅盘？

答曰：第十二外道摩陀罗论师言。那罗延论师说。我造一切物。我于一切众生中最胜。我生一切世间有命无命物。我是一切山中大须弥山王。我是一切水中大海。我是一切药中谷。我是一切仙人中迦毘罗牟尼。若人至心以水草华果供养我。我不失彼人。彼人不失我。摩陀罗论师说。那罗延论师言。一切物从我作生。还没彼处名为涅盘。是故名常。是涅盘因。[②]

……

问曰：何等外道说有作所作而共和合名涅盘？

答曰：第十五外道摩醯首罗论师作如是说。果是那罗延所作。梵天是因。摩醯首罗一体三分。所谓梵天那罗延摩醯首罗。地是依处。地主是摩醯首罗天。于三界中所有一切命非命物。皆是摩醯首罗天生。摩醯首罗身者。虚空是头。地是身。水是尿。山是粪。一切众生是腹中虫。风是命。火是暖。罪福是业。是八种是摩醯首罗身。自在天是生灭因。一切从自在天生。从自在天灭。名为涅盘。是故摩醯首罗论师说。自在天常生一切物。是涅盘因。[③]

……

问曰：何等外道说见有无物是涅盘因？

答曰：第二十外道本生安荼论师说。本无日月星辰虚空及地。

---

① 《外道小乘涅盘论》，见《中华大藏经》第30册，中华书局1988年版，第1046页。

② 同上书，第1047页。

③ 同上。

唯有大水。时大安荼生如鸡子周匝金色，时熟破为二段。一段在上作天。一段在下作地。彼二中间生梵天名一切众生祖公。作一切有命无命物。如是有命无命等物散没。彼处名涅盘。是故外道安荼论师说。大安荼出生梵天是常。名涅盘因。[①]

因此不仅吕思勉先生证明盘古神话印度来源说上引资料所源的三部经典在徐整时代只有一部译入中土，即使所有三部经典在汉末都译入中土，对于信奉佛教的信众，将佛经中斥为"外道"、"妄论"的创世神话到处传播并转化为自己信奉的本土盘古神话，在信仰上也存在严重的障碍。

而且，盘古之名和盘古创世神话应该产生得比上述几部佛典中最早的《摩登伽经》翻译到中土的时间更早一些。一般人以为盘古神话最早见诸文献是三国徐整的《三五历纪》、《五运历年纪》二书，但宋人黄休复所著《益州名画录·无画有名》篇有一条记载：

> 《益州学馆记》云：献帝兴平元年，陈留高朕为益州太守，更葺成都玉堂石室。东别创一石室，自为周公礼殿。其壁上图画上古、盘古、李老等神及历代帝王之像，梁上又画仲尼七十二弟子、三皇以来名臣。[②]

盘古能与老子和孔子弟子的绘像同时置于学馆，则可见在当时盘古的名号和创世主的故事已经在西蜀流传。又南宋人楼钥《秘涧大全文集》卷72有《汉文翁讲室画像》题跋云：

> 余读汉魏五书云：成都有汉文翁高朕石室壁间刻三皇五帝以来贤人画像，太守张收笔也（汉献帝时人）。近过刘氏家壁，遂获其本。盖自盘古氏以下至仲尼七十二弟子百一十三人，极尽精妙简古，经千有余岁，无丝发剥坏，非神物护持，畴克尔邪……令人有

---

① 《外道小乘涅盘论》，见《中华大藏经》第30册，中华书局1988年版，第1048页。
② （北宋）黄休复：《益州名画录》，人民美术出版社1964年版，第61页。

振缨希古之想，真奇迹也。①

上述两条资料可证献帝早年，盘古之名号和神话就已经出现了。汉献帝兴平元年即公元194年，而三国分治的关键历史事件赤壁之战是公元208年，稍早于三国分治，所以可证盘古神话在吴人徐整之前已经出现，由此也可推断徐整所记载的盘古神话不是自己的杜撰，而是对已经流传的盘古神话的搜集记载。上述两条资料记载盘古之名的年代，比吕思勉先生所说的那三部印度经典翻译中土的时间都要早。

站在高木敏雄和吕思勉先生观点的角度可以提出的一个理由是，尽管几部有创世神话的印度经典传译中土在汉兴平之后，但作为口头传播布道的材料，佛典所有创世神话可能通过印度来中国的佛教徒或中国去印度取经回来的佛教徒在讲道活动中早早在中土口头传播了。这种情形确实是可能的，即使到了今天，资讯传播如此发达的时代，某一部西学著作先经过部分中国学者在中国口头或书面转述，待有影响后，再翻译全书的情形也是常见的。但如果是这样，在没有任何相关记载存留的前提下，以之为佛教创世神话早在中土传播、并演化为中国盘古创世神话的立论依据，那就不太可靠，会使盘古神话佛教来源说的学者面临着他们所批驳的盘古神话中土说一样的困境：他们自己正是因为盘古神话见之于典籍较晚，才否定盘古神话源出中土的。

所以，尽管吕思勉先生的论证要比高木敏雄的深入具体，但仍然面临难以解决的问题。

20世纪80年代，何新先生在《盘古之谜的阐释》一文中表达了同样的观点：盘古不是中国固有的神，是从印度输入的："其原型实是来自古印度创世神话中的梵摩神创生宇宙的故事。"② 其后，在《诸神的起源》一书中，专设一章"盘古、梵天与BAU神话"，他断言，盘古神话最早出现不会早于东汉中叶，它与印度文化和佛教在从东汉至三国间大规模播入中土的过程相关："盘古故事的出现，流传的时间和地点，

---

① （南宋）楼钥：《秘涧大全文集》卷72《汉文翁讲室画像》，转引自饶宗颐《述宋人所见东汉蜀地绘"盘古"的壁画》，《中央民族大学学报》1989年第1期。

② 何新：《盘古之谜的阐释》，《哲学研究》1985年第5期。

恰恰与佛教和印度文化进入中国的时间地域相吻合。"① 但何新先生与吕思勉先生不一样的地方是，他并不简单地断言盘古神话就是印度梵摩神话直接转译的结果，他把这个神话的原型追踪到更远的巴比伦神话："我认为可能来自西亚巴比伦关于天地开辟的一部创世史诗中，这部史诗中说，在天地开辟以前，有一个最原始混沌之神（The Premitive chaos），名叫 Bau，由它产生了大地和天空诸神，它死后尸体被分尸化作天穹和陆地。Bau 的故事向东流传，演变为梵天的故事。梵天（Brahma）的汉译音也作盘。他从蛋中创造了宇宙，别名 Atman。"② 他接着引用吕思勉先生引用的那几部佛典资料和《摩奴法典》中梵天金蛋创世的神话，论证盘古创世神话完全来源于西方印度，最终可追溯到巴比伦。

何新先生是在一个更为开阔的比较文化学和文化传播学视野中考察盘古神话的来源的，提供了很有想象力和启发性的见解。何新先生的观点在理论上的依据就是 19 世纪西方人提出的广有影响的泛巴比伦主义，即认为人类所有文化的一个共同源头就是古代巴比伦文化。20 世纪，中国学者中不少这种泛巴比伦主义的认同者。从这种理论角度研究中国文化，就会苦心孤诣地寻找其中巴比伦文化影响的蛛丝马迹，从而证明中国文化在源头上来自古代巴比伦文明。但泛巴比伦主义在 20 世纪中后叶，面临着国际学术界越来越多的质疑，其影响力和解释效度已经大大降低。这种泛巴比伦主义理论用于环地中海文明的研究，多有洞见，但用之于解释中国古代文化则漏洞百出，猜想多于实证，这已是人所共知的弊端。何新先生的这个研究也存在同样的问题。首先是，印度古代"吠陀"文化是否是受巴比伦文化影响产生的，这一直是国际学界一个有争议的学术和历史问题；其次，即使印度"吠陀"有关的创世神话是受巴比伦创世神话影响产生的，但是否对中国盘古创世神话产生了影响，也值得斟酌，在这个环节上何新先生面临的困难和吕思勉先生是一样的；最后，何新先生从比较语言学角度，从语音的相近断言"盘古"与巴比伦创世大神 Bau、印度创世大神 Brahma 有渊源关联，就是后二

---

① 何新：《诸神的起源——中国远古太阳神崇拜》，生活·读书·新知三联书店 1986 年版，第 179 页。

② 同上书，第 179—180 页。

者的音译，这同样是有问题的方法和结论。19 世纪后期兴起的比较语言学用之于印欧语系不同民族语言的比较研究取得了巨大的成功，它通过印欧语系不同民族语言的句法结构、语音异同和流变的规则比较，揭示了空间上相距广远的欧洲诸民族与南亚居住的印度、波斯等民族的语言源出同系的真相。但语音异同比较的有效性有一个前提，那就是被比较的双方语言在源头上有共同性，属于同一种大语系。而中国语言与西亚语言、印度语言分属汉藏语系、闪含语系和印欧语系，在三种不同的大语系之间运用这种语音比较原则来证明它们的同源性，那是无效的。这种方法用之于盘古名字的由来，那比说盘古与盘瓠音声相近本为同一个神更要不靠谱得多。

90 年代，叶舒宪先生在《中国神话哲学》下编第八章第一节"中国上古创世神话的问题"中，认同性历述盘古神话外来说诸位学者的观点后说的结论是："综上所述，中国典籍中最早出现的盘古神话……均因印度佛教影响而产生。这个问题已由中外学者在几十年前作了结论，盘古神话的来源已经不是谜了。"① 叶舒宪先生也是一个有着比较文化学开阔视野的学者，他自己曾撰《英雄与太阳：中国上古史诗的原型重构》（上海社会科学院出版社 1991 年版）一书，对中国后羿神话与巴比伦大史诗《吉尔伽美什》进行比较性研究，以《吉》诗中主角吉尔伽美什为参照原型，重构在他看来是曾经存在而后世失传了的中国古代英雄后羿大史诗的故事，并且断言，这部失传的英雄大史诗就是巴比伦大史诗《吉尔伽美什》影响的结果。这个大胆的猜想显示出叶舒宪先生与何新先生同样的理论基础：泛巴比伦主义。因此，他认同盘古神话外来论学者的观点是不足为奇的。但他的观点面临着上述学者一样的问题。

关于盘古神话还有来源于波斯、北美、澳洲等地的说法，其中，马长寿先生《苗瑶之起源神话》一文论述中国古代盘古神话源自南粤原居之瑶民，而瑶民盘古神话的源头又很可能来自澳洲大陆的观点较值得注意。马长寿先生对于南粤瑶族中盘古神话的分布及其流传情况所做的研究较为深入，他的观点是，中国汉族及其他各族盘古神话的源头乃在粤

---

① 叶舒宪：《中国神话哲学》，中国社会科学出版社 1992 年版，第 329 页。

瑶，而粤瑶的盘古神话源头又很可能在澳洲原住民创世神盘格那里，瑶族乃是由澳洲跨海移民到中土的。他说：

> 吾师黄凌霜先生以盘格之名同于盘古，故疑澳洲土著之盘格即中国人心目中之盘古，吾人试由瑶族之盘王传说探索之。瑶族与澳洲土著俱以此同名之神，为开辟创人创物之万能上帝；而最奇合者，则澳人言此神造人，由东南而至西北，而瑶人则言此神由南海中护送其族向西北行，至于大陆。比合观之，寻图索骥，民族迁徙之迹，似甚昭然。①

窃以为马先生该文值得重视的是中国各族古代盘古神话传说的起源来自粤瑶的观点，材料扎实。80年代以来，这一观点亦有学者承传发展，较有说服力。至于认为粤瑶乃自澳洲土著迁徙之说，则多臆断，尚未能得到人类学和历史学研究的有力证明，因此，其盘古即澳洲土著上帝盘格的观点也一样可以存疑。

至于盘古神话来源于波斯说或美洲说，因为其不如来源于印度说影响大和较有历史依据，其观点猜想成分也多于材料实证，影响较小，在此免于评析。

因此，特别值得认真对待的是盘古神话印度来源说。但正如上面对印度说学者的论据进行的检讨显示的那样，从严格的证据说话角度考论，印度说并不是没有疑问的。所以，我们现在最多只能说，盘古神话可能来源于印度文化的影响，但只是可能，而不是铁论。要将盘古神话印度来源说做成铁案，还需要更为扎实可靠细致的影响渊源研究。笔者也认为盘古创世神话很可能有某些印度创世神话的影响因子，但这种影响有多大，体现在哪些方面，这种影响如何发生等问题，确实还需要更可靠的材料和扎实的研究。况且，主张盘古神话外来说诸学者自身的观点也多有歧异，例如认为盘古神话来源澳洲说或波斯说以及美洲说的学者，肯定就不太能认同印度来源说。这种互相矛盾的状况，恰恰表明一个事实：盘古神话外来说并非如某些学者所认为的已成铁案。

---

① 原载《民族文学研究集刊》1940年第2期，后收入范利主编《20世纪中国民俗学经典·神话卷》，社会科学文献出版社2002年版，第139页。

第二节　盘古创世神话本土说文献证据再检讨

20 世纪除了极具影响的印度来源说之外，也有很多中国学者执着地通过自己的研究力图证明盘古神话来自中国本土。在本土说中，南方（华南）说、中原说、苗蛮说三种观点较有影响。但在此，相对于盘古神话外来说，笔者一概将它们纳入本土说之中评析，所以基本不考虑更小的地域源头问题。执守本土说的学者众多，其中著名的如夏尊佑、茅盾、闻一多、常任侠、范文澜、张振犁、马卉欣等，因学者众多，不可历述，所以，笔者归纳他们的一些基本证据和观点如下：

1. 本土说学者使用的核心证据是吴人徐整《三五历纪》、《五运历年纪》中有关盘古创世的记载，他们的观点是，这个神话尽管只是到三国时期才被记载，但应该早就存在于人们的口头传说之中，它的起源应该十分古老。

2. 某些学者认为春秋时期就有盘古名号，其依据是《路史·前纪一》记载《六韬·大明》云："召公对文王曰：……盘古之宗不可动也，动者必凶。"[①] 而《六韬》据云是商周之际人所作，至少可以追踪到春秋战国时代。由此可见盘古的称谓远比佛教大规模播入中土的时间要早。马卉欣先生的《盘古学启论》认为，盘古的称谓还可以在商代铭文的文字中看到，他甚至认为云南澜沧江著名的原始岩画中那个正面而立、手执某物（马卉欣先生认为是开天辟地的斧头）、头放光芒的人物画像"理应看成是盘古神话的原始因子，也表明盘古神话早有记载，并已成熟"[②]。如是则盘古起源的年代可以追溯到原始社会，他的中国本土身份是不用怀疑的。

3. 佐证盘古名号早就存在的材料之一，就是宋人黄休复《益洲学馆记》和南宋人楼钥《秘涧大全文集》卷 72 关于《汉文翁讲室画像》

---

① （宋）罗泌：《路史》，景印文渊阁四库全书·史部一四一·别史类，（台北）商务印书馆 1986 年版，第 4 页。

② 马卉欣：《盘古学启论》，中国社会科学出版社 2003 年版，第 12 页。

的题跋。《益州学馆记》云：

> 献帝兴平元年，高朕为益州太守，更葺成都玉堂石室……其壁上图上古盘古、李老等神及历代帝王之像，梁上绘仲尼七十二弟子，三皇以来名臣……①

楼钥《秘涧大全文集》关于《汉文翁讲室画像》的题跋云：

> 余读汉魏五书云：成都有汉文翁高朕石室壁间刻三皇五帝以来贤人画像，太守张收笔也（汉献帝时人）。近过刘氏家壁，遂获其本。盖自盘古氏以下至仲尼七十二弟子百一十三人，极尽精妙简古，经千有余岁，无丝发剥坏……令人有振缨希古之想，真奇迹也。

据此可推知，在汉末盘古名号已经存在，而且，他既然成为与儒道两家的宗师孔子和李老道君并列的大圣人，则其地位必是经历很长时间才确立的，所以，由此也可推知盘古名号的出现要远远早于汉代，可能是春秋时代就存在。

4. 也有学者认为盘古即盘瓠，即《后汉书·南蛮传》中那位南蛮诸族的头领，后世西南畲、瑶、苗等族神话传说中的远古祖神。清朝末年的苏时学和夏曾佑是最先提出盘古神话源自苗族说的学者。夏曾佑在他所著的《中国古代史》（原作《中国历史教科书》）中说："今按盘古之名，古籍不见，疑非汉族旧有之说，或盘古盘瓠音近，盘瓠为苗蛮之祖；……故南海独有盘古墓，桂林又有盘古祠。不然，吾族古皇并在北方，何盘古独居南荒哉？"他由此断定，汉民族是把南方盘瓠转换为盘古神话，误袭为己有了。② 这获得了后来许多学者认同，也导致了激烈的争论。闻一多、袁珂、钟敬文等学者，都持有这种观点。袁珂先生在《中国神话传说》、《古神话选释》等书中，都将盘古作为中国古代神话开天辟地第一神放到神话史的开端讲述，认为徐整《三五历纪》中开天

---

① （宋）黄休复：《益州学馆记》，人民美术出版社 1964 年版，第 61 页。
② 夏曾佑：《中国古代史》，河北教育出版社 2000 年版，第 14 页。

辟地的盘古形象"吸收了南方少数民族盘瓠或盘古的传说,综合了古神话里开辟诸神的面影,再加上哲理中经典的成分和自己的推想,才塑造了一个开天辟地的伟大的盘古,成为我们中华民族共同的老祖宗"①。钟敬文先生在《民间文学概论》中说:"这个神话,大概原来流行于南方少数民族中。三国时期徐整作《三五历纪》,把它收入汉族神话。"②直到今天,还有一些学者坚持盘古即盘瓠,两个名字一音之转,实为一人的观点。

5. 一些学者据近现代神话的田野调查成果证明,盘古神话应该是中国本土产物。20 世纪,在广泛的民间文化的调查活动中,一大批长期在中国各少数民族和汉族流传的有关盘古的神话和传说被记录和发现,如在南方苗、瑶、壮、黎、毛南族等多个少数民族采集到大量口头流传的盘古创世史诗和人祖传说;20 世纪 80 年代以来,河南桐柏、湖北神农架等地也分别发现有盘古创世传说和神话等;这些材料能证明盘古神话和传说长期在中国广大地区流播,而且,根据民俗学和传说学的规律,民间口头流传的神话传说往往可能起源十分久远和古老,所以,据此也可以间接推知盘古神话起源十分遥远。其中最值得重视的说法就是,盘古创世神话发源于中国南方苗瑶壮黎等少数民族,而这些少数民族神话向来不为中原统治者和主流文化重视,所以不被记录于文献。但从近世对这些民族口头文化资料的收集整理记录的情况看,盘古神话流布已经相当广泛,神话发展得相当完备。例如壮族师公在仪式上演唱的"盘古赞歌"、瑶族人在仪式活动中演唱的"盘古歌唱"等形式、苗族的古歌《盘古开天辟地》、湖北神农架流传的《黑暗传》等,都是盘古神话广泛流布于南方的重要证据。在一些研究者看来,这些盘古创世神话的产生应该十分古远,只是因为千百年来汉族统治者"鄙视邻近少数民族文化",不屑于了解、收录并将之载入典籍,才导致它很晚才见诸文献。这确实应该是一个十分有力量的理由。直到近现代还流传在众多少数民族口头的神话传说和史诗,它们中有不少应该来源悠久,理论上可以追溯到民族形成的遥远年代。

上述盘古神话本土论学者的主要材料与观点确实有许多值得重视的

---

① 袁珂编:《古神话选释》,人民文学出版社 1979 年版,第 7 页。

② 钟敬文主编:《民间文学概论》,上海文艺出版社 1980 年版,第 172 页。

地方，它们对盘古神话外来说是一个极大的挑战。比如说，上引罗宋《路史·前纪一》云，《六韬·大明》中有"召公对文王曰：……盘古之宗不可动也，动者必凶"之语，而《六韬》这部著作，古代有人认为其产生的时代应该在商周之际。尽管宋人开始怀疑《六韬》可能为后人伪托，清人更是确信这部作品是汉以后人伪作，但今人研究的结果是，这部著作，至少应该产生在西汉早期，支持这个结论最有力的证据是，1972 年在山东临沂银雀山发掘的西汉墓中发现了《六韬》的竹简残本，1973 年河北定县汉墓中也发现了名为《太公》（《六韬》众多名称之一）的竹简残本，其文字与今见典籍中的《六韬》有极多相同和相近者，据学者考证，银雀山汉墓应该是汉武帝时期的，说明这部著作产生时间远早过佛教大规模在中国流传的东汉末年和南北朝时期。

那么，是否就可以确认盘古神话本土说学者的观点是铁论了呢？也不是这样的。本土说学者的材料和观点也存在许多可以质疑或存疑的地方，下面，笔者将对本土说所依据的主要材料分别展开分析以对其进行再检讨。

现今文献能见到的最早有关盘古神话的记载，是三国时吴人徐整提供的，他在所著的《五运历年纪》、《三五历纪》二书中有下面众所周知的两段文字：

《艺文类聚》卷一引徐整《三五历纪》中盘古神话云：

> 天地浑沌如鸡子，盘古生其中，万八千岁。天地开辟，阳为天，阴浊为地。盘古在其中，一日九变，神于天，圣于地。天日高一丈，地日厚一丈，盘古日长一丈。如此万八千岁，天数极高，地数极深，盘古极长。后乃有三皇。数起于一，立于三，成于五，盛于七，处于九，故天去地九万里。[1]

《五运历年纪》中盘古神话云：

> 首生盘古，垂死化身，气成风云，声为雷霆。左眼为日，右眼

---

① （唐）欧阳询著，汪绍楹校：《艺文类聚》（上），上海古籍出版社 1965 年版，第 2—3 页。

为月，四肢五体为四极五岳，血液为江河，筋脉为地理，肌肉为田土，发髭为星辰，皮毛为草木，齿骨为金石，精髓为珠玉，汗流为雨泽，身之诸虫，因风所感，化为黎氓。①

《艺文类聚》为唐初欧阳询奉太宗令对往世各种文献进行归类性收集的一部卷帙浩繁的文献，这里收集的盘古神话最初所出的三国吴人徐整的《三五历纪》、《五运历年纪》现已亡佚，但鉴于《艺文类聚》这部资料性文献的严肃性（皇帝指令编修的国家最高级别的文献资料汇集），我们可以相信，上面的盘古神话确实出于徐整的《三五历纪》、《五运历年纪》记载，这也是现今所见的所有关于盘古资料中学者们几乎没有争议的资料。

那么，这份资料是徐整自己编造的还是他客观记载当时所闻见的民间传说呢？应该是后者，就是说，徐整记载的是当时已经在民间口头流传的盘古创世神话。这意味着，逻辑上可以推断，盘古神话产生的时代要比徐整生活的年代早。

但早到什么时候呢？前引宋人黄休复《益州学馆记》和南宋人楼钥《汉文翁讲室画像》题跋显示，在汉末盘古名号就可能出现了。有学者研究，《益州学馆记》所载画像的作者当为汉献帝时蜀地太守张收（一说为西晋太康中益州刺史），创作时间为汉献帝兴平元年。这个张收就是下文楼钥《〈汉文翁讲室画像〉题跋》中所说的张收。则两书中所述的壁画应该是同一绘画。如果这是可信的，则盘古至少在汉献帝时代就已经出现。而有学者如马卉欣据上述两份文献介绍的这幅壁画所绘人物的杂多与汉代"罢黜百家，独尊儒术"的意识形态原则的矛盾推断，这种将儒、道创始人、盘古及历代帝王放在一起的内容结构，表现的是春秋战国时代百家并存的思想格局，也就是说，这种绘画出现的年代实际要早推到春秋战国时代。该如何看待上述两份文献以及马卉欣先生的推断？

首先，两份宋代文献所载的大体是同一幅壁画，可信它们是有所本的，也就是说，这幅壁画确实存在并且是汉末献帝时代的张收所画。准此，则盘古名号在汉末就可能出现了。但马卉欣先生根据绘画内容构成

---

① （清）马骕：《绎史》，景印文渊阁四库全书·史部一二三·纪事本末类，（台北）商务印书馆 1986 年版，第 69—70 页。

断言盘古神话可能产生于春秋战国时代，则是不可靠的推论。其原因是："三皇"之说尽管最早出现在战国末期，但战国末期到西汉早中期"三皇"这个概念基本是指三种最重要的自然对象而不是人类，"三皇"指历史传说人物是从汉中晚期出现的，而且究竟指哪三个传说人物，也是有好几个不同版本的。关于"三皇"概念的出现和其所指内容变化的研究，20世纪早中期的疑古学派学者已经有很好的研究，本书讨论楚帛书神话中伏羲成为人文始祖过程的章节也有讨论，此处不展开介绍，只是给出一个基本结论：如果张收绘的壁画人物是以"三皇"为历史起点的，则这种绘画的内容出现的时间不会早过东汉中叶。

其次，马卉欣先生认为既然汉代已经"罢黜百家、独尊儒术"，则在其壁画中图绘道家人物李耳及其他非儒家人物就不可能，这恰恰意味着这幅壁画反映的是春秋战国百家并存的局面，是那个时候才能产生的。这是皮相的说法。治思想史和中国古代史的学者都知道，西汉早期，国家主流意识形态恰恰是以道家思想为核心的"黄老之学"，到武帝时期尽管作出了"罢黜百家、独尊儒术"的决定，但实际上汉代历任君主都是以儒家思想为主，杂以法道诸家思想来治国的；尤其值得注意的是，汉代兴起的道教的思想渊源虽可以追溯到先秦的道家和神仙家，但道教正式建立教团组织，则以张道陵在东汉中晚期顺帝年间（126—144年）创立天师道为标志。道教奉道家学说创始人李耳（老子）为原始教主（后成为道教诸神中最高的元始天尊）。在东汉末年，它已经是十分有影响力的宗教了。甚至颠覆汉王朝的黄巾起义就是太平道道教教主张角领导发动的，足见它在汉末民间有巨大影响。所以，汉代独尊儒术从来没有发展到消灭其他学说和意识形态的地步。实际上，到东汉晚期，随着王室统治控制力的逐步下降，社会的意识形态已经是儒道佛多种思想体系并存的局面。在这种背景中，出现一幅壁画上将儒道创始人等绘在一起是很自然的事情。尤其是，这幅壁画是具有半民间性质的，并不是京城皇家官方建筑上的壁画，而是远在成都地方的一个建筑物内绘制的壁画，图绘人物杂驳更是自然的事情。所以，这幅壁画的内容，恰恰反映的是汉末社会意识形态儒学独尊地位丧失、诸家并存的实际构成状态，后者也内在地限定了它的创作年代应该是东汉晚期，而非更早的春秋战国。

有学者认为盘古名号其实早在商周时代就出现了，依据是宋代罗苹在《路史·前纪一》中的一段话，这段话载于《六韬·大明》："召公对文王曰：……盘古之宗不可动也，动者必凶。"① 召公，即周初的召公奭和太公望（即姜子牙），他们同保周文王。由此可见，商周之时，盘古之名就已经存在了，而且有崇高的地位。

《六韬》旧题姜尚所作，是记载周文王、周武王与其重臣尤其是姜太公等关于军国大事对话的文献。除了《六韬》之外，它还有《金版六弢》、《周史六弢》、《太公六韬》、《太公兵法》、《太公》、《太公阴谋》等十多种名称，但宋人怀疑是晋人伪托之作，疑古思潮大盛的明清人更是认定《六韬》为后人伪作。但1972年在山东临沂银雀山发掘的汉武帝时期的汉墓中，发现五十多枚记载《六韬》的竹简，翌年，又有河北定县汉墓发现了被定名为《太公》的竹简。两墓中出土的竹简中相当部分与今传《六韬》相同或相近，这证明至少在汉代早中期就有这部重要的政治军事典籍。现今学者的研究一般认为，《六韬》为汉初或战国中后期的作品。那么，这个结论是否能证明盘古创世神话在汉初或战国中后期就出现了呢？仍然不能。理由如下。

首先，尽管《六韬》是西汉初年或战国中后期的作品，但银雀山和定县汉墓竹简中的《六韬》残本中，均未有"召公对文王曰：……盘古之宗不可动也，动者必凶"这一段话，亦未有任何地方出现盘古的名号。因为两墓中的《六韬》均为残本，所以，不能断定在亡佚的竹简中有没有这段话和盘古的名号。其次，即使假设亡佚的竹简中有这段话和盘古名号，也不能证明盘古创世神话早在这个时期就存在，因为，一个古代传说人物的名字最早出现的时候，可能并没有什么故事，是后世人们不断将某些故事附丽于这个传说人物身上，或从这个人物身上衍生出一些传说故事，这样的例子举不胜举，可以说，三皇五帝和中国上古那些有名的传说人物的故事传说都经历过这样一个衍生过程。再次，今见《六韬》文本并无这一段话。因此，盘古创世神话在《六韬》早期文本中，很可能是不存在的。即使是存在的，也不能作为盘古早在春秋战国时代就出现的立论依据，一种有效的学术结论，是不能建立在证据可能

---

① （宋）罗泌：《路史》，景印文渊阁四库全书·史部一四一·别史类，（台北）商务印书馆1986年版，第4页。

存在的猜想基础之上的。

那么，《路史·前纪一》中的那段话从何而来？是罗苹自己杜撰的吗？当然不是。应该是罗苹所依据的《六韬》文本不同所致。据《六韬》专题性研究的学者统计，《六韬》在其流传过程中衍生出了三十多种不同的文本，这些文本之间，既有相同的地方，也有不同的地方。①大约罗苹所据的《六韬》文本是汉以后衍生的，宋代还能看到，而今天已经消失。这是最可能的解释。综上，罗苹《路史·前纪一》中所引《六韬》中有关盘古的那段文字，还不是盘古名号必定产生于汉初或战国末期甚至商周之际的铁证，更不是盘古创世神话也产生在汉以前的铁证。

至于据商代青铜器铭文的图案推断盘古名号产生于远古，或据云南澜沧江原始岩画中那个头放光芒、手拿某物的人物断言那就是盘古，因而原始时代盘古已经存在的证据，更是难有学术上的可靠性和说服力，在此不予特别析评。

如果以在现代少数民族和汉人居住区（如河南和湖北）的田野调查发现的盘古神话传说为依据，以人类学、民俗学等的一般理论，推断这些民间口头流传的神话传说应该有十分古老的源头（最遥远的甚至可以推到原始社会），以此断言盘古神话产生时间相当早，至少早过东汉，那也是不太可靠的结论。因为，理论上这些民间的盘古神话传说尽管可能来源很早很早，但也完全可能是在汉代以后随着印度文化在中国的传播而产生的，那些主张盘古神话外来说的学者勾勒的佛教在东汉中后期由中国西南传播到长江流域的线路，恰恰能说明为何西南各少数民族中盘古神话最为发达。所以，现代田野调查发现的各种盘古神话传说，都只能作为佐证而不能作为主证，建立在这些材料上的盘古神话乃中国本土神话的结论是不可靠的。尽管不排除一些学者所说的，可能盘古神话确实产生很早，是因为汉族统治者对邻近少数民族文化的鄙视态度导致载籍较晚，但从学术研究的有效性的角度讲，我们又不能仅靠推测来认定盘古神话产生很早，不能将这个推论作为可靠的结论使用。

至于一些学者说盘古、盘瓠是同一个人，如果仅从音训角度讲，是

---

① 参见解文超《〈六韬〉的文献著录与版本流传》，《图书与情报》2005年第1期。

有可能的，但音训的方法如果孤立使用还是不太可靠的，它导致的弊端作古代语言训诂和历史文化研究的学人都十分清楚。只有辅之以其他方面材料的证明，音训方法的使用才是合适的。从叙事学角度讲，盘古、盘瓠两人的故事完全不同，是不合适将其当成同一个神或传说人物的。如果说在后世的发展过程中，盘古神话吸纳了盘瓠传说的某些因素，那倒是可能的。但要在起源上将二者合二为一，那还缺乏有力的证据。

因此，有关证据中，能确认盘古神话或名号的产生年代的只有徐整的《三五历纪》、《五运历年纪》中的材料最为可靠，其次宋人黄休复、楼钥转述的材料相对可靠，它们使我们对盘古名号出现的年代上限有一个大体的推断，那就是汉代晚期或三国时代，要想将盘古名号和他创世故事出现的时间更可靠地往前推，现在的材料还不能支撑这种行为。但如果只能确认盘古及其神话最早可能产生于汉代晚期或三国时代，那就不能完全确认他的本土性。因为外来说学者正是从佛教在汉代中晚期开始大规模在中土传播这个事实断定盘古及其神话是受印度文化影响衍生的，在时间上，盘古创世神话被记载的时间与佛教大规模传入中土的时间，大体是相当的，所以这种说法能得到时间上的印证。

对盘古神话本土说主要证据的上述评析，应该显示了本土说也存在不能让人完全信服的地方，因此，还不是确论。这个问题也许会长期作为一个悬而难决的学术问题被反复讨论和争论。笔者觉得，要靠已有文献来解决这个问题，得出一个不可更易的学术结论，不是很容易的事情，现有材料不具备这样的可能性。也许我们可以寄望于以后地下文献的发掘，如果能够发现西汉甚至春秋战国以前的盘古创世神话文献，那这个问题就容易得出一个铁论了。在此之前，我们都只能说，本土说和外来说都不是铁论，都带有相当多的猜想成分。那么，地下文献有可能解决这个问题吗？当然有这种可能。例证之一正是上面的《六韬》，因为银雀山汉墓竹简《六韬》残本的出现，证明宋和明清学人怀疑它为汉以后人的伪作是错误的，可以将这部典籍写作的年代可靠地上定到汉初或春秋战国时代。又如伏羲女娲为夫妻的神话，在我们西南少数民族神话传说中广为传播，但直到近现代才有文字记载下来；而汉族古籍中，在唐以前的文献中未曾出现过这个故事，直到唐代，诗人卢仝《与马异结交诗》中才有"女娲本是伏羲妇"的说法，李冗《述异志》中才有伏羲女娲兄妹结为夫妻使人类再生的传说记载。但 20 世纪 40 年代在长沙子弹库发掘的战国楚墓帛书甲篇中，就有伏羲女娲结婚创世的神话，说明伏羲女娲为夫妻的创世神话有相当古远的源头，也证实了西南众多少数民族口头流传的伏羲女娲兄妹夫妻的神话传说可能来源一样久远。对于盘古创世神话，若要证明其来源早过东汉末年，唯一的办法，也许只有等待地下文献的发现了。

第三节　盘古创世神话的异域影响与本土元素 *

　　上两节通过对盘古创世神话外来说和本土说两种对立观点的证据进行再检讨，得出结论：持两种对立观点的学者各自使用的证据的可靠性都存在不同的问题，因此从严肃的学术讨论角度讲，都不足以使各自的观点成为铁论。在这个前提下，本书的兴趣自然不是盘古神话是源自中国本土还是印度佛教的争论，而把注意力放到这样三个问题上：1. 盘古创世神话的主要元素在古代中国本土文化资源中是否存在？这个问题的解决能够在逻辑上为中国古代是否可能产生盘古创世神话提供基础。如果中国上古文化资源中基本不存在盘古创世神话中的主要元素，则到汉末三国时期，突然出现一个完整的盘古创世神话，认定它是中国本土的产物，那就不可想象；如果中国上古文化资源中已经具备盘古创世神话的基本元素，那么，认为盘古创世神话产生于中国本土，尚有可能。2. 即使中国本土文化资源中，已经有盘古神话的基本元素，但这个神话为什么大体是在佛教传入中土的东汉中后期到三国时期产生的？是否意味着外来创世神话为刺激中国本土元素生成盘古创世神话提供了不可否认的契机？3. 不管盘古创世神话产生的基础是外来的还是本土的，这个神话产生以后流传的过程中是否存在中国元素强化的情形？这方面的考察恰恰是以往学者不注意的，而实际上是很有意义的，它有助于揭示，在广袤的华夏大地上，任何外来的种子最后都会生长出携带丰富中

---

　　* 本节以《盘古创世神话的异域影响与本土元素》为题发表于《湖北师范学院学报》2013 年第 5 期，发表时有增删。

国元素的果实。

先讨论第一个问题。讨论这个问题的前提是，弄清最早记载这个神话的《三五历纪》、《五运历年纪》中盘古创世神话的主要元素构成。

《艺文类聚》卷一所引徐整的《三五历纪》中盘古神话：

> 天地浑沌如鸡子，盘古生其中，万八千岁。天地开辟，阳清为天，阴浊为地。盘古在其中，一日九变，神于天，圣于地。天日高一丈，地日厚一丈，盘古日长一丈。如此万八千岁，天数极高，地数极深，盘古极长。后乃有三皇。数起于一，立于三，成于五，盛于七，处于九，故天去地九万里。[①]

《五运历年纪》中盘古神话：

> 首生盘古，垂死化身，气成风云，声为雷霆。左眼为日，右眼为月，四肢五体为四极五岳，血液为江河，筋脉为地理，肌肉为田土，发髭为星辰，皮毛为草木，齿骨为金石，精髓为珠玉，汗流为雨泽，身之诸虫，因风所感，化为黎氓。[②]

高木敏雄在《比较神话学》中将人类创世神话中宇宙诞生归纳为卵生和尸体化生两大类（这个归纳现在看来是不全面的），并认为上引两则盘古创世神话正符合这两种类型。其实，这两则神话完全可以看成一则完整神话的分段记述，并不是两则不同的神话。《三五历纪》中的盘古神话讲述的是宇宙最初形成的情形，盘古在卵形原初宇宙中的生长过程。但天地初开尚无万物和人类，《五运历年纪》讲述的是世界万物和人类从何而来的故事，所以，这两则神话其实是创世过程两个阶段的叙述。

考察盘古创世神话，发现有几个重要神话元素值得特别注意：一是卵形原始宇宙；二是宇宙按照特殊圣数模式形成；三是原始巨人身化万物，四是生命宇宙观。最后这一点是渗透在前面三点内的，体现出创造

---

① （唐）欧阳询著，汪绍楹校：《艺文类聚》（上），上海古籍出版社1965年版，第2—3页。
② （清）马骕：《绎史》卷一，景印文渊阁四库全书·史部一二三，纪事本末类，（台北）商务印书馆1986年版，第69页。

盘古神话的人们总体上的宇宙构成观。

那么，这四个重要的神话元素在此前的中国神话和文化中是否具备呢？我们的回答是肯定的。下面分别予以论析。

第一，宇宙卵元素。宇宙初如鸡卵的卵生类创世神话，是建立在宇宙是圆形的认识基础之上的，而我们发现，中国古代的浑天说就认为宇宙是圆的。《张衡浑仪注》中说：

> 浑天如鸡子。天体圆如弹丸，地如鸡子中黄，孤居于天内，天大而地小。天表里有水，天之包地，犹壳之裹黄。天地各乘气而立，载水而浮。周天三百六十五度又四分度之一，又中分之，则半一百八十二度八分度之五覆地上，半绕地下，故二十八宿半见半隐。其两端谓之南北极。北极乃天之中也，在正北，出地上三十六度。然则北极上规径七十二度，常见不隐。南极天地之中也，在正南，入地三十六度。南规七十二度常伏不见。两极相去一百八十二度强半。天转如车毂之运也，周旋无端，其形浑浑，故曰浑天。[①]

张衡并非圆形宇宙观最早的提出者，西汉扬雄在《法言·重黎》篇里说："或问浑天，曰：落下闳营之，鲜于妄人度之，耿中丞象之。"[②]这里的"浑天"虽然指的是浑天仪，但说明西汉人对宇宙的认识已经是浑天观并制造了浑天仪。更早一些，我们在屈原《天问》中就看到有对世界有"圆则九重，孰营度之"的提问，这里的"圆"就指的是宇宙，这说明，宇宙是圆形的认识在战国时代已经存在。陈建宪先生在《神祇与英雄：中国古代神话的母题》一书第二章"天地开辟——盘古神话及'宇宙卵'母题"中，分析盘古神话的"宇宙卵"母题时指出，世界许多地域许多民族创世神话中都具备这个母题，中国古代文化中也早就具备这个基本母题。中国古代的混沌宇宙观和"太极"概念本身就暗含了世界圆形如卵的认识，后世的阴阳太极图是这种认识的典型体现。一般认为太极图是宋代出现的，但陈建宪先生在该书中提供了一个资料证明这

---

① （唐）瞿昙悉达：《唐开元占经》引《张衡浑仪注》，景印文渊阁四库全书·子部·术数类，（台北）商务印书馆1986年版，第171页。

② 汪荣宝著，陈仲夫校点：《法言义疏》（全二册），中华书局1987年版，第321页。

个太极图可能来自遥远的新石器时代："笔者最近在荆州博物馆，却亲眼看到新石器时代的陶纺轮上有着典型的太极图案，并且这样的纺轮不止一件。"[1] 这意味着，宇宙卵观念在中国可以追溯到遥远的新石器时代。

与卵生宇宙神话相关的神话，在中国古代，有卵生人的神话和卵形太阳的神话。卵生人神话最典型的就是商祖简狄吞玄鸟卵而生契的神话，有学者研究周祖后稷的传说，认为后稷也是卵生的。[2] 清代魏源在《诗古微》中也说后稷出生的时候胎衣未破，"混沌包裹，形如卵然"，按照《礼·内则》之"鱼卵谓鱼子"的说法，他推断《大雅·生民》中"居然生子"之"子"就是"卵"[3]。"居然生子"用我们通俗的话说，就是姜嫄竟然生了一个肉蛋蛋、肉坨坨。解"子"为"卵"的证据很多，其实上引《三五历纪》中谓"天地如鸡子"的"子"也是指卵，即蛋，鸡子即鸡蛋，鸡卵。联系到该诗中后稷出生后被反复丢弃的故事关目，这种理解应该有理（因为将这个肉蛋蛋视为怪物，才会反复丢弃）。而最后将这个肉蛋蛋丢弃到渠冰上的时候，有神鸟飞下来，展开大翅膀温暖护佑他，在这个大鸟的温暖护佑下，后稷破壳出生了："后稷呱矣。"杨公骥先生认为，"姜嫄孕育的本是带壳的（引者按：意谓卵也），于是经过鸟的孵育，稷此破壳而出"[4]，是很有道理的。

中国古代英雄传说中，多有某英雄出生时是一只肉蛋蛋的故事。《搜神记》叙述古徐国嗣君出生的时候曾经是一只卵：

> 古徐国宫人，娠而生卵，以为不祥，弃之水滨。有犬名"鹄苍"，衔卵以归，遂生儿，为徐嗣君。后鹄苍临死，生角而九尾，实黄龙也。葬之徐里中。见有狗垄在焉。[5]

这个故事的本原是《徐州地理志》中关于徐偃王的故事。这个徐国的嗣君就是徐偃王，他的母亲徐国宫人生下的就是一只卵。

---

① 陈建宪：《神祇与英雄：中国古代神话的母题》，生活·读书·新知三联书店 1994 年版，第 53 页。

② 杨公骥：《中国文学》第一分册，吉林大学出版社 1980 年版，第 76 页。

③ （清）魏源：《诗古微》，《魏源全集》第一册，岳麓书社 2004 年版，第 531 页。

④ 杨公骥：《中国文学》第一分册，吉林大学出版社 1980 年版，第 59 页。

⑤ （晋）干宝著，汪绍楹校注：《搜神记》，中华书局 1979 年版，第 170 页。

《魏书·高句丽传》叙述高句丽先祖朱蒙出生的时候也是一只卵：

　　高句丽者，出自夫余。自言先祖朱蒙。朱蒙母，河伯女，为夫余王闭于室中，为日所照，引身避之，日影又逐。既而有孕，生一卵，大如五升，夫余王弃之与犬，犬不食；弃之于路，牛马避之；后弃之野，众鸟以毛茹之。夫余王割剖之，不能破，遂还其母。其母以物裹之，置于暖处。有一男，破壳而出，及其长也，字之曰朱蒙。[①]

后世小说中某些神性英雄如哪吒出生的时候就是个肉蛋蛋。这种神性英雄出生时是个肉蛋蛋的故事，都可以看成卵生人故事的变异形态，与盘古初生于宇宙卵中的关目之间，应该有着内在的关联。

《山海经·大荒南经》还专门记载有"卵民国"：

　　又有成山，甘水穷焉。有季禺之国，颛顼之子，食黍。有卵民之国，其民皆生卵。[②]

与人生卵相关的必是卵育人，所以，卵民国就是卵生人之国。在相当的意义上，卵生人神话可以看成是卵生宇宙神话在始祖神话中的转移形式。

卵形太阳神话最典型的要数帝江的形象，《山海经·西山经》云：

　　又西三百五十里曰天山，多金玉，有青雄黄，英水出焉，而西南流注于汤谷。有神鸟，其状如黄囊，赤如丹火，六足四翼，浑敦无面目，是识歌舞，实惟帝江也。[③]

帝江即帝鸿，古音"江"与"鸿"通（帝鸿古人又有谓即黄帝者，

---

　　① （北齐）魏收：《魏书》，景印文渊阁四库全书·史部二〇·正史类，（台北）商务印书馆1986年版，第448页。
　　② 袁珂校注：《山海经校注》，上海古籍出版社1980年版，第368页。
　　③ 同上书，第55页。

应该是后世依附之说。帝鸿名号甲骨文中已见，而黄帝只是春秋时代人的创造物）。这个"状如黄囊，赤如丹火……浑敦无面目"的神，就是太阳神，所谓"六足四翼"其实是两个太阳鸟（三足乌）的组合。而早上或傍晚的太阳正是这种"状如黄囊，赤如丹火"的圆卵形状。据叶舒宪先生研究，中国古代神话和文化中，太阳正是创世主之一。因此，这正暗合了后来盘古创世神话中的宇宙卵元素。

宇宙卵神话元素，在中国一些少数民族神话中以置换变形的方式一直保留着，其中，最典型的一种就是葫芦生人神话。所谓葫芦生人，其实与卵生人是基于同样的想象模式。卵生宇宙神话，讲述的是卵生了创世者，而葫芦生人的神话则讲述的是葫芦生了某一个或数个民族的祖先，葫芦就是卵，前者实际是后者的转换形式。正是在这个意义上，苏时学、闻一多、袁珂等学者将盘瓠与盘古看成是一个神，虽然观点是不正确的，但还是看出了两者共同的元素所在。盘者，环也，圆也；瓠者，葫芦也；盘瓠者，圆圆的葫芦也。这个名字暗含了葫芦崇拜的民族原始心理和习俗。西南很多少数民族都有葫芦生人神话，这一点，闻一多先生在《盘瓠考》中有深入研究，后世不少学者也有深入研究，于兹从略。

第二，特殊的宇宙圣数模式。徐整《三五历纪》中盘古创世神话的过程和时空都渗透了中国古代特殊的宇宙圣数模式。在这个宇宙中，时间和空间都是按照特定的圣数模式发生的：盘古在混沌如鸡子的卵形宇宙中生长了一万八千岁。他在开辟后的天地间一日九变，他生长于其间的宇宙天地是按照特定圣数模式生长的："数起于一，立于三，成于五，盛于七，处于九，故天去地九万里。"这个宇宙间的圣数系统，很明显是按照《易经》中的阳数系统构成的。而"一万八千岁"、"一日九变"、"数起于一……处于九，故天去地九万里"等，均是以天数"九"及其倍数为神圣数字的，而据笔者的研究，"九"为圣数的模式其基础是"三"，是以"三"为元编码数的衍生数，它最早确立于夏人创世神话，是夏人神话的宇宙圣数，在华夏文明史上源远流长。[1]

第三，身化万物的创世情节。盘古神话中，世界创造最后完成于盘

---

[1] 详见本书第十三章"启铸九鼎与夏人神话的宇宙圣数"。

古垂死化身、身化万物的情节，这是十分有特点的情节。这个情节与巴比伦神话中提阿马特被肢解身化天地、印度《梨俱吠陀》中原人布尔夏身化万物的创世情节有极大的类同性，所以，也被盘古神话外来论学者所特别强调。但是，身化万物的情节并非异域所有，而华夏所无。在古人创世神话中，女娲也曾经身体被肢解，化为众神万物。这个情节的完整形态后世已经湮没，但其碎片还是从不同途径流传下来，到今天，我们通过这些碎片，仍然可以推断和拼组出当初的情形。关于女娲，许慎《说文》中谓其为"古神圣女，一日七十化，化万物者也"。这里的"化万物"，一般理解为"化育万物"，但这实际是到文明时代后女娲神话本相被湮灭之后的理解，正确的解读应该是"身化万物"。《山海经》中正好有女娲身化万物的一个遗落碎片："有神十人，名曰女娲之肠，化为神，处栗广之野，横道而处。"[①] 这个片段历代注家囿于后世的知识视野都未有正确注解。其实，这个片段已经明确地说，这十个神是女娲的肠子所化生而成的。可以推断，这个片段是一个更大的关于女娲身体被肢解而身体各部分化生众神万物的神话故事中遗落的，因为这个更大的故事湮灭了，从中遗落的《山海经》中女娲之肠化生十神的片段也就成了无法理解的怪妄之语了。

女娲之外，尚有某个大母神被肢解身化万物的情节隐蔽地存在。在《天问》中有启"何勤子屠母，而死分竟地"一问，这一问何意，历代注家多有岐解，均因囿于文明时代的知识视野，而未能揭示其本意。其实这一问的意思很清楚，就是：启为什么屠剥了他的母亲，并且将她的尸体肢解抛撒四境？屈原也是囿于文明时代的知识视野，所以对这种行为大惑不解。其实，这正是夏人创世神话的最后一个环节：夏启也许因为某个原因，和他的母亲涂山氏发生了冲突，最后将他的母亲屠剥分尸，抛撒四境。这里暗含着一个情节，就是涂山氏被屠剥分尸，而尸化万物的情节。这可能正是夏人创世神话完成的最后环节。[②]

因此，某一个创世者身化宇宙万物的创世关目，并不只有异域有，华夏民族早期一样有了，只是这个屠母碎尸的神话在后世流传过程中因

---

① 　袁珂校注：《山海经校注》，上海古籍出版社1980年版，第389页。

② 　参见本书第十二章""启棘宾商"与夏人神话创世的完成和庆典"第二节""启棘宾商"、'屠母分尸'的历史信息与神话底本"。

不符合越来越突出宗法伦理为核心的文化建设的需要，所以湮灭掩蔽了，但其碎片和歪曲性记忆仍然以某种方式留存在后人文献中。

陈建宪先生在《神祇与英雄：中国古代神话的母题》一书第二章"天地开辟——盘古神话及'宇宙卵'母题"中，分析盘古神话"垂死化身"母题的中国本土来源时指出，中国古代"天人合一"的文化观念就暗含着人的生命与自然有内在的同一性关联。中国不少少数民族神话都有类似垂死化身的故事母题。[①]

第四，生命宇宙观。徐整的盘古创世神话，无论是说天地如鸡子，还是说盘古生长于原初卵形宇宙中，还是说最后盘古身化宇宙万物，在宇宙认识论层面，体现的都是一种生命宇宙观，即宇宙是由生命（尤其是人的生命）构成的，与生命存在结构上的对应关系。这种宇宙认识论从思维特征上讲，就是原始人的类比思维、互渗思维、万物生命论。无论中外，身化宇宙万物的创世神话都体现的是一样的思维特征和认识论特征。从中国古代文化角度讲，这种思维特征，首先体现在神话世界中。很多人都征引以证明盘古神话中国古已有之的关于烛龙和烛阴的两段材料，就体现了这种生命宇宙观。说盘古神话就是烛龙和烛阴的神话的直接转化，未必正确，但盘古神话和烛龙（烛阴）神话体现了同一种生命宇宙观，那则是毫无疑问的：

《山海经·大荒经》：

> 西北海之外，赤水之北，有章尾山。有神，人面蛇身而赤，直目正乘，其瞑乃晦，其视乃明。不食不寝不息，风雨是谒。是烛九阴，是谓烛龙。[②]

又《海外经》：

> 钟山之神，名曰烛阴，视为昼，眠为夜，吹为冬，呼为夏，不饮，不食，不息，息为风；身长千里，在无晵之东，其为物，人

① 陈建宪：《神祇与英雄：中国古代神话的母题》，生活·读书·新知三联书店 1994 年版，第 32—37 页。
② 袁珂校注：《山海经校注》，上海古籍出版社 1980 年版，第 438 页。

面，蛇身，赤色，居钟山下。①

　　这里，将宇宙自然变化与烛龙（烛阴）生命的结构对应起来，体现的正是典型的生命宇宙观。而且，我们发现，并不只是在神话中，甚至在文字的制造中，中国文字都悄然地渗透了天地宇宙生命化的意识。看看甲骨文"天"字的形状：

甲骨文中"天"的诸种写法

　　这些"天"字，都是一个正面站立的人的形体，尤其突出了上方那圆形脑袋的形态。许慎《说文》曰："天，颠也，从一、大。"意思是"天"字就是指人的脑袋。这正是将宇宙天地生命化的典型解释。其实甲骨文这个"天"字还传达了比许慎解释的更多信息。"人"在甲骨文中有多种写法，一般写成侧体屈肢状，但"天"字的这个"人"却写成正面而立的人形，是为了突出强调身体结构上下（天地）前后左右（东西南北）的方位结构特征，也就是说，人体的结构就是宇宙的结构。甲骨文中许多表示天地宇宙日月星辰万物的字，都和人类或动物生命形体相关，它无意识地表现出，在创造甲骨文的先民们那里，宇宙万物都和生命息息相关。这使我们想到《摩登伽经》中关于自在化生宇宙天地的那段话：

　　　　自在以头为天，足为地，目为日月，腹为虚空，发为草木，流泪为河，众骨为山，大小便利为海。

　　其实，上引甲骨文的"人"字构形反映的也正是这样的生命宇宙观，它可以看成是盘古身化宇宙神话的认识论基础。

　　进入文明时代，中国古代哲学关于世界形成和构成的表述中，还渗

---

① 　袁珂校注：《山海经校注》，上海古籍出版社1980年版，第230页。

透了这种生命宇宙观。当庄子将原始宇宙表述为充满生命元气的混沌、老子将宇宙天地之本源表述为动物之阴门、《淮南子》将原始宇宙表述为有生命的阴阳二神互动交化结果的时候，他们都无意识地在文明时代延续了神话时代的生命宇宙观。汉代的董仲舒甚至干脆将人的身体不同部分与自然不同事物之间完全建立起对应关系：

> 天地之精所以生物者，莫贵于人。……唯人独能偶天地。人有三百六十节，偶天之数也；形体骨肉，偶地之厚也；上有耳目聪明，日月之象也；体有空窍理脉，川谷之象也；心有哀乐喜怒，神气之类也；观人之体，一何高物之甚，而类于天也。……是故人之身首坌而员，象天容也；发象星辰也；耳目戾戾，象日月也；鼻口呼吸，象风气也；胸中达知，象神明也；腹胞实虚，象百物也；百物者最近地，故要以下地也，天地之象，以要为带，颈以上者，精神尊严，明天类之状也；颈而下者，丰厚卑辱，土壤之比也；足布而方，地形之象也。……天地之符，阴阳之副，常设于身，身犹天也，数与之相参，故命与之相连也。天以终岁之数，成人之身，故小节三百六十六，副日数也；大节十二分，副月数也；内有五脏，副五行数也；外有四肢，副四时数也；……①

在这里，人就是一个宇宙，宇宙构成也如人一样。所以，宇宙生命化，这是中国古代先民宇宙观的重要特征。

综上，盘古创世神话的主要元素，在中国古代神话和其他文化形式中基本都存在，在某种特殊契机中，这些元素的组合，完全可能产生盘古创世神话，所以，断言盘古神话完全是外来的，这个观点并不可靠。盘古神话中具有丰富的中国元素。

但这并不是说，有了这些元素就一定会产生完整的盘古创世神话，这些元素的组合，需要某种启发、某些契机、某些特殊的机缘。这个契机和机缘很可能是印度文化特别是佛教文化提供的。佛教典籍中转述的那些与宇宙创生相关的神话经传播者口头传入中土后，启发了本土文化

---

① （汉）董仲舒著，（清）凌曙注：《春秋繁露》第十三卷，中华书局 1975 年版，第439—443 页。

人和人民以之为参照，综合中国古代相关元素，创造出盘古创世神话，这是最可能的情形。它在东汉晚期和三国期间出现，应非偶然，与佛教文化大规模流播中土的过程是有关的。在这个意义上，盘古神话可能既不是完全的外来物也不是完全的本土产物，而是以本土文化元素为基础，在外来文化的启发诱导之下进行整合创造的结果。

至于这个神话产生的时代，大体可推定为东汉晚期至三国这一段历史时期。从今见徐整盘古创世神话看，其中以一、三、五、七、九为阳数的宇宙圣数模式产生于西周，但象数学大盛则到东汉；"三皇"称谓产生于战国晚期，盛行于东汉；"五岳"称谓显然是以五行学说为基础的，战国时代未见"五岳"之说，因此，大体可以推定是在汉代才出现的。这样，以盘古神话文本中最晚出现的那些元素推测，这个神话的产生不会早过东汉中期，盘古神话外来说的学者对这个神话产生年代的推测要更晚一些（东汉末年至三国时代），也未必没有道理。

但我们更应该关注的不是这个神话产生的早晚，而是这个神话中内含的中国元素，它显示了盘古神话与中国古代文化的血缘关联。

第四节　盘古神话流传过程中的族属化、祖宗化趋势 *

同时，我们还应该关注的是，盘古神话在其产生之后，在中国各族流传过程中的族属化、祖宗化趋势。不管它的来源是异域还是本土的，但其流传过程中的发展变异强烈地体现了中国创世神话的根本性特征，那就是创世神话的族属化、祖宗化。这是许多其他国家古代神话未必会有的特征。

盘古神话中的盘古在三国的徐整那里，还是一个化生天地万物的独神，但到了东晋的葛洪那里，他就成了夫妻神，并且成为中国人的祖神，葛洪著《枕中书·元始上真·众仙记》云：

> 昔二气未分，螟涬鸿蒙，未有成形，天地日月未具，状如鸡

---

　　* 本节曾以《从尸化型和宇宙卵型到世界祖宗型神话——盘古创世神话流传过程中类型转化的考察》为题发表于《民族文学研究》2013年第4期。

子。混沌玄黄，已有盘古真人，天地之精，自号元始天王，游乎其中。螟滓经四劫，天形如巨盖，上无所系，下无所依，天地之外，辽瞩无端，玄玄太空，无响无声，元气浩浩，如水之形，下无山岳，上无列星，积气坚刚大柔服维天地浮其中，展转无方。若无此气，天地不生。天者，如龙旋回云霄。复经四劫，二仪始分，相去三万六千里。崖石出血成水，水生元虫，元虫生滨牵，滨牵生刚须，刚须生龙。元始天王在天中心之上，名曰玉京山，山中宫殿并金玉饰之，常仰吸天气，俯饮地泉。复经二劫，忽生太元玉女，在石涧积血之中，出而能言，人形具足，天姿绝妙，当游厚地之间，仰吸天气，号曰太元圣母。元始君下游见之，乃与通气结精，招还上宫。当此之时，二气姻缘，覆载气息，阴阳调和，无热无寒，天得一以清，地得一以宁，并不复呼吸，宣气合会相成自然饱满。大道之兴，莫过于此，结积坚固，是以不朽。金玉珠者，天地之精也。服之能与天地相毕。[①]

《枕中书》接着叙述，盘古与太元圣母先后生了天皇扶桑大帝东王公和西王母，后又生地皇，地皇生人皇。庖羲、神农、祝融、五龙氏等皆其后裔。[②]

盘古在这个道教的宇宙创生仙话中变成了原始天君，他死后身化天地万物的情节在这里没有了，他主要的功绩不是化生了天地万物，而是和太元玉女即太元圣母婚媾，生了包羲、神农、祝融、五龙氏这些中国古代传说中不同部落族团的始祖神。这个仙话增添了特别重要的新元素，就是没有族属身份的天地宇宙元神在这里开始成了具备特定族属身份的元始祖神，而且不是独神，还是夫妻神。

而到了梁代，盘古神的族属特征就更明显了。传为梁代任昉的《述异记》中，盘古就开始直接成为某些地域和民族的祖宗神：

> 昔盘古氏之死也，头为四岳，目为日月，脂膏为江海，毛发为

---

① （晋）葛洪：《枕中书》，见《丛书集成新编》第26册，（台湾）新文丰出版公司1985年版，第120页。

② 同上。

草木。秦汉间俗说：盘古氏头为东岳，腹为中岳，左臂为南岳，右臂为北岳，足为西岳。先儒说：盘古氏泣为江河，气为风，声为雷，目瞳为电。古说：盘古氏喜为晴，怒为阴。吴楚间说：盘古氏夫妻，阴阳之始也。今南海有盘古氏墓，亘三百里，俗云后人追葬盘古之魂也。桂林有盘古祠，今人祝祀。南海有盘古国，今人皆以盘古为姓。昉按盘古氏，天地万物之祖也，然则生物始于盘古。[①]

这个盘古神话就将徐整和葛洪的盘古神话与仙话中核心的要素都综合起来了。一方面，作为化生天地宇宙的原始巨人的特征依然保留着；另一方面，作为人祖尤其是作为特定民族神圣祖先的特征则更被突出了。距离徐整不到 300 年后的任昉记录的盘古，已经与徐整笔下的盘古不完全是同一个人了，他不只是原始创世巨人了，而是"盘古氏"，中国古代称"某某氏"，都是在强调他的族属特征，意谓他属于某一个特定的氏族或部落。不仅盘古已经成为盘古氏，并且在盘古氏基础上出现了"盘古国"，盘古成了这个国家所有人的姓，盘古是盘古氏的祖宗神。这个盘古国还有"盘古祠"，所谓祠堂，是祭祀祖宗所在，为盘古立祠堂，意谓他已经是这些民族的祖先。而且这个祖宗神还不是一个人，是一对夫妻配偶神："盘古氏夫妇。"最早创造天地宇宙的原始巨人由一个没有族属身份的巨人变为某个氏族和国家特定的祖先，变成有家庭关系的夫妻，这是最具有中国特征的变化。

即使盘古真是外来的，但在中国这块土地上，所有外来的神话都会被这块土地的元素渗透和改造，这种改造使这个神话的类型被完全改变了。它本来只是一个宇宙卵型创世神话和尸体化生型神话，但到任昉这里，就朝世界祖宗型神话转化，而且已经基本形成了，前面两个元素（宇宙卵与尸体化生）开始转化成后一个元素（祖宗创世）的构成成分。关于世界祖宗型神话的特征，笔者在本书最后的"结语"中将专门讨论，在此只是指出这种类型的根本特征：世界是由某一个氏族、部落族团或民族的祖先创造的，这个祖先神也就是创造世界的至上神，是两者的合一。这是中国古代创世神话类型的重要特征，几乎所有中国古代创世神

---

① （梁）任昉：《述异记》，景印文渊阁四库全书·子部三五三·小说家类，（台北）商务印书馆 1986 年版，第 613 页。

话都具有这个特征，这在世界各民族创世神话中是最突出而独特的。

现存《述异记》，是后人集遗文、益以他书而托名于任昉的一部半真半假的书。《四库全书总目提要》云："旧本题梁任昉撰，其中有北齐武成、河清年事。盖亦如张华《博物志》合而成，半真半伪之书也。"但不管是真是假，或半真半假，上述有关盘古神话的记载，都说明在流传过程中，盘古神话在不断增加世界祖宗型神话的元素。到了宋人的记载中，盘古这种祖先神的特征都一直保留和加强着。宋人罗泌在《路史》注中曰："今赣之会昌有盘古山……其湘乡有盘古堡，而零都有盘古祠。……荆湖南北今以十月十六日为盘古氏生日。"[①]这里，以"盘古"命名的堡或祠，都在强化盘古与居住在这里的居民的血缘联系。

盘古神话在中国尤其是南方各少数民族中流传的过程中，大多数情况下仍然保留着创世元神的身份，但同时他往往又是某些民族的祖宗神。例如云南哀牢山苦聪人的始祖神话讲述：盘古在云里滴了两滴血，渗入一个葫芦里，经过几千年的洪水，葫芦开口，出来一男一女两个小孩，他们是盘古的后代，就是苦聪人的祖先。瑶族、苗族、毛南族都说盘古生了个肉蛋（或者说是肉球或肉包），剁成肉块，撒向四方，到处都有人了。瑶族说："妹妹从闺房出来，把剩下的五块肉往山上掷，第二天山上出现了盘、李、邓、赵、蒋五姓瑶人，哥哥上山告诉他们，说盘王是瑶族人的始祖。"[②] 又如在畬族创世神话中，他是各姓氏祖先的创造者；在傈僳族神话中，他既是天地的创造者，也是最早的傈僳族兄妹祖宗神的创生者；在侗族神话中，他和古老创造世界万物，还创造了九个人王兄弟，他们正是中国几个民族的祖先；而在毛南族神话中，创造世界的盘古干脆衍生为盘哥、古妹兄妹，互相婚配繁衍人类。苗族、畬族、仡佬族、布依族、土族、土家族、拉祜族、苦聪族、侗族、傈僳族、白族等民族，都称盘古是本民族的祖先神，或说他们族的始祖大神或英雄是盘古的后代。广东肇庆有建于宋代的盘古祖庙，其中十皇殿上，供奉着轩辕、神农、伏羲、颛顼这些古代华夏各部落的祖先，盘古

---

① （宋）罗泌：《路史》前纪一，景印文渊阁四库全书·史部一四一·别史类，（台北）商务印书馆 1986 年版，第 4 页。

② 转引自马卉欣《盘古学启论》，中国社会科学出版社 2003 年版，第 31 页。

赫然排列其间，显见在这里他已经是作为某个部落或民族的祖神被供奉和信仰的。今广西岑溪与容县之间，还有一个名为"盘古"的小镇，罗定县内甚至还有以"盘古"为姓氏的村落，显然，这个小镇的名称和这个盘古的姓氏，都来源比较古老。上述这些材料清晰地显示，盘古神话在某些少数民族那里，较之徐整时代那个没有任何民族、氏族背景的创世元神，已经开始增加了特定民族、氏族的元素，他（或由他分化的双神）开始成为某些民族的创世神和祖先神，他既是世界的创造者，也是某些民族的祖先或祖先的创生者。

这里，特别要提及关于盘古与盘瓠的关系。自清代晚期苏时学在《爻山笔话》中提出盘古与盘瓠一音之转，实为一人的见解后，百多年来学者为此聚讼不休。关于这个问题，笔者秉持这样的观点：就其起源阶段的特征而言，盘古与盘瓠几无关系，盘古在汉末三国，只是一个宇宙万物的创世神，或者说原始创世巨人，而盘瓠则是南方某些少数民族的祖先神，他们的故事从叙事学角度看毫不相干。但在后世的流传过程中，两者在缓慢地混融合一，这个融合过程直到近现代依然没有完全完成，但已经达到较深的程度。关于这个融合程度，在不同民族中也不一样：有的已经很深，基本将两者当成同一个人；有的还不很深，对两者的区别还有一定意识。李燕、司徒尚纪曾撰《浅论盘古文化与盘瓠文化关系及其在岭南融合》一文，对岭南地区盘古与盘瓠的融合情况进行了全面调查，今摘录其中部分资料如下：

　　道光《广东通志·杂录》曰："两广峒蛮相传为盘瓠之后，或讹为盘古。"例如近人刘锡蕃《岭表纪蛮》："畲民之祖先为盘古，家置画像，祀奉甚虔，每届三年，举族为一大祭。"在这里"盘古"谅应为"盘瓠"。如世居潮州凤凰山的畲族，即流传与瑶族盘瓠神话大同小异的始祖来源说，这个始祖称盘瓠，而鲜称盘古。关于这个差别，著名民族学大师饶宗颐先生在考察潮州山梨畲民历史后指出："或谓盘瓠即盘古，考南部边民多有盘古传说，惟盘古仅为盘古瑶及板瑶所崇奉，盘瓠则为诸瑶所共祀，此其别也。今观山梨之图，盘古氏列于神农氏上，明与盘瓠有异，不当目为一事实。"三是岭南过去和现存一些盘古庙和盘瓠庙的创建都有疑误现象，例如广西马平县城江东岸有盘瓠庙，"为瑶壮所建，俗误为盘古"。广西柳江县的盘瓠庙，"旧志注为瑶壮所建，俗误为盘古"。这些名称互用恐怕不仅是创建者疑误问题，还可能是两种文化融合，使人难以分清所致。这样例子也不是没有，今柳州复建盘古庙，庙门悬联即为："混沌初开，天地神人尊盘古；乾坤久奠，苗瑶壮汉荐轩辕。"廊柱题对曰："始则同源，旋而衍派，百族发祥天地阔；始燃取火，喜或营巢，万家兑秀古今中。"在这座盘古庙里各民族都奉祀轩辕。肇庆盘古祖殿原先建在瑶人集中的北岭腹地大榄坑，后来迁至今遗址所在北岭南坡交通颇方便地方，也是汉族聚居之地，这种转移，也是两种文化空间位移。庙中供奉瑶族神祇盘瓠，但庙名仍书"盘古神殿"，楹联也曰"开天垂象物，辟地启鸿蒙"，与盘瓠传说无关。……又广西壮族深受汉文化影响，建国前，在桂北、桂中、桂东，一些壮、瑶、苗、侗等族分布区有盘古庙，并颂唱关于盘古事迹歌瑶。如桂西壮族传唱《盘古开天辟地歌》："盘古开天地，造山坡河流，划洲来住人，造海来蓄水。……盘古开天地，造日月星辰，因为有盘古，人才得光明。"马山县古零、扶绥县东门一带壮族师公过去跳神必唱盘古，歌颂盘古为开天辟地之人类始祖神。所唱经文中有"泰山盘古是我屋，大岭盘古是我身。庚子其年造天地，盘古出世到如今"等句。显然，这些少数民族既崇拜盘瓠，也崇拜盘古。四是如上所述，盘古神话和盘古庙主要在南方流传和分布；而盘瓠作为南蛮的图腾崇拜，其遗迹、庙宇和神话也主要分布在南方瑶、苗、畲等少数民族中。这种地域上的共同性，使两种文化交流、融合成为必然。[①]

显然，在学者的眼中，盘古、盘瓠是有区别的两位祖神，但在民间文化中，他们的差异正在被悄悄淡化和忽视，岭南畲苗瑶等少数民族在漫长的历史进程中，正有意无意地将古代本无族属特征的世界创世神转化为自己民族的祖先神，反过来也可以说他们在有意无意地将自己民族的祖先神转化为创世神，以实现创世神和祖先神的统一。而这个过程，

---

① 李燕、司徒尚纪：《浅论盘古文化与盘瓠文化关系及其在岭南融合》，《中国历史地理论丛》2002 年第 4 期。

在上引西南一些少数民族则是在自己民族的创世史诗或创世神话中，将创世神盘古叙述为自己民族的祖先神或生育自己民族祖先的神。

综上所述，我们可以作这样的归纳：从严格的学术研究角度讲，盘古与盘瓠在本源上是不同的，但在漫长的古代民间文化的发展过程中，他们的区别在南方一些少数民族中正在被悄悄淡化和忽视，两者正在朝混融为一的状态发展，由于近代开启的文化现代化进程，这种发展被中断了，两者完全合一的可能性基本不存在了，两者似分似合、似二似一的状态看来将长期保持。我们不妨推想，如果不是现代化进程的开启，也许在以后一个漫长的历史进程中，两者基本合一的结局会在某些少数民族文化中不知不觉地完成。

在汉族地区漫长的历史进程中，盘古神话的这种族属化、祖宗化特征也在悄然发生。河南基层文化工作者马卉欣先生耗十多年时光，遍访中国有盘古文化存在的十多个省区，搜集了大量有关盘古文化的资料，先后出版《盘古之神》（上海文艺出版社 1993 年版）、《盘古学启论——暨人类早期史纲》（中国社会科学出版社 2003 年版）二书，河南学者张振黎先生多次率领学生深入全省各地进行大面积调查，搜集到大量有关盘古神话的资料，并出版《中原古典神话流变论考》（上海文艺出版社 1991 年版）一书。三本书收集的大量资料显示，盘古神话在汉族核心地区如河南广为流传，在流传过程中，这个原初无族属特征的单身巨人或巨人神变成了夫妻配偶神，成了盘古爷和盘古奶，他们的结合生了最初的人类（实际指汉族为主体的中国人）。河南地区流传的一首《盘古歌》这样唱道：

> 想当初天地未分一片混沌，　　盘古爷开天地才有如今。
> 人称是盘古爷姐弟两个，　　　天意缘盘古山滚磨成亲。
> 成亲后有儿女九州分居，　　　同甘共苦劳动呼唤云。
> 普天下众人等同是一祖，　　　到如今干何事都该一心。
> 当年人全能活三百往上，　　　如今人修行好寿活百春。
> 盘古歌当初是先人所编，　　　唱一代传一代莫忘根恒。①

---

① 引自马卉欣《盘古学启论》，中国社会科学出版社 2003 年版，第 32 页。

　　显然，这个盘古歌中的盘古不仅是天地开辟者，还是九州大地居住的人类的祖先（既然居住地是九州，这里的人类当然是以汉族为主体的中国人），在这里创世神和祖先神合二为一。上面这个盘古歌中的故事，又与伏羲女娲兄妹滚磨成亲的故事混到一起了，或者说是后者的搬移，而伏羲女娲在中国文化中，正是中华大地很多民族的祖先神。将盘古由一个独神分身为兄妹双神，并将伏羲兄妹成亲的故事嫁接到盘古兄妹身上这一事实，可以使我们感受到这首盘古歌的创造者和传唱者强烈的愿望或冲动：将创世神转化为自己民族的祖先神，使两者合二为一。

　　所有这一切，都显示着，不管盘古神话最早是外来还是本土的，但在中华大地流传的过程中，正在不断增加中国元素。盘古在中国文化历史上，最早作为一个孤独的原始创世巨人出现，而后在开天辟地元神的基础之上，渐渐成为具有某些特定族属特征的既是创世元神又是民族祖先神的世界祖宗神或曰创世祖先神，与他相关的创世神话，也由卵生或化生宇宙型创世神话，转换为涵容了它们但又超越了它们的世界祖宗型创世神话。而我们发现，这种创世神话类型，是西方神话学理论中没有的，原因就在于中国古代创世神话基本没有进入西方研究者的视野，他们归纳创世神话类型基本不是以中国古代创世神话为样本的。这也意味着，如果从历史发展过程角度考察中国盘古创世神话，已有的西方神话学中的创世神话类型理论并不能准确概括这个神话的基本特征，所以，笔者根据中国创世神话的特征，提出世界祖宗型神话这一个类型，以补西方神话学关于创世神话类型之缺。

　　综上，盘古创世神话不管是否来自印度文化的启迪，但其基本构成元素在中国古代神话和文化中早就存在了，而且，在其流传的过程中越来越具有中国本土特色，这是需要我们特别注意的。

第二章 楚帛书"创世篇"文、义识释 与叙事类型分析

——楚国帛书创世神话研究之一

20 世纪 40 年代,一份珍贵的楚国帛书在湖南子弹库楚墓盗掘出土,这份帛书几经辗转,流落国外,先后收藏于美国纽约大都会博物馆和美国华盛顿赛克勒美术馆。帛书最早的收藏者古董商人蔡季襄先生在清理的基础上,曾经对其文字进行过临摹,并于 1944 年出版《晚周缯书考证》一书(1944 年 8 月,台北艺文印书馆),自该书问世后,国内外学术界对 40 年代初出土于长沙子弹库的楚国帛书的研究持续不断,成果多见。① 据台湾学者许学仁先生辑录的《长沙子弹库战国楚帛书研究文献要目》较为精确的收集统计,到 2002 年 6 月止,国内外共出版有关帛书研究著作 13 部,发表学术论文 114 篇,其中中文 100 篇,日文 7 篇,英文 7 篇;而 2002 年以来的 10 年间,国内时见以楚帛书为对象的研究性著作以及论文,据笔者不精确的搜检,其数量应该超过 50 篇(部)。

由于帛书本身的残破,加上时代久远,不少文字字迹模糊、漫漶不清,一些文字结构与书写古今差异较大,对它的正确完整识读经历过一个漫长的过程。1944 年蔡季襄先生发表对它的摹写本以来,蒋玄怡据此发表了帛书临摹本(1950),一些学者以此为文献基础发表了不少研究成果,但因为这个临摹本漏摹、误摹文字达半数以上,在此基础上的研究成果学术价值因此也比较有限。50 年代后期,美国

① 关于楚帛书发掘、流转和被国内外学者注意、研究的过程更详细的叙述,可参看曾宪通撰《楚帛书研究四十年》一文(见饶宗颐、曾宪通《楚帛书》,中华书局香港分局 1985 年版)。

弗利亚美术馆全色照片摹本和原照发表，不少漫漶不清的字得以确认，从而也开创了楚帛书研究的新局面。在国内学术界，1964 年，商承祚先生首次在《文物》上刊印了帛书的照片（《战国楚帛书述略》，《文物》1964 年第 9 期）。1966 年，美国纽约大都会博物馆用红外线技术对楚帛书进行拍照，提供了迄今最为清晰的帛书图片，楚帛书上已模糊的一些文字获得重现并得以识读，先前争论不休的某些文字考证识读问题获得了解决，模糊不清或尚无定论的疑难字大大减少。1970 年，澳大利亚国立大学的巴纳德（NoelBarn - ard）博士编了帛书的彩色幻灯片，1973 年，他出版了《楚帛书译注》，附有帛书红外线照片，图像清晰，为深入研究提供了良好条件。[①] 这套红外线照片 70 年代传入国内，成为国内学者研究楚国帛书的依据。在这套照片的基础上，楚国帛书大部分文字都可以识读，文献内涵大体可以了解，据此进行的研究有较为可靠的基础。诸位学者中，尤值一提的是香港学者饶宗颐先生的研究，从 1958 年据蔡季襄摹本发表《战国缯书新释》以来，40 余年间，他不断根据新获资料对楚帛书原文辨识进行校订，从而最后提供了迄今为止最为可靠的帛书原文识读，并在此基础上结合中国古代文献和其他现代出土文献（如秦汉楚简），对帛书某些内容进行了深入研究和辨析，[②] 其为帛书研究作出的重要贡献为业内公认。

学者们根据楚国帛书的结构图式，将帛书分为甲乙丙三篇。位于帛书中部有方向互倒的两篇文字，分别为 8 行和 13 行；四周排列附有图形的 12 段文字，可视为第三篇（丙篇）。但关于楚帛书中间分别为 8 行和 13 行的两段文字何为甲篇、何为乙篇，学者认定尚有不同：蔡季襄、饶宗颐、巴纳德等人以 8 行一段为先即甲篇；而董作宾、商承祚、陈梦家、陈公柔、严一萍、李学勤、李零等人则以 13 行一段为先即甲篇。本书以 8 行一段为甲篇。

---

① 据曾宪通先生《楚帛书研究四十年》介绍，在蔡氏本、弗利亚美术馆金色照片、大都会美术馆红外线照片三种资料基础上，学者们根据自己的研究，在不同时期公开发表的楚帛书摹本目前已有 12 种（参见饶宗颐、曾宪通《楚帛书》，中华书局香港分局 1985 年版，第 62 页）。

② 可分别参见饶宗颐、曾宪通《楚帛书》（中华书局香港分局 1985 年版）与《楚地出土文献三种研究》（中华书局 1993 年版）。

尽管楚帛书文字释读工作因为 60 年代以来的高清晰度照片有了很大进步，但仍然存在一些文字辨识和意义解释的困难与分歧，其原因一是因为年代久远，有些字已经十分模糊，无法准确辨识；二是楚帛书在流转过程中，甲篇一侧原有几处断裂，接裱时少掉若干关键性的文字，虽通篇文意尚可了解，但因接裱处文字泐损较多，原字原意为何，较难确识，故不同学者出于不同参照和识读原则，辨读时多有差异；三是一些文字楚国的写法比较特殊，无有参照，这也给辨识带来特别的困难；四是古代文字无有标点，如何断句，诸家常有分歧，断句不同，则句意必异；五是文字释读和断句的工作，还潜在地受学者研究视角和对整体内容的理解的影响，研究视角和整体内容理解的差异，也会导致具体文字辨识和断句的不同。由于这些原因，楚帛书文字辨识和意义解释方面，仍然存在不少分歧。虽然如此，但总体上看，随着时间的推移，后起的研究者有更多的参照，可以对前面的研究成果去取扬弃，文字辨识和句意解读方面大都更为妥帖。

90 年代以来，不少学者都认为甲篇内容是一篇创世神话，对甲篇创世神话进行研究的一个前提，是完整正确地识读理解帛书的文字和意义。本章的任务是对帛书甲篇基本内容进行清理断释，以为对其创世神话进行研究提供基础。

在帛书甲篇识读和内容研究方面，饶宗颐、曾宪通、李零、何琳仪、冯时、商承祚、李学勤、刘信芳、巴纳德、严一萍、董楚平等中老年学者成果颇丰，成绩卓著，青年学者如陈斯鹏等也多有创获。近年年轻学人吉林大学刘波撰写的硕士论文《楚帛书甲篇集释》，以句读为单位，对迄今为止诸位学者有关帛书甲篇文字和意义的释读成果进行了比较全面的搜集整理[①]；台湾年轻学人郑礼勋的硕士论文《楚帛书文字研究》，对于帛书各篇文字研究的成果也有较为全面翔实的搜集。两文后都开列有较为丰富的参考文献，为后续性研究提供了较好的资料汇集。

---

① 李零：《长沙子弹库战国楚帛书研究》，中华书局 1985 年版，第 29 页。

第一节　楚帛书"创世篇"文、义新释(上)*

下面对楚帛书甲篇文、义进行简释。本处对甲篇原文的选择基本以饶宗颐、曾宪通先生《楚帛书文字新临写本附释文》为基础，① 个别地方参照其他学者释文。同时因为本书是从创世神话角度研究楚帛书甲篇的，所以，针对一些持相同角度研究帛书甲篇学者的成果多有参照辨析，特此说明。

因为楚帛书甲篇文字讲述的是创世神话，所以，我们也可以将之称为"创世篇"。帛书甲篇原文如下：

曰故（古）大熊雹戏（伏羲），出自□霆（震），尻（居）于睢□。厥□俣俣，□□□女，梦梦墨墨，亡章弼弼。□每（海）水□，风雨是于。乃取（娶）□□□子之子，曰女皇（娲），是生子四。□□是襄（壤），天垼是各（格），参化□□（法步），为禹为万（契），以司□（堵）襄。咎（晷）天步达，乃上下朕（腾）传（转）。山陵不疏，乃命山川四晦（海），熏（灵）气百（仓）气，以为其疏，以涉山陵，泷、汨、益、厉。未又（有）日月，四神相戈（代），乃步以为岁，是隹（惟）四寺（时）。长曰青□干，二曰朱四单，三曰翏黄难，四曰□墨干。

千有百岁，日月允（夋）生，九州不坪（平），山陵备峡（逼），四神乃作，至于覆，天旁动，扦蔽之青木、赤木、黄木、白木、墨木之精。炎帝乃命祝融，以四神降，奠三大（天），□思教（保），奠四极。曰非九天则大峡（逼），则毋敢蔑天灵。帝允（夋）乃为日月之行。

共攻（工）夸步，十日四寺（时），□□神则，闰四□，母（毋）思（使）百神风雨、晨（辰）祎乱乍（作）。乃逆日月，以遫（传）相

＊ 本节与下节曾以《楚帛书・甲篇新释》为题发表于《湖北师范学院学报》2012 年第 5 期，收入本书略有改动。

① 参见饶宗颐、曾宪通《楚帛书》之附录图版，中华书局香港分局 1985 年版，第 10 页。

土，思（使）又（有）宵又（有）朝，又（有）昼又（有）夕。

上述甲篇文字中，异体字后以"（）"标出今本字，缺字、无法辨识之字以"□"表示，电脑输入系统中没有的个别楚国古字自造，无法自造者用"□"标出，在注解中加以说明。

下面对其文、义进行逐句断释。因本文是研究楚帛书创世神话的，所以对董楚平先生《中国上古创世神话钩沉》从这一角度释读帛书甲篇的成果多有参照和检讨，特此说明。

帛书甲篇按照其内容可以分为两大部分，帛书第一自然段为第一部分，叙述的是世界初创的过程；以第二、第三自然段为第二部分，叙述的是世界初创后发生灾难和战胜灾难的过程，可以称之为再创世部分。本节对第一部分文、义进行注释。

曰故（古）大熊雹戏（伏羲），

大熊，一作天熊，诸学者均谓楚人祖先熊姓，称雹戏为大熊，乃谓其是楚人祖先。雹戏即伏羲。

董楚平先生《中国上古创世神话钩沉》认为伏羲是早在东方良渚文化时期就存在的神，此处只是楚人拉过来作为祖神而已。

张按：关于伏羲何出，争议颇多。有学者如闻一多先生认为伏羲实出南方苗蛮族团，亦有谓出自西北。董楚平先生谓伏羲出自良渚文化，猜测多于实证，未为定论。我意伏羲较可能是古代苗蛮族团祖先神和至上神。楚王室尽管出于周人，但所封之地南方，战国早中期，其核心区域湖南湖北地区均为苗蛮族团集聚地，苗蛮族团为楚国民众主体构成之一，故其神话可能在楚地流传。同时，苗蛮族团的祖宗神、至上神在这里被移植为楚王室祖神，是楚王室文化与属地原住民文化融合的结果。

出自□宸（震）。

宸：多位学者释为"震"之异体，此从之。董楚平先生引相关资料谓八卦中震为雷，伏羲出于震，则伏羲乃雷神也。雷泽乃吴西即太湖，伏羲出于雷泽，乃谓伏羲出于太湖。①

---

① 董楚平：《中国上古神话钩沉——楚帛书甲篇解读兼谈中国神话的若干问题》，《中国社会科学》2002 年第 3 期。

张按：董先生解释可讨论。此处世界尚未形成，何来太湖？何来吴西？且苗蛮族团居住地主要为江汉沅湘地域，似不会将自己始祖神出生地确认为吴西太湖。参世界各族神话，最高天神多为雷神，盖因雷电乃自然现象中最令人惊栗恐怖之现象，故为最高主神的武器。伏羲出于震，乃谓伏羲是雷神即最高主神也。谓吴西太湖为雷泽，则后人附会矣。

又，八卦诸方中，震为东北方，亦作东方。邵雍谓："乾南坤北，离东坎西，震东北，巽西南，兑东南，艮西北，自震至乾为顺，自巽至坤为逆。《说卦传》曰：万物出乎震，震东方也。"帝出于震，亦谓帝出于东北方或东方。伏羲出于震，则谓伏羲出于东北方或东方也。中国古代神话时空中，北方为黑暗世界，对应于一年的冬天，一天的黑夜，东方为光明初生世界，对应于一年的春天，一天的早晨。东北方，则是黑暗将尽光明将至的方位。从楚帛书创世神话看，伏羲出于震，这里的震当作东北方理解为准确，因为下面接着讲他的世界还是一片昏暗的世界，则可知他出生的方位是黑暗未去的东北方而不是光明已至的东方。

尻（居）于脽□。厥口俟俟，□□□女。

尻（居）于脽□：诸学者多释乃指伏羲所居之地，可从。有学者谓脽为汾水之南，值得商榷。楚人创世神话当不会谓其神祖产生于晋地山水。脽，这里最好看成是神性地址，地在何处，不可确考。后两句缺损太多，未知何意。

梦梦墨墨，亡章弼弼。

梦梦，犹懵懵，昏蒙不清；墨墨，即黑黑，一片黑暗；亡章，诸家均作无别解，可从。

张补：章，亦同彰，《广雅·释诂四》谓：彰，明也。亡章，无明也。弼弼，辨别不清之貌。亡章弼弼，谓昏暗无明的状态。

□每（海）水□，

此句缺二字，未知何意。每，饶宗颐先生及诸家多释为"晦"，董楚平先生亦释"每"为"晦"，即"晦暗的大雾"，以为符合原始混沌状，窃以为近似而未确。

张按：从各国古代创世神话看，"每"释为"海"更妥，"每"、

"海"古通，意谓原始黑暗无边的海洋；楚简"太一生水"篇，首句谓世界的起源即是"太一生水，水反辅太一生天"，即谓世界最早出现的就是原始大水，原始黑暗海洋，可见楚人创世神话是水生世界的神话。同时，即使释"每"为"晦"，则"晦"也不当作"晦暗的大雾"，亦当作"海"，因为"每水（晦水）"不释为雾水合适，况后文有"山川四晦"，即"山川四海"也。

风雨是于。

饶宗颐先生谓"风雨是于"即《山海经·大荒北经》的"风雨是谒"[1]，陈斯鹏博士认为不确，谓郭璞注"风雨是谒"，乃是言烛龙能请致风雨，似与帛书文意不合。董楚平先生释"风雨是于"为"世界混沌，无风无雨"，亦未确。陈斯鹏谓："疑'于'应读为'淤'，作'淤积'讲，'□□水□，风雨是于（淤）'，盖言风雨积聚，大水泛滥。"[2] 张按：陈说近是，可从。"风雨是于"，谓世界混沌、风雨淤滞不畅也。

乃取（娶）□□□子之子，曰女堂（娲），

第一句中间"□□□"中三字，难以辨认，未知确意，两句大意是伏羲娶女娲为妻。

娲：帛书"娲"原字乃一上中下三层结构的字，三层结构各是什么字？诸家多有异见，故该字被戏称为"字妖"。多位学者认为该字上从"出"，中从"曰"，下从"玉"。隶定为"皇"字，以上部的"出"为增饰。女皇即女娲。但何琳仪《长沙帛书通释》隶定为"堂"，"堂"即"娲"。何琳仪认为古文字"皇"上未有增饰"出"者，此字中层"曰"当为增饰符号，无义。战国文字中"曰"为增饰者众。此字从玉从出，出亦声。[3]《世本·姓氏》女娲作女堂，帛书女□（字构形为上"出"中"曰"下"玉"）即女堂即女娲。董楚平先生从之。此处亦从何说。但李零先生隶定帛书"女□"为"女填"。[4] 陈斯鹏《战国楚帛书文字新释》从李零说，并证之以新出土的楚简文字资料，楚简有谓女娲为

① 饶宗颐、曾宪通：《楚帛书》，中华书局香港分局 1985 年版，第 12 页。
② 陈斯鹏：《楚帛书甲篇的神话构成、性质及其神话学意义》，《文史哲》2006 年第 6 期。
③ 何琳仪：《长沙帛书通释》，《江汉考古》1986 年第 2 期。
④ 李零：《李零自选集》，广西师范大学出版社 1998 年版，第 68、254 页。

"女填"者。推其原因，大约与女娲炼石填补苍天或淹填洪水的神话传说有关。[1]

张按：该字何形上述诸学者识断有异，存异。但结论一致，认为该字最终都指女娲，可从。中国古代文化中，男为天为阳为乾，女为地为阴为坤，则此处暗寓女娲伏羲为原始阴阳二气之神。帛书前述世界一片混沌，此处叙述伏羲娶女娲，则暗示阴阳相合，世界将分，天地将形矣。但此时世界仍是将分未分、将形未形的黑暗混沌状态。

是生子四。

伏羲女娲所生四子，诸学者均依后面"四神相代，是唯四时"的文字，认定为四方四时之神。李学勤先生认为，"以五木奠四极，意味着五行的空间分布；以四色名四神，意味着五行的时间分布。"[2] 中国科学院国家天文台博士后武家璧先生在《楚帛书〈时日〉篇中的天文学问题》一文中，则认为四神既是四方神也是四时神："帛书解决'四神相戈'的办法是步天四时以为岁，即将天分为四区，'四神'各相去90度而守一方，一岁之内轮流执掌一季之事，为一时之主，其余三季各自休息。因此'四神'既是季节神，又是方位神。"[3]

张按：四神的深层意象为何？窃以为四神初为云气之神，空气之神。四神的位置和功能，近似埃及创世神话中空气之神舒。埃及神话讲述，太阳神拉生了一对儿女夫妻神，即空气之神舒和雨水之神特夫内特，舒和特夫内特又生了一对兄妹夫妻神地神盖布和天神努特，盖布和努特紧紧拥抱在一起不肯分开（这讲述的就是阴阳交合、天地混沌未分的状态），恼怒的拉神命令舒将他们分开。舒踩在盖布身上，将努特举过头顶（埃及神话中是天女地男），由此撑起一个空间，随着舒越长越高，这个空间也越来越大。[4] 埃及神话讲述的是，在世界天地形成过程中，空气之神具有巨大的作用。空气正是填充在天地之间的物质。伏羲

---

① 陈斯鹏：《战国楚帛书甲篇文字新释》，《古文字研究》第二十六辑，中华书局2006年版。

② 李学勤：《楚帛书中的古史与宇宙论》，张正明主编《楚史论丛》，湖北人民出版社1984年版，第145—154页。

③ 武家璧：《楚帛书〈时日〉篇中的天文学问题》，见武汉大学简帛研究中心，简帛网，简帛文库，（网址：http://www.bsm.org.cn/show_article.php?id=1301）。

④ 参见雷蒙德·范·奥弗编，毛天祜译《太阳之歌：世界各地创世神话》第八篇"埃及"，中国人民大学出版社1989年版。

女娲生四子的关目，也是讲述原始天地父母神生了云气之神。关于四神与云气之神的关系，下面关于四神以五木之精加固天盖的注释中将专门论及，此从略。而云气之神，首先是空间神，是他们填充在天地之间，才使阴阳交合的混沌世界出现了一个空间。故四神当首先为空间之神，四方之神，然后才为四时之神。人类各民族神话讲述的世界产生过程，都是先有空间，然后有时间，楚帛书也不例外。从中国文化史角度讲，也是先有四方然后才有四时的。商人甲骨文中已有"四方风"、"四方神"之体制，但未有四时的概念，四时的概念明确出现，可考的文献是在春秋战国时的《尚书·尧典》中。以"四"切分时间，是由以"四"切分空间转换而来的，先后关系十分明确。所以，帛书伏羲女娲生四神的神话关目，暗含了从阴阳交合的原始混沌世界中最早产生了四方空间的深意。

　　□□是襄（壤）。

　　董楚平先生将本句与下句断为："□是襄而□，是各（格）参化法□（度）。"今综合李零、饶宗颐、陈邦怀、陈斯鹏等先生的研究，断句为："□□是襄（壤），天土戋（践）是各（格），参化法步（度）。"

　　"□□"两字漫漶不清，诸家均未识，故缺。

　　襄：诸学者训释不一，作成、相助、攘、禳除者均有，饶宗颐、董楚平先生引《逸周书·谥法解》"辟地（土）有德曰襄"，意谓"襄"与大地出现相关，近是。

　　张按：此处"襄"疑为"壤"的通假字，即土壤。本句前两字缺失无法辨识，不详何意。但"襄"（壤）字出现，应与大地创造有关，或谓大地初出。此处"襄"与后面的"以司堵襄"中的"襄"是同一字，后句之"襄"多数学者都训释为"壤"，即大地，若训此句中"襄"为成、助、攘、禳等，则与后句训释不统一，所以，都当训作"壤"为宜。本句文字虽缺残，但核心意思应该是四神开始在混沌世界中创造大地，意谓黑暗的原始海洋中，上下初形，大地初出之意。四神既为四方空间之神，而四方空间的产生与大地的出现有内在联系，故四神从浑茫原始海洋中创造最早的四方大地，是很自然的事情。

而（天）戋是各（格），

而，楚国文字而、天形近，故早期学者识为"天"。后李家浩谓此字与"天"有别，当识为"而"，乃"天"字误写，学者多从之。从该句上下文语义看，帛书"而"当为"天"合适。

戋，多数学者均识为"践"字。陈斯鹏谓："践"古训"履"训"迹"，"天践"即登天之所履或登天之迹，犹言"天梯"也。"天戋是格"盖上下于天梯之意。这除道出雹戏、女填的神通广大之外，似乎也暗示着其时天地之未分。[1] 董楚平先生引饶宗颐关于"戋犹践土之义"的解释，谓"此字从土，正显示践土之义"。高明则谓此字"从土，戈声，疑为'地'之别字"。[2]

张按：高说近是。"戋"以"土"为其偏旁，其意在强调地之义项，故一些学者理解为"践天"不确，但理解为"践土"近是亦不确。此处"戋"当作名词非动词，即混沌原始海洋中初现的土地。

各，即格，推究、确定、区别之意。"天戋是各"，即推究、区别、确定天地上下。谓大地初生，四神开始确定区别天地上下，即指混沌世界初开，天地上下初形也。

大地初形，天地初分，四神作为空间之神的特征由是体现。

参化□□（法步）。

参化，多数学者谓指伏羲女娲参错阴阳而化育万物。窃以为从"是生子四"之后创世主体是四神而非伏羲女娲。伏羲女娲在楚国帛书中只是原始天地父母神，但真正创世的是他们的四个儿神。故此处"参化"天地阴阳法度而化育万物的是四神。各国古代神话中，云气之神都是十分重要的神，在化育世界万物方面作用显著，帛书四神亦具有这样的作用。

□□：此方格中二字识读有异。陈斯鹏据饶宗颐、曾宪通《楚帛书》一书所载帛书红外线照片识读为"唬（号）逃（咷）"[3]，商承祚《战国楚帛书述略》（载《文物》1964年第9期）隶定为"法步"，即"法度"。今见学者有关研究，识读为"法步"者多，此处从之。参化法

---

① 陈斯鹏：《楚帛书甲篇的神话构成、性质及其神话学意义》，《文史哲》2006年第6期。

② 高明：《楚甑书研究》，《古文字研究》第十二辑，中华书局1985年版。

③ 陈斯鹏：《楚帛书甲篇的神话构成、性质及其神话学意义》，《文史哲》2006年第6期。

步，谓四神参照阴阳参合、化育万物的规则创造天地间万物。

为禹为万（契），

帛书原"禹"、"万"二字的识读及二字何意，学者多有争议，商承祚、陈邦怀、饶宗颐、李零等均识读为"禹"、"万"，并确定"万"即商祖契，此处从之。"为禹为万（契）"之"为"何意？诸家大都对此字未作解释。高明先生谓"为，当训为'如'，《经传释词》卷二'为犹如也'"。何琳仪先生则识"为禹为万（契）"作"为虫为万"，"为"乃"化育"之意，即指伏羲女娲化育万物也。曾宪通先生则识"为禹为万（契）"为"为蛇为万"，其意"谓诸凶神虐鬼幻化逃亡，变成虫蛇之类"。

张按：疑此处"为"当作"维"，同音互用，语气助词，无义，"为禹为万（契）"即"维禹维万（契）"，其意即禹和万（契），这是古籍中常见的表述方式。

以司□（堵）襄（壤）。

"□"中字，饶宗颐先生早年识读为"域"，但严一萍等学者识读为"城"，李零等学者识读为"堵"，饶先生90年代后亦识读"堵"。董楚平依饶先生早年识读为"域"。李零先生谓其识读为"堵"乃亲眼目验帛书原件，应该可信，故此处从之。"堵"字何意？学者亦有不同解释。李零先生释"堵"为"垣"，谓"垣"即四方；何琳仪、刘信芳等先生释"堵"为"垣"，即墙壁，代指房屋；司堵壤，即管理房屋与土地；陈斯鹏博士释读为"都"，即都城，连劭名、冯非等学者释为"土"，司堵壤即管理土地。

张按：释"堵"为"垣"代指房屋或都城者均非；此言天地开辟之初，上下初形，四方初成，何来房屋都城？饶先生早年识读为"域"尽管未确，但释"域"为土地则近似。连劭名、冯非等学者释"堵"为"土"则更可通。笔者于此提出另一种解释：饶宗颐先生1993年重释帛书甲篇时谓"司堵壤"与"平水土"有关，窃以为这一猜想甚确。"堵"在此当作动名词使用，堵者，填塞，即堙填也，谓土可用以填堵也。此正合古籍载鲧、禹以土石堙填洪水的故事：《山海经·海内经》："洪水滔天，鲧窃帝之息壤以堙洪水，不待帝命。"《尚书·洪范》："在昔鲧陻洪水，汩陈其五行。"《淮南子·时则》："（禹）以息壤堙洪水之州。"

《庄子·天下》："昔禹之湮洪水。"这里，堙、陻、湮同义，都是"填堵"即"填塞"之义。这鲧、禹"堙洪水"在一些文献中又作"填"洪水：《淮南子·地形》："禹乃以息土填洪水以为名山。"所以，帛书谓禹、契"以司堵壤"之"堵"，当作动名词"以土填塞"之义解，指禹、契以息壤堙填原始大水，继续创造大地的事情。"壤"则作"土地"之义解，"以司堵壤"，即谓四神指示禹、契，担任以神土息壤堙填洪水、继续创造并管理大地的工作。

此故事原型当为远古夏人鲧、禹以神土"息壤"堙填原始大海而创造大地的创世神话。

又，此处是谁指使禹、契担任这个任务的？诸多学者均谓是伏羲女娲，窃以为应该是四神。伏羲女娲的主要身份，在这里就是原始父母祖宗神，他们生了四神，之后的工作就是由四神来主持的。

咎（晷）天步□（达），乃上下朕（腾）传（转）。

咎（晷），学者多释为规测，可从。步，步测，推步；"□"中字，一些学者识作"廷"，刘信芳、曾宪通、李家浩等认为作"达"妥。达，至也，通也。"咎（晷）天步□（达）"，此句确切意义尚多争议，但大多数学者均认为乃是通过推步的方式规测天空的距离，前一句四神令禹、契"以司堵壤"，谓淹填海水创造大地和管理大地，后一句"咎（晷）天步□（达）"，谓四神创造并规测天空，大意应该不错。

上下，指天地；腾传，由地向天上跃曰腾，由天向地下转为传。上下腾传，陈怀邦、陈斯鹏等学者均谓是在天地间上升下递、继续创造万物之意，可从。

此句创世活动主体是谁？学者们多谓是禹、契，但窃以为依然是四神。禹、契在先秦诸书中均为地神、水神，而上下腾转则意谓在天地间腾转，则与禹、契神性不合。四神乃空气、云气之神，正是运行于天地上下的神，所以，此处言四神继续创世工作。

山陵不疏，

"不"，战国文字丕、不同字，诸家大都释作"不"，不疏，即山陵不通泰，山与水互相堵隔，是为不疏。董楚平先生释作"丕"，谓山陵通泰之意。

张按：董先生释"不"为"丕"可商榷。此处据上下文和创世神话普遍规律，并非山陵通泰，而是山陵堵隔淤滞，所以当为"不"确。"山陵不疏"，其意应该是山陵川河互相阻隔不通畅。

乃命山川四晦（海），熏（炅）气百（仓）气，以为其疏。

"乃命"之"命"，多数学者释为命令、指示之意，李零先生释为"名"，即《书·吕刑》"禹平水土，主名山川"之"名"。"乃命山川四晦（海）"即给山川四海命名。

张按：此处"命"当理解为命令、指示为宜，意谓山陵不通，于是四神便命令山川通于四海。

"熏（炅）气百（仓）气"，各为何气，学者众说纷纭，原字辨识不一，诂解不一，有释阴气阳气者、热气寒气者、白气黑气者、火气金气者、寮气百气者，不一而足。从整体意义上讲，释为热气寒气（引申为阳气阴气）可能比较合适。意谓四神命令热气寒气（阳气阴气）互相冲流激荡，以使淤滞不疏的山陵川河通泰畅达。

张按：由此可见，前句"山陵不疏"中的"不"一些先生识读为"丕"是不合适的，正因为山陵不疏，所以才有四神"乃命"以使山陵通泰疏畅之举。

以涉山陵，泷、汩、益、厉。

涉，本义为蹚水，此处确切意思为何，多数学者未释。陈秉新释"涉"为"历"，以涉山陵，"即行历山川之义"[①]。泷、汩、益、厉，学者训释多有争议，陈怀邦、何琳仪、董楚平等认为皆楚国水名，此处从之。

张按：这两句疑为主语后置形式，按照惯常语法顺序，应该是"泷、汩、益、厉，以涉山陵"，这样语义也较通顺。涉，蹚水、蹚过之意，疑此处当释为穿流，穿过，所谓山陵不疏，即指山陵与川流互相堵隔，故山水穿流，便是通疏之义。这两句的意思是，泷、汩、益、厉四水得以穿流山陵而畅行。帛书创世神话是楚人神话，故以楚地河流代指天下江河。

未又（有）日月，

多位学者释为"那时候还没有太阳和月亮"，刘信芳先生则谓"当

---

① 陈秉新：《长沙帛书文字考释之辩证》，《文物研究》1988 年总第 4 期。

理解为未有纪日、纪月，即未有天干地支也"。也就是说"未又（有）日月"意谓那时候还没有日月年的历法。[①] 刘说与诸学者并不矛盾，古以日月正天时，没有太阳和月亮，则无以确定四时天干地支，日月年历。但从直接的意义上，"未又（有）日月"当理解为那时候还没有太阳和月亮为宜（所以也没有日月年历）。

四神相戈（代），乃步以为岁，是隹（惟）四寺（时）。

诸位学者对此三句释义分歧不大，此三句乃谓由于没有太阳月亮，无法制定日月年历，所以，四神就根据自己管理的区位，以步测轮替的方式推定一年的时间，将其区分为四个大的时段即"四时"。

张按：从科学角度看，这是不可能的，人类区分时间的坐标就是太阳与月亮的运行规则，没有太阳月亮就无法区别时间。但古代神话的思维不是科学思维，它讲述的是世界如何依次创造和形成的，帛书创世神话中，是先有混沌世界，然后有阴阳（暗含天地）二神，其后有空气云气之神，即空间之神，然后有地有天，最后才有天上的太阳月亮。所以，当还没有太阳月亮的时候，四方之神（四神）就根据自己主管大地的区位来推定时间结构。由此也可推断，四神先是空间神，然后才是时间神。四神由空间的延伸和位移中推定时间。

长曰青□干，二曰朱四单，三曰翏黄难，四曰□墨干。

李零等学者认为此处四神皆为木神，至确。第三神之名，李学勤、安志敏、杨宽、李零等诸多学者均识作"翏黄难"，饶宗颐经过多方训释，谓"翏黄难可理解为白大橪，即大白枣"[②]，董楚平从饶宗颐作"白大橪"。饶宗颐这样训释的原因，乃中国古代中原文化以青赤白黑四色对应东南西北四方，第三神乃西方之神，理当为白色，但帛书却作"黄难"，与之不合，故将"翏黄难"训释为"白大橪"。饶说似觉牵强。

杨宽先生认为春秋战国时代中国文化已经形成以五行配五方（或四方）、五色（或四色）、五季（或四季）的系统，但不同地域中，对应空间与时间的颜色是不一样的。楚帛书"这样以四时之神与四方、四色相配合，原是先秦时代流行的学说和风俗。《礼记·月令》和《吕

---

① 刘信芳：《楚帛书解诂》，《中国文字》第 21 期，（台北）艺文印书馆 1996 年版。
② 饶宗颐：《楚帛书新证》，载《楚地出土文献三种研究》，中华书局 1993 年版。

氏春秋·十二纪》，就记载有五帝、五神和四时、四方、五色、五行、十日等配合的系统"①。《月令篇》这个五神配合四时、五行、四方、五色的系统虽然历史很悠久，在中原地区普遍流行，但是其他地区也还流传着不同的配合系统，如《山海经·海外经》就以句芒、祝融、蓐收和禺强配合东、南、西、北四方，这样以禺强为北方之神是和《月令》以玄冥为北方之神不同的。《管子·五行篇》说："昔者黄帝得蚩尤而明于天道，得大常而察于地利，得奢龙而辨于东方，得祝融而辨于南方，得大封而辨于西方，得后土而辨于北方。黄帝得六相而天地治、神明至。"这样以奢龙、祝融、大封、后土配合东、南、西、北四方，是和《月令》系统很不同的。楚帛书所载四季神像和四方、四色、五行的配合，和《月令》比较，既有相同之处，又有不同之处。他认为楚国帛书神话"以春、夏、秋、冬和青、朱、黄、黑四色相配，这和《月令》以秋季配白色是不同的"②。

　　张按：楚文化确实有自己的神话系统，例如屈原《九歌》中所祭祀的神中，有些神中原神话系统中有，但有些神中原神话系统中就没有，前人和时人不少将《九歌》神话系统中的诸神一一对应于中原神话系统中的诸神，往往给人似是而非的感觉，原因就在于忽视了古代神话的地域个性。此处四神之名，也是中原神话中没有的，故一定要勉强与中原文化以春夏秋冬四季对应于青赤白黑四色的模式系统对接，可能并不合适。故此处依然作"翏黄难"。"翏黄难"何意，何木，尚难确定，但其他三神均为木神，此神为木神应当无疑。杨宽先生训"翏"为戮，黄难为"黄能"，即鲧被杀后所化之黄能，似乎也犯了上述那些勉强将楚国神话系统与中原神话系统对接的错误，楚人西方之木神似与鲧被杀事无涉，训"黄难"为"黄能"，从训诂角度讲也较牵强，何况此处四神均为木神，而鲧为水神，神性亦不相合。"翏黄难"当为楚人神话系统中的西方木神。

---

①　杨宽：《楚帛书的四季神像及其创世神话》，《文学遗产》1997 年第 4 期。
②　同上。

· 123 ·

第二节　楚帛书"创世篇"文、义新释（下）

帛书甲篇第一节叙述的是世界初创，空间和时间初步形成的故事，后二节叙述的是发生世界灾难和平息灾难使空间时间更为稳定精确的故事。本节对帛书第二部分即第二、三节文、义进行注解。

千有百岁，日月允（夋）生，

"允"，目前诸学者对此训释颇有分歧。商承祚、饶宗颐、严一萍、陈邦怀、何琳仪、高明、董楚平等诸家均释为"夋"，而"夋"即俊，即《山海经》中娶羲和、常羲生十个太阳和十二个月亮的帝俊。杨宽先生亦释"允"为"夋"，但他并不认定"夋"即生日月的帝俊，他据《说文》"夋，行夋夋也，从夂，允声"认为"所谓'行夋夋'是说不断推行。所谓'日月夋生'，是说日月不断产生"[1]。而李学勤先生认为"允"，即演化之意，而不当作"俊"："然而，细察照片，'允'字下部不显足形，释读实有问题。况且'日月俊生'文法不顺，'帝俊'一句又上无所承，看来帝俊一名在帛书中实际是不存在的。"[2]

张按：帛书创世神话非原生性神话，而是在已有夏商周诸神基础之上组合的次生性创世神话，所列创世诸神大多为其他先在神话中的神祇，帝俊生日月的神话乃商人创世神话，于兹引入先在于楚的商人创世神话，自是自然之事。而且《山海经》已有帝俊娶羲和、常羲而生日月的神话可以侧证。故此处"夋"当作"俊"，即生日月的天神帝俊。"日月允（夋）生"即"允（夋）生日月"。

九州不坪（平），

"不坪"，董楚平先生作"丕坪"，谓安宁平稳也。诸学者多作"不坪"，综观本节内容，当为"不坪"，坪即平，不坪即不平。不平何谓？

---

①　杨宽：《楚帛书的四季神像及其创世神话》，《文学遗产》1997 年第 4 期。

②　参见李学勤《简帛佚籍与学术史》第二篇"楚帛书研究，二，楚帛书的古史与宇宙论"，江西教育出版社 2007 年版。

即不平稳安宁，当指大地出现坼裂凸凹的灾难也，故有下面"四神乃作"，使天地九州平稳安宁的行为。所以"九州不坪（平）"应该指大地发生了灾难。灾难何以引起的？应该与帝俊所生的日月相关。关于日月何以引起灾难，下面将会论及，此处从略。

山陵备**㳠**（逼）。

备，诸多学者均释为"尽"，可从。

"**㳠**"字原字诸学者辨识不一，有辨识为左"血"右"夫"者，有辨识为左"血"右"禾"者，有辨识为左"血"右"矢"者，有辨识为左"血"右"失"者，不一而足。今从陈斯鹏博士识读为"**㳠**"（逼），倾侧之意。"山陵备**㳠**"诸多学者均释山陵尽皆倾侧，意谓发生了大灾难。董楚平先生则不同意诸人解释，质疑："有了日月，天下为什么反而不得安宁？"[①] 而识读"**㳠**"原字为"恤"，并释"恤"为"静"，意谓"俊生日月以后，九州太平，山陵完全安宁"。

张按："**㳠**"原字识为"**㳠**"，释为"逼侧"为妥，原因前句注释已论，同时与后面"四神乃作"的一系列行为导致天地平安的叙述吻合。帛书创世篇诸神的作为，都与解决某种灾难或困难相关。故"山陵备**㳠**（逼）"当释为"山陵尽倾侧"为宜，与前面"九州不平"一样，都是讲述世界创造过程中发生的灾难或困难。董先生认为不可能有了日月天下反而不得安宁，这个看法不符合上古神话实际（后文有论析）。

四神乃作，至于覆。

四神，即前面四位云气之神、时空之神、木神。"乃作"作何？未有具体交代。此处可以看成是四神许多救治灾难行为的概述。

覆，诸家多释为"天盖"，名词，近是不确。覆，覆盖之意，在此宜作动词而不是名词解。意谓世界形成过程曾经发生灾难，九州坼裂、山陵倾侧，"天不兼覆"，天空不能圆满覆盖大地，四神乃作，使天能圆满覆盖大地，灾难平息。此正与《淮南子》中所叙述的宇宙灾难对应，可见这种宇宙灾难的神话古已有之。

天何以不能圆满覆盖大地呢？帛书并未交代。西南少数民族神话讲述的创世神话或许能帮助我们揭开这个谜底：彝族著名创世神话《梅

---

① 董楚平：《中国上古神话钩沉——楚帛书甲篇解读兼谈中国神话的若干问题》），《中国社会科学》2002 年第 3 期。

葛》讲述，最早的天地被造出来的时候，天小了，地大了，天不能完满地覆盖大地，后来格滋天神造天地的儿女们将天拉长、将地缩小，才使天地相合，圆满覆盖。① 白族创世史诗《开天辟地》也讲述，盘古、盘生兄弟变天地，天小地大，不能圆满覆盖，于是就将地捏小，天才能圆满覆盖大地，而皱起的地方就是山。② 阿昌族创世史诗《遮帕麻与遮米麻》讲述，天公遮帕麻造天、地母遮米麻造地，天小地大了，天罩不住地沿，于是他们便抽去三根地筋，大地因此起了皱折，凸的是山，凹的是河。③《苗族古歌》一书的《西部苗族古歌》中，有《谷夫补天》的故事，该故事讲述道："远古时宏效力大主宰天，宏效撑天四方明亮，人们生活喜气洋。后来不知有什么鬼作怪，天空毁坏五尺长。天盖不了地，地也弄得五尺长。……谷夫在天上看见心难忍，才用青石补天疮。补好天疮天盖地，从此地上发白光。"④ 著名神话学家陶阳、牟钟秀在他们的《中国创世神话》一书中，在对西南主要少数民族创世史诗作深入研究的基础上，归纳出一个西南各民族创世史诗中的故事情节结构，其中"开天辟地"的故事情节中，就有"撑天缩地"一个关目⑤，所谓"撑天"，不仅是说立柱支天，还是说将天拉长拉大，以圆满覆盖大地。

由此反观帛书创世神话，所谓"四神乃作，至于覆"的前提，很可能是天不能圆满覆盖大地，所以当俊生众多太阳月亮、日月无规律地乱行的时候，大地得不到天盖的圆满覆盖护佑，被众多日月炙烤，就出现了九州不平、山陵倾侧的灾难。故而四神的工作是让天生长，让地缩小，使天得以兼覆大地。本处所谓"四神乃作"，当指这个关目，"至于"当解作"使……达到了"、"使……做到了"。意谓因为天不兼覆，导致大地山陵翻侧、九州不宁的灾难，四神于是进行努力（撑天缩地），终于使大地得到完满覆盖。

据此可以推知，前面所谓九州不平、山陵倾侧的灾难，乃天不覆

---

① 参见云南民族民间文学调查队整理的《梅葛》第一部《创世》第一章"开天辟地"，云南人民出版社 2009 年版，第 5—8 页。

② 参见陶阳、牟钟秀《中国创世神话》，上海人民出版社 2006 年版，第 90 页。

③ 同上书，第 99 页。

④ 参见潘定智等编《苗族古歌》，贵州人民出版社 1997 年版，第 271 页。

⑤ 陶阳、牟钟秀：《中国创世神话》，上海人民出版社 2006 年版，第 104 页。

地、日月乱行之故也。

天旁动，

天，此处指天盖，旁动，转动。《晋书·天文志》："天旁转如推磨而右行。"多数学者谓"天旁动"为天盖旋转。确，从之。本句与上句"至于覆"和下句的主语都是"四神"，谓四神使天盖完满覆盖大地，又使其正常旋转，顺畅安宁。天盖不转则天地凝滞，便有灾难。

攻（捍）畀（蔽）之青木、赤木、黄木、白木、墨木之精。

诸家均释"攻畀"即"捍蔽"，谓加固也，可从。

为使天完满覆盖大地，不至于短缺破损，四神以青赤黄白墨五木之精干加固加厚天盖。本处与《淮南子》女娲炼五色石以补苍天类似，夏人崇石，故炼五色石以补天厚天，楚人以五色木之精华固天厚天，故可断定楚人崇木也。"楚"字构形突出的是深郁之林木，人们一般认为这是对楚地多木的文字表达，未确。"楚"字的构形中主要表达的是楚人崇木的宗教习俗。今苗人神话传说中尚有祖先为枫木所生之说。枫木又传为被黄帝诛杀的蚩尤之梏生，即蚩尤之精魂也。而蚩尤在神话传说中正为南方苗蛮之先祖。楚帛书伏羲女娲首生四子均为木神，且古代神话中南方之神夸父之杖化为桃林、湘水女神之泪化为斑竹等，均显示了南楚文化的神木崇拜。又有学者研究考释，《山海经》著作者乃楚人，或移居蜀中之楚人，《山海经》中所叙诸山诸水神异物产中，多叙述其地神树，其中最著名的乃有东海之扶桑，西方之空桑、若木，都广之建木，这些都是连通天地的神树，宇宙树。窃以为这些神树的创造者主要是古代南方楚蜀族团。而神木的深层原型，实即云气。云气与树木在古代神话中有内在关联。云气是连接天地间的重要物象，一如在先民眼中高高的大树是连通天地间的重要物象一样。关于云气与神木之间内在的关联性，笔者在 20 世纪 90 年代的《夸父追日的深层叙事原型》、《舜与二妃故事的深层真相》、《神桃五题》三文均有论述，可参阅。[①]

---

① 分别参见星舟（张开焱笔名）《舜与二妃故事的深层真相》，人大复印资料《中国古代、近代文学研究》分册 1994 年第 4 期；星舟《夸父追日的深层叙事原型》，人大复印资料《中国古代、近代文学研究》分册 1995 年第 4 期；星舟《神桃五题》，《华中理工大学学报》（社会科学版）1994 年第 1 期。

炎帝乃命祝融，以四神降，奠三大（天），□思教（保），奠四极。

"奠三大（天），□思教（保），奠四极"，此三句诸家断句不一，个别字辨识也不一。此处从董楚平断识。

炎帝、祝融，战国典籍中均作南方之神，楚人处南方，故战国神系中，炎帝、祝融均为楚国之神。但有学者谓炎帝本为中原神话系统的神祇，只是因为在五方帝神系统中配属南方主神，便被附会为南方楚人之天神。此可备一说。祝融乃楚人祖神，战国典籍多有记载。

帛书未明言炎帝、祝融为伏羲女娲之后，大约与他们没有生殖意义上的世系关系，显见帛书创世神话诸神是在其他神话基础之上组合而成，它尚未彻底完成世系化、生殖化的工作。

三天：众说不一。多学者谓"不详"，李零、高明等谓指天上日月星三种天象，刘信芳谓指春夏秋三时，李学勤则认为不易详考。

张按：三天之说，古已有之，但何源何指，学者多谓不易详考。古人亦然，《宋书·律志序》早云："三天之说，纷然莫辨。"窃以为"三天"即"九天"，笔者家乡武汉市新洲区（西周之邾国）属古代楚国地域，乡俗中多见以"三"代"九"，"三"、"九"互用的。例如婴儿出生后必有一道仪式，称作"洗三朝"，即婴儿出生后第三天早晨，太阳初升后，请接生婆到家里，将新生三天的婴儿放置于温水盆中清洗一次。该仪式含有庆贺和确认婴儿来到人世之意。以阳明之水洗掉他从另一个世界带来的一切痕迹，开始这个世界的行程。这个"洗三朝"的仪式又称为"洗九朝"，"三"、"九"通用于此可见。中国文化中，"三"、"九"通用早有体制，例如《易经》以象数指称世界，有三天两地、三天四地、九天八地之说，则"三"与"九"在此均为天之数，其意同一，"三天"即"九天"，谓高天之极、极高之天。"三"、"九"通用的体制，究其原因，与中国文化遥远的圣数体制有关，中国文化众多神秘圣数中，"二"和"三"是最基础的数字。其他神秘圣数均以此为基础以其倍数衍生，"九"恰是"三"的三倍数，故与"三"一样，有最神秘神圣之意。关于中国文化神秘圣数的问题，许多学者有研究，笔者亦有《中国文化元编码及其历史基础》一文专论，可参阅。[1]

---

[1] 参见张开焱《中国文化元编码的形成及其历史基础》，《东方丛刊》2000年第4期。

奠，定也。

四极，诸家解释亦多不相同。有学者谓"四极"如"三天"一样不可详解。

张按：极者，尽头也，"四极"当指大地四方的尽头。此处"四极"犹如"三天"，均不必作实数解，泛指大地的边缘。地称四极，亦称八极，一如天称三天，亦称九天一样，三、九、四、八，均非实数，均指天之高与地之远。四极，极远之地，地之极远处，地之边沿也。奠三天四极，乃谓确定天地空间的高度与广度。

曰非九天则大峡（逼），则毋敢蔑天灵。

非，诸家释"非"多不相同，饶宗颐读作"妃"，借作"配"，"非九天"犹言"配九天"。董楚平先生意谓帛书"非九天"，即要敬事九天，天下安宁。

张按：饶、董未确。非，否、背、逆也。"非九天"即逆九天之道也。如前所释，"九天"之"九"乃虚数非实数，九天之道即天道，此句谓悖逆天道则有大灾难。乃是四神警告下民的话。

天灵，天神。

帝允（夋）乃为日月之行。

谓帝俊于是制定日月运行的规则，使日月按照规则运行，不使混乱造成灾难。

共攻（工）夸步，十日四寺（时），□□神则，闰四□，母（毋）思（使）百神风雨、晨（辰）祎乱乍（作）。乃逆日月，以遄（传）相土，思（使）又（有）宵又（有）朝，又（有）昼又（有）夕。

这一节诸家断句不一，董楚平先生断作："共攻（工）□步，十日四时，□□神则闰，四□□毋思，百神风雨，辰祎乱作。乃□日月，以传相□思，又（有）霄又（有）朝，又（有）昼又（有）夕。"[1] 觉有义不通畅之处，故参照其他学者断句，加之本人理解修改剖断。其中"□□神则闰四□"，本人根据文本意义结构，剖断为"□□神则，闰四□"，查诸家研究，未有如此断句者，是否合适，有待方家鉴评。

共工，共工乃夏人神话中之原始水神，此处为司掌历法之天神；相

①　董楚平：《中国上古神话钩沉——楚帛书甲篇解读兼谈中国神话的若干问题》，《中国社会科学》2002 年第 3 期。

土，商人祖神契之孙，此处被组合进楚人创世神话，在帛书中，他们与伏羲女娲和四神也均无生殖世系关系，再次证明楚帛书创世神话诸神的组合性。

夸步，饶宗颐谓夸即大，夸步即大步，可从。此处指共工推步十日四时，制定历法。

十日，此处当指十个日干数，非指十个太阳。

四时，李零、董楚平等先生认为不是指春夏秋冬四季，而是指后文将一天区分为宵、朝、昼、夕四个时间段。

张按：李、董诸先生的理解与帛书不合，帛书明言将一天分为宵、朝、昼、夕四个时间段位是相土做的工作，且明言相土作为主司历法的神官是在共工之后。故此处"四时"，当指春夏秋冬四季。帛书前言没有日月的时候，四神以推步自己所主司的区域、互相接替轮值的方式划分四季，但那毕竟只是粗糙简单的替代方法，有了日月之后，共工可以根据日月运行规则精确地推定春夏秋冬四季。

"□□神则"，神则，最神圣的法则。本句缺二字，精准意思不可确解，大意当是说共工根据日月运行的规律，制定了神圣的历法。神则，神圣的规则，此处指历法。

"闰四□"，本句缺一字，不可确解。大意是说共工推定了闰月的时间规律。《书·尧典》载帝令羲、和"以闰月定四时成岁"，可见闰月的推定在历法中的重要性。

晨（辰）祎，《左传·昭公十七年》曰"日月之会是谓辰"，则辰指日月交集之象，"祎"，连邵明、何琳仪、饶宗颐、冯时等皆谓"祎"即"纬"，而"纬"即七曜之五星，《史记·天官书》："水、火、金、木、天星，此五星者，天之五佐，谓纬。"辰纬，当指日月五星。可从。"勿使……晨（辰）祎乱作"，乃谓让日月星辰不要运行混乱。

"乃逆日月"，逆，迎也，意谓共工迎送日月，观测其运行规律，完善历法。

以传相土：相土，在商人传说中，乃契之孙，但在这里，是共工的继承人，共工将推测日月天时的历法教传给了相土，相土将一日分为宵、朝、昼、夜四个时段，使历法更为精准。

根据上面的释读，则帛书甲篇大意翻译如下：

洪荒远古时代，满世界都是黑暗混茫的原始海水，一片混沌，懵懵昧昧，无明无别，风雨淤积不畅。楚人远古祖神大熊伏羲生自雷泽，居于睢。伏羲娶了女娲生了四个神子。四神在茫茫原始大海中创造了最早的土壤，并开始区别确定上下天地，按照阴阳参合的原则化育万物。他们命令禹和契淹填洪水，继续创造和掌管大地。四神又测量天地，上下腾转（继续创造世界）。世界初创之时山陵尚不通泰（谓河流山川阻隔，淤滞不畅），四神于是令山川四海接通，阴阳二气调和，使山陵通泰，泷、汩、益、厉（代指天下河流）诸水得以畅流。当时还没有日月（因此无法制定精准的历法），由四神轮替推步确定四时。四神的老大叫青□干，老二叫朱四单，老三叫翏黄难，老四叫□墨干。

千百年之后，俊生了日月（世界有了光明）。但那时世界又出现了灾难，九州大地坼裂，山陵翻侧（这大约是因为日月乱行、天不兼覆，所以大地坼裂、山陵翻侧）。于是四神便开始补救，他们使天空完满地覆盖大地，并使天盖顺向旋转，还以五木之精华加固天空，以捍蔽大地（天地得以安宁）。灾难平息之后，炎帝于是命祝融让四神到人间大地，奠定天之三维与地之四极。并告诫下地民众说："违逆九天诸神，天下就会出现大灾难，所以绝不可以篾侮天神！"此后，帝俊才得以制定和安排日月正常运行的规则。

后来共工氏（根据日月运行规则）推定十干、四季和闰月，制定了最早的历法，天地神灵自然，皆按照这个历法规定的秩序运行，不相错乱。共工此后将制定历法的原则传给相土，相土又将一昼夜分为宵、朝、昼、夕四个时段，使时间更为精准。

第三节　楚帛书创世神话的叙事结构与类型

本节探讨楚帛书创世神话叙事结构与类型。

我们先来看楚帛书创世神话叙事结构。

关于帛书创世神话的表层叙事结构，杨宽、高莉芬、陈斯鹏等学者已经有各自的研究，其成果在本书绪论部分都有介绍，本节在他们研究的基础上作进一步的研究。

从总体上看，帛书创世神话表层叙事可大体区分为先后相接的三个大环节，即：世界初创—世界灾难—世界再创，而每一个环节内又可区分为若干个次级环节。

一　世界的初创

帛书创世神话叙事，第一个环节是混沌状态中世界的初创。尽管帛书甲篇文字的顺序中，一开始叙述的是楚人远古神祖的出生："曰故大熊雹戏，出自□雯，尻于睢□"，而将伏羲出生前和出生时世界的状态放到后面叙述："厥□俁俁，□□□女，梦梦墨墨，亡章弼弼。□每水□，风雨是于。"但按照世界构成顺序讲，必定是先有一片混沌的世界，然后才讲述这片混沌世界中伏羲诞生。所以，本章第二节最后以今文译楚帛书甲篇时，将混沌的世界这个环节放到最前面叙述。中国古代其他神话叙述世界创造的过程，也都是先有混沌世界，然后才有创世开始。不仅是中国，其他民族创世神话也都是这个程序。例如埃及神话讲述世界最早的状态，那就是一片原始混沌的海水，然后在这混沌海水中生长出陆地、高山和天空；苏美尔人、印度人、希伯来人创世神话中，最早的世界也都是原始混沌的海水。楚国帛书创世神话世界的起点也在这种状态，显示出中国古代创世神话与人类其他民族创世神话的一致性所在。

混沌黑暗世界中产生了伏羲女娲这对夫妻神，伏羲女娲在汉代壁画中的形象是人首蛇身、身尾交缠，女娲擎月、伏羲擎日，说明在离战国时代不远的汉代他们是分别代表阴阳的双神。混沌世界诞生了阴阳二神，也就是原始天地之神（天阳地阴），由此推断楚国帛书中的伏羲女娲本是混沌世界诞生的原始阴阳双神，应该是合理的。

尽管帛书只叙述了伏羲的出生，没有叙述女娲的出生，但作为伏羲的妻子，她与伏羲都应该是从这个混沌世界中诞生的神祇是无疑的。

帛书中称伏羲为"大熊"，有学者识读帛书"大熊"为"天熊"，天熊何意？叶舒宪先生在一篇文章中，谈到楚帛书中的"天熊"称谓、黄帝的"有熊"称谓、辽宁喀左县东山嘴遗址红山文化祭坛出土的双龙首玉璜、玉雕双熊首三孔器之间的关联和意义的时候，介绍日本古代史书《日本书纪》认为"天熊"后面应该加一个"人"字，即"天熊人"，又称作"天熊大人"。从叙事情节上看，天熊人是天照大御神从高天原神界派往人间的使者。就完成天地沟通的神圣职能而言，人格化的天熊人、龙蛇形象的玉璜（虹桥）和龙车形象的轩辕等所发挥的神话功能是一致的，可简单概括为"天人沟通"①。也就是说，天熊是神人之间、天地之间沟通的使者。但这个解释似乎不太适用于楚帛书中的"天熊"，其原因正如叶舒宪该文中所说的，天熊伏羲是帛书创世神话的第一个环节中出现的神。也就是说，在天熊伏羲出世之前，世界一片混沌，根本就没有天地人，哪里还可能出现需要沟通天地人的一个神呢？一般讲来，这种使者型神祇出现的前提，是世界创造基本完成，天地众神与人民都出现了，使者型神祇的出现才有可能和意义。而在创世的第一个环节，这种使者型神祇是不可能出现的。因此，"天熊"在别处如何理解姑且不论，在此处，不当理解为沟通天地人的使者型神祇。

熊既是楚人先祖的姓氏，也是图腾。谓伏羲为天熊，既是在强调楚人先祖的天神性质，又是在强调其图腾性质，而这两者其实有内在联系，因为图腾的本意就是某一个部落或氏族文化上认定的血亲祖先。所以，楚帛书中的"天熊"称谓，应该是在强调他为楚人祖先神的性质。伏羲和女娲，作为黑暗混沌原始大水世界中最早出现的夫妻神祇，是最早的阴阳二神，具有混沌初开的性质。伏羲女娲所代表的原始天地初形阶段，尚未完全脱离混沌状态，只有他们的儿子空气之神"四神"诞生后，天地才被完全分开，空间才开始形成，世界才基本脱离混沌状态。因此，从混沌一片的原始大水世界到"四神"诞生的叙述，其深层意象是混沌黑暗（原始大水）中诞生了原始天地（阴阳），空气又使原始天地分离，世界初步形成。这和埃及神话中空气之神舒将其拥抱交媾的女儿盖布和努特强行分开，从而出现了最早的天地上下，是同样的意思。

---

① 叶舒宪：《"天熊"溯源：双熊首三孔器的神话学解读》，《中国社会科学报》2012 年 9 月 14 日。

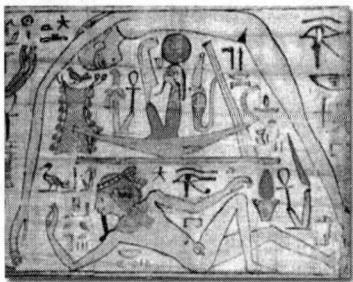
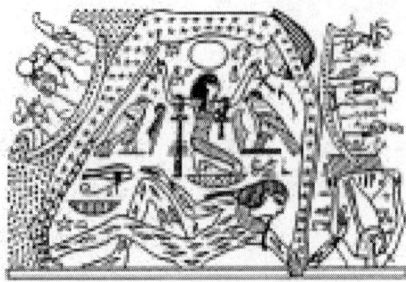

古代埃及壁画：创世神话中舒分开父母天地形成的情景

　　"四神"神性如何？所有研究帛书的学者都没有认真研究他们，并且都认为"四神"在帛书创世神话中没有太重要的地位，而笔者独有不同意见。笔者已经在第一节的注释中指出，"四神"乃空气、云气之神，他们在整个帛书创世神话中具有很重要的地位。古人谓云气填充天地之间，乃化育万物，天地之根本。四神首先是时间之神还是空间之神？董楚平先生认为他们是时间之神："楚帛书甲篇的创世次序是：先有伏羲女娲夫妇生下四子，即为四神，代表四时，然后造地，最后造天。"[①]但这个判断是需要重新讨论的。笔者认为，"四神"首先是空气（云气）之神，它填充于天地之间，所以是空间之神，四方之神，正是四神的出生，导致原始上下世界的分离，世界开始形成。四神首先是根据法则在原始大海中初步创生大地，确定上下天地（"天**埈**是各，参化法步"），并令禹、契继续淹填原始大水，创造并主管陆地，四神继而"咎（晷）天步达，乃上下朕（腾）传（转）"，继续在天地之间做着创化疏理的工作（因为四神是空气之神，所以能在天地之间上下腾转），并且让凝滞的山川四海、阴气阳气，互相疏通，让众水顺利穿越山陵而畅流。所有这些工作，都是创造和疏通空间的工作，它们都突出了四神为空间之神、四方之神的本性。在此基础之上，四神又兼具时间之神的特性。因为空间的位移过程就是时间，所以，当世界尚无日月这个最根本的时间标尺的时候，他们通过在各自管理的四方区间循环轮值的方式确认了最早的四时为一岁的时间结构："四神相戈（代），乃步以为岁，是隹

---

　　① 董楚平：《中国上古神话钩沉——楚帛书甲篇解读兼谈中国神话的若干问题》，《中国社会科学》2002 年第 3 期。

（惟）四寺（时）。"顺便指出，四时概念的出现，在中国文化中可以考证的时间是在春秋时代，帛书创世神话在宇宙初创阶段就确认了四时的时间结构，可见这个创世神话产生并不太早，当在春秋战国时代。关于帛书创世神话出现的时代问题，后面有专节讨论，此处先顺便提及。

帛书叙述世界初创这个环节，主要是混沌世界中诞生了天地宇宙，确定了最早的空间时间，这个空间中的山川河海无阻畅行。至此，世界的初创基本完成。

二　世界大灾难

帛书在世界初创之后，紧接着就叙述世界的灾难。关于帛书叙述的宇宙灾难有哪些，学者们似乎没有认真研究，大多数只从直接叙述灾难的文字中去判断："千有百岁，日月允（夋）生，九州不坪（平），山陵备峡（逼）。"但实际上，帛书创世神话中，宇宙灾难绝不只是这几句话表述的这些灾难。帛书创世神话只是十分粗略梗概性的一个神话框架，很多情节都没有展开，甚至没有直接叙述。例如，宇宙灾难这个环节，就只提到上面的这几句，但还有很多灾难没有直接叙述，而必须间接推知。间接推知的方式，一是从相关神话资料中推知，二是从帛书神话本身的叙述推知。从相关神话推知，指的是从与帛书神话有直接关联或类似性的神话中推知；从帛书神话本身的叙述推知，指的是从救灾行为和结果中推知。后者例如，帛书谓"四神乃作，至于覆"，这是叙述四神平复灾难的，然帛书从来没有叙述什么时候天地"不覆"，但实际上，这个"不覆"是存在的，如果宇宙初创时本来天地相覆，就不存在后面四神使天地相覆的环节了，所以，天不覆地这个前提，只能从后面四神使天地相覆的行为中推知。因此，帛书创世神话中的灾难叙述，有直接叙述与间接叙述两种方式，直接叙述指的是直接呈现在文字层面的灾难叙述，间接叙述指的是通过相关资料或帛书神话本身救灾行为和结果推知的灾难叙述，帛书创世神话的灾难叙述，主要以后者为主，即帛书中存在着只有救灾行为和结果叙述而无发生灾难的叙述。帛书宇宙灾难的间接叙述，主要有下面几点：

1. 日月乱行并出。帛书中只有"千又百年，日月夋生"的叙述，并未直接叙述日月乱行并出的灾难，但从后面"帝允（夋）乃为日月之行"（帝俊乃制定日月运行的规则）的叙述中，可推知"日月夋生"的时候，日月的运行是没有规则的，因此，乱行并出是必定的。并且，远早于楚国帛书神话的商人创世神话中，正是帝俊的十个太阳儿子并出乱行，导致一场宇宙大灾难。楚人帛书神话关于日月乱行导致宇宙灾难的神话，显然来自商人。

2. 天小地大，天不覆地。这在楚帛书中并未明确叙述，但从四神救治灾难的行为和结果中可以推知："四神乃作，至于覆"，意即四神使天盖圆满地覆盖大地。这里的"覆"与《淮南子·天文训》中谓在一场大灾难中"地不周载、天不兼覆"的"覆"是同样的意思，即以天盖地。这就隐含着一个前提：在天地初创的时候，天小地大，天不能圆满地覆盖大地，致使日月初生且乱行时，日月灼烤大地，导致大地出现坼裂倾覆的灾难。这个没有直接叙述出来的情节隐蔽地表述在"四神乃作，至于覆"的救世行为中，是后者的前提。

3. 天盖太薄，不坚不固，故日月乱行并出时天盖破碎，不能顺利旋转，导致大地被日月灼烤，坼裂倾覆。帛书神话中也没有直接叙述这个灾难，但四神使"天旁动，扞蔽之青木、赤木、黄木、白木、墨木之精"的叙述中，恰恰隐含着这个前提。之所以天盖要用五木精华加固加厚（扞蔽），就是因为它太薄，不坚不固的原因。

4. 三天崩塌，四极毁损。帛书并未直接叙述三天崩塌、四极毁损这样的灾难，但后面四神"奠三大（天），□思教（保），奠四极"的救灾行为和结果隐含着这样一个前提，即三天四极都崩塌毁损了，所以，才会有四神重奠三天四极的行为。这个情节极其接近《淮南子》叙述的那场宇宙大灾难中"天柱折、地维绝"的灾难，也许两者之间有一种脉承关系。《淮南子》主编者淮南王刘安及其作者群，都是淮南一带的文化人，淮南在战国中后期乃楚国重地，其记载的神话与楚帛书神话有脉承关系是很自然的。

5. 下民违逆天道，侮蔑天神。对此帛书神话也没有直接叙述，但在后面四神对下民告诫"曰非九天则大㚼（逼），则毋敢蔑天灵"的叙述中可以推知，曾经出现了下民违逆九天之道，侮蔑天神的普遍行为，如果说前面几条都是天灾（自然灾难）的话，那么这一条就是人祸了。

这种人祸，既可能是灾难发生的原因之一，也可能是灾难的构成之一。作为原因之一，可能因为下民违逆天道、侮蔑天神，导致天神的愤怒和发动巨大自然灾难的惩罚。这种情节广泛发生在古代各民族原始神话中，像巴比伦、埃及、希伯来、希腊等民族神话中，都有世界被创造之后，因为地上人民堕落、违拗天道、不敬神灵，从而导致神灵以巨大的灾难惩罚的故事，楚国帛书中四神告诫下民的那两句话，隐含着可能是下民曾经违逆天道、侮蔑天神，招致严厉惩罚的前提。同时，人们违逆天道、侮蔑天神的行为，也可能是灾难的构成本身，因为本来顺应天道、虔敬神灵的人们，变成违逆天道、不敬神灵的人们，这本身就是灾难性现象，这一点，希腊神话中有明确叙述。希腊神话叙述农神德墨特尔因为女儿帕尔塞芙涅被冥神普鲁同抢走后，得不到宙斯和众神的帮助，十分绝望悲伤地离开俄林帕斯山，结果世界出现了灾难，其中就有人们不敬神灵、不给供奉的灾难。帛书神话中下民违逆九天、侮蔑神灵的行为，是灾难的原因之一还是灾难本身的构成，还难断定，也许都是。

因此，对帛书宇宙灾难构成的理解，决不能仅仅局限于字面叙述的"九州不坪（平），山陵备峡（逼）"这个内容上，这次灾难的内容远比这些要丰富得多。在分析了灾难的基本构成之后，我们要对帛书中直接和间接叙述的诸多灾难与日月的关系作一点讨论。

许多民族神话在世界初创之后，都有这个世界劫难的环节，帛书中的世界劫难和日月的出现相关，将"九州不坪（平），山陵备峡（逼）"的灾难发生放在"千有百岁，日月允（夋）生"之后叙述，就是在强调两者之间的因果关系。人们一般认为，原始神话中日月是光明的源头，只有正面意义，有了它们就不会有灾难，这是简单的看法。事实上，中国古代神话也讲述日月带来的灾难。商人神话中的十日并出就给大地带来巨大灾难。西南少数民族创世神话也讲述太阳给地上人类带来灾难。例如毛南族神话《盘古兄、妹和他们的神祖神孙》就讲述，当天皇造出十二个太阳的时候，人类没有昼夜的区别，所以人类祈求有人能消灭太阳，是一个叫格的青年射下了十一个太阳，只留一个太阳天空运行，人类才有了昼夜的区别，生活方便安宁了。[①] 黎族神话《大力神》讲述，

---

① 毛南族创世史诗《盘古、兄妹和他们的祖神祖孙》，第660页。转引自陶阳、牟钟秀《中国创世神话》，上海人民出版社2006年版，第64—65页。

最早天上有七个太阳和七个月亮，人类热得叫苦连天，后来一个大力神射下了六个太阳和六个月亮，才解除了人类的灾难。① 苗族《杨亚射日月歌》讲述，最早天上有八个太阳和月亮，"太阳出来烫烘烘，世上树木晒枯竭了；月亮出来热和和，世上花草都晒干黄了"，于是，杨亚才射掉七个太阳和月亮②，东北赫哲族神话《日耳》讲述，开天辟地时，天上有三个太阳，烤得大地干涸、万物枯萎，人类无法生存，英雄莫日根射下了两个太阳，解除了人类的酷热之灾。③ 东部苗族创世古歌《远古纪源·世界之始》则讲述，最早的世界没有日月，神造了 12 个月亮和太阳，结果导致大地的灾难："十二个太阳十二个月亮同照天庭，十二个太阳十二个月亮共晒大地，晒得岩崖熔得像浓痰，晒得石壁软得像鼻涕；……十二个太阳啊十二个月亮，晒得大地不成世界；十二个太阳啊十二个月亮，晒得大地不成样子；晒得天崩地烫，晒得地裂到果苏果干。"④ 中国从南到北，不少民族的神话都在讲述创世之时多个太阳和月亮并在从而给大地和人类带来了灾难的故事。上古汉族神话中，也有十个太阳并出，给人类造成灾难，从而有英雄后羿射日、解除灾难的神话。所以，帛书此处讲述的九州不平（坼裂凸凹）、山陵倾侧的灾难，应该与俊生日月、日月乱行有关。谓创世之初，天地方形，一切还不稳定，没有秩序法度，十个太阳和十二个月亮一起出来，运行无序，导致或加重了世界的灾难。关于"九州不坪（平），山陵备峡（逼）"两句，董楚平先生认为"诸多学者释九州不平，山陵尽坏，失之。有了日月，天下为什么反而不得安宁"⑤，乃是对原始神话中日月的功能只作了正面认定，未解创世之初日月的正反两面功能，且未把握帛书创世神话的创世过程，基本遵循的是"创造世界—出现困难—克服困难"的叙事模式。

---

① 黎族神话《大力神》，转引自陶阳、牟钟秀《中国创世神话》，上海人民出版社 2006 年版，第 66 页。

② 参见潘定智等编《苗族古歌》，贵州人民出版社 1997 年版，第 273 页。

③ 陶阳、牟钟秀：《中国创世神话》，上海人民出版社 2006 年版，第 70 页。

④ 参见潘定智等编《苗族古歌》，贵州人民出版社 1997 年版，第 299—300 页。

⑤ 董楚平：《中国上古神话钩沉——楚帛书甲篇解读兼谈中国神话的若干问题》，《中国社会科学》2002 年第 3 期。

三　世界的再创

灾难发生导致了诸神救世的行为。这种救世的行为总体上也可以看成是一种再创世行为，因为救世也就是重新创造和安排世界的活动。帛书创世神话的再创世环节，基本可以分为两个大部分，一是再创空间；二是再创时间。

如前所述，世界的创造在帛书神话中是先空间后时间，世界的再创造遵循的也是这个顺序。首先是空间的再创造。四神撑天缩地、使天完满覆盖大地、天盖顺利运转的行为、四神以五木之精加固捍蔽天盖、使之牢不可破的行为、帝夋制定日月运行规则使之依序运行的行为、四神奠定三天四极的行为，等等，都是再创世界空间的行为。可见，神话所表达的先民无意识感受中，空间在先而时间在后。

帛书最后一节，叙述的基本都是诸神再创世界时间的行为。这主要有三个方面的工作，一是共工根据日月运行规则，制定十日一旬（三十日一月）、一年四时的历法；二是共工推定闰月的规则；三是相土继共工之后进一步将时间精细化，将一天区分为宵朝昼夜四个时段。至此，更为精确的时间历法产生了，世界的再创造最后完成。

我们再来看帛书创世神话的叙事规则与叙事类型。

一　帛书创世神话的叙事规则

帛书创世神话在表层叙事结构中，大体遵循一个程序，就是出现困难（或灾难）——解决困难（或灾难）的程序，整个神话反复运用这种程序在叙述世界的初创和再创。

第一次运用这个程序：世界一片混沌黑暗、原始大水茫茫、风雨淤积不畅——伏羲诞生并娶女娲为妻，使混沌世界出现阴阳初分的状态。

第二次运用这个程序：原始阴阳二神紧密结合，空间未形——阴阳二神生空气四神，填充于原始天地之间，四神并参化宇宙法度、创造最早的大地，区别出了天地上下四方，最早的空间形成了；这两次解决困难的方式，都是通过婚姻和生殖行为。

第三次运用这个程序：原始天地中，地下世界主要是茫茫大水，陆地太少、天地不疏——四神命禹、契淹填洪水、继续创造并主管大地，他们自己也在天地上下腾转、疏通天地上下，继续创世的工作。

第四次运用这个程序：山陵河流互相堵隔不畅通——四神于是命令阴阳（寒热）二气、山川四海，交互激荡，使其畅通。

第五次运用这个程序：初创的世界尚无时间——四神（四方空间之神）于是通过轮值推步的方式推测出一岁四时的基本时间构架。

第六次运用这个程序：发生宇宙大灾难（上面归纳的几个方面）——四神通过自己的创造和工作，先后解决了所有灾难，最后使宇宙稳定下来，有了更牢固的空间和更精确的时间。这一次运用这个"出现问题——解决问题"的叙事程序叙述的内容，如果细分，还可以再分出多个重复运用这个程序的情况。

这就是帛书创世神话基本的叙事规则。

二　帛书创世神话叙事类型

关于楚帛书创世神话的叙事类型，有三个学者的研究中有明确判断。

院文清先生的《楚帛书与中国创世纪神话》确认楚帛书甲篇对于宇宙创生过程有系统的叙述，世界起源于混沌原始大水，这与世界许多民族创世神话都是一样的。伏羲作为原始创世祖神从混沌世界出生，表示世界创造的开始，他和女娲所生四子成为创世的主要力量，"是生四子"的叙述，可视为中国最原始的"生殖神话"[①]。院文清先生进而认为："帛书所述神话可以说是中国最为古老的创世神话版本，这无疑对于中国神话学的研究有着很重要的意义和价值。……我们完全可以将楚帛书'创世篇'中的神话体系，称之为'中国的前奥林匹斯神话'，'创世篇'的学术价值也绝不亚于巴比伦的《埃努玛—埃立什》泥版，也可以与印

---

① 院文清：《楚帛书与中国创世纪神话》，载《楚文化论集》第四集，河南人民出版社1994年版，第598—601页。

度的创世神话相媲美。"①

董楚平先生也认为帛书创世神话是属于生殖型神话：

> 各民族的创世神话有不同特点，不同类型，帛书甲篇的创世神
> 话可称为"生殖型"，其创世活动从伏羲"取"（娶）妻开始，谓早
> 在混沌时代，有伏羲女娲二神结为夫妇，生了四子，四子代表四
> 时，四子又造了地，然后造了天。伏羲与女娲，不但先天地而存
> 在，而且天地也是靠他们所生的四子而营造出来。这里，宇宙似乎
> 像个家庭，一切都从婚姻开始。这个开头实在太富有中国味了。中
> 国传统文化的根本特征是宗法制度突出，家庭观念特强。帛书甲篇
> 一开始就显露出中国文化的这一根本特征。……
>
> 自然神地位不高，祖先神压倒一切，是中国古代文明的突出特
> 点，是中国文明区别于西方文明的重要界碑。②

董楚平先生所说的"生殖型"创世神话，有几个基本特征：1. 世
界是通过一对原始父母神的生殖行为开始创造的；2. 这对原始父母神
也是楚人的祖先神；3. 楚帛书祖先创世的神话符合中国文化突出强调
宗法制的根本特征。这些特征对于楚帛书神话是十分重要的。

陈斯鹏先生也对楚帛书创世神话类型作出了判断，他说：

> 始祖神雹戏、女填（即女娲——引者注）夫妇不但生产了四
> 子，还化生出禹和离（即契——引者注）。诸神子成了完成开辟天
> 地、奠定宇宙秩序工程的具体执行者，并且在重整宇宙秩序过程中
> 也扮演了核心角色，这其实都应视为始祖神神力的延续。所以，始
> 祖神夫妇也是根本意义上的开辟神。这显然是典型的"世界父母
> 型"创世神话。③

---

① 院文清：《楚帛书与中国创世纪神话》，载《楚文化论集》第四集，河南人民出版社
1994 年版，第 605—606 页。

② 董楚平：《中国上古神话钩沉——楚帛书甲篇解读兼谈中国神话的若干问题》，《中国
社会科学》2002 年第 3 期。

③ 陈斯鹏：《楚帛书甲篇的神话构成、性质及其神话学意义》，《文史哲》2006 年第 6 期。

笔者曾经也认为帛书创世神话属于"世界父母型"神话类型，但在认真分析之后，觉得这种认定似乎不是很准确。这个原因，乃在于《新大英百科全书》归纳的"世界父母型"神话的基本内涵是，世界是由一对原始父母神开始创造的，这对原始父母神通过生殖行为创世，他们自己和他们的儿孙各代表创世过程的不同阶段，并且具有世界某些构成部分的属性（如原始海洋、陆地、天空、空气等）。楚国帛书创世神话确实在某些方面符合"世界父母型"神话的基本规定，如世界创造是从伏羲女娲结合开始的，他们生的"四子"也是创世的主要力量，但有三个根本的差异使两者不同：

1. "天地父母型"创世神话中，所有主要神祇之间都有明确的生殖关系，都源于一个原始父母神，但楚帛书创世神话诸神之间，并没有这种严格的生殖关系，除了"四神"可以确认是伏羲女娲所生之外，其余诸神都和伏羲女娲、四神没有生殖意义上的关系。这个创世神话诸神之间的关系主要是组合性而不是血缘性的；关于帛书中"为禹为万"一句的解读，确有一部分学者和陈斯鹏博士一样将"为"解为"化生"，意谓（伏羲与女娲）化生禹和万（即契），但也有不少学者作其他解释。窃以为"为"应该解释为助词"维"，不表示什么意义，"为禹为万"即"维禹维万"，即"禹与万"。从帛书甲篇上下文内容看，这种理解比较合适。并且，即使"为禹为万"可解释为（伏羲与女娲）化生禹和万（即契），那后面的俊、炎帝、祝融、共工和相土，在帛书的叙述中，都与伏羲女娲没有生殖意义的关系。因此，说这个神话是"天地父母型"神话，似不准确。

2. 按"世界父母型神话"归纳，原始父母和儿孙辈神祇往往会因为世界的控制权发生冲突，这种冲突往往以后辈神祇战胜前辈神祇的方式结束，世界也在这种过程中完成其创造，但楚帛书创世神话中，完全没有两代人之间冲突的情节，只有自然困难与克服困难的情节，也就是说，在帛书创世神话中，世界创造过程中的"困难—克服"采取的不是人事化的"敌对—战胜"的冲突模式，而是采取的自然形态的模式，这和世界父母型神话的规定也不相符。

3. 《新大英百科全书》归纳的"世界父母型"创世神话中，创世父母神是神界诸神的始祖神，却不是或不一定是人类某个特定氏族、部落或族团的始祖，至少这个意涵没有被强调。这个原因大约是因为西方学者眼中的神话，神与人是有明显区别的。但楚帛书创世神话的始祖神（如伏羲、女娲）既是神，也是人，他们不仅是这个神话中诸神的始祖，在神话中还被讲述为楚人的始祖（楚人王室芈姓，王者以熊为号，鼋戏正是"大熊"）。参与创世的所有神祇如禹、契、俊、炎帝、祝融、共工、相土等都是特定民族的始祖，正如董楚平先生指出的：

> 在帛书甲篇里，参与创世的有伏羲与女娲以及他们所生的四子（四神），还有禹、契、俊、炎帝、祝融、共工。他们全部是人间祖先神。①

恰恰是这个最重要的特征，不是世界父母型创世神话必定包含的。因此，说楚帛书创世神话属于"世界父母型"神话，可能并不准确。

董楚平先生强调指出楚帛书创世神话中的伏羲、女娲是楚人祖宗神，这是很对的，但他将这个神话命之为生殖型神话，则其命称又可商榷。因为楚帛书神话中，除了讲述伏羲、女娲生了"四神"外，再也没有讲述他们生其他的神。帛书创世神话中参与创世工作的神祇众多，除了"四神"，其余诸神与伏羲、女娲都没有生殖意义上的血缘关系，所以，将这个神话命之为生殖型神话似乎不太合乎实际。同时，如果将帛书创世神话命称为生殖创世型神话的话，这个名称本身又没有准确概括出帛书原始创世父母神既是诸神之祖，又是特定民族楚人之祖这个特点。其实，董楚平先生在具体论析中已经明确突出了伏羲、女娲的楚人祖神特征，只是他的命名中没有突出这个特征。

鉴于帛书创世神话的构成特点，笔者提出一个创世神话类型的概念：世界祖宗型神话。关于这个创世神话类型的构成特征，我们留待本书最后讨论，这里只是指出，这种类型的创世神话中，世界的创造来自于一个或一对原始神祇，他通过生殖诸神的方式创造了世界，他既是诸神之祖，在神话中又是特定氏族、部落或民族的祖先。楚国帛书创世神话总体上提供了一个这种类型的创世神话框架，但它并不是典型的，因

---

① 董楚平：《中国上古神话钩沉——楚帛书甲篇解读兼谈中国神话的若干问题》，《中国社会科学》2002年第3期。

为这个神话中，诸神与原始父母神之间并没有彻底完成世系化、血缘化的工作，它还是在世界祖宗型神话的框架中的组合型神话，正是这一点，显示出楚帛书创世神话是后起的创世神话，在它之前，一定还有其他创世神话存在。进入这个神话中的俊、契、禹、共工等诸神，是早就存在的夏商创世神话诸神，楚人将这些神祇组合进自己的创世神话中，但还来不及完全完成将他们世系化的工作。

尽管如此，帛书已经提供了一个世界祖宗型神话的大体框架，这是十分有意义的事情。

第三章 楚帛书创世神话产生的时代 与伏羲人文始祖形成的过程

——楚国帛书创世神话研究之二

　　长沙子弹库出土的帛书否定了那些怀疑论者的推断和结论，证明中国古代也有自己的创世神话，这已经是无可争议的事实。在对楚帛书甲篇文字和基本意义进行识读和解释并对其叙事结构与类型进行分析后，本章接着讨论两个互相关联的问题：1. 楚帛书创世神话大体产于什么时代？2. 伏羲是如何成为中国文化中各民族人文始祖的？

第一节　楚帛书创世神话产生的时代问题[*]

　　不少学者通过楚帛书创世神话断言，这个创世神话起源遥远。例如董楚平先生就认为这个创世神话是"中国上古"的。笔者的问题正是从这里开始：楚国帛书创世神话大体形成于什么时代？这个问题和另一个重要问题相关联：它之前是否还有创世神话？本节将就这个问题展开讨论。

　　笔者的基本判断是，楚国帛书创世神话文本形成的时代，不会早过春秋晚期，很可能是战国早中期。在楚帛书创世神话之前，还有别的创世神话存在。下面，就这个判断陈述笔者的理由。

---

　　* 本节曾以《楚帛书创世神话产生的时代问题》为题发表于《东方丛刊》2009 年第 2 期，收入本章时有些微修改。

首先，生活在战国中晚期的屈原《天问》中有关宇宙起源的诸多问题，完全看不出与帛书创世神话的联系。《天问》被一些学者称为"宇宙之问"，意谓关于宇宙起源、构成、运行、变化等根本问题的叩问。尽管这不是《天问》的全部内容，但确实是最重要的内容之一，《天问》一开始就宇宙创生提出一连串问题——

> 曰：遂古之初，谁传道之？上下未形，何由考之？冥昭瞢暗，谁能极之？冯翼惟像，何以识之？明明暗暗，惟时何为？阴阳三合，何本何化？圜则九重，孰营度之？惟兹何功，孰初作之？斡维焉系，天极焉加？八柱何当，东南何亏？九天之际，安放安属？隔限多有，谁知其数？

> 天何所沓？十二焉分？日月安属？列星安陈？出自汤谷，次于蒙汜。自明及晦，所行几里？夜光何德，死则又育？厥利维何，而顾菟在腹？女歧无合，夫焉取九子？伯强何处？惠气安在？何阖而晦？何开而明？角宿未旦，曜灵安藏？

问洪荒远古的宇宙起源状态何人亲见亲证，如何传播下来的？问宇宙万象的变化根源在哪里？问宇宙万象的创造和布置谁人所为，何以如此？……这些确实是宇宙之问。整个《天问》中除开篇的宇宙起源问题之外，其余几乎所有的问题都是针对此前具体的神话传说而发的，这在诗句本身就显示出来了，而且这些问题针对的对象，大部分都可以在今天能见到的古代典籍中对应性地找到某些神话传说的片段或信息，但唯独开始那一连串关于宇宙起源与构成的问题，除了极少数句子如"厥利维何，而顾菟在腹？女歧无合，夫焉取九子？伯强何处？惠气安在？"，可以推断是针对屈原所看到的某些神话外，其余基本没有提供具体有针对性的神话对象，更没有关于伏羲女娲创世神话的针对性信息（关于女娲的问题，只在诗歌中段有"登立为帝，孰道尚之？女娲有体，孰制匠之？"二问，但与楚国帛书创世神话没有关系）。于是问题接着产生了：难道楚国最博学和最有才情的神话诗人屈原不知道楚国帛书中记载的那个创世神话吗？我认为，既然这个神话被慎重地记载在楚国贵族墓葬的帛书中，那一定在当时楚国文化人中有一定程度的流传，并且这份帛书出土的墓葬又在楚国的中心区域湖南，屈原流放地正在这个地区，博学而且作为贵族的屈原不可能不知道，这个推断性的结论应该是没有疑问的。

既然屈原完全可能知道这个宇宙起源神话，为什么在他的《天问》关于宇宙起源与构成的质疑性诗句中，没有透露出一星半点关于这个神话的信息，没有任何针对这个起源神话的问题？《天问》的内容，基本可以按先后顺序分为四部分，一是关于宇宙起源与构成的问题，二是针对有关夏人的神话传说提出的问题，三是针对有关商人始祖的神话传说和历史事件提出的问题，四是针对周人祖先神话传说和历史事件提出的问题。尽管有些内容存在顺序上腾跳错乱、先后颠倒穿插的问题，但主体部分的先后关系还是比较清晰的。《天问》涉及的问题距离屈原时代最近的是"齐桓九会，卒然杀身"的历史题材，但却无一字涉及帛书伏羲女娲的创世神话。既然提出了宇宙起源和构成的问题，又对流传于楚国本土的创世神话不着一字，这个事实能让人得到的结论是，屈原尽管极可能知道帛书中叙述的那个创世神话，但他显然不认为这个神话是上古流传下来的，他很可能认为这是近代出现的作品，或者是某些族群和地域的神话，不具有王室认定的正统性、久远性、权威性和神圣性，所以不予重视，对这个神话不设一问。也就是说，尽管屈原的时代这个神话已经出现了，但还不具有获得国家意识形态认定的权威性和神圣性。笔者认为合适的答案正在这里。

这个判断也可以证之于《天问》写作的缘由。据东汉王逸《楚辞章句》：

> 屈原放逐，忧心愁悴，彷徨山泽，经历陵陆，嗟号昊旻，仰天叹息。见楚有先王之庙及公卿祠堂，图画天地山川、神灵、琦玮，及古贤圣怪物行事。周流罢倦，休息其下，仰见图画，因书其壁，呵而问之，以泄愤懑，舒泻愁思。遂成《天问》。①

———————

① 参见（宋）洪兴祖著，白化文等校点《楚辞补注》，中华书局1983年版，第54页。

　　尽管一些学者不相信屈原写作《天问》的原因是这样的，但也有更多的学者相信这个解释有道理。如当代学者潘啸龙、萧兵、杨义等先生均认为王逸此言可以凭信①，杨义先生说王逸上述解释——

　　……实际上包含着三种可能性：其一是按照本文的意思，交代创作的过程。屈原在放逐过程中看见庙宇祠堂壁画，愤懑呵壁而成诗。其二是《天问》不一定在庙宇祠堂中一气呵成。但庙宇祠堂壁画绘写神话和历史的错综复杂的超时空形态，触发了屈原的灵感，从而创造出在俗眼看来"文义不次序"的诗歌形式。其三是王逸对《天问》错综时空的结构百思不得其解，就揣摩自先秦至汉代的庙宇祠堂壁画与之有形式相通之处，借以为解。无论如何，王逸是试图根据自己的见闻感受，以及当时的传说或现已散失的记载，来给这篇天书式的奇诗提供一种合理的解释的。其中慧眼独具之处，在于他看到了《天问》的思维方式和表现形式，是与上古时代庙宇祠堂壁画的结构形态相对应、相沟通的。这就使得一部上古诗学史，必须补上属于屈原《天问》的独特思维方式的一页。②

　　杨义先生特别提到《天问》的思维方式与上古时代庙宇祠堂壁画的结构形态相对应、相沟通的特点，就是说，《天问》的主要内容与楚国先王宗庙祠堂里的壁画内容有对应性。这些图画可以肯定是楚国先人特别重视的古代各种神话传说和历史事件与人物的绘制，可以认为，是一部楚王室认定的关于上古神话传说和历史事件的权威而形象的教材，是国家意识形态认定的。屈原的《天问》就是针对这些壁画的内容而发的。既然《天问》完全没有和楚帛书相关的伏羲女娲创世的内容，我们也可以推断，原因是这些壁画中没有关于伏羲女娲创世神话的内容，如果有，屈原不可能在《天问》开头的"宇宙之问"中不着一字。如果这个推断是正确的，那我们可以认定，在屈原时代，关于伏羲女娲结为婚姻创造世界的神话已经出现，但流布还不广泛，也不具有王室所认定的

―――――――――

　　① 分别参见潘啸龙《〈天问〉的渊源与艺术》（《中国社会科学》1988 年第 6 期）；萧兵《楚辞的文化破译》第三部分""《天问》：根脉的寻觅"（湖北人民出版社 1991 年版）。

　　② 杨义：《天问：走出神话和历史反思的千古奇文》，《中国社会科学》1998 年第 1 期。

权威性。

　　其次，在当时楚国祭祀诸神的神歌《九歌》中，没有祭祀伏羲女娲的神歌。如果他们当时是楚国具有权威性的创世神和始祖神，理应有关于他们的神歌。众所周知，《九歌》诸神是屈原之前和屈原当时楚国本土最重要的大神，但这个诸神系统中，没有看到伏羲和女娲的神歌。如果伏羲女娲创世神话在当时和之前在楚国本土具有十分重要的地位和影响，那楚国人祭祀楚国最重要的大神的组歌中，没有作为创世父母神和族团氏始祖神的神歌就是十分不可理解的事情。而唯一合理的解释只能是，伏羲女娲的创世神话在那时还不重要，还不被楚国王室认可。而这个原因很可能是，帛书伏羲女娲为原始祖宗神的创世神话是来自楚地原住民苗蛮族团的，而楚王室祖先季连带领的部落则是当初从中原分封过来的，是楚国的统治者，楚国的统治者当然不愿意接受苗蛮族团的创世神话为自己的创世神话。所以，这个创世神话对于楚王室没有正统性和权威性。

　　这里要对一种观点稍加辨析，有学者认为《楚辞·九歌》中的"东皇太一"就是伏羲。首创此说的是闻一多先生，他在其遗稿《东皇太一考》中特别强调指出："案高诱的意思，太帝就是太一"，"太一又称东皇太一，则东皇也就是伏羲，东皇是太一，也便是伏羲了"[1]。并且认为，这里的东皇太一与伏羲和太昊是同一个神。"前面我们讲过，伏羲是最初的帝王。如果最初的不容许有两个，那么太皞伏羲就不可能是二人，而是一人两个称呼了。考《纬》书以下所记有人名的三皇说，凡有四种，都以伏羲居首。这就是说，伏羲是最初的帝王。"又引《汉书·郊祀志》注"泰帝亦谓泰昊也"以证之。[2] 闻一多之后，今人多有认同此说来解释东皇太一的。但笔者觉得闻先生的推断是可以存疑的。从现有资料看，东皇太一在屈原的时代与伏羲没有任何关系，战国到秦汉，也没有任何人将两者看成同一个神。东皇太一在那时已经是楚国诸神谱系中最高的大神，但伏羲在那时还不是，尽管帛书中关于伏羲女娲创世神话在屈原的时代应该出现了，但这个神话还不具有正统性和极大的权威性，所以，伏羲还不是楚王室认可的最高祖神和至上神。《九歌》在

---

① 闻一多：《东皇太一考》，《文学遗产》1980 年第 1 期。

② （汉）班固，（唐）颜师古注：《汉书》，中华书局 1962 年版，第 1232 页 。

屈原时代的楚国被认为是遥远的夏启从天上得来的神乐神歌，其体制在那时具有不可替代的神圣性和权威性，可以肯定，《九歌》所祭祀的诸神也有极大的继承性，是源自遥远楚国先人神话系统的，尽管在流传的过程中会有个别增减，但主体部分不会改变。东皇太一作为这个神话系统的最高大神，自然要保持最高程度的连续性，这意味着它的来源必定比较久远，而且一直和伏羲没有关系。尽管还没有资料能可靠地证明和推断伏羲这个神在屈原时代也来源十分久远，但笔者同意闻一多先生在《伏羲考》中认定伏羲为苗人神话始祖的观点，也有理由推测其来源应该比较久远。这两个来源都比较久远的神祖，在战国时代的楚国，属于来源不同的神话系统，前者来源于楚国宗室的神话系统，后者来源于楚地原住民苗蛮族团的神话系统，他们在屈原时代也没有出现合一现象。

而且，闻一多先生关于伏羲和太昊的同一性认定也是需要检讨的。今人研究成果一般认为，太昊少昊所属的神系，是东夷诸族的神系，与以东皇太一为核心的楚国神系是不同的，所以，在先秦，没有任何文献将两者和伏羲联系在一起；将伏羲和太昊联系在一起的最早典籍，乃是西汉末年刘歆的《世经》。他为了特定的政治目的而将伏羲和太昊说成同一个远古圣帝。而在此前的典籍中，太昊与伏羲并无任何瓜葛。荀子生于战国晚期，他在《正论篇》中提及"太昊"，在《成相篇》中又言"伏羲"，言太昊则不言伏羲，言伏羲则不言太昊，可见当时两个大神仍然分立。至于在五帝系统之上，塑造一个以伏羲为首的三皇，那是到汉代和汉代以后的事情，这个过程如何能发生，原因是什么，伏羲和太昊、太一为什么成为三位一体的传说古帝，将在下节讨论，这里从略。因此，根据这些资料，可以认为，闻一多先生关于伏羲和太昊在上古乃是同一个神的观点，未为确论，可以重新检讨。

另一个大体可以推定楚国帛书创世神话出现时代的方法，是确认帛书创世神话中最晚近的大神出现的可能年代。帛书创世神话的前提是，首先要有这些大神存在，逻辑上，这个创世神话只能产生于最晚近出现的大神之后。这个创世神话中可以确认禹是夏人始祖神，俊是商人至上神，都来源久远。而炎帝属于少典帝系，他与黄帝都应该是西周以后创造的大神，甲骨文和商代至西周的金文中都未见他们的名字出现。关于炎帝、黄帝出现的年代，一些学者认为，炎黄为核心的少典神系当是周人在夺取政权后为了确认自己意识形态的优势而创造的一个神系，是周族加强对四方各族统治的需要，也就是说，炎帝、黄帝只不过是一种意识形态观念的形态化。谢选骏先生认为，"'少典氏帝系'的形成，是晚在春秋、战国之际的事情。如《论语》最多追溯到尧（见《尧曰》篇，不过据认为这还是晚出的伪作），对于黄帝、蚩尤还是绝未提及"[①]。古史辩派的学者如顾颉刚先生，早就认为黄帝、炎帝这些人物和他们所在的少典帝系是晚至春秋战国时代才出现的，这个观点已经众所周知。《尚书·尧典》从尧写起，却没有出现黄帝、炎帝的名号，整个一部《尚书》没有出现"炎帝"、"黄帝"字样，而我们知道，现今《尚书》的《尧典》这个文本，其实是春秋时代的产物（尽管所叙述的事情可能有遥远的神话为底本）。说明春秋之前，黄帝、炎帝的名号是不存在的。黄帝的名号当源于"五方"、"五色"的观念。从甲骨文看，殷人应该已有了五方的观念，卜辞中就有东南西北四土受年的记载。"四土"加上"中商"就是"五方"。但商人似乎不以"五"为文化圣数来切分和描述世界，这在甲骨卜辞中就能看出。以"五"为圣数来切分和描述世界，应该是周代的事情。大约在西周初年开始，周人以"五色"显示"五方"。《逸周书·作洛》载："封人社遣，诸侯受命于周，乃建大社于国中，其遣东青土，南赤土，西白土，北骊土，中央釁以黄土。""周……乃建大社于国中，其壝东青土，南赤土，西白土，北骊土，中央衅以黄土。"[②] 周人起于黄土高原的陕西，以黄色为贵。沿袭殷人五方观念，周人也将天下划分为五方，并以五色相配。其后，到春秋时代，人们根据五方五色编配出五帝，王权所在地洛阳为中土，中土为黄色其帝为黄帝。但另一些学者根据炎帝、黄帝出现的典籍年代，认为五帝系统最可能是战国时代出现的，先有邹衍阴阳五行学说出现，五德始终的政治学说出现，才有五帝系统的出现。五帝系统中，与黄色相对的就是黄帝。《淮南子·天文训》说："中央，土也，其帝黄帝。"[③] "炎帝"、"黄帝"称谓最早出现在战国时期的典籍。

①　谢选骏：《空寂的神殿》，四川人民出版社 1987 年版，第 152 页。

②　黄怀信、张懋镕、田旭东著，李学勤审定：《逸周书汇校集注》，上海古籍出版社 1995 年版，第 570 页。

③　何宁：《淮南子集注》（下），中华书局 1998 年版，第 186 页。

《左传》昭公十七年载"郯子来朝",鲁国执政者问郯子,其先祖少皞氏为什么用鸟名充当官名,剡子回答说:"吾祖也,吾知之。昔者黄帝氏以云纪,故为云师而云名。炎帝氏以火纪,故为火师而火名。共工氏以水纪,故为水师而水名。太皞氏以龙纪,故为龙师而龙名。我高祖少皞挚之立也,凤鸟适至,故纪于鸟,为鸟师而鸟名。"①

《国语·晋语四》:"昔少典娶于有蟜氏,生黄帝、炎帝。黄帝以姬水成,炎帝以姜水成。成而异德,故黄帝为姬,炎帝为姜,二帝用师以相济也,异德之故也。"②

《战国策·秦策》中记载了苏秦鼓动秦惠王出兵关东六国的一段话:"昔者神农伐补遂,黄帝伐涿鹿而禽(擒)蚩尤,尧伐骧兜,舜伐三苗,禹伐共工,汤伐有夏,文王伐崇,武王伐纣,齐桓任战而伯天下……"③

除了这些典籍外,战国晚期和秦汉间的《山海经》、《庄子》、《吕氏春秋》、《淮南子》等,都有炎黄的名号出现。炎、黄二帝各姓姜、姬,那正是以周王为首和以姜尚为首的两大族团的姓氏。这正说明炎、黄二帝是周人创造的神帝。而炎、黄二帝的神话传说中,他们又都是经过征战后成为统一天下的共主,因此可以推断这是周人战胜商人成为中原统治者之后的神话产物。又由于西周很长一段时间周人是奉商人至上神帝喾为自己的至上神的(《诗经·大雅·生民》叙述周人始祖后稷是帝喾的儿子),所以,在那样的时候,不可能有另一个至上神系统同时存在。由此大体可以断定,炎帝这个传说人物和黄帝一样,大约是周人在东周即春秋战国时期创造的。尽管《史记》以来,古代文化人在各种典籍中,多有将炎帝、黄帝作为起源遥远的中华民族远古祖先描述的,近现代也有不少学者,尤其是历史学家出于弘扬民族历史文化的意愿接受这种说法,但不少谨慎的学者根据典籍资料和其他多方面的理由,将他们认定为春秋战国时代创造的神话传说人物。笔者认同炎、黄二帝所在的少典帝系乃春秋中晚期或战国早期出现的看法。因此,有炎帝作为创世大神之一的楚国帛书创世神话的形成一般不会早于春秋中晚期。

---

① (周)左丘明传,(晋)杜预注,(唐)孔颖达正义:《春秋左传正义》(下),北京大学出版社 1999 年版,第 1360—1361 页。

② 上海师范大学古籍整理小组校点:《国语》,上海古籍出版社 1978 年版,第 356 页。

③ (西汉)刘向编集,贺伟、侯仰军校点:《战国策》,齐鲁书社 2005 年版,第 23 页。

再次，更重要的是帛书创世神话中的父母神伏羲女娲出现的时代。相当多学者认为，伏羲女娲并非一开始就是结为婚姻的两个神祇。他们最先应该是独立的、没有关系的两个神，然后才在某一时期被组合到一起，成为夫妻神。尽管没有资料能证实这个猜测，但它很可能是有道理的。伏羲这个神产生的年代也许很早（可能是古代南方苗蛮族团神话中的始祖神），但直到战国中晚期，他还是一个影响和传播地域有限的神则是可以断定的。他成为中华各族创世大神、人文始祖，是汉代开始的，女娲这个女神也可以推断出现很早，但将她和伏羲配组成创世夫妻神，大约也比较晚近。

关于伏羲女娲创世神话在先秦楚国传播的地域，有必要结合楚国历史来加以判断。专门研究楚国史的学者指出，楚国民族的族源主要由三个部分构成：一是源自黄河流域、由周王朝分封到楚地的季连族群。二是以苗黎为核心的、世代居住在今湖南和湖北西部一带的苗蛮族群。《名义考》谓"三苗建国在长沙，而所治则江南，荆、扬也"[①]。三是长期居住在江淮流域的河南、安徽一带的东夷族群的一部分。这三个族群在长期的融合过程中，构成了楚国的主体。[②] 可以推断，春秋战国时期，由三大族群组合而成的东楚民族，所确认的创世和始祖神话以及诸神系，只能是三个主要的族团都认可的、楚国王室的系统。而苗蛮族群的伏羲女娲创世神话在战国早中期，还没有上升到成为楚国各民族共同创世神话和始祖神话的高度，没有成为楚国国家神话系统的一个部分，因此，在屈原所见楚国先王祠堂壁画中，未见伏羲女娲创世神话，所以，他的《天问》有关宇宙起源、构成、运行规则等的设问中，均未及这个神话。但在统一的国家神话和神系之外，楚国原有各民族的神话仍然可能在局部区域存在和流传。我认为，楚国帛书那个创世神话正是这种在局部地域和人群中流传的神话，它是楚国南方的苗黎族群的创世神话，在楚国东南部的淮夷族群中未必有多大的影响（所以，直到西汉初年主要由淮夷构成的淮南地域文人编写的《淮南子》中，仍然没有记

---

① （明）周祁：《名义考》，景印文渊阁四库全书·子部一六二·杂家类，（台北）商务印书馆 1986 年版，第 352 页。
② 可参见魏昌《楚国史》，武汉出版社 1996 年版；李玉洁《楚国史》，河南大学出版社 2002 年版。

载这个创世神话）。而湖南，正是古今苗蛮族群居住的地域，因此，叙述这个神话的帛书在这个地域发现，那不是偶然的。但同时，我们也要指出，这个创世神话潜在地提供了一个融合其他民族神话的框架，夏人、商人、周人的始祖神和至上神都在这个框架中获得了重要的地位，这使它具有一种被苗蛮族团以外民族和地域的人们接受的条件，因此，有理由相信这个大约创生于战国早中期的创世神话，在战国中晚期已经在超出苗蛮族群和地域的全楚流传，只是它还没有获得被楚国王室和上层认可的足够神圣性和权威性。

最后，从神话学角度看，这个神话大体属于世界祖宗型创世神话类型，关于这种类型创世神话的叙事构成特征，我们将在本书最后的"结语"部分探讨。同时，楚帛书创世神话也还没有完成创世诸神完全的血缘化工作，原始父母神与其他很多参与创世的神祇还没有生殖意义上的血缘谱系，这种血缘化的完成，使伏羲女娲成为中华诸族人文始祖，是在后世的事情。我们将在下节探讨。

笔者提出的世界祖宗型神话中，参与创世活动最主要的诸神都必须出自同一原始祖神，是其子孙。而楚国帛书创世诸神之间的世系显然还是混乱不清的，禹、契、俊、炎帝、祝融、共工等神与伏羲女娲的关系是怎样的？这里完全没有理清。可以认为，它基本是在世界祖宗型神话的框架下对此前已经存在的各朝代诸神进行组合处理的结果，还没有足够长的时间将这些夏商周三代流传下来的著名神祇血缘化和体系化，这恰恰成了这个创世神话出现相当晚近的证据。与此相关的是，既然我们已经知道这个神话中禹、契、俊、炎帝、祝融、共工等分别为夏商周三代大神，但他们在这个神话中反倒成了伏羲女娲的属神，这个现象，正合了顾颉刚等学者在 20 世纪 20 年代的一个观点：传说中的中国上古历史，是层累地形成的历史，实际历史中越早出的神话和传说人物，在后面的世代编织的历史和神话体系中所出时代越晚、地位越低，实际历史中越晚出的神话传说人物，在新近出现的神话传说和历史体系中，所出年代越早、地位越高。楚国帛书创世神话诸神的关系，提供了一个正在按照这个规则形成中的范例。之所以越早出的神话传说人物在晚近的神话中地位越低的原因，谢选俊先生在《空寂的神殿》中给出的解释是最根本的，古代社会所有当世统治集团在意识形态领域为了保证自己的优势地位，都要以自己的神为最高大神来整合从前王朝神话传说中的诸神。这个规则其实适用于解释古代任何社会民族、王朝和集团的神话传说系统的形成。归根到底，神话作为意识形态的产物，其形成和改变诸神的世系编排和地位确认，都是受现实社会政治需要决定的。

如果上述见解是合适的，那我们可以对楚国帛书中的创世神话出现的大体时代作一个推断：这个带有明显组合性和草创性的创世神话，大体出现在战国早中期的楚国，最早不会早过春秋晚期。

张文安先生在他的专著《中国与两河流域神话比较研究》第九章"中国与两河流域古代神话的文化比较"从另一个角度表达了对这个神话出现年代大体相同的看法。他在介绍了帛书创世神话后分析道：

> 这篇战国中晚期的神话文献有浓厚的阴阳五行色彩，其中，"禹"、"契"、"共工"等创世神灵都是中国历史人物的神话化，代表四时的"青"、"朱"、"白"、"墨"四子的设想与东、南、西、北四象一一对应，明显是战国社会阴阳五行观念的产物，由此证明这则神话产生年代较晚而且内容平实，缺乏创世神话应有的想象力。……①

所以，要把帛书创世神话文本看成是中国古代很早的作品，恐怕是不合适的。当然，张文安先生上述文字中的某些观点，如认为"禹"、"契"、"共工"等创世神灵都是中国历史人物的神话化产物，那还可以再讨论。

于是，一个新问题出现了：这是否是中国古代最早的创世神话？如果不是，那还有更早的创世神话吗？如果有，它在哪里？

笔者的回答是，这还不是中国古代最早的创世神话，在它之前，应该还有别的创世神话。例如，在黄河流域先后建立强大政权的夏人和商人，都应该有自己的创世神话。这个观点，首先是从民族文化的思维空间中推断出来的。一个普遍的规律是，原始神话作为一个民族文化的源头，它以形象创造的形式开拓的想象空间、关注的核心问题，会深刻地

---

① 张文安：《中国与两河流域神话比较研究》，中国社会科学出版社 2009 年版，第 328 页。

影响甚至潜定这个民族进入文明理性时代文化的基本空间和核心问题，至少早期会如此。这一点，荣格和卡西尔等著名学者已经从心理学和文化哲学角度予以了确认，而几乎所有古老文明民族文化发展的历史，都在为这个观点提供例证。很多学者认为，一个民族在神话时代关于宇宙起源的创世神话和进入理性时代后哲学中的宇宙构成论、宇宙本体论哲学，有内在的联系，所以，创世神话是最具有哲学意义的神话。两者的区别只在前者是用形象的方式解释宇宙起源和构成问题，后者则用抽象、理性的方式来思考和解释同样的问题，前者给后者提供了文化基础和心理基础，这是很有道理的。由此，我们也可以反推，如果一个民族早期哲学中有关于宇宙构成论和本体论的学说，那一定是因为此前的神话时代产生了关于宇宙起源和构成的神话，后者是前者产生的前提和基础。那么，中国古代哲学中有宇宙起源论和构成论的学说吗？答案是毫无疑问的，它就在老子的哲学思想中。

老子的《道德经》作为中国古代最早出现的哲学著作，其核心内容之一就是关于宇宙本体论的，"道"作为宇宙本体成为这部哲学著作论述的核心问题。在这部著作中，"道"被描述为天地万物的本原，无处不在、无时不在、至大无极、至小无形：

　　道冲，而用之或不盈。渊兮似万物之宗，湛兮似或存。吾不知谁之子，象帝之先。……（第四章）[1]

　　视之不见，名曰微；听之不闻，名曰希；搏之不得，名曰夷。此三者，不可致诘，故混而为一。其上不皎，其下不昧，绳绳兮不可名，复归于物。是谓无状之状，无物之象，是谓惚恍。迎之不见其首，随之不见其后。……（第十四章）[2]

　　孔德之容，惟道是从。道之为物，惟恍惟惚。惚兮恍兮，其中有象；恍兮惚兮，其中有物。窈兮冥兮，其中有精；精甚真，其中有信。自古及今，其名不去，以阅众甫。吾何以知众甫之然哉，以此。……（第二十一章）[3]

---

[1]　黄瑞云校注：《老子本原》，人民文学出版社1995年版，第9页。

[2]　同上书，第19页。

[3]　同上书，第29页。

有物混成，先天地生。寂今寥今，独立而不改，周行而不殆，可以为天地母。吾不知其名，强字之曰道，强为之名曰大。大曰逝，逝曰远，远曰反。故道大，天大，地大，人亦大。域中有四大，而人居其一焉。……（第二十五章）①

道生一，一生二，二生三，三生万物。万物负阴以抱阳，冲气以为和。……（第四十二章）②

这里，老子从哲学的层面建构了一个以"道"为原点和归宿的宇宙生成论和本体论模式，世界万物都起源于并最后复归于这个无时无处不在的"道"。尽管老子具体生活于什么年代尚无确考，但据现有文献可断定老子比孔子年稍长，大体都是春秋中晚期人。也就是说，至少到春秋晚期，中国古代哲学家就在哲学层面提出了系统的宇宙构成论和本体论学说。因此，可以推断，在春秋晚期之前的神话时代，华夏文化中早就存在创世神话。

而 1993 年出土的郭店楚简《太一生水》篇，也一样提供了一个完整的哲学宇宙生成论模式，其宇宙论部分如下：

太一生水。水反辅太一，是以成天。天反辅太一，是以成地。天地复相辅也，是以成神明。神明复相辅也，是以成阴阳。阴阳复相辅也，是以成四时。四时复相辅也，是以成沧热。沧热复相辅也，是以成湿燥。湿燥复相辅也，成岁而止。

故岁者湿燥之所生也。湿燥者沧热之所生也。沧热者四时之所生也。四时者阴阳之所生也。阴阳者神明之所生也。神明者天地之所生也。天地者太一之所生也。

是故太一藏于水，行于时。周而或始，以己为万物母；一缺一盈，以己为万物经。此天之所不能杀，地之所不能厘，阴阳之所不能成。君子知此之谓道也。③

---

① 黄瑞云校注：《老子本原》，人民文学出版社 1995 年版，第 34 页。
② 同上书，第 64 页。
③ 荆门市博物馆整理：《郭店楚墓竹简》，文物出版社 1998 年版，第 13—14 页。

　　显然，这是很完整的世界构成论的哲学化表述。而《太一生水》篇写作的年代，诸学者中，最谨慎的要数李学勤先生了，他认为《太一生水》是关尹的学说，受《老子》影响，成篇应在《老子》之后①，而另一些学者则认为《太一生水》未必是受了老子影响的作品，很可能产生于《老子》之前。② 尽管具体年代尚难绝对确定，但大体可以推断，应该产生于《老子》成书先后。而《老子》并非老聃本人亲著，是后代追随者的著录，从思想本身的形成时期看，应该在老聃生活的春秋后期，准此，则《太一生水》的基本思想形成也大约在这个时期。如果这个推断大体不错，则可以推断，至少在《老子》、《天一生水》的宇宙论思想（而不是典籍文本）形成的春秋后期之前，中国古代就应该有这种哲学宇宙论脱胎于其中的创世神话。这个创世神话应该比楚国帛书中的创世神话早出。

　　问题是，在现存典籍中，我们却看不到春秋以前系统的创世神话，这也是许多曾经否定中国古代有创世神话的国内外学人一个最重要的理由。但正如前面所言，从一般文化发展和思维规律角度看，既然一个民族理性时代最早的哲学中已经出现宇宙本体论和构成论的学说，那么，此前的神话时代一定存在创世神话。这在世界各文明古国的文化发展史上，也是没有例外的规律，中国文化不可能是个例外。我们可以肯定，在周人以前的商人和夏人的神话中，一定存在着创世神话，只是在漫长的历史进程中它们被湮灭了或者变形了而已。不能因为我们现在看不到它们，就否定它们存在，如果不是 20 世纪楚国帛书的发现，许多人还断然认定，中国古代没有创世神话呢！

　　事实上，正如本书绪论中所指出的那样，直到现在，我们能看到的先秦两汉典籍中还有不少远古遗落的创世神话碎片，例如《山海经》记载商人的至上神帝俊娶羲和和常羲，生了 10 个太阳和 12 个月亮，这显然是宇宙形成神话中的一个片段，完全可以推断，它是从更大的宇宙起源神话系统中遗落的一个碎片；又如，《山海经》、《淮南子》等典籍分别记载，女娲的肠子化成 10 个神，或女娲用泥土造人，或称女娲为化

---

① 参见李学勤《荆门郭店楚简所见关尹遗说》，《中国文物报》1998 年 4 月 29 日。

② 有关讨论见谭宝刚《近十年来国内郭店楚简〈太一生水〉研究述评》，《史学月刊》2007 年第 7 期。

万物者，或称女娲战胜一场宇宙大灾难等，显然都是上述楚帛书没有的关目，属于另一个创世神话系统，是这个创世神话系统遗落的碎片之一；还如，关于夏人始祖鲧、禹与大洪水的关系、关于息壤的神话、关于共工与颛顼争斗、头触不周山导致天地倾塌等的故事关目，也似乎隐含着一种超越洪水神话的更遥远的创世神话的原型。这些都透露出，在楚国帛书创世神话之前和之外，一定还存在着其他创世神话，尽管我们现在看不到它们的全貌，但透过那些神话碎片，我们还是可以肯定它们的存在。

因此，笔者的结论是，楚国帛书产生的时代上限一般不会早于春秋晚期，很可能是战国早中期；而且，它们并不是秦以前唯一的创世神话，商人和夏人都曾经创造过自己的创世神话，只是在漫长的流传过程中，它们要么改变了先前的形态，在形象层面置换成了其他神话传说故事；要么湮灭了整体形态，只留下一些神话碎片。我们现在要做的是，运用某些相应的理论和方法，透过这些神话碎片，复原这些碎片所属的创世神话体系。这个工作，与考古工作具有相同的特点，考古工作者往往通过考古发现的远古时期一个人的头盖骨碎片，或者几个牙齿，或一根胫骨，去复原它们所属的整个人体形态，进而从这个人体形态去复原某些原始人类在某些时代和地域的某些生活状态和进化水平。这个工作既有一定的冒险性，也有很大的价值。笔者相信运用相同的原则和方法对已经湮灭久远的古代创世神话的碎片进行类似的复原工作，也具有相同的性质和意义。

第二节　官方文化中伏羲人文始祖
形象的形成过程*

笔者在上节的讨论中，确认楚帛书创世神话的产生年代不会太早，大体应该产生于春秋晚期到战国早中期这一个时间段，这个神话并不如

---

* 本节乃笔者公开发表的论文《伏羲作为华夏人文始祖形象的形成过程及原因浅谈》（《湖北理工学院学报》（人文社会科学版）2008 年第 1 期）的一部分，收入本书时有修改。

一些学者认定的那样，起源远古时代。但笔者更感兴趣的是，这个出现不太早的创世神话的祖神伏羲可能本是苗蛮族团的始祖神，但在后世的流传过程中却被塑造成了中华民族的人文始祖，在官方文化中，这个塑造过程主要从汉代开始，到唐代才基本完成。那么，在先秦传播范围还很小、不具有多少权威性和神圣性的伏羲，如何最后在官方文化中被塑造成中华民族的人文始祖，获得至高无上的地位呢？又是什么原因使得汉代开始人们持续地进行这种文化塑造工作呢？尽管这个问题已经有许多研究成果，但还有再探讨的必要。

关于伏羲，现有众多成果中，最重要的是近人闻一多先生1942年前后写成的《伏羲考》和顾颉刚、杨向奎先生合著的1936年1月由《燕京学报》作为专号出版的《三皇考》。闻一多搜集古代典籍中有关伏羲的神话资料，辅以近代南方各少数民族流传的有关伏羲女娲兄妹夫妻神话、盘古神话、葫芦兄妹神话传说，对伏羲以及与之有关的神话进行了深入研究，这个研究的基本结论概括如下几点：1. 伏羲本是出自上古苗蛮族团的大神，伏羲与盘古、盘瓠都是同一个神；2. 伏羲与太昊、东皇太一是同一个神，是许多神系的始祖神；3. 伏羲是中华民族的人文始祖。[①]

顾、杨合著的《三皇考》则以历史学家的眼光，从疑古的立场出发，对以伏羲为核心的"三皇"体制形成的过程及原因进行了深入研究，其基本结论与闻一多先生的观点多有抵牾，但一样有参考价值。顾、杨合著的《三皇考》与本文有关的核心观点是：1. 战国是托古改制的时代，三皇五帝的说法在那时出现，是战国人托古改制的结果。"三皇是战国末的时势造成功的，至秦而见于政府的文告，至汉而成为国家的宗教。他们是介于神与人之间的人物，自初有此说时直至纬书，此义未尝改变。自从王莽们厕三皇于经（《周礼》）和传（《左传》中所说的三坟），他们的名称始确立了。"[②] 2. "三皇"均非远古真实存在的历史人物，而是宗教人物，是后世创造的神话人物，是神话人物的历史

---

① 闻一多：《闻一多全集·神话与诗·伏羲考》，生活·读书·新知三联书店1982年版，第58—112页。

② 顾颉刚、杨向奎：《三皇考》，载吕思勉、童书业编《古史辨》第七册中编，上海古籍出版社1982年版，第51页。

附会；3. "三皇"具体为何，战国时代并未确定，只有泰皇（或天皇）、地皇、人皇这样的说法。西汉晚期，"三皇"始有具体人名，但为何人，则诸说不同。不过多种说法中，伏羲均为其一："伏羲、神农为'三皇'之二是各说俱同的，还有那一'皇'各说不同。"① "有人名的'三皇'，除（1）伏羲、燧人、神农，（2）伏羲、女娲、神农，（3）伏羲、祝融、神农三说外，还有伏羲、共工、神农的第四说，见刘恕《通鉴外纪》引或说。"②

　　顾、杨二人的结论与闻一多先生的观点是很不相同的，前者认定将伏羲塑造成为中国文化的人文始祖、远古神帝，是秦汉以后尤其是西汉末年才开始的，是托古改制的结果，并非遥远时代的产物。而闻一多则认为伏羲女娲的神话传说起源遥远，他甚至将其源头追溯到夏人那里。两者的观点明显不合。从另一个角度看待二者的成果，将会发现，他们观点的差异来源于研究视角的差异，顾、杨二人主要以历史学家的眼光看待伏羲，一切以载诸典籍的材料为依据，加上又秉持疑古的立场，所以，得出伏羲成为中华人文始祖乃汉以后开始的结论；而闻一多先生则秉持的是神话学和文化人类学视角，这种视角中，神话尤其是一个民族的创世神话可能有遥远的来历，其源头可以追溯到遥远的原始社会，这种视野中的伏羲神话自然会被认为源头来自远古社会。顾、杨《三皇考》的基本观点尽管遭到那以后许多学者尤其是最近"重建中国古史工程"学者的质疑，但如果抛开当代意识形态建设的需要，单就文献和考古材料本身来评价，至少其就"三皇"及其具体人物构成过程的文献学考察还是大体客观的，而且，其基本观点也十分有启发性。但顾颉刚、杨向奎对《论语》、《左传》、《易经》、《周礼》等一系列典籍形成于战国时代的否定，则是体现了疑古派历史学者彻底推翻上古文化史成见的过分偏激和错误。而相比之下，闻一多先生的论述似又缺乏一点怀疑精神，他对汉代以后典籍中对伏羲为远古华夏人文始祖的认定几乎没有批判地接受，也显示出对典籍记载的过度盲信。在这个基础上，他对伏羲起源往上古的追溯，其实可以重新检讨。但闻一多先生对伏羲起源于南

---

　　① 顾颉刚、杨向奎：《三皇考》，载吕思勉、童书业编《古史辨》第七册中编，上海古籍出版社 1982 年版，第 25 页。

　　② 同上书，第 31 页。

方苗蛮集团的认定，对于近代关于伏羲的民俗学资料和南方少数民族有关神话传说资料与古籍资料的创造性运用，则为伏羲研究提供了新的思路，值得珍视。如果顾、杨二人的研究有点神话学和文化人类学视野，而闻一多先生的研究多一点历史学家的疑古意识，两者的观点或者更允当。

当然，从本文角度讲，两者的研究都有价值：楚国帛书中的创世神祖伏羲在后世的流传过程可分为两条线索，一条是载诸官方典籍的经、子、史类文献中的变化，一条是在民间神话传说中的变化，顾、杨的《三皇考》考察的主要是前一条路线中的流传情况，闻一多的《伏羲考》着重考察的是后一条路线的流传情况，两者在考察中尽管都涉及另一条路线，但主线是分明的，客观地看，它们之间具有互补性。尤其有意思的是，两者尽管研究视角和线路不同，但几乎殊途同归，都揭示了伏羲在历史流传过程中不断被族属化、血缘化、谱系化，成为传说性历史或神话中的创世或再创世的中华多族始祖。

笔者在上节讨论楚国帛书创世神话产生时代的时候，特别指出，楚帛书中创世诸神并不存在完全的血缘化、谱系化关系，也就是说，这个神话的创造者来不及将参与创世的诸神都整合到以伏羲女娲为始祖的血缘谱系中。但这个工作在后世被慢慢完成了，尤其是在纬、子、史三类文献中，伏羲最后成为所有传说历史中诸族团的万世一祖、万族一祖。本节将从官方文化角度考察伏羲被塑造成为中华民族人文始祖的主要过程。

首先是纬、子、史典籍中伏羲族属化、血缘化、谱系化，并进而成为中华民族人文始祖的过程。

伏羲最早是何方神圣？他的出现最早在什么时候？闻一多先生在《伏羲考》中断定他出自南方的苗蛮族群，20世纪40年代楚国帛书创世神话的发现，印证了闻一多观点的正确性。这份帛书创世神话出自苗蛮族团集聚地的湖南地域确非偶然。而且，如上章所述，在当时，这个神话应该只在楚国比较小的地域流传，即使在楚国，也还不具有国家神话层面上的权威性和神圣性。从现在看到的文献记载，伏羲氏的名号出现很晚，战国中期以前的典籍中，《尚书》、《诗经》、《礼记》、《论语》、《墨子》、《孟子》等均未见其名，形成于战国至秦汉的《山海经》，记载了大量神话人物和传说帝王名字，亦未见伏羲的名字和这个创世神话的任何记载。这也可以佐证笔者上面关于这个创世神话产生年代和流传范围的推断。

在帛书之外的先秦文献中，"伏羲"一名首见于《庄子》。他的名字在古籍中有多种写法，除"伏羲"（《庄子·人间世》）之外，还有"伏戏"（《庄子·大宗师》、《楚辞·大招》）、"伏牺"（《法言·问题》）、"包牺"（《易·系辞下》）、"宓羲"（《汉书·古今人表》）、"炮牺"（《汉书·律历志下》）、"庖牺"（《水经注·渭水》）、"虑羲"（《管子·封禅》）等。《庄子》中关于伏羲的记载有五处，两处出于"内篇"，三处出于"外篇"。在"内篇"与"外篇"中，伏羲在古帝中的排位有所不同。

《庄子》"内篇"大体可以确认是战国中晚期形成的。其中《庄子·人间世》谓："是万物所化也，禹、舜应物之所纽也，伏羲、几蘧之所行终，而况散焉者乎！"[1] 庄子在这里将伏羲列在禹、舜之后，显然不是世界的创始者；《庄子·大宗师》："夫道，有情有信，无为无形……狶韦氏得之，以挈天地；伏戏氏得之，以袭地母；维斗得之，终古不忒；日月得之，终古不息；堪坏得之，以袭昆仑；冯夷得之，以游大川；肩吾得之，以处大山；黄帝得之，以登云天；颛顼得之，以处玄宫。"[2] 这里是说"道"体无形、功用无限，狶韦氏运用"道"来整顿天地，伏羲氏运用"道"来调和元气。这里，伏羲位列狶韦氏之后，依然不是世界的创造者和最早的大神。

《庄子》"外篇"学术界历来认为是战国末或秦汉间庄子后学所作，不是出于庄子之手。《庄子·胠箧》："子独不知至德之世乎？昔者容成氏、大庭氏、伯皇氏、中央氏、栗陆氏、骊畜氏、轩辕氏、赫胥氏、尊卢氏、祝融氏、伏犠氏、神农氏，当是时也，民结绳而用之，甘其食，美其服，乐其俗，安其居，邻国相望，鸡狗之音相闻，民至老死而不相往来。"[3] 在这里，伏羲位列轩辕黄帝等许多古帝之后，当然不可能是创世之神帝。但《庄子·缮性》中伏羲地位就大大提高了："逮德下衰，

---

① 郭庆藩辑，王孝鱼整理：《庄子集释》，中华书局 1961 年版，第 150 页。
② 同上书，第 181 页。
③ 同上书，第 262 页。

及燧人、伏羲始为天下，是故顺而不一；德又下衰，及神农、黄帝始为天下，是故安而不顺。"① 《庄子·田子方》也一样："古之真人，知者不得说，美人不得滥，盗人不得窃，伏戏、黄帝不得友。"② 在这两段中，伏羲在古帝中的排位，颇近于后世所列。

上述《庄子》中有关伏羲的资料证明，在《庄子》成书的时代，伏羲在传说的古帝王中序列不定，多在禹、舜、黄帝之后，偶尔在他们之前，地位渐次升高。这说明在战国中晚期，伏羲神话传说尚在草创时期和形成过程中，伏羲还是一个不确定的、尚未定型的人物。从年代看，《庄子》"内篇"既然公认是战国中晚期作品，则可见，在那时，尽管楚国帛书记载的伏羲女娲为始祖神和创世神的创世神话已经形成，但尚不为庄子这样有名的文化人所知，或者不得他的承认。

大体与《庄子》成书年代跨度差不多的如《管子》、《荀子》、《商君书》中，偶有提及伏羲之名者，但无太多文字，在这些书中，伏羲还不是万古神帝、百王之首。大约成书于西汉早期的《易·系辞》，开始将伏羲当作华夏远古帝王对待，并叙述他的许多功业："古者包牺氏之王天下也，仰则观象于天，俯则观法于地。观鸟兽之文，与地之宜，近取诸身，远取诸物，于是始作八卦，以通神明之德，以类万物之情。作结绳而为网罟，以佃以渔，盖取诸离。包牺氏没，神农氏作……神农氏没，黄帝、尧、舜氏作，通其变，使民不倦；神而化之，使民宜之。"③这里，伏羲已经成为华夏诸族最早的一个帝王了。

大体成书于秦汉间的《世本》，因至宋代已经亡佚，清人据先秦到唐宋典籍中所引《世本》片段并其他历史著作，出现多种辑本。在这些辑本中，伏羲的位置还不确定。在王谟的辑本《世本·三皇世系》中，首叙"太昊伏羲氏"，其次是"炎帝神农氏"，第三是"黄帝有熊氏"④。但秦嘉谟辑补本的《帝系》篇，则首叙"少典生轩辕，是为黄帝"⑤。伏羲在这个谱系中没有地位。而王谟的辑本《三皇世系》，所本显非先

① 郭庆藩辑，王孝鱼整理：《庄子集释》，中华书局 1961 年版，第 404 页。
② 同上书，第 553 页。
③ （魏）王弼注，（唐）孔颖达疏：《周易正义》，北京大学出版社 1999 年版，第 298—300 页。
④ 参见《世本八种》之王谟辑本，中华书局 2008 年版，第 3 页。
⑤ 参见《世本八种》之秦嘉谟辑补本，中华书局 2008 年版，第 11 页。

秦资料，而是汉以后典籍，因为在西汉早期以前的典籍中，无有将伏羲作为三皇之首来叙述的。据记载，尽管先秦时代可能有以记载古代传说中帝王世系为核心内容的《世本》，但已经亡佚，汉以后史籍（从《隋书·经籍志）开始》）所提及的《世本》乃西汉后期开始由刘向、宋衷等不同时代文化人分别所撰，在多大程度上完全忠实地转述了先秦《世本》的内容，是可以存疑的。完全有理由相信他们的《世本》中会表达出截至他们的时代关于古史传说的一些认识。伏羲为三皇之首一类的看法，则显然不是先秦所有的历史观（详下论），而是刘向及其以后诸人在撰或注《世本》时增加的新内容。上引所辑录的《世本·三皇世系》中以伏羲为始祖的内容，完全可以认定那不是先秦《世本》所有，而是刘向及以后的文化人撰、注《世本》时增加的内容。战国至秦汉间的《世本》中，远古帝王谱系应该是以少典帝系为核心的。事实上，除了王谟辑本以外，其他诸人关于《世本》帝王谱系的辑本，均是以黄帝为核心的谱系，在这个谱系中，伏羲完全没有地位。学者们的研究已经指出，这个以黄帝为核心的传说性帝王谱系，大体是春秋中晚期至战国时代形成的，因此，战国至秦和西汉早年存在的《世本》，当是以这个帝王谱系为中心的。将三皇列为《世本》的内容，且以伏羲为帝系之首，应该是西汉晚期开始刘向们所撰《世本》中增加的内容，这个内容表达的是汉代开始、至西汉末年确认的新传说化历史观。而在较早的司马迁的《史记》中，根本就没有三皇的本纪，也没有伏羲为百王之首的明确说法。

《史记》所记伏羲有两处，均系引前人所言。《太史公自序》："余闻之先人曰：'伏羲至纯厚，作《易》《八卦》。'"[1]《封禅书》中借管仲言："昔无怀氏封泰山，禅云云；虑羲封泰山，禅云云；神农封泰山，禅云云；黄帝封泰山，禅云云。"[2] 司马迁尽管对所引前人和时人之言不置可否，已经将伏羲当成比炎帝黄帝更早的帝王对待，但仍然不是百王之首，因为在伏羲之前，他还加了一个"无怀氏"。至班固《汉书》则明确将上古最早的帝王从《史记·五帝本纪》中的黄帝上推至伏羲，

---

① （汉）司马迁著，（南朝宋）裴骃集解，（唐）司马贞索隐，（唐）张守节正义：《史记》，中华书局 1959 年版，第 3299 页。

② 同上书，第 1361 页。

《汉书·律历志》引刘歆《世经》言："庖牺继天而王，为百王先。首德始于木，故帝为太昊。"① 《汉书·古今人表》中首叙伏羲，次列炎、黄，以伏羲为历史源头，认为伏羲氏"继天而王"，因而他是百王之先，而炎、黄诸帝继伏羲而王。② 完全可以推断，班固的《汉书》对上古帝王世系的记载，应该是受了西汉中晚期出现的"三皇"说影响的。

因此这里要讨论一下古代典籍中"三皇"称谓的出现，以及伏羲进入三皇系统的过程。顾、杨二先生的《三皇考》详细梳理了这个过程，由吴少珉、赵金昭主编，张京华、张利、沈颂金、李廷勇等撰著的《二十世纪疑古思潮》一书，对顾、杨二人《三皇考》的得失作过专门研究，他们根据该书论述的顺序和引用的文献对"三皇"概念的形成和具体人物的确定过程，作过细致统计和归纳，列出一个图表，兹转录如下：③

各节序号	各节标题	各节主题	引用材料
一	引言		
二	"皇"字的原义	字义和词性	略
三	名词的"皇"的出现	字义和词性	《楚辞·离骚》，《楚辞·九歌》，《楚辞·九章·橘颂》
四	"皇"的由神化人	子书中的"三皇"	《论语》，《孟子》，《荀子》，《吕氏春秋》，《管子》，《庄子》，《白虎通》，《风俗通义》
五	"皇"为人王位号的实现	帝王名号的"皇"	《史记·秦始皇本纪》，《春秋繁露》，《庄子》，《淮南子》，《吕氏春秋》
六	二皇二神和太帝	子书中的"二皇"	《淮南子》
七	"九皇"和"民"	官方祭祀的"九皇"	《春秋繁露》，《史记·封禅书》，《太平御览·礼仪部》引《汉旧仪》，《周礼·春官·小宗伯》郑玄注，《管子·封禅》，《鹖冠子》，王安石《望九华山诗》
八	"太一"一名的来源	《老》、《庄》、《楚辞》中的"太一"	《老子》，《韩非子·解老》，《庄子·天下》，《吕氏春秋》，《淮南子》，《楚辞·九歌》、宋玉《高唐赋》

① （汉）班固，（唐）颜师古注：《汉书》，中华书局1962年版，第1011—1012页。
② 同上书，第863—867页。
③ 参见张京华、张利等《二十世纪疑古思潮》，学苑出版社2003年版。

续表

各节序号	各节标题	各节主题	引用材料
九	"天神贵者太一"及三一	汉代官方祭祀的"泰一"和"三一"	《汉书·郊祀志》(《史记·封禅书》文同)
十	太一的勃兴及其与后土的并立	汉代官方祭祀的"泰一"和"后土"	《汉书·郊祀志》,《汉书·艺文志》
十一	泰帝的两件故事	汉代官方祭祀的"泰帝"	《史记·封禅书》,《汉书》颜师古注、《汉书》王先谦补注
十二	西汉时三皇消沉的原因	汉代天文中有"太一"无"三皇"	《淮南子》,《甘公星经》,《史记·天官书》
十三	三皇的复现	西汉末及东汉推崇"三皇"	扬雄《河东赋》,扬雄《羽猎赋》,《尚书纬·璇玑钤》,《孝经纬·援神契》,《孝经纬·钩命决》,《白虎通》,《风俗通义》
十四	太一的消失	西汉后期不再祭祀"泰一"	《汉书·郊祀志》,《汉书·宣帝纪》,《汉书·翼奉传》,《汉书·王莽传》,《周礼》
十五	人皇的出现	"天统、地统、人统"(三统)与天皇、地皇、人皇	《春秋繁露》,《史记·高祖本纪赞》,《汉书·律历志》,《易·系辞传》,《孟子》,《春秋·感精符》,《三正记》,《春秋纬·命历序》,《春秋纬·保乾图》,《易·通卦验》,《河图·括地象》,《遁甲开山图》,《尚书纬·璇玑钤》,项峻《始学篇》,《十七史纂·古今通要》,《陔余丛考》
十六	伏羲们和三皇的并家及其纠纷	诸书所载伏羲、神农、黄帝"三皇"及各种异说	《礼纬·含文嘉》,《春秋纬·运斗书》,《春秋纬·元命苞》,《韩非子·五蠹篇》,《礼记·明堂位》,《淮南子》,《白虎通》,《孝经纬·钩命决》,《国语·郑语》,《史记·楚世家》,《左传》,《山海经》,《世本》,《春秋纬·命历序》,《庄子·缮性》,《尚书大传》,《河图·始开图》,《史记·补三皇本纪》,《水经注》,《吕氏春秋》,《风俗通义》,《潜夫论》,《尚书中候·敕省图》,《尚书传序》,《帝王世纪》,《礼纬·稽命征》,《陔余丛考》
十七	天皇大帝与太微五帝	谶纬所载"天皇大帝"及诸书所载五方色帝	《甘公星经》,《春秋·合诚图》,《春秋·佐助期》,《河图》,《孝经·援神契》,《春秋纬·文耀钩》,《春秋纬·元命苞》,《春秋纬·运斗枢》,《乐纬·叶图徵》,《尚书纬·运期授》,《尚书纬·考灵曜》,《春秋纬·保乾图》,《春秋纬·感精符》,《世经》,《诗纬·含神雾》,《孝经纬·钩命决》,《尚书纬·帝命验》,《尚书中候》,《春秋纬·握诚图》,《春秋纬·演孔图》,《论语·撰考谶》,郑玄《礼记注》,郑玄《周官注》,王肃《圣证论》,王肃《孔子家语》

各节序号	各节标题	各节主题	引用材料
十八	盘古的出现与三皇时代的移后	诸书所载"盘古"	《遁甲开山图》，《山海经》，《后汉书·南蛮西南夷传》，徐整《三五历纪》，任昉《述异记》，胡宏《皇王大纪》，《资治通鉴前编》，《纲鉴合编》，《纲鉴易知录》，《三坟》
十九	女娲地位的升降	诸书所载"女娲"	《楚辞·天问》，《风俗通义》，《淮南子》，《山海经》，《论衡》，《补〈史记·三皇本纪〉》
二十	三皇名称确立后对于旧名称的解释	诸书注解泰皇即人皇	《帝王世纪》，《路史》罗苹注，《文子》，马骕《绎史》
二一	道教中的三皇	《道藏》所载"三皇"	略
二二	太一的堕落	新莽以后太一由"上帝"下降为诸神之一	《后汉书·光武帝纪》，《后汉书·献帝纪》，《晋书·礼志》，《隋书·礼仪志》，《魏书·礼志》，《唐书·礼乐志》，《甘公星经》，《晋书·天文志》，《史记·天官书》，《旧唐书·肃宗本纪》，《酉阳杂俎》，《广异记》，《拾遗记》，韩驹题李公麟《太一图》诗，《邻几杂志》
二三	太一下行九宫和太一的分化	术数中的"太一"与祭祀中的"九宫"	《易纬·乾凿度》、《玄女式经》，《五行大义》，《灵枢经》，《旧唐书·玄宗本纪》，《旧唐书·礼仪志》，《旧唐书·肃宗本纪》，《新唐书·崔元式传》，《文献通考》，《宋史·礼志》，《太一金镜式经》，《新唐书·刘辟传》，《辽史·太祖本纪》，《宋史·太宗本纪》，《宋史·真宗本纪》，《宋史·仁宗本纪》，《宋史·神宗本纪》，《宋史·哲宗本纪》，《政和五礼新仪》
二四	太一在道教中的地位	道教中的"太一"诸神	略
二五	太一的死亡	宋元至清"太一"逐渐不被祭祀	《周礼》郑玄注，《尔雅》郑玄注，《唐书·礼乐志》，《宋史·礼志》，《政和五礼新仪》，《元史·祭祀志》，《元史·世祖纪》，《元史·成宗纪》，《元史·泰定帝纪》，《元史·文宗纪》，《明史·礼志》，《清史稿·礼志》
二六	《河图》与《洛书》	汉代至明代对《河图》《洛书》的附会	《尚书·顾命》，《论语》，《吕氏春秋》，《史记·孔子世家》，《易·系辞传》，《礼纬·含文嘉》，《汉书·五行志》，《尚书·洪范》，《春秋纬·运斗枢》，《尚书中候·洛予命》，《续汉书·祭祀志》，《尚书大传》，《五行大义》，《大戴礼·盛德篇》，《东都事略·儒学传》，《汉上易传》，《宋史·隐逸传》，《易象图说》，《周易启蒙》，《六书本义》，《易图明辨》

各节序号	各节标题	各节主题	引用材料
二七	《河图》《洛书》的倒坠	宋代之清代对《河图》《洛书》的辨伪	《易童子问》,《苏氏易传》,《易图论》,《洪范传》,《易学象数论》,《易学辨惑》,《河图洛书原舛编》,《易图条辨》,《易图明辨》,《洪范正论》
二八	《三坟》与《古三坟书》	诸书对于《三坟》的解释	《左传》,《尚书序》,《周礼》,《周易正义序》,《帝王世纪》,《通志》,《文献通考》,《郡斋读书志》,《直斋书录解题》,《四部正讹》
二九	近代对于三皇的祭祀和信仰	唐代至清代对"三皇"的祭祀及以伏羲、神农为医药之祖	《唐会要》,《元史·祭祀志》,虞集《道园学古录》,《元典章》,《明史·礼志》,《大清会典》,赵存洐《重修药皇庙记》,章学诚《丙辰札记》,杭世骏《道古堂文集》,陈振孙《直斋书录解题》,姚际恒《古今伪书考》,《郡斋读书志》,《灵枢经》
补遗			扬雄《甘泉赋》,《太公兵法》,魏了翁《古今考》,《管子·小匡篇》

这个图表显示,伏羲进入三皇系统大约是在西汉中晚期。顾、杨二先生认为,"三皇"的称谓尽管在战国时代已出现,但所指实乃抽象的、具有哲学意味的天、地、人或道、地、人,而将三皇具体化为个别远古神帝,则是到西汉末年开始的。《白虎通义》言:"三皇者,何谓也?谓伏羲、神农、燧人也。或曰伏羲、神农、祝融也。"[①] 把伏羲推到三皇之首、百王之先的地位。此外,"三皇"尚有多种说法:《风俗通义·皇霸篇》引《春秋纬·运斗枢》为伏羲、女娲、神农;《白虎通》为伏羲、神农、祝融;《通鉴外纪》为伏羲、神农、共工;《帝王世纪》为伏羲、神农、黄帝;《风俗通义·皇霸篇》引《礼纬·含文嘉》为燧人、伏羲、神农。不管哪种说法,伏羲都是三皇之一,而且都居首位(《风俗通义·皇霸篇》除外),这说明,西汉末年以后,伏羲作为三皇之首,已经成为定论。晋代皇甫谧所著《帝王世纪》,是一部专述帝王世系、年代及事迹的史书,所叙上起三皇,下迄汉魏,三皇则首列伏羲。其后唐高祖《修六代史诏》和唐太宗《修晋书诏》均以伏羲为中华文化的肇始者,所谓"伏羲以降,因秦斯及,两汉继绪,三国并命,迄

---

① (东汉)班固:《白虎通义》,见景印文渊阁四库全书·子部一五六·杂家类,(台北)商务印书馆 1986 年版,第 7 页。

于晋宋，载笔备焉"①。与伏羲成为三皇之首的地位提升过程相伴随的是，许多重要的文化创造和制度设立都慢慢归于伏羲名下。至唐开元间，司马贞为《史记》补写《三皇本纪》，综述、补充前世有关伏羲的文献材料，成一篇较为完备的史传。这份关于伏羲的传记中，伏羲人文始祖的塑造最后完成：

> 太暤庖牺氏，风姓，代燧人氏继天而王。母曰华胥，履大人迹于雷泽而生庖牺于成纪。蛇身人首，有圣德。仰则观象于天，俯则观法于地。旁观鸟兽之文，与地之宜，近取诸身，远取诸物，始画八卦，以通神明之德，以类万物之情。造书契以代结绳之政。于是始制嫁娶，以俪皮之礼。结网罟以教佃渔，故曰宓牺氏，养牺牲以充庖厨，故曰庖牺。以龙瑞，以龙纪官，号曰龙师。作三十五弦之瑟，木德王，注春令，其帝太昊是也，都于陈，东封太山，立一百十一年崩。②

这样，大约产生于春秋晚期或战国早期、直到战国中晚期传播范围和影响还十分有限的伏羲，最后成了中华各族的人文始祖。大约从战国末期开始，这个神的地位开始上升，到汉末已经从一个地域性族团的始祖神和创世神变为百王之先，万族之祖。恰恰是越到后来的文献，越将伏羲出现的时间往上推，其地位也越来越高，乃至现代学者根据这些典籍结合现代考古学资料对伏羲这个神的来源作十分遥远的推测，推测到史前社会。例如西部马家窑文化说、东部大汶口文化说、中原说、中原裴李岗文化说、长江流域说等等。但这些推测实在只能认为是一种臆断。我们现在能肯定的是，伏羲最早起源于长江流域，应该是南方苗蛮部落的大神。至少到战国中晚期，这个神和他的神话还只是在相当有限范围内流传，至于他在苗蛮族团神话中出现的年代，因无资料，无法断定，而且，他在载诸帛书创世神话之前的苗蛮族团原始神话中有怎样的

---

① （宋）宋敏求编：《唐大诏令集》，景印文渊阁四库全书·史部一八四·诏令奏议类，（台北）商务印书馆1986年版，第622页。

② （唐）司马贞撰并注：《补〈史记·三皇本纪〉》，景印文渊阁四库全书·史部一卷·正史类，（台北）商务印书馆1986年版，第964页。

故事，我们也不知道。

在正统官方文化中，伏羲由苗蛮族团的始祖神从秦汉开始慢慢上升为传说性中华各族共同始祖的过程中，有几点是需要特别注意的：

一是曾经是别的神或英雄的许多文化创造成果，后来都被移植到伏羲身上。唐司马贞《补〈史记·三皇本纪〉》中归入伏羲的那些文化创造活动和成果，在先秦或秦汉典籍中，都曾经是别的大神如黄帝、炎帝、女娲等创造，但到汉代开始，都先后转移到伏羲身上。

二是三皇的称谓在先秦尽管已经出现了，但并不是与具体的人名挂钩的，它指的是天皇（或泰皇）、地皇、人皇，完全是具有自然哲学意味的构成，它表达的是先秦人自然崇拜的认识和感情。但到西汉末年和东汉初年，三皇开始由具体传说或神话人物充当，伏羲作为三皇之首正是这种转移的结果。

三是三皇被置于五帝之上，成为更古老的帝王，伏羲由此也成为百王之首。

四是伏羲不仅成为三皇之首，还和太昊合一成为五帝之一。伏羲和太昊的合一从资料上看是西汉晚期出现的，刘歆的《世经》在重新编排五帝系统时，将伏羲和太昊认定为同一个神帝"炮牺氏继天而王，为百王先，首德始于木，故为帝太昊"。伏羲就是太昊。"稽之于《易》，炮牺、神农、黄帝相继之世可知。"[1] 太昊伏羲氏继天而立，神农、黄帝皆继太昊伏羲而立。这样，伏羲成了在五帝系统中先于所有其他四帝、"继天而立"的第一个神帝。

五是随着伏羲神话在西汉迅速传播，随着他由中华各族众神之一成为万神之祖、百王之先，他出生的地域也由先秦时的楚国扩散到全国的许多地方，典籍记载和民间传说中，伏羲的出生地遍及黄河流域、长江流域的许多地方。其中尤其是伏羲生于甘肃天水成纪的传说最有名。这些对伏羲出生地域的附会，是伏羲成为中华各族万神之祖、百王之先的过程中必定出现的现象。伏羲全国化的过程，也必定是他地域化的过程；这是文化认同过程中具有普遍规律的现象。

六是伏羲尽管成为百王之先、众神之祖，在逻辑上，一切后起诸神

---

[1] （汉）班固，（唐）颜师古注：《汉书》，中华书局1962年版，第1011页。

都应该是他的子孙，他应该有一个庞大的、分支派系众多的神系，但实际上，这种逻辑可能并没有完全变成现实。伏羲并没有发展出一个支派众多、成员众多、世系漫长的神系，楚国帛书中他生的四个儿子在秦汉以后无人提及，更无论发育出庞大的神系了。这个现象只能这样理解：伏羲成为具有影响力和权威性的百神之祖的大神的时间太晚近，在整个中华历史和文化总体上进入文明理性的秦汉以后，神话时代已经过去，任何一个大神都没有机会和时间通过神话中的生殖行为发展出自己丰富庞大的神系，出于当世社会政治、文化建设的特殊需要，某些大神的地位可以急剧升降，但要衍生出丰富庞大的神系，则需要具备很多其他的条件，尤其是漫长的时间过程。秦汉以后，伏羲个人的地位迅速提高，但无法派生出一个庞大的支派和数量众多、具有血缘关系的神系，时间太短，是一个重要的原因。这也可以侧证伏羲这个大神产生的时代其实并不久远，楚国帛书中那个创世神话的产生更不久远。有人出于可以理解的原因，将伏羲和这个创世神话的出现推到遥远的古代社会，实际是十分不可靠的。

但伏羲自己无法派生出庞大的神系这个局限，在他成为中华各族之祖的过程中通过另外的方式间接地解决了，这就是将其他神系通过各种方式嫁接到他身上，使其与伏羲建立血缘关系。有三个重要的神系都通过这种方式被嫁接到他身上。

首先是东夷太昊帝系。太昊本是东夷族团神系的神性始祖，与苗蛮族团的神性始祖伏羲没有关系，但到了西汉末年刘歆的《世经》中，遂将伏羲与太昊两个本不相干的神嫁接到一起，合称太昊伏羲氏，班固《汉书》引《世经》曰："庖牺继天而王，为百王先。首德始于木，故帝为太昊。"[①] 班固《汉书》突破了《史记》的界限，将上古帝王从黄帝推至伏羲，至此，伏羲开始登上官定正史。太昊既然就是伏羲，则太昊的世系自然也就成了伏羲的世系；由于太昊帝系被嫁接到伏羲身上，与太昊帝系有密切关系的少昊帝系因此也间接地与伏羲建立了关系。（说明：太昊与少昊族团的关系尚有不少争议，但学者都认定他们均为东夷族团神系，且有内在关联。）

---

① 参见班固《汉书》第四册，中华书局 1962 年版，第 1011—1012 页。

其次是少典帝系。到秦汉间，中国古代传说中的帝王世系发展得最为庞大的就是炎黄为首的少典帝系，中国古代神话中的大多数最重要的大神（包括楚帛书创世神话诸神），都与这个帝系建立了血缘性联系，成为炎黄二帝的神性苗裔。从汉代开始，一些典籍中开始将伏羲与黄帝系联系在一起：

> 太昊之母居于华胥之渚，履巨人迹，意有所动，虹且绕之，因而始娠，生帝于成纪。以木德王，为风姓，元年即位，都宛丘。①
>
> 黄帝即位十五年，昼寝而梦，游于华胥之国。华胥之国在弇州之西，台州之北，不知斯齐国几千万里，盖非舟车足力之所及，神游而已。②
>
> 帝（黄帝）游华胥国，此国神仙国也。③

这几则资料都是汉代以后出现的，为后人所造无疑，伏羲出生的地方黄帝也游过或梦游过，这暗示他们有很近的关系。上引王谟辑本《世本·三皇世系》，将伏羲摆在百王之先的位置，其后是炎帝，再其后是黄帝，再其后是与黄帝有血缘关系的众多传说性古帝构成的五帝世系，在这个三皇五帝谱系中，除了伏羲以外，其余所有古帝之间，都有明确的血缘关系，似乎也在暗示伏羲和他们也有血缘关系。而从汉代开始的文献中，伏羲与黄帝的许多作为都是重合的，何新先生特别注意到这一点，他说："……中国文化的许多发明都归之于黄帝，但这里最可注意者，是黄帝和其臣子的事迹往往与伏羲的事迹相重合。"④ 他专门列过一个表格，将秦汉以后文献中两者重合或接近的作为作了一个统计，我们转录如下⑤：

---

① （清）徐文靖：《竹书统笺》，见景印文渊阁四库全书·史部六一·编年类，（台北）商务印书馆 1986 年版，第 591 页。

② 杨伯峻：《列子集释》，中华书局 1979 年版，第 41 页。

③ （宋）张君房编，李永晟校点：《云笈七笺》（全五册），中华书局 2003 年版，第 2177 页。

④ 何新：《诸神的起源——中国远古太阳神崇拜》，生活·读书·新知三联书店 1986 年版，第 32 页。

⑤ 同上书，第 31 页。

事迹	黄　帝	伏　羲
畜牧	黄帝服牛乘马。（《易传·系辞》）	伏羲服牛乘马。（《太平寰宇记》卷42引《帝王世纪》）
火食	黄帝取牺牲以充庖厨。（《太平御览》卷78引《帝王世纪》）	包羲氏取牺牲供庖厨，以炮以烙。（《帝王世纪》）
天文	黄帝使羲和做占日，常仪做占月。（《史记·历书索引》）	伏羲仰则观象于天，俯则观法于地。（《易·系辞》）
医药	使岐伯尝味草木、典主医病、经方本草煮问之书。（《水经注》卷22引《帝王世纪》）	尝昧百药而制针灸，明百病之理。（《太平御览》卷721引《帝王世纪》）
音乐	使伶伦做吕律。（同上）	伏羲始作琴瑟。（《楚辞·大招》注）
数学	使大桡作甲子，隶首作算数。（《史记·五帝本纪》）	伏羲使九九之数。（《管子》）
文字	使沮诵仓颉作书。（《广韵》）	作八卦以通神明之德，以类万物之情。（《易·系辞》）
相貌	人首蛇身，尾交首上，黄龙体。（《天官书》注）	人首蛇身，尾交首上。（《帝王世纪》）

　　何新先生这里的统计还不完整，如果作完整的统计，将会发现两者还有更多类同之处，比如两者都与"华胥"这个地方有关，都是由神性母亲感孕而生，都具有雷神的特征，等等。也就是说，秦汉以后的典籍中，在有意无意地将黄帝与伏羲同化整合为一个人。当诸书将黄帝和伏羲都描绘成人首蛇身（也即人首龙身）的形象时，两者同出龙蛇图腾，其一而二、二而一的特征就十分明显了。还有的典籍将他们的图腾认定为熊。《帝王世纪》谓"太昊伏羲氏……一号皇雄氏"[1]。《礼记·月令》则谓其为"黄熊氏"[2]，则皇雄氏就是黄熊氏。而黄帝众多的族徽中也有一个"有熊氏"的称谓，所谓有熊氏、黄熊氏，应该是同一个图腾。而所谓图腾，其本意就是一个个体或群体的族徽，拥有共同血缘祖先的标志，准此，则伏羲与黄帝在秦汉以后的典籍中，不断在强化着血缘性

---

① （晋）皇甫谧著，刘晓东等校点：《帝王世纪》，齐鲁书社2000年版，第2页。
② （汉）郑玄注，（唐）孔颖达疏：《礼记正义》，北京大学出版社1999年版，第445—446页。

联系是显而易见的。所以，何新先生列举古代文献中伏羲和黄帝都有熊的族徽以后，明确将伏羲和黄帝当成古代同一个神对待："很明显，这是黄帝——伏羲乃同一人的又一证据（黄熊氏与皇熊氏实际正是黄帝有熊氏的简称）。"① 所以，尽管伏羲与黄帝合二为一的整合工作也许还没有最后完成，但其合二为一的趋势十分明显了，已经很接近完成了。由于黄帝与伏羲这种合二为一的整合接近完成，因此，到西汉已经发展出庞大世系的黄帝为主体的少典帝系，就和伏羲建立了认祖归宗的联系了。

第三是伏羲与南方太一神系的整合。尽管本章上面分析，在战国时代，伏羲是伏羲，东皇太一是东皇太一，他们并没有发生什么关系，所以，闻一多将伏羲当成《九歌》中的东皇太一是没有依据的。在屈原写《九歌》的时代，这两者没有关系。但是，到了汉代，由于伏羲和太昊合一，东皇太一变成太一（或作太一、太乙、泰一），而这个泰一神，有时候又称为"泰帝"，即至上神帝；太昊的本义也有太上神帝即"泰帝"之意，所以，两者的区别到了西汉后期就被有意模糊，乃至为了确保伏羲太昊氏的唯一性和至上性，从东汉至唐宋，太一神的地位渐渐下降，由至上天帝变为一般神祇，终至完全失去神性，不再被崇拜。在这个意义上，闻一多的见解又是有一定道理的，尽管古代典籍没有任何地方证明太昊伏羲氏就是东皇太一，但西汉中后期太昊伏羲氏地位的强化导致太一神地位的弱化，最后渐次消失，这是从另一个角度完成了太昊伏羲氏对太一神系的合并或者说剽窃。

经由上述三个方面的整合，中国古代最主要的几支神系都被直接或间接地整合到伏羲名下，或者和伏羲建立了十分亲近的关系，至唐代，伏羲不仅完成了成为百王之先的塑造工作，还完成了百族、百神之祖的统合工作。

---

① 参见何新《诸神的起源——中国远古太阳神崇拜》第二章"一神三身的黄帝"，生活·读书·新知三联书店 1986 年版，第 33 页。

第三节　民间文化中伏羲人文始祖形象的形成过程 *

　　除了主流文化典籍里，伏羲在一个漫长的文化整合和塑造过程中被塑造成了百王之先、百族之祖，在民间文化中，同样的工作也持续地进行。

　　这首先表现在伏羲女娲的创世神话以某种方式持续地在民间流播并不断扩大着其影响范围。近代考古发掘在山东、河南、江苏、四川等广大地区发现的汉代画像砖、画像石、画像壁上大量伏羲女娲人首两立、蛇（龙）身交缠、手分执规和矩（规矩象征天地、日月）的形象，很明显地还延续他们在先秦楚国帛书中的那个天地父母创世神的形象，说明这个创世神话已经由楚国南方传播到十分广大的领域了。同时，他们在楚国帛书中并没有人首蛇身的形象描绘（帛书称伏羲为大熊，其图腾形象应该与熊相关），但在汉代的画像中，一律都变成了人首蛇身的形状。这正和汉代王延寿《鲁灵光殿赋》"伏羲鳞身、女娲蛇躯"的说法相符，说明在汉代伏羲女娲的形象已经变了，不是与熊相关，而是与龙蛇相关。这一变化有十分重要的意义。

　　龙蛇作为古代华夏诸族图腾之一，在中华民族漫长的历史整合进程，随着以古代诸夏为主体的西北族团的强大和发展，渐渐成为中华各族最强大的图腾，以之为核心，许多其他族团的图腾要么消失、要么弱化和边缘化、要么被整合进龙蛇图腾的形象之中，到了汉代，以蛇为基础的龙图腾成为华夏诸族最重要的图腾，这也是不同民族和族团在文化上象征性认祖归宗的过程和结果。伏羲女娲由非龙蛇形象到汉代变为龙蛇形象，也是这个民族整合过程的产物。因为他们在汉代的民间神话中，还是保持着创世祖神的形象和地位，所以，他们的龙蛇图腾形象，就意味着他们已经不只是楚国地域苗蛮族团的创世祖神，还是所有以龙蛇为图腾的部落、族团和民族的创世祖神。关于伏羲女娲与龙蛇图腾的

---

　　* 本节乃笔者公开发表的论文《伏羲作为华夏人文始祖形象的形成过程及原因浅谈》，（《湖北理工学院学报》（人文社会科学版）2008年第1期）的一部分，收入本书时有修改。

关系，以及龙蛇与中华诸族文化上的关联性，闻一多先生《伏羲考》有相当深入的研究。笔者对他的这一研究只提出一点保留意见，那就是不要在起源上将伏羲女娲与龙蛇图腾的同一关系追溯到遥远的夏代，以此证明他们为华夏诸族之祖渊源遥远，而反过来看待两者的关系，即龙蛇图腾在华夏诸族来源遥远，而伏羲女娲与龙蛇图腾建立关联，则是汉代以来民间文化中为了将他们塑造为中华各族共同神祖的努力结果。伏羲女娲具有龙蛇图腾的形象，象征性地完成了他们作为华夏诸族共同神祖的塑造工作。

伏羲女娲作为中华各族创世祖神形象在民间文化中长期保持着，乃至到近代，在汉族很多地方——无论是陕西、河北、甘肃，还是湖北、湖南、河南，以及安徽、浙江、江苏——都有伏羲女娲的许多神性遗迹和神话故事流传，他们在成为统一大王朝各族神性祖宗的同时，还不断地域化，在各地衍生出许多故事、产生许多遗迹，我们在后世许多典籍和传说中，可以看到关于伏羲出生于中国四面八方许多不同地域的说法，许多地方都有伏羲庙或女娲庙，甚至许多地方的山水地理都和伏羲女娲的传说有关。像张振黎这样的神话学者，在大量采集河南广大地区现在还流传着的众多伏羲女娲神话传说故事的基础上，相信伏羲女娲的神话最早应该产生于河南[1]，一如不少地方文化人，站在自己地域的立场，相信伏羲女娲的神话传说产生于自己所在的地区。这正是伏羲女娲成为中华各族神性祖宗的过程中必然会发生的地域化现象。其实，这只是汉代以后伏羲女娲神话全国各地地域化的进程中必然的附会现象，就像我们今天能在很多不同的地方看到黄帝、炎帝等人的庙宇一样，这并不真表明他们出生于那个地方。在许多关于伏羲出生地的附会性说法中，有一种说法影响最大，也有特别的意义，需要稍加分析，那就是关于伏羲出生于成纪的说法。

现存古籍资料这一说法最早见于东汉初年的谶纬书《河图稽命征》："华胥履于雷泽履大人之迹，而生伏羲于成纪。"[2] 那以后，典籍多有言伏羲出生于甘肃成纪的：

---

① 参见张振黎《中原神话研究》第二编、第三编，上海社会科学院出版社 2009 年版。
② 参见［日］中村璋八、安居香山辑《纬书集成》（下），河北人民出版社 1994 年版，第 1179 页。

《续汉书·郡国志》："成纪，古帝庖牺氏所生之地。"①

《水经注·渭水》："瓦亭水又南，经成纪县东，历长离川，谓长离水。右与成纪水合，（成纪）水导源西北当亭川，东流出破石峡，津流遂断，故渎东经成纪县，故帝太皡庖羲所生之处，汉以为天水郡县，王莽之阿阳郡治也。"②

晋皇甫谧《帝王世纪》载："太昊帝庖牺氏，风姓也，母曰华胥。燧人之世，有大人之迹出于雷泽之中，华胥履之，生庖牺于成纪。"③

晋王嘉《拾遗记》："春皇者，庖牺之别号。所都之国，有华胥之洲。神母游其上，有青虹绕神母，久而方灭，即觉有娠，历十二年而生庖牺。"④

《旧唐书·地理志》记载："成纪，汉县，属天水郡。"⑤

到晋代《水经注》之后，人们一般认定成纪在甘肃，乃今天水地区。根据这些资料，则伏羲乃是起源于西北地域的大神。而成纪的后世文化人们也搜集到许多水文地理和传说资料，证明伏羲女娲的传说乃是起源于成纪的传说，例如，证明当地的两条河流的名称实际暗含的是伏羲和女娲的名称和他们的婚姻故事，采集于当地的传说中还有关于伏羲女娲兄妹在一只灵龟的帮助下结为夫妻的传说，故事情节大体和唐代李冗《独异志》所载伏羲女娲兄妹婚姻以及近人记载的苗族伏羲女娲兄妹婚姻再生人类的故事相近，只是更为详细复杂罢了，等等。而当代更有学者将伏羲的起源追溯到甘肃出土的仰韶文化时期的陶器上那条著名的人面蜥蜴图形（被认为是龙图腾最早的原型之一），认为那大约是伏羲最早的形象（伏羲在古代神话资料中被描述为"人首龙身"，羲、蜥同音）。

---

① （晋）司马彪撰，（梁）刘昭注补：《后汉书》，中华书局1965年版，第3517页。

② （后魏）郦道远：《水经注》，见景印文渊阁四库全书·史部三三一·地理类，（台北）商务印书馆1986年版，第277页。

③ （晋）皇甫谧著，刘晓东等校点：《帝王世纪》，齐鲁书社2000年版，第2—3页。

④ （东晋）王嘉著，（梁）萧绮辑编：《拾遗记》，见景印文渊阁四库全书·子部三四八·小说家类，（台北）商务印书馆1986年版，第313页。

⑤ （后晋）刘昭等：《旧唐书》，中华书局1975年版，第1631页。

如果以上述古代典籍资料为依据，则伏羲应该是起源于西北地域的大神。但笔者认为根据汉代《河图稽命征》一类谶纬书关于伏羲生于成纪的说法而认定伏羲生于西北甘肃地区，只是伏羲神话在汉代流传过程中的一种地域化附会，就像有资料说伏羲生于任何楚国以外的地方都是附会一样。问题是，什么原因导致了这种附会？这个问题的解答关涉到很多方面，对于我们理解伏羲在汉代开始被塑造成中华各族的人文始祖有重要意义。

上引资料可见，关于伏羲生于成纪的说法，最早出自东汉初年的纬书《河图稽命征》，那么，这个资料中的"成纪"原意是什么呢？是地名吗？应该不是，它是一个时间概念。古人以 12 年为纪，"成纪"谓"达到 12 年"也，或"成于 12 年"也。意思是说，华胥感孕达 12 年后，才生下伏羲。《拾遗记》正是这样理解"成纪"的："春皇者，庖羲之别号，所都之国，有华胥之洲，神母游其上。有青虹绕神母，久而方灭。即觉有娠，历十二年而生庖牺；长头修目，龟齿龙唇，眉有白毫，须垂委地。"[1]

那以后的许多典籍，多有这种记载。这说明，"成纪"原本是一个时间概念，而不是一个地域概念。但"华胥于雷泽履大人之迹，而生伏羲于成纪"，在句子结构上，也存在将"成纪"误解成地域的可能，后世将"成纪"理解成地域，并附会到甘肃天水的一个地方，正是基于这种表述。今甘肃称为成纪的地方，是什么时候开始获得这个名称的，我们已经找不到最初的记载，上引《旧唐书》谓成纪为"汉县"的名称，则在汉代就有这个名称，且属于天水郡，而秦代及秦以前，甘肃天水尚未见有"成纪"的县名记载，也未见有成纪的地名记载。据此我们可以推断，成纪作为甘肃天水的一个地名，最早大约是汉代才出现的。而这个附会应该与上引《河图稽命征》关于伏羲生于成纪的记载有关。而《河图稽命征》大约是东汉初出现的，也就是说，在那以前，伏羲是其母怀孕 12 年才生的这样的说法，在谶纬书中已经比较流行了。考察汉代谶纬学，虽然起源于西汉早中期，但开始兴盛则在西汉中晚期，尤其大盛于西汉末年和东汉。谶纬学的兴盛，从神话学角度讲，导致了再一

---

① （东晋）王嘉撰，（梁）萧绮辑编：《拾遗记》，见景印文渊阁四库全书·子部三四八·小说家类，（台北）商务印书馆 1986 年版，第 313 页。

次的造神运动兴起，对此前传说中的上古帝王进行衍生、附会、增饰，是这次造神运动的重要内容。关于伏羲的许多说法，就是这次造神运动的产物，伏羲生于成纪就是其中之一。

特别讨论这个问题是因为，伏羲生于甘肃成纪的说法在所有关于伏羲地域化的过程中影响最大，流传最广，也最有深意。为什么到汉代以后，人们特别重视将伏羲的出生地定位在甘肃一带的说法呢？这与中国古代社会长期的历史、政治和文化发展进程中，黄河流域始终处于中心和源头的地位有关。处于黄河中上游的甘陕地区是中国文化最重要的发源地之一，近现代考古学家在那里已经发现大量而丰富的文化遗存；建立了中国上古重要王朝夏和周的核心族群华夏诸族，也正起源于这个地区，而且，先后有多个王朝建都甘陕的关中平原。因此，这个地区属于中国文化、政治中心和重要发祥地的观念，已经成了周以后华夏诸族以及中华诸族的集体无意识。因此，从汉代开始将南方的伏羲塑造为中华各族共同文化始祖的过程中，这种集体无意识会起着强大的作用。源出于南方的伏羲最后落户甘肃天水的成纪，根本原因之一正在这里。事实上，汉代整个意识形态建设的进程中，这种黄河流域乃政治、文化中心的集体无意识一直在悄悄起着作用。例如，汉初的黄老之学，其实质内容本是南方老子的学说，但要拉一个黄河流域产生的黄帝和老子组合在一起，而且称谓显示出是黄前老后，黄主老次。黄帝本是和任何思想学说无关的传说中的神帝，汉代许多文化人托他之名著书立说、表达老子的治国理念，根本原因之一就在这里。正是在这种集体无意识的作用下，伏羲基本褪除了他出生于南方楚国苗蛮诸族的原始印记，而成为中华各族公认的万神之先、百族之祖。

在各少数民族尤其是古代苗蛮集团的后裔南方各少数民族神话传说中，还可以看到大量伏羲女娲的神话和传说。在这些神话传说中，伏羲女娲大多不再是创世之祖，而多是作为洪水遗民型再生人类之祖的形象出现的。他们成了南方许多少数民族的人祖，这种人祖的身份，不仅通过故事的方式表达，也通过图腾的方式表达，这就是伏羲女娲崇拜与葫芦崇拜的合一。南方许多少数民族都有葫芦崇拜习俗，之所以崇拜葫芦，是因为在南方许多少数民族神话传说中，伏羲女娲兄妹就是躲在一只大葫芦里逃过一场灭绝人类的大洪水，使人类得以再生的，葫芦成了人类再生的图腾圣物。南方少数民族的葫芦崇拜与伏羲女娲崇拜是联系在一起的，闻一多《伏羲考》对伏羲与葫芦的同一关系从音训角度和神话角度，都作了深入研究，谓伏羲（还有盘瓠）就是葫芦，同时采集了近五十则西南各少数民族关于伏羲女娲在洪水过后兄妹婚配再造人类的故事和民俗资料，证明伏羲是南方苗蛮各族的祖先神。这是十分权威的结论。南方民族的葫芦（伏羲）崇拜，意味着他们在文化上将伏羲认定为自己族团的远古神祖，这些族团所有人都是葫芦神（伏羲女娲神）的后裔。经过 20 世纪 50 年代以后国家和各地政府组织的大规模文化调查，搜集到了更多少数民族关于伏羲女娲洪水遗民型神话传说故事，这些故事，都在讲述伏羲女娲是他们的远古祖宗。

综上所论，汉以后在中华各族互相融合的历史进程中，楚帛书中南方苗蛮族团的创世神伏羲女娲（尤其是伏羲）在官方文化和民间文化中，慢慢完成了他们成为中华各族共同祖宗的形象塑造。

那么，是什么原因使伏羲由一个地域性大神在秦汉以后尤其是西汉开始成为至高无上的万神之祖、百王之先呢？是什么力量推动着这种文化塑造活动？

笔者认为，这个文化塑造的力量和四个方面有关。

一是汉初统治者刘邦和其核心集团成员主要是楚国人（战国中期开始，长江流域中下游尽为楚国所有，刘邦所出江苏丰县和生活的沛县均属楚国），刘邦集团对其他诸集团军事政治上的胜利，也相应导致了楚国文化对其他地域文化的优势性地位，导致了在西汉早中期很长一段时间内具有楚国特征的思想文化全国性的传播和优势；一个王朝里，在军事政治上的胜利者集团必定要保证自己在文化上的优势地位。意识形态上，黄老之学曾经很长一段时间成为指导国家的具有权威性的思想体系，而所谓的黄老之学，实质就是源出于楚国道家哲学思想的系统化和政治化形态。源出于北方黄河流域的儒家学说在汉初较长时间里则遭到排斥和压制；在审美上，源出于楚国的艺术形式和趣味长时间影响着宫廷乃至整个文化艺术界，唯楚为美，楚风弥漫；在这个风气中，本自楚国地域的伏羲女娲神话也自然获得了全国性传播和发展的机会，褪去了地域色彩，成了汉王朝所有统治区域共认的创世神话与始祖神话。在战国时期，由于伏羲女娲创世神话不出于楚国王室族团，而出于原住民苗蛮族团，所以，在最高意识形态层面不被确认为国家创世神话，但到汉代，情形就变了，最高统治者已经不是当初的楚王室集团，伏羲女娲的创世神话就不再存在被最高统治者排斥的问题，而是作为刘氏集团故国的神话被看待和获得重视，并八方流播。伏羲因此从一个地域性神祇变为全国性神祇，并发展成为中华各族的始祖神。以伏羲为最高大神、统领和整合其他各地域、各朝代的神或神性英雄，就是一种自然的选择。

实际上，这种统合工作在战国中期楚国强大的过程中已经开始了，楚帛书中以楚国本地的伏羲女娲为始祖神，统领夏商周诸朝代的大神如禹、契、俊、炎帝、祝融、共工等创造世界的创世神话，就是这种统合工作的标志。后世在江淮流域各地如四川成都、河南南阳、江苏徐州、山东武公祠等地发掘出来的汉墓或祠堂画像砖中，人首蛇身的伏羲女娲手执规矩或日月、身尾交缠的图画，说明至少在汉代，这个创世神话已经在楚国以外的广大地区获得比较广泛流传。在战国时代，楚国不是天下共主，它以自己地域的大神为至上神和始祖神来统合黄河流域诸朝代和族团的大神创造世界的神话是不能被黄河流域诸国和族团接受的，而汉朝统一天下，则为伏羲女娲成为全中国所有地域和族团的始祖神和创世神提供了历史条件。

二是汉代建立的政权，其统治区域远远超出了此前的任何王朝，上古三代建构的、主要代表黄河流域诸地域、族团的神话系统，如鲧、禹系统和帝俊系统，已经不能满足由更广大地域、更多民族组成的大汉王朝的政治需要了，一个能够代表更广大地域和民族的共同神话始祖的塑造，是一种政治和文化建设的需要，伏羲在汉代开始被塑造成中华各族共同的人文始祖，动力之一就在这里。这个过程中，伏羲不仅全国化了，也地域化了，他被不少地域文化移植和整合进本地神话，成为源出于本地域的古老大神，这大约也是我们今天看到汉代以后的许多典籍中伏羲出自很不相同地域的原因；先前夏商诸代塑造的始祖神或至上神，因带有特定时代、族团、王朝和地域的文化印痕，已经不适应新时代意识形态建设的需要了，一个跨越地域、族团和民族的至上神、始祖神的出现和确认，以他为核心的神话系统的重构与塑造，就成了意识形态建设的必然要求和结果。

三是伏羲在汉代被塑造成中华各族人文始祖形象，在汉代还有一个特殊的政治原因，那就是西汉末年新莽政权的政治需要。王莽政权为了使自己替代刘汉政权获得合法性，需要一种文化上的支持。正是这种需要，使新莽政权的"国师"刘歆提出了"新五德始终说"。关于新五德始终说的基本内容和倡导者的政治意图，不少学者已经有很深入的研究，其中顾、杨合著的《三皇考》研究尤其透彻，当代学者王剑先生在《太昊伏羲考辨——兼及古史帝王世系研究中的问题》中[①]，也有比较清晰勾勒，均可参见。

大体说来，"新五德始终说"是针对战国时期邹衍的五德始终说而言的。战国时阴阳家邹衍按照五行说以五帝配五方，以土、木、金、火、水五行相生相克的关系顺序来解说王朝更替，这就是"五德终始说"。刘歆提出以木、火、土、金、水五行相生的"新五德终始说"，据此排列的帝王世系如下：太昊伏羲氏为木德，炎帝神农氏为火德，黄帝轩辕氏为土德，少昊金天氏为金德，颛顼高阳氏为水德；帝喾高辛氏为木德，帝尧陶唐氏为火德，帝舜有虞氏为土德，伯禹夏后氏为金德，成汤为水德；周武王为木德，汉朝为火德。刘歆在排定这个世系次序时，是先否定汉兴之初依五行相胜说所定汉为土德的说法，确定汉为火德，那么代之者应为土德，王莽自称为虞舜苗裔，帝舜土德，故王莽宜为土德，这样王莽代汉而立成为必然。

那么刘歆为什么要将伏羲与太昊并称呢？刘歆根据当时人们的古史观念，将古帝的代序从黄帝向上推，认为最古的帝王应是伏羲。同时按照他的五行相生的五德终始理论，帝王应从木德始。所以刘歆说："炮牺氏继天而王，为百王先，首德始于木，故为帝太昊。"伏羲就是太昊。"稽之于《易》，炮牺、神农、黄帝相继之世可知。"[②] 太昊伏羲氏继天而立，神农、黄帝皆继太昊伏羲而立。这样，伏羲按照新"五德始终说"被确认为"继天而立"的第一位圣王，这样的确认，是为了给王莽代汉的合法性提供文化依据。

---

① 王剑：《太昊伏羲考辨——兼及古史帝王世系研究中的问题》，《周口师范学院学报》2005 年第 4 期。

② （汉）刘歆：《世经》，见班固《汉书·律历志》，中华书局 2000 年版，第 869 页。

　　最后，使得伏羲女娲由一个地域创世神话的父母神，最终成为中华各族的创世祖先神的民族文化心理原因尤需注意，这应该是所有原因中最根本和最深刻的原因。恩斯特·卡西尔在《人论》中曾经说中国人没有真正的宗教信仰和情怀，如果有，那就是祖宗崇拜。卡西尔说中国古代人没有宗教信仰未必允当，但他看到中华各族强烈的祖宗崇拜意识则体现了很锐利的眼光和文化洞察力。确实，中华民族的集体无意识中，对血缘关系的重视、与此相关的祖宗崇拜意识，在古代各文明民族中是最为强烈和突出的。中华各族在漫长古代社会中，聚族而居的聚落方式、以家庭为单位的农业经济方式、家族统治（家天下）的国家政治构架等，是这种强烈的血缘意识和祖宗崇拜意识产生的现实基础。而强烈地体现这种血缘意识和祖宗崇拜心理的儒家学说成为中华民族最重要的思想体系，则是这种心理的文化积淀和产物。正是这种民族集体无意识使得中国古代各族都有自己的创世神话，都有自己的创世神，同时，这些创世神又是自己族团的祖先神，这种创世神与祖先神合一的现象，是中国创世神话最突出的现象，它强烈地体现了中华各族文化的血缘意识和祖宗崇拜心理。这种心理意味着，当一个统治族团的创世神话成为一个国家或王朝最权威的神话、这个国家或王朝的所有族团都必须主动或被动接受的时候，这个国家或王朝其他各族神话中的诸神都可能或早或迟与统治族团的创世神建立某种血缘联系，成为这个创世神话中原始父母神的后裔。中国古代夏商周三代的神族谱系在后世都曾经发生过这样的整合①，楚帛书创世神话尚未完成这样的整合（这个神话中参与创世的不少重要神祇与伏羲女娲都没有血缘关系），而到了汉代，随着生长于楚国的刘氏集团夺取了天下，伏羲女娲在历史化形态中慢慢成为最高、最古老的圣君，其他先前存在的各族大神因此都必须以各种方式被他们整合，或者成为他们的一部分（如太昊成为伏羲的名号，太一神与黄帝与伏羲成为似一似二的神帝），或者成为他们的后裔。伏羲女娲成为万神之祖，百族之宗，在历史化形态中，完成了楚国帛书没有完成的世系化、血缘化工作。这个工作的完成，也满足了中华各族文化上认祖归宗的无意识诉求。

---

　　① 可参见谢选骏《神话与民族精神》、《空寂的神殿》有关论述。

综上，伏羲（以及女娲）从战国时期南方苗蛮族团创世神话中的始祖神，最后成为中华各族传说化历史与神话中的始祖神帝，经历了一个漫长的过程，在这个过程中许多因素发生着重要的作用，伏羲（以及女娲）的形象甚至也发生了不小的变化，但有一点始终没有变，那就是不管在什么时候和什么地方，不管是在传说化的历史还是民间神话中，伏羲女娲一直沿着始祖化和世界祖宗神方向发展，这个方向一以贯之。

****

中编

商人创世神话研究

****

第四章　帝舜两个形象版本与帝俊神话的流变

——商人创世神话研究之一

在夏商神话中，迄今学者们的注意力主要集中在夏人神话传说的研究上，关于商人神话，研究成果相对较少，而关于商人创世神话，系统研究的成果就更少。其实，正如我在绪论中指出的，现有文献资料中关于帝俊娶羲和常羲生日月的故事，本身就是创世神话中重要的构成部分，它明显地标识出商人曾经有创世神话，表面看来，这个创世神话的其他部分今天似乎湮灭难寻，但实际上它们在今天能见到的文献资料中依然存在，只不过是以变异的方式存在，需要我们运用特殊的方法拂去历史的烟尘，还其本原真相而已。本章将综合运用历史还原法和原型分析法，复原商人创世神话的基本框架。

第一节　舜、俊、夋、夔、喾的本义与关系再检讨*

商人至上神帝俊与帝喾、帝舜的关系，一直是研究商周神话的学者关注的问题。众所周知，已有的文献资料在这三个神之间纠缠不清。近人王国维研究商人甲骨文中"夔"字时认定，以声类求，"夔"乃"喾"，甲骨文谓"夔"为商人之高祖，则帝喾乃商人之高祖；王国维又

---

　　* 本节以《舜、俊、夋、夔、喾的本义与关系再检讨》为题发表于《湖北文理学院学报》2014 年第 2 期。

认为，甲骨文之"夋"（即帝俊）乃"夒"之形讹，而"喾"即高辛氏。而自晋郭璞以来，历代学者多认为"舜"自"夋"音变而出。若此则"喾"与"俊"、"舜"原由同一神"夒"分化出来似可论定。① 但也有学者根据一些资料研究证明，夒、喾、夋、舜并不是同一个神，有学者甚至认为他们根本就不是神，而只是不同的部落首领。那么，他们的关系究竟是怎样的呢？

研究中国神话的学者们都知道，中国古代文献提供的资料中，传说中上古帝王之间的关系和世系十分混乱，原因就在于 20 世纪 30 年代顾颉刚先生所揭示的，由远古神话和传说构成的中国上古史是"层累的古代史"。在一个时代神话和传说中居于最高地位的天神，在另一个时代以本来的名字或另外的名字出现，并被编织进后起王朝的神系，成为其始祖神或至上神的裔子裔孙辈神祇。这种混乱不独中国古代如此，而是一个具有世界性的现象，只是在中国上古更加突显罢了。因此，要想真正厘清某些神祇之间的关系，重要的前提是要厘清其发展变化的历史脉络。本节将本着这个认识来清理帝俊、帝喾、帝舜之间的关系和变化脉络，并重构他们真实的历史关系。

经过自晋代郭璞以来历代不少学者的努力，舜乃商人上古神话中的至上神帝俊转化而来，这一神性身份已经被确认。《山海经》中多有关帝俊与帝舜的重合性资料，如《大荒南经》："帝俊妻娥皇，生此三身之国，姚姓，黍食，使四鸟。"② 《汉书·古今人表》："娥皇，舜妃。"③ 据此，则帝俊与帝舜为一人。娥皇、女英，为帝舜之二妻，这也是古代舜传说中流传广远的故事。又如《山海经·海内北经》说舜妻"登比氏生宵明、烛光，处河大泽，二女之灵能照此所方百里"。④ 原初创世神话中帝俊的妻子、日月母神羲和、常仪在这里演化成人间帝王舜的妻子登比氏，但她能生光照百里的宵明、烛光二神，这个故事关目还是透露了她们与早期神话中日月母神的脉承关系。所以，历代学者说帝俊与帝舜实为一人是有道理的。

---

① 可参见郭璞《山海经注》，郝懿行《山海经笺疏》，毕沅《山海经新校正》，袁珂《山海经校注》，王国维《殷卜辞中所见先公先王考》，郭沫若《古代社会研究》、《卜辞通纂》等。

② 袁珂校注：《山海经校注》，上海古籍出版社 1980 年版，第 367 页。

③ （汉）班固撰，（唐）颜师古注：《汉书》，中华书局 1962 年版，第 878 页。

④ 袁珂校注：《山海经校注》，上海古籍出版社 1980 年版，第 320 页。

但关于帝俊、帝喾、帝舜为同一个神的观点，未能揭示商人至上神帝俊转换为周人传说中的明君舜的过程和原因，未能揭示这个过程中出现的复杂情况，而这是本节要做的工作。还原这个过程的重要意义在于，一方面，我们可由此大体窥见帝俊在商代神话中的基本关目和原貌；另一方面，我们可以窥见神话发展过程中的某些规律性现象，是什么原因导致一个神话在流传过程中不断变异，或者说，神话为了在一个时代和社会中生存流传，是如何适应特定社会和时代的需要而不断改变自己的。同时这种改变从叙事学角度讲，如何分别体现在表层和深层叙事结构中。

从现有资料看，帝俊的神话发展到后来《尚书》、《论语》、《世本》、《史记》中定型的那个宗法社会政治伦理和家族伦理典范的孝子贤君的舜故事，经历了一个漫长的过程。众所周知，帝俊是商人的至上神，也是祖神，他被历史化和伦理化的过程应该主要发生在周代。在周代，帝俊的神话一方面还以某些碎片的形式存在和流传（《山海经》中许多关于帝俊的神话片段就是），但因为丧失了其存在的现实社会基础，所以基本不再具有扩张和发展能力，并且还会慢慢湮灭和碎片化。但另一方面，帝俊因为曾经是周人宗主国——商人的至上神，从逻辑上推断，周人在作为商人方国的时候，和所有方国一样，都要崇奉宗主国的至上神为自己的至上神，并且在这个前提下将自己民族的神话和传说与之对接，成为这个至上神神系的一部分。周人夺得天下后成为新的宗主国和商人的地位发生逆向性转化后，必定要在文化上去商人化，弱化从前宗主国文化的影响，这是不可避免的。但这种去商人化不可能是绝对彻底的，周人也不可能完全从自己的文化中汰滤干净这种影响的痕迹。

据现在的资料和相关研究成果，周初周人文化上的去商人化在神话中主要体现在下面几方面。

一是对自己民族神话中与商人神话相关的内容进行形式上的改造，尤其是与商人神话对接和以商人至上神为本民族至上神的部分进行改造，这个改造在周初大体是采取将商人至上神帝俊改名帝喾，从而在形式上去除周人祖神乃商人至上神的强烈特征和痕迹。在论述这个问题之前，我们先要解决一个问题，那就是甲骨文中"夋"、"夒"、"喾"之间的关系。

近人王国维研究商人甲骨文中"夋"字和金文中相关铭文字形时认

定，"夔"乃"喾"字，甲骨文谓"夔"为商人之高祖，则帝喾乃商人之高祖；王国维又认为，甲骨文之"夋"（即帝俊）乃"夔"之形讹："则夔必为殷先祖之最显赫者，以声类求之，盖即帝喾也。帝喾之名，已见《逸书》，《书序》：'自契至于成汤八迁，汤始居亳，从先王居，作帝告。'《史记·殷本纪》告做诰，《索引》作偈。案《史记·三代世表》、《封禅书》、《管子·侈靡篇》皆以偈为喾。伪孔传亦云契父帝喾都亳。汤自商丘迁亳，故曰'从先王居'。若《书序》之说可信，则帝喾之名已在商初之书矣。诸书作喾或偈者，与夔字声相近，其或作夋者，则又夔字之讹也。"[1] 王说学界多有认同者，例如郭沫若先生就接受了这种观点，他说："夔，音与喾同部，故音变而为帝喾若帝偈。夔之古文与夋字相近，故形误而为夋若逡，更演化为帝俊或帝舜。"[2]

王国维这个见解尚可讨论。下面是徐中舒主编之《甲骨文辞典》被认作"夔"字的几种甲骨文写法[3]：

（一期佚五一九）　（一期甲一一四七）　（一期前七五二）　（一期库一零一零）

（一期拾六九）（一期甲二三三六）（一期乙四七一八）（三期二六零四）（三期甲二零四三）

（三期佚六四五）　（四期后上二二四）　（四期后下三三五）　（四期佚三七八）

对这个字之形义，研究甲骨文的专家们识读不一，"王国维谓象人手足之形（《卜辞中所见先公先王考》），唐兰谓象似人之兽形（《殷墟文字记·释夔》），李孝定谓象母猴形，（《甲骨文字集释》卷五）……商承

---

① 王国维：《殷卜辞中所见先公先王考》，载王国维《王国维考古学文辑》，凤凰出版社2008年版，第32页。
② 郭沫若：《卜辞通纂》，科学出版社1983年版，第325—326页。
③ 徐中舒主编：《甲骨文字典》，四川辞书出版社1989年版，第622页。

柞疑狻（《殷墟文字类编》卷五），王襄释离（《簠室殷契征文·帝系考
释》）。"① 从字的结构上讲，上列甲骨文字似一个象形字，象猴之形，
或鸟首人（猴）身形状，构形简洁，故单从字形角度讲，最像"夋"
字，而"夒"字构形远较"夋"字繁复，大不类上述甲骨文字简洁构
形。所以，上述文字当是"夋"字，不当是"夒"字。当然"夒"字与
"夋"字也有近似的义项，许慎《说文》谓"夒，贪兽也，一曰母猴，
似人，从页、已、止，夂，其手足"②。页者，猴或人之头颅也；已者，
甲骨文象曲绳之形，此处当指猴尾之形；止者，脚趾也；夂者，手足之
形也。如此看来，"夒"字构形亦仿猴或人，其义项与"夋"基本相同。
李孝定谓上述甲骨文字象母猴形，商承柞疑为"狻"，即一种猿猴类动
物，从构形角度看是合适的。而"狻"的本字当为"夋"，也即是帝俊
的"俊"。《说文》训"夋"为"倨"，"倨"通作"踞"，两字都是"蹲"
的意思，当是猴子蹲坐的形态，上引甲骨文中的"夋"字恰像猴子或鸟
面人身动物蹲坐之姿态。所以，上述甲骨文字构形应该是"夋"字而非
"夒"字。

到后来，某些字的构形经历了从简单到复杂的过程，"夒"字应该
是"夋"这个字繁复化过程的产物。所以，王国维说"夋"是"夒"字
的讹误，似乎正好将这个过程颠倒了。应该是"夋"字在先而"夒"字
后出。至于谓"喾"为"夒"字同音则两者为同一个字，其合理性在两
者确实同声可转换，且春秋以后文献亦有谓两者为同一人者，说其所指
为同一个人应该是可以的，只是帝喾所出要晚得多。

所以王国维接着说这个帝喾就是汤迁亳所做的"帝告"之"告"，
因而早就存在，那就需要重新检讨了。《书序》云："自契至于成汤八
迁，汤始居亳，从先王居，作帝告。"这段文字中的"帝告"之"告"
非人名，而是祭告之祭礼。在甲骨文中已有"告"字出现，但是动词，
不是名词，更不是人名。关于"告"在甲骨文中的使用场所，已有学
者有较为深入的研究，姚孝遂、肖丁在所著《小屯南地甲骨考释》一
书中，经过对商代甲骨文辞深入分类研究，发现"告"在甲骨文中有
两种用法，"一为祭告，其对象为祖神。……一为臣属之报告，……凡

---

① 徐中舒主编：《甲骨文字典》，四川辞书出版社 1989 年版，第 622 页。
② （汉）许慎：《说文解字》，中华书局 1963 年版，第 112 页。

称'告曰'者，均为臣属之报告，无有例外。"① 最近梅军《殷墟甲骨"告"类刻辞考论》一文，在姚、肖二氏基础上补充甲骨刻辞中"告"的第三种用法，即"王告臣属"②。上述三种用法中，"告"都是动词而非名词，更非某个神祖的专有名词。徐中舒《甲骨文字典》解其字形义曰："甲骨文告、舌、言均象仰置之铃，下象铃身，上象铃舌，本以突出铃舌会意为舌，古代酋人讲话之先，必先摇动木铎以聚众，然后将铎倒置始发言，故告、舌、言始出同一源。"③《甲骨文字典》谓"告"在甲骨文中的基本语义有二：一是祭祀名，同"祰"；二是说话，即禀告。其实两个义项有内在关联，作为祭礼的"告"，是边祭拜边向祭祀对象禀告的形式，这是这种祭礼的特征。甲骨卜辞中记载了许多告礼活动：

丁未卜，争，贞王告于祖乙。（《甲骨文合集释文》，01583）

贞勿告于祖乙。（《甲骨文合集释文》，01584　甲）

贞王告于祖乙。（《甲骨文合集释文》，01584　乙）

卜，贞，告自祖乙祖丁。（《甲骨文合集释文》，01648　乙）

贞，告于祖辛。（《甲骨文合集释文》，01726）

庚申贞：王其告于大示。（《甲骨文合集释文》，32807）④

甲骨文中还有不少"告"祭各位王室祖先如"上甲"、"大甲"的，由此可知，这种祭礼没有专门的对象，不是某一位祖先或神灵的专门性祭礼称谓，和"禘"这种祭礼性质不同，后者是专门祭祀上帝的祭礼专名。从这里回到王国维上引汤迁回亳"作帝告"的事件，这里的"告"，当然是祭礼，而不是什么专门的名字，与"喾"这个神祖没有关联。"帝告"即是"告帝"。那么，这里的"帝"指谁？指"帝喾"吗？王国维谓："伪孔传亦云契父帝喾都亳。汤自商丘迁亳，故曰'从先王居'。"意谓这里"帝告"的对象就是"帝喾"，因此也是不对的，伪孔传显然

---

① 姚孝遂、肖丁：《小屯南地甲骨考释》，中华书局 1985 年版，第 158 页。

② 梅军：《殷墟甲骨"告"类刻辞考论》，《中山大学学报》（社会科学版）2013 年第 1 期。

③ 徐中舒主编：《甲骨文字典》，四川辞书出版社 1989 年版，第 85 页。

④ 以上甲骨卜辞均见胡厚宣主编《甲骨文合集释文》，中国社会科学出版社 1999 年版。

将"帝告"直接转换成"帝喾"了。从甲骨文看，商人的"帝"最早指的是天帝，神明，其称谓由"禘"转化而来，专门指这种祭礼的对象，将人王称为"帝"那是到晚商才出现的事情，而在汤的时代，是没有将祖宗称为"帝"的。因此，春秋至秦汉的文化人将"告"、"诰"、"俈"当作专用名字，专门指帝喾，那是后人附会，并非"告"字在商代的本义。王国维上面的观点，建立于对这些文化人附会性言论的认同基础之上，是有问题的。

综上，甲骨文中"夋"（"俊"即帝俊）字出现最早，"夒"应该是在"夋"构形基础上繁复化的结果，谓其与"夋"本为一字未为不可，但上引甲骨文本字是"夋"而非"夒"，这是不可不辨的。而"喾"则应该是通过音声相类比附"夒"而衍生的字，其产生应该更晚才是。甲骨文中并未直接出现过"喾"字，"喾"字应该是据"夒"音声之转换而衍生出来的字。帝喾是周人将帝俊（帝夒）故事转化的称谓。帝喾的称谓，在文献中最早见于《国语》、《礼记》、《山海经》，但在更早的甲骨文和金文中，却找不到这个名字。

由此回到我们论述的主题，按照《诗经·生民》的叙述，周人祖先后稷是至上神帝喾的儿子：

> 厥初生民，时维姜嫄。生民如何？克禋克祀，以弗无子。
> 履帝武敏歆，攸介攸止。载震载夙，载生载育。时维后稷。
> 诞弥厥月，先生如达。不坼不副，无菑无害。
> 以赫厥灵，上帝不宁。不康禋祀，居然生子。[1]

这几行诗大体可以这样译释：

当初生下始祖（后稷）的是姜嫄。姜嫄是如何生始祖（后稷）的呢？为了能生儿子，她虔诚地祭祀上帝。她（在求子仪式上）恭敬地跟在（通神的巫扮演的）上帝后面，踩着他的脚印跳舞，心情愉悦感而有孕。但没有到该生产的月份，姜嫄就早产了一个肉蛋蛋。

这个传说讲的是周祖后稷诞生的故事，根据传说后稷是上帝的儿子

---

① （宋）朱熹：《诗经集传》，景印文渊阁四库全书·经部六六·诗类，（台北）商务印书馆1986年版，第868页。

（其实是姜嫄和扮演上帝的巫师野合所生的儿子），《生民》后面的几个部分中，还有上帝关照护佑后稷的一些故事，那么这个上帝是谁呢？诗歌没有明确交代。毛诗谓这个上帝就是帝喾："后稷之母（姜嫄）配高辛氏帝（帝喾）焉。"[1] 司马迁在《史记·周本纪》中也有这样的认定：

> 周后稷，名弃。其母有邰氏女，曰姜原。姜原为帝喾元妃。姜原出野，见巨人迹，心怡然说，欲践之，践之而身动如孕者。居期而生子，以为不祥，弃之隘巷，马牛过者皆避不践；徙置之林中，适会山林多人，迁之；而弃渠中冰上，飞鸟以其翼覆荐之。姜原以为神，遂收养之。初欲弃之，因名曰弃。[2]

姜原即姜嫄，《史记·周本纪》明确指认这个姜嫄是帝喾的妃子，而且是元妃，是帝喾四个妻子中的老大。而商人始祖契的母亲简狄，倒是帝喾次妃了。这就出现了问题：这个神话是商代产生的吗？是商代神话的本原形态吗？作为宗主国的商人会在自己的意识形态形式（神话）中贬低自己的母始祖而抬高一个方国的母始祖吗？答案当然是绝对否定的。可以这样理解，《大雅·生民》大约产生于商代，是周人祖先早年作为商人属国时候编造的，这里的"帝"当然是帝俊了。周人作为商人方国的时候编织的神话，当然不敢将自己的高祖母说成是商人至上神帝的元妃了。《史记·周本纪》与毛诗中说姜嫄为帝喾元妃，则是周人成为中原统治者以后对原先祖宗神话的改造结果。在周人成为宗主国之后的祖宗神话中，先前的帝俊变成了帝喾，姜嫄由帝俊的次妃变成了帝喾的元妃。

谢选骏先生在《空寂的神殿》中对这一变化有很好的揭示。他说这是周人入主中原后，为了抬高自己地位所作的修改。作为商人始祖母的简狄，理应是商人至上神帝喾的正妻，元妃，他们的儿子契才是"帝之元子"，但在周人那里，则成了次妃次子，而周人的始祖母姜嫄和始祖

---

① 毛亨传，郑玄笺，（唐）孔颖达疏，陆德明音义：《毛诗注疏》，见景印文渊阁四库全书·经部六三·诗类，（台北）商务印书馆1986年版，第750页。

② （汉）司马迁著，（南朝宋）裴骃集解，（唐）司马贞索隐，（唐）张守节正义：《史记》，中华书局1959年版，第111页。

后稷倒成了元妃元子（"稷维元子"）。周人作为商人方国的时候，在意识形态形式的神话中的地位自然是低下的，几乎所有方国的始祖在神话中都会被描述为宗主国至上神的后裔，周人的自然也不例外，这一方面是为了表示承认商人作为宗主国统治地位的合法性，另一方面也是为了强调各方国与宗主国的亲缘关系。所有王朝都会在意识形态上做这种工作。周人夺得天下后，作为宗主国，自然会在意识形态形式中确立自己的统治地位，因此，作为次子的后稷必须成为元子，其母亲姜嫄也必须成为元妃；从前宗主国神话中的元妃元子自然就降为次妃次子了。[①] 谢选骏先生的这个认识肯定是正确的。

周人成为统治者后，要颠倒自己和商人在神话中的地位，还会做一个工作，那就是将原来神话中的至上神帝俊或帝夔的名字改掉，换成另外一个名字，高辛氏帝喾的名字应该是出于这种需要和动机被制造出来的。因为那个上帝如果还是帝夔或帝俊，那在根本上就还是承认周人自己的始祖后稷是商人至上神的后裔，所以，必须彻底从形式上抹去商人至上神的痕迹，而改名是抹去痕迹最简单的工作。既然"夋"在甲骨文中已经明确出现，而"喾"并未直接出现，那我们直接得出的结论是，"夋"比"喾"的称谓出现要早。

谢选骏先生在《空寂的神殿》中认为，帝喾的称谓，是周人入主中原后为了在神话这种最重要的意识形态形式中淡化商人痕迹而制造出来的，他是帝俊在周初的衍生形式。因为是一个新的称谓，颠倒先前神话中商人与周人始祖母与始祖的地位就成为比较容易的事情。所以，"周人禘喾而郊稷"，不是"周人禘俊而郊稷"，周人认定的至上神、祖先神是帝喾而不是帝俊。尽管也有资料明确记载周人始祖后稷乃帝俊裔子（《大荒西经》："帝俊生后稷，稷降以百谷。稷之弟曰台玺，生叔均。"[②]），但那应该是商代神话在民间的流传（《山海经》记载的主要是民间流传的神话传说），是从前周人作为商人的方国时期的神话世系。而到周人成为统治者的时候，他们认定的祖先神是帝喾而不是帝俊，这是有着意味深长的区别的。

要之，关于周人始祖的生殖世系，在商代和周代神话中经历过一个

---

① 参见谢选骏《空寂的神殿》一书有关论述，四川人民出版社 1987 年版。
② 袁珂校注：《山海经校注》，上海古籍出版社 1980 年版，第 392—393 页。

演变过程，在商代神话中，周人高母姜嫄与始祖后稷是帝俊的妻子和儿子，上引《山海经·大荒东经》中的"帝俊生后稷"的说法，可以看成是商人神话继续在周代民间流传的结果（《山海经》的民间性是明显的），而依据春秋战国有关传说编制的《史记·周本纪》中关于周人高母姜嫄与始祖后稷，是帝喾的妻子和儿子的记载，则是周人入主中原后官方创造的，帝喾也是为了这个目的被创造出来的，他是帝俊在周代初年的衍生形式。

周初在文化上去商人化的第二个方面是从根本上去神话化，这是在文化上否定商人神话神圣性的根本举措。商人是鬼神崇拜的民族，因此神话发达；而如许多中外学者指出的，周人是一个崇实的民族，他们崇拜祖先而不崇拜鬼神。而帝喾这个帝俊的衍生形式还明显保留着神话的特征，其神性是明显的，所以，那不是他们去商人化的终极目标和形式。从根本上淡化甚至否定商人神话系统神圣性的方式，就是在文化上根本否定神存在的合理性和可能性。因此，在他们成为统治者之后的意识形态建设中，代表着至上力量的神灵慢慢消失了，自然力量的最高范畴由神帝变成了自然的"天"，"天"作为文化系统中的最高价值范畴在周人文化中具有重要的地位，这是既具有认识论特征又具有价值论特征的一个范畴（很多关于中国古代文化与思想的研究性著作对此都有深入研究，故这里不深入展开）。当这个抽象的范畴确立了其最高价值的时候，神的最高价值就被取消了，神话存在的文化合理性基础也就消失了。

帝喾神话的稀少可以看成周人去神话化的一个标志性现象。帝喾本是周人在周初为了适应政权建设的需要，而从帝俊或帝夔转化而来的一个天帝。作为周人创造的一个天帝，他理应获得发展的机会，衍生出丰富的神话和庞大的神系，但从现有的先秦神话资料看，帝喾这个地位赫然的至上神故事却十分稀少，而且也没有发展出什么像样的神系来。个中原因，就在于周人在周初利用了一下神话后，就迅速地走出了以神话作为意识形态核心构成的状态，而转向了对巫术性话语（《周易》是典范形式）和历史性话语（周王朝的"史"，方国的"春秋"是典范形式）为精神文化核心构成的建设。在这种状况下，神话失去了发展的现实推动力和基础。这才是帝喾神话故事特别稀少的根本原因。

与此相关的是，周初在文化上去商人化的第三种形式就是将商人神话传说化、历史化。周人的崇实性格和文化品格使他们特别重视现实的生活过程，重视从这种过程中吸取政治、社会与人生的启迪，因此，记载这种生活过程的"史"就获得了崇高的文化地位。在这种文化模式中，先前的那些神话要么慢慢湮灭，要么有意无意被改造成历史传说，因此，商人神话的传说化和历史化就不可避免。而关于舜的传说，就是商人至上神帝俊在周代传说化的产物。不仅商人的神话，就是商人之前的夏人的神话，也会被传说化和历史化，《尚书·虞夏书》诸篇就是典型的神话传说化、历史化的结果。

如前所述，郭璞以来，历代很多学者都指出舜就是商人至上神帝俊，这是对的，不仅因为《山海经》本身提供了明显的资料，还因为帝俊和舜的故事在许多方面都有内在的一致性。但毕竟，舜不是俊，帝俊在表层明明白白是至上天神，而舜只是人间君王，尽管关于舜的传说化和历史化还不彻底，许多地方还透露出他天神的信息，但总体上在表层他毕竟不再是一个神了，我们必须从深层做仔细的还原性研究，才能揭示舜的原初神性。现在见到的典籍中有关舜的传说的主要关目，是直接和间接从帝俊的故事那里转换过来的。当帝俊的主要故事转化为舜的传说后，帝俊就只是作为一个曾经有过的至上天神在民间和方国（如商人之后裔所在的国度和某些从前的属国）流传，而在周王朝的意识形态层面，他就悄然消失。我们现在在除《山海经》这样记载民间文化的典籍之外的任何先秦典籍中，都不再能见到帝俊的踪影。许多学者曾经为此困惑，有商一代赫赫天神，如何在先秦典籍中无影无踪，原因盖在于此。

第二节　从帝俊到帝舜演化过程的重构

在这个认识的前提下，我们来清理和还原帝俊神话转化为舜传说的变化过程，而这个问题是人们很少注意的，但对理解商人帝俊神话在周代的变化过程以及还原商代帝俊神话故事的主要关目却至关重要。

从先秦和汉代留下的现有资料看，舜形象有两个截然不同的版本。以《韩非子》、《庄子》、《古本竹书纪年》为代表的典籍中的形象，在这些典籍中，舜算不上一个孝子忠臣。他的父母和弟弟曾经以死亡迫害的方式加害于他，他以诛杀（一说流放）弟弟、流放父母的方式惩罚他们："瞽叟为舜父而舜放之，象为舜弟而舜杀之。"① 《庄子·盗跖》载盗跖之言曰"舜不孝"②，又载满苟得之言曰"舜流母弟"③。舜流放父母弟弟的故事关目，有一个前提，就是舜曾经受到他们的死亡迫害，这一点，《尚书》、《孟子》、《史记》这些将舜塑造成一个以德报怨、感天动地的孝子的典籍中都有记载，这些典籍都零星或完整地记录了舜的父母和弟弟联合迫害他的故事，相信这些迫害舜的关目在春秋战国时代是普遍流传着的，区别只在于，舜如何对待父母弟弟的死亡迫害？《韩非子》和《庄子》记载的说法和上述典籍大不一样，他以严厉的方式惩罚了迫害他的父母兄弟。那么，舜的这种形象是《韩非子》和《庄子》的两位作者为了表达自己的观点而故意编造的吗？笔者认为不是他们编造的，他们只不过利用这个传说表达了自己的观点而已。这些惩罚性关目应该来源很早，多半就来自周初还流传着的、商代传下来的关于帝俊的神话故事。这一点，还可以从《古本竹书纪年》中对于舜的政治形象的颠覆性资料获得侧证。舜在先秦儒家经典《尚书》中，是通过禅让的方式获得政权的贤明圣君。但《古本竹书纪年·五帝纪》却有这样的记载：

> 昔尧德衰，为舜所囚也。舜囚尧于平阳，取之帝位。舜放尧于平阳。舜囚尧，复偃塞丹朱，使不与父相见也。④

《古本竹书纪年》是晋代汲冢发掘出的先秦魏国的历史著作，其记载的历史与《尚书》等儒家正统的历史大不一样，这里关于尧舜的关

---

① （战国）韩非著，陈其猷校注：《韩非子新校注》，上海古籍出版社 2000 年版，第 1154 页。
② （清）郭庆藩辑，王孝鱼整理：《庄子集释》，中华书局 1961 年版，第 997 页。
③ 同上书，第 1005 页。
④ （战国）《古本竹书纪年》，刘晓东等校点，齐鲁书社 2000 年版，第 1 页。

系、舜获得政权的方式等，就和《尚书》记载的禅让方式完全相反。舜是通过暴力政变的方式获得政权的，在获得政权后，他流放了尧和尧的儿子丹朱。他为什么要通过暴力的方式推翻和取代尧呢？《古本竹书纪年》没有交代原因，但这绝非无因。在《尚书》中其实已经透露出了尧对于舜的某些迫害性行为：

> 帝曰："咨！四岳。朕在位七十载，汝能庸命，巽朕位？"岳曰："否德忝帝位。"曰："明明扬侧陋。"师锡帝曰："有鳏在下，曰虞舜。"帝曰："俞？予闻，如何？"岳曰："瞽子，父顽，母嚚，象傲；克谐以孝，烝烝义，不格奸。"帝曰："我其试哉。"

> 女于时，观厥刑于二女。厘降二女于妫汭，嫔于虞。帝曰："钦哉！"[1]

> 慎徽五典，五典克从；纳于百揆，百揆时叙；宾于四门，四门穆穆；纳于大麓，烈风雷雨弗迷。[2]

按照《尚书》的叙述，尧是在自己年迈的时候，寻找帝位继承人，因四岳的推荐而选择舜的。为了验证舜是否合格，他派自己的两个女儿下嫁给舜，让她们就近观察舜的德行，然后自己又设计了许多难题，考验舜的德行和能力，舜通过了这些考验，被尧正式遴选为帝位接班人，并在三年之后，受尧之禅让接受帝位。这个故事，也就成了千古美谈的中国古代政治更替的典范。但这个故事的可信性是大可怀疑的。单从尧派二女（娥皇、女英）下嫁舜的故事关目看，就可推断这是商人神话中帝俊娶羲和、常羲故事关目的转换，这一点，许多研究者已经有可信的揭示。只是在商人神话中，作为日月母神的羲和、常羲并没有一个人间的父亲，也没有一个神界的父神，她们就是天地创造时期的日月大母神。给她们加一个圣王尧做父亲，那是历史化时代的处理结果。只是在历史化故事中这样处理，按照人类社会的常理却有十分不合理、不可信的情节安排：当舜只是一介平民时，作为帝王的尧却让自己的女儿下嫁

---

① （汉）孔安国传，（唐）孔颖达正义，黄怀信整理：《尚书正义》，上海古籍出版社2007年版，第57—58页。

② 同上书，第73页。

给舜，为的是就近考察他的德行和能力，这种跨越巨大社会地位和身份鸿沟的行为似乎十分不合理和不可信的。其次，尧为了考验舜的德行和能力是否足够担任自己的继承人，设计了许多难题性关目，如"慎徽五典"、"纳于百揆"、"宾于四门"、"纳于大麓"等，这些关目大都不具有凶险的内容，只有像"纳于大麓，烈风雷雨弗迷"这样的关目，可以称之为接近死亡考验的关目；从神话学和故事学角度讲，这是遍布世界古代神话和民间传说中的"难题考验性"故事模式的运用形式，宋代《路史·后纪》的作者罗苹就是这样看的，他认为，包括上引《尚书》那些关目，以及舜的父母弟弟设计的对舜死亡迫害的关目，都是尧考验舜的一部分，所以他感叹"尧之试舜，亦可谓多术哉"①。后世一些学者也认为罗苹这个见解是有道理的，而笔者对此有不同看法。

本书笔者认为，首先，《尚书》很可能对前文本中尧对舜所谓的考验性关目的形式和内容中原来许多严重得多的考验行为作了轻描淡写处理（只有将舜丢弃于烈风雷雨中的深山大麓的关目还保留着较为严重的死亡考验性质），这些所谓考验关目的内容和形式，在前文本中要严重得多。其次，所谓尧"试舜"的那些考验性关目，在前文本中应该不具有有意识的考验性质，而是实际上的压制和迫害行为。而这也导致舜通过政变的暴力方式夺取尧的政权，并对尧和他的儿子丹朱给予严厉的惩罚；再次，从叙事学角度，我们很容易看到在《尚书》、《竹书纪年》中关于舜在政治生活中的那些故事关目和先秦两汉文献中关于舜在家庭中的那些故事关目之间具有明显的结构上的类似性和对应性：

政治生活中	家庭生活中
1. 尧通过多种方式考验舜	1. 瞽叟、后妻和象通过多种方式迫害舜
2. 舜经受住了尧的各种考验	2. 舜逃脱了父母弟弟的多种死亡迫害
3. 舜暴力获得了帝位	3. 舜在家庭和社会生活中获得主导地位
4. 舜囚禁了尧	4. 舜流放了父母
5. 舜流放了尧的儿子丹朱	5. 舜诛杀或流放了瞽叟的儿子象

---

① （宋）罗泌：《路史》，景印文渊阁四库全书·史部一四一·别史类，（台北）商务印书馆 1986 年版，第 532 页。

从叙事学角度，我们几乎可以认定，舜在政治生活中的故事关目，基本是舜在家庭生活中关目和过程的模拟。这些基本关目的相同，使笔者有理由推断，《古本竹书纪年》中关于舜强夺尧的帝位、囚禁并流放帝尧、同时流放尧的儿子丹朱的关目，其实是西周人仿照舜受父母弟弟迫害、最后惩罚并流放他们的故事编织的。或者说，两者其实本源于同一个故事，其深层叙事结构都是一样的，这个叙事结构就是：

神话主角诞生和成长在一个充满敌意亲属构成的环境中——主角被对手迫害——主角战胜对手——主角惩罚对手

这个深层叙事结构的确认，会解开上古神话传说中许多一直困惑研究者的问题，例如关于丹朱与驩兜的关系问题就从叙事学角度获得了确证。

丹朱与驩兜实为一人，这已经被许多学者从文献和训诂角度的研究所证明。童书业先生曾经对"谨兜""鹠咦"、"丹朱"之间的关系从文献和音训两方面进行过考证，最后的结论是："鹠咦"、丹朱均可读为谨兜。[①] 丁山先生断定驩兜系因丹鸟得名，"驩兜也者，当因丹鸟得名。……凡故书雅记所谓驩兜者，宜即尧子丹朱的别名了。……晚周诸子传说'舜放驩兜于崇山'，实与《纪年》所谓'舜偃丹朱'为一事之异辞"。[②] 朱芳圃先生也说："按丹朱即驩兜、谨头。其证有四：朱即驩兜、谨头之简名，《山海经·海外南经》言：'谨头国或曰谨朱国'。头、兜与朱音近，通用。其证一也。丹朱被放居丹水，驩兜亦放于崇山，其证二也。谨头即鹳鹕，朱亦即鹄，其证三也。《国语·周语上》：'有神降于莘。'惠王问内史过，内史过以为丹朱之神，请使太宰帅狸姓、奉牺牲粢盛往焉。韦昭注：'狸姓，丹朱之后也。'又《大荒北经》言：'谨头生苗民，釐姓。'狸与釐同音通假，其证四也。"[③]

上述研究成果尤其是丁山先生对驩兜、丹朱乃同一个人的认定，与

① 童书业著，童教英整理：《童书业史籍考证论集》（上），中华书局 2005 年版，第 68—69 页。

② 丁山：《中国古代宗教与神话考》，龙门联合书局 1961 年版，第 257 页。

③ 朱芳圃遗著，王珍整理：《中国古代神话与史实》，中州书画社 1982 年版，第 33 页。

《古本竹书纪年》中关于舜暴力夺取尧的帝位，并"偃塞丹朱"、"放骓兜于崇山"的故事联系在一起考察，是十分有意思的成果，这从侧面透露，在春秋儒家经典中以肯定的口吻叙述的舜放四凶之一骓兜于崇山的行为后面，隐含的正是《古本竹书纪年》中舜以暴力夺取尧的政权，并放逐尧的儿子丹朱的故事。也由此我们可以肯定，《古本竹书纪年》中暴力型舜形象，要比先秦儒家经典中贤孝型舜形象起源更古老，前者更加久远。

为什么会有这两种截然不同的舜形象？是《韩非子》、《庄子》、《古本竹书纪年》等典籍作者为了表达自己思想的特殊需要，而虚构了这个暴力型舜形象？还是《尚书》、《孟子》、《史记》的作者们为了时代政治伦理与文化建设的需要，虚构了一个新的孝子忠臣贤君的舜形象？哪一个形象更合乎舜的原版人物帝俊的原貌？一些学者基本不注意这个问题，他们压根就不在意第一种版本中的暴力型舜形象，认为那是几部文献的作者为了特定的目的而虚构出的舜形象，只有《尚书》、《孟子》、《史记》和《孝子传》中塑造的舜形象才是真实的。而在笔者看来，这样的认识是肤浅的，缺乏对传说在不同时代变异的深入考察和认识。

笔者认为，首先，应该客观地承认，在春秋战国时代，实际上流传着两种版本的舜故事和舜形象，一种是暴力型的，一种是贤孝型的。考其来源，暴力型舜形象当来源更早，很可能是周初周人对商人至上神帝俊故事进行传说化处理时形成的，也就是说，商人至上神帝俊就是这种暴力型天神，周初的传说化处理，基本只是将帝俊的名字转化为帝舜而已，其主要故事关目和结局则基本保留着，舜也保留着帝俊暴力型神王的形象特征。但在周人漫长的统治过程中，这种暴力型的舜形象已经不符合统治集团基于宗法伦理体制所决定的意识形态需要，因此，按照宗法伦理体制的需要改造舜传说就成为必然，所以，才有了贤孝型舜形象的塑造。也就是说，暴力型帝舜形象出现在先，而贤孝型帝舜形象出现在后。同时，因为贤孝型舜形象是按照官方意识形态要求塑造的，先前那个暴力型舜形象就不可能再在官方意识形态中获得合法地位了，它就主要只在各方国或民间流传了，我们现在看到的战国时期那些暴力型舜形象的典籍，其来源当自方国或民间。

据此，如果我们还原舜历史传说的神话形态，将能得到这样的结果：尧是周代尤其是春秋战国时代文化造神运动中塑造的一个远古圣君，在商代神话中是没有任何存在的痕迹的（甲骨文和金文中从来没有出现这个名字），周代早期也不存在。我们基本可以确认，他大约是西周乃至春秋战国时代重整历史的运动中塑造的一个远古圣君。这一点，其实 20 世纪 30 年代顾颉刚先生在他的论文论著中已有认定，郭沫若先生后来在《中国古代社会研究》一书中，也表达了类似的看法。尧舜的关系，其实是周以后文化人参照商人至上神帝俊与其父母弟弟的敌对性关系而模仿性移植的结果。这个结果在后世的流变中分两个方向发展，一是官方意识形态的经史中，家庭生活中舜与其父母弟弟的敌对性迫害和报复关系，最后被改造成为证明舜至贤至孝的材料；政治领域的尧舜间敌对性迫害和暴力报复情节，最后转化为尧试探舜超群的品行能力并证明这种能力的有意考验性安排。

因此，参照《古本竹书纪年》、《庄子》、《韩非子》等先秦文献中关于舜的记载片段，我们回看《尚书》中上引的那个尧考验舜的关目，也许我们会对后者作出另一种解读，那就是《尚书》中定型的尧舜关系和形象是西周以来神话伦理化运动中重新整理、修饰和塑造的结果，之前传说中的敌对关系，最后变成了圣君贤臣之间的际遇关系。与之相伴随，此前传说中恩仇必报的暴力型舜形象，变成了孝子贤臣明君的圣明贤德型伦理典范。由于《尚书》在中国历史著作中的崇高地位，它所塑造的舜形象和尧舜关系，也就成了定型性形象和关系。《尚书》以后的多种典籍，都在重复性和强化性塑造这个形象，尤其是到了《史记·五帝本纪》中，这个形象的塑造就完全定型了，成为以血缘宗法制度为政治和意识形态基础的周王朝统治者和后世历代统治者所需要和认定的形象。但在《尚书》及其他春秋战国儒家典籍中的圣明贤孝型舜形象版本之外，周初直接从商人至上神帝俊故事和形象转换过来的舜传说中的强力型、暴力型、惩罚性舜形象的某些片段，依然在民间和方国流传，这也是上引战国时期出现的典籍《韩非子》、《庄子》、《古本竹书纪年》中还能见到完全不同的舜形象和舜故事片段的原因所在。

综上，商人至上神帝俊的故事，在周代通过三种途径流传：一是某些片段大体保留着原生状态在周代流传（《山海经》中所载帝俊的 16 条片段性资料，基本可以认定为是帝俊在商代神话遗落的碎片），这主要是在民间和方国流传；二是部分转化为周人至上神帝喾（高辛氏）的故事在周初流传；三是传说化、历史化为帝舜的故事流传。而第三种途径实际上又可以大体分为两个阶段，第一阶段是大体以保持帝俊故事的核心关目和原初暴力型形象的方式流传，第二阶段是这种暴力型形象经过宗法制度为核心的伦理化处理改写，转化为圣明贤孝型形象，并定型成为舜的权威故事和形象，而原初的暴力型舜形象只留下某些碎片在民间流传，并终至于基本湮灭。

对帝俊故事的这种流播线路和过程的清理，有助于我们解决研究者们就帝俊、帝喾、帝舜等形象和故事问题上纠缠不清的许多争论，同时，还可以使我们结合流传的帝舜、帝喾故事的某些核心关目，加上《山海经》中有关帝俊的那些原生性神话碎片，还原性重构商人至上神帝俊神话故事的大体叙事结构，这个结构对我们理解帝俊神话的性质具有重要意义。

在列维—斯特劳斯看来，一个民族或部落的神话，其深层叙事结构是有限和不变的，改变的只是神话的表层叙事结构，即具体故事形态，后者会根据不同时代社会生活、伦理观念而改变。神话—原型理论的"置换—变形"观也表述的是相似的见解。从叙事学和原型理论角度，我们可以这样看待舜与俊之间的关系：舜是俊在周代的传说化形式，舜故事的深层结构应该与帝俊故事的深层结构是一样的，不同的只是两者故事的表层形态（人名、地名、故事细节等）。因为帝俊的神话在周人这里遭受过持续的被排斥过程和改造过程，导致到春秋战国时代，他的神话故事的大部分已经被改造和转移（转移到舜那里）了，我们已经很难在除《山海经》之外的先秦典籍中直接看到帝俊的神话的某些信息了。但他的神话故事并没有完全被消灭（神话故事是不容易完全被消灭的），而是以传说的形态转移到舜那里了。因此，我们可以通过对舜传说的故事形态进行叙事学分析，找出其深层叙事结构或原型结构，由此逆推帝俊神话在商代的核心结构与关目。

我们再回到原来的问题上：从商人至上神帝俊到春秋战国时代的贤明君王帝舜之间，先后经过了两次转化过程，那个贤孝型舜形象和原初的暴力型帝俊形象已经相去甚远。但从暴力型帝俊到暴力型帝舜到贤孝型帝舜三个形象之间，尽管表层形象发生了很大的改变，某些故事场景、细节也可能有一定的增删改变，但内在的叙事结构却应该基本没有改变。这个叙事结构基本是：

主角诞生和生活在一种十分恶劣的环境中——成为未来统治者的故事主角经受了作为对头的亲人（一个或一群）或君王的多种死亡迫害——主角得到某个（或若干个）圣女的帮助——主角成功战胜了各种死亡迫害——主角最后成为胜利者——主角惩罚了迫害他的对头们（诛杀、囚禁、流放）——主角奖励了他的帮助者（圣女成为他的妻子）。

暴力型舜故事和贤孝型舜故事之间在故事结构上的区别只在最后倒数第二环，即后者将"惩罚对头"转换为"宽宥对头"，两者在故事的基本结构上是相同的。由此，我们可以逆推出失传了的帝俊神话的核心故事结构，也应该是上述结构，就是说，从暴力型帝俊到暴力型帝舜到贤孝型帝舜的故事，表层人物姓名、具体场景、细节和个别关目可能因应不同时代的要求而改变，但基本故事结构不会改变。根据这个结论，我们可以结合现有舜传说资料和帝俊的有关资料，基本推断出商代帝俊故事的大体形态和结构。

第五章 "瞽叟生舜"与"混沌凿死"：
从黑暗到光明的创世过程

——商人创世神话研究之二

　　厘清了从帝俊到帝舜之间的转换过程，下面我们就来研究商人创世神话的核心构成。总体上看，商人神话创世的经历了一个从黑暗到光明的过程。

第一节 "瞽叟生舜"的深层密码[*]

　　帝俊妻羲和、常羲而生十个太阳和十二个月亮的神话广为人知，但人们很少意识到，这个神话碎片背后潜含着上古商人的创世神话，它是商人创世神话在后世遗落的碎片之一。太阳和月亮作为人类生活中光明的源头，它的诞生在任何民族都是其创世神话系统的核心构成之一，具有特殊的意义。因此，我们可以据此推断，俊生日月这个神话片段后面，一定应该掩藏着一个已经湮灭了的古代商人完整的创世神话。那么，这个创世神话的基本关目和过程应该是怎样的呢？本节将探讨"瞽叟生舜"这个环节中瞽叟的黑暗元神特征，揭示瞽叟生舜故事关目潜含的创世神话内涵。

---

　　[*] 本节一部分曾以《舜与二妃故事的深层真相》为名公开发表于《湖北师范学院学报》1993 年第 5 期，人大复印资料《中国古代、近代文学研究》分册 1994 年第 4 期 全文转载，收入本书时有较大修改。

如前所述，《山海经》已经提供了帝俊、帝喾与帝舜是同一个神的原始资料，从晋代郭璞以来，历代学者都确认帝俊与帝喾、高辛氏、帝舜是同一个神。对这个说法，我们可以做一些限定：帝俊在商人原初神话中，是商人的祖先神和至上神，在商灭亡后，他一部分故事转换为帝喾、高辛氏的故事，继续保留着表层的神性；而很大一部分故事被传说化和历史化，转化为帝舜的故事，商人的至上神和祖先神在后世成了历史传说中的圣帝明君。故而以帝舜故事为基础，通过还原性处理，结合帝俊、帝喾、高辛氏的有关资料，我们可以从先秦流传的帝舜的故事中还原出更古老的商人至上神、祖先神帝俊的创世神话基本面貌。

首先我们来看秦汉之际的《世本·帝系篇》（张澍稡集补注本）中下面这个神系：

> 颛顼产穷系，穷系产敬康，敬康产句芒，句芒产蟜牛，蟜牛产瞽叟，瞽叟产重华，是为帝舜。及产象傲。[1]

《世本·帝系篇》本是战国流传的上古历史传说的记载（清人辑本中多有汉及以后时代的资料），这个历史传说中的上古帝王系列其实都是上古神话经过漫长历史化处理之后的结果，是战国时代文化整合的结晶。上古华夏各族神话中的神帝，在这个系列中被整合成了以黄帝为核心的少典帝系中的现世人王，本书上引这段文字中，帝舜变成了以黄帝为源头的子孙中的一个。正如郭沫若在《中国古代社会研究》中所说，传说时代越周密庞大的帝王体系，越是后出的，少典帝系是中国所有传说帝系中最周密庞大的一个，所以它的晚出应该是没有疑问的。大体可以断定，这是春秋战国时代人创造的上古传说中的帝系，黄帝产生的时代应该不会早过春秋早期，所以这个帝系不足为凭，它没有真实反映出在商人神话中帝舜所在的神系。那么，在商人神话中，帝舜所在的神系是怎样的呢？"瞽叟产重华，是为帝舜。及产象傲。"这一段是讲商人神祖舜（俊）的承传世系的，大约可信。我们可以推断，这个世系应该是

---

① 张澍稡集补注本：《世本·帝系篇》，见（汉）宋衷注，（清）秦嘉谟等辑《四本八种》，中华书局 2008 年版，第 88 页。

商代就存在的，周以后的人们将这个神系置放到少典帝系中去了。这里人化了的瞽叟、舜和象，在上古都不是人，而是神。因此，从瞽叟生舜的关目中，我们可以还原出商人神话中以至上神帝俊（舜）为核心的神系。

"瞽叟生舜"隐含着商人神话怎样的密码？首先，瞽叟何神？窃以为要确定瞽叟的神性，必须了解上古太阳神的常见表现形态之一，就是人或动物的头颅。头颅大放光明意味着日行白天，头颅失去光明表示日在黑暗。而在头颅中，眼睛又是放光和感光的器官，因此，以眼睛代表太阳或月亮是普遍的情况，《山海经》谓："钟山之神，名烛龙，视为昼，眠为夜……"；① "西北海外，赤水之北，有章尾山。有神人面蛇身而赤，直目正乘，其眠乃晦，其视而明"；② 《绎史》引《五运历年纪》："盘古之君，龙首蛇身，嘘为风雨，吹为雷电，开目为昼，闭目为夜，死后骨节为山林，肠为江海，血为淮渎，毛发为草木"；③ 《绎史》引《述异记》："昔盘古氏之死也，头为四岳，目为日月……"④ 类似以眼目为日月的神话资料广见于世界各民族神话中，兹不赘举。确认了头颅和眼睛乃是上古太阳神的常见形象之一，则瞽叟的神性便不难破译了。

瞽者，目盲也。目盲之神，就是黑暗之神，混沌之神。关于瞽叟乃是黑暗神这一点，已经有学者猜到了。日本学者白川静先生认为，舜的父亲和对头瞽叟象征黑暗，"尧有时被当做太阳神，舜也有着如此的性格。舜的父亲是名叫瞽瞍的盲者，即是黑暗之神"⑤。所以，后世传说化历史中舜的瞎眼父亲，其实在原初神话中是黑暗父神。

而舜则是具有光明神性的神。舜名曰重华，据何新先生研究，这"重"字古代与"申"同义，而"申"即"电"之本字，重华意即大电光。古代"神"字均从"申"，或者说就是"申"字，则一切以神命称者均内含有光明之意，"故重华亦可训作'申华'即'神华'，华有光

---

① 袁珂校注：《山海经校注》，上海古籍出版社 1980 年版，第 230 页。
② 同上书，第 438 页。
③ （清）马骕：《绎史》（第一册），上海古籍出版社 1993 年版，第 69 页。
④ 同上。
⑤ ［日］白川静：《中国的神话》，中央公论社 1977 年版，第 21 页。转引自萧兵《中国文化的精英——太阳英雄神话比较研究》，上海文艺出版社 1989 年版，第 33 页。

义，则'神华'可以认为还是太阳的别名"①。另，关于"重华"的解释，亦有谓为"重明"者。《淮南子·修务训》云："舜二瞳子，是谓重明。"②《尸子辑本》卷下亦云："昔者舜两眸子，是谓重明。"③ 重明，即双瞳子，如上所述，眼目为光明之器官，在古代神话中，常作太阳、月亮这些光明天体之象征。以眼目这种感光器官为日月光明之象征，这是一种世界性现象，不独中国古代神话如此。故古代传说谓舜有双瞳子之眼目，亦在突出其光明神性。

这样，瞽叟生舜，很明显是创世神话的关目，讲述的是商人神话中的混沌元神（瞽叟）生了光明儿神（舜，即俊）的故事，也就是黑暗世界诞生光明世界的神话表述。

但这个光明神、太阳神的诞生和成长历经了磨难。黑暗神及其帮凶始终想吞噬他。这一点，即使在帝俊后世演化成为人间贤君舜后依然被保持着。有关舜与其父母兄弟的历史化传说，几乎都在讲述后者如何处心积虑地想扼杀舜的故事：

> 帝曰："咨！四岳。朕在位七十载，汝能庸命，巽朕位?"岳曰："否德忝帝位。"曰："明明扬侧陋。"师锡帝曰："有鳏在下，曰虞舜。"帝曰："俞? 予闻，如何?"岳曰："瞽子，父顽，母嚚，象傲；克谐以孝，烝烝乂，不格奸。"④

《尚书》中只交代了舜的父母弟弟是品德和心术都很坏的人，至于如何坏法，没有具体叙述，而《孟子·万章上》中对此有一个概要的叙述：

> 万章曰："父母使舜完廪，捐阶，瞽瞍焚廪。使浚井，出，从而揜之。象曰：'谟盖都君咸我绩，牛羊父母，仓廪父母，干戈朕，琴朕，氐朕，二嫂使治朕栖。'象往入舜宫，舜在床琴。象曰：'郁

---

① 何新：《诸神的起源》，生活·读书·新知三联书店1986年版，第25页。
② 何宁：《淮南子集释》（下），中华书局1998年版，第1335页。
③ 尸佼著，汪继培辑：《商君书·尸子》，上海古籍出版社1989年版，第22页。
④ （汉）孔安国传，（唐）孔颖达正义：《尚书正义》，上海古籍出版社2007年版，第57—58页。

陶思君尔。'忸怩。舜曰:'惟兹臣庶,汝其于予治。'不识舜不知
象之将杀己与?"[1]

这里就交代了父母兄弟对他的主要迫害形式:必欲置之死地而后
快,说明至少在春秋后期,舜(帝俊)曾经受到来自家人死亡迫害的故
事依然流传广远。《史记·五帝本纪》则比较详细地叙述了这个故事的
基本环节:

> 舜父瞽叟盲,而舜母死,瞽叟更娶妻而生象,象傲。瞽叟爱后
> 妻子,常欲杀舜,舜避逃;及有小过,则受罪。顺事父及后母与
> 弟,日以笃谨,匪有解。
>
> 舜,冀州之人也。舜耕历山,渔雷泽,陶河滨,作什器于寿
> 丘,就时于负夏。舜父瞽叟顽,母嚚,弟象傲,皆欲杀舜。舜顺适
> 不失子道,兄弟孝慈。欲杀,不可得;即求,尝在侧。
>
> 舜年二十以孝闻。三十而帝尧问可用者,四岳咸荐虞舜,曰
> 可。于是尧乃以二女妻舜以观其内,使九男与处以观其外。舜居妫
> 汭,内行弥谨。尧二女不敢以贵骄事舜亲戚,甚有妇道。尧九男皆
> 益笃。舜耕历山,历山之人皆让畔;渔雷泽,雷泽上人皆让居;陶
> 河滨,河滨器皆不苦窳。一年而所居成聚,二年成邑,三年成都。
> 尧乃赐舜絺衣,与琴,为筑仓廪,予牛羊。瞽叟尚复欲杀之,使舜
> 上涂廪,瞽叟从下纵火焚廪。舜乃以两笠自捍而下,去,得不死。
> 后瞽叟又使舜穿井,舜穿井为匿空旁出。舜既入深,瞽叟与象共下
> 土实井,舜从匿空出,去。瞽叟、象喜,以舜为已死。象曰:"本
> 谋者象。"象与其父母分,于是曰:"舜妻尧二女,与琴,象取之。
> 牛羊仓廪予父母。"象乃止舜宫居,鼓其琴。舜往见之。象鄂不怿,
> 曰:"我思舜正郁陶!"舜曰:"然,尔其庶矣!"舜复事瞽叟爱弟弥
> 谨。于是尧乃试舜五典百官,皆治。[2]

---

[1] (清)焦循著,沈文倬校点:《孟子正义》,中华书局1987年版,第619—625页。
[2] (汉)司马迁著,(南朝宋)裴骃集解,(唐)司马贞索隐,(唐)张守节正义:《史记》,中华书局1959年版,第32—34页。

这里，迫害舜的人中，有一个人的身份变化值得我们注意，那就是"舜母"，《尚书》、《孟子》、《竹书纪年》等，均未言明迫害舜的母亲是后母（意即这里的母亲就是舜的生母），但到《史记》中，这个母亲就转变成了后母，舜自己的生母在生下他不久就去世了，父亲续娶的后母生了一个同父异母的弟弟。这种改变，是为了使父母迫害舜显得更加合理（后母排斥丈夫前妻之子的现象较为普遍，故文学中后母的形象往往就是这种恶毒的形象）。但正是这种合理化处理使得舜故事的原始色彩更加冲淡了。我们应该接受《史记》之前的典籍的说法，迫害舜的父母，就是他亲生父母。

关于舜所受到的死亡迫害，到西汉刘向的《列女传》中又增加了一些环节，如瞽叟以毒酒杀舜而舜获二妃帮助脱险等关目。总体上看，后世关于舜受迫害的故事情节与《孟子·万章上》叙事的关目大体相同，只是更详细了一些。刘向《列女传》关于舜的故事还需要特别关注的一个方面是，在舜战胜父母兄弟死亡迫害的过程中，二妃起了重要帮助作用，这是上述文献都没有叙述的，但据情理推断是很有道理的：二妃既为舜的妻子，自然会成为丈夫的助手。

可以认为，这些在春秋战国时代还流传的舜遭受父母兄弟死亡迫害的故事，其来源应该十分久远，笔者推测它应该来自商代关于至上天神俊的神话故事。瞽叟夫妻及象对舜的陷害，其深层实质正是黑暗神与光明神的争斗。瞽叟夫妻是一对黑暗祖神，他们不仅生了光明神舜，还生了黑暗神象。象的神性，尽管无从考究，但其与舜敌对的位置，使他极像希腊神族中那些与天神宙斯源于同一神系，但却为地下黑暗世界的巨人族（即堤坦族）一样（象这个神的名字，使我们想到的是动物界那个庞然大物，舜的弟弟象，很可能就是这种黑暗属性的巨人性神祇），宙斯与提坦诸巨人神均为地母盖亚之子孙，但一为光明神，一为黑暗世界的神族。舜与象的关系，正像宙斯与堤坦神的关系一样。更为巧合的是：瞽叟夫妻和象多次设计陷害舜，而地母盖亚也曾怂恿煽动她黑暗世界的巨人神儿子们反抗天神，杀上宙斯所居住的俄林帕斯山，如果不是大英雄赫拉克勒斯上山来援助的话，他们差一点将宙斯的统治推翻。这一比较，有助于我们理解象的黑暗神性。正如光明终将战胜黑暗一样，瞽叟夫妻与象最终失败了，舜终于登上了天子的宝座（其深层真意是：

光明神被确认为这个宇宙的至高无上神）。

《史记·五帝本纪》和许多典籍均云舜在逃避父母兄弟的死亡迫害时曾"耕历山，渔雷泽，陶河滨，作什器于寿丘，就时于负夏"。更早的《墨子·尚贤下》中，说舜"灰于常阳"。[1] 这里，历山、雷泽、寿丘、常阳，都是神话中富于神性的地名，它们都透露着舜的原型、天神俊的光明创世神性特征。

历山当为丽山、骊山，一作烈山，这个丽山的神在上古神话中是开天辟地的神：《事物纪原》卷一《山谷》引《通甲开山记》曰："丽山氏产生，山谷肇分，自此其始也。"[2]《汉唐地理书钞》辑《荣氏遁甲开山图》云："丽山氏分布元气，各生次序，产生山谷。"袁珂先生说他相当于盘古氏。[3] 这个丽山氏，在原初应该是"耕于历山"的太阳神舜，后世传说中所谓"耕于历山"，大约原初神话中正是"分布元气，各生次序，产生山谷"的创世行为。在原始人看来，光明神、太阳神是时间与空间的创始者，是宇宙万物的创造者，这一点，叶舒宪先生在《中国神话哲学》一书中已有详论。[4]"舜耕历山"这一传说中的关目，正无意识保留着在神话的原始神态中，光明天神俊是世界创造者的信息。

雷泽即雷神所在地，舜渔于此，透露的也是其本源形态帝俊的原始本相乃至上创世天神的信息。任何民族神话中，雷霆都是至上天神的武器，为其所独有，舜渔雷泽的关目，说明这个光明神还是雷神。中国古代创世天神中，还有两位是雷神：一位是黄帝，《史记·五帝本纪》中说"黄帝娶于西陵之女，是为嫘祖，为黄帝正妃"。嫘通雷，嫘祖即雷祖，即雷神（故另外的资料有说"黄帝妻雷祖"的）。另一位雷神即楚帛书中所说"出于震"的创世元神伏羲，震，学者谓即雷泽，则其为雷神无误。而舜所渔之处，也正是这个雷泽，这也无意识地透露了他原为创世天神的信息。

寿丘疑即寿华，神羿射杀凶怪凿齿即在寿华，《山海经·海外南

---

① 王焕镳：《墨子集诂》，上海古籍出版社 2005 年版，第 197 页。

② （宋）高承：《事物纪原》，见景印文渊阁四库全书·子部二二六·类书类，（台北）商务印书馆 1986 年版，第 7 页。

③ 袁珂编：《中国神话传说辞典》，上海辞书出版社 1985 年版，第 182 页。

④ 参见叶舒宪《中国神话哲学》第六章"黄帝四面"，中国社会科学出版社 1992 年版，第 177—237 页。

经》:"羿与凿齿战于寿华之野,羿射杀之。在昆仑虚东。"① 这个寿华之野,正在中国神话中天帝所在之地昆仑墟东。其地的神异性自不须赘证了。而羿杀凿齿的地方,又作融天,《山海经·大荒南经》:"大荒之中,有山名曰融天,海水南入焉。有人曰凿齿,羿杀之。"② 则寿华、寿丘即融天之山。融者,明也,融天即明亮之天,所谓寿丘,亦即这个融天之山,即光明之山。在《墨子·尚贤下》中,这个"寿华"又作"常阳",而"常阳"之山,则是有名的神山:"大荒之中,有山名曰常阳之山,日月所入。"③ 则常阳乃太阳沉落之所。这个常阳又作常羊,是刑天断首舞干戚,少典妃感神龙而生神农炎帝之所在,其神性自不待言。舜劳作的这些场所,原来并不是自然的山水,而是神话中带有光明神性的所在,弄清了这一点,就更可确证舜的原型帝俊的光明神性。

在瞽叟和舜深层的神性得到揭示的基础上,我们就明白"瞽叟生舜"这个关目的深层密码,讲述的就是黑暗的世界诞生了光明世界的神话。尽管这个神话密码在历史化形态中被掩埋,但只要我们仔细倾听,还是不难听到遥远年代的神话向我们发送的隐秘电波。

第二节 "混沌凿死"的深层密码[*]

这使我们联想起中国上古一个著名的神话,就是混沌(又作浑敦)神话。

关于混沌之名,最早见于《左传·文公十八年》:

> 帝鸿氏有不才子,掩义隐贼,好行凶慝,天下之民谓之混沌。④

---

① 袁珂校注:《山海经校注》,上海古籍出版社 1980 年版,第 198 页。
② 同上书,第 372 页。
③ 同上书,第 409 页。
* 本节曾以《瞽叟生舜、混沌凿死的深层结构与商人创世神话》之名发表于《中国文化研究》2012 年第 3 期,收入本书略有增删。
④ 杨伯峻编:《春秋左传注》(卷二),中华书局 1990 年版,第 638—639 页。

所谓"帝鸿氏",注家皆谓即黄帝,实乃后人附会。据丁山先生研究,"帝鸿氏"的称谓甲骨文中就出现过,说明在商代就有,而黄帝只是春秋时代的产物。在上引这段文字里,混沌神被作了贬低性处理,是一个坏神。战国末年至秦汉之际成书的《山海经·西山经》中也有一个混沌神:

> 又西三百五十里,曰天山,多金玉,有青雄黄。英水出焉,而西南流注于汤谷。有神焉,其状如黄囊,赤如丹火,六足四翼,浑敦无面目,是识歌舞,实为帝江也。[①]

按照这个描述,这个帝江神的本相就是太阳。"状如黄囊,赤如丹火"的圆球,正是太阳的形象。而所谓"六足四翼"的神物,其实就是两只三足两翼的三足乌的叠加性形象,而三足乌就是太阳鸟。毕沅注谓:江读如鸿。[②] 即帝江便是帝鸿。前则资料中的混沌是帝鸿氏的不才子,这里的混沌就是帝鸿本身,谁更早出,无法断定,如果仅就文献而言,《左传》可能相对早出,但《山海经》中记载的神话不少是在民间流传很久远的,所以就起源而言,未必就比《左传》的资料晚出。我们要注意的是,《左传》中的那个混沌是个坏神,但《山海经》中的那个混沌神不是坏神。还须注意的是,从绝大多数古代文献看,"混沌"这个概念突出的都是一个浑蒙黑暗、时空未分的原始状态,而《山海经》中的浑敦神帝江则是"状如黄囊,赤如丹火"的光明神,与古代大多数文献中记载的黑暗混茫的混沌神殊不相类。

《庄子·应帝王》中那个著名的寓言中也有一个混沌神:

> 南海之帝为儵,北海之之帝为忽,中央之帝为浑沌。儵与忽相与遇于浑沌之地,浑沌待之甚善。儵与忽谋报浑沌之德,曰:"人皆有七窍以视听食息,此独无有,尝试凿之。"日凿一窍,七日而浑沌死。[③]

---

① 袁珂校注:《山海经校注》,上海古籍出版社1980年版,第55页。
② 同上书,第56页。
③ (清)郭庆藩辑,王孝鱼整理:《庄子集释》,中华书局1961年版,第309页。

袁珂、叶舒宪等学者都认为,这则寓言当有远古神话为底本,其中所载混沌,应该是远古创世神话中的神祇,这肯定是对的。这个混沌神没有任何"视听食息"的器官,也就是说,是一个浑浑莽莽、黑暗无光属性的神。正因为他没有任何视听食息的器官,昏昏暗暗,所以,北海和南海大帝才以给他穿凿器官的方式报答。

《庄子》中的这个混沌神是对远古创世神话中原初黑暗之神哲学化处理的结果,被赋予了特定的哲学内涵,是一个具有蕴道体道特征的纯肯定性符号,在原初创世神话中,混沌应该不单纯具有肯定性特征,而是兼具肯定—否定双重特征的神祇。这个特点,只要比较性阅读几个主要文明民族远古创世神话中原初神祇的特点就知道。像埃及、巴比伦、希腊、印度等民族,其创世神话中世界的创生都经历了一个由混沌黑暗到光明的过程,原初黑暗混沌神祇在这个过程中,既是世界之本、生命之源、诸神之祖,也是要后起的神祇战胜超越的元神。巴比伦神话中的原始海神阿普苏和提阿马特、印度创世神话中的原始海蛇、希腊神话中的原始混沌神卡俄斯、埃及神话中黑暗世界的蛇神、希伯来神话中耶和华创世之前混沌黑暗的世界等,都具有这样双重的特征。这个混沌的神祇和状态既是万物的源头,是光明世界所由出的始源状态和神祇,同时又是后起的光明神需要否定的对象,他们往往作为后者的压制者和敌人存在,最后被光明世界和神祇所打败、杀死、否定。所以,在各民族远古创世神话中,混沌神大都具有双重评价,远不类《庄子》寓言中的纯粹正面评价特征。我们还原庄子寓言中的混沌形象的原始神话状态,则他应该是华夏某个古代族团创世神话中的黑暗元神。

《神异经》中也记载了一个混沌神兽,与《左传》中的混沌神具有相同的否定性特征:

> 昆仑西有兽焉,其状如犬,长毛,四足,似黑而无爪,有目而不见,行不开,有两耳而不闻,有人知性,有腹无五脏,有肠直而不旋,食径过。人有德行而往抵触之,有凶德则往依凭之。名浑沌。[1]

---

[1] (汉)东方朔著,(晋)张华注:《神异经》,见《汉魏六朝笔记小说大观》,上海古籍出版社 1999 年版,第 54 页。

可以断定，这里的混沌是《左传》中的混沌进一步演化的派生物，继承和发展了混沌神的否定性一面。从上述四份文献中的四个混沌神看，《左传》、《神异经》中的混沌神基本是否定性的，而《山海经》、《庄子》中的混沌神则基本是肯定性的，它们正好突出了创世神话中混沌元神双重特征的不同方面。将它们综合起来，就可以得出远古华夏某个族团创世神话中的原始混沌神的基本特征了。它们的源头最终都可以追溯到那个远古曾经存在的创世元神。

那么，这个混沌创世神话与瞽叟生舜的神话有关系吗？笔者认为有。这个关系乃在于，这两个神话其实有共同的结构和内涵，下面试析之。

《庄子》寓言中那个混沌神被南海和北海大神倏与忽凿穿七窍而死的故事，在原始创世神话中，应该是混沌神被时光之神战胜打败或杀死、世界由黑暗昏蒙未分状态进入时空分明状态的形象表述。南海北海，乃空间两极，倏、忽乃时光迅即之谓也，因此，倏、忽二神既是空间之神，又是时间之神。庄子关于混沌神话的寓言暗寓着他没有突出的一个内涵，就是世界的混沌状态是被时间和空间所破坏的，或者说，因为出现了时间和空间，世界诞生了。世界的诞生顺序是，由混沌状态进入到时空分明状态。这应该是这个神话的原始内涵。这个神话意味着，光明世界的诞生，是以黑暗世界的死亡为前提的。

"瞽叟生舜"关目隐含的正是同样的内涵。舜的早期名称俊在商代，就是商人的至上神、光明之神，他也是时空之神。帝俊娶羲和、常仪生十个太阳、十二个月亮的神话，意味着帝俊是最高的时间和空间之神。在任何民族的古代神话和现代科学中，太阳和月亮都是时间和空间的标志，帝俊生十个太阳和十二个月亮的神话，是时间和空间产生的神话表述。既然瞽叟就是一个黑暗昏蒙的盲神，那么，瞽叟生舜的神话关目隐含的正是在黑暗昏蒙的世界中诞生了光明世界、黑暗昏蒙之神诞生了光明之神、混沌未分的世界被时空分明的世界所取代的神话。

因此，混沌被倏、忽凿穿七窍而死的神话与瞽叟生舜的神话，内涵的正是同样的创世过程，同样的世界由混沌黑暗向时空分明的状态生成的意蕴。混沌与瞽叟，倏、忽二神和帝俊，在各自的创世神话中，分别具有同样的特征和地位，他们蕴含的深层密码是一样的。

问题接踵而至：瞽叟生舜的神话和混沌神话有关联吗？瞽叟是混沌神在后世流传的变异形式吗？这个问题在许多人看来几乎是荒唐的，但笔者觉得两者很可能是有内在关联的。

在展开论证之前，我们要再一次特别指出，先秦关于帝俊的历史化、传说化形式帝舜的故事，主要的关目应该是商人创世神话中帝俊的故事转换过来的。但这个创世神话在帝舜的传说中被严重地伦理化了。这主要体现在瞽叟夫妻和小儿子象一次次给予舜死亡迫害时，舜居然毫无怨恨、报复、反抗，而孝悌如常，甚至更复有加，最后终于感天动地，愚顽狠恶的父母和弟弟都因此而感动悔恨，舜和他们和好如初，并在自己获得天下后，给予他们相当好的对待。这个传说中的舜，就是一个宗法伦理的典范，传说通过极端的形式强烈地传达的是宗法社会的基本家族伦理与政治伦理观念：孝悌者有天下。但，这很可能不是帝俊神话的原始状态。

世界各古老民族的创世神话中，黑暗世界与光明世界的冲突，都是以激烈对抗的方式进行和完成的。光明世界从黑暗世界中诞生都经历艰难的过程，黑暗之神大都曾经试图扼杀光明之神，例如巴比伦神话中，古老的黑暗元神阿普苏和提阿马特在生了那些具有光明神性的子孙后，曾经嫌他们吵闹而准备将他们全部杀死，这导致以马尔杜克为首的光明诸神对他们黑暗祖神的惨烈战争，最后以杀死黑暗祖神、确立儿孙辈光明诸神的主宰地位而结束；希腊神话中从黑暗天神乌拉诺斯到黎明天神克雷诺斯到光明天神宙斯之间的世系更替，都是老一辈的黑暗神试图扼杀新一辈的光明神、新一辈的光明天神最后杀死或严惩黑暗父神的。

关于帝俊的创世神话也会是这样的吗？笔者的答案是，很可能是这样的。尽管在秦汉如《论语》、《尚书》、《史记》等正统的儒家文献中，帝俊的传说化形式大舜的故事，都是大舜以德报怨、孝悌感天动地的方式对待父母兄弟的死亡迫害，但本章第一节所引《韩非子·忠孝》谓"瞽叟为舜父而舜放之，象为舜弟而舜杀之"；《庄子·盗跖》关于"舜不孝"、"舜流母弟"；《古本竹书纪年》中谓舜囚禁尧、堰塞和流放他的儿子丹朱等，则塑造的是一个报复型、强力型的舜，这个形象同儒家文献塑造的贤孝型形象截然对立。笔者觉得，如果确信舜的传说源自上古创世神话，那应该是《韩非子》、《庄子》、《竹书纪年》中的记载更符合原貌。这就是说，在原始神话中，舜并不是一个孝子，而是一个恩仇必报的暴力型天神，将他塑造成一个孝子的，是后世儒家的经典和春秋战国到秦汉定型的中国宗法社会伦理建设的需要。

在这个认识的前提下，笔者将从三个环节论证瞽叟与混沌的内在关联。

第一，笔者在前面的章节通过表层故事构成的结构分析，已经揭示，关于舜在家庭生活中的处境和他在国家政治生活中的处境，有结构上的类似性和同一性，由于尧很可能是后世制造出来的一个远古神帝，他考验舜的故事情节，相当的意义上讲，是舜在家庭中受父母弟弟迫害故事情节的转移形式，或者说前者基本是按照后者的模式编织的。舜在家庭中面临着瞽叟和母亲的压迫，在尧的朝廷面临着尧的迫害考验；舜在家庭中还有一个同辈的敌人，他的弟弟、瞽叟和后母的儿子象，他在朝廷也面临着尧的儿子丹朱的压力。两者都是按照同样的故事结构规则编织的。在这个故事结构中，瞽叟、象，与尧、丹朱，都处在同一个结构性位置，都是英雄主角遭受的迫害和考验的施与者，都是后者的对头，最后也都受到了惩罚。正因为这样，我们可以将尧和丹朱看成是瞽叟和象在舜公共政治生活中的置换形式，他们有内在的同一性。

第二，关于瞽叟生舜和混沌凿死的两个故事，也有着故事结构上明显的类同性。瞽叟和混沌都是具有黑暗特征的世界元神，是世界创造之前的始源状态；都是具有光明特征的时空之神的对立面，且被光明时空之神打败；在这个意义上，他们之间的深层同一性是显而易见的。

第三，瞽叟、混沌和丹朱，都是受舜惩罚流放（或诛杀）的神，这一点十分有意义。

《古本竹书纪年·五帝纪》：

> 昔尧德衰，为舜所囚也。舜囚尧于平阳，取之帝位。舜放尧于平阳。舜囚尧，复偃塞丹朱，使不与父相见也。

《韩非子·忠孝》：

> 瞽叟为舜父而舜放之，象为舜弟而舜杀之。

《庄子·盗跖》载盗跖之言曰"舜不孝"，又载满苟得之言曰"舜流母弟"。

很明显，舜囚放尧与丹朱，与流放瞽叟与母弟实质上是一回事，无须再论。值得注意的是，这些流放者与舜流放的"四凶"有关，据《尚书·尧典》：

> 尧使舜嗣位，正月上日，受终于文祖，流共工于幽州，放驩兜于崇山，窜三苗于三危，殛鲧于羽山，四罪而天下服。

而在《左传》中，"四凶"的构成变了，《左传》十八年云：

> 舜臣尧，宾于四门，流四凶族，浑敦、穷奇、梼杌、饕餮投诸四裔，以御螭魅。[①]

此四凶，《史记·五帝本纪》整合春秋战国的历史化传说资料作了这样的叙述：

> 帝鸿氏有不才子，掩义隐贼，好行凶慝，天下谓之浑沌。少皞氏有不才子，毁信恶忠，崇饰恶言，天下谓之穷奇。颛顼氏有不才子，不可教顺，不知话言，天下谓之梼杌。此三族世扰之。……缙云氏有不才子，贪于饮食，冒于货贿，天下谓之饕餮。天下恶之，比之三凶。舜宾于四门，乃流四凶族，迁于四裔，以御魑魅，于是四门辟，言毋凶人也。[②]

从政治角度讲，这是舜发动政变、推翻囚禁了天子尧和太子丹朱后，继续打击尧的旧日重臣以确立自己统治的行为。在神话的层面，则是舜在战胜了黑暗父神之后继续清除敌对性诸神的行为，从本章的目标角度讲，笔者关注的是这四凶之一的驩兜与丹朱和混沌的关系。

---

① 杨伯峻编：《春秋左传注》（卷二），中华书局 1990 年版，第 641 页。
② （汉）司马迁著，（南朝宋）裴骃集解，（唐）司马贞索隐，（唐）张守节正义：《史记》，中华书局 1959 年版，第 36 页。

前面已经引述过童书业、丁山、朱芳圃等先生的研究成果，他们都认为，驩兜即是丹朱，丹朱、驩兜系因丹鸟得名，"驩兜也者，当因丹鸟得名。……凡故书雅记所谓驩兜者，宜即尧子丹朱的别名了。……晚周诸子传说'舜放驩兜于崇山'，实与《纪年》所谓'舜偪丹朱'为一事之异辞。"丁山先生还认为，这个驩兜，也就是混沌："浑敦即驩兜，丹朱。混沌，《庄子·应帝王》作'中央之帝为混沌'。《山海经·西山经》作'浑敦无面目，实为帝江'，帝江即《左传》所谓帝鸿氏，帝鸿尝见于甲骨文。"① 因此，丁山断言杜预以后诸人注《左传》均谓帝鸿氏即黄帝，混沌为帝鸿氏不才子的说法是错误的。我觉得丁山先生的观点值得重视。如前所述，黄帝炎帝所在的少典帝系是周以后创造出来的，而帝鸿（帝江，即混沌）既然是甲骨文就有的名号，则这个帝鸿氏即帝江即混沌神，是来自商人的神是可以肯定的，后人将其归为黄帝后裔，实在是出于意识形态重组的目的编造的。

驩兜、丹朱之名即来自丹鸟，这从另一个角度证明了它们与混沌的内在关联。丹鸟即火鸟，这使我们想起那个"六足四翼"、"赤如丹火"的浑敦帝江形象，谓驩兜、丹朱、浑敦实为一神，应该可以确认。这个神在后世所以被说成为什么人的不才子，甚至是凶狠的神兽，大约在原初与他是舜的对头有关，商人和周人的神话和历史传说中，都是肯定帝俊（帝舜）的，所以，他的对手被赋予否定性的评价不足为奇。

如果我们上面说帝舜在政治生活中的境遇其实是他在家庭生活中的境遇的移植形式基本是正确的，瞽叟夫妇和象，与尧和丹朱，作为舜的对手，具有内在的同一性，那么，我们惊奇地发现，瞽叟实际和混沌有关。商人远古创世神话中的黑暗元神、父神混沌作为恶神，演化为《尚书·尧典》、《孟子·万章》、《史记·五帝本纪》中舜的多个对手，如瞽叟和象、尧和丹朱，成为《左传》、《史记》中的远古"四凶族"之一，被舜所流放或诛杀。也就是说，在原始神话中，胜利者的帝俊，最后以流放的方式惩罚了迫害他的黑暗父神混沌，这个关目在后世儒家典籍中自然不能原样保存，而转化为与舜没有亲缘关系的一个对手。

① 丁山：《中国古代宗教与神话》，龙门联合书局1961年版，第255页。

　　这样，我们重新解读《庄子》中混沌神话时发现，瞽叟生舜与混沌凿死的神话故事，在深层结构上是完全一样的，都表达了黑暗世界中诞生了光明世界这样的世界诞生过程，光明世界的诞生以黑暗世界的死亡为前提，后世神话和传说中的混沌和瞽叟，在源头上很可能是商人创世神话中同一个黑暗父神的分化形式。

第六章　俊生日月与商人创世神话的宇宙圣数

——商人创世神话研究之三

一般讲来，一个完整的创世神话包含世界起源、天地形成、诸神诞生、日月星辰诞生、人类诞生等基本关目，而且，往往还有世界的灾难以及灾难的平息等关目。商人神话其实也基本具备这些关目。

第一节　俊生日月与世界创造*

商人天神帝俊在战胜混沌父神和其他亲属敌对者（暗含的是世界初分）后，继续着世界的创造。由于中国古代神话在流传过程中的碎片化，所以，我们现在看到的有关资料都比较散乱，但对这些散乱的资料进行梳理，还是不难还原出其大体的创世构成。我们发现，商人创世神话中，世界万物的出现，是通过最高天神的生殖行为进行和完成的，这大约是商人创世神话一个鲜明的特征。

首先，帝俊创生了天上的日月：

> 东南海之外，甘水之间，有羲和之国。有女子名曰羲和，方浴

---

    * 本节一部分以（笔名星舟）《舜与二妃神话故事的深层真相》为题发表于《湖北师范学院学报》1993 年第 5 期，人大复印资料《中国古代、近代文学研究》分册 1994 年第 4 期转载，收入本书有改动。

日于甘渊。羲和者，帝俊之妻，生十日。①

有女子方浴月。帝俊之妻常羲生月十有二，此始浴之。②

他也创生了天上的星辰：

昔高辛氏有二子，伯曰阏伯，季曰实沈。居于旷林，不相能
也。日寻干戈，以相征讨。后帝不臧，迁阏伯于商丘，主辰，商人
是因，故辰为商星。迁实沈于大夏，主参，唐人是因，以服事
夏、商。③

古人谓这个高辛氏就是帝喾，而如前所述，帝喾是帝俊在后世的衍
生形式。日月星辰都是他的儿子，这实际上讲述的是帝俊通过生殖行为
创造了天上的日月星辰。帝俊还通过生殖行为创造了地下世界（即后世
所谓地狱）：

有司幽之国。帝俊生晏龙，晏龙生司幽，司幽生思士，不妻；
思女，不夫。食黍，食兽，是使四鸟。④

这个所谓司幽之国，就是指的黑暗的地下世界，相当于《楚辞·招
魂》中土伯管理的地下世界，这个世界的主宰晏龙和司幽，就是帝俊的
子孙。所谓"晏龙"之"晏"，即暗也，黑也，"晏"字乃会意字，从日
从安，意谓日安为晏，日入土为安，休息为安，意谓进入黑暗世界为
安。所以，这个晏龙就是主管黑暗世界的地龙，他的儿子司幽的名字明
显地显示这是个地下黑暗世界的主管。

帝俊还创生了其他众神：

帝喾之妃，邹屠氏之女也。……女行不践地，常履风云，游于

① 袁珂校注：《山海经校注》，上海古籍出版社1980年版，第381页。
② 同上书，第404页。
③ （周）左丘明传，（晋）杜预注，（唐）孔颖达正义：《春秋左传正义》，北京大学出版
社1999年版，第1158页。
④ 袁珂校注：《山海经校注》，上海古籍出版社1980年版，第346页。

伊洛。帝乃期焉，纳以为妃。妃常梦吞日，则生一子，凡经八梦，则生八子。世谓为八神，亦谓八翌，翌，明也，亦谓八英，亦谓八力，言其神力英明，翌成万象，亿兆流其神睿焉。①

舜妻登比氏，生宵明、烛光，处河大泽，二女之灵能照此所方百里。②

很显然，舜娶登比氏生宵明、烛光二神的故事，显系帝俊娶常羲生月神话的转换形态。帝俊生了所谓"八神"，夜明神宵明、烛光和地府之神晏龙、司幽等诸神都是他的子裔。同时，所有创世神话中，人类始祖的创生都是重要的关目，人们一般认为，关于帝俊的神话中，似乎没有这个关目。其实不然。帝俊神话中，一样有人类始祖的创生关目，只是这里的生人关目中的人类始祖，不是所有人的始祖，而是有明确族属身份的人的始祖，就是说，是特定具体氏族、部落的始祖，这意味着，在商人眼中，人就是氏族的、部落的人，这些氏族、部落的始祖就是最早的人，他们是帝俊生的。中国文化是祖宗崇拜意识十分深厚的文化，在商人神话帝俊生人的关目中，体现得十分强烈——

有中容之国。帝俊生中容，中容人食兽、木实，使四鸟：豹、虎、熊、罴。③（《山海经·大荒东经》）

有白民之国。帝俊生帝鸿，帝鸿生白民，白民销姓，黍食，使四鸟：虎、豹、熊、罴。④（《山海经·大荒东经》）

有黑齿之国。帝俊生黑齿，姜姓，黍食，使四鸟。⑤（《山海经·大荒东经》）

帝俊妻娥皇，生此三身之国，姚姓，黍食，使四鸟。⑥（《山海

---

① （东晋）王嘉撰，（梁）萧绮辑编：《拾遗记》，景印文渊阁四库全书·子部三四八·小说家类，（台北）商务印书馆1986年版，第316页。
② 袁珂校注：《山海经校注》，上海古籍出版社1980年版，第320页。
③ 同上书，第344页。
④ 同上书，第347页。
⑤ 同上书，第348页。
⑥ 同上书，第367页。

经·大荒南经》)。

有襄山。又有重阳之山。有人食兽，曰季厘。帝俊生季厘。故曰季厘之国。[①]（《山海经·大荒南经》）

有西周之国，姬姓，食谷，有人方耕，名曰叔均。帝俊生稷，稷降以百谷，稷之弟曰台玺，生叔均。[②]（《山海经·大荒西经》）

帝俊生禺号，禺号生淫梁，淫梁生番禺，是始为舟。番禺生奚仲，奚仲生吉光，吉光是始以木为车。[③]（《山海经·海内经》）

另商人始祖契是简狄吞玄鸟卵而孕生的，这个"玄鸟"，学者们研究就是凤鸟，而帝俊的神性形象就是神鸟，凤鸟，俊鸟，所以，商人始祖是俊的儿子，甲骨文称帝俊为"高祖"（甲骨文有"高祖夋"的文字），就是因为他是商人始祖的父神。因此，加上帝俊所在的殷商部落族团，他是所有这些氏族、部落始祖的生殖者，共同祖神。这里特别需要强调的是，帝俊并非一般人认为的仅仅是殷商人的始祖神与至上神，他生育的子孙遍布天上地下、东南西北，也就是说，他是这个世界所有一切的最早创造者，他创造世界不是通过自己的劳作或像希伯来上帝那样用语言指令来生成，而是通过生殖行为来生成，正是这种生殖行为，强烈地突出了世界的一切与商人始祖神的血缘性联系。

在列举了帝俊创世的方方面面后，我们要专门就帝俊生日月的故事中日月之母羲和与常羲（又作常仪）的深层原型意象做一点深入研究，羲和与常羲是帝俊最著名的妻子，她们和帝俊结合生了天上的日月，这是商人创世神话最重要的关目，羲和与常羲的深层意象是什么？这个故事的深层真相是什么？

在上一章，我们的研究已经证明，帝舜其实就是帝俊故事在后世传说化衍生性称谓，他的故事的核心部分也是由帝俊的故事转换而来的，其中，尤其是帝俊与其两个日月母神的妻子和帝舜与其两个人间妻子之间，具有内在的对应性。

---

① 袁珂校注：《山海经校注》，上海古籍出版社 1980 年版，第 371 页。

② 同上书，第 392—393 页。

③ 同上书，第 465 页。

　　如果舜就是俊转化而来的，那么，舜妻娥皇、女英就是帝俊妻羲和、常羲转化而来的，她们之间理应具有一种对应关系，郭沫若认为：

　　　　帝俊之为帝舜者，以帝俊妻娥皇、羲和与常羲，娥皇、羲和、常羲固一语之变，然此实一事化为二事，一人化为二人。其为一人之娥皇者，则女娲传说，其为羲和、常羲二女者则二女传说。

　　　　尧"釐降二女于妫汭，嫔于虞"。《列女传》云："二女长曰娥皇，次曰女英。"《大戴礼·五帝德》云："依于倪皇。"又《帝系》云："帝舜娶于帝尧之子谓之女匽氏。"《世本》（补注六）做女莹。《古今人物表》作女嫈。娥皇、倪皇自即自即帝俊所妻之娥皇、羲和；女匽即女英，女莹、女嫈乃女英之音变，女英、女匽当即常羲、常仪之音变，古音英、常同在阳部，而匽与羲、仪则歌元阴阳对转，是则帝俊与帝舜当为一人。[①]

　　从训诂学角度看，羲和古读音如羲娥，羲、皇同义，都有光明的意思。羲和即皇娥，即娥皇，女英即女仪、女羲，即常羲或常仪，她们之间的衍化转换关系是明显的。在这个基础上，我们再来看一看娥皇、女英（亦即羲和、常羲）的深层意象。

　　不少学者认为，羲和乃日神，常羲乃月神。这种身份认定的依据来自上引《山海经》中关于羲和与常羲分别生了日月的故事，而生了太阳和月亮的神，自然就是日神和月神了。学术界目前都沿袭的是这种观点，但这个观点，看来是需要讨论的。据上面两则神话，羲和的准确身份只是生了太阳的母亲，即日母，而常羲即月母，她们并非日月本身，这不能混为一谈。

　　羲字就其本义而言，当指云气。《说文》释羲："气也"，羲之本义就是云气。羲和也罢，常羲也罢，其核心的意义都与此相关，都是云气的神化形态，她们都是由羲神——云神分化出来的。我以为这两个神的深层意象均是指伴随着日月的云霞，而不是日神或月神。所谓羲和生日，常羲生月，其实就是描绘的这一现象，那云蒸霞蔚的东海上，在云

―――――――――――
　　① 郭沫若：《中国古代社会研究》，人民出版社1954年版，第198页。

霞的烘托之中，升起了太阳和月亮。所谓"浴日"、"浴月"，不过是说云霞簇拥包裹着日月，在擦拭洗浴着它们（这不过是云伴日月的一种人格化表述）。

这个羲和浴日的故事，在上古神话中还有另一种类似的表述方式：

> 汤谷上有扶桑，十日所浴，在黑齿北，居水中，有大木，九日居下枝，一日居上枝[1]（《山海经·海外东经》）
>
> 若木在建木西，末有十日，其华照下地。[2]（《淮南子·地形训》）

汤谷即旸谷，即太阳谷。神话中太阳升起前憩留之所，在东方大海中。扶桑何树？何新先生在《诸神的起源》一书中指出，扶桑非树，它只不过是东海日出时那灿烂云霞的神化而已。若木、扶桑、桃都树等神树，指的都是这同一种自然现象。[3] 这一分析独有见地。扶桑树正是"十日所浴"之树，这与羲和浴日是同样的深层结构，它们都是指日出前后被云霞蒸蔚烘托的情景。山东日照出土的一件早期文物上有一著名的云日图，上面是一圆形物（太阳），中间是一弓形物（云霞），下面是一山的形状，这大约就是日出扶桑，亦即羲和生日的自然对应物（见下图）。而在出土的汉代画像砖上，我们确实看到过类似的绘画：羲和捧日图。河南南阳出土的这幅羲和捧日石刻，与日照出土的那幅云日图结构正好是一样的，只是后者的表达人格化了：人首蛇身的羲和双手捧举着一轮太阳，而日照的云日图则是自然的呈现。可以与羲和捧日图形成比较的是古埃及的一幅图画：空气之神舒双手捧着一轮太阳，高高举过头顶，引导着太阳横贯天际，舒捧太阳与羲和捧日画图结构大体相同，其深层结构也应是一样的：舒是空气神、云神（空气与云本一体，故合称云气），羲和也当是云霞之神。两相比较，更有助于确立羲和的云神性质。证明羲和非日神的另一个材料是：她是日之御者，而非太阳神本身。

---

① 袁珂校注：《山海经校注》，上海古籍出版社1980年版，第260页。

② 何宁：《淮南子集释》（下），中华书局1998年版，第329页。

③ 详见何新《诸神的起源》第六章"神树扶桑与宇宙观念"，生活·读书·新知三联书店1986年版，第106—118页。

南阳汉画像砖羲和捧日图

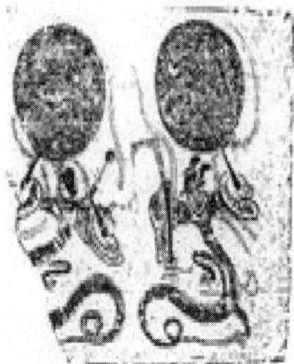

南阳汉画像砖羲和捧日、常羲捧月图

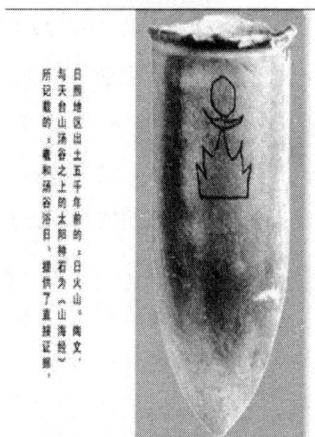

日照地区出土五千年前的"日火山"陶文，与天台山汤谷之上的太阳神若为《山海经》所记载的"羲和汤谷浴日"提供了直接证据。

山东日照出土的远古云日图器物

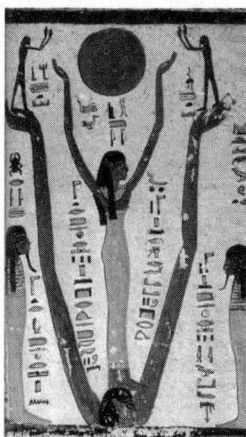

古埃及壁画舒捧太阳图

《离骚》云："吾令羲和饵节兮。"洪兴祖补注曰："日乘车驾以六龙，羲和御之。"这也明白地交代了她非日神。而日所乘之车，所驾之龙，以及御者羲和，归根结底，都只不过是云气的神化形态。这样，山东日照的云日图，若木拂日，扶桑浴日，羲和浴日捧日，舒捧举太阳横贯天际等，表面形态各异，其深层结构都是一样的，即云霞烘托着太阳从东方升起的情景。上述各表层形态，都是由这一共同的深层结构转换出来的不同形式罢了。所有这一切，在中国古代文字中，有一结构性表现：曇，今简写作"昙"，这个字当是云霞烘托太阳东升的文字符号形态。由于昙字的这一起源，所以，那种午夜以后开绽短暂而奇丽的花称为昙花。

由此可知，羲和是云神而非日神。只是由于长期存在的错误理解，掩盖了她的真相，而把她当成日神了。生育和洗浴十日的羲和是云神，那么同理，生育和洗浴十二个月亮的常羲也不是月神，而是伴月的云神了。事实上，南阳画像砖上也有一幅常羲捧月图（见上图），与羲和捧日图是一样的结构和形象。与羲和的身份被错误理解一样，云神常羲由生月伴月的母神而变成了月神，从她身上，演化出了后世的月神常仪和嫦娥，这实在是一种颇富诗意的误解。

在商人创世神话中，真正的日神应该是帝俊，他的神性形象是一只凤鸟，即太阳鸟，他是由太阳神上升为至上天神的神祇。而他的妻子羲和与常羲只是云神。当然，云神在中国古代神话和文化中也有仅次于至上天神"帝"的崇高地位，商人祭云神的礼仪用"禘"，与祭上帝的礼仪一样。《河图地运记》中说："云者，天地之本也。"即化生万物者也。这样，日月为其所生所浴，就是可以理解的了。当然，因为羲和、常羲生了日月、且是日月之御者，在不严格的意义上，称其为日神月神也是可以的。

由此回到我们的本题：帝俊和由他转化而来的帝舜本是光明日神，羲和和常羲以及由她们转化来的舜的妻子娥皇、女英，其深层意象则是伴日之云神。在后世，由于舜神话过分历史化和伦理化，他的妻子们作为云神的身份和神性被掩盖了，而成了人间的贤惠纯贞的帝后帝妃。但在民间传说中，她们仍透露出了其云神的部分特征。晋王嘉《拾遗记》卷一记载了一则皇娥（即娥皇）与白帝遇合而生少昊氏的故事。其中有这样一些文字：

> 少昊以金德王。母曰皇娥，处璇宫而夜织。或乘桴木而昼游，经历穷桑沧茫之浦。时有神童，容貌绝俗，称为白帝之子，即太白之精，降乎水际，与皇娥宴戏……帝子与皇娥并坐，抚桐峰梓瑟。皇娥倚瑟而清歌曰："天清地旷浩茫茫，万象回薄化无方。涵天荡荡望沧沧，乘桴轻漾著日傍。当其何所至穷桑，心知和乐悦未央。"……及皇娥生少昊，号曰穷桑氏，亦曰桑丘氏。……少昊以主西方，一号金天氏，亦曰金穷氏。[①]

---

① （东晋）王嘉撰，（梁）萧绮辑编：《拾遗记》，见景印文渊阁四库全书·子部三四八·小说家类，（台北）商务印书馆1986年版，第315页。

很明显，这里的皇娥不是人间的贤妻，而是神性十足的神女。这个神女"乘桴轻漾著日傍"，伴日昼行的身份特征十分明显，她不是云神是什么？正是这个云神，生了太阳神少昊，这与羲和生日的故事正好暗合，她们之间的相似绝非巧合，而是有着深刻的内在联系的。当这个云神羲和常羲变为人间帝王的贤妃娥皇女英时，她们云神的属性仅仅保留在长伴大舜，帮他战胜凶患，化险为夷这样的事情上面。但到最后，她们云神的属性还是遮掩不住地显露出来。兹将有关材料辑录如下：

> 舜陟方，死于苍梧，号重华。二妃死于江湘之间，俗谓之湘君。①
>
> 又东南一百二十里，曰洞庭之山。……帝之二女居之，是常游江渊。澧沅之风交潇湘之渊，是在九江之间，出入必以飘风暴雨。②（《山海经·中山经》）
>
> 尧之二女，舜之二妃，曰湘夫人。舜崩，二女啼，以涕挥竹，竹尽斑。
>
> 娥皇、女英从舜巡狩，行及湘川，闻舜崩于苍梧，泣下，泪洒湘川之竹，皆成斑文。③（《独异志》卷上）
>
> 湘水去岸三十里许……昔舜南巡而葬于苍梧之野，尧之二女娥皇、女英追之不及，相与恸哭，泪下沾竹，竹上文为之斑斑然。（《述异记》）④

所谓"陟"即死亡，古代文献专用于帝王之死（今本《竹书纪年》谓："帝王之崩皆曰陟，《书》称'新陟王'，谓新崩也。"）。舜南巡死于苍梧的深层意象是什么？在上古神话二维空间方位系统里，与

① （汉）刘向著，刘晓东校点：《列女传·高士传》卷一，辽宁教育出版社1998年版，第1页。

② 袁珂校注：《山海经校注》，上海古籍出版社1980年版，第176页。

③ （唐）李冗、张读著，张永钦、侯志明校点：《独异志·宣室志》，中华书局1983年版，第1页。

④ （梁）任昉：《述异记》，见景印文渊阁四库全书·子部三五三·小说家类，（台北）商务印书馆1986年版，第615页。

北对立的南同时包含着"东南—正南—西南"这样的空间方位，所以，古人常用"南"来表示上述三个方位。而舜的"南巡"，更准确地说，当是"西南巡"，这显系太阳运行的轨迹，太阳神舜（俊）最后沉落于苍梧山：

> 苍梧之山，帝舜葬于阳，帝丹朱葬于阴。[1]
>
> 有阿山者。南海之中，有泛天之山，赤水穷焉。赤水之东有苍梧之野，舜与叔均之葬所也。[2]
>
> 帝尧台，帝僧台，帝丹朱台，帝舜台，各二台，台四方，在昆仑东北。[3]

昆仑山是中国神话中的神山，上有帝舜的祭坛，则是他神性的证明。而舜所葬之苍梧山，后世说是湖南的九嶷山，这显然是一种附会。因为，上引神话材料明白地说，舜与叔均所葬之苍梧之野在赤水东（赤水乃古神话中位于西方的一条神水，与太阳神沉落的地方关系密切），而这条赤水穷于南海之中的泛天之山，这个地理位置与湖南九嶷山相去甚远）。尽管如此，这种附会仍有道理，若以泰山（即神话中之昆仑山）为天下中心，则湖南九嶷山在西南方位，即太阳沉落的方位。从神话本身看，苍梧山当是太阳神沉落的地方，大约就是那个章尾山（苍梧、章尾音近，这两个词以音求之，当为同音字异写），而章尾山，又作委羽山、附禺山、禺山，在上古神话中，正是太阳沉落之所在。舜死苍梧，即是太阳沉落。这样，把有关舜的主要故事串联起来，则不难看出，不管它们怎样厉害地被历史化和伦理化，其深层结构仍然是清楚的，这就是太阳升起沉落的自然过程。我们可以大体概括成下面的结构：

表层：瞽叟生舜—瞽叟等害舜—舜登帝位—舜死苍梧

深层：黑暗诞生光明（太阳）—黑暗试图扼杀太阳—太阳升空—

---

[1]　袁珂校注：《山海经校注》，上海古籍出版社 1980 年版，第 273 页。

[2]　同上书，第 364 页。

[3]　同上书，第 313 页。

太阳沉落

了解了舜（俊）神话的深层结构，则二妃的深层神性便不难理解了。升起于东方的太阳神舜（俊）南巡死于苍梧山，二妃一路追随，闻舜（俊）殒命，则相与恸哭，泪下斑竹，然后双双投入湘水而为湘水女神。这一结局还是透露出了二妃的云神性质：舜（俊）既为光明太阳神，则他"南巡"到苍梧，而二妃一路追随显系彩云伴日的情景。舜（俊）死苍梧而二妃相与恸哭，则是暮云化雨之谓也；二女投入湘江为水神，则是她们云神性质的又一证明：云神与水神有密切关系，在相当意义上，云神属于水神族，云是水循环的一个阶段，水而为气，气而为云，云而为雨，复归于水，这正是水循环模式的全过程。二女投湘而为湘神，正是云复为水的神话表达。

准此，帝俊（帝舜）与羲和、常羲（娥皇、女英）神话故事的结构可用下图标示：

表层故事结构　　　　　　　　　　**深层意象结构**

1. 帝俊娶羲和与常羲　　　　　　　光明之天与云气结合
　　帝舜娶娥皇、女英、登比氏　　　　　　｜
　　白帝子娶皇娥　　　　　　　　　　　　｜
　　　　｜　　　　　　　　　　　　　　　｜

2. 羲和生日浴日　　　　　　　　东海彩云烘日伴日
　　常羲生月浴月　　　　　　　　　　　　｜
　　扶桑驻日浴日　　　　　　　　　　　　｜
　　皇娥生少昊　　　　　　　　　　　　　｜
　　登比氏生宵明、烛光　　　　　　　　　｜
　　　　｜　　　　　　　　　　　　　　　｜

3. 舜（俊）南巡，娥皇、女英追随　　太阳西南行，一路云彩伴随
　　　　｜

4. 舜（俊）死苍梧，二女恸哭，投湘为神　太阳沉落，暮云化雨，云复为水

因此，舜与二妃神话故事的深层原型，乃是太阳与云霞的相互关系与循环模式。

第二节　商人创世神话的宇宙圣数 *

在此基础上，我们特别讨论一个问题：商人神话根据什么规则来创造世界？我们已经知道，人类想象世界和现实世界的组构中，某些最基本的数字会成为重要的参照，荣格将这些数字称为原型圣数，我则称之为文化元编码数。本节的问题是：商人创世神话中，是按照什么元编码数创造他们的世界的？这个组构他们创世神话中世界的元编码数也就是宇宙圣数。

商人创世神话中的世界以什么为元编码数呢？是"二"和"二"的倍数。

商人神话中世界诞生是二阶段性的："瞽叟生舜"，暗含的就是混沌黑暗的世界中诞生光明世界的世界诞生二阶段论神话表述。

商人的始祖诞生神话中，也隐含了以"二"为圣数的密码：

> 天命玄鸟，降而生商。①
>
> 殷契，母曰简狄……见玄鸟堕其卵，简狄取吞之，因孕生契。②

商人创世神话中，瞽叟生舜，就是混沌黑暗的世界中诞生了光明的世界的神话表述。卵生殷契，也暗含了混沌的世界（卵是混沌形象，宇宙混沌如卵）中诞生光明世界的内涵。这两则神话的深层意义结构是一样的。"契"之本义乃以刀刻画之动作，有剖析、分拆之意，

---

　　* 本文以《俊生日月与商人创世神话的宇宙圣数》为题发表于《中南民族大学学报》2013 年第 5 期，发表时有部分增删。

　　① （宋）朱熹：《诗经集传》，见景印文渊阁四库全书·经部六六·诗类，（台北）商务印书馆 1986 年版，第 903 页。

　　② （汉）司马迁著，（南朝宋）裴骃集解，（唐）司马贞索隐，（唐）张守节正义：《史记》，中华书局 1959 年版，第 91 页。

暗含了一分为二、在无迹无痕的混沌世界开启光明世界之意。故其意同开、启、明。混沌为一，契开为二，是对混沌世界的破坏。故商人始祖契的名字暗含了"混沌二分"之意。又，商人至上神俊的传说形式舜的形象中，也突出了"二"的构形特征。舜名重华，有谓重华者，双瞳子也。

商人创世神话中神性日月也是以"二"为基数配置的：

帝俊娶了两个妻子，分别生了十个太阳和十二个月亮，均是以"二"为基数的倍数构成。这里，世界的出现是以时空分化为标志的，而日月是空间和时间的决定性坐标，日月的诞生，也就标志着一个神话世界时空草创成形。这个世界的时空是以"二"为基数区分的。

但问题是：自然的太阳和月亮只有一个，商人为什么要违背自然客观事实，在其创造的神话世界中配置十个太阳和十二个月亮呢？商人想借此表达什么呢？有学者认为，这与商人的时间体制有关，可能是有道理的。按照人们的直观经验，太阳绕地球一周就是一天（其实是地球自转一周），所以，以太阳纪日是十分自然的事情，由于商人以"二"及其倍数组构世界，加上早已确立的自然计数为十进位制，所以，以"二"的五倍数十日为一旬的体制由此确立。十日为一旬的体制在商人神话中被这样表述：

> 汤谷上有扶桑，十日所浴，在黑齿北。居水中，有大木，九日居下枝，一日居上枝。[1]
>
> 大荒之中，有山名曰孽摇頵羝，上有扶木，柱三百里，其叶如芥。有谷曰温源谷。汤谷上有扶木。一日方至，一日方出，皆载于乌。[2]

袁珂先生认为这两段资料与上引帝俊娶羲和的资料是一体的，应该有道理。这里的十个太阳从上到下依次栖息在东方大海中的太阳树扶桑的枝丫上，最高端的一个太阳飞出，运行一周来到扶桑树下端的时候，最上端的另一个太阳又飞出去，依次如此运行。十个太阳运行一周就是

---

① 袁珂校注：《山海经校注》，上海古籍出版社1980年版，第260页。
② 同上书，第354页。

一旬。"十"在商人世界的构成中，具有重要意义。

而地球绕太阳运行一周就是一年（即一个回归年），这一年该如何切分呢？按照什么规则来切分呢？古人看来是以地球与太阳的运行关系为坐标、以"十"为单位来切分的，即将一个回归年切分为十等份，这就产生了以十个月为一年的太阳历。商人十日神话很可能暗含了以太阳纪年的太阳历法，即以地球绕太阳运行的规则来制定历法（地球绕太阳一周时间大约为365天）。但创造十日神话的商人是否真正实行过太阳历呢？考古学资料尚不能证明这一点，因为我们已经知道殷墟甲骨卜辞中，有些卜辞后面时间落款为"十二月"，则意味着至少到商代中期，迁都安阳后，商人用的是以一年为十二个月的太阴历。那么，商人从来也没有过太阳历吗？没有资料证明这一点。但我们知道，商人甲骨卜辞中，已经明确地记载了天干十位的名称，而天干十位的来源，应该就是一年十个月的太阳历法体制。而且，商人的历代君王，均以天干十位命称，则意味着，商人那里仍然盛行太阳崇拜，太阳历法正是太阳崇拜的表现形式之一。据此，我们有理由推断，在商人早期的某个时期，他们曾经过太阳历。

许多研究成果都证明，中国远古先民曾经用太阳历，也就是每年分为10月，每月为36日，另外5天或6天为"过年"（或称"余日"）的历法。太阳历很可能在商之前的夏人那里甚至在夏人之前就有了。《夏小正》的历法系统一般认为是夏人传下来的夏人的历法系统，将一年切分为12个月的太阴历就是《夏小正》的历法体制，即我们今天简称的"夏历"。但近来有学者对《夏小正》历法进行研究，结论是，尽管《夏小正》是以月亮的盈亏为纪年规则的，即一年基本按照月亮盈亏周期划分为12月，每月30天（若干年设一个"闰月"以解决太阳回归年与月亮盈亏周期之间的误差）。但有研究者认为这个以月亮盈亏为坐标纪月纪年的太阴历并不是夏人本来的历法，而是后来时代的人们整理添加而成的。《夏小正》本来的历法系统是以10个月为一年，即太阳历，大约到了东周人们才在此基础上添改为12个月一年的体制。[①] 说夏人可能用是10个月为一年的太阳历可能是对

---

① 参见陈久金《论夏小正是十月太阳历》，《自然科学史研究》1982年第4期。

的，但若说一年 12 个月的太阴历是到东周才出现的就值得商榷。甲骨卜辞显示，一年 12 个月的太阴历至少在商代中后期已经出现，其出现的时间上限很可能更早。至于说传为夏人历书的《夏小正》中一年 12 个月的历法是到周代才由后人根据当时的历法资料整理进去的，那倒是可能的。

我们进一步研究将发现，传说中夏人所用的这种太阳历，应该有着更远的根源，那大约是远古在中原一带进行长期角逐的华夏三大族团（以商人为核心的东夷族团、先后以夏和周为核心的西北族团、以三苗九黎为核心的苗蛮族团）共同的历法，彝族作为远古三大族团之一苗黎族团后裔中的一支，直到现代其某些支脉一直使用这种以十月为一年的太阳历（有意思的是，遥远的古代玛雅人也使用以十月为一年的太阳历法，所以，有人从这种相同中提出古代华夏人与玛雅人本为同族的猜想）。[①] 作为西北族团早期代表的夏人，长期用的很可能是这种一年十月的太阳历。

商人羲和生十日的神话表明，很可能在早期，他们还是沿用了从远古传下来的这种历法。商人的天干十数应该与此纪年方法相关。因此商初可能实行的太阳历应该是从夏人甚至比夏人更早的人们那里继承过来的。如果这个观点是正确的，那这大约是商人创世神话中帝俊妻羲和生十日的历法依据。也就是说，作为夏人属国，商人在早期曾经实行过其宗主国夏人的太阳历。既然商人实行的是宗主国夏人的太阳历，为什么商人的神话中却表述为是商人的至上神帝俊妻羲和生十日的？笔者推断这个原因在于，帝俊娶羲和生十日的神话是商人成为中原统治者之后产生的，是商人为了证明自己统治的合法性而对意识形态进行改造的结果。通过这个神话，商人将太阳历统合到自己的文化系统中来并认定自己是太阳历的创制者。

但正如上面所述，商人成为中原地区的统治者之后，至少是迁都安阳以后，实施的是一年十二个月的太阴历，这有甲骨卜辞的落款为证。那么，太阴历是商人制定的吗？从考古学的角度，今天人们尚无法证明太阴历起源于何时何地，但从帝俊娶常羲生十二个月亮的神话中可以看

---

① 参见刘尧汉、卢央合《文明中国的彝族十月太阳历》，云南人民出版社 1986 年版。

出，商人也将这个历法体制纳入了自己的神话系统，暗示这个历法系统是商人创制的。而我们可以证明的是，商人不仅在甲骨卜辞中使用了太阴历落款，而且，甲骨卜辞中已有完整的地支十二位的记载，并且将天干十位和地支十二位数结合起来计时。因此，可以确认的是，商人在相当早就开始使用太阴历计时了。那么，商人废止太阳历实施太阴历是从什么时候开始的？"羿射九日"的神话应该透露了一些重要信息。何新先生论及羿射九日神话时猜测这很可能和商人废止太阳历法有关，笔者以为十分有道理。如果羿射九日神话暗示的是商人废止太阳历法，那么，这应该是在夏朝早中期，即所谓"后羿代夏"的时期。关于这一点，我们在下节将深入探讨，此处仅提及。

帝俊娶羲和和常羲生十日与十二月亮的神话，是商人创世神话的核心关目，它在讲述世界的时空最早是如何构成的。笔者的兴趣是，这个由帝俊的两个神妻、十个太阳、十二个月亮构成的神圣宇宙有什么共同特点吗？当然有，这就是，它们都是以"二"为基数、由"二"和"二"的倍数构成的世界。这意味着，"二"是商人创世神话的宇宙圣数，商人是按照这个数字和它的倍数来组构自己的神话世界和时空体制的。

不仅神话世界中天神帝俊的妻子、日月是以"二"为基数或其倍数构成的，商人神话世界重要的星宿也是这样构成的：

> 昔高辛氏有二子，伯曰阏伯，季曰实沈，居于旷林，不相能也。日寻干戈，以相征讨。后帝不臧，迁阏伯于商丘，主辰。商人是因，故辰为商星。迁实沈于大夏，主参，唐人是因，以服事夏商，其季世曰唐叔虞。[①]

高辛氏帝喾即帝俊在周初的衍生形式，他生的两个儿子，分别主商和夏，死后为参商二星。这在原初其实应该是商人创世神话的一环，讲述参商二星来历的。根据杨宽先生的研究，所谓实沈，其实是夏人始祖神鲧。如果这样，商人神话中将自己从前宗主国的始祖神叙述为自己至

---

① （东晋）王嘉：《拾遗记》（卷二），景印文渊阁四库全书·子部三四八·小说家类，（台北）商务印书馆 1986 年版，第 316 页。

上神高辛氏的小儿子，暗含了商人成为宗主国之后进行意识形态整合的痕迹。

商人至上神还生了一大堆儿子，他们都以"二"的倍数命称：

> 帝喾之妃，邹屠氏之女也。……女行不践地，常履风云，游于伊洛。帝乃期焉，纳以为妃。妃常梦吞日，则生一子，凡经八梦，则生八子。世谓为八神，亦谓八翌，翌，明也，亦谓八英，亦谓八力，言其神力英明，翌成万象，亿兆流其神睿焉。

这里帝喾有八个儿子与《山海经·海内经》"帝俊有子八人"、《左传·文公十八年》"高辛氏有才子八人……谓之八元"的记述应该是一回事，讲的是帝俊生了八个儿神，这里"八"是"二"的倍数。

不仅是帝俊的儿子，就是妻子也是以"二"为基数命称的：

> 帝喾卜其四妃之子，皆有天下。[1]

帝俊所有的神性后裔驱使的神兽都是"四鸟"，这在中国上古所有神话系统中，是独一无二的现象，可以看成是帝俊神话系统的标志性配置：

> 有中容之国。帝俊生中容，中容人食兽、木实，使四鸟：豹、虎、熊、黑。[2]
>
> 有司幽之国。帝俊生晏龙，晏龙生司幽，司幽生思土，不妻；思女，不夫。食黍，食兽，是使四鸟。[3]
>
> 有白民之国。帝俊生帝鸿，帝鸿生白民，白民销姓，黍食，使四鸟：豹、虎、熊、黑。[4]

---

[1]　张澍稡集补注本：《世本·帝系篇》，见（汉）宋衷注，（清）秦嘉谟等辑《世本八种》，中华书局 2008 年版，第 87 页。
[2]　袁珂校注：《山海经校注》，上海古籍出版社 1980 年版，第 344 页。
[3]　同上书，第 346 页。
[4]　同上书，第 347 页。

有黑齿之国。帝俊生黑齿，姜姓，黍食，使四鸟。[1]

由此可见，帝俊所创造的世界中，不管是宇宙日月星辰，还是神性妻儿、抑或他们驱遣的神兽，均是以"二"和其倍数来组构和命称的。据此，我们可以断定，在商人创世神话中，"二"是其宇宙圣数。

综上可知，商人创世神话中，世界与诸神的构造中，"二"是重要的元编码数。在"二"的倍数中，"四"和"八"具有重要的作用。二、四、八，是商人创世神话的宇宙圣数，其中，"二"是基础数，是圣数中的圣数。

进一步研究将发现，商人也是按照"二"和其倍数来组织自己的现实世界和文化世界的。下面列举几个方面。

他们将世界的空间切分为四方，并分别配置四方神祇予以祭祀，甲骨卜辞中，已有"四土"、"四方"、"四方风"的词汇。

东方曰析，风曰协。南方曰因，风曰微。西方曰夷，风曰彝。北方曰伏，风曰役。[2]

贞，帝于东，方曰析，风曰协。贞，帝于西，方曰彝，风曰韦。贞，帝于北，方曰夗，风曰冽。贞，帝于南，方曰微，风曰凯。[3]

对甲骨文中四方、四方神、四方风的研究，从1940年胡厚宣先生根据一片甲骨上的卜辞在《责善半月刊》第二卷第十九期上发表《甲骨文四方风名考》一文后，遂成为甲骨学研究的热点之一，许多著名学者如陈梦家、郑慧生、于省吾、李学勤等都撰文参加讨论。不管学者们之间的具体观点有多少分歧，但有一点是共同的，那就是确认了商人对空间方位及方位风四分的模式。

商人不仅是按照"二"及其倍数来切分空间的，也是按照"二"及其倍数来切分时间的。他们将一年切分为春秋两季，大约到西周末期，

---

①　袁珂校注：《山海经校注》，上海古籍出版社1980年版，第348页。
②　胡厚宣主编：《甲骨文合集释文》第二册，14295片，中国社会科学出版社1999年版。
③　同上。

才明确发展出春夏秋冬四季四时的观念（有学者认为，商人尽管对一年时间的切分是春秋二季，但四方的空间切分和"四方风"的命名以及四方神的配置，已经暗含了春夏秋冬四时的时间切分模式。这个观点也许有道理，但商人文献中，确实没有出现春夏秋冬四季的称谓）。他们先使用太阳历将一年划为 10 个月，后使用太阴历将一年划为 12 个月；同时，他们将 10 个天干、12 个地支数结合在一起纪日，形成 60 日为一循环的甲子纪日模式（为后世甲子纪年模式奠定了基础）。他们将一个月确定为 30 天，以 10 日为一旬，并分别按照干支顺序命称该日。我们还不能断定天干和地支数字和符号系统是商人制定的，但现在发现的最早关于天干地支符号系统的完整记载是在商代甲骨卜辞中。他们将一天时间（24 小时）切分为日（白天）、夕（夜晚）两部分，将"日"部分再大体切分为 6 个时间段（武丁时期的卜辞和武丁以后的卜辞对这 6 个时间段位的命名稍有区别），尽管甲骨卜辞中还未见将夜晚也对等地切分为 6 个时间段位的记载，但将白天切分为 6 个时间段位的体制也暗含了可以对晚上的时间段位做这样区分的可能，因此，这种时间段位的区分模式也就隐含了后世用 12 个地支符号来区分一天（24 小时）的计时模式。

在文化生活中，特别要提及的是商人祭器的特征。夏人的九鼎是三足圆鼎的形状，以九成列的体制，突出的是以"三"为文化元编码的崇天崇男的内涵（详后论），而商人最有特征的礼器鼎却不是这种形制，商人最著名的大鼎是四足方鼎，妇好墓发掘出来的大方鼎、武丁纪念其母铸造的司母戊大方鼎、湖南宁乡出土的晚商人面大方鼎等，是最突出的代表。现在发掘出来的商代青铜鼎，有三足圆形的，也有四足方形的，其中，四足方形最为突出有名，是最具有代表性的商代礼器。那么，商人的四足方鼎积淀着怎样的文化信息呢？首先，四足方鼎是以"二"的二倍数为其形制特征的，无论是其四足，还是方形，均是如此，体现着商人以"二"为文化元编码的规则和意识；其次，天圆地方的观念，在商代已经确认，以方形定制，体现出商人的崇地特征。一般认为，商人崇天，这是不错的，但商人也同样崇地，甚至更崇地，这种四足方形鼎的形制就是标志。与商人崇地特征相关的是，在商代，女性应该有较高社会地位，妇好墓大方鼎、司母戊大方鼎，均是武丁纪念自己的妻子和母亲而铸造的。"二"（及其倍数"四"）为地数，为女性的标志数，这在商代大约就确立了。郭沫若认为，商人离母系社会相去不远，女性在社会中仍然有很高地位："据殷墟书契的研究，商人尊崇先妣，常常专为先妣特祭（自周以后妣不特祭，须附于祖）。""从这些现象看来，商代尚未十分脱离母系中心社会。"[1]

郭沫若的这个判断也可以从商人另一个重要的文化遗存《归藏》中得知。《归藏》乃商人卜卦之书，相当于周人的《周易》，但大约到魏晋在官方图书资料中已经失传（亦有不同意见，有认为到晋代尚存者）。现当代学术界关于《归藏》的讨论性文章有很多，歧见也不少，主流的看法是，《周礼·春官》中的说法应该是有历史依据的："太卜掌《三易》之法，一曰《连山》，二曰《归藏》，三曰《周易》。其经卦皆八，其别皆六十有四。"[2] 1993 年 3 月，湖北江陵王家台 15 号秦墓中出土了《归藏》，称为王家台秦简《归藏》，这证明了《周礼》中谓殷人卜卦之书为《归藏》绝非谬言。据上引《周礼》的记载，《连山》、《归藏》、《周易》是三种不同的占筮方法，但都是由 8 个经卦重叠出的 64 个别卦组成的。《归藏》与《周易》的不同之处是，周易八卦是从"乾"卦开始的，先乾而后坤，而乾为天为阳为男，坤为地为阴为女，这已经在其卦辞中有明确的表述。但《归藏》是从坤卦开始的，先坤而后乾。则《归藏》崇地、崇母的意识十分强烈是可以想见的。孔子当年为了更多地了解商代文化，到商人后裔所在的宋国寻访而得《坤乾》书。据《礼记·礼运》引用孔子的话："我欲观殷道，是故之宋，而不足征也。吾得《坤乾》焉。《坤乾》之义……吾以是观之。"[3]《坤乾》何书，后人已经看不到了，但学者们一般认为，这个所谓的《坤乾》书就是指以坤卦、乾卦为代表的卦书，即《归藏》。这个卦书名为《坤乾》，而不名《乾坤》，绝非随意颠倒两者排序，而是按照该卦书先坤后乾的顺序而取名的。正因为殷人卦书表达了强烈的崇坤崇地崇母意识，所以名之为《归藏》（地载物厚德，纳藏人类万物，为其归宿所在，此《归藏》卦书

① 郭沫若：《中国古代社会研究》，人民出版社 1954 年版，第 9 页。

② （汉）郑玄注，（唐）贾公彦疏：《周礼注疏》，北京大学出版社 1999 年版，第 637—638 页。

③ （汉）郑玄注，（唐）孔颖达疏，陆德明音义：《礼记注疏》，景印文渊阁四库全书·经部一〇九·礼类，（台北）商务印书馆 1986 年版，第 447 页。

书名的本意）。

商人卦书《归藏》崇坤崇地崇母的意识，在数字上的表达也就是崇"二"。据学者研究，商人《归藏》卦象的安排遵循的是二进制规则，今有人以二进制结构作《归藏易》示意图，说明商人是以"二"为其文化元编码数的。

商人的生活世界也以"二"为元编码数来安排和处理。商人的饮食制度是每日二顿，早餐称"食日"或作"大食"，晚餐称"小食"（可见早餐为主餐）；商人帝王的名字也与十干称号相关，商人按照十干顺序命日，一个帝王在哪天出生，就以哪天的日干命称，如帝乙、帝辛等。从商朝的开国者汤（大乙）到最后一个帝王辛（纣），31 个帝王均以十干命称。据一些学者如王国维在《殷商制度论》中的研究，商王承传体制，早中期很长一段时间主要实行的是兄终弟及的同辈承传制度，而不是由父及子的嫡系承传。一般只有王死无兄弟才会让儿子继位。王国维这个观点，郭沫若在《中国古代社会研究》中也接受下来了，他说，"商代的王位是'兄终弟及'，这在历史上是有明文的"[①]。尽管 40 年代后胡厚宣、范文澜等学者认为，商代王位承传与周相类，都是父子传承，但据统计，商代 30 个王（太丁除外），仅有 17 世，直接传子的只有 12 王，叔侄相传的 4 王，而兄弟相传的却有 14 王。所以，王说尚不可简单推翻。总体上看，很可能商人王位继承兄弟相传的主要在早中期，父子相传的主要在中晚期。兄弟相传遵循的是左右二分平行对等原则，父子两代相传遵循的是上下一体垂直原则。而张光直先生在《中国青铜时代》一书中的研究则认为，商人王位传承遵循的既不是父子承传，亦不是兄弟相及，而是与后世周之昭穆制类似的乙丁制。至于这种乙丁制的具体内容，比较繁复，在这里不予介绍，有意了解者可参阅该著，笔者这里只给出他的结论："商的王位在王室中政治力量最大的两个宗支（乙丁及其'朋党'之宗）之间轮替。"[②] 这种乙丁制又成为后来周代昭穆制的来源。王位不管是兄弟相传还是父母二族轮值，突出的都是平行对等性关系，二元结构是这种王位传承制的基础。张光直发现，殷人的礼制中存在一种二分现象，或曰二分规则。据他介绍，董彦

----

① 郭沫若：《中国古代社会研究》，人民出版社 1954 年版，第 9 页。

② 张光直：《中国青铜时代》，生活·读书·新知三联书店 1983 年版，第 204 页。

堂先生与瑞典的汉学家高本汉都发现了殷人的政治体制与文化传统中存在一种二分现象，对他们的观点，张光直表示："董、高二氏所发现的殷礼二分现象，不但在大体上本身可以成立……很可能的，二分制度是研究殷人社会的一个重要关键。"[1]

那么，商人的生活世界和文化世界中，"三"和其倍数还有作用吗？答案是肯定的，一如在夏人的文化世界和生活世界中，"二"作为一个古老的文化元编码也起着作用一样。我们在甲骨卜辞中经常看到商人用"三牛"、"九牛"、"三羊"、"九羊"祭祀某些神灵或先祖，这种以"三"（或其倍数）成制的祭礼本身说明，商人仍然无意识沿袭夏人崇"三"的习惯。

但很有意思的是，商人尽管在祭祀时也在使用"三"和"九"制来祭祀神灵或祖先，但不同的神灵或祖先获得的祭品是不一样的，下面是先后由王国维和严一萍二位学者将三片甲骨组合到一起的一版甲骨文，它们记述的是武乙、文丁时期商王祭祀诸位祖先的供品数目：

> 乙未，酌，系品，上甲十，匚乙三，匚丙三，匚丁三，示壬三，示癸三，太乙十，太丁十，太甲十，太庚十，小甲三……[2]

这里，上甲、太乙、太丁、太庚、太甲等先祖获得的祭品都是十个（二的倍数），而匚乙、匚丙，匚丁、示壬、示癸、小甲等先祖获得的祭品都是三个，很明显的是，获得十个祭品的先祖是更重要、更著名、更早出的，他们的命称使用"上"、"太"这样的称谓也显示出这一点，而获得三个的那些先祖则相对次要和晚出一些。商王均以其出身日所属的天干数命名，这必定导致前后 31 位君王中有以同一天干数命称的，为了区别，以同一天干数命名的君王，先出的以"大"（太）相称，后出的以"小"相称，上述享受十份供品的那些商王祖先均以"大"（太）命称，而获得三份供品的商王先祖均无"大"或以"小"命称，很明显，这里是有等级的区别的。故而这里对先祖祭祀的供品数量，一方面无意识地继承了夏人以及夏人之前以"三"成制的习俗，但又体现了商

---

① 　张光直：《中国青铜时代》，生活·读书·新知三联书店 1983 年版，第 198 页。
② 　参见李圃选注《甲骨文选注》，上海古籍出版社 1989 年版，第 247 页。

人自己以"二"及其倍数为大的新规范。相比较而言，那些对商人历史更重要、更先出的君王们是按照"二"的倍数配享供品，而贡献较小的则按照"三"及其倍数配享供品的。

综上，商人创世神话中，是以"二"为宇宙圣数，按照"二"及其倍数组构其创造的神话世界的，同时，商人也将这一创世神话中的宇宙圣数模式用之于自然、现实生活和文化世界的组构，这是与夏人创世神话的宇宙圣数"三"有明显区别的。正是在夏人与商人创世神话的宇宙圣数基础上，周人对他们的文化元编码数进行统合，创造出《易经》八卦的计数系统，这一计数系统尽管十分复杂，但"二"和"三"是其最基础的数字，具有元编码圣数地位，这是毋庸置疑的。而《易经》作为中国文化的源头之一，对后世文化和现实生活世界的组织有深巨影响，那也意味着，夏商创世神话中的宇宙圣数通过《易经》的象数系统，对中国文化产生着深远的影响，具有奠基的作用。

第七章　十日并出与羿射九日：宇宙灾难的发生与平定[*]

——商人创世神话研究之四

商人创世神话中，有过一场宇宙大灾难，这场灾难的平息与一个声名赫赫的大神或神性英雄后羿相关，同时这场灾难的发生也可能和另一个赫赫有名的大神羲和相关。后羿也许发动过对羲和的征讨，并严厉地惩罚了羲和。

第一节　十日并出与商人神话宇宙大灾难

关于十日并出的神话在中国已经是人尽皆知，本书有关楚帛书神话章节征引的资料显示，多日并出或日月并出造成灾难的神话流传在中国各民族神话中，这些神话的原始底本应该来自商人创世神话。但这个神话的性质是什么，却有重新探讨的余地。大多数学者一般将其当成一个神性英雄射手为人民去除灾害的神话，显然未能认识到这个神话在商人创世神话中的地位和性质。

在笔者看来，羿射九日的神话，是商人创世神话的一个重要构成部分，或者说是从已经失传的商人创世神话中遗落的片段，它叙述的是商人神话中，世界初创之后，曾经发生了一次宇宙大灾难，神性英雄后羿

---

　　* 本章主体部分曾以《宇宙灾难与拯救：羿射九日与胤侯讨羲和的神话底本》为题发表于《中国文学研究》2013 年第 3 期。

接受至上神帝俊的指令，平息了这场灾难，恢复了世界的平衡。只有从这个角度才能对这个神话的性质有准确合适的认识和对待。本书将由此分析十日并出和羿射九日神话的性质和意义。

现在能看到的历史化传说资料显示，商人创世神话中，曾经发生过一次宇宙大灾难，这次大灾难的完整记述首见于《淮南子·本经训》：

> 尧之时，十日并出，焦禾稼，杀草木，而民无所食。猰貐、凿齿、九婴、大风、封豨、修蛇皆为民害。尧乃使羿诛凿齿于畴华之野，杀九婴于凶水之上，缴大风于青丘之泽，上射十日而下杀猰貐，断修蛇于洞庭，禽封豨于桑林，万民皆喜，置尧以为天子。[①]

尽管这次大灾难的完整记述晚至西汉才见之于典籍，但其出现的时候应该早得多。屈原《天问》就有"羿焉彃日？乌焉解羽？"的疑问，说明他已经看到后羿射日的神话。同时，大体成书于战国时代的古本《山海经》中，亦有羿射九日的神话故事。东汉王充在《论衡》中亦谓《山海经》中有后羿射日的记载："《淮南》见《山海经》，则虚言真人烛十日，妄记尧时十日并出。"[②] 唐人成玄英《庄子·秋水》疏引《山海经》云："羿射九日，落为沃焦。"[③] 宋代类书《锦绣万花谷》前集卷一引《山海经》云："尧时十日并出，尧使羿射十日，落沃焦。"[④] 这些都说明，古本《山海经》中本有关于羿射九日的记载，今本无此记载，当为流传过程中遗落了。准此，我们可以断定，至少到了战国时代，羿射九日的神话已经是广为人知了。而《山海经》大体属于搜集民间传说的文献，收入其中的神话故事一般都是在民间长期流传的东西，这意味着，羿射九日的神话来源可能十分遥远。在笔者看来，这个神话片段应该是商代创世神话的一部分，在商代早期就已经出现。本书就以上引《淮南子》中的那段记载为基础，讨论这个神话的性质和内在含义。

首先，诸种记载几乎都将羿射九日的故事安排在"尧之时"，而这

---

① 何宁：《淮南子集释》（中），中华书局1998年版，第574—577页。

② 黄晖：《论衡校释》（第二册），中华书局1990年版，第511页。

③ （清）郭庆藩著，王孝鱼点校：《庄子集释》，中华书局1961年版，第565页。

④ 转引自袁珂、周明编选《中国神话资料萃编》，四川省社会科学院出版社1985年版，第209页。

个尧据顾颉刚等先生的研究，其实是战国时代的人们造设的一个远古仁君，并不是真实存在的历史人物。郭沫若等历史学家都接受了这个观点，应该是有道理的。若如此，则所谓"尧之时"，实际是"舜之时"，关于尧的故事不过是商人至上神和始祖神舜的故事的部分拆分而已，而舜不过是俊的历史化、传说化形式，故而，羿射九日的故事其实是帝俊神话系统的故事。

其次，一些现代学者用科学的方式解释"十日并出"的现象，谓乃是"日晕"或大气折光导致的多日并在的"幻日"现象。尽管不排除商人最早创造十日神话的时候可能是基于这种自然现象，但这种可能性应该是很低很低的，即使古代先民经常看到（其实很少能看到）多日并出的"幻日现象"并由此产生有多个太阳的神话，但所见幻日正好是十个，那个概率是十分低的，而且，现代科学观测的这种幻日现象，一般只会在南北极地区才会看见，我们很难相信古代中国人早就大规模地到过北极或者南极了。再说，如果按照"幻日"现象来解释古人关于十个太阳的传说，那在逻辑上也意味着必须按照"幻月"现象来理解常羲生十二个月亮的故事、按照客观事实来理解《山海经》神话中那些九头或九尾的怪兽了。如果那样，神话就不是神话，而是科学了。因此，尽管不绝对排斥从科学角度来理解十日神话，但我们最好还是将神话当成远古先民的想象性产物，而不是客观观察的结果。

在这个前提下，我们来看《淮南子》记述的这个灾难。这里最关键的是十日并出，导致世界一切都混乱了，所以，才有那么多神性凶虫猛兽一齐出来危害天下。猰貐、修蛇、封豨、凿齿、九婴、大风等出来危害天下，与十日并出应该是有内在关系的现象，它们共同显示的是这种宇宙秩序的混乱状态。

那么，早期商人想用十日并出和羿射九日的神话表达什么呢？何新先生将这个神话和商人的历史生活中一个重大事件联系起来，说羿射九日神话象征性表达的是太阳历的衰落，笔者觉得是很好的解读。但何新先生没有深入探讨十日神话与太阳历有何关系，商人既然在自己的神话中编织了他们的至上神帝俊妻羲和生十日的故事，为什么又会编织让他们的神性英雄射日的故事？这生日和射日表达的应该是对立的内涵，如果羿射九日神话真是商人废除太阳历的神话表述，那是否意味着帝俊妻羲和生十日的神话是他们实行太阳历的神话表述呢？如果是，那是否是说商人通过生日和射日神话，表达了在历法体制上的自我革命过程？事情似乎远没有这么简单。

如上章所述，太阳历在中国远古很可能是逐鹿中原的西夏、东夷、苗黎三大族团曾经共同使用的历法，有资料显示，一直到 20 世纪的现代社会，苗黎族团的后裔彝族人中一部分还使用这种太阳历。在古代社会，东夷和西夏族团什么时候废止太阳历，从无明确记载。被后世认为是夏人历法典籍的《夏小正》提供的资料显示，夏人奉行的已经是太阴历，即一年为十二个月的历法。但这个资料的可靠性已经大受现代学者怀疑，不少学者认为，所谓《夏小正》，多半是周人编制的典籍，而伪托为夏人的作品。当然，从地域角度讲，周人与夏人同为西北族团，周人完全可能继承了夏人的文化遗存，所以，即使《夏小正》是周人编制的，但其所载历法倒确有可能是源自夏代。但如前所述，有学者通过对《夏小正》和一些周代文献的对比性研究证明，《夏小正》中以十二个月为一年的太阴历其实是周人添加的，这个文献中早期的历法仍然是一年为十个月的太阳历。也就是说，夏人长期使用的可能是一年十个月的太阳历。

由此，我们能够理解商人至上神帝俊妻羲和生十日神话的意义了，那是商人通过神话的形式将宗主国夏人的太阳历这一重要成果统合到商人文化的方式，太阳历本来是其宗主国夏人实行的历法（作为属国的商人自然也曾经使用这种历法），在当时当然具有最高的权威性。但商人成为胜利者之后，为了确认对那些重要文化成果的创造者和拥有者的地位，要通过这种神话形式完成创造主体的转移和重新确认。这在中国古代王朝的更迭历史中，几乎是一个普遍的现象。关于羲和的身份也有助于这种理解。著名古代文学研究者姜亮夫先生在《楚辞通故》中对羲和考释的结论是，羲和即女娲。何新先生也在《诸神的起源》中表达了同样的认识。郭沫若先生在《中国古代社会研究》中也说羲和、常羲等都是女娲转换而来的。而女娲是夏人神话中夏人的高祖母，闻一多先生《高唐神女考》谓女娲乃夏人高母神。《世本》谓涂山氏即女娲，《绎史》谓禹为女娲的十八世孙，不管哪种说法，都确认女娲是夏人的先妣神（关于女娲与夏人的关系，本书后面有专节讨论）。如此，则帝俊妻羲和（女娲）生十日的神话可能暗示的是太阳历实际是夏人的历法（羲和生十日）这一事实；同时，这个帝俊妻羲和的故事则表明商人认为自己对这种历法具有原创性的拥有权（文化掠夺）。

那么，商人什么时候实行的太阴历呢？如前节所述，考古资料已经显示，他们的某些甲骨片上的占卜日期落款为十一月或十二月，说明他们成为中原的统治者后实行的是一年十二个月的太阴历。而且，商人甲骨片上也明确地刻有天干十数和地支十二数的名字，这说明，他们至少在成为中原统治者之后就有太阴历了。那么，这种一年十二个月的太阴历是谁创造的呢？从什么时候开始实行的呢？迄今尚无可靠研究成果。一些学者们推断，帝俊妻常羲生十二个月亮的神话，就是太阴历产生的神话表述。若如此，那是否意味着太阴历是商人的创制呢？我们还不能得出肯定的结论，因为这个神话也很可能和帝俊娶羲和的神话一样，是将先前王朝的文化创造通过神话的方式统合到自己的文化中的象征表述。

商人很可能较早实行了太阴历。不仅甲骨文提供了历史证据，《尚书·尧典》隐含的神话底本也提供了这种理解的基础：

> 乃命羲和：钦若昊天，历象日月星辰，敬授人时。分命羲仲，宅嵎夷，曰阳谷。寅宾出日，平秩东作；日中、星鸟，以殷仲春。厥民析；鸟兽孳尾。申命羲叔，宅南交。平秩南讹；敬致。日永、星火，以正仲夏。厥民因；鸟兽希革。分命和仲，宅西，曰昧谷。寅饯纳日，平秩西成；宵中、星虚，以殷仲秋。厥民夷；鸟兽毛毨。申命和叔，宅朔方，曰幽都。平在朔易；日短、星昴，以正仲冬。厥民隩；鸟兽氄毛。帝曰："咨！汝羲暨和，期三百有六旬有六日，以闰月定四时成岁。"允厘百工，庶绩咸熙。①

---

① （汉）孔安国传，（唐）孔颖达正义，黄怀信整理：《尚书正义》，上海古籍出版社2007年版，第39—40页。

　　近现代研究者大都认为，《尚书·尧典》并非真的来自尧舜时代，而是春秋战国时代文化人撰作（也有人认为可能是晋代梅赜伪作），这个结论应该可以接受。但尽管可能所出较晚，一定有其遥远的神话底本，《尧典》文本确实体现了春秋战国时代人的许多认识，可能是后人伪造，但所依据的神话底本却不是伪造的，其核心内容依然有自己的神话依据和历史基础。商人帝俊妻羲和生十日的神话、商人甲骨卜辞中体现的四方、四方风、四方神的空间与空间神的切分组织模式、商人甲骨卜辞中明确使用的一年十二个月的太阴历等，都是上引春秋战国时人（或东晋梅赜）撰作的《尧典》这段文字的基础，只是春秋战国时人（或东晋梅赜）根据自己的时代要求和认识水平对这些核心内容进行了拆分和改写。在《尧典》里，曾经的神话变成了历史，在商人至上神帝俊（舜）之上和之前，增加了一个更早的圣君尧，将原本属于俊的神话部分地拆分和改写为尧的历史活动。羲和生日的神话也被历史化了；商人神话中的太阳母神羲和历史化和分拆为尧时四个主管四时四方的天文历法官。所有这些，都揭示上引《尧典》的记述尽管可能是战国或东晋时代撰作的，但仍然有商代神话底本和历史基础。

　　回到本书讨论的问题，上引《尧典》有关历法记述和太阴历有何关系？这里的关系就在于，尧指示几位天文历法官，"期三百有六旬有六日，以闰月定四时成岁"。闰月的体制是与太阴历使用相关的，这已经是常识，不需赘述。因此，这个指示意味着尧宣布使用太阴历了。而我们知道，尧不过是战国时代的文化人为了特定的需要塑造出来的一个远古神君，他基本是在商人帝俊神话基础上分拆出来的一个神性圣君。我们只要做一个还原性工作即可，即，将尧的行为和事迹还原为商人始祖神和至上神帝俊的故事就行。如果这个推断不错，那么，对《尧典》中尧宣布使用太阴历的传说进行还原的结论是，在原初，应当是商人至上神和始祖神俊（舜）宣布使用太阴历。

　　因此可以推断，羲和生十日神话所暗含的太阳历来自商人以前的远古时代，夏人当初使用的就是这种历法，作为夏人属国的商人，当初使用的也应该是这种历法。但帝俊妻常羲生十二个月亮的神话和上引《尧典》暗含的是，商人后来使用了将一年分为十二个月（某些年份加闰月）的太阴历，这种太阴历对于一年时间的切分更为合适和准确，也更能体现农业生产的节候特征，后人正是在太阴历基础上制定了对农业生产过程具有很大指导作用的二十四节候。历法是一个国家最重要的法典，商人使用的太阴历与太阳历冲突是必然的，只要商人强大到有足够的能力改变历法的时候，他们就会废止古老的太阳历，而使用太阴历，而这种历法的改变，将引发巨大而激烈的冲突。商人否定太阳历的神话形式，就是《淮南子》中十日并出导致宇宙大混乱和大灾难的故事。这个故事暗含的认识是，按照太阳历将一年区分为十个月的历法会导致时间的混乱，给农业生产带来巨大灾难，给民众生活带来严重困难。因此，废除它而实施太阴历势所必然。

由此回到十日并出的神话故事。商人曾经实行的太阳历存在的问题，在神话层面被表述为十日并出导致世界灾难，而废除太阳历法这一重大历史事件，则表述为羿射九日以救世的神话故事。

第二节　"胤侯讨羲和"背后的神话底本

那么，在商人神话中，是谁导致这种十日并出的宇宙混乱和灾难的呢？我们现在看不到，也几乎没有任何资料提及。倒是《尚书·胤征》提供了一个线索，值得我们研究。

《尚书·胤征》：

> 惟仲康肇位四海，胤侯命掌六师。羲、和废厥职，酒荒于厥邑，胤后承王命徂征。告于众曰："嗟！予有众：圣有谟训，明征定保。先王克谨天戒，臣人克有常宪。百官修辅，厥后惟明明。每岁孟春，遒人以木铎徇于路。官师相规，工执艺事以谏。其或不恭，邦有常刑。政典曰：'先时者杀无赦，不及时者杀无赦。'今予以尔有众，奉将天罚。尔众士同力王室，尚弼予钦承天子威命。火炎昆冈，玉石俱焚，天吏逸德，烈于猛火。歼厥渠魁，胁从罔治，旧染污俗，咸与惟新。呜呼！威克厥爱，允济；爱克厥威，允罔

功。其尔众士，懋戒哉！"①

首先要对《胤征》这篇文献产生的年代进行一点辨析。《尚书》的版本学是一个十分复杂的问题，历来有所谓今古文《尚书》之争、真作与伪作之争，纠缠近两千年，至今仍有许多问题无有定论。在此无暇深入论及，仅介绍与本文所引《胤征》相关的研究成果。众所周知，《尚书》虽传是孔子编订的上古文献，但孔子所编订的《尚书》有多少篇，并无定论。而且由于秦至晋代多次战乱和文化浩劫，《尚书》曾经几度失传。到晋代，《尚书》原初究竟有多少篇、具体内容如何已是一个问题。东晋时期，梅赜（一作梅颐）献传为汉孔安国古文《尚书》，比当时流行的由西汉初年济南伏生所传今文《尚书》多25篇，故宋代以来，迭遭学人怀疑，到清代，经著名考据学大师阎若璩《尚书古文疏证》深入考证，断定梅赜本《尚书》多出今文《尚书》部分的那25篇为伪作，此论已几乎被视为铁案。而《胤征》就是在这25篇被定为伪作的作品之内。

阎若璩在《尚书古文疏证》一书有两条专论《胤征》之伪的：一是第六十四条"言《胤征》有'玉石俱焚'语为出魏晋间"，该条谓《胤征》中有"火炎昆冈，玉石俱焚"等语词，这种恐吓性用语不合古贤关于檄文用语应本仁义的原则，并考证这是魏晋间陈琳讨操、钟会讨蜀檄文中的用语，谓梅赜本《胤征》无意间用此等语则暴露其必为魏晋间伪作。② 二是第八十一条"言以历法推仲康日食《胤征》都不合"，精于历法的阎若璩从历法角度推断，《胤征》谓仲康元年季秋朔发生日食是没有根据的。他说："仲康始即位之岁乃五月丁亥朔日食，非季秋朔也。食在东井非房宿也。在位十三年中，惟四年九月壬辰朔日有食之，却又与经文'肇位四海'不合，且食在氐末，度亦非房宿也。"③ 阎若璩据此的结论是，夏仲康元年并未发生日食，因此，《胤征》谓仲康元年发生日食是错误的，这恰恰是这篇经文乃后人伪撰

① （汉）孔安国传，（唐）孔颖达正义，黄怀信整理：《尚书正义》，上海古籍出版社2007年版，第269—275页。

② 参见（清）阎若璩《尚书古文疏证》，上海古籍出版社1987年版，第366页。

③ 同上书，第599页。

的证明。

近二十年,学界慢慢走出疑古思潮,开始有学者援引资料,论证梅赜本《尚书》并非伪作,其基本篇目和内容即东汉林杜所传、贾逵为之作《训》、马融作《传》、郑玄作《注解》的古文《尚书》,而林杜所传之《尚书》又被认为基本是承继西汉孔安国古文《尚书》而来。若此则梅赜本《尚书》即使是伪作,伪作者是不是他自己尚有重新讨论的余地。关于《尚书》古今文和真伪文的讨论必定会继续下去,孰是孰非,笔者寄望该课题有深厚积累的学者新的研究成果。在此只是指出,被认为梅赜本古文《尚书》伪作的 25 篇中,有上引《胤征》一篇。

《胤征》的篇目在司马迁《史记·夏本纪》中就有介绍:

> 帝中康时,羲和湎淫,废时乱日,胤往征之,作《胤征》。[1]

那么,《史记·夏本纪》所提及的《胤征》与今见古文《尚书》中的《胤征》文字是否完全一样?这就无法断定了,但今见古文《尚书》中《胤征》的基本内容倒是与《史记·夏本纪》所述一致。而且,在更早的历史文献《左传·昭公十七年》中已有与《胤征》相关的记载:"故《夏书》曰:'辰不集于房,瞽奏鼓,啬夫驰,庶人走。'此月朔之谓也。当夏四月,是谓孟夏。平子弗从,昭子退曰:'夫子将有异志,不君君矣。'"[2] 这里"辰不集于房,瞽奏鼓,啬夫驰,庶人走",讲述的事件被明确确认为与羲和湎淫,废时乱日,未能测定日食相关,而这正是《胤征》这篇文告的历史底本。而且,《左传》明言,这段文字引自《尚书》之《夏书》。据此可推断,不管今见梅赜本古义《尚书》之《胤征》是否伪作和何人伪作,但《胤征》一篇应该自有古代文献为本,即春秋战国时期的《尚书》中就有《胤征》一篇,那大概就应该是孔子所编订的《尚书》中的一篇。至于梅赜本《尚书·胤征》与先秦《尚书·

---

① (汉)司马迁著,(南朝宋)裴骃集解,(唐)司马贞索隐,(唐)张守节正义:《史记》,中华书局 1959 年版,第 85 页。
② (周)左丘明传,(晋)杜预注,(唐)孔颖达正义:《春秋左传正义》(下),北京大学出版社 1999 年版,第 1359—1360 页。

· 255 ·

胤征》的文本文字是否完全一样，因为先秦《尚书》文本已经不存，所以不易确认。

阎若璩证伪《胤征》的依据和方法，在今天一些学者这里已经引起质疑。例如他从历法角度推断仲康元年季秋朔日没有发生日食，日食发生在五月丁亥朔，就有学者质疑："以现代科学的方法，夏代每王的纪年亦属难考，其日食在每王的年月日当更难稽查。今年出版的最新先秦史历表，仅有商代《公元前1399—前1000年安阳可见日食表》，而未及夏代，可见其难度之大。然而阎氏对夏代每王日食发生的年月日都非常清楚，难道清初的天问历法科学比现代还要发达？"①这个质疑的意义是多方面的，一是意味着阎若璩从历法角度证伪《胤征》是困难的，因为他自己使用的历法从今天的角度看是很不精确的；二是对唐代孔颖达以来一些学者谓"辰不集于房"即日食的说法也是一个否定：如果清代人不可能准确推断夏人日食，唐代人更没有这个能力了。

我倒觉得阎若璩证伪《胤征》这个文本的某些依据和方法值得重视。例如他说《胤征》文告中的某些用语在春秋战国以前的文献中不曾出现，是在魏晋间陈琳、钟会等人的檄文中才开始出现的，这应该是一个有力的证据。只是他从历法角度证明夏时不可能准确推定日食，却并不能证伪梅赜本《胤征》，原因是《胤征》并没有说是因为羲和没有准确预测日食而受到讨伐，也没有说"辰不集于房"就是日食。将"辰不集于房"解释为日食的，最早是唐代孔颖达的《尚书正义》，因此，阎若璩关于夏仲康时日食的有关推断并不构成对《胤征》这个文本的否定，倒是能构成对孔颖达将《胤征》中诛讨羲和的原因确认为未能准确预测日食的否定。

因此，可以这样认定，孔子编订的《尚书》本有《胤征》这篇经文，至于梅赜本《尚书》中的《胤征》是否文字与孔子编订的完全一样，那倒是无法确认的。梅赜本《胤征》文本也许是梅赜或魏晋时人伪作，但《胤征》所叙述的事件肯定在春秋战国有《尚书》文献作为底本。就是说在春秋战国的《尚书》文献中，远古曾经发生过一次天

① 杨善群：《辨伪学的歧途》，《淮阴师范学院学报》2005年第3期。

象的混乱，这次混乱成了主掌天文历法的官员羲和被征讨的原因。

因为羲和是商人神话中的太阳母神，因此这个传说应该源自远古商人创世神话，是后世人们将这个神话传说作了历史化处理，于是才有《胤征》作为历史文献的出现，就像上古商人神话中的太阳母神羲和在《尧典》中演变成了尧的四个天文官一样。因此，作为历史文献的《尚书·胤征》真伪问题也许存在疑问，但它所关涉的神话传说却一定曾经存在。本处讨论的是作为《胤征》底本的那个神话传说。

《胤征》被认为是夏仲康元年，胤侯受命统率六军，去征讨司掌天文历法的羲和所发布的文告。所以要征讨他（历史化的文献《尚书》中，羲和已经由女性变成男性，并且一分为二或一分为四），是因为"羲和湎淫，废时乱日"，对此孔颖达《尚书正义》解释谓羲和"沉湎于酒，过差非度，废天时，乱甲乙"①。羲和乃司掌观察日月星辰运行、制定历法之官，因为沉湎于酒，失其职守。何谓"废天时"？圣人设历法以纪天时，不存历法，则谓废天时；何谓"乱甲乙"？"甲乙"乃指日干十数的次序，太阳运行以甲乙为纪，"乱甲乙"乃谓混乱了太阳运行次序。而这结果就是发生了一次天象混乱："乃季秋月朔，辰弗集于房。瞽奏鼓，啬夫驰，庶人走。羲和尸厥官，罔闻知。昏迷于天象，以干先王之诛。"大体意思是，在九月初一这一天（季秋月朔），日月（辰）未聚于房宿所在（聚于此为正常，未聚于此则不正常），偏离了其运行轨迹次序。对此孔颖达《尚书正义》解释道："辰，日月所会，房，所舍之次，集，合也。不合即日食可知。"② 所以，"辰弗集于房"，在此即指日食。作为观测日月星辰以制定天文历法的主官，羲和却因沉湎于酒而未能提前预知和预告，是死罪一项，故胤侯奉旨征讨之。

唐代孔颖达《尚书正义》是最早将"季秋月朔，辰弗集于房"解释为日食的。那以后不少学者均延续这个解释，乃至到现代，这被称为中国历史文献记载的最早的一次日食现象，即所谓"仲康日食"。也有个别学者提出质疑，这质疑就是，《胤征》其实没有任何地方直接陈述发

---

① （汉）孔安国传，（唐）孔颖达正义，黄怀信整理：《尚书正义》，上海古籍出版社 2007 年版，第 268 页。

② 同上书，第 272 页。

生了日食现象，"季秋月朔，辰弗集于房"，并不是日食的确证。因为日月不集于房宿所在，未必就是发生了日食。这个质疑似乎不无道理。上引《左传》和《史记·夏本纪》均只叙述了夏仲康初年季秋月朔，辰弗集于房的天象混乱现象，而未言其为日食。而且，如果羲和因为没有准确预告日食而该被诛杀讨伐，那在夏代似乎是不能成立的理由，因为，在传说中的夏代，中国人根本就不可能准确预测日食现象的发生。中国人开始能够一定程度上预测日食现象，那要到三国时代，那时候，中国人才初步懂得预测日食的入门知识。魏明帝（公元227—239年）杨伟创制了《景初历》，开始知道黄、白二道的交点，每年也有移动；同时又知道日月交食的发生，不一定在轨道的交点上。于是，他定出"食限"，即日月两星球距黄、白交点左右各18度以内，便可发生交食。他又推算得月食分数和初亏时的方位角，这些都是前人所未有的。但在传说中的公元前二千多年的夏代早期，要准确预测日食，那是绝无可能的。阎若璩从历法角度进行精细推算，证明仲康元年不可能发生日食，由此证明《胤征》为伪作，其实，这能证明的只是孔颖达以来的人们将"季秋月朔，辰弗集于房"解释为日食是错误的，而不能成为《胤征》为后人伪作的证据。《胤征》本身并没有说那是日食，所以，也不是羲和该被讨伐诛杀的理由和原因。

尽管"辰不集于房"未必是日食，但我们据《胤征》可以肯定的是，确实发生过一场天象的大混乱，这场天象大混乱是什么呢？笔者以为应该是太阳运行的混乱。孔颖达《尚书正义》谓羲和"沉湎于酒，过差非度，废天时，乱甲乙"，是什么意思呢？所谓天时，当然是由太阳的有序运行而确认的时间（时、日、月、季、年等）体系，而太阳运行以甲乙十干顺序为纪，"乱甲乙"乃谓打乱了太阳运行次序，导致天象的混乱。这当然是死罪了。那么，"乱甲乙"具体所指又是什么呢？这就关涉到《胤征》的神话底本了。天干十数本是对十个太阳的命名，也是它们运行顺序的次序系统，因此，"乱甲乙"很可能在神话层面指的是本书引录的那个"十日并出"的宇宙大混乱。十日并没有按照顺序运行，而是齐集天空，此乃"乱甲乙"之谓也。这在逻辑上是十分合理的。因为十日不按照规矩秩序并至乱出，脱离了预定的位置（辰不集于房），导致了天象的大混乱，《胤征》后面的神话底本中，羲和被讨伐的根本原因应该在这里。

那么,在传说的夏人历史上,有十日并出的记载吗?也许不是偶然的原因,传说中夏人早年确实曾经发生过十日并出乱象。据《古本竹书纪年》载:"胤甲即位,居西河,有妖孽,十日并出。"① 《山海经》、《太平御览》、《开元占经》、《通鉴外纪》等书均曾引录过这个说法。按照古本竹书纪年记载,羿是与太康同时代的人,而胤甲则是太康以后第八代君王,理论上,与羿不是同时代的人。但正如许多学者指出的那样,传说时代的夏帝王世系究竟是怎样的,其实是个谜,古本竹书纪年的夏王世系不必特别认真对待。笔者有兴趣的是,居然在一个叫胤甲的人即位的时候发生了十日并出的现象。这里的胤甲与《胤征》中的那个讨伐羲和的胤侯是否有联系?是否是同一个传说人物在不同文献中被分派到了不同时代?关于十日并出的记载,古代文献有许多,有谓尧的时候,有谓舜的时候,有谓夏胤甲的时候,而且中国不少民族都有十日并出的神话传说,在笔者看来,它们其实都有一个共同的源头,那就是都来源于古代商人创世神话中十日并出的宇宙大灾难。夏胤甲时代的所谓十日并出现象,也是商人神话历史化、传说化的方式之一。明白了这一点,我们就不必认真追究十日并出究竟是出现在夏仲康时期,还是胤甲时期,传说中出现在哪个时期其实都一样。如果真有夏朝,真有仲康和胤甲两个夏的君王,他们任何一个人的时期都不会真的出现十日并出的现象。因此,这种记载,只能当成神话的传说化、历史化结果对待。而作为传说化、历史化产物的胤侯征讨羲和故事,应该与十日并出现象有内在的关联。

由此回到《胤征》的神话底本问题。尽管在《胤征》中,远古商人神话已经被历史化了,太阳母神羲和已经被历史化为后世的天官了,但她的神话源头仍然是明显的,我们完全可以根据《山海经》中羲和生日的有关神话恢复她太阳母神的原貌。也就是说,《胤征》所叙述的胤侯受命征讨羲和的历史传说,在上古神话中,当是某位天神征讨羲和的神话故事。

那么,是谁征讨她呢?

---

① 刘晓东等校点:《古本竹书纪年》,齐鲁书社 2000 年版,第 4 页。

作为历史文献的《胤征》中，记述夏仲康时代胤侯受命征讨失职的羲和的事件，其实应该是商人创世神话中羿征讨羲和故事的历史化结果。而在羿神话的传说化、历史化形态有穷氏国君后羿的有关文献中，他正生活在夏的仲康时代。即"后羿代夏"的时代，《左传·襄公四年》云："昔有夏之衰也，后羿自鉏迁于穷石，因夏人而代夏政。"[①]《古本竹书纪年·夏纪》谓"太康居斟寻，羿亦居之"[②]，则羿与太康是同时代的人。

据历史传说，夏启之后，其子太康即位，沉湎酒色田猎，不理朝政，启的五个儿子为了王位互相内斗、继而又有武观之乱，王朝岌岌可危。东夷有穷氏国君后羿趁机带领军队袭击夏都，赶走太康，并立太康之弟仲康为帝，实际朝政大权全掌握在后羿手中。《胤征》中征讨羲和的事件就是在仲康即位元年发生的。既然后羿是仲康王朝实际的主宰，因此，在根本的意义上，不是仲康而是后羿发动了对羲和的征讨，对此，孔颖达《尚书正义》曰：

> 襄四年《左传》云："羿因夏民以伐夏政。"则羿于其后篡天子之位，仲康不能杀羿，必是羿握其权，知仲康之立，是羿立之矣。[③]

所以，实际讨伐羲和的，在传说历史的层面，是后羿；而在神话层面，应该是神羿，征讨的原因是羲和"废时乱日"、"昏迷天象"，导致世界的混乱。

因此，从商人原初神话创世神话角度看，在羿射十日与后羿征讨羲和之间应有内在关联。因为十日并出导致宇宙大混乱和大灾难，所以，后羿射杀了九日；而十日并出的原因则在太阳母神那里，是太阳母神羲和的主使导致了十日并出，从而导致大地禾苗干枯、民无所食、众多神性怪物一起出来危害天下的灾难。《归藏》中的羿毙九日、《史记·夏本纪》中的后羿代夏、《淮南子》中的十日并出与羿射九日、《胤征》中的

---

① （周）左丘明传，（晋）杜预注，（唐）孔颖达正义：《春秋左传正义》（下），北京大学出版社 1999 年版，第 836 页。

② 刘晓东等校点：《古本竹书纪年》，齐鲁书社 2000 年版，第 3 页。

③ （汉）孔安国传，（唐）孔颖达正义，黄怀信整理：《尚书正义》，上海古籍出版社 2007 年版，第 269—270 页。

征讨羲和事件、《古本竹书纪年》中夏胤甲时代的十日并出现象等,应该都是商人创世神话中相关情节的碎片化、历史化与传说化的结果。所以,从神话的层面上,赫赫天威的太阳母神羲和被征讨的原因,是她掌管和安排的她的十个儿子并出齐集,导致宇宙混乱。

这个后羿是那个神话中的神性英雄羿吗?学者们对此多有争论。而在笔者看来,所谓羿、神羿、夷羿、后羿,其实是一个人,区别只在传说中"后羿代夏"的后羿是射杀九日的神羿的历史化、传说化形式而已。所谓后羿代夏,正合屈原《天问》"帝降夷羿,革孽夏民"的故事,说明代夏的后羿即是《山海经·海内经》所载"帝俊赐羿彤弓素矰,以扶下国,羿是始去恤下地之百艰"的神羿。神话层次的神羿射杀给世界带来灾难的九个太阳和一批神性怪兽,平息了宇宙混乱,与传说化、历史化层面的《夏本纪》中后羿驱赶荒淫无度、沉湎田猎酒色的太康以及讨伐导致天象混乱的天文历法官羲和的事件应该有内在的一致性。但在后世,神话层面羿征讨羲和的关目已经亡佚,我们只在历史化层面看到胤侯受命对天文历法官羲和的征讨(实际是作为国家权力控制人的后羿对羲和的征讨)。

从历史化层面讲,《胤征》有一个明显的破绽是,作为天文历法官的羲和,在任何时代的政权体制中,都是王朝设置的官吏,都应该居住在京都,并不拥有自己的领地和武装力量,最高统治者如果要追究她的过失,惩罚她,一份诏令即可,还用得着命令一个朝廷重臣率领庞大的王朝军队("六军")去讨伐吗?这个破绽泄露的是它的神话底本中,羲和是赫赫天威的太阳大母神、具有超人的威势这个事实。羿曾经与羲和发生过一场激烈的冲突,这场冲突尽管最后是以羿的胜利告终的,但取得这份胜利十分不易。从现今所见神话看,没有任何资料讲述羿曾经与羲和发生过激烈冲突并最后打败和惩罚了她,但综合十日并出、羿射九日、胤侯征讨羲和等故事,我们有理由推断,在久已失传的远古商人神话中,应该有这个故事关目。叶舒宪先生在《太阳神话英雄》一书中论及羿射九日的神话时,曾经推断这与神话中太阳家族的内讧有关,我在20世纪90年代的研究论文中,曾经不认可这个说法,但综合有关资料反复体味推敲,现在觉得叶舒宪先生这种推断是很可能的。

从真实的历史层面看,暗含商人废止太阳历的羿射九日神话与传说化历史中的"后羿代夏"、夏仲康年间胤侯征讨羲和故事的内在联系是明显的，后者实际上指示了在夏初，东夷的商人曾经一度强大到控制中原局势，并废止了太阳历，实行太阴历。著名历史学家李学勤先生据"后羿代夏"的传说也认为商人在夏早期曾经在一段时间里介入到夏人的中心地带，并在文化中留下了自己的痕迹。

这里涉及一个问题：在商人神话中，羲和作为帝俊的妻子，如何可能被帝俊的臣子甚至是儿子羿所征讨诛杀？据《山海经·海内经》记载："帝俊赐羿彤弓素矰，以扶下国，羿是始去恤下地之百艰。"《楚辞·天问》亦有"帝降夷羿，革孽夏民"的说法，则羿是帝俊派到人间革除夏人弊政、解救下民于水火的神性英雄。而且，这里的"降"可解为"惟庚寅吾以降"之"降"，也就是同时具有"出生"和"降处"之意。准此，则后羿不仅是帝俊的臣子，还是帝俊的儿（子萧兵先生也主为羿是帝候的儿子）。帝俊的儿子后羿后来射杀了帝俊另外的九个太阳儿子，还征讨诛杀帝俊的妻子羲和，这不是家族内讧吗？看来，在原初商人的创世神话中，帝俊的臣子和儿子羿后来很可能和他的九个太阳兄弟和母神羲和发生了激烈的冲突，至于这种冲突的原因何在，今天已经无法确切知道，但这场冲突很可能与那场十日并出、诸种神性怪兽并出的宇宙大混乱和大灾难相关。由于神话的伦理化和历史化原因，我们现在已经不容易看到其原初真相了，但从本书引录的《淮南子》记述的后羿射杀九日和诸多神性怪兽、《胤征》中后羿控制的仲康时代征讨诛杀羲和的故事中，我们还是能窥见这场冲突在远古商人神话中确实发生过，只是后世作了伦理化、历史化和传说化的处理，遮蔽了其原初形态罢了。

而羲和是帝俊的妻子，当后羿与羲和发生激烈冲突的时候，帝俊是何态度？后羿也和他的父神俊发生了冲突吗？现在也没有资料涉及这方面的问题，但《天问》中下面的问题也许暗示了在屈原看到的神话中，后羿最后也可能和帝俊发生了矛盾和冲突：

> 稷维元子，帝何竺之？投之冰上，鸟何燠之？
>
> 何冯弓挟矢，殊能将之？既惊帝切激，何逢长之？[1]

---

① 林家骊译：《楚辞》，中华书局 2009 年版，第 92 页。

　　绝大多数《楚辞》研究者，都将上面这几问理解为是针对后稷的，其实，这几问应该是分别针对后稷和后羿两个神性英雄提出的。"稷维元子，帝何竺之？投之冰上，鸟何燠之？"两问是针对后稷的，这涉及的是后稷出生的神话，《诗经·大雅·生民》已有具体叙述，后世一些散文文献中也有记载，研究者都已经烂熟这些资料，所以不拟赘引和分析。而"何冯弓挟矢，殊能将之？既惊帝激切，何逢长之？"两问，研究者们多将它们也理解为是针对后稷的（如萧兵先生在《中国文化的精英》一书中就认为后稷作为太阳神的儿子也是射手型英雄，且可能与父神发生冲突），主要是因为它们在顺序上与前面两问直接相承。但从内容上看，这两问和后稷似乎毫无关系。没有资料说后稷是一个神射手，也没有资料说后稷的神射曾经让上帝震惊。从内容上看，"惊帝激切"的大约正是后羿"冯弓挟矢"上射帝俊的儿子们——十日和他征讨帝俊妻子羲和的行为，甚至还有后羿和他的父神帝俊发生冲突的可能行为。《天问》中诸问之间往往有着极大的跳跃性，这正是这首诗诗句组织的重要特点，古今读这首神话诗歌的学者也都强烈感觉到。正因为这个特点，许多学者按照一般的逻辑原则，断言这首诗许多地方有脱简、错简，有学者还重新对这首诗诗句的顺序进行编排重组，以使其符合惯常思维逻辑，笔者觉得当代学者杨义先生在《楚辞诗学》中从神话思维、诗性思维的角度理解屈原诗歌中诗句片段之间巨大跳跃性和断裂感的合理性和必然性更为合适。所以，"何冯弓挟矢，殊能将之？既惊帝激切，何逢昌之？"的诗句，应该不是承接前面几句的内容针对后稷发问的，而是针对羿的。这意味着，羿不仅和他的太阳兄弟、太阳母神发生过激烈的冲突，最后还可能和他的父神帝俊发生过冲突。

　　这场可能的冲突结果是怎样的？在原初商人神话中，会不会有这样的情节：帝俊（舜）的儿子羿与其父神发生冲突后，打败并最后流放其父神？现今所见关于舜（俊）传说的结局充满感伤意味，古代文献谓舜南巡"陟方"而死于苍梧，他的两个妃子娥皇、女英（羲和、常羲的传说化形态）也追随他，闻之死亡相与恸哭，投湘而死。这种充满感伤意味的结局令人遐想无穷。尽管如此，我们还不能确认在商人创世神话中，羿确曾与其父神发生过激烈冲突并最后流放了他。我们能够肯定的是，确曾发生过一场宇宙混乱和灾难，这场混乱是由十日并出引起的，而十日并出和他们的母神羲和有关。是那个神性英雄羿平息了这场混乱和灾难，使世界恢复了正常的秩序。从而最终完成了世界的创造。而这场灾难的平息暗含了商人创世神话中曾经发生了一场神族内讧。

第八章　羿死桃棓与羿之神性

——商人创世神话研究之五

战胜一场宇宙大灾难的英雄羿（即后羿）乃中国上古神话中第一号大英雄，他有怎样的神性？本章将着重讨论这个问题。

第一节　神桃的深层意象:伴日云霞[*]

当代神话学界一些著名学人对羿的神性几乎有共同的确认，羿乃太阳英雄，光明神。萧兵先生在《中国文化的精英》一书中，一个基本观点是：古代神话中射手型英雄即太阳英雄，而羿正是第一号英雄射手。[①] 叶舒宪先生的见解与此不谋而合，在《英雄与太阳:中国上古史诗的原型重构》一书中，他以古巴比伦史诗《吉尔伽美什》的叙事结构为基本参照，来重构羿的神话传说，基本思路是：我国古代曾有过类似于巴比伦这部史诗的一部史诗，这部史诗的主人公即羿，羿与吉尔伽美什一样，是具有太阳神性的英雄。这部失传了的中国上古史诗叙述的是羿从生到死的英雄历程，这一表层故事正对应着深层太阳从升起到沉落的原型结构。羿之死正是太阳沉落的表

---

[*] 本节分两部分分别以《神桃五题》(《华中理工大学学报》(社会科学版) 1994 年第 1 期)和《夸父追日的深层叙事原型》(《云梦学刊》1994 年第 4 期，人大复印资料《中国古代、近代文学》分册，1995 年第 4 期全文转载)发表，笔名星舟，收入本章后有修改。

[①] 参看萧兵《中国文化的精英——太阳英雄神话比较研究》第一篇 "射手型英雄:感生与化身"，上海文艺出版社 1989 年版。

层转换形态。① 萧兵和叶舒宪先生认定羿是太阳光明神性英雄的理由之一是，羿的父神帝俊是光明神，他因此也自然是具有光明神性的英雄。把羿当成具有光明（太阳即光明之源）神性的英雄已为当代许多学者们所认可，但一认定很有重新讨论的余地。本书将选定后羿之死这一独特角度来切入对后羿神性问题的探究。

从目前的材料看，后弈之死有两种不同的文本。一种文本说，后羿为有穷国君，在夏朝仲康时代曾主持朝政。因其为非作歹，荒淫凶暴，不理民事，溺于田猎之乐，故其手下大臣寒浞勾结羿妻玄狐，将羿谋害了。另一种文本说，后羿是被其徒弟逢蒙杀死的。在逢蒙如何杀后羿的问题上又有二说：一说逢蒙尽羿之技后，思天下过己者唯后羿而已，为了垄断天下第一射手的地位，便用箭射杀了后羿；二说逢蒙是用桃木棒将后羿击杀的：

> 王子庆忌死于剑，羿死于桃棓。（高诱注：棓，大杖，以桃木为之，以击杀羿。由是以来鬼畏桃也。）②
>
> 羿死桃部，不给射。（高诱注：桃部，地名；后羿，夏之诸侯有穷君也。为弟子逢蒙所杀，不及摄己而射也。）③
>
> 逢蒙学射于羿，尽羿之道，思天下惟羿为逾己，于是杀羿。④

在后羿之死的两种文本中，他死于其臣寒浞和其妻玄狐之手的结局显然是神话历史化的结果，而死于逢蒙之手的结局则较多保留着神话特征，尤其是逢蒙用桃棓杀羿的结局更带神话特征：那个威震天下，战无不克的大英雄羿怎么会死于一根小小桃木棒之下？这种死亡结局是上述三种结局中最具神秘性的。所以，本章拟从对这一死亡方式的分析入手来探讨后羿的神性特征，并进而破解后羿死于桃棓这一神话关目的深层意蕴。

就这则神话本身而言，破译其深层密码的关键是弄清：A. 桃在中

---

① 参见叶舒宪《英雄与太阳：中国上古史诗的原型重构》，上海社会科学院出版社 1991 年版。

② 何宁：《淮南子集释》（中），中华书局 1998 年版，第 993 页。

③ 何宁：《淮南子集释》（下），中华书局 1998 年版，第 1129 页。

④ （清）焦循撰，沈文倬校点：《孟子正义》，中华书局 1987 年版，第 580 页。

国神话中具有怎样的神性？B. 逢蒙具有怎样的神性？C. 羿具有怎样的神性？弄清了这三个问题，则羿死于桃棓这则神话的深层意蕴也就破解了，而这一意蕴的破解，与羿之神性的确定有着密切关系。

中国上古神话中，桃树是除扶桑以外的第二大神木，许多著名的神话人物都与桃有密切关系，后世一些重要风俗也与桃结下了不解之缘，因此，破译桃的神性所在，就是理解与之相关的神话和风俗的深层真意的关键。

理解桃在中国古代神话和文化中的神性，首先必须了解桃与太阳的关系。桃与太阳关系密切：

> 度朔山有大桃木，盘屈三千里，上有金鸡，日照则鸣，于是晨鸡悉鸣。（《汉学堂丛书》辑《河图括地图》）[1]

> 东南有桃都山，上有大树，名曰桃都，枝相去三千里，上有一天鸡，日初出，光照此木，天鸡则鸣，群鸡皆随之鸣。（《古小说钩沉》辑《玄中记》)[2]

这些传说当本自更早的《山海经》。据王充《论衡·订鬼篇》载：

> 《山海经》又曰：沧海之中，有度朔之山，上有大桃木，其屈蟠三千里……（本书作者按：今本《山海经》无，王充所据为古本）[3]

度朔山即桃都山。这山上枝叶蟠屈三千里的大桃树显然非人间所有。它有几个特征是需要特别注意的：一是空间位置在东方，二是时间位置在早晨，而这个时空方位都与太阳升起有密切关系，这个大桃树也正显示了这一特点。太阳升起前，桃树巅上的天鸡开始鸣叫，天下之鸡随之鸣叫，天便亮了。我们不难发现，这些特征与著名的太阳树扶桑极相近：

---

① 《汉学堂丛书》辑《河图括地图》，载中村璋八、安居香山辑《纬书集成》（下），河北人民出版社1994年版，第1099页。

② 鲁迅编：《古小说钩沉》，见《鲁迅全集》第八卷，人民文学出版社1973年版，第489页。

③ 黄晖：《论衡校释》（第三册），中华书局1990年版，第938—939页。

巨洋海中，升载海日，盖扶桑山有玉鸡，玉鸡鸣则金鸡鸣，金鸡鸣则石鸡鸣，石鸡鸣则天下之鸡悉鸣。①

蓬莱之东，岱舆之山，上有扶桑之树。树高万丈，树巅常有天鸡，为巢于上。每夜至子时，则天鸡鸣，而日中阳乌应之；阳乌鸣，则天下之鸡皆鸣。②

这里，扶桑与桃都成了同样的树，它们都成了迎接日出的神树。那么，栖息于扶桑与桃都树巅的这个"天鸡"是什么呢？《神异经》云："天鸡，一名鸳。"③ 而这个鸳其实就是太阳鸟凤凰。《离骚》："驷玉虬以乘鸳兮。"王逸注："鸳，凤凰别名也。"而凤凰为日精，典有明征。《鹖冠子·度万》第八："凤凰者，鹑火之禽，阳之精也。"④ 在汉代的瓦当和画像砖上，也常见把太阳画成一只凤凰的。扶桑与桃都树上的天鸡即太阳鸟，这样，它们的鸣叫与日出相关就可以理解了。

稍加研究，不难发现，上述关于扶桑与桃都的传说与《山海经》与《淮南子》中的扶桑载日与若木载日的记载相关：

汤谷上有扶桑，十日所浴，在黑齿北，居水中，有大木，九日居下枝，一日居上枝。⑤

若木在建木西，末有十日，其华照下地。（《淮南子·地形训》）（高诱注：若木端有十日，状如莲华，光照其下。）⑥

完全可以说，前引扶桑和桃都上天鸡迎日的传说只是扶桑和若木载日的变异形态，这几则神话传说表层形态各异，深层结构却完全是一样

① （汉）东方朔著，（晋）张华注，朱谋㙔校：《神异经》，见《汉魏六朝笔记小说大观》，上海古籍出版社 1999 年版，第 50 页。

② 鲁迅编：《古小说钩沉》，见《鲁迅全集》第八卷，人民文学出版社 1973 年版，第 489 页。

③ （汉）东方朔：《神异经》，转引自景印文渊阁四库全书·子部二〇七·类书类；（宋）李昉等：《太平御览》（九），（台北）商务印书馆 1986 年版，第 290 页。

④ 《鹖冠子·度万》第八，载黄怀信撰《鹖冠子汇校集注》，中华书局 2004 年版，第 151 页。

⑤ 袁珂校注：《山海经校注》，上海古籍出版社 1980 年版，第 260 页。

⑥ 何宁：《淮南子集释》（下），中华书局 1998 年版，第 329 页。

的。那么，上述记载的深层结构是什么呢？对于这个问题，何新先生在《诸神的起源》一书第六章"神树扶桑与宇宙观念"中，有过深入的研究和精辟的分析。何新的结论是：所谓扶桑载日，若木载日，其深层意象是东海日出时云霞烘日的自然景观，然后，由这一景观衍生出了神树扶桑、若木、桃都等，又由此衍生出与此相关的地理名称如空桑、桃都山（一作度朔山）和若水等。笔者以为这一研究成果是可以确认的。如果是这样，那扶桑和桃都树原本不是自然界的树木，而是云霞的神化形态，其后在流传过程中，才附会为人间的桑树与桃树。对于桃树而言，这种附会的依据是人类的类比思维，朝云和桃树有某些类似：就外在形态上看，灿烂的朝霞与灿烂的桃花在色彩上极其相似；就时间而言，桃花盛开于早春二月；而在先民的原始时空观中，一年四季中的春天对应于一天四时中的早晨，对应于空间方位上的东方。桃树与早晨日出东方时的云霞在时空方位上有内在的对应性，因而，桃树在中国古代神话中实际上是太阳树，朝霞树，光明树。神桃的深层意象，就是云霞。把握了这一深层意象，我们就不难解开中国古代神话传说中聚讼纷纭的几个难题之谜。

首先是夸父追日的深层意象。

夸父追日的神话，广为流传，但这个神话真意何在？有人说这个神话表达了人类对抗和征服大自然的强烈愿望和精神，夸父代表人类。有人说，夸父其实是自然现象的人格化形态，他仍然是一个自然神。断定其为自然神的大体有三种观点，即火神说、水神说和月神说。笔者在《夸父追日的深层叙事原型》[①] 中曾分别简析过这三种观点的不足之处，于兹不赘复。笔者以为，夸父乃是云神，朝云之神。夸父追日的神话，在相当意义上，可以看成是一个推原神话，即讲述邓林（即桃树）来源的神话。据《山海经》载：

> 夸父与日逐走，渴欲得饮，饮于河渭，河渭不足，北饮大泽，未至，道渴而死。弃其杖，化为邓林。[②]

---

① 该文以星舟笔名发表于《云梦学刊》1994年第4期，人大报刊复印资料《中国古代、近代文学研究》分册，1995年第4期全文转载。

② 袁珂校注：《山海经校注》，上海古籍出版社1980年版，第238页。

又《列子·汤问》:

> 夸父不量力,欲追日影,逐之于隅谷之际。渴欲得饮,赴饮河渭。河渭不足,将走北饮大泽。未至,道渴而死。弃其杖,尸膏肉所浸,生邓林。邓林弥广数千里焉。

毕沅在注《山海经·海外北经》那段材料时云:"邓、桃音近可通,邓林即桃林。"有人把邓林理解成为繁星,这很难令人信服。除了训诂学上的依据外,还有更重要的理由支持我们把邓林理解为桃林。首先,桃木与夸父关系密切:"又西九十里曰夸父之山……其北有林焉,名曰桃林,是广员三百里,其中多马。"①(《山海经·中次六经》),夸父所化之山与广员三百里的桃林在地理位置上紧相依傍,把它们解释为夸父所弃之杖的地理位置也许不算太孟浪吧?其次,最根本的是:夸父乃是一个光明神,云霞之神,这个云霞之神死后杖化桃林(如前所述,桃的深层意象正是东海日出时的云霞),正是同一深层结构转换出的不同表层形态(详下论)。

如前所述,夸父的神性聚讼纷纭,笔者窃以为,他是一个具有光明神性的云神。《山海经·大荒北经》云:"后土生信,信生夸父。"② 这一生殖世系深层密码的破译有助于我们理解夸父的神性。后土即幽都之神,主宰黑暗世界的大神;信为何神?清黄生《字诂义府合按》云:"信,古通借为申字。"③ 而申在甲骨文中像闪电之形,《说文》:"申,电也。"陆宗达先生《说文解字通论》云:"从字义上看,电光有明亮义,'光'与'明'同义。……是信字亦有明义。"④ "信"字从其构形看是一会意字,从"人"从"言",人言为信,乃谓言由心出,心意郁于内为不明,以言出之则明也。言由心出,故信亦有诚意。由此可知,信神即明神。而明神正是太阳神。《山海经》中将日出之山称为"明山",《礼记·礼器篇》云:"大明生于东,月生于西。"⑤ 丁惟汾《俚语

---

① 袁珂校注:《山海经校注》,上海古籍出版社 1980 年版,第 139 页。
② 同上书,第 427 页。
③ (清)黄生著,黄承吉合按:《字诂义府合按》,中华书局 1984 年版,第 9 页。
④ 陆宗达:《说文解字通论》,北京出版社 1981 年版,第 140 页。
⑤ (汉)郑玄注,(唐)孔颖达疏:《礼记正义》,北京大学出版社 1999 年版,第 754 页。

证古》卷一说："太阳，大明也。"[1] 由此看来，信神即光明神是可以肯定的。而光明源自太阳，故信神就是太阳神。后土生信，即黑暗中诞生了光明太阳。信生夸父，夸父又具有怎样的神性呢？"夸"字从大从亏，而《说文》释"亏"曰："象气之舒。"亏从一从丂，《说文》释"丂"曰："气欲舒出。"[2] 则"亏"乃气欲舒申之象。[3] "夸"乃会意字，意即"大气舒申"之貌。而云与气为一，故有"云气"之称。故"夸父"可直训为"大气之神"，或"大云之神"，即云神。另从神话结构本身看。理解夸父的神性，必须抓住一个最主要的特征，即他是紧紧追随太阳的神。"逐日"一词，不可作纯敌意性理解，"逐"在此当理解为"追赶""追伴"较为贴切。那么，紧紧追伴着太阳的是什么自然现象呢？当然是云霞了。所以，夸父即云神，信生夸父，意即朝日伴生了云霞。必须指出的是，上古神话中，太阳与云霞的关系有各种表述方式，最多见的有母子型（如羲和生十日），夫妻或情人型（如舜与二妃，希腊神话中阿波罗与达芙妮），或父子型（日父云子），信生夸父便是属于父子型的。不管哪种类型，其深层真相只有一个：太阳与云霞有密切的关系。

但太阳与云霞在许多神话里往往是一种悲剧性关系，带着一种感伤情调。在希腊神话里，当阿波罗驾着金光闪闪的太阳车驶出母亲黎明女神紫色的宫殿（即暗紫色的朝云）时，黎明母亲充满了忧伤；当云神的另一种人格化形象达芙妮（朝霞之神）迷恋着太阳神时，阿波罗却不能不痛苦地抛弃她；在中国神话里，当太阳神重华（舜、俊）沉落于苍梧时，他的妻子娥皇、女英（暮云之神）一路追随，相与恸哭，最后双方投湘而死。朝云之神夸父追随太阳神的结局一样是悲剧性的：当太阳越升越高，热力越来越强大时，就烘干烤散了云霞（夸父道渴而死）。如果这理解不错的话，则夸父追日神话的深层结构乃是彩云追日这一自然现象。夸父死后其杖和身体的血肉化作一片灿若云霞的桃林。这一转化的依据，恰与桃树乃云霞树有深层的联系，夸父也罢，桃林也罢，实际上只是朝霞的不同转换形态，他们指向的深层意象是同一的，这一点在根本上决定了夸父所化之邓林只能理解为桃林，而不能是某些学者说的繁星或

---

① 丁惟汾：《俚语证古》，齐鲁书社 1983 年版，第 1 页。
② 许慎：《说文解字》，中华书局 1963 年版，第 101 页。
③ 同上。

其他。许多花的颜色都艳若朝霞，这一外在形态上的关联使云霞和鲜花在神话中有了密切的联系，桃与夸父正是一例。在神话中，把自然界的花木当成云霞之神的创造物或衍生物，那是很自然的。中外神话史中，与太阳神相伴的云霞之神都与植物相关，达芙妮变成大地上的月桂树，娥皇、女英变成湘江边的斑竹，羲和、常羲在神话结构中就是扶桑、若木等神木的人格化形态，夸父也一样，他变成桃树恰恰证明了他云霞之神的神性。

其次是桃与寿神的关系。

在广见于今日中国农家中堂上的寿星图里有了最明确而强烈的表现：一个乘坐仙鹤或拄着龙头拐杖、秃头银须的老寿星（寿神）手上总要托一枚又鲜又红的大桃子——蟠桃，蟠桃也就成了长寿的标志。可是，桃与长寿到底有什么联系呢？

最近的根据当然是《西游记》里的蟠桃园和蟠桃会了，但早在《西游记》成书之前的明代，著名画家唐寅就多次画过有关蟠桃与西王母、东方朔等人关系的画，并在题画诗里特别点示了蟠桃与长寿的关系。唐寅的绘画当然渊源有自，更早的《汉武故事》里就叙述了西王母与桃的关系。书中叙述王母见汉武时："（西王母）因出桃七枚，母自啖二枚，与帝二枚，帝留核著前，王母问曰：用此何为？上曰：此桃美，欲种之。母笑曰：此桃三千年一著子，非下土所植也。"[①] 西王母与桃的关系首见于此，以后文学与民俗中西王母的长寿蟠桃大约就是从这儿衍生出来的。但进一步追溯发现，这也还不是桃有长寿神性的渊源，这个渊源在我们上面介绍的神话里。

由于桃都和扶桑都是东方、春天、早晨之云霞神树，这些太阳神树，其果实就都有使人长寿的特征。桃的长寿特征已如前述，扶桑的果实也有同样的特征：

> 扶桑在碧海之中，地方万里。上有太帝宫，太真东王父所治处。地多林木，叶皆如桑。又有椹树，长者数千丈，大二千余围。树两两同根偶生，更相依倚。是以名为扶桑仙人。食其椹而一体皆作金光色，飞翔空玄。其树虽大，其叶椹故如中夏之桑也。但椹稀

---

① 佚名著，王根林、黄益元等校点：《汉武故事》，见《汉魏六朝笔记小说大观》，上海古籍出版社 1999 年版，第 173—174 页。

而色赤，九千岁一生实耳，味绝甘香美。①

西王母的蟠桃树三千岁一实，这个扶桑树九千岁一实，食后"一体皆作金光色，飞翔空玄"，其神异可知。

神桃与那个东方木神句芒也有内在联系。在中国诸神系统中，句芒是东方之帝的佐神，伴神，典载句芒是木神，春神。《左传·昭公二十九年》："木正曰句芒。"②《淮南子·时则训》："东方之极，自碣石山过朝鲜，贯大人之国，东至日出之次，榑木之地，青土树木之野，太皞句芒之所司者万二千里。"③句芒为木正，即主管草木之神。因为春天万物复苏，草木返青，蓬勃生长，故其神为木神。句芒在商代的名字叫"析"，"东方神曰析"。所谓析，即草叶初生细嫩之貌。可见东方之神句芒与草木的关系了。句芒既为木神，自然也可以确认其为神树桃木之神了。我甚至认为，句芒最早当为像桃都、扶桑这样神树的树精，然后，才泛化为主管自然草木之神。

与这些神树的果实一样，句芒也有使人增寿的能力，他是一位主宰生命的大神。请看《墨子·明鬼篇》的记载：

> 昔者郑穆公，当昼日中处乎庙，有神入门而左，乌身，面状方正。郑穆公见之，乃恐惧奔。神曰："无惧。帝享女明德，使予赠女寿，十年有九；使若国家蕃昌，子孙茂，毋失郑。"穆公再拜稽首，曰："敢问神名？"曰："予为句芒。"④

句芒就是这样一位主宰寿命的春神，假如我们说，他就是先民眼中的寿神，这大概是不错的吧？如前所述，这个寿神与神树桃都也有一种内在的同一性。因为说到底，句芒也是一个具有早晨、东方和春天时空特征的佐神，伴随辅佐东方的太阳神帝太昊，一如云霞伴随朝日一样，

---

① （汉）东方朔著，王根林校点：《海内十洲记》，见王根林、黄益元等校点《汉魏六朝笔记小说大观》，上海古籍出版社 1999 年版，第 69 页。

② （周）左丘明传，（晋）杜预注，（唐）孔颖达正义：《春秋左传正义》，北京大学出版社 1999 年版，第 1506 页。

③ 何宁：《淮南子集释》（上），中华书局 1998 年版，第 432 页。

④ 王焕镳：《墨子集诂》，上海古籍出版社 2005 年版，第 737—740 页。

所以他在本质上与神树桃都是同一的。

再次是桃与不死药的关系。

古代神话中，嫦娥是后羿的妻子，但她最后偷吃了后羿的不死药，和羿分离，飞向月宫。《淮南子·览冥训》：

> 羿请不死之药于西王母，姮娥窃以奔月，怅然有丧，无以续之。（高诱注："姮娥，羿妻。羿请不死药于西王母，未及服之，姮娥盗食之，得仙，奔入月中为月精。"[①]）

而李善在《文选》注中两引《归藏》，均谓嫦娥服不死药奔月。可知嫦娥与后羿神话并非始于《淮南子》。《归藏》乃商代的占卜书，类似周人的《易》，则是后羿与嫦娥的神话来源于商代又一证明。《初学记》卷一引古本《淮南子》，于"姮娥窃以奔月"句下，尚有"托身于月、是为蟾蜍、而为月精"十二字，今本并脱去。姮娥之名为避汉文帝刘恒讳，后世遂作嫦娥。嫦娥乃《山海经·大荒西经》所记"生月十二"之常羲演变。常羲本为月母，其演变之神嫦娥最后归宿为月宫，这也是很合乎其神性的结局。笔者的兴趣是，嫦娥和神桃和不死药有何内在关联？

这个内在关系乃在于，所谓不死药，也就是长寿药，应该是用神桃所制造。上述中国古代民间的寿星与蟠桃的关系、王母与蟠桃的关系、王母与汉武帝吃三千岁一实的桃了的关系，都在突出桃与长寿的特征，后世神话中，王母是掌管长寿蟠桃的神，不死灵药乃王母用蟠桃所制，应该是很自然的事情吧？羿的不死药是从王母那里请得，绝非偶然的事情。嫦娥是吃了这个不死药才飞往月宫的，成为月精（月神也），实际上是突出了嫦娥（常羲）云神、木神、月神的内在属性。

桃还和中国古代的门神神荼、郁垒有关，更与本章的主角羿有关，关于他们，我们到后面两节中讨论。

综上，所有的资料，都指向这样一个结论：在中国古代神话中，桃是云霞之树，而且不是一般的云霞神树，是处于东方和早晨这一特定时

---

① 何宁：《淮南子集释》（上），中华书局 1998 年版，第 501—502 页。

空方位的云霞神树，是朝霞的神化意象。而东方、春天和早晨，都是连接着黑夜与白天、寒冷的北方（冬天）与温暖的南方（夏天）的特殊时空方位，这个方位是肇分黑夜与白天、光明与黑暗、阳界与阴界、生命与死亡的分界标志。因此，神桃身上同时兼有阴阳死生暗明两种特征，它们构成一种对立统一的辩证关系，它是春天、早晨、东方这一时空方位的象征，一方面，它具有光明神性，是早晨的开启者；另一方面，它又是黑夜的结束者，是兼具光明与黑暗世界两种对立属性而以生命、光明属性为主的神树。由于这一特征，桃树和桃在中国文化中，具有与健康、生命、长寿等相关联的基本意蕴，这种意蕴，在桃与寿星的象征关系上有最突出的体现。

第二节　桃神与逢蒙的神性 *

在讨论逢蒙的神性之前，我们还要讨论桃与中国古代门神的关系。研究古俗的都知道，中国古代，每到旧年除去、新年到来之际，家家户户都要在门前挂一桃符，以避邪鬼。王安石《元日》诗谓"千门万户曈曈日，总把新桃换旧符"，说明到北宋，新年在门前挂桃符的习俗依然沿用。如果我们相信典籍的记载，这一风俗至少可以追溯到汉代，甚至可以追溯到更遥远的远古社会。汉代王充在《论衡·订鬼篇》中说："《山海经》又曰：沧海之中，有度朔之山，上有大桃木。其屈蟠三千里，其枝间东北曰鬼门，万鬼所出入也。上有二神人，一曰神荼，一曰郁垒，主领阅万鬼。恶害之鬼，执以苇索而以食虎。于是，黄帝乃作礼以时驱之，立大桃人，门户画神荼、郁垒与虎，悬苇索以御。凶魅有形，故执以食虎。"① 黄帝乃周人所造，但这个古老的风俗应该是后人附会到黄帝身上的，它的产生要比黄帝古老得多。

关于桃符的记载还见于汉魏六朝多种典籍。刻制桃符的风俗看来由

＊ 本节一部分以《崇桃风俗与桃之神性》之名发表于《烟台师范学院学报》1995 年第 3 期，收入本节后有增删。

① 黄晖：《论衡校释》，中华书局 1990 年版，第 938—940 页。

来已久。桃符所以能辟鬼邪，源于那个神荼、郁垒的古老神话。神荼、郁垒实际上是桃神、桃树精。他们所以能辟鬼，来自桃树兼具黑暗与光明双重神性的特征。

桃精神荼、郁垒实际上只是一个神，"荼"前冠以"神"其实只是强调一下"荼"的神性罢了，神荼即荼，而垒同儡，即傀儡，又称桃偶，偶人，不过是突出"郁"的形态特征罢了。神荼、郁垒实为一个神郁荼分化而来，郁荼即于菟，于菟为老虎之别称。故而，度朔山上这个神荼、郁垒实际上是老虎，在古代传说中，这个桃神于菟衍化为两个神，后来又再度衍生出两神一虎，即前述资料中的那个形态。而追根溯源，桃神本来当为一只神虎。这正好暗合于《山海经》所载那个昆仑山上面向东方而立的开明兽的形貌："身大类虎"，桃神食鬼的故事在商周许多铜器和陶器上都有表现，即老虎食人的那种图案和形器。从这里展开，则上古许多虎或类虎的形器和图案如著名的饕餮纹、单面虎纹、双面虎纹等的属性与功能都可得到神话学意义上的解释。它们都是具有光明、吉祥意义的辟邪神兽。因为桃神是介于光明与黑暗、生与死两界的神祇，所以，这种开明兽正是主宰肇分黑夜与早晨的神兽，它身上兼具黑暗世界与光明世界的双重特征，这是中国古代文化中桃和桃神特殊的神秘性所在。而中国神话中，神虎也有主生和主死的双重属性。它既是主生的早晨、东方之神（寅时之神，寅虎），又是主刑杀的傍晚、西方之虎神（西方白虎）。而且，那个掌管长生不死之药的西王母同时又是刑杀之神，《山海经》描绘她："西王母其状如人，豹尾虎齿而善啸，蓬发戴胜，是司天之厉及五残。"[1] 说明她也是一个虎形神祇，兼具有掌管生命和死亡双重能力与特性。

因为桃神的辟鬼功能，在后世风俗中，他便成了人们宅居的守护神，原始的桃神在宅居守护神形式中，衍化成三种形态。一是保留着桃神原型虎形态的。现存的各种商周虎形或虎纹铜器，其本义之一当为商周王朝和诸侯宫殿与宗庙的守护神；后世平民百姓家庭的门前或中堂上，常见的虎形石刻或白虎绘画当具有同样的意义。二是虎的置换替代形态。最常见的乃是置于大门两旁的猛狮石雕，民间称之为"吼"的那

---

① 袁珂校注：《山海经校注》，上海古籍出版社 1980 年版，第 50 页。

种神兽。狮在中国神话中是没有地位的，它之成为人们宅居的守护神兽，是佛教传入后由虎转型而来的，是虎的替代性神兽。三是转型为人的神态。上古门旁置的那种"大桃人"即神荼、郁垒，就已经取人的形态了。这是门神中经典的形态。在后世的流传过程中，这门神由神荼、郁垒变成了钟馗，由钟馗又变成了人间帝王的猛将秦叔宝、尉迟敬德，由秦、尉迟而泛化为今日中国农村年画上的众多英雄豪杰。人们现在已不大知道各种宅居守护神的来历和深层神性了，但有一点世世代代的人们都明白，他们让这些神兽或神人守宅，是为了辟鬼攘邪，正是这最根本的一点，暗合着门神的桃神渊源和其光明神性。

如前所述，桃神的原型实际上是于菟即老虎，而这个于菟又与月中之白兔有关系。月中有兔的说法由来已久。屈原《天问》就有诗云："夜光何德，死则又育？厥利维何，而顾菟在腹？"这里，"顾菟"一词汤炳正先生解为于菟，即虎，月中有兔实即月中有虎。已有学者如何新先生研究证明，月中玉兔本义当为这个于菟，只是后来于菟的本义被掩盖了，而被误解为玉兔，月中玉兔由此而来。如果说在《天问》中"顾菟"还是虎的话，那么，在汉代的画砖及出土的汉代帛画中，这个"顾菟"便确实讹化为玉兔了。在汉代砖画和帛画中，多见一只长跪的玉兔在捣药的图形。而这个玉兔所捣之药，称作"灵药"，即不死药。玉兔所捣之药为长寿药，不死药，当与它的本义乃是桃神有关系。桃神于菟变为月中玉兔，其虎的形貌尽管已丧失殆尽，但在玉兔捣不死药的特征性劳动中，仍保持着它的神性特征。

从这里我们再来探讨用桃棓杀后羿的逢蒙的属性。

逢蒙何神？今天的文献中，还能见到这个名字的地方实在很少，几乎只有在后羿的故事中存在，本章前引三条故事性资料是最主要的。另外还有几条如谓逢蒙和羿都善射，或者逢蒙与其他善射者的关系等，应该都是从上引三条资料中衍生出来的，它们提供的可资确定逢蒙神性的信息很少。我们在此将主要从文字训诂和故事分析两条线索来确认他的神性。

叶舒宪先生认定羿为太阳英雄，则逢蒙必为黑暗神了，他说：

就最普通的日常经验而言，太阳的突出特征不外乎温暖和光明，初民遂以为这乃是太阳的强大生命力的表现。太阳在正午和盛夏时发出最强的光和热，午后和秋后便渐向西行渐暗渐冷，神话思维针对这种变化创造出"寒浞"和"逢蒙"两个人格化的"阴性力量"，正是要让他们分别代表光和热的克星。

"寒浞"的"寒"无疑是热的对立面……而"浞"又是水浸之意，"寒"与"浞"相结合，不正是置太阳的热量和大力于死地的克星吗？

同寒浞一样，"逢蒙"也是严格按照太阳英雄型故事的二元对立的叙述语法而转换出来的人物。"逢"字据《说文》是相遇的意思。扬雄《方言》也说："逢，逆，迎也。自关而东曰逆，自关而西或曰迎，或曰逢。""蒙"是阴阳不明的意思。《释名·释天》："蒙，日光不明，蒙蒙然也。"神话中的日落之处，或曰"蒙谷"，或曰"蒙汜"，似乎都是吞没光明的象征。这样说来，羿死于逢蒙之手，也就是黑暗战胜光明，取代光明的意思，是对日落这种现象的拟人化故事表述。[1]

笔者的分析与叶舒宪先生不大一样。关于羿的神性，我们下节分析，至于寒浞与逢蒙，其神性既有一致之处，又有相异之处。从训诂学角度看，逢可训为迎，同时，逢、发声同可通，逢蒙即发蒙。关键是"蒙"，《释名·释天》谓"蒙"为"日光不明"状态，基本不错。这是明暗之间的过渡状态，兼具明暗两种对立的意义，具有趋明与趋暗两种对立的可能，至于在具体使用中趋明还是趋暗，则取决于具体的语境。这是古汉语中被称作反义同词的词，可训作明亦可训作暗，训明还是训暗，要依据具体语境而定。例《淮南子·天文训》中有"蒙谷"这一地名，谓日"至于虞渊，是谓黄昏；至于蒙谷，是谓定昏；日入于虞渊之汜，曙于蒙谷之浦……"[2] 这里有两个"蒙谷"，一为日入之地，一为日出之地。日入之"蒙谷"可训为"暗谷"，而日出之"蒙谷"则只能训为"明谷"，这是毫无疑问的。佐证这一点的另一个例子是：据《三

---

① 叶舒宪：《英雄与太阳：中国上古史诗的原型重构》，上海社会科学院出版社 1991 年版，第 175 页。

② 何宁：《淮南子集释》（上），中华书局 1998 年版，第 236 页。

国史记·高句丽本纪》中关于朝鲜始祖的神话传说，朝鲜国始祖曰朱蒙，这朱蒙又作朱明或东明圣王。

那么，逢蒙之"蒙"当训为"暗"还是"明"？应该说，它兼具这两种属性，训明训暗均可，关键看在什么语境中。在用桃棓杀羿的故事语境中，应当训为明。《山海经·海内北经》有一条材料说："蛇巫之山，上有人操杯而东向立。"[①] 杯即棓即桃杖，在上古神话资料中，操棓之人只有逢蒙，别无他人，因而，这巫蛇山上操棓之人应该就是逢蒙。而东方乃日出之地，故凡东向者皆有启明特征。《山海经·海内西经》曰："昆仑南渊深三百仞，开明兽身大类虎而九首，皆人面，东向立昆仑上。"[②] 因而，这里的逢蒙当训作迎明、发蒙、发明、启明、开明。佐证这一点的还有：1. 逢蒙所操之棓为桃木，而如上所述，在上古神话时空观中，神桃乃东方、春天、早晨的象征，操棓之人当为东方之神无疑。2. 羿死之地正在东方。《淮南子·说山训》云："羿死桃部。"高诱注曰："桃部，地名。"[③] 但是什么样的地名，在哪儿，却没有说。今按，桃部，当为桃都，作为地名，即桃都山、度朔山。这个桃都山如第一节所述，是东方的神山，其名源自神木桃都。

显然，羿死之桃都（部）山即度朔山，正是在东方和早晨肇分黑暗与光明的时空位置。击杀羿的逢蒙当然只能是具有这一时空特征的神。我们已经讲过，朝霞树是划分阴阳两界的神树，故神桃同时兼具两界的特征而以阳界为主。逢蒙也恰具有这一特征（"蒙"字本义正是明暗未分、即兼具明暗两义的状态），因而，笔者以为这操棓击杀羿的神实乃桃神，是神荼、郁垒的另一名号。而多种典籍均载，神荼、郁垒有御鬼食鬼的大能，故传说从黄帝时起，就用桃木刻他们的形貌立于门户，以辟邪鬼，后世挂桃符于门楣，立石虎（佛教传入后衍变为石狮）于宗庙的风习，均由桃精、神荼、郁垒演化而来，亦可说由逢蒙演化而来。因为他们是身兼两界神性的神，所以能制御鬼魅，镇压灾邪。特别需要注意的是，在上引《淮南子》关于逢蒙用桃棓杀羿之后，有一句关键性的补充性说明："由是以来鬼畏桃也。"这意味着，羿是具有鬼魅黑暗神性

---

① 袁珂校注：《山海经校注》，上海古籍出版社 1980 年版，第 305 页。
② 同上书，第 298 页。
③ 何宁：《淮南子集释》（下），中华书局 1998 年版，第 1129 页。

的神。

由此顺便论及寒浞。寒浞从名字的含义看，确为阴冷黑暗属性之物。但这是神话历史化之后的产物。寒浞与逢蒙不一样，他只发展（或说强调突出）了身兼明暗两特性的逢蒙身上黑暗的一面，而完全不具有其光明的一面（这在逢蒙身上是主要的）。因此，叶舒宪先生把两个人判定为同代表太阳的对立面——阴冷和黑暗的力量还不太准确，寒浞是，逢蒙不是。逢蒙是桃神，是和神荼、郁垒、开明兽一样兼具光明与黑暗两种对立神性而以光明神性为主的神。

第三节　羿之神性与羿死桃棓的深层真意[*]

最后再来分析羿的神性。既然羿被逢蒙以桃木棒击杀，从故事结构和逻辑上讲，羿与逢蒙的神性对立相克。上面我们已确认了桃与逢蒙兼具明暗两性而以光明神性为主，则羿当为兼具明暗两性而以黑暗神性为主的神或神性英雄。笔者的这一判断与萧兵和叶舒宪等先生的观点略有差异，因此，在展开自己的分析前，有必要先分析一下羿为太阳英雄的观点。

综观萧、叶二先生及其他观点与之相同的学者的看法，羿为太阳英雄的理由主要是：1. 射手英雄即太阳英雄，因为太阳的光芒正是它射出的金箭，太阳神即射神；羿为射神，他最大的特征是善射，而这正是太阳神的普遍特征，所以，羿为日神英雄或准日神。萧兵先生《中国文化的精英》一书的一个基本观点正是这样。[①] 2. 羿是帝俊的儿子："帝降夷羿"中的帝很可能是帝俊，俊是东夷人的天帝，而羿又称作夷羿，亦为东夷之神，因而，羿很可能是俊的儿子："后羿应是帝俊的子息或下属，应为'英雄化'、'传说化'的第二代'准太阳神'。"[②] "……照

---

　　[*] 本节一部分曾以《后羿之死与羿之神性》之名发表于《湖北师范学院学报》1995 年第 4 期，收入本节后作了较大修改。

　　[①] 参见萧兵《中国文化的精英——太阳英雄神话比较研究》第一篇"射手英雄：感生与化生"，上海文艺出版社 1989 年版。

　　[②] 同上书，第 27 页。

此来推断，羿若是帝俊之子的话，很可能就是十日中的一个了。"① 也就是说，羿是太阳神或太阳英雄。3. 羿从生到死的历程与巴比伦史诗《吉尔伽美什》的主人公有着结构上的对应性，而后者乃一太阳神性的英雄，且羿史诗与《吉》史诗在起源上有着内在的影响关系，前者对后者具有传播学意义上的直接影响作用。叶先生在推断了由他重构的羿史诗和《吉》史诗产生年代的最高上限（《吉》先《羿》后）后说："根据上述现象来判断，羿史诗西传影响巴比伦是不可能的，那么，剩下的可能性就只有一种了，羿史诗受巴比伦史诗的影响。"② 这样，叶舒宪就按照《吉》史诗的结构模式来建构据他说已失传几千年的中国上古大史诗——羿史诗，其主人公的表层行为历程，都对应于太阳由出生到死亡这一深层结构，这就从结构上赋予了羿以太阳英雄的神性。

上述观点确实很有意思和启发性，但在笔者这里，也存在疑问。首先，善射与太阳神性并非绝对同一关系。太阳神阿波罗在希腊神话中确为射神，但希腊神话中具有射神特征的不仅有阿波罗（善射只是阿波罗的众多特性之一），还有月亮女神阿耳忒弥斯，她乃狩猎女神，一个射神特征远超过阿波罗的女神。而中国神话传说中，善射亦非羿一人的特征，至少杀羿的逢蒙也具有同样的能力："逢蒙学射于羿，尽羿之道，思天下惟羿为愈己，于是杀羿。"（《孟子·离娄下》）③ 如果善射是太阳神（或太阳英雄）的本质特征，那么，阿耳忒弥斯和逢蒙也该是太阳神或太阳英雄了。而叶先生恰恰认定逢蒙为太阳神性的对立面：具有黑暗神性的神。从逻辑上讲，如果对逢蒙黑暗神性的认定是对的，则意味着善射并非只是太阳英雄的特征，因此，以此断定羿为太阳英雄就不能成立；如果认为善射必为太阳英雄这一立论是对的，则断定逢蒙为黑暗神就不能成立。

其次，萧、叶二先生根据"帝降夷羿"断定羿为帝俊的儿子应该是对的，但帝俊的儿子都具有光明神性吗？不一定。仅举一例：

---

① 叶舒宪：《英雄与太阳：中国上古史诗的原型重构》，上海社会科学院出版社1991年版，第74页。

② 同上。

③ （清）焦循著，沈文倬校点：《孟子正义》，中华书局1987年版，第580页。

有司幽之国。帝俊生晏龙，晏龙生司幽……（《山海经·大荒东经》）①

帝俊为光明神是可以确认的。他所生的"晏龙"何神？晏者，日安也，何谓安？入土为安。因此，晏即日入土之意，昏暗之意。至于晏龙所生的"司幽"神，其黑暗之意就非常明显了。因此，上面那个"帝俊—晏龙—司幽"的生殖世系，恰是"光明—昏昧—黑暗"这一太阳运行规则的深层结构的表层转换形态。关于中国古代神祇的生殖世系这种二元对立转换规则，我们下面还将详加分析，于兹打住。仅此一例便可证明，即使羿是帝俊的儿子，也不一定就是太阳神、光明神。至于叶先生将羿射九日的故事，看成是"太阳神族的一场内讧"，认为那很可能是十个太阳争夺权力的斗争，在这场斗争中，最小的一个太阳（羿）射杀了他的哥哥们，成为胜利者。后羿射杀其九个太阳哥哥的故事，很可能与古代历史与神话中的"末子继承制"有关。② 这个推测很有想象力，但也存在疑问。既然确认后羿是俊的儿子，那后羿射杀九日的行为确实是"太阳神族的一场内讧"，但没有任何资料说羿是十个太阳中剩下的那个太阳。宋代类书《锦绣万花谷》前集卷一引《山海经》云："尧时十日并出，尧使羿射十日，落沃焦。"说明古本《山海经》中羿射的不是九个太阳，而是十个太阳。后世有些民间传说中，说后羿本是要射杀十个太阳的，只是因为最后一个太阳躲藏起来，躲到马齿苋下面，才避免被射落（所以马齿苋这种植物特别耐晒耐旱）。③ 如果说后羿是十个太阳中剩下的那一个，则在逻辑上是后羿本也要射杀自己的，这就很荒谬。羿射九日神话，确实可能是太阳神族的内讧，但那不应该是一个太阳与九个太阳之间的矛盾。

最后，羿与吉尔伽美什英雄史诗的关系。叶舒宪先生《英雄与太阳——中国上古史诗的原型重构》一书的一个基本假设是中国上古有一部类似于巴比伦《吉尔伽美什》的英雄史诗，就是羿史诗，羿史诗无论表层形

---

① 袁珂校注：《山海经校注》，上海古籍出版社1980年版，第346页。

② 详见叶舒宪《英雄与太阳：中国上古史诗的原型重构》第三章之三"幼子继承：身日神话的原始蕴含"，上海社会科学院出版社1991年版，第84—91页。

③ 参见陶阳、牟钟秀《中国神话》（上册）之《第十个太阳》，商务印书馆2008年版，第243页。

态还是深层结构都与吉尔伽美什史诗类同，其主人公的生命历程与太阳东升到西沉的运行历程和轨迹暗相应合，之所以如此，是因为表层形态的两位主人公同为太阳英雄，且在距今五千年前后，有着传播学上的渊源关系（羿史诗是受巴比伦史诗影响形成的）。叶先生正是按这一假设以关于羿极零碎有限的资料来重构据他认为是已淹埋失传的上古羿史诗的。这个假设和重构性工作非常有想象力和创造性，其分析过程也充满创意和洞见，但让人觉得有点玄。尽管确实有中国文化西来说（这是泛巴比伦主义的猜想），不过没有可靠的资料证明五千年前的巴比伦文化曾经大规模地播入中土、并对中国上古文化产生深度影响，如产生了中国远古的羿史诗等，把有关羿的零碎混乱材料按《吉》史诗重构为一部史诗，证据似乎很不足（尽管如此，我仍然认为，这个设想很有创造性和发现力）。

鉴于以上分析，笔者认为羿属于太阳神家族是可以认定的，但太阳神家族的神或神性英雄并不一定都有光明神征（如前所举的司幽就具有和光明神完全相反的特征）。从有关后羿的资料看，后羿应该是兼具光明与黑暗双重神性的一个神或神性英雄。

第一，羿之由来。最早关于羿之由来的说法见于《天问》："帝降夷羿，革孽夏民。"尽管后世还有另外的说法，但此说显然更近神话真相。这里，"降"不能单作"派遣"或"降处"理解，而应作"生"和"降处"两种含义理解。《离骚》"惟庚寅吾以降"，其"降"同时具有"出生"与"下降"、"降处"之意。屈原意谓他本乃太阳天神之后裔，因而出生在人间也就是从天到地的"降处"了。"帝降夷羿"之"降"亦当同时具有"出生"和"降处"双重含意，叶舒宪据此推测羿为帝俊的儿子，是可以确认的。但儿子并非一定如其父，具有光明神性。在中国上古诸神家谱中，我们发现一个基本规律，即诸神系谱并非按同一性原则承传沿袭，而是按对立性规则组织和转换。且某神凡"降"或"降处"者，则其神性必是由上到下、由天到地、由明到暗了。试举三例：

流沙之东，黑水之西，有朝云之国、司彘之国。黄帝妻雷祖，生昌意，昌意降处若水，生韩流。韩流擢首、谨耳、人面、

豕喙、麟身、渠股、豚止，取淖子曰阿女，生帝颛顼。(《山海经·
海内经》)①

祝融降处于江水，生共工。(《山海经·海内经》)②

少昊生倍伐，倍伐降处缗渊。(《山海经·大荒南经》)③

这里，出生与降处为连贯性行为，"帝降夷羿"一句则以一"降"
字兼具。

第一条资料中，黄帝乃天帝，光明神，其子昌意当为兼具光明昏昧
双重神性的神，"昌"字双日重叠，光明之意昭然，"意"疑原作"翳"，
遮蔽也，昌翳即太阳被云遮蔽之意，即昏昧之意，因此，昌意是一个兼
具光明与昏昧双重特性的神。昌意所降处之地若水也侧证他乃由东方至
西方运行、即由光明至昏昧的神祇。他所降处的若水，一说乃太阳西方
沉落之地的一条神河；另一说若水即西北海水，故北海神亦名海若，西
北海亦是太阳沉落所在。韩流何神？从其描绘的形象看，应该是一个猪
神，应该是代表黑夜、北方、冬天时空方位的神。擢首当指长脑袋，谨
耳即耳朵被遮的形状，谓其耳轮阔大，遮住耳根（谨有收缩、涂闭之
意）；豕喙即猪嘴巴；渠者，深沟也，渠股乃屁股有深沟之形象，谓其
屁股肥大也；豚止（趾）即猪腿。总起来看，这是个以猪为主的形象，
即猪神，这也正合其前面所说的"司彘之国"的特征。这个国家在哪
里？当然在北方。叶舒宪先生在《中国神话哲学》第七章"混沌七窍"
中，专门对人日民俗后隐含的创世神话进行过分析，其中鸡、犬、羊、
猪在古代分别为东西南北四方之图腾，商代北方民族豕韦氏即是以猪为
图腾的民族，"以羊为图腾的姜处在中原的南方，以猪为图腾的豕韦则
处在中原的北方"④。这个豕韦氏大约就住在上引资料中北方的"司彘
之国"吧？因此猪神韩流神为北方之神无疑。而北方之神就是黑暗之
神，这个黑暗之神生了兼具黑暗与光明之神特性的大神颛顼（关于颛顼
的神性，后面章节有专论）。

---

① 袁珂校注：《山海经校注》，上海古籍出版社 1980 年版，第 442—443 页。
② 同上书，第 471 页。
③ 同上书，第 371 页。
④ 叶舒宪：《中国神话哲学》，中国社会科学出版社 1992 年版，第 205 页。

第二条资料中，祝融本为光明神，但此处降处江水则意谓是由大明至昏昧方位和状态运行的神，这个神生了水神、黑暗神共工（水神均为黑暗神）。

第三条资料里，少昊乃西方光明神无疑，其所生并降处幽暗之渊（缗渊）的倍伐神当然只能是黑暗之神了。

因此，我们发现了中国上古神系组构的一个深层密码：诸神世系以太阳的循环为基本结构原型、按对立转换原则来组织。其主要的两个对立项是光明与黑暗，在从光明到黑暗和从黑暗到光明之间，可能切分出一些处于过渡状态的阶段（昏昧或黎明，即光明与黑暗的转换阶段），也可能不需要这些过渡阶段。不管是否需要过渡阶段，光明与黑暗的二极对立互转始终是最基本的内在结构规则。

按照这一神系结构模式，则"瞽叟—舜（俊）—羿"的生殖世系深层，应该是"黑暗—光明—昏昧"的太阳循环运行路线，羿应该是处在太阳运行由光明到黑暗、即由西方（傍晚）到北方（黑夜）区位的神祇或神性英雄，他兼具光明与黑暗双重神性，而以黑暗神性为主。

羿与十个太阳的冲突，即是昏昧与光明的冲突，一如瞽叟的两个儿子舜与象的冲突一样是光明与黑暗的冲突，区别只在于，舜与象的冲突中光明神战胜了黑暗神，而羿与十日的冲突，则是昏昧战胜了光明。因此，瞽叟生舜（俊）—俊生晏龙、司幽、羿这个生殖世系内涵的正是黑暗诞生光明，最后光明又被黑暗替代的循环结构。

第二，"羿"的称号。羿又称作"后羿"，叶舒宪说："羿在古代又称作'后羿'，这个复合词虽然晚出，却标明了羿的身份地位是帝王。……从所谓'皇天后土'这个古代习语亦可看出，后字本义乃指皇帝。"这个判断需要加以一定辨析，"后"词后来的语义确实如此，但早期的语义并非指人王，乃指神祇。在古代，与"皇天"相对的"后土"，亦是神而非主管人间的统治者。"后"为人王乃神话历史化之后的结果。神话中的后土即是一个神（社神也）。天以"皇"饰，土以"后"冠，天为乾为阳为男为皇，地为坤为阴为女为后，故"后"与"土"有内在的一致性，因而连缀成一个复合词。随着男权社会的确立和女性地位的降低，中国神话中许多女性神悄悄地变成男性神，或其神位为男性所取代，后土这个神的性别也由女变而为男。但"后"与"土"的内在一致性仍然保存着，后土所司的是一个土地下面混沌黑暗的世界，这一特征仍没改变。只是在神话历史化以后，"后"才由神的称号变为人间帝王的称号，这个变化过程不可不弄清。那么，后羿中的"后"是指人间帝王还是强调他的土地神性？我以为是后者。既然后羿本为天帝所生和派遣，他就是一位神而不是人，把他看作人间君王乃是这一神话历史化以后的事。

同时，羿又冠之以"夷"，有"夷羿"之称，许多人将"夷"作"东夷"解，意即羿为东夷酋长。从历史化层面这是对的，但"夷羿"为东夷酋长乃羿神话历史化以后的结果，并非其原始身份。"夷羿"这一称号在神话的层面应该还有另外一层含义。显然，缴大风于青丘、诛凿齿于畴华、断修蛇于洞庭、擒封豨于桑林、射河伯于黄河，娶雒妃于洛水，——这些地点，大都不在东夷境内，如果将羿仅作为历史传说中一东夷之酋长看待，断乎不可能擅越国界，深入它国境内除什么害，那只会引起部落间的战争。

因此，还必须从另一个角度理解"夷羿"这一称谓。今按：夷字从"大"从"弓"，乃一个人引弓欲射之形貌，其射杀之意昭然。《说文》释"夷"曰"平也"，亦未得本义，"平"乃引申义而非本义。夷的本义当为引弓射杀。故羿即射杀之神（暗含了后羿为狩猎部落的猎神的神性），这也是他最大的本领和特性所在。因而"夷羿"这一称呼正隐含着他刑神死神的本性。"帝降夷羿"即天帝生了刑杀与死亡之神羿并派他到下土。事实上，夷在古文字里通尸、死，夷羿即是死神羿。理解了羿作为刑杀神、死神的特征，则他的主要功业才可以得到深层的解释：诛杀凿齿、封豨、九婴、大风、修蛇等神性凶禽猛兽，突出的都是一个特征：死神、黑暗神。最强烈地表现了这一死亡与黑暗特征的，还是——

第三，射杀九日。羿最有名的一件功业是射日。关于后羿射日的含义，已经有了许多种说法。其中有四种观点最具代表性，即：a. 历史寓言说；b. 征服自然说；c. 历法改革说；d. 家族内讧说。[①] 在此不一

---

① 参见叶舒宪《英雄与太阳：中国上古史诗的原型重构》，上海社会科学院出版社 1991 年版，第 84 页。

一介绍每种观点的具体内容并对其作出分析。本书其他章节曾经从历法改革的角度阐释过这个神话。不管从哪种角度解释，从表层叙事角度看，后羿射日的神话文本存在一个显而易见的对立性结构：后羿与太阳的对立。代表光明、生命的太阳被后羿所射落，只能证明后羿代表着黑暗和死亡，这是根据神话文本结构本身可以断定的。后羿与太阳的冲突，可以看成是太阳神帝俊家族内部的冲突和残杀，这个冲突的深层表达的是昏昧神对光明神的胜利。羿射九日的神话故事可能隐含着某种社会的、历史的、文化的意蕴，但这种意蕴必定与这一深层对立性结构有关，而不是完全无视这一对立性结构。在后羿射日的神话中，射落光明神的只能是昏昧神、死亡神。

同时，如前章所分析的，后羿射日故事从历史层面讲，很可能隐喻的是商人废除太阳历的历史事件。而商人废除太阳历也意味着他们开始使用太阴历，即以月亮运行周期为坐标的历法。而月亮正是黑夜之天体，废太阳历使用太阴历的羿的神性与后者之间应该有必然的联系。

第四，羿的居地是一个黑暗的世界。传说羿是"有穷"国君，故有"有穷后羿"的称谓。其实，将后羿当作有穷氏国君，尚是神话历史化的结果。神话中"有穷"只是一个时空方位的指称，有穷即穷。"穷"是什么意思？"穷"又是指的什么时空方位？穷者，空也，尽也，极也。故"穷"与"空"通，穷桑亦作空桑。中国上古神话中，以"穷"命名的地方有"穷石"、"有穷"、"穷桑"等，它们当属同一个大空间方位的不同地点。以"穷"命名的神有穷蝉、穷奇、穷鬼等，这些神的属性与以穷命名的地域方位应有联系。那么，"穷"作为空间方位指的是哪里？所有的神话资料都显示，它主要指西方，也包含北方：

> 少昊金天氏邑于穷桑，日五色，互照穷桑。（《尸子》）[1]
> 帝颛顼生自若水，实处空桑，乃登为帝。（《吕氏春秋·古乐篇》）[2]
> 穷桑者，西海之滨，有孤桑之树，直上千寻，叶红椹紫，万岁

---

①　尸佼著，汪继培辑：《尸子》，上海古籍出版社 1989 年版，第 15 页。
②　陈奇猷校释：《吕氏春秋校释》（一），学林出版社 1984 年版，第 285 页。

一实……

（《拾遗记》卷一）①

以上三则资料显示出，穷桑在西方和北方。关于少昊氏邑于穷桑的记载，袁珂先生认为既然"日五色，互照穷桑"，那么少昊建都的穷桑之地，必然也是在东方，只是由于少昊后来由东方之神迁到西方，成为主管西方之神，穷桑才由东方的神地变为西方的神地。他认为所谓穷桑，乃是一棵"直上千寻、叶红椹紫"的孤桑，也就是历来神话传说中所说扶桑、扶木、若木，他的意思是说，穷桑作为地名乃由穷桑神树所在而来，地在东方。这种解说所本为上载第三则资料。笔者以为穷桑与扶桑是有区别的，穷即空、尽之意，扶桑乃东方之朝云的神化意象，穷桑乃西方之晚云的神化意象，两者都是云霞的神话意象，这是其共性所在，但一为朝云、一为暮云的意象，一在东方，一在西方，却是不可混淆的。事实上，上引《尸子》中少昊氏邑于穷桑的说法，很显然是指作为西方主神"金天氏"的神宫，而不是东方。而上面两则关于颛顼的资料，更确证了穷桑在西方和北方，而不在东方。颛顼乃主宰北方世界的大帝，他所处的"空桑"当然只会是在北方，而不是东方。至于《拾遗记》，则明言穷桑在"西海之滨"，其方位不须再赘证了。穷桑既为晚云的神话意象，为何又从西方移至北方？这是因为在上古神话中，西方和北方作为太阳沉落的方位，黑暗的世界，具有内在的同一性。

确证以"穷"命名的地名都具有西北方位的特征的，还可以举神的命名为例，少昊有子名穷奇，《淮南子·地形篇》说他乃"广莫风所生"，所谓"广莫风"即北风，高诱注以为穷奇乃"天神，在北方道"，西方之神少昊生了北方之神穷奇，那是自然的。又颛顼有子名曰穷鬼，这个穷鬼死亡的时候正是正月晦日（即冬去春来的时候），在那一天，人们举行祭礼活动以"送穷鬼"，颛顼又有一子名穷蝉者，为灶王爷，每年冬尽春来之时便从人间离去，上天庭去汇报。显然，所有以"穷"命名的神都有西北方（对应于冬天，黑夜）的特征。他们生于西方和北方（冬天与黑夜），而死于（或离去于）东方（春天和早晨）或北方

① （东晋）王嘉著，（梁）萧绮辑编：《拾遗记》，景印文渊阁四库全书·子部三四八·小说家类，（台北）商务印书馆1986年版，第315页。

（到东方）的尽头。穷的本义即是空、尽。古人心中，时间和空间以太阳的升起为起点，那么太阳生于早晨和东方，而落于黄昏和西方，而穷（尽也）于黑夜至拂晓和北方。在一年的四季里，春天对应于早晨和东方，而秋天对应于黄昏和西方，冬天对应于北方和黑夜，西方、北方、冬天、黑夜即为"穷方"、"穷时"。准此，则我们可以断定，凡以"穷"来命名的神祇和神性地域，都具有西北、昏夜、秋冬、黑暗、死亡的特征。如果这一论断不为诬谬，则"有穷国"乃在西北方位，作为神性地名，其内在属性乃是黑暗和死亡之地。有穷国君羿也只能是这样一种神性，是这一世界的统领。

而历史性的传说中，后羿死后为宗布神。《淮南子·汜论训》："羿除天下之害，死而为宗布，此鬼神之所以立。"高诱注曰："祭田为宗布，谓出也。一曰今人室中所祀之宗布是也。或曰司命傍布也。"[1] "宗布"何神？高诱注释颇为费解，所以后世学者多有争讼。有人说，这个宗布神，在中国民间习俗中，就是著名的掌管冥府的神，即黑暗、死亡世界的统领（相当于后世的钟馗），从《淮南子》谓后羿"死而为宗布"之后，接着一句"此鬼神之所以立"来看，羿最后成为鬼神的首领是完全可能的。高诱在注"羿死桃棓"中谓"由是以来鬼畏桃也"，也支持羿死后成为鬼神世界的统领的说法。这使我们想到埃及赫里尤布里斯太阳城神系中的那个拉神的重孙奥赛里斯，他死后正是成为冥府的主宰。

根据以上论证，笔者认为，羿不是纯粹的光明神，而是兼具光明与黑暗而以黑暗为主的刑杀神、死神。

那么，这个黑暗神、刑杀神、死神与太阳神有关系吗？当然有关系。他是太阳神的儿子。但太阳神的儿孙未必就是太阳神，也未必具有光明神的特征，这在笔者上面分析诸神生殖世系潜含的规则时已经有明确的揭示。中国古代太阳神族的神话中诸神组构的一个基本原型模式，就是太阳运行的不同时空区位。一个典型的例证是春秋战国时代形成的五方帝神系统，五方神帝其实都是太阳神，但他们是太阳处于不同时空区位的神祇，例如处于北方的颛顼，是太阳神，但却是太阳处于黑夜、冬天、北方时空区位的太阳神，所以，他尽管可能有某些光明神性，但

---

① 何宁：《淮南子集释》（中），中华书局1998年版，第986页。

主要是黑暗神。他的子孙中，也有很多具有黑暗死亡特征的神祇（详见本书后面有关颛顼的论述）。这种情形在埃及神话中也有，例如埃及神话中太阳神拉在不同时间有不同的名字，早上的太阳神叫赫普尔，白天的太阳神叫拉，傍晚的太阳神叫阿图姆。拉的儿孙辈当然是属于太阳神族，但并不都是具有光明神性的神祇。这些儿孙辈神祇中，如地神盖布、空气神舒、干旱之神赛特、巫神伊西斯等，都难说具有太阳的光明神性。羿极可能是太阳神帝俊的儿子之一，但这个儿子，不是处于日行当空时空区位的神或神性英雄，而是日在西方和黑夜的神或神性英雄。他的刑杀特征，极近战国五方帝神系统中的那个西方少昊神帝的佐神、刑杀神、白虎神蓐收。这个刑杀神死后成为黑暗世界的主宰神，也是十分自然合理的事情。

弄清了桃、逢蒙、后羿各自的神性，则"羿死于桃棓"的结局就可以理解了。羿与逢蒙和桃正具有一种内在的相克性。如果说羿射九日的神话讲述的是太阳沉落、光明被黑暗所战胜的故事，那么逢蒙桃棓杀羿的神话则讲述的是光明又再次战胜黑暗的故事。这样，"瞽叟生俊—俊生后羿—后羿射日—逢蒙杀羿"这一历程，其深层意象结构正是一个以太阳的循环运行为原型的模式，即：混沌生光明—光明生黑暗—黑暗杀死光明—黑暗孕育光明（逢蒙乃羿的徒弟）—光明战胜黑暗。换一种表述方法，即：混沌的世界产生光明，太阳从东方运行到西方，沉入黑暗世界，在黑暗世界的尽头，又再度从东方升起。羿正处这一循环过程中从西方到北方的黑暗地带。只有把握了这一深层意象结构，我们才能准确把握羿的神性，及其死于桃棓的神话结局的真意。

****

下编

夏人创世神话研究

****

第九章　夏人祖神鲧形象流变的还原性重构

——夏人创世神话研究之一

　　研究夏人创世神话，当从鲧的神性开始。但鲧的形象从夏初到春秋战国时代，发生了很大的改变，因此，本章将对鲧形象的历史流变过程作回溯式研究，先确认他在春秋战国时代的神性特征，然后上溯夏初，重构他在夏人神话中的原始形象。

　　在展开论析之前，我们要解决一个问题，就是确认鲧作为夏人祖先以及鲧与禹的关系。

　　《国语·鲁语》云：“有虞氏禘黄帝而祖颛顼，郊尧而宗舜；夏后氏禘黄帝而祖颛顼，郊鲧而宗禹；商人禘舜而祖契，郊冥而宗汤；周人禘喾而郊稷，祖文王而宗武王。”[1] “有虞氏，舜后，在夏、殷为二王后，故有郊、禘、宗、祖之礼也。”[2] 韦昭注谓：“此上四者，谓祭天以配食也。祭昊天于圆丘曰禘，祭五帝于明堂曰祖、宗，祭上帝于南郊曰郊。”[3] 《国语·鲁语》这段文字是叙述上古四代最重要的祭典及其对象的，但这些祭典的对象显然是周以后的产物。这样判断是因为：首先，这个祭典中四个王朝祭祀的对象多有重复，如黄帝、颛顼、舜，是多个王朝祭祀的上帝或祖先神，这在祖宗崇拜为最高宗教的中国，是不大可能的。中国上古，几乎是每一个族团都有自己独特的天神和祖宗神系统，尤其是祖宗神系统，那是不会与别的族团混淆的。其

---

[1]　上海师范大学古籍整理小组校点：《国语》，上海古籍出版社 1978 年版，第 166 页。

[2]　同上书，第 169 页。

[3]　同上。

次，少典帝系是西周以后的新造神运动中产生的神系，黄帝作为这个系统的主神其产生年代很晚，不可能成为有虞氏、夏后氏禘祭的天神。再次，有虞氏的祖先舜其实是商人至上神帝俊的历史化产物，夏以前实际不存在一个有虞氏作为中原统治族团的时代。鉴于这个判断，所以，《国语·鲁语》中叙述的上古四个王朝郊、禘、宗、祖祭典活动及其对象有很大的后人编造成分。当然，这里面的信息也不都是后人编造的，夏商周三代祭典及其对象中也多有可能是真实历史事实的成分，我们通过分析剔除后人添加的成分，剩下的才可能是真实历史存在过的东西。

上面四代祭典的叙述中，关于夏人的祭祀对象有四个："夏后氏禘黄帝而祖颛顼，郊鲧而宗禹"，既然黄帝是周人的创造物，我们可以将其从夏人祭祀对象中排除，颛顼也是黄帝神系的大神，在少典帝系中地位仅次于黄帝，他究竟是周人新造的神，还是夏代曾经有过、到周代在少典帝系中被重新配位了的神，还难确定，但笔者的研究将证实，这个神的原始神性其实和夏人始祖鲧的原始神性是十分相近的（详见本章第三节），是否是周人按照鲧的神性创造出来，而取代鲧的位置的神呢？笔者有这个怀疑，但还不能绝对认定。那么鲧呢？鲧是夏人神话中原有的神吗？谈到这个问题，我们要面对顾颉刚先生关于鲧、禹神话出现年代问题曾经的一个判断。

顾先生对中国上古史的研究成果在 20 世纪中国史学史上具有重要地位和深远影响。在他的有关研究成果中，鲧、禹与夏的问题是重心之一。在他有关这一主题的许多研究成果中，笔者归纳出如下几点与本主题密切相关的重要结论：

1. 鲧、禹的原始身份是人是神已不可知，但现今所见的资料中他们有天神性，他们有从天神成为人间伟人的可能；

2. 鲧与禹在先秦较早的文献如《诗经》中并没有父子关系，他们成为父子应该是战国时期的事情；

3. 禹在文献中出现较早，而鲧则出现较晚，后者起源何处不能确知，很可能是战国时人创造的；

4. 鲧、禹与尧、舜在春秋时期的文献中并无联系，很可能是受了墨子的尚贤说和禅让说影响，战国时期的人们才使鲧、禹与尧、舜发生了关系。①

顾先生的上述研究见解中，第 1 点和第 4 点应该能确认的，第 2 点、第 3 点需要稍加分析。

第一，顾先生认为鲧的名字出现较晚，似不确切。今文献中，《尚书·尧典》中已经出现了鲧的名字和他治理洪水被诛杀的故事，《尧典》这篇文献有人认为多半是战国早期人的作品（也有人认为是东晋梅赜所作），这个观点也得到不少学者的认同，即或如此，但这也不意味着其内容都是战国时人虚构的。笔者这样看待这篇文献，从文本话语的组织角度看，这篇文献确实是较为晚出，这是可以断定的，但其内容则未必都晚出至战国时代。

《尧典》的内容有相当一部分是远古神话故事的历史化结果，例如舜的故事来自商人的创世神话，是对商人创世神话中至上神帝俊的故事进行处理的结果，因此，有遥远的历史来源。鲧、禹的故事，应该是对夏人创世神话的历史化处理结果，其来源一样遥远。在《尧典》之前的夏商神话故事的文本形态（话语组织）也许与《尧典》文本是不一样的，其故事的某些关目和细节也可能是有变化的，但总体的大事件不会是没有来源的，就如笔者在上面论述《尚书·胤征》这篇文献，直到清人都有人断定其为晋人梅赜伪作，但其叙述的故事则一定有商人远古神话作为底本一样，《尧典》中的舜与鲧、禹的故事也应该是这样的。《尧典》的作者，出于特定的意图，借用了早就存在的夏商神话故事的某些人物和事件，将其改变编组进这篇文本中，这是最可能的情形。因此，从这个角度讲，《尧典》这篇文本多半是战国时人所作，但其所本的夏商神话故事则应该来源遥远。舜的故事已经有《山海经》中帝俊的神话来证实，而且，商人甲骨文中早有"夋"这个字，也可侧证舜神话的存在。鲧、禹的故事也应如此，当有远古神话作为底本。

上古神话传说主要以民间流传的方式存在，而不以书面方式存在，它们被书面记载，既晚近且零碎——中国古代尤其如此，这已是当今研

---

① 顾颉刚：《鲧禹的传说》，见《顾颉刚古史论文集》第二册，中华书局 1988 年版。

究者的共识，所以，鲧以及鲧、禹父子关系晚见于书面记载，并不绝对意味着在民间流传中就是如此。即使是顾先生，他也承认"原始的鲧、禹究竟是人是神，我们现在已经不得而知"①，既然提到"原始的鲧、禹"，就潜在地承认了在见诸文献很早之前，鲧、禹是早就存在的传说人物，至于他们是否父子关系，在没有确凿的证据否定之前，最合适的态度还是接受现在文本中关于两人的关系认定，笔者倾向于认为他们很早就是父子关系。

第二，今见先秦文献中，《尚书》、《左传》、《国语》、《山海经》等，均有鲧、禹出现，且他们的关系均为父子关系，那么多文献都这样认定，应该不是都在虚构，而是有更早的神话传说作为共同底本的。

第三，杨宽先生在30年代曾经对鲧与共工的关系作过认真对比研究，他发现两者的故事其实基本相同，且两个人的名字只是发声的急读和缓读的区别，鲧急读则为鲧，缓读则为共工，两者其实是同一个神，顾先生在《鲧、禹的传说》中，也认为两者是同一个人。而共工之名，也是广见于先秦各种重要文献，那么多文献都在谈论他，且这种谈论都显示出作者们有共同的故事底本，显然这个故事底本不可能是春秋时代即时虚构的（那不容易得到大范围内不同文化人的确认和接受），而应该来源相当久远。

第四，从近现代学术研究的成果看，大多数神话研究学者，都未对鲧、禹父子关系提出过质疑，都是在这种关系基础上研究鲧、禹神话的。

基于以上几个原因，笔者认为，鲧是远早于春秋战国时代就存在的一个神话人物，很多文献都说他是夏人的祖先，是禹的父亲，《左传·昭公七年》曰："昔尧殛鲧于羽山，其神化为黄熊，以入于羽渊，实为夏郊，三代祀之。"② 这个说法来源久远，是可以认定的。但接着，笔者要说的是，鲧、禹的父子关系很可能是一种特殊的文化和历史上的脉承关系，而不一定是简单指真正具有生殖意义上的血缘关系。这种文化和历史上的脉承关系，在神话中，往往被描述为生殖意

---

① 顾颉刚：《鲧禹的传说》，见《顾颉刚古史论文集》第二册，中华书局1988年版，第90页。

② （周）左丘明传，（晋）杜预注，（唐）孔颖达正义：《春秋左传正义》（下），北京大学出版社1999年版，第1244页。

义上的血缘关系。

下面我们集中研究夏人神话中的原始祖先鲧的神性及其形象流变问题，顺便论及与鲧十分相近的颛顼的原始神性。笔者将采取逐步还原的方法，分两个阶段重构鲧在不同时代的形象和主要身份以及神性，终极目标是还原他作为夏人创世神话中创世祖先元神的本相。

第一节　春秋战国传说中的鲧：死而复生的农业之神 *

春秋战国时代鲧的神性形象是怎样的？笔者从屈原《天问》中几句诗的理解切入对这个问题的讨论。历代注家对屈原《天问》中关于鲧的诗句，充满歧义性释读和内在矛盾。下面一段就是例证之一——

> 鸱龟曳衔，鲧何听焉？顺欲成功，帝何刑焉永遏在羽山，夫何三年不施？伯禹腹鲧，夫何以变化？[①]

这里说鲧被帝处罚于羽山，那么这个处罚是怎样的呢？"刑"是"诛杀"之意，还是"永遏"（长期囚禁）之意？帝究竟是否诛杀过鲧？诸家对此有大不一样的释读。

王逸《楚辞章句》释读"顺欲成功，帝何刑焉？"云："言鲧设能顺众人之欲，而成其功，尧当何为刑戮乎？"[②] 则"刑"的具体内容即"刑戮"——诛杀；但对下面"永遏在羽山，夫何三年不施"的解释又是："永，长也。遏，绝也。施，舍也。言尧长放鲧于羽山，绝在不毛之地，三年不舍其罪也。"[③] 这里的矛盾是显然的，既然先已"刑戮"，

　　＊ 本节曾经以《屈原时代的夏人农业之神——屈诗释读与夏人神话还原性重构之一》发表于《湖北师范学院学报》2008年第1期，收入本书有部分增删。

　　① （宋）朱熹集注：《楚辞集注》，上海古籍出版社1979年版。本书征引的所有屈原诗歌凡未特别注明者皆出自该书，特此说明。

　　② （东汉）王逸注：《楚辞章句》，转引自洪兴祖《楚辞补注》，中华书局1983年版，第90页。

　　③ 同上。

何来后面的"长放鲧于羽山……三年不舍其罪"之说？关于"刑"为"诛杀"的理解，其依据是更早的先秦文献中关于鲧窃天帝息壤而被诛杀于羽山的有关说法：

> 昔者鲧违帝命，殛之于羽山，化为黄熊，以入于羽渊。[①]
>
> 昔者伯鲧，帝之元子，废帝之德庸，既乃刑之于羽之郊。[②]
>
> 洪水滔天，鲧窃帝之息壤以淹洪水，不待帝命。帝令祝融杀鲧于羽郊。[③]
>
> 鲧则殛死，禹乃嗣兴。[④]

秦汉典籍一般认为"刑"的具体内容就是"殛死"，并没有将鲧长期囚禁（永遏）在羽山的关目。

但朱熹《楚辞集注》对此的释读又不一样，在他那里，鲧并没有被"殛死"："永，长也；遏，犹禁止也。……施，谓刑杀也……。此问鲧功不成，但何囚之羽山，而不施以刑乎？……程子以为'《书》云殛死，犹言贬死耳'。盖圣人用刑之宽，例如此，非独于鲧为然也。"[⑤] 这样，鲧并没有被帝诛杀，只是长期囚禁而已。到了清代蒋骥的《山带阁注楚辞》里，他在两种解释中不予选择，只是客观摆出宋儒和汉儒两种不同的见解："朱子云：施，谓刑杀之；不施，囚而不杀也。按，汉马季长孔安国皆以殛鲧为杀，故释'施'为'舍'，未知孰是。"[⑥]

由于对上面几句诗的释读大不一样，接着对下面"伯禹腹鲧，夫何以变化"的释读自然也大不一样。如果将"刑"的内容释读为"囚禁"，那下面朱熹的释读多少可通："此又问禹自少小习见鲧之所为，何以能变化而有圣德？"[⑦] 朱熹的这种释读是继承王逸的。王逸在《楚辞章句》中也基本是这样解释两句含义的。但王逸既然将"刑"解为"刑戮"，

① 上海师范大学古籍整理小组校点：《国语》，上海古籍出版社 1978 年版，第 478 页。

② 王焕镳：《墨子集诂》，上海古籍出版社 2005 年版，第 171—172 页。

③ 袁珂校注：《山海经校注》，上海古籍出版社 1980 年版，第 472 页。

④ （汉）孔安国传，（唐）孔颖达正义，黄怀信整理：《尚书正义》，上海古籍出版社 2007 年版，第 448 页。

⑤ （宋）朱熹集注：《楚辞集注》，上海古籍出版社 1979 年版，第 55 页。

⑥ （清）蒋骥：《山带阁注楚辞》，上海古籍出版社 1958 年版，第 75 页。

⑦ （宋）朱熹集注：《楚辞集注》，上海古籍出版社 1979 年版，第 55 页。

则禹出生时鲧已经死亡，何有"禹小见其所为"的可能呢？① 其他诸人凡将"刑"释读为"殛死"、"刑戮"者，若又将"伯禹腹鲧，夫何以变化"释读为"问禹自少小习见鲧之所为，何以能变化而有圣德"就必定自相矛盾。而朱熹的解释尽管前后不矛盾，但最大的挑战是秦汉典籍都明言鲧被殛死，他改变这个结局的文献依据何在其实是一个大问题。读他的《楚辞集注》，让人强烈地感到，他是在借此宣扬尧舜这样"仁君"宽厚仁爱的"圣德"：罪大恶极的鲧居然不被诛杀，而只是囚禁在羽山三年，尧舜何其宽仁！但这种解释明显带有朱熹个人的臆断，而有违历史文献，为的是美化儒家编织的古代圣君。屈原诗歌中多次提到鲧的命运，明显显示出，他看到的关于鲧的神话资料中，鲧是曾经被刑戮（诛杀）于羽山的。如《楚辞·离骚》有"鲧婞直以亡身兮，终然夭乎羽之野"的诗句，明言鲧死亡于羽山；而且《天问》下文关于鲧还有"化为黄熊，巫何活焉"的问题，显然，如果没有先死的关目就不会有后面"活"的关目。

今人对上述几句诗的释读总体上看，都大相异趣，如陈子展先生在《楚辞直解》中将上述几句诗翻译为——

> 便把他长期禁闭在羽山，
> 那为什么三年还不放松？
> 大禹治水重走鲧的老路，
> 那为什么要有变化不同？②

江林昌博士《楚辞与上古历史文化研究》则从"产翁制"角度释读这几句诗——

> 隐避在羽山"装产"，
> 为何三年多不出来治水？
> 说鲧的肚子里化生出大禹，

① （东汉）王逸注：《楚辞章句》，均转引自洪兴祖《楚辞补注》，中华书局1983年版，第90页。

② 陈子展撰述：《楚辞直解》，复旦大学出版社1996年版，第97页。

怎么会有这种产子现象？[1]

上述释读从屈原《天问》本身提供的资料看，都有不通脱的地方，陈子展释"腹"为"复"，将"伯禹腹鲧"释读为"大禹治水重走鲧的老路"，词义训读上固然可通，然与秦汉文献材料殊不相合；且对"变化"一词的释读也嫌简单；江林昌将"永遏在羽山"释读为"隐避在羽山'装产'"，固有新意，却也与上下文语义颇不吻合。而且，陈、江二人的解释都建立在一个潜在的共识上：鲧未被诛杀。这个理解不仅与先秦文献不合，与上下文不合，也与《天问》后面的问题矛盾：——

　　　　化为黄熊，巫何活焉？咸播秬黍，莆雚是营。何由并投，而鲧疾修盈？"[2]

这几句诗明确透露出几点：在屈原看到的关于鲧的神话资料中，一是鲧是死过，然后复活了；二是鲧复活后还做了许多事情，尤其是农业方面的事情；三是鲧最后还是被作为恶神驱逐流放了。这几点都向前面的释读提出了挑战：它们都没有考虑到屈原看到的关于鲧的神话资料可能和后世看到的很不一样，屈原看到的一些鲧神话重要关目在后世可能完全失传了（如鲧在神巫的护佑下死而复生的关目和进行农业活动的关目）。因此，这里就存在一个重要的前提，要想正确解读屈原诗歌中有关鲧的诗句，先要还原出今天已经失传了的屈原可能看到的当时流传于南楚的鲧、禹神话。只有还原出这个神话，对屈原诗歌中涉夏部分才会有合适的解读。

因此，本书将进行这种还原性重构工作，并在这个前提下重新释读上述诗句的内涵。

在中国古代神话研究领域，鲧、禹神话大约是被研究得最多，同时也是研究结果分歧最大的，因为现有关于他们的资料也是最混乱的。本

---

① 江林昌：《楚辞与上古历史文化研究——中国古代太阳循环文化揭秘》，齐鲁书社1998年版，第228页。

② （宋）朱熹集注：《楚辞集注》，上海古籍出版社1979年版，第61页。

书拟根据现有资料，以埃及上古神话中一个重要大神奥赛里斯为参照，清理有关鲧神话的混乱材料，揭示鲧在春秋战国时代的神性特征，初步复原性重构这个神话在西周以及战国时代南方文化系统中的神性特征和原初故事形态。笔者之所以将奥赛里斯作为鲧的比较性参照，是因为笔者认为这两个大神在基本神性和故事关目上有相当的类同性，因而以奥赛里斯作为参照来重构鲧的原初神性和故事关目，并由此解读屈原诗歌中涉及鲧的有关诗句应该是可行的。

　　限于篇幅，笔者将基本避开迄今已有的关于鲧神话的大量互相矛盾甚至对立的研究成果的一般性介绍和清理，而根据现有互相矛盾的原始资料（笔者称之为今文本）直接提出笔者的一个猜想，以作为这个研究展开的前提：在笔者看来，作为夏人始祖的神话，从来源上推断，鲧神话应该起源于先夏，在漫长的历史过程中，它经历过两次具有决定意义的改造，一次是夏人立国前后的男性化改造，另一次是西周以来的历史化和伦理化改造。经历这两次改造之后，到先秦，鲧神话离其原初形态已经相去甚远。从现有资料来看，到先秦，在屈原所代表的南方文化系统和《尚书》、《春秋》三传等所代表的北方文化系统中，关于鲧、禹洪水神话的许多关目似乎都有不小的差异，造成这些差异的原因大约与南方文化在先秦长期处于与北方文化相对隔离和独立的状态有关。由于南方文化系统长期处于一种与北方理性化、历史化的文化相对隔离的"家有巫史"的神话文化氛围中，所以，其关于鲧、禹的神话可能较大程度上保留着其统治者周初分封楚国时带来的基本样态，以及从夏商时期就流传于南楚土著民族的夏人神话的基本样态（当然也会随着时间的推移而不断改变）。因此，笔者推断，屈原时代流传于南楚的鲧神话与周初应该大体一致。当然，先秦和秦汉关于鲧的有关神话资料，尽管经过历史化和伦理化改造，与周初的形态已经有很大的变化，但仍然留有原初的许多信息，是鲧神话前文本（与"今文本"的概念对应，指隐含在今文本后面、被今文本改造过的周以前鲧神话的原初形态，以及战国时代南楚鲧神话的原初形态）。

　　由于笔者认定古老的鲧神话经历过两次具有决定意义的改造，所以，笔者对鲧神话的还原工作将分两阶段进行：第一阶段是还原性重构西周初年和屈原时代南方文化系统中流传的鲧神话的大体形态。但如前所述，鲧神话在夏人立国前后也经历过一次重大的改造，所以，笔者复原工作的第二步就是重构被夏人改造的那个鲧神话，还原鲧的本原真相。本节将致力于第一步还原性重构，而将第二步的工作留到下节来完成。笔者认为，要合适地释读屈原诗歌中涉夏的部分，这个还原性重构是重要的。

关于奥赛里斯的神话，尽管在古代埃及也经历过一个漫长的产生和流变过程，但总体上看，这个神的基本神性和主要神话关目已经十分清晰了，而鲧的神性和故事关目就相当模糊并且有巨大的变化。因此，我们将面临对鲧神话进行清理和复原的繁重任务。另一方面，也正是以奥赛里斯为参照，我们对鲧神话的复原性工作才更有理由和可靠，这个清理过程中对屈原诗歌有关鲧诗句才可能有比较合适的解读。

首先，在古代埃及神话中，奥赛里斯是农业之神，早期文明之神。据有关资料介绍，奥赛里斯是埃及最早的农业之神，他教会古代埃及人耕耘土地，种植庄稼，筑室建城，过上安定文明的生活。因为他的功劳，他被埃及人推举为国王，他是埃及最早的国王，深受人民的拥戴。[①] 所以，农业民族神话中的农业神都是善神。

那么鲧呢？现有北方文献系统都将鲧当成一个恶神来讲述，说他忤逆天帝的意志，反对尧禅位于舜，不得天帝允许偷了息壤，治水九载一无成功等，甚至将他当成远古"四凶"之一来讲述。但屈原在诗歌中却对鲧有完全不同的看法，他认为如果鲧治水是失败的，那么，责任也不全在于鲧自己：

> 不任洪泔，师何以尚之？佥曰何忧，何不课而行之？（《楚辞·天问》）

---

① 本节有关奥赛里斯的神话传说分别取自埃及《亡灵书》（锡金译，吉林人民出版社1957年版）、弗雷泽的《金枝》（中国民间文艺出版社1987年版）、苏联 M. H. 鲍特文尼克等合著的《神话辞典》（商务印书馆1985年版）、苏联谢·亚·托卡列夫等编著的《世界各民族神话大观》（国际文化出版公司1993年版）、雷蒙德·范·奥弗编《太阳之歌：世界各地创世神话》第八篇"埃及"（毛天祜译，中国人民大学出版社1989年版）、李永东编著的《埃及神话故事》（宗教文化出版社1998年版）、魏庆征等主编《外国神话传说大词典》（中国国际广播出版社1989年版）等书。

这意思是说，如果认为鲧不能胜任治理洪水的任务，四岳（按："师"当为《尚书·洪范》中推举鲧的"四岳"）为什么推举他呢？众人（"佥"）都说他没有什么问题，（尧）又为什么不先考察他再任用他呢？屈原这样发问一个前提是，即使鲧真的没有治理洪水的能力，那责任也不是、至少不全是他的，首先是推举他、任用他的四岳和尧的失察，他们才负有最大的责任。而且，这两问还潜含着一个意思：鲧其实是有能力完成治水重任的，不然众人和天帝不会这样信任他和任用他。而实际上，在屈原所看到的神话中，鲧治水是成功的，至少是取得了阶段性成功，或者快要成功，但鲧却在快要成功时受到天帝惩罚：

　　　　鸱龟曳衔，鲧何听焉？顺欲成功，帝何刑焉？（《楚辞·天问》）

前二句的含义历代多有异说。王逸《楚辞章句》云："言鲧治水，绩用不成，尧乃放杀之羽山，飞鸟水虫，曳衔而食之。鲧何能不听乎？"[①] 洪兴祖《楚辞补注》云："此言鲧违帝命而不听，何为听鸱龟之曳衔也？"[②] 朱熹《楚辞集注》云："旧说谓鲧死为鸱龟所食，鲧何以听而不争乎？特以意言之耳。详其文势，与下文应龙相类，似谓鲧听鸱龟曳衔之计而败其事，然若且顺彼之欲，未必不能成功，舜何以遽刑之乎？"[③] 蒋骥《山带阁注楚辞》引另一注家徐有云曰"语意似言有形如鸱鸟之龟，曳尾衔物以导之耳"，蒋骥认可这一说法，谓"徐说信矣"[④]。

当代学者孙作云先生认为，"'鸱'是'虫'的误字，'虫'即蛇，在这里指以蛇为图腾的氏族。'龟'即龟氏族，'曳衔'即'衔曳'，为叶韵故，颠倒之"。因此，鸱龟当是和鲧联盟的氏族，他们帮助鲧治水，并且向鲧提出治水的建议，为鲧所听从。[⑤]

---

① （东汉）王逸注：《楚辞章句》，均转引自（宋）洪兴祖《楚辞补注》，中华书局1983年版，第89—90页。

② （宋）洪兴祖：《楚辞补注》，中华书局1983年版，第90页。

③ （宋）朱熹集注：《楚辞集注》，上海古籍出版社1979年版，第54—55页。

④ （清）蒋骥：《山带阁注楚辞》，上海古籍出版社1958年版，第75页。

⑤ 孙作云：《天问研究》，河南大学出版社2008年版，第156页。

笔者以为，从历史化层面解释，鸱龟当为孙先生所说的部落图腾的神化物，所以，上引《天问》诗句意思直解是：

> 神蛇曳尾划地神龟衔泥，帮鲧出力，鲧如何会听从呢？在鲧顺从他们的指引，治水即将要成功时，帝（尧）为什么要惩罚他呢？

那么这里"刑"的确切含义是什么？窃以为"刑"本包括囚禁和诛杀在内的多种惩罚形式，而不只是诛杀，结合相关资料来看，应该是鲧先被"永遏（囚禁）在羽山"，后又被"殛于羽山"。是先囚禁后诛杀（鲧被诛杀后尸体三年不腐，后化为黄熊，入于虞渊）。这两问透露出在屈原所见到的南方神话中，鲧治水得到部落联盟图腾神（"鸱龟"）的帮助，有很大成效，但就在即将成功的时候，却受到惩罚了。因此，鲧的被杀，与治水失败没有关系。那么，是什么原因导致鲧的杀身之祸呢？屈原说是因为鲧太刚直：

> 鲧婞直以亡身兮，终然殀乎羽之野。（《楚辞·离骚》）

这刚直体现在什么地方，屈原的诗歌并没有完整的叙述，此处只强调指出，在屈原所见到的有关神话资料中，鲧与奥赛里斯一样是一个善神，或者他还没有彻底被妖魔化，还保留着相当多善神的因子，所以，屈原才对他被诛杀困惑不解，甚至大为不平。

那么，鲧也是农业神吗？在屈原的《天问》中，有四句诗明确地透露出鲧与农业的关系：

> 咸播秬黍，莆藋是营。何由并投，而鲧疾修盈？

"秬黍"是农作物（有人认为是黑小米），"莆藋"是一种水草，或说是芦苇。这几句大意是说，鲧（带领人民）将水草丛生的地方都开垦成良田，种满庄稼，（这是功劳至大的事），为什么却将他当成罪不可赦的"四凶"之一，斥逐到荒远之地？关于鲧作为"四凶"之一被斥逐于荒远之地的关目，也许有人认为就是"永远遏在羽山"的关目，但窃以为这样理解不妥。因为上引四句诗前面就是"化为黄熊，巫何活焉"一问，这意味着鲧带领人民开辟土地、种植庄稼是在鲧死而复活之后的事情。这个问题下文还将涉及，在此只确定鲧的农业神身份问题。上引屈原关于鲧带领人民开辟土地，种植庄稼的关目，事实上已经暗含了鲧农业神的身份。如果说稷（神农炎帝）是周人的农业神，那么，鲧则是夏人的农业神。关于鲧与农业的关系，是大多数研究者们一直没有注意到的一个重要问题，而把握这个问题，对于理解鲧的神性特征和鲧的故事、解开鲧神话的许多谜团是至关重要的。

事实上，现有资料还间接地交代了鲧的农业神特征。鲧神话的主要关目是治水，而治理水患则是农业民族无论古代还是现代最重要的工作之一（在古代尤其如此），鲧作为治水的首领，正是他农业神身份的确证。先夏和夏人的农业神在当时当然应该是一位善神，他之所以变成一个恶神，应该是在周以后尤其是春秋战国时期逐渐被妖魔化的结果。在屈原所在的南楚文化系统中，他被妖魔化的程度远没有北方深，所以，屈原还能从当时所看见的资料里困惑地提出许多问题，甚至干脆断言，鲧被诛杀不是由于他做了什么坏事，而是因为他太刚直。

古代各民族的农业神都是植物神，埃及的奥赛里斯、希腊的德墨忒尔、狄奥尼索斯、西亚的塔模斯、马蒂斯等农业神，都同时兼为植物神。由于农作物的生长与太阳密切相关，因此，许多民族（并非一切民族）的农业神往往兼具太阳神的身份。埃及农业神奥赛里斯首先是植物神，而在后来当奥赛里斯崇拜发展到极盛之时，埃及人将先前太阳神拉的特性也赋予奥赛里斯，使他也成为太阳神、光明神。那么，中国古代农业神也是植物神并具有太阳神的神性吗？周人的农业神稷即神农炎帝是植物神也是太阳神，这已经典有明证（《白虎通·五行》："炎帝者，太阳也"[①]）。夏人的农业神鲧是否植物神，我们后面再论，至于是否太阳神，似乎也未有肯定的结论。笔者认为，鲧在先夏和夏代，是水神而不是太阳神，但到周人那里，他实际也被赋予了太阳神的神性。我们来看在周人那里鲧的出身世系：

_____

① （东汉）班固：《白虎通义》，景印文渊阁四库全书·子部一五六·杂家类，（台北）商务印书馆1986年版，第22页。

黄帝生骆明，骆明生白马，白马是为鲧。[1]

《海内经》中这一条资料似乎很少引起研究者注意，但它实际上非常重要。这一条资料中将鲧编派为黄帝的孙子，而学者们的研究已经表明，黄帝作为最高大神是周人（主要是西周后期到东周时期）的创造，夏人的始祖神鲧在周人这里被编派为黄帝的孙子，证明这种神谱实际是周人的。在这个神谱中，黄帝一般被认为是太阳神，即光帝，而且是全方位的太阳神，那么，"骆明"何神？按："骆明"之"骆"的本义，乃是尾和鬃毛为黑色的白马。这条资料潜含着什么信息呢？这里的关键是要弄清马的形象在古代神话中的寓意所在，才能确证"骆明"神的神性。而且，既然鲧是这个"骆明"神的儿子，其神性形象是白马，那么，弄清这个问题就更有必要了。关于马在古代神话中的寓意性所指，其实，中国古代的《易经》中已经有明确的指证："乾为马，坤为牛。"[2] 则马神是天神，而天神与太阳神是有密切关系的，这在任何民族的古代神话中都如此，有的是由太阳神上升为天帝（如埃及的拉神），有的是以太阳神兼任天帝，因而马似乎与太阳关系密切得可以将之视为太阳的动物神形象（如中国古代人形容太阳运行、时光迅疾为"白驹过隙"，希腊太阳神阿波罗将太阳放在金光闪闪的车上，由四匹马拉着巡游天空等）。弄清了马神的天神和太阳神特性，那么，"骆明"何神就不难解释了，他也是一位天神，太阳神。中国古代有不同的方位和时位的天神和太阳神，并且这种具有连续性的时位与方位的更替在神话中往往是通过诸神的生殖性世系来表达的，这一点，叶舒宪先生在《中国神话哲学》一书中已有确论，笔者本书上面章节亦有分析和修正。那么，"骆明"是哪个方位和时位中的太阳神呢？鉴于"骆"乃尾和鬃毛为黑色的马，还不是通体光明纯粹的马，笔者以为，他应该是处于黎明到上午这一时位和东方到南方这一方位的太阳神。也就是说是有深紫色云霞伴随的太阳神。如果

---

[1]　袁珂校注：《山海经校注》，上海古籍出版社 1980 年版，第 472 页。关于鲧的出生世系，秦汉文献多有异说，如《世本·帝系篇》（张澍粹集补注本）谓："颛顼生鲧，鲧生高密，是为禹。"则鲧父为颛顼。而颛顼据《山海经·海内经》一条资料，在"黄帝——昌意——韩流——颛顼"的世系中，乃为黄帝的重孙。中国诸神世系混乱，众所周知，本处取其一。

[2]　《周易·说卦》，（魏）王弼注，（唐）孔颖达疏《周易正义》，北京大学出版社 1999 年版，第 329 页。

可以接受这一定位的话，那么，这个"骆明"神的儿子"白马"神鲧的神性就不难确认了：他是一个天神、太阳神，而且是通体光明纯粹的天神、太阳神，他是处于上午到傍晚这一时位、南方到西方方位的太阳神。

　　证明鲧为天神、太阳神的另一关键材料是鲧被诛杀的地方与太阳的关系。上引《国语·晋语》、《墨子·尚贤》、《山海经·海内经》等关于鲧被"殛死"的资料，都确认鲧被诛杀的地方名为"羽郊"或"羽山"，那么，这个"羽山"或"羽郊"是什么地方呢？著名神话学家袁珂先生经过考辨，认为鲧被诛杀的"羽山"即"委羽山"①，而所谓"委羽山"在哪里呢？《淮南子·坠形训》云："北方曰积冰，曰委羽。"高诱注曰："北方寒冰所积，因以为名。委羽，山名，在北极之阴，不见日也。"②按照这个说法，则委羽山乃一个寒冷黑暗的所在，位在北方。而根据中国古代神话思维的时空对应观念，北方对应的时位是黑夜和冬天。鲧被诛杀于委羽山，意即太阳沉落于黑夜。但笔者以为这里对"委羽山"的解释是可以再讨论的。今按："委"有抛撒、坠落之意，"委羽山"按其字面直解乃是"羽毛抛洒、坠落的山"，即古代神话中所谓"解羽山"，"解羽山"乃"群鸟解羽"之所在。而太阳的另一个动物形象就是"金乌"，所谓"日中有踆乌"（三足乌）即此之谓。在古人的形象联想中，太阳的道道金光就是金乌振翅高飞时的羽毛，太阳西沉时，光芒收敛，那是金乌的羽毛脱落委地了，所以，关于羿射九日的神话中才有九乌"堕其羽翼"的说法，因而这太阳鸟羽毛脱落坠委，也就是太阳失去光芒西沉的神话表达。所以，鲧在委羽山被诛杀，恰恰是他太阳神性的又一明证，意即太阳在委羽山沉落。

　　尽管在此笔者证明鲧也有太阳神的特性，但笔者同时要特别指出，赋予鲧太阳神特性的时代应该比较晚，大约在周代，鲧的原始身份首先是一位水神、月神，这与太阳神的特性正好相反，他是在以后的发展中被赋予太阳神的特征的，这一点与奥赛里斯也正好一样，奥赛里斯也是到埃及早先的太阳神拉神崇拜衰落后才被赋予太阳神神性的。至于鲧的植物神身份，尚无直接材料言及，但实际上鲧生命历程的一些重要环节，已经暗含着他植物神的基本特征，这一点我们在后面探讨鲧死而复

---

①　袁珂：《中国神话传说辞典》，上海辞书出版社1985年版，第179页。
②　何宁：《淮南子集释》（上），中华书局1998年版，第335页。

活的关目将会看得比较清楚。

由于人类的农业生产方式导致了定居的生活，因此才有了村庄、城镇的出现，所以，在许多民族的早期神话中，农业神往往有制造农具、建造城市的记载。在古代埃及神话中，奥赛里斯是城市最早的建筑者，他教会人民筑室建房，建造城市，过上定居繁荣的生活。中国古代关于鲧的神话中，也有建城的记载，《吕氏春秋》说他建造了最早的城郭：

> 夏鲧作城。[①]

另外，《世本·作篇》也有"鲧作城郭"的记载，《吴越春秋》指出："鲧筑城以卫君，造郭以守民。"但是，这一古代关于鲧功绩的神话关目，在汉代由于鲧被彻底妖魔化也被赋予了否定的意义：

> 昔者，夏鲧作三仞之城，诸侯背之，海外有狡心。禹知天下之叛也，乃坏城平池，散财物，焚甲兵，施之以德，海外宾伏，四夷纳职。合诸侯于涂山，执玉帛者万国。[②]

这里，鲧带领人民建造城市，倒成了其执政无道的罪证之一。城市的出现确实与军事、战争、政治控制、商业贸易等活动有必然的内在关系，或者说是这些活动到一定阶段的必然结果，如果我们片面地认为压迫、剥削、战争、暴力这些人类现象是绝对负面的现象需要彻底否定，那么，城市当然是需要否定的，建造城市的人当然是罪人。《淮南子》作者就是从老子那种"小国寡民"的原始社会理想和历史观念角度来叙述和评价鲧建城郭这件事情的。但从人类历史进程角度看，这样对待城市和城市的建造者显然是非历史的，非辨证的。而且，这则神话资料说禹坏城平池，示德于天下因而天下平定，也是作者自己根据老子政治理想而虚构出来的关目，没有历史依据。因为，从传说资料看，恰恰是禹而不是鲧是中国历史上最早实行强力统治的人，禹奠定了中国历史上阶

---

① 陈奇猷校释：《吕氏春秋校释》（三），学林出版社 1984 年版，第 1051 页。
② 何宁：《淮南子集释》（上），中华书局 1998 年版，第 29—30 页。

级社会第一个王朝的政治基础。所以，关于上引《淮南子》中的那则资料，我们可信的是鲧建城郭的叙述不是作者的伪造，而是取自先秦或者更早的记载或传说，而关于禹坏城平池示德天下的关目应该是该书作者根据自己的社会政治理想而虚构出来的。

综上所述，可以认为，在西周初年的北方和战国时代的南楚神话中，鲧是一个具有农业神特点的神祇。对于鲧农业神这个特点，早就有学者看出来了，田兆元先生在《论楚辞神话的新陈代谢》中谈到对《天问》"咸播秬黍，莆藋是营。何由并投，而鲧疾修盈"的理解时指出："旧说鲧被尧杀了，《楚辞》却让他复活，这个活过来耕作的鲧的生命力强盛，《世本》俨然将其作了农神，说他作耒耜，服牛，作城郭，显然是'咸播秬黍，莆藋是营'这一传说的伸张。"[①] 田文看到屈原诗歌中鲧农业神的特征是有根据的，这些根据在今文本有关资料中仍然零星地保存着，只是没有引起注意罢了。对田文的观点笔者不同意的地方是，田文认为鲧死而复活，并带领人们进行农业活动的关目，是屈原自己添加的，这显然是武断了一些。《天问》的体例是屈原对当时看到的有关神话和历史传说进行提问，而不是对他自己新造的神话传说提问，这是显而易见的。而且，神话是民族集体的创造，任何个人都不可能随意地大规模地改变它们，这是神话学界的共识。

古代神话中有些神是不死的，但农业神是要死的，几乎所有民族的农业神都有死亡的关目，而且这个关目在它们的故事中具有重要地位。奥赛里斯的死亡故事已经广为流传：因为他对埃及人民的贡献和恩泽，他广受人民拥戴，成为埃及最早的国王。但他的地位和名声引起了他的弟弟、红头发的塞特的疯狂嫉恨，塞特设计害死了奥赛里斯，并且将他的尸体封闭在铅棺里，抛入尼罗河。

而鲧死亡的关目也被古代文献大书特书。上引秦汉文献中均有关于鲧如何被天帝诛杀的叙述，而《天问》中，屈原在发出"顺欲成功，帝何刑焉"一问后，接着却有"永遏在羽山，夫何三年不施？伯禹腹鲧，夫何以变化"两问。因此，这里存在两个问题：首先，鲧是被囚禁在羽山三年，还是被诛杀在羽山三年尸体不腐？其次，与此相关的是，"变

---

① 田兆元：《论楚辞神话的新陈代谢》，《学术季刊》1997 年第 3 期。

化"何意？是针对鲧为男性何以生子？还是针对鲧已经死亡何以孕生？下面分别解答这两个问题。

"永遏在羽山，夫何三年不施"一问透露出一个前引《尚书》、《国语》、《山海经》诸文献中没有的关目："永遏"即"长期囚禁之意"，这一问意谓鲧曾经被囚禁在羽山达三年之久（而今见诸书都说鲧被诛杀于羽山，尸体三年不腐），于是在此我们要解决的问题是：鲧在羽山究竟是被囚禁还是被诛杀？是被囚禁三年还是死后三年尸体不腐？笔者认为，对鲧的惩罚是分两阶段完成的，先是三年囚禁，后是诛杀，且地点都是在"羽山"（或"羽郊"），同时，鲧被杀后，其尸体也曾三年不腐。这样理解就合适地解决了这个难题。

第二个问题是：鲧腹生禹，是在囚禁期间还是在死后？按照常理，当然是在生前的囚禁阶段，但神话往往是反常理常情的，例如埃及神话中依西斯就是通过与奥赛里斯尸体残存的生命灵气感孕而生何鲁斯的。因此，北方文献说男神鲧在死后孕生儿子禹，在神话思维中是可能的。这个关目其实暗含了鲧为农业神、植物神的特性。一般草本植物春生秋凋，但它们在自己凋亡的季节让果实成熟，留下了新生命的种子。这是奥赛里斯死后仍然能让其妻子依西斯怀孕生子的自然底本，鲧在死后仍能孕生儿子，其奥秘也在这里。一直以来，释读屈原《天问》者，无有人窥破个中奥秘，因此对这一问的重要意义也难准确把握，其实，正是这个神话关目，从深层确证了鲧为农业神、植物神的身份。但这样理解时笔者必须再次说，这是基于周初到春秋战国时代有关鲧神话可能形态的一个推断，而不是鲧神话在夏初的形态。在夏初的神话传说中，鲧和儿子禹是共同生活过很长一段时间的。关于这个问题，本书以后的章节还将论及，这里只是提示一下。

因此，"刑"在这里解为"惩罚"为宜，这个惩罚包含了"囚禁"和"刑戮"两种方式，即先囚禁后诛杀。这样，关于"永遏在羽山，夫何三年不施"可从朱熹的读解，"不施"为"不杀"，其意为：为什么天帝囚禁鲧于羽山，长达三年却不诛杀他？（意即要到三年之后再诛杀，这层意思却是朱熹没有注意到的，或者说有意忽视了。帝三年之后仍然诛杀鲧，则既合秦汉其他典籍关于鲧被天帝殛死于羽山的关目，也合上文关于"刑"含有"诛杀"一义的理解。）

对"伯禹腹鲧，夫何以变化"一问，结合秦汉有关文献说鲧被诛杀羽山孕生大禹的资料，解读为：鲧（作为男性，死后尸体不腐）孕生大禹，如何能变化？这里，"变化"可有两指，一指男性如何能怀孕，女性孕生婴孩的整个变化过程，男性如何能有？二是指人死后尸体无法变化，又如何怀孕生子？[①]古代各民族的农业神、植物神，都是要死的，但同时它们也会复活再生，一如农作物在秋冬凋亡，又会在春天返青再生。埃及农业神奥赛里斯的复活关目是众所周知的：奥赛里斯死后，他忠贞的妻子依西斯四处寻找，终于将丈夫的尸体找到，并在埃及人的母亲河尼罗河中的一个沙洲上，依西斯变成一只大鹰，飞悬在丈夫尸体上，用翅膀扇起风来。在豹头天神努特的帮助下，她使丈夫复活了，覆盖在丈夫尸体上扇风时，丈夫体内尚存的生命灵气使她感孕，并因此生下他们的儿子何鲁斯。

在这里，依西斯实际上是一个神巫（埃及有关神话明确地说到这一点），她是用巫术使奥赛里斯死而复活的。与这个神话相关的是古代埃及人每年旱季和雨季来临之前，在伊西斯神庙如期举行悼念奥赛里斯死亡和迎接他复活的盛大的祭祀仪式活动，在这种活动中，奥赛里斯农业神、植物神的特征十分突出地表现出来。农业神、植物神是要死的，同时，又会死而复活。文化人类学家和神话学家众多的研究成果已经揭示出，世界各民族古代神话中的农业神、植物神多有死而复活的关目。奥赛里斯是最典型的，除此而外，西亚的马提斯、塔模斯，希腊的阿多尼斯（据弗雷泽研究，他来自西亚的塔模斯）、狄奥尼索斯等农业神、植物神都有死而复活的关目。古代神话中农业神、植物神这种死而复活的关目的自然底本是农作物（植物）在一年之中从发芽生长到结实到枯萎死亡，再到翌年春天果实作为种子又发芽生长的循环过程。奥赛里斯作为农业神、植物神的死而复活关目就与埃及农业生产的周期有明显的对应关系。当地中海暖湿的季风吹过埃及的土地，雨季来临，尼罗河涨水时，农作物开始发芽生长（农业神、植物神诞生或复活）和结果，但当雨季结束后，旱季来临，干旱使埃及大地上的植物凋萎死亡，庄稼成熟后被收割，满世界一片萧条（农业神、植物神死亡）。据弗雷泽的《金

---

① 关于"夫何以变化?"中之"变化"一词的含义，诸家注释多有不同理解，此不一一列举。本处笔者的解释乃根据整个屈原作品上下文作出。

枝》和哈里森《古代艺术与仪式》描述，埃及人每年都要在旱季举行盛大的仪式悲悼奥赛里斯死亡。而在雨季来临之前，他们又举行大约要持续一个月的隆重仪式。他们在伊西斯神庙祭坛上，用泥土砌出一个卧躺的奥赛里斯，仪式中，人们在他身上埋种许多麦粒，然后，一直守候着，直到暖湿季风吹起，雨季来临，泥土堆砌的奥赛里斯身上长出嫩绿的麦芽，埃及人才在庆贺奥赛里斯复活的狂欢中结束仪式。这种巫术仪式过程正对应于我们上面介绍的那个奥赛里斯死而复活的神话。在这个神话中，奥赛里斯就是植物神、农业神，害死他的弟弟红头发的塞特，就是干旱之神、荒漠之神，奥赛里斯死于塞特之手，实际上是植物、农作物枯萎死亡在旱季的神话表述。而奥赛里斯在巫神依西斯变成大鹰扇动的风中复活的关目，则正是上述地中海暖湿季风吹过埃及大地，雨季来临，万物复苏的自然情景的神话表达。

回到关于鲧的神话。如果春秋战国时代的鲧是夏人的农业神，植物神，那么，与奥赛里斯一样，关于他的神话的终极底本也必定是农业生产在一年四季中的过程和节律，也一定应该有一个死而复活的关目。例如，周人的农业神、植物神后稷就是可以死而复活的。《山海经》有这样一条资料：

后稷垄在建木西，其人死即复苏，其半鱼在其间。[1]

这里，明确说明后稷死后可以复活，他所以能这样，因为他是农业神、植物神。屈原在《天问》中关于鲧也有一问："化为黄熊，巫何活焉？"也就是说，鲧被诛杀三年所以能尸体不腐，并且还能孕生儿子大禹，然后化为黄熊，入于虞渊，并再次复活，与一个或一群"巫"的护佑分不开（详下论）。据此我们可以可靠地断定，在屈原见到的神话材料里，鲧也曾经死而复活。这使我们得以更加可靠地确证他与奥赛里斯等一样，都是农业神、植物神。说鲧化为黄熊（袁珂认为"熊"字下面当为三点，读若乃来反，即三足鳖）有什么深意呢？研究者们已经指出，鲧部落的图腾就是龟鳖，鲧死后化为三足鳖，也就是重回神圣祖先

---

① 何宁：《淮南子集释》（上），中华书局1998年版，第362页。

的生命形态。但笔者认为，鲧化为三足鳖后，还可以随时复化为人形，并且实际上有这个关目，这个关目在北方文献中是完全看不到了，但在屈原的《天问》中实际隐含着。因为紧接着这一问的是关于鲧带领人民开辟土地，种植庄稼，连水草芦苇丛生的地方都开辟成良田，种植上黑小米的叙述："咸播苣黍，蒲藋是营"，这当然不能理解为鲧化作了三足鳖后在虞渊中做的事情，而只能理解为他重返人间后做的事情。"咸播秬黍，莆藋是营。何由并投，而鲧疾修盈"四句诗的意思，诸家释读不同，王逸谓前二句"言禹平治水土，万民皆得耕种黑黍于莆藋之地，尽为良田也"，后二句"言尧不恶鲧而戮杀之，则禹不得嗣兴，民何以得种五谷乎？乃知鲧恶长满天下也"。洪兴祖亦同此说。窃以为将主体认定为禹与诗句本义完全不合，这几句的主体只能是鲧才通顺。

从比较叙事学角度看，"巫"这个帮助者角色的存在，使关于鲧复活的故事与奥赛里斯、塔模斯、阿多尼斯等复活的故事有极强的可比性：后面几位农业神、植物神死后（或进入冥府后）都是一个带有神巫性质的女性神祇（依西斯、易士塔、依南娜、厄瑞息祭格尔或阿弗洛狄忒，她们是死者的丈夫或情人，配偶神）千辛万苦、经过出生入死的努力才使他们复活。而现在，鲧死后，也是一个神巫使其复活的，但鲧究竟是在什么时候复活的，是哪一个具体的神巫使其复活的，如何使其复活的，他与鲧是什么关系，我们却并不知道。《天问》中充满这种突兀的提问，这些提问中透露出一些十分关键的神话关目，但却经常是既无来龙，也无去脉，我们今天已经看不到了。但据"巫何活焉"一问，鲧死三年尸体不腐、化为黄熊入于羽渊，并重新复活回到人间，显然有一个我们今天看不到的情节：有一个或一群神巫守护着鲧的尸体，用神药（不死药，即灵药）神力使其不腐烂并使其复活。关于神巫与不死药的神话，《山海经·海内西经》中有这样一条资料：

> （昆仑）开明东有巫彭、巫抵、巫阳、巫履、巫凡、巫相，夹窫窳之尸，皆操不死之药以距之。窫窳者，蛇身人面，贰负臣所杀。[1]

---

[1]　袁珂校注：《山海经校注》，上海古籍出版社1980年版，第301页。

据此，我们有理由推断，"化为黄熊，巫何活焉"一问，暗藏着一个关目：鲧死后得到神巫的护佑，不仅尸体不腐，还怀孕生子，死而复活。

《天问》说鲧复活带领人民"咸播秬黍，蒲藿是营"之后，接着有"何由并投，而鲧疾修盈"一问，就是说，鲧复活以后，继续干着农业神的本职工作，带领人民，连水草芦苇生长的地方都开辟为田地，种满庄稼，其功劳应该不小，所以，当鲧被作为"四凶"之一的恶神，背着一身坏名声流放（或再一次被诛杀）时，那就实在不能叫人理解了。关于鲧被"并投"的关目，大约是指《淮南子·修务训》中关于舜惩罚所谓"四凶"的关目："放驩兜于崇山，窜三苗于三危，流共工于幽州，殛鲧于羽山。"[①] 这个叙述来自更早的《国语》和《尚书》，只是叙述惩罚"四凶"的顺序变了。因此，可以这样推断，屈原看到的资料中，鲧有两次被流放或诛杀的关目。这个关目我们现在已经看不到了。综合现在能看到的各种先秦资料可以这样断定，鲧在复活之后做了许多事情，然后被再次流放或诛杀。

而奥西里斯也有第二次被杀的关目。埃及神话讲述，伊西斯使奥西里斯复活并生下儿子贺拉斯，他们在一起生活几年之后，赛特再次趁伊西斯不在的时候将奥西里斯杀死，并将其尸体剁成碎片，满世界抛撒。伊西斯满世界寻找，终于将她的丈夫身体所有的碎片找到重新拼接在一起（只有生殖器没有找到，用一根石头生殖器代替），并用巫术使他重新复活。他们一起将儿子抚养大后，奥西里斯接受拉神的指令，到冥府做冥王去了。奥赛里斯具有这样的神性既与其植物神的特性有关（植物在春季复活后到旱季又会再次死亡），也与埃及人对死后的世界特别看重有关。埃及大约是所有最早进入文明社会的民族中最看重人在死后世界遭遇的，这方面的资料比比皆是，因为成为常识而不需再重新证明。我们只要想一想古代埃及留下来的文化遗产中最重要、最辉煌的竟是金字塔、木乃伊、亡灵书等就可见一斑了。对埃及人这么重要的一个世界，他们当然要格外重视，所以，他们让自己最敬重、最喜爱的大神奥赛里斯担任这个世界的主宰，就是很自然的事情。

---

① 何宁：《淮南子集释》（下），中华书局1998年版，第1312—1313页。

但似乎并不仅仅在埃及如此，我们发现，中国古代夏人的农业神似乎也同时既是生命之神，又是黑暗之神、死亡之神。只是在埃及神话中，这一点被特别突出出来，而中国神话中，由于神话不太发达，叙事展开极不充分，鲧的这些特性就不太突出，容易被忽视。但如果我们依据资料深入分析，仍然能发现，鲧也是一个冥神。

各种资料都确认鲧死后也成为黑暗世界的大神。据前引《国语·晋语》和《山海经》中有关鲧被诛杀于羽山的资料看，鲧死之后，化为黄熊，入于羽渊，这"羽渊"在《淮南子·天文训》中又作"虞渊"：

　　"日出于旸谷……至于虞渊，是谓黄昏。"①

这"虞渊"是太阳沉落之后所进入的世界。"虞"据《说文》乃是一种虎类神兽，叶舒宪先生经过对有关资料的梳理认为就是西方白虎②，是可以确认的。而在中国古代神话中，虎主刑杀，东方象征生命的诞生，西方则象征生命的死亡，因此，西方白虎所主的世界乃是一个死亡的世界，"虞渊"因此是一个危险、死亡的黑暗世界。而按照《淮南子·天文训》中叙述太阳循环运行的线路，从太阳沉落于西极的"虞渊"到在地下黑暗世界运行到东极的"旸谷"即将升上天空，这一片世界都是黑夜的世界。因此，鲧死后所进入的世界，是一个黑暗的、死亡的世界，他成为这个世界的主宰神即玄冥。关于鲧为玄冥的问题，杨宽先生在《鲧、共工与玄冥、冯夷》一文中有专门研究，可参阅。③

而在后世道教神话中，鲧所化（回归）的图腾形态"黄熊"（即黄能，三足鳖）与虬龙（一作蛇）的结合形态，成为后世北方玄武大帝的形象，尽管玄武大帝是汉以后道教中的北方大神，但实际龟蛇（也是龟龙）结合的神性形象在先秦就已经出现了：《天问》中"焉有虬龙，负熊以游"一问就是针对这个神性形象而发的，这里的"熊"应该是鲧所化的"黄熊"，即三足神鳖。而虞渊中这个龟蛇结合的玄武神形象，实际就是鲧所属的部落的两个图腾神"鸥"（蚩，龙蛇）与"龟"（鳖）的

---

① 何宁：《淮南子集释》（上），中华书局 1998 年版，第 233—236 页。
② 叶舒宪：《中国神话哲学》，中国社会科学出版社 1992 年版，第 87—88 页。
③ 参见杨宽《杨宽古史论文选集》，上海人民出版社 2003 年版，第 321—332 页。

结合性形象。据孙作云先生的见解，鸥与龟乃是古代两个部落的图腾族徽，代表的是与鲧结盟的两个氏族。"'鸥'是'虺'的误字，'虺'即蛇，在这里指以蛇为图腾的氏族。'龟'即龟氏族，'曳衔'即'衔曳'，为叶韵故，颠倒之。"在此基础上，孙先生联系后世神话的发展演变进一步指出，这鸥龟曳衔，发展到后来，即成了象征子孙繁衍的"玄武致祥"①。因此，鲧所化的黄熊与虹龙结合的形象，实际是神话中北方世界（死亡黑暗的世界）的统治者。

通过以上比较性分析，我们得以复原性重构西周初年和屈原时代南方神话系统中鲧的神性和神话故事的基本关目，如果这个重构基本是可以确认的，那么，本节开始引录的《天问》中有关鲧的某些诗句可以得到合适阐释，我们现在看到的关于鲧神话某些资料的矛盾混乱就可能获得初步解决。

但仅有这一步还原还没有解决关于鲧神话资料的所有问题，比如，鲧的原初神性是怎样的？鲧既为男神，如何可能怀孕生子？鲧与共工到底是一个神还是两个神？鲧究竟是被谁诛杀的？鲧与禹的关系究竟是怎样的？这些重大疑难在这里仍然没有涉及。因此，这并不是鲧神话的终极还原，笔者认为，鲧神话在先夏和夏代有与周代很不一样的形态和神性，笔者将这个终极性还原工作留到下节。

第二节　夏人神话中的鲧：原初混沌水神与月神*

从原型理论和结构叙事学角度看，一个神话故事，在后世的流传过程中，其表层形象和故事会随着流传时代的要求而变化，以置换先前时代产生的表层形象和故事，但其深层的原始意象和故事结构是不会改变的。就表层形象而言，鲧在周以后是禹的父亲，一个以农业神为主要特征的男神形象，但在更早的夏代甚或先夏，他的神性形象可能大不一

---

① 孙作云：《天问研究》，河南大学出版社 2008 年版，第 156—157 页。
* 本节曾以《鲧的原初性别：男神还是女神？》为题发表于《东方丛刊》2008 年第 1 期，收入本章后略有变动。

样。我们的探讨还是先从《天问》中"伯禹腹鲧，夫何以变化"的疑问开始。屈原这个疑问依据的资料应该是《山海经》中这样的记载：

> 洪水滔天，鲧窃帝之息壤以湮洪水，不待帝命。帝令祝融杀鲧于羽郊。鲧复（腹）生禹。帝乃命禹卒布土以定九州。[①]

类似的记载还出现在《归藏·启筮》这样的文献中："鲧死三岁不腐，剖之以吴刀，化为黄龙。"[②] 笔者相信，鲧死而孕生大禹，应该是当时南楚流传的神话，屈原所问当针对这个神话故事。

对这两句诗的释读古今多异，笔者在上节对此已有清理，此不重复。"伯禹腹鲧，夫何以变化"的本义当是：传说伯禹腹于鲧（即伯禹生于鲧），但鲧作为一个已经被诛杀的男人如何可能生孩子？他这个问题的核心是两点：一是男性如何可以孕生儿子？二是死人如何可以生子？"变化"的疑问当针对这两点而发。

屈原的疑问也是他的时人和后人的疑问，如何使这个神话关目合理化，符合文明时代人们的认识，就是必须解决的问题。因此，《尚书》、《国语》等文献都不提鲧死后孕生儿子的事情；另外的文献如《世本》则干脆给鲧安排一个妻子，以解决鲧的儿子禹是如何出生的问题。这些处理尽管使上古神话中鲧死孕生大禹的关目符合文明时代人们的认识，但鲧本身的原始神性也荡然无存。屈原如果相信这些合理化处理的材料，自然也不会有那样的疑问了。

笔者认为，屈原所见到的鲧孕生大禹的神话关目，当来自遥远的先夏或夏初，但在那以后千百年间的流传过程中，鲧神话的原始面貌发生了巨大的变化，在这个变化过程中，某些核心关目（如鲧死生禹的关目）脱离原来的神话框架仍然变形地保留下来，在后世新的神话框架中成为不可理解的事情，它镶嵌在后世的鲧、禹神话传说中，成为一个携带着远古神秘因子的因素，引发后人无数疑问和猜想。基于这个认识，笔者认为，要想彻底揭开这个关目的原始秘密，就必须还原性重构鲧神话的原始形态，确定这个神话的原始性质，在这个原始形态中重新探讨

[①]　袁珂校注：《山海经校注》，上海古籍出版社1980年版，第472页。
[②]　同上书，第473页。

鲧孕生大禹何以可能的问题。本节将从这里探讨鲧的原始神性。

根据现有材料，鲧是夏人始祖神。《国语·鲁语》谓夏后氏"郊鲧而宗禹"，《左传》在叙述鲧被诛杀化为黄熊入于羽渊后，也谓其"实为夏郊，三代举之"，其为夏人始祖元神的地位是明确的。鲧在周以后的神话系统中，是位居北方的水神玄冥，是战国人构造的以少典帝系为核心的五方十神之一，这是其后来的地位，但在夏初或先夏，他还是北方的水神吗？笔者以为，今文本中关于鲧的原始神性形象是一只三足神鳖的说法应该来自遥远的夏代，从历史角度讲，它是鲧所属的部落族团的族徽，从神性形象角度讲，它是鲧的神性形象，只不过在夏人神话中，这只三足神鳖主管的世界，不只是北方的水世界，而是所有的水世界，即作为世界本源的原始混沌大水的世界。今文本说他死后化为三足神鳖入于羽渊，或被流放到北方黑暗的"幽州"，这些故事的深层依据，乃在他原初就是一个黑暗世界的原始水神。

那么，这个元神是什么性别？鲧、禹洪水神话的今文本中，鲧为禹父，鲧是男神，广为人知。上节中我们一直按照鲧、禹神话今文本的有关资料，将鲧作为男性神来对待，但实际上，鲧究竟是什么性别的神，可能是一个问题。今人赵国华先生在专著《生殖崇拜文化论》中一反数千年陈见，明确提出："鲧是女性，禹是男性，并非父子。"其理由是：

1. 《山海经·海内经》在叙述鲧因窃帝息壤治水被击杀于羽郊后，谓"鲧复（腹）生禹"，鲧如果是男性，为什么肚腹之中会生出禹来？……答案只能是一个：鲧本来为女性，是一位母亲。

2. 鲧又写作"鲹"，乃"玄鱼"二字之合体，而鱼乃仰韶文化期半坡社会女性最重要的象征性符号；半坡远古先民以鱼为女阴的象征，到半坡晚期鱼又发展为女性的象征。鲧即是鱼，且能怀胎生子，正说明鲧是母系氏族晚期的一位女性。或者可以说，鲧未必实有其人。鲧原来只是代表晚期母系氏族社会女性的一个"符号"[①]

---

① 赵国华：《生殖崇拜文化论》，中国社会科学出版社1990年版，第127—128页。

另外一个神话学者龚维英先生也认定"鲧的本来面目是女性，她是夏后氏的祖妣，与涂山氏若二似一"①。赵先生和龚先生的这个观点石破天惊，而且在他们的论文论著中也可能成立。不过，今见几乎所有关于鲧的神话资料都把鲧当作男性来描绘的，没有任何一则资料明言鲧为女性。同时，关于鲧生子的记载，能否成为鲧为女神的铁证也可能被质疑，因为人类学家的研究已经证明，"产翁制"曾经盛行于母系社会末期与男系社会早期。这种所谓"产翁制"其实是男性否定和剥夺女性对子女生育权的一种仪式性制度，熟悉人类学相关知识的学人对此都很清楚，在此本书不赘举材料来介绍它。由此落实到"伯禹腹鲧"的记载，它完全是可以用"产翁制"来解释的，事实上，已有学者这样解释这段材料。② 而且，在人类许多民族早期神话中，也有男神生子的故事，最著名的当然是希腊宙斯大脑开裂蹦出智慧女神雅典娜，大腿开裂生出酒神狄奥尼索斯的故事。它们都意味着"伯禹腹鲧"并非鲧为女性神的铁证。所以单就这一条资料看，是可以有两种对立解释的，关键看其他佐证性资料。如果仅仅以今文本为基础来讨论鲧的神性，说鲧是女神，还是比较牵强的，要解决这个问题，必须还原性重构夏初鲧在夏人神系中的神性和地位。

那么，鲧原初究竟是女神还是男神？根据笔者的相关研究，笔者提出这样的观点：在关于鲧、禹神话的先夏前文本中，鲧的性别原初是一位女神，在此基础上，兼有双性同体的特征。而在夏以后男权社会的流传过程中，这个女性神慢慢地转化为男性神，她身上的女性因子和雌雄同体的特性慢慢模糊消退，最后，在人们的印象中，完全成了男性神。但仍然有某些尚未能够彻底汰滤掉的女性和双性神因子还存在于这个神身上，作为一种怪异的因素让人们困惑（"伯禹腹鲧"就是这样的怪异因素之一），使有心人能从这一星半点的遗存中隐约窥见其远古风貌，就像地质学家从高山的贝壳化石中能倾听到这里远古大海的涛声一样。下面笔者将对远古时代鲧的女神特征展开论述。

---

① 龚维英：《女神的失落》，河南大学出版社 1993 年版，第 263 页。（另龚先生还有探讨鲧女性身份的专文《鲧为女性说》，《活页文史丛刊》第 12 辑，1979 年版，可参阅）。

② 详见江林昌《楚辞与上古历史文化研究——中国古代太阳循环文化揭秘》第九章"楚辞中所见母权制向父权制现象转变诸现象考"之第一节"'伯鲧腹禹'与争夺父系生育权"，齐鲁书社 1998 年版，第 223—230 页。

第一，鲧字从鱼，而鱼在中国文化史和神话史上，只和女性形象相关，这大约与鱼多子而女性亦产子相关，上引赵国华先生的研究正是从这个角度谈鱼在中国文化史上与女性内在关联的。闻一多先生也专门写有《说鱼》一文，从生殖崇拜的角度谈中国民间鱼崇拜的习俗。先民出于生殖崇拜的心理，希望女性生殖力如鱼一样繁盛，故有以鱼喻女的习惯，《山海经》甚至专门有"鱼妇"这样的词汇出现（见本章第三节所引资料），说明在中国神话中，鱼的意象确实与生殖和女性相关。

第二，夏人原初神话中，鲧是一个混沌原始水神，是夏人创世神话中创世之初唯一的神。鲧的水神特点，直到后世还保留着。已有学者如杨宽早就指出，在后世神话中，鲧就是那个五方帝神系统中处于北方方位的水神玄冥。[①] 而丁山先生的研究结论也认为，鲧其实就是神话中的海神"鲲"——

> 鲧，《说文》云："鲧，鱼也。从鱼，系声。"……窃意鲲、鳏、鲧，形或不同，音本相似，初盖一字，后乃歧为三名，鲧之为鲧，当因神话中鲲鱼为名。[②]

而这个北冥的神鱼鲲即鲸，一作京，在后世神话中，也是北方的海神："黄帝生禺虢，禺虢生禺京，禺京处北海，禺虢处东海，是为海神。"[③] 而这个禺京又作禺强："北方禺强，人面鸟身，珥两青蛇，践两青蛇。"禺强，郭璞注："字玄冥，水神也。"[④] 因此，鲧（鲲、京、强）的原始水神面貌在后世的神话中依然间接地保留着。

在今文本中，鲧因窃天帝的息壤而被天帝诛杀于羽山，化为黄熊（韦昭注谓熊当为能，三足鳖）入于虞渊。[⑤] 这种死后化为某种神性动

----

① 杨宽：《鲧、共工与玄冥、冯夷》，见《杨宽古史论文选集》，上海人民出版社 2003 年版，第 321—332 页。

② 丁山：《古代神话与民族》，商务印书馆 2005 年版，第 228—229 页。

③ 袁珂校注：《山海经校注》，上海古籍出版社 1980 年版，第 350 页。

④ 同上书，第 248 页。

⑤ （周）左丘明传，（晋）杜预注，（唐）孔颖达正义：《春秋左传正义》（下），北京大学出版社 1999 年版，第 1244 页。

物的神话，带有明显的图腾崇拜痕迹，它传达的是这样一种观念：每个
人都从其神圣的图腾（原始）祖先那里来，死后都要回归这种神圣原始
祖先那里去。死后化为某种动、植物的形式，就是回归神圣祖先本相的
神话表达。这意味着，作为神灵的鲧的原始本相就是一只三足神鳖，是
龟鳖一类神圣动物；如果将鲧看成历史传说人物，则意味着鲧个人或所
在部落的图腾就是龟鳖。在中国神话的天—地—水三层结构中，处于世
界底部的水这个层面的主宰是一种叫鳖的神圣动物。中国神话中的世界
构成中，方形大地是浮生在水面上的，而在地水之间，有四只神鳖分别
托着大地的四角。这种神鳖，就是龟鳖类形状的动物。很有意思的是，
与中国神话中"天—地—水"空间世界结构对应的，是"鸟（凤）—蛇
（龙）—龟鳖（鳖）"三种神性动物的图腾结构，在这个图腾结构中，水
世界的主宰是龟鳖的神化形式鳖。因此，如果我们说，后世鲧死化三足
神鳖的关目，仍然间接地保留着其原始水神的本原身份，大约是不过
分的。

　　而水神就其原始属性来讲，是阴性即女性的，这种规定几乎具有世
界性。只是到了比较晚近的时代，水神才由女性变成了男性（如有了河
伯等水神，鲧在后世神话中的变形形象禺京、禺强也悄悄地男性化了）。
在那些古老文明的创世神话中，原始水神几乎都是女性，苏美尔创世神
话中，原始大海之神南玛赫是女性，阿卡德人创世神话中，原始水神提
阿马特也是一个女神；埃及创世神话中，原始水神努也是女神；希腊神
话中，比波塞冬更古老的海神是忒提斯（希腊著名英雄阿喀琉斯的母亲），
她被认为是一切水域神灵之母，也被认为是一切生命的赋予者；……简
言之，在远古神话中，一切水神都是女性的。

　　美国学者、荣格分析心理学理论的忠实信徒 M. 艾瑟·哈婷，写过
一本著作《月亮神话》，从分析心理学角度切入对古代各民族月亮神话
的研究，其中一个观点是，月亮是女性，月亮女神同时也是河、溪、
泉、湖、海、雨——一切水——之神。在古代神话中，水神均为女神，
只是到后来，才部分地转换成为男神[①]；而另一个德国学者埃利希·诺
伊曼运用荣格的分析心理学对人类文化（尤其是原始文化）中女性原型

---

　　① ［美］M. 艾瑟·哈婷：《月亮神话——女性的神话》，蒙子等译，上海文艺出版社
1992 年版，第 110—115 页。

进行分析时特别指出，在原始文化中，女性的象征形象就是容器，而"与容器象征有根本关联的元素包括大地和水。能容纳的水是生命的原始子宫，无数神话人物都由它诞生。它是'下层'的水，深层的水，地下的水和海洋，湖泊和池塘"①。在神话思维中，女性与水具有本原上的同一性。水为生命之本源，万物所从出；女为人类之本源，万民之所出，生命之根本。故老子以水喻道，以"牝"为"天地根"，为道之根本，万物本源，则"牝"与"水"与"道"同一。而这一比喻的基础在更早的神话思维里。叶舒宪先生对女性与水在神话思维中本原的同一性有过详切精到的研究，在此引录其结论：

上＝阳＝南＝神界＝男＝天（气）＝光明＝正＝夏＝白昼
下＝阴＝北＝水界＝女＝水＝＝＝＝黑暗＝负＝冬＝夜晚②

这些都能支持鲧为女性的观点。而另一个重要方面是——

鲧可能也具有月神的某些特征。这个特征是比较隐蔽的，由于中国古代神话的发展状态很不充分成熟，所以，鲧的月神特征也发育得很不充分。但仍然有一些证据证明她可能是最早的月神或者说具有月神的某些重要特征。首先，在全世界范围内，水神和月神往往是有内在关系的神，或者说是合二为一的神，这种内在的同一性已经有很多研究成果，已经成为神话学界的共识，所以在此不赘复。上引叶舒宪先生的那个先民思维中按照二元对立模式组构起来的世界里，还可以加上许多具体的对立项，其中最重要的就是太阳和月亮这一组。太阳为上面的、光明的世界中的构成，月亮则是下面黑暗世界中的构成。同时，在这两组因素中处于平行关系的各项具有内在的共同性，是可以互相置换的。鲧既为水神，也是鱼神，也就可能是月神。而有学者研究，在仰韶文化时期，那组著名的人面鱼纹图案就是月相，这充分揭示了月与水与鱼的内在关联。③

---

① ［德］埃利希·诺伊曼：《大母神——原型分析》，东方出版社1998年版，第47页。

② 叶舒宪：《中国神话哲学》，中国社会科学出版社1992年版，第24页。

③ 可参见刘夫德《仰韶文化"鱼纹"和"人面鱼纹"含义的再探讨》，《青海社会科学》1986年第5期；另陆思贤先生也认为半坡类型的人面鱼纹乃是先民们所画的月相图（见陆思贤《神话考古》，文物出版社1995年版，第123页）。

哈婷在她的《月亮神话》中曾经提供一幅关于月相的绘图，这幅绘图的主体部分是由五个女性形象构成的，她们都有鱼皮衣，分别代表一个月内月亮盈亏的五种状态，即"新月—半月—满月—半月—残月"，除中间满月状态的女性鱼皮衣脱落在地下之外，其余状态的月亮女神都穿着鱼皮衣："在这幅图里，鱼皮衣遮盖了女人身体的一半至四分之三，而不管她可能与哪个月相有关。满月时，她完全走出了鱼皮衣，她是光亮的或轻浮的女人，完全裸露，是个纯粹的女人。人们可能会认为，在黑月时期，她会完全变成鱼，完全受其本性支配。"① 这典型地证明了月亮神与鱼与女性内在的同一关系。

证明鲧为月神的一个有力证据在后世依然存在，那就是鲧死而不腐和死而复生的关目。即使在后世文本中，鲧的这一特征依然保留着。《山海经·海内经》郭璞注引《开筮》云："鲧死三岁不腐，剖之以吴刀，化为黄龙也。"② 鲧被诛杀于羽山后，尸体三年不腐，有人用利刀（吴刀）剖开他的肚子，于是禹才从其中出生。尽管这个神话关目笔者认为与鲧、禹神话的原始形态相距甚远，但仍然保留着鲧的某些原始特性，那就是不死的特性，或者说外死内生的特性。他死后三年尸体不腐，并且还能孕生一个儿子，正是这种神性的证明。而且，鲧不仅是外死内生的，还是可以死而复活的。这一点如上节所论，直到周代的鲧神话中还保留着。鲧死后复活显然有一个情节我们今天看不到：有一个或一群神巫守护着鲧的尸体，用神药（不死药，即灵药）神力使其不腐烂并使其复活。

关于神巫与不死药的神话，《山海经·海内西经》中有这样一条资料：

> （昆仑）开明东有巫彭、巫抵、巫阳、巫履、巫凡、巫相，夹窫窳之尸，皆操不死之药以距之。窫窳者，蛇身人面，贰负臣所杀。③

---

① ［美］M.艾瑟·哈婷：《月亮神话——女性的神话》，蒙子等译，上海文艺出版社1992年版，第85页。

② 袁珂校注：《山海经校注》，上海古籍出版社1980年版，第473页。

③ 同上书，第301页。

如上章所述，这不死药正是属于月神的：

> 昔嫦娥以不死之药奔月。[①]
> 昔嫦娥以西王母不死之药服之，遂奔月为月精。[②]
> 羿请不死之药于西王母，桓娥窃以奔月，怅然有丧，无以续之。[③]

已经有很多学者证明，制造不死神药的西王母其实是古老的月神。所以，嫦娥吃了它也就奔月成为新的月神，看来，这"不死之药"乃是月神的专利。那么，月亮与"不死"或者说"死而复活"有什么内在关系吗？学者们的研究已经揭示，月亮的盈亏圆缺、朔望交替，正是其"不死"或"死而复活"的终极底本。所以，"不死之药"的拥有者当然就是月神。屈原《天问》有问："夜光何德，死则又育？"（月亮有何特殊的品质，能死而又复活？）老子《道德经》中也有"谷（月）神不死"之说，可见，"不死"或"死而复活"正是月神的基本特征。据此，我们说鲧死后"其尸三年不腐"和死而复活的关目，是她月神的证明，大约不会太孟浪吧？

据上所述，我们说鲧在远古也是月神或者具有较多的月神因子，大约是可以成立的。而在各民族古代神话中，月亮神大都为女神（这一点，哈婷的《月亮神话》一书有深入研究），中国神话中更是如此。尽管中国神话在后世男性化特征发展到了几乎是极端的地步，但月亮神却是一个例外，从来没有被男性化，不管是西工母还是常仪、嫦娥，都是女性，而更古老的月神鲧当然更应该是女性了。

又，鲧与土、石的密切关系也是她为女性的侧证。鲧生禹的故事，在后世被合理化为鲧妻生禹的故事。而生禹的鲧妻是谁，先秦以下的文献说法相当混乱：

---

① （梁）萧统编，李善等注：《六臣注文选》，李善注《月赋》引《归藏》，景印文渊阁四库全书·集部二六九·总集类，（台北）商务印书馆 1986 年版，第 304 页。

② （梁）萧统编，李善等注：《文选》（一），王僧达《祭颜光禄文》注引《归藏》，见景印文渊阁四库全书·集部二六九·总集类，（台北）商务印书馆 1986 年版，第 570 页。

③ 何宁：《淮南子集注》（上），中华书局 1998 年版，第 501 页。

鲧娶有莘氏女，谓女志，是生高密。云，高密，禹所封国。①

禹母修己，吞神珠如薏苡，胸折生禹。②

鲧娶有莘氏女，名曰女嬉。年壮未孳，嬉于砥山，得薏苡而吞之，意若为人所感，因而妊孕，剖胁而产高密。家于西羌，地曰石纽。③

禹生于石。④

禹产于琨石。⑤

女狄暮汲石纽山下泉，水中得月精如鸡子，爱而含之，不觉而吞，遂有娠，十四月，生夏禹。⑥

禹本汶山广柔县人，生于石纽，其地名痢儿畔。禹母吞珠孕禹，坼副（引者按：副当为剖）而生于县涂山。⑦

广柔县有石纽乡，禹所生也。⑧

刳儿坪在石泉县南石纽山下，山绝壁上有"禹穴"二字……相传鲧纳有莘氏，胸臆拆而生禹，石上皆有血溅之迹……⑨

鲧妻究竟是谁，上述资料说法不一。这种混乱本身就说明人们给禹出生合理化的时间比较晚，并且比较分散和地域化。这种合理化的前提是鲧为男性，而男性是不能生产的，所以，必须给鲧编派一位妻子，以使禹的出生合理化。而更早的《山海经》中鲧死生禹的神话关目似乎更有神话的原初性。但后世的这些合理化编排中，还是携带有某些原始神话的零碎因子，例如所有资料都说禹是鲧妻拆剖而出，而不是自然生产，这明显是受了更早资料中鲧死孕禹、剖鲧出子的神话关目的影响；

①　（清）马骕：《绎史》（一），卷十一引《世本》，上海古籍出版社 1993 年版，第 148 页。

②　转引自袁珂、周明编选《中国神话资料萃编》，四川省社会科学院出版社 1985 年版，第 243 页。

③　（汉）赵煜：《吴越春秋》，景印文渊阁四库全书·史部二二一·载记类，（台北）商务印书馆 1986 年版，第 38 页。

④　何宁：《淮南子集注》（上），中华书局 1998 年版，第 1336 页。

⑤　（清）马骕：《绎史》（一），上海古籍出版社 1993 年版，第 148 页。

⑥　（宋）李昉等：《太平御览》（一），中华书局 1960 年版，第 22 页。

⑦　同上书，第 381 页。

⑧　（北魏）郦道元注，陈桥义校释：《水经注校释》，杭州大学出版社 1999 年版，第 623 页。

⑨　《锦里新编》卷十四，转引自袁珂、周明编选《中国神话资料萃编》，四川省社会科学院出版社 1985 年版，第 240 页。

另外，《太平御览》引《遁甲开山图荣氏解》中那条女狄得月精吞而孕禹的资料，尽管是后世所作，但仍然无意识地保留着远古禹乃月神之后裔的信息；而这条女狄得月精吞而孕禹的资料中的"月精"，在上引多条资料中，或作"石子"，或作"神珠"，或作"薏苡"，其实它们都是指石珠，薏苡正是洁白如石珠之状的植物果实。这些资料都使大禹的孕生与石建立了神秘的联系，相当意义上，我们可以说，禹孕生于鲧和禹孕生于石是一回事。

关于夏人多位神话祖先与石的神秘关系，从文化人类学角度讲，是远古人类灵石崇拜的产物，它透露出夏人的始祖神话起源也许可以远溯到石器时代（灵石崇拜起源于石器时代）。上引这些神话资料其实都在讲述一个共同的故事，就是禹生于石。这是很有意思的一个问题，就是夏人和石的关系，不仅禹生于石，禹的儿子也生于石：他是涂山氏化石、石破而生的。同时，被认为夏人祖先的女娲与石更有不解之缘，她炼石补天的神话已是尽人皆知了。如果禹是鲧生的这一点不可怀疑，那么，这个神话在后世衍生的所有形式无非是说，鲧与石有内在的关系。

郭璞在《山海经·海内经》有关鲧窃帝之息壤以淹填洪水的那条资料的注释中引《开筮》说："滔滔洪水，无所止极。伯鲧乃以息石息壤以填洪水。"则鲧以淹填洪水的神物中不仅有息壤，还有息石。而后人有认为息壤即息石者："息壤，石也，而状若城郭。"[1] 而另外的资料则说鲧以息壤淹填洪水，则可以理解息石与息壤本是同一神物。在中国古代，"石为土之精"，所以，认为息石和息壤本是一回事，是有道理的。而笔者的研究认为，在鲧、禹神话的原初形态里，息石或者说息壤的原初创造者和拥有者正是鲧。[2]

这样，上述神话资料所说的禹生于石（石、琨石、石珠、石室、石纽）和《山海经》中说禹生于鲧，其实内在具有同一的结构关系，鲧有内在的石性。而埃利希·诺依曼在他所著的对原始文化进行深入分析的心理学名著《大母神——原型分析》一书中，谈到原始思维中女性众多的象征形象时，就特别指出，女性与山和石有密切的关系：

---

① （明）谢肇淛：《五杂俎》，上海书店 2001 年版，第 63 页。
② 这个问题的详细论述见下一章。

洞穴，与兼具容器、峡谷和大地特征的山峦相联系，也属于下界黑暗领域。岩和石作为山和地，也具有同样的意义。如前所述，受到崇拜的不仅仅是作为大母神的山，也是代表她和它的石头。[①]

而在中国古代神话中，女性与石的关系，不仅体现在女性与地与山的联系中，还突出地体现在女性与生育和婚姻之灵石——高禖石的联系中。古代神话中主管婚姻与生殖之神称为高禖神，这个高禖神的象征形式就是一块石头——高禖石。对此，不少学者都有研究。孙作云先生在《中国古代的灵石崇拜》一文中，通过对相关资料（尤其是本文上面所征引的禹之出生与石的关系的有关资料）的分析，比较深入细致地揭示了高禖石的设置与古代人祭祀婚姻与生殖之神——高禖神的内在关系，孙先生的主要结论与本文相关的是：

4. 高禖之祀用石，其石即为生殖石，其形即为生殖器的象征。

5. 先妣即高禖。高禖司婚媾，故先妣有人间恋爱的传说，高禖司生子，故先妣有生子的传说；高禖之祀用石，故先妣有化石之传说。[②]

另外，郭沫若先生的《释祖妣》、闻一多先生的《高唐神女传说之分析》、杨宽先生的《禹生于石与娶涂山女之说》、孙作云先生的《论夏人的灵石崇拜》等文中，均有相关研究，可参阅。综观这些研究，我们可以得出一个结论：禹生于石和禹生于鲧的神话故事有内在的同一性，前者是后者的置换形式，鲧的象征形式之一就是石；鲧应该是夏人的先妣而不是先祖，只是因为到了男权时代，高禖神由女性变成了男性，鲧的身份才相应地变为男性。

如果说鲧的象征形式之一是石，那么他就应该具有社神（土地神）的某些特征。而实际上，鲧应该是最早的、最原初的神土——息壤的创

---

① ［德］埃利希·诺依曼：《大母神——原型分析》，李以洪译，东方出版社1998年版，第43页。

② 孙作云：《中国古代的灵石崇拜》，见《孙作云文集》之《中国古代神话传说》（下），河南大学出版社2003年版，第680页。

造者和拥有者，也就是说，是最原初的土地神。如果对今文本中关于鲧与息壤关系的神话进行还原性处理，就能清楚地看到这一点。在鲧、禹神话的前文本（原初文本）中，应该不存在比鲧更古老更高的控制者和主宰者角色天帝，今文本中那个息壤的所有者和鲧的诛杀者天帝（或传说中的人间帝王如尧舜）是鲧、禹神话在后世流传和改造过程中添加的。在神话的原初形态中，鲧应该是最早的神，也是唯一的神，是包括禹在内的后起诸神的高祖（准确地说应该是高母）。如果这个结论可以成立，则鲧窃天帝息壤的神话关目在原初应该是不存在的。鲧应该是原初神土息壤的创造者和所有者，因此，也应该是最早的土地神（社神）。而且，水神与社神的内在同一关系，在中国古代已经被确认，例如，古代人如果因为久雨成灾，祈求止雨，他们便祭祀土地神女娲，汉王充《论衡·顺鼓篇》记民间风俗云，久雨或久旱，则"攻社"，但同时又载：

　　　　雨不霁，祭女娲。[1]

　　在这里，女娲为社神，亦为主雨之神。水神，月神，地（社）神，在神性上有内在的一致性，即与火神、日神、天神相对立，她们都是阴性神，在远古都为女性。只是在后世，水神和地神（社神）才被后起的男性神所取代。

　　而且，从世界范围看，古代许多民族神话最早的两代神灵都是母子结构类型的，如苏美尔神话中的原始海神南玛赫和儿子安启、古代叙利亚一带神话中的生育之神依斯塔与塔模斯、埃及的依希斯与奥赛里斯、希腊的大地女神盖亚与乌拉诺斯等，都是母子关系结构，这种母子关系结构从历史发展的角度看，明显地带有母系社会生活的特征，即在这种社会里，由于婚姻和家庭的特殊形式，子随母居，因而导致儿知有母不知有父的普遍状态。神话中最早的两代大神为母子结构，还无意识地带有这种历史生活的遗迹。中国古代商人神话中的简狄与契、周人神话中的姜原与后稷，也是这种母子结构，可以认定，其起源也相当遥远。如

---

　　① 黄晖：《论衡校释》（第二册），中华书局 1990 年版，第 688 页。

果是这样，那么，比商周更早的夏人的始祖神话中，最早的两代大神应该也不例外地是母子结构才对。事实上，历史化传说中禹的姓也从侧面透露了这个消息。禹姓姒，这个姓从女，意味着它源自古老的母系社会，禹的姓氏自然应该来自禹的先人鲧，这从侧面证明了鲧的女性身份。

综上所述，我们可以肯定地说，在原初，鲧应该是一位女神。尽管在男权社会经历了漫长的男性化过程，她在表面完全变成了一个男神，但其女性因子仍然残留着，只要我们细心分析和研究，仍然能从中看到遥远时代鲧的女性特征。如果我们认定鲧、禹神话是夏人的祖先神话，那么，鲧就是夏人的先姒，即原始高祖母。

但鲧在原初还不是一位纯粹的女性神。女性神是她的主要一面，在此基础上，她还具有双性（雌雄）同体的特征，也就是说，在女性神内面，还潜含着某些男性因子，这一特征是必须注意的。这主要是因为，鲧是一个原始混沌神，这从其昏蒙沌浊的发音就可以感受到。从音训角度看，古代的声音，不仅仅只是声符，还是意符，内在含有意义的。"鲧"昏蒙沌浊的发音，也暗示了这个神混沌的原始特性。即使在今文本中，她死后化三足神鳖所归的那个"虞渊"，乃是一个黑暗混沌的世界，这个世界的神当然也具有相同的性质。世界各民族神话中，原始水神大都有混沌的特征，鲧也应该不例外。这个特点，在后世神话中依然保留着。例如在秦汉五方帝神系统中，北方是水方，颛顼和玄冥乃是主宰这个方位的帝神。他们在道教神话系统中，演化为玄武（真武）大帝，这个大帝乃是一个著名的双性同体神。所谓"玄武"神，乃龟蛇同体的形状。何新先生研究认为，"这一形象，正是作为'玄冥'的修（蛇）与熙（鳖）夫妻的象征性变形"，据《左传》昭公二十九年："少昊氏有四叔，曰重、曰该、曰修、曰熙，实能 金木及水。……修及熙为玄冥。"也就是说，龟蛇合体的双性同体神玄武大帝，源自较早的玄冥。何新先生的推断是，"修"乃鲧妻禹母"修已"，"熙"乃鲧自己，修已乃龙蛇，鲧为鳖与龟同类，夫妻合为玄冥。[①] 何新先生没有看到，鲧妻修已这个神仍然是鲧神话在后

---

① 何新：《诸神的起源——中国远古太阳神崇拜》，生活·读书·新知三联书店 1986 年版，第 200—201 页。

世合理化的衍生物，在原初，本是没有的，玄冥神在较早的时候大约只是鲧。尽管如此，他还是看到了玄冥神的双性同体特征，这是值得肯定的。

按照神话的时空观，北方乃阴之极而阳之始的一个方位，因而，同时具有阴阳两性，尤以阴性为显著。故北方之神又是水神、月神。而月神（水神亦然）在突出其阴性特征时，往往暗具雌雄同体二重性。哈婷在其专著《月亮神话——女性的神话》一书中，对这种二重性从集体无意识角度进行过深入探究，她发现许多民族的月神同时兼具水神、土地神的特征，同时（或先后）既是女性神，又是男性神，像巴比伦的月神既有男神西恩，又有女神伊什妲尔；埃及的月神，既有伊希斯，又有奥赛里斯（奥赛里斯继承了月神透特的基本特征），等等，不仅如此，就是每一个月神本身也具有雌雄同体特征：

> 某些月亮神实际上就是阴阳合一，亦男亦女。巴比伦的月亮神西恩被他的赞美者歌颂道："万物之母，众生之父，啊，仁爱的天父，您给世界广布恩泽。"
>
> 在巴比伦，月亮神西恩渐渐被女神伊什妲尔所取代，伊什妲尔被描述为既是月亮之母，又是月亮之女。她与她的前身西恩一样也是雌雄同体，人们也这样乞求她："噢，我的男神哟，我的女神哟！"在埃及，月亮女神伊希斯的初始形态之一便是伊希斯——耐特，亦男亦女，希腊女神阿耳忒弥斯也是这样。蒲鲁塔克说："他们称月亮为无限宇宙之母，他们兼具男女本性"。[1]

写到这里，顺便介绍该书另一重要观点：雌雄同体或有男有女的月亮神，既是父女、母子、兄妹，又是夫妻，这在所有的月亮神话中，具有普遍性。例如伊希斯和奥赛里斯，在希腊神话中是母子关系，在埃及神话中最先亦为母子关系，拉神崇拜兴起后，她们成了兄妹兼夫妻关系。从这一水神、月神的普遍特征反观鲧的性别特征，许多令人困惑之处便迎刃而解了：在原初，她既是女神，也是男神，主要是女神，在此

---

① ［美］M. 艾瑟·哈婷：《月亮神话——女性的神话》，蒙子等译，上海文艺出版社1992年版，第97页。

基础上兼具双性同体的特征。鲧完全转变为一个男神，那是比较晚近的事情。即使到了周以后的神话中，鲧还兼有内在对立的二重属性，如在本章第一节所论，他既是主管黑暗世界（北方、幽州）的黑暗神，但又是光明太阳神（鲧为白马）；既是水神，又是治水之神；既可以死又可以复活，等等。这种二重性当来自于他遥远时期的神性特征。同时，我还顺便介绍，哈婷在《月亮崇拜》中，还特别指出，月神同时也是农业神、植物神、丰收之神，这一特征是世界性的，这使我们理解，上节所论的鲧在周以后文本中所具有的农业神特征，其实来自其远古月神这一深层神性的表层转换。

从人类社会历史进程角度看鲧性别的这种转变，不难发现，这与人类社会从母系社会转变为父系社会的历史进程有内在的关系。鲧性别的转变过程折射的是中国远古由母系社会转变为男系社会的历史进程，这个过程中，作为社会意识形态最主要形式的神话也会或先或后地发生转变，那些曾经在母系社会居于最高地位的女神，要么悄悄转变为男神，要么屈居后起的男性神的控制之下，成为神界的次要角色，要么被妖魔化，成为被男神打杀驱逐的妖魔恶神。这些情形，都综合地存在于鲧的身上，在相当意义上，鲧成了一个人类性别历史转变过程中女性神祇变化历史和命运的标本，我们可以从这个标本身上发现很多人类社会、历史、文化发展的痕迹和信息。

应该说，鲧并不是唯一在这个历史进程中失掉其原初女性身份和地位的神，事实上，中国古代各民族既然都经历过远古社会性别地位变化的历史转变过程，在这个过程中诸神的神性、地位和命运也一定会发生相应转化，对于这个问题，神话学者龚维英先生《女神的失落》一书有详细研究，可以参阅。本节关于鲧性别问题的研究为这个课题的结论提供了一个典型案例。

回到本节开始的问题，屈原《天问》中"伯禹腹鲧，夫何以变化"的问题，如果推原到鲧的原初女神性别，那个问题就不成为问题，屈原如果知道鲧在远古本是一个女神，大约是不会这样提问的。

第三节　颛顼的双性同体特征及与鲧的关系[*]

　　由此我们要讨论一个和鲧有着特殊关系的大神：颛顼。说颛顼和鲧有特殊关系，是因为两个原因：一是本章开始引录《国语·鲁语》中"夏后氏禘黄帝而祖颛顼，郊鲧而宗禹"的那段话，这段话意味着颛顼是夏人的始祖神，鲧是夏人的天神也是祖神（禘乃祭祀天帝的祭典，黄帝为夏人禘祭的对象，说明他是夏人的天帝；郊亦乃祭天活动，鲧是郊的对象，说明鲧也是天神，称祭祀颛顼和禹的祭典为"祖"、"宗"，即庙祭的对象）。而据《礼记·丧服小记》和《大传》"礼不王不禘。王者禘其祖之所自出，以其祖配之"①，则禘祭和郊祭的对象，均为其祖先。《国语》对于夏人祭典对象的这种认定，是以周以后黄帝为核心的少典帝系成为最强大的帝系为前提的，在这个帝系中，鲧、禹都被编织进黄帝为核心的神系中去了。

　　《史记·夏本纪》："夏禹，名曰文命。禹之父曰鲧，鲧之父曰帝颛顼。"②《汉书·律历志》则云："颛顼五代而生鲧。"③ 上述资料关于颛顼和鲧的世系明显不统一，鲧在这里是颛顼的儿子，在那里却成为五世孙，它恰恰证明了本书的一个判断，以黄帝为核心的少典帝系是周人所造的后起帝系，在这个帝系的整合中，真实历史过程中发生的先后关系可能正好被颠倒了，从而形成顾颉刚先生所说的"层累的古代史"这样一个特点。基于这个判断，上述文献无论谓颛顼为鲧父还是五世祖，都不足信。但颛顼究竟是随着少典帝系一起被创造的大神，还是早先就存在的大神呢？这却是不易有绝对结论的问题。因为，他既可能是周人创

---

　　*　本节曾以《颛顼双性同体的特征及其文化意义》为题发表于《江淮论坛》2008 年第 1 期，收入本章后略有增删。

　　①　（汉）郑玄注，（唐）孔颖达疏，陆德明音义：《礼记注疏》，载景印文渊阁四库全书·经部一一〇·礼类，（台北）商务印书馆 1986 年版，第 22 页。

　　②　《史记·夏本纪》，见（汉）司马迁撰，（南朝宋）裴骃集解，（唐）司马贞索隐，（唐）张守节正义《史记》，中华书局 1959 年版，第 49 页。

　　③　《汉书·律历志下》，见（汉）班固《汉书·律历志下》，中华书局 1964 年版，第 1013 页。

造的、也可能是早就存在而到周以后被统合进少典帝系的一个神祇。所以，我们这里暂不对他产生的年代作明确的判断，而专门探讨他的原初神性。

据《淮南子·时则训》载："北方之极……颛顼玄冥之所司者万二千里。"[①] 则颛顼与鲧均为主管北方世界的大神，夏人的始祖神、混沌水神，在这里被编排到四方之一方的区域做了颛顼的佐神。那么，周人何以要将颛顼排定为北方的主神？这个颛顼的原初神性如何？这个问题也和颛顼的性别相关：在原初，他是男神还是女神？

几乎没有人怀疑过颛顼的性别：他是一个男神，而且在秦汉确立的五方帝神系统中，还是一位地位显赫的男性天帝，袁珂先生说他的地位仅次于黄帝，且曾代黄帝统治过天下诸神，颛顼作为男性神应无疑问。而下面这则资料，更证明他是一个大男子主义者：

> 帝颛顼之法，妇人不辟男子于路者，拂之于四达之衢。[②]

这条严重的性别歧视法规可以说毫无疑问地显示了颛顼神的男性特征。另外一条资料也侧证着他男性神的身份——

> 务隅之山，帝颛顼葬于阳，九嫔葬于阴。[③]

有九个嫔妃的神帝不是男性还能是什么！但如果颛顼是男神，下面这条资料便令人困惑不解：

> 有鱼偏枯，名曰鱼妇，颛顼死即复苏。风道北来，天乃大水泉，蛇乃化为鱼，是为鱼妇。颛顼死即复苏。[④]

《山海经·大荒西经》中这段资料一直令治神话的学者们不得确解：

---

① 何宁：《淮南子集注》（上），中华书局 1998 年版，第 436 页。
② 何宁：《淮南子集注》（中），中华书局 1998 年版，第 780 页。
③ 袁珂校注：《山海经校注》，上海古籍出版社 1980 年版，第 244 页。
④ 同上书，第 416 页。

颛顼作为男性天帝如何同"鱼妇"有关系？有强为之解者，却未能得其真意。袁珂先生在谈到这则资料时说："推想起来，大约是说，颛顼是趁着'天大水泉、蛇化为鱼'的机会，附着鱼体，因而'死即复苏'。'复苏'的颛顼半边身子是鱼形，半边身子是人躯，大家就叫这半人半鱼的怪物为'鱼妇'，其意若曰，因有'鱼'为其'妇'，才使他'死即复苏'的。"① 袁珂先生的这个解释是立足于颛顼是男性这一点上作出的，而且自身有内在矛盾：颛顼既为半人半鱼的形状，则"鱼"已经是其内在构成，又何来"有鱼为其妇"的解释？囿于"颛顼为男性"的成见，加上缺少分析心理学和人类学的视野，袁珂先生未能探得这一重要资料的真意。但袁珂先生的解释里有一点已经触及这则神话资料的内核：颛顼与"鱼"与"妇"有内在的关联。如果他没有颛顼为男性的先入之见，也许可能窥见这则神话的真意：颛顼乃是"鱼妇"，一个亦男亦女、男女同体的神。而另外的学者如叶舒宪先生，在论及这一资料时，亦未能明确对颛顼与"鱼妇"的关系作出合适判断，他判断"颛顼的复活伴随着鱼妇的出现"② 大约亦是囿于颛顼为男神的成见。他在《中国神话哲学》第三章，特别探讨了《大荒西经》中这一问题，但却回避了颛顼与"鱼妇"的关系，以及颛顼的性别问题。

上引《山海经》中这则资料中有五个问题需要解决：1."偏枯"之鱼是什么意思？2.鱼与妇是什么关系？3.颛顼与鱼妇是什么关系？4.鱼、蛇为何能互化？为什么要到"风道北来，天乃大水泉"的时候才互化？5.颛顼既为天神，如何会死？为什么又会"死即复苏"？

首先，"有鱼偏枯"之"鱼"是什么？日本学者白川静将偏枯之鱼理解为因治水而患半身不遂的大禹，"鱼妇"为出现于洪水时的蛇形神变身再生物。尽管有关大禹的神话资料确实说到他因治水而导致半身不遂或跛足（如《荀子·非相》曰"禹跳。汤偏"。《帝王世纪》曰"世传禹步偏枯，足不相过"）。但窃以为这一条资料与大禹没有关系，没有任何资料说到过大禹曾经是一条鱼。笔者认为这则资料中偏枯的鱼应该是指那种濒死或已死的神鱼，是一条丧失了生命活力的神鱼或鱼神。这个鱼神所以濒死或已死，乃与其所处时空区位有内在联

---

① 袁珂校注：《中国神话通论》，巴蜀书社 1993 年版，第 171 页。
② 叶舒宪：《中国神话哲学》，中国社会科学出版社 1992 年版，第 94 页。

系。在中国神话中，春夏秋冬、早午昏夜的时间顺序对应于东西南北的空间方位，也对应于个体生命"生—长—老—死"的生命历程，这一对应性模式并不仅仅在中国古代神话中如此，几乎在人类所有原始神话中都是如此，它是一切神话故事最终的原型模式，这已是神话研究者的共识了。从这个角度看，那"偏枯"的神鱼，它位于时空由西方秋天向北方冬天的运行时区方位，实际上就是濒临死亡或者已经死亡的神鱼。

但冬天北方的时空区位既是阴之极也是阳之始。一方面，它是趋向衰老、死亡的西方—秋天的时空区位发展到极点的结果，但另一方面，它又开启了代表着新生、生命的春天—东方的时空区位，因此，是一个阴中潜阳的区位。所以，那条神鱼在这个区位的生命特征就是枯萎或死亡，但这种枯萎或死亡不会是永远的，因为这个区位是阴中潜阳的区位，是死可复活的区位，所以，处于这个区位的神鱼可以死而复活。因此，紧接着"有鱼偏枯，名曰鱼妇"的，是"颛顼死即复活"一句。据《淮南子·时则篇》："北方之极……颛顼、玄冥之所司者万二千里。"[1] 则颛顼在中国古代神话的五方帝神系统中，是居于北方冬天区位的主神，他自然具有冬天北方这个阴之极阳之始的区位所具有的生命在死亡中潜含着新生、从死亡走向新生的特征，所以，他才能死即复活。

接着这里自然产生了一个问题：颛顼与这条神鱼——"鱼妇"是什么关系？首先，这条神鱼为什么"名曰鱼妇"呢？丁山先生认为"鱼妇"就是鱼凫[2]，窃以为非。笔者认为"鱼妇"的名称突出的是对这条神鱼女性特征的确认。关于鱼与女性的关系，许多原始文化研究的学者都作过研究，他们的结论几乎是共同的：在原始文化和神话中，"鱼"是女性的象征。"鱼"与"妇"连词，大约确指鱼与女性相结合的形象，这种形象也许是美人鱼似的半人半鱼，或者类似仰韶文化半坡陶器中那著名的人面鱼纹形象。上段资料中，"鱼"即是"妇"，"妇"即是"鱼"，"鱼"、"妇"合称，同义叠加，无非更突出其"妇"的性别和"妇"与"鱼"之间的内在关联罢了。已有学者研究认为，仰韶人面鱼

---

① 何宁：《淮南子集注》（上），中华书局 1998 年版，第 436 页。

② 丁山：《中国古代宗教与神话考》，龙门联合书局 1961 年版，第 315 页。

纹当为月相，乃月亮女神，这一成果当可确认。① 同时，尽管上引那条资料各句独立性比较强，但从这一段文字字面的意义看，笔者认为"鱼妇"应即颛顼，这则资料只有这样理解才是比较合适的，或可通的。下面的"蛇化为鱼，颛顼死即复苏"中的"鱼"，当是前句所言的"鱼妇"，也即是颛顼。而其他解释如（上引丁山、袁珂、白静川等学者的解释）都似乎不甚妥帖。

如果这个解释是可以确认的话，那么，笔者要说，颛顼最早很可能是一位女神而不是男神。因为，《山海经·大荒西经》中的这则资料的来源大约是最古老的关于颛顼的资料。顾颉刚先生曾认为在《山海经》中，"'山经'比'海经'早，'海经'比'大荒经'早"，"大荒经"最为晚出②，如果是指《大荒经》这一部分成书比较晚，那也许是对的，但如果是说这一部分的内容来源也比较晚，这个见解就是可以商榷的。笔者恰恰认为，《山海经》各部分中，《大荒经》的来源可能最为久远，《大荒经》中的"大荒"在这里主要不是一个空间概念，而是一个时间概念，是"洪荒远古"的意思。也就是说，战国至秦汉，《山海经》的编撰者在编撰这部书时是很明确地知道《大荒经》这部分资料来源于遥远的年代（《大荒经》所载主要是夏商时代的神话以及周人始祖的神话，例如有关商人至上神帝俊的几则神话就全在《大荒经》中）。

那么，颛顼（鱼妇）什么时候才能死而复活呢？上引资料说是"风道北来，天乃大水泉，蛇乃化为鱼"的时候。这种条件与颛顼的"死而复活"有什么关系？首先，西方与秋天在现实和神话世界中，都是干燥和万物枯萎死亡的时空区域，所以，从神话的秋天和西方进入到冬天和北方的"鱼妇""偏枯"死亡就是很自然的事情。所谓"蛇化为鱼"，叶舒宪先生解释是："神话意识中的北方是地狱阴间的方位，而阴间的特征是黄泉大水与四海之水相连通。陆上生物死后下阴间，在阴间获得另一种生命形态，往往采取陆生动物变为水生动物的形式，这便是蛇化为鱼的神话心理基础。偏枯的鱼妇兼有陆生动物与水生动物的双重特征，

---

① 参见陆思贤《神话考古》，文物出版社 1995 年版，第 121—125 页。

② 顾先生这一见解首见于他给何定生的《论山海经书》中，本书此处转引自《顾颉刚古史论文集》（一）"前言"，中华书局 1988 年版，第 21 页。

因而是阴间大水与阳界陆地之间的中介物，也是生与死之间交互作用的神秘中介。坎贝尔曾指出，在原始神话中，生与死之间的转化常常表现为某人和某动物变化为鱼。"① 这种解释也许不无道理，但这里还有一层性别的转换没有被揭示出来。蛇一般是陆地动物，在原始神话中，它的形象常常是男性的象征（例如印度神话中创造与毁灭之大神湿婆手握一条眼镜蛇的形象中，那条眼镜蛇就是男根的象征），而蛇到秋末冬初就丧失了活力，要入土冬眠，在相当意义上，就是死亡一次。因此，上引资料中"风道北来，蛇乃化为鱼"一段，恰恰是说，在冬天到来的时候，陆生的蛇死亡了，它到另一个死亡的世界（北方是死亡、阴间、地狱的方位），在那里，获得了新的生命形态：转化为鱼（鲧被击杀于太阳沉落的西方和秋天，化为玄鱼入于虞渊就是显例）。因为北方是黄泉大水所在的方位，这个水的世界，是生命死亡的世界，但恰恰也是鱼获得生命的世界。这个鱼也只有在冬天北方的时空区位才能获得生命，在陆地上，它则必定丧失生命活力，成为一条"偏枯"的死鱼。既然如前所述，鱼在大多数民族远古神话中都是女性形象，那么，蛇化为鱼，也就暗含了男性与女性的性别转换了。

同时，上引那一条资料中，还暗含着一个时空区位的转换：首先出现的"有鱼偏枯，名曰鱼妇"一句，是指处于西方秋天时空区位的鱼，这正是生命处于枯萎和被刑杀、死亡或即将死亡的区位，在中国古代神话时空中，它的空间特征是陆地或山陵（中国诸神在秋天、西方死亡，其死葬之地均为山陵）。在这样的时间空间中，鱼当然必定丧失生命活力，所以，处于"偏枯"状态。因此，"偏枯"之"鱼"指的是处于西方秋天区位的鱼神。而"风道北来，天乃大水泉"，则暗指时空运行到北方冬天的区位，如前所述，在中国神话中，这是一个黄泉（天泉）大水构成的广大世界。既是死亡的世界，也是重新获得生命活力的世界，北方作为阴之极，在五行中是水方，是一个原始的水世界，是黄泉（天泉）大水发源之所在。《淮南子》中描述太阳的运行西入"虞渊"到东出"蒙汜"，这之间广大的区域都是由水构成的世界。而几乎在所有民族的神话中，水都是孕育生命的源泉，是生命的起源和

---

① 叶舒宪：《中国神话哲学》，中国社会科学出版社 1992 年版，第 94 页。

来源所在。所以，在"风道北来"的时空区位，天泉大水涌发，偏枯之鱼死而复活。

由此，我们也可以推断，颛顼在远古时代首先可能是一个月亮神，他具有明显的女神特征。颛顼为"鱼妇"这个称谓，使我们想起半坡遗址中发掘的大量陶器上的人面鱼纹图案。"鱼妇"是否就是半坡的这些人面鱼纹形状？这是很可能的。而这个人面鱼纹图案，有学者研究，她是女性的，最早就是月相——即月亮的形象。[①] 我们上一节介绍哈婷的《月亮神话》中，也特别说到月亮女神的形象，通常就是那种身着鱼皮衣的女性形象。

颛顼的女性特征，即使在后世的五方帝神系统中也显现出来了。战国至秦汉形成的五方帝神系统，所有的帝神全是男性，颛顼在这一系统中乃北方水帝。但这一时空方位本身却具有阴性特征，冬天、北方、黄泉大水为阴之极点，内在具有女性特征。这一点，叶舒宪先生在《中国神话哲学》一书中有精到研究和明确结论，上节已经引录，现再引录其对比性因素如下：

上＝阳＝南＝神界＝男＝天（气）＝光明＝正＝夏＝白昼
下＝阴＝北＝水界＝女＝水＝＝＝＝黑暗＝负＝冬＝夜晚[②]

准此，颛顼即使在后出的五方帝神系统中也暗具女性特征。尽管在后世的男性化改造过程中，颛顼表面上完全成了男神，但作为天帝，他所处的方位和神性特征仍然带有女性基因。

但似乎也没有理由说颛顼从来就是女神，而且只是女神。这不仅是因为有关颛顼的大量资料都将颛顼描述为一个男神，更因为，这个神本身的神性特征中留有明显的男性基因。如果说上述解释揭示了颛顼的女性特征，那么，现在所见的大量资料则都在强调他的男性特征；他是月神，但也是太阳神（"高阳氏"的称谓就是明证）；他是管理西方北方之神，但也是管理东方南方之神，《史记·五帝本纪》说他管理的地方，"北至于幽陵，南至于交阯，西至于流沙，东至于蟠木。动静之物，大

---

① 参见陆思贤《半坡"人面鱼纹"为月相图说》，《文艺理论研究》1995 年第 5 期。
② 叶舒宪：《中国神话哲学》，中国社会科学出版社 1992 年版，第 24 页。

小之神，日月所照，莫不砥属"①。则颛顼是合东西南北两种对立时空区位于一体的神。

事实上，这个大神的名字已经透露出他的兼具两种对立属性于一身的特征。"颛顼"何解？对楚辞有精深研究的姜亮夫先生在其巨著《楚辞通故》中曾经专门列有"颛顼"一条，搜集相关资料颇多，但关于这个名称的本意，他却认为不得而知："'颛顼'一帝传说皆在朔方，则颛顼一称当为北方方言。传世已久，莫尤知其本义矣。"② 许多人都认为"颛顼"这个名称无解，有学者如何新先生强为之解，如说他是远古某个部落"首席大祭司"等③，也似觉未能得其真义。

今按："颛顼"，古籍又作颛臾、颛须等，笔者以为，其本名应以"颛顼"为合适，其他为声音通假的结果。"颛顼"仅从字面看似无可解，但实际上这个神的本源性特征就蕴含在字的构形之中。许慎《说文解字》释"颛"："头，颛颛，谨貌"；释"顼"亦曰："头，顼顼，谨貌。"④ 则"颛"与"顼"乃是同义重复的词。"颛顼"二字均从"页"，而"页"即头颅之象形，则这个神是一个以其头颅引人注目的神，故许慎释颛与顼均以头颅。这是什么意思呢？原来，在上古神话中，太阳神或月亮神常常是人或动物的脑袋或脑袋上顶着的球冠，中国古代太阳神"太昊"、"昊天上帝"的"昊"即是人头顶太阳王冠的形象，"昊"又写作"昦"，这个字的构形，像一个人的脑袋大放光明，它使我们想起云南沧源岩画中的"太阳人"（头颅为大放光明的太阳）。在古代，人们根据互渗律的神话思维方式，将人的身体与宇宙的构成作对应等同的联想，则头颅乃人身体最上方、最显眼的、最重要的器官，一如太阳和月亮是宇宙最重要、最显眼的天体，因此，人的圆圆的头颅与同样圆圆的太阳（或月亮）在神话思维中就建立了内在的同一性关系。这几乎是具有世界性的现象。无论中国还是其他民族古代神话中都有大量的例证。埃及金字塔有一幅著名的太阳神与法老壁画，太阳神为一鹰形头颅的人

---

① 《史记·五帝本纪》，载（汉）司马迁著，（南朝宋）裴骃集解，（唐）司马贞索隐，（唐）张守节正义《史记》，中华书局 1959 年版，第 11—12 页。

② 姜亮夫：《楚辞通故》（第一辑），景印本，齐鲁书社 1985 年版，第 223 页。

③ 参见何新《诸神的起源》第一章"太阳神与远古华夏民族的起源"，生活·读书·新知三联书店 1986 年版，第 22 页。

④ 许慎：《说文解字》，中华书局 1963 年版，第 183 页。

上顶着一轮金红圆球的形象；北美阿兹特克印第安人的火神休休特欧特尔的塑像，常常是他屈身顶着一个冒着火焰的火盆，这个火盆周围雕刻着代表太阳和光明的十字图形。在原始思维中，天上最重要最引人注目的是太阳和月亮，人身体结构中最重要最引人注目的是头颅，在自然人格化的神话里，以头颅象征太阳或月亮是理所当然。太阳或月亮运行天宇，就以人的头颅大放光明表示；太阳或月亮沉落则以人的脑袋蜷缩颈脖或被蒙蔽或被砍掉来象征。

那么，"颛顼"是什么样的头颅呢？《说文》释"颛"和"顼"均谓"谨貌"。"谨貌"是什么形貌？《白虎通义·五行》曰"颛顼者，寒缩也"，即把脑袋缩进颈脖中的形貌。这即是说，颛顼的本义乃"寒缩的脑袋。"其实这个意蕴就在"耑"字的构形中。颛顼又作耑须，耑奥，则"颛"、"耑"同义。"耑"作"颛"，是为了强化头颅的意蕴。许慎《说文》谓"颛"字"从页，耑声"，意谓"颛"字乃是一个形声字，即右表意左表声。许慎未能勘破"耑"本身不仅是声符，还是意符的秘密。其实"耑"字不仅表音也表义，是音义同构的形声和会意兼具的一个字。"耑"字何意？"耑"字构成为上"山"下"而"，"而"乃人面之象形，也是头颅之状，"而"在"山"下，本义即头顶一座大山的人面（头颅），也就是大山压顶的人面。人处于这种状态自然是一种无法任意舒展、恣肆放纵、自由自在的状态，所以，许慎谓颛"谨貌"。"耑"在本义上有因受到逼压而导致心意沉郁、紧张、小心、拘谨、谨慎、沉重、胆怯、封闭等意思，所以，凡从"耑"构生的字都在根本上带有这些原义或转义。而"颛顼"的"耑"的构形中特别强调的是这个神的头颅，提醒人们注意"头在山下"这种状态。从神话思维角度讲，既然头颅乃是光明太阳神或月亮神的象征，那么头在山下也就是太阳（或月亮）落山的形象表述。颛顼既然是沉落于山下的太阳神或月亮神，那么，他就是一个黑夜的收敛了光明的日神或月神，故"颛"有黑暗蒙昧之意，后世称"蒙童"为"颛童"即源于此。《山海经》说他"生自若水，实处空桑"，就是说他出生在太阳沉落的西方；战国以后编制的五方帝神系统中，他为北方黑帝，绝非偶然。

所以，颛顼作为神帝既是光明的却又具有黑暗的特征，他名字的构形中已经暗含了他兼具这两种矛盾的特性。

由于颛顼的这种特点，致使颛顼的子孙和臣民中也多有兼具两种对立特征于一体的。据《大荒西经》"颛顼生老童，老童生重及黎"①，这"老童"在《西次三经》中又作"神耆童"，"老"也罢，"耆"也罢，都是指生命的衰朽状态，而"童"则是生命的幼小状态，这个神从名字上就可以看出是将生命时间的两极状态矛盾地组合到一起的神；重与黎最早为一个神的名字"重黎"，后来分析成为两个神。而"重"即"申"，即电光，光明，"黎"有黑、黑暗义。两种对立的光色状态又矛盾地统一在重黎一个神身上。所以，当颛顼要重黎"绝地天通"时，乃"令重献上天，令黎邛下地"。② 意即命令重努力将天往上顶，令黎努力将地往下按，以扩大其距离。天上地下，天明地暗，重与黎各自承担的任务正和自己的内在神性是统一的。

颛顼许多后代都有这种二元同体或者二元对立特性，例如，他的子孙中，既有"齐圣广渊、明允笃诚"的才子八人（亦称"八恺"），亦有"不可教训、不知话言、告之则顽、舍之则嚚、傲狠明德、以乱天常"的"不才子"如梼杌；既有生而即死的三个短命鬼儿子（死为疫鬼），亦有永生不死之"三面人"，还有寿过八百的彭祖……颛顼子孙神性的这种二元同体或者二元分立特性，在根本上来自颛顼本人。

这一特性甚至表现在其国人的形体特征上：

> 昔高阳氏，有同产而为夫妇，帝放之于崆峒之野，相抱而死。神鸟以不死草覆之，七年，男女同体而生。二头，四手足，是为蒙双氏。③

颛顼统治的国度里，这"蒙双氏"本是同产双胞胎兄妹夫妻，死而复生亦为身体相连、男女同体的神人，正是这个雌雄同体的神人，可以说，把颛顼阴阳兼具、雌雄同体的特征外在化、视觉化了。

而在汉以后的道教神话中，北方也有一个著名的双性同体神：玄武。如上节所述，所谓"玄武"神，乃龟蛇同体的形状。说他（她）乃

---

① 袁珂校注：《山海经校注》，上海古籍出版社 1980 年版，第 402 页。
② 同上。
③ （晋）干宝著，汪绍楹校注：《搜神记》，中华书局 1979 年版，第 168 页。

雌雄同体之神大约是可以确认的，至于他（她）是玄冥还是颛顼，那倒不必细究，重要的是北方的帝神具有这种雌雄同体的两性特征，大约玄冥、颛顼都如此。

按照神话的时空观，北方乃阴之极而阳之始的一个方位，因而，同时具有阴阳两性。尤以阴性为显著。故北方之神又是水神、月神。而月神（水神亦然）在突出其阴性特征时，往往暗具雌雄同体二重性。上节已经介绍过美国学者哈婷的专著《月亮神话——女性的神话》对此的相关研究成果，此不赘复，从这一月亮神的普遍特征反观上述颛顼的神性，一些令人困惑之处便迎刃而解了。颛顼既是男神，也是女神，他兼具双性同体的特征。

上述研究也许能破解多少年来令学者们困惑的有关颛顼的互相矛盾的资料。

中国上古诸神中，相当一部分著名大神同鲧一样，具有这种兼具阴阳两性、雌雄同体的特征，或者更准确地说，他（她）们（大多数）在男性神的外表下，潜藏着或多或少女性神的因子和特征。关于中国古代诸神原初具有女性特征，其后，才在男性化的历史进程中被作了男性化改造，成为男性神的过程，龚维英先生在《女神的失落》一书中有详切研究，可参阅。[①] 龚先生的基本观点是，现在看到的中国古代主要的大神们，从其遥远的起源看，起自母系社会，因此大都具有女性特征，只是在后来的男权社会中，经历过男性化的改造，失落了女性特征，而成为男性神。笔者觉得这个观点，对于解释中国古代许多大神性别特征的发展过程是很有启发性的（当然不是一切大神都经历过这个初为女性，后为男性的转化过程）。在这个前提下，笔者要补充的是，许多大神，其实一直都兼具两性潜质，或者是男外女内、男先女后，或者是女外男内、女先男后，或者一直保持着两性兼具的特征。颛顼就是保持着男外女内性别特征的一个大神。

那么，颛顼与鲧是什么关系？他们都是夏人的祖先神吗？尽管无法确切断定颛顼出现于何时，但笔者还是作这样的推测，颛顼很可能是后人（大约是周人）按照鲧的原初神性创造出来的一个神，他本是用于替

---

① 参见龚维英《女神的失落》，河南大学出版社 1993 年版。

代鲧在神话系统中的功能的（如主管神话中的水世界），但后来在这个原初神性基础之上，他发展出了一些鲧所不具备的新的属性，从而成为周人神系中地位仅次于黄帝的大神。

鲧、颛顼和中国古代许多大神身上这种兼具阴阳、双性同体的特征对中国后世文化有什么意义吗？这个意义当然是重大的。熟知文化人类学、文化哲学、神话学和分析心理学理论的人们都已经了解这样的观点：原始神话表达了创造它的人类处于童年时代的心理特征和倾向，作为一种人类最早的精神文化现象，神话具有精神原型的意义，相当意义上，它为进入文明时代的人类的文化创造和发展提供了一个基本的范型，因此，潜在地引导和规定着人类文化的发展。从这个角度看颛顼和中国古代许多大神兼具阴阳、双性同体的特征，我们发现，他们对中国文化的奠型作用和影响是深远而潜在的。从《易经》确认乾坤一体、阴阳和谐开始，老子的《道德经》、战国时代的阴阳五行、汉代以后的天人感应、天人合一等，中国文化一直在突出强调或者追求阴阳同源、阴阳和谐、阴阳一体、阴阳互补，应该说，这是中国哲学和整个中国文化的主导性精神特征和价值取向，而这种特征和取向，就源头而言，早就潜含在鲧、颛顼等中国古代大神兼具阴阳、两性同体的原型性形象中。

第十章 鲧、禹传说的创世神话性质与故事结构

——夏人创世神话研究之二

鲧、禹洪水神话，是在神话学界被研究得最多的神话，几乎所有研究中国神话的学者，都要在这个课题上留下自己的成果和见解。总体上看，对鲧、禹洪水故事的研究经历过三个阶段：一是将他们当成历史人物看待；二是将他们从历史人物还原为神话人物，这个工作是顾颉刚先生、杨宽先生等完成的；三是将他们的神话从治理洪水的神话还原为创世神话，这个工作从日本学者大林太良开始，经由中国台湾学者胡万川、大陆学者叶舒宪、吕微等学者展开的。尽管对鲧、禹神话是否创世神话学术界还存在争议，但从创世神话角度研究鲧、禹神话，确实是很有新意和价值的学术视角与见解。本章将从创世神话角度探讨鲧、禹神话。

第一节 鲧、禹"捞泥者创世神话"说质疑 *

最早将鲧、禹神话作为创世神话研究的，是一位日本学者大林太良。他在《神话学入门》这本书中，从比较神话学角度，发现阿尔泰地区古代广泛流传着一种创世神话类型，就是潜水捞泥造陆神话［又称陆地潜水者（Earth－diver）神话］，这种神话流传地域遍及欧亚大陆乃至

---

　　* 本节大部分曾以《鲧禹创世神话类型再探》为题发表于《民族文学研究》2007 年第 3 期（《2007 年中国民间文艺学年鉴》收录），收入本书有部分增删。

美洲印第安部落。按照大林太良的描述，这类创世神话的基本内涵是这样的：

> 最初，世界只有水。神和最早的人（或者是恶魔）以二只黑雁的形体，盘旋在最初的大洋上空，神命令人从海底拿些土来。人拿来土以后，神把它撒在水上并命令说："世界啊，你要有形状。"说罢又让人再一次送些土来。可是人为了把土藏掉一些来创造他自身的世界，只把一只手中的土交给了神，而把另一只手中的土吞进了自己口中。神把拿到手中的那部分土撒在水面上之后，土开始渐渐变硬变大。
>
> 随着宇宙的成长，人嘴里的土块也越来越大，简直大到足以使其窒息的程度。这时人才不得不向神求救。被神盘问的结果，人才坦白了自己所做恶事，吐出了口中的土块，于是地上便出现了沼泽地。①

大林太良由此指出，中国古代的《山海经·海内经》中，鲧从上帝那里盗走了叫息壤的永远成长不止的土，并用它平息了洪水。此事惹怒了上帝，命令火神祝融在羽山将鲧杀死，把余下的息壤要了回来。他认为关于鲧与息壤的神话原来应当就是潜水捞泥造陆神话："我想这大概是狩猎民创造的世界潜水神话受违背天神意志而盗取对人类有价值的事物这一农耕民神话母题的影响之后演变而成的。"② 从比较神话学角度将鲧、禹神话作为流布人类广泛地域的捞泥造陆创世神话，在开阔学术视野中的发现令人耳目一新。自顾颉刚将鲧、禹传说当成是古代神话之后，尽管有关鲧、禹神话的研究成果众多，但似乎都没有这个观点别开生面和有震撼力。

此后，云南大学李道和 1990 年发表《昆仑：鲧禹所造之大地》一文③，该文明显受了大林太良的启发，将鲧、禹神话看成是捞泥造陆创世神话，并认为他们所造的大地就是昆仑。

---

① ［日］大林太良：《神话学入门》，林相泰、贾福水译，中国民间文艺出版社 1988 年版，第 51 页。

② 同上书，第 51—52 页。

③ 李道和：《昆仑：鲧禹所造之大地》，《民间文学论坛》1990 年第 4 期。

1992 年，叶舒宪在《中国神话哲学》一书中，专辟"息壤九州"一章，论述鲧、禹息壤神话的创世性质。他认为，鲧、禹息壤和洪水神话，在原初并不关乎治水，而是关于大地如何被创生的神话。他认为，后世所流传的关于鲧、禹治理洪水的神话，应该是在更早的时代（夏代甚至先夏时期）存在的关于创世神话故事的变形形式，在这个神话故事中，我们仍然能窥见远古华夏创世神话的踪影。叶先生进而具体地提出，鲧、禹神话当属世界神话学界公认的五种创世神话类型中的一种，即"陆地潜水者型"创世神话，这种创世神话有两个基本要素——

宇宙起源以前是一片无差别的混沌大水，一个前人类的动物跳进水中以求得一块泥土，成为创世的开端。人类所赖以生息繁衍的大地便是由这块神土生成变化而来的。①

因此，先秦资料中说鲧窃天帝之息壤以淹洪水，被天帝诛杀的故事，其原初形态，应该是鲧得息壤造大地的创世故事，对比陆地潜水型创世神话的基本构成，叶舒宪先生分析道："在中国的洪水神话中，天帝和鲧分别扮演了上帝和魔鬼的角色，潜水取土造陆的情节改变成了自天帝处取土造陆的情节，魔鬼的听命于上帝演变成了鲧的不待帝命。"②而他从天帝那里偷得的息壤，乃是可以无限生长的神土：

息壤者，言土自生长无限，故可以塞洪水也。③

叶先生通过训诂对"息"字本义进行追溯，最后得出"息壤"这一神土命名的原始本义："'息壤'实际上可以暗指'最初的土壤'，这世界上最初的、能自己生长的土壤也就是创世时最先出现的土壤。"④ 叶舒宪也注意到了，鲧、禹洪水神话在今文本中只是治水神话，和流布欧

---

① 叶舒宪：《中国神话哲学》，中国社会科学出版社 1992 年版，第 332 页。
② 同上书，第 338 页。
③ 袁珂校注：《山海经校注》，上海古籍出版社 1980 年版，第 472 页。
④ 叶舒宪：《中国神话哲学》，中国社会科学出版社 1992 年版，第 341 页。

美的陆地潜水者创世神话的表层形态并不一样，创世和治水，是不同的主题。但他认为"按照弗莱的原型理论，我们可以从原型结构的置换变形（displacement）规律着眼解释这两类神话的同构性，即把鲧、禹治洪水的神话看成是更早的潜水型创世神话的置换变形。换言之，现存的中国上古洪水神话不是凭空产生和偶然产生的，而是以华夏已经失传于后世的原始创世神话为原型范本，按照已有的结构模式而创造出来的"①。

在这个认识的基础上，叶舒宪进而对人类各民族洪水神话与创世神话的关系进行归纳，发现很多民族的洪水神话与创世神话是一个有机的整体，其普遍的逻辑程式是：创世—造人—人的罪过—惩罚性洪水—再创世。这一普遍性的神话程式广泛存在于亚欧非美各大洲古代神话中。他由此发现尽管鲧、禹洪水神话中没有明确叙述因为人（自身的堕落）得罪了至上神，导致至上神对人发动大洪水进行惩罚的故事，但鲧、禹洪水神话中明确存在的那个"帝"，应该不是与发动洪水毫不相干的人物，很可能是他发动大洪水淹没了人类世界。今见文本中帝、鲧、禹三个角色，应该是第一次创世中就存在的三个角色，现见"由天帝和鲧、禹父子共同演出的治洪水故事，实际是第二次创世，即以息壤原型为基础的潜水造陆型神话的一种变相重演"②。

1999 年 10 月，清华大学中文系举办"第二届中国古典文学国际研讨会——纪念闻一多先生百周年诞辰"会议，参会的中国台湾清华大学中文系主任胡万川教授提交了《捞泥造陆——鲧、禹神话新探》的论文，该文是迄今为止从陆地潜水者创世类型角度探讨鲧、禹神话最深入细致具体的成果之一。该文作者在对此前有关这个主题的研究成果进行述评的基础之上，从比较神话学角度，以丰赡的资料和深入细致的研究，对潜水捞泥造陆创世神话（即陆地潜水型创世神话）母题的基本构成、不同变异形态、流布范围、流传中的变异形态等，从理论和实际构成两个角度进行了较为集中细致的讨论。他在西方学者汤普逊《民间故事母题索引》中归纳的 A810 "原始大水"神话母题组的基础上，构拟出针对中国鲧、禹神话的八个基本母题，并由此分析鲧、禹神话，确认

① 叶舒宪：《中国神话哲学》，中国社会科学出版社 1992 年版，第 338 页。
② 同上。

它们在原初是创世神话："中国古代传说中的鲧、禹治水故事应该是原始造地神话的后世置换、改编本。"属于"动物潜水取土造地"的创世神话类型。① 这个神话中，鲧是潜水捞泥者，禹是将泥土铺敷于鲧身上而造就大地的神。他还从这一见解出发对《天问》中许多关于鲧和禹的诗句进行新的读解，颇多新意。该文发表后，广有影响，神话学者吕微先生的《神话何为——神圣叙事的传承与阐释》（社会科学文献出版社 2001 年）一书，也采信了关于鲧、禹洪水神话的原型是捞泥造陆创世神话的观点。

关于鲧、禹神话的性质，江林昌博士在《〈天问〉宇宙神话的考古印证和文化阐释》一文中也指出，《天问》中关于鲧、禹洪水神话"所叙述的，实际是有关宇宙生成的问题"②。

也有学者对鲧、禹洪水神话是创世神话的观点表示质疑，2008 年 10 月，由中国社会科学院民族文学研究所主持召开的"中国创世神话比较研究国际学术研讨会"上，北京大学陈连山先生提交了题为《鲧、禹神话研究中的"捞泥造陆说"献疑》的论文（该文后发表在《百色学院学报》2010 年第 1 期），该文认为，"鲧、禹父子治水相关记载既有超自然的神话，也有远古历史传说，一般认为先有超自然的神话，经过历史化改造，转变为远古历史传说。鲧、禹故事无论历史化发生之前，还是之后，其基本内容都是治理洪水，和创世神话似乎无关。部分神话学家认为这组治水神话的原型是创世神话之一即所谓'捞泥造陆'型似乎根据不足"③。大约不少古典文学学者和历史研究领域的学者，不仅是大都不会认同鲧、禹洪水神话是创世神话，他们甚至根本就不会认为这是神话。这里，研究视角和立场的差异显然对于如何看待鲧、禹传说是最重要的。

就笔者看来，从大林太良到叶舒宪、胡万川等学者将鲧、禹洪水神话的本原认定为创世神话是一个很有学术价值的发现，是 20 世纪以来，关于鲧、禹传说研究的一个具有突破性的成果，是值得肯定的。但他们

---

① 胡万川：《捞泥造陆——鲧、禹神话新探》，民间文化青年论坛，网址：http：//www. pkucn. com/chenyc/viewthread. php？tid=2795。

② 江林昌：《〈天问〉宇宙神话的考古印证和文化阐释》，《文学遗产》1996 年第 5 期。

③ 陈连山：《鲧、禹神话原型研究中的"捞泥造陆说"献疑》，《百色学院学报》2010 年第 1 期。

的研究确实存在可以讨论的地方，笔者提出下面几个方面的问题。

首先，如果说鲧、禹神话原本是创世神话，那么一个完整的创世神话应该包含有天地创生、万物创生、人类起源、宇宙灾难与宇宙再造这些基本的构成环节，但是上述所有学者都没有提供关于鲧、禹创世神话构成中这些完整的叙述。例如，鲧、禹神话的原型如果是潜水者捞泥造陆的神话，那么，天空是如何创造的？难道古代夏人的神话只提供了造地神话而没有开天神话？这在逻辑上似乎是说不过去的。还有，万物和人类是如何来的？是否发生过宇宙灾难？谁平息的宇宙灾难？等等，这理应是创世神话的必要构成，但是上述诸位学者都没有提供这样的研究成果，叶舒宪已经意识到一个完整的创世神话应该有这些环节，但他并没有从原型重构角度提供这些环节，其实，这些环节应该是可以从今文本提供的资料中重构的。

其次，将鲧、禹神话的类型确定为陆地潜水者创世（或胡万川所说的"捞泥造陆创世神话"）是否准确？笔者觉得这是大可讨论的。比较神话学的视野有助于我们在一个开阔的学术背景中寻找中国神话与其他民族神话的共同性所在，但这个优势的另一面也可能是局限，就是障蔽了中国古代神话的民族特性。因此，如何在运用比较神话学的视野和方法的同时，特别关注中国文化和中国神话的独特性所在，尤其是应该重视的问题，笔者觉得上述成果在这个方面都存在不足。叶舒宪先生也特别强调，陆地潜水型创世神话是具有海洋文化特征的一种创世神话，但远在夏代或夏代以前的中国先民，生活的地域主要是内陆，海洋性因子在文化中的影响应该是很弱的，内陆性因子应该是最根本的，在集中表达自己集体无意识的创世神话中，如何会以海洋性因子作为主导性构成呢？这在逻辑上也存在问题。大林太良、胡万川等认为夏人鲧与息壤神话是受了阿尔泰区域狩猎民族广泛流传的潜水造陆神话的影响的结果，尽管是十分有意思的推想，显现出比较神话学视角的优势，但这种推想却很难有实证性材料的支持。这种影响性比较仅仅提供一个设想是不够的，还要有影响源、影响过程、线路、影响者、影响结果等的严谨论证，不然其结论的有效性就大可怀疑。

再次，正如汤普逊本人所概括的，这种类型神话中的重要母题是，世界最初是一片原始的混茫大水，造物者（或者说天帝）命令一个动物或者一个人潜入水中从水底捞取一块泥土上来，造物者就用这块泥土造成了大地。在这里，一个造物者是重要的前提。而三位学者将这个母题用之于分析鲧、禹神话时，将先秦资料中那个掌管着息壤并最后诛杀了偷息壤的鲧的"天帝"看成是汤普逊模式中的"造物者"。这里的问题就在于，这个"天帝"很可能是春秋战国时代的人外加的，而在夏人原初的神话中，可能根本就不存在这个天帝的角色。众所周知，历史化传说的今文本中鲧上面的所谓帝，就是尧或者舜，而尧在春秋以前的甲骨文和金文中是从来没有出现过的角色，顾颉刚等学者都认为是春秋战国时代人造的，应该很有道理。至于舜，原本从商人至上神帝俊转换而来，这已是古今学者的共识，而且商人曾经是夏人的属国，在原初，夏人的始祖神和至上神之上，如何可能有一个属国的至上神存在和主宰着？很明显，将舜加之于鲧、禹之上，至少是商人夺取中原统治权以后对神话重新组编的结果，而在原初，不可能如此。但不管是大林太良还是前述四位中国学者，他们都认定在"陆地潜水型"创世神话中，鲧之上都有一个高高在上的造物者或者说天神（帝舜），这从历史角度讲，是不可能的。

而且，叶舒宪先生从其他民族创世神话中（主要是巴比伦、希伯来）归纳出的那个"创世——造人——人的罪过——惩罚性洪水——再创世"的"普遍的逻辑程式"，其实也不具有普遍性，这个逻辑程式中的至上神大都是专制型、惩罚型上帝，他与游牧民族和海洋民族的历史生活和文化有本源性关联，但农业民族的上帝（至上神）往往不是这种专制型、惩罚型的，而是仁厚型、护佑型上帝，这是十分不同特征的至上神。[①] 因为这个特征，所以，中国这个农业民族神话中的至上神基本没有因为人的罪恶发动大洪水或用其他方式灭绝人类的故事。游牧和海洋民族神话是以神为标准判断神的，敬畏神的是义人，违逆神的是恶人，所以，这些民族的至上神理直气壮地发动大洪水灭绝人类。而农业民族神话实质上以人为标准判断神的，护佑人的是善

---

① 关于游牧民族、海洋民族神话中的上帝专制型、惩罚性特征，和农业民族神话中上帝仁爱型、护佑型特征的有关研究，可参阅弗洛伊德《摩西与一神教》（中译本，生活·读书·新知三联书店 1987 年版）、英国学者 C. R. 白德库克《人类文化演进之谜——文化的精神分析》（中译本，浙江人民出版社 1992 年版）。

神，危害人的是恶神，所以，这些民族神话中，作为善神的最高天神大都是平息各种危害人类灾难的神。这是一个根本的区别，研究者不可不察。关于这个问题，本书后面章节还有讨论，此处只是提及，不予深论。

另外，我们发现，并不是所有民族创世神话中一开始就都有这个高高在上的主宰一切的天神。一般讲来文明进程启动很早的民族，其远古神话中，往往不大可能首先就有统帅万物的造物者，或者天神。往往是后起文明民族的创世神话中，世界才首先有一个统帅万物的天神或者说造物者，他用语言、意愿、行为或者指令创造了天地宇宙；就是同一个民族的神话中，越是古老的创世神话，越可能没有至上天神先出，越是后出的神话中，倒是可能有一个天神作为控制创世过程的主宰者先出。希伯来神话中，上帝创造世界的神话是典型的例子。而希伯来神话明显受了先起于它的巴比伦神话的影响，这已是众所周知的事情。我们不妨以巴比伦神话以及希伯来神话为例子来说明这个进程。众所周知，被称为巴比伦的文化，实际是由苏美尔—阿卡德—亚述等多个不同的民族先后在两河流域这块土地上创造的，其文化既有各自的独特性，也有先后的继承关系。从这三个民族的创世神话关于世界创造的叙述中，我们也许能看到一点什么规律：

苏美尔人的神话讲述：

> 最初的世界，只有一片茫茫大水，她是宇宙万物的母亲，叫南玛赫。后来，在原始大水的胸怀里，山慢慢长出来，浮出水面，成为一片陆地。南马赫生了双性同体的混沌神安启，安启后来分化成为地神安和天神启；安和启的结合生出了空气之神恩里尔，他插在父母之间，努力将他们分离，于是天愈高而地愈低……①

阿卡德人的神话讲述：

> 最初的世界只有一片黑暗混沌的海洋，两股洋流之神（阿卜苏

---

① 参见姬云编《巴比伦神话故事》，中国民族摄影艺术出版社 1998 年版，第 1 页。

和提阿马特）合在一起孕生了最初的两个神卢奇穆和拉查穆，这两个神形成了最初的海底的泥土。两股洋流互相激荡又生了一对兄妹夫妻神安莎尔和基莎尔，他们是上面的世界和下面的世界；这一对兄妹夫妻神生了天神安努和地神兼水神埃亚；……①

亚述人的神话讲述：

> 最早的世界一片混沌，水和大地都处于黑暗空虚的状态。神灵们在水面来回行走。至高无上的主神比布努斯按照自己的意愿重新安排了这个世界，他创造了空气和光，将这个世界区分出天地上下、光明和黑暗。后来他又通过指令让陆地从水中露出来，创造了陆地和水中的各种生物，创造了天上的太阳和月亮，让世界一片光明，最后，他创造了人类。②

很明显，巴比伦三个阶段的创世神话中，苏美尔和阿卡德人的神话里天神都是后出的，而到了其后的亚述人的神话中，至高无上的天神、万物的造主比布努斯则是先出的，是他的行为、意愿和指令创造了世界万物。不难发现，希伯来神话《创世纪》中上帝耶和华用指令创造了世界的情节，是明显受了亚述神话的影响，而实际上，希伯来人的"巴比伦之囚"也正发生在亚述人统治阶段，因此，其渊源关系就不难理解。

那么，中国鲧、禹神话的前文本形态中，在陆地被创造出来之前，有一个控制者、主宰者天帝存在吗？如果我们认为夏王朝可能是中国古代最早一个阶级社会的王朝，鲧、禹神话是这个王朝最早的神话人物，他们的神话就可能是中国古代最早的创世神话，他们曾经也是夏人神话中最高的大神。一般讲来，另一个更高天神先在于鲧、禹的可能性不大。在夏商周三代，真正将天抬到至高无上地位的只有周人，相比夏代，那已经是很晚近的事了。因此，笔者根据历史和逻辑推断，在夏人的创世神话中，天神应该是比较晚出的，而且至少在早期并不具有至上地位和重要性。所以，上述学者设定的鲧、禹神话前文本中，那个至高

---

① 参见姬云编《巴比伦神话故事》，中国民族摄影艺术出版社 1998 年版，第 100 页。
② 同上书，第 232 页。

无上的指令者天帝其实应该不存在，他可能是最晚出的，并且地位不是最高的，他不是全部创世活动的指令者和控制者。他是这个神话在后世的流传过程中后人添加的，极可能是周人加的，甚至可能是春秋战国时代的人加的，也就是说，如果鲧、禹创世神话起源很早，那么这个神话中那个至高无上的天帝却进入得相当晚。因此，上述学者基于后世神话中的鲧与天帝和息壤之间的关系而作的研究以及对这个神话类型的确认，就是可以再讨论的。因为在创世之初和之前没有一个高高在上的造物者天帝先在，就不可能有陆地潜水型神话中最关键的一个关目产生：造物者命令某个神或神性动物潜入水中，取土造地。没有这个关目，将鲧、禹神话确认为"陆地潜水造地型"创世神话，就是有问题的。

第二节　"伯禹腹鲧"与"太一生水"　隐含的创世密码[*]

　　如果鲧、禹创世神话不是"陆地潜水造地型"神话，那么是什么类型的神话呢？这个问题我们留待本书"结语"部分一并讨论，在此，我们只从鲧、禹神话今文本中去寻找前文本的信息与原貌。和楚国帛书创世神话和商人创世神话一样，夏人创世神话中诸神的生殖行为和生殖世系深层，直接隐含着创世过程的密码。

　　既然鲧是夏人神话中的混沌元神，那么，在夏人的生殖世系中，"伯禹腹鲧"就是第一个最值得注意的生殖行为，"伯禹腹鲧"即伯禹腹于鲧，即鲧生了禹，这个生殖行为的深层密码是什么呢？这要从二人的原型意象谈起。鲧的原型意象已如上章所论，在原初，他是夏人神话世界的混沌水神，是混沌大水世界的主宰。今文本中的"洪水"可以认为是前文本中原始大水的变形形式。这个混茫的原始大水世界的主宰者是一个混沌的原始水神，他叫鲧。从音训的角度看，"鲧"的发音重浊浑蒙，透露出这个神的混沌黑暗神性，他对应的是神话中原初黑暗混沌的

---

　　* 本节以《"伯禹腹鲧"与"太一生水"隐含的创世密码》为题发表于《中国文化研究》2014 年第 1 期。

世界；事实上，后世有关鲧的结局传说尽管离这个神话原初的形态相去甚远，但他死后化为一只三足神鳖沉入黑暗的"虞渊"还是部分地保留了鲧作为原始水神黑暗混沌的特征。而这只鲧化的三足神鳖所入的"虞渊"又是什么地方呢？在中国古代神话中，那是太阳沉落的一片黑暗的大水世界：

> 日……入于虞渊之氾，曙于蒙谷之浦。①

这个"虞渊"在前文本中应该指的是一片黑暗的水世界，它是从前文本中的原始大水转换而来的。鲧死后化鳖沉入这个黑暗的水世界，实际是一种回归原始本原的行为，它暗示，鲧的原始本相是混沌原始大水世界的一只神鳖，也是这个世界的主宰。这也意味着，夏人的创世神话中，世界最早出现的就是一片原始混沌大水。

鲧在原初夏人神话中，应该具有最高的地位，这一点，今文本中还保留着蛛丝马迹。先秦两汉有关文献中多称鲧为"伯鲧"，"伯"在这里并不是一般的官阶爵位，而应该是"雄霸"之意（禹乃"王"，也有时被称为"伯禹"，如《天问》中"伯禹腹鲧，夫何以变化"一问，《国语·周语》也称禹为"伯禹"），而有文献载，在远古，共工氏曾经"伯九有"、"王天下"，也就是雄霸九州天下的意思。而共工即是鲧（详见下文），可见鲧在远古神话传说中曾经是很有地位和权威的。到汉代的多种三皇系统中，有一个系统还将共工列为三皇之一，可见历史传说中，共工（鲧）的地位一直就很高。《墨子·尚贤中》曰"昔者伯鲧，帝之元子"，而正如顾颉刚等先生在 20 世纪 30 年代的研究成果所揭示的那样，现在所见之传说中的古史人物（实际是神话传说人物）的关系都是经过后起王朝的重新整合改造的，胜利者总会将自己王朝的主神当作最高和最原初的父神或天神，而将失败者（也是从前的宗主国）的主神作为自己主神的子孙或属下整合进自己的神系。因此，古史传说时代的帝王生殖承传顺序与历史上实际的关系正好相反。从这个观点来看上引《墨子》的那段关于鲧为"帝之元子"的话，则正如前文所说，我们

---

① 何宁：《淮南子集注》（上），中华书局 1998 年版，第 236 页。

有理由认为，这个"帝"其实是后起的，在早先有关鲧神话传说的"前文本"中，这个"帝"应该是不存在的。

在关于鲧、禹神话的研究成果中，叶舒宪等学者推断今文本神话中的"洪水"在前文本中乃是指一片混茫无际的原始大水，前者是后者的置换变形，后者是前者的原型，笔者以为这是对的。上节所引苏美尔—阿卡德—亚述人的创世神话中，世界的原初，都是混沌大水，埃及神话讲述世界最早的情形，也是一片原始汪洋大水，印度创世神话也一样，世界的本原也是一片原始海洋。在几大古老文明民族创世神话中，这个起点具有相当的共同性。如果世界原初的起点是这样，接下来的叙述应该是：那时候除了一片原始大水，世界什么也没有，这才是符合逻辑的。而上述大林太良和中国几位将鲧、禹神话作为捞泥创世理解的学者，却认为在鲧之上还有一个天帝，这就不对了，这就没有窥破今文本中这个"帝"其实是后人加上去的这一秘密。

那么，夏人创世神话中，世界接下来出现的是什么？"伯禹腹鲧"回答了这个问题。黑暗的原始水神生了禹，这个生殖世系的深层密码是什么？禹的深层意象是什么？顾颉刚先生在 20 世纪 30 年代对禹的资料进行研究之后得出的结论是，他是社神：

> 社之为禹，《国语》虽无明文，而看其"能平九土"之语，实即是禹。[1]
>
> 禹为社，稷为稷，禹、稷之所以连称由于社稷的连称，禹、稷之所以并尊由于社稷的并尊，甚是明白。[2]
>
> 西周中期，禹为山川之神；后来有了社祭，又为社神（后土）。其神职全在土地上，故其神迹从全体上说，为铺地，陈列山川，治洪水；从农事上说，为治沟洫，事耕稼。……[3]

顾先生说禹是社神的观点，已经被学术界普遍接受了，几无争议，

---

[1]　顾颉刚：《讨论古史答刘胡二先生》，《顾颉刚古史论文集》第一册，中华书局 1988 年版，第 138 页。

[2]　同上。

[3]　同上。

笔者只对上引第三条资料作点辨析：顾先生说西周中期以前，没有社祭，即没有祭祀土地神的仪式，这是不对的。对土地的崇拜和农业相关，可以说，有农业文明的时候起，就有土地崇拜，就有祭祀土地神的活动。现在考古发掘的史前文明遗存证实，保守估计，中国是个至少有六千年农业文明的国家，因此，祭祀土地神的活动一定由来已久。因为夏人的文化遗址到现在还不能确认，所以，无法从确切的考古证据上证明夏有无祭祀土地神的活动，但先秦文献中谓"禹劳天下，死而为社"的记载间接地证明夏人已经有社神和社祭活动了。从可以考证的资料看，商人甲骨文记载的祭祀活动中，祭祀河、岳、土地的活动是经常举行的，不能想象对山川河岳大地的崇拜和祭祀是从商人才开始的，而夏人全然没有。要知道，夏人的创世神话的核心，正是关于从原始大水中创生大地的神话，即使在后世的传说中，禹的主要工作也是"敷下土方"，说明在夏人的文化中，土地具有十分重要的地位。所以，顾先生说社神是周代中期才有的、社祭活动也是周代中期才出现的，这显然是太过保守和谨慎的看法。

由此回到"伯禹腹鲧"这个生殖世系的深层密码破解。既然禹是社神即土地神，这个神话故事环节的深层意象已经很明显了，那就是原始混茫大水的世界中诞生了大地。这是创世神话的重要环节之一。这个环节在夏人神话中，还以另一种方式表达：那就是鲧创造了神土"息壤"。我们发现，几个最早进入文明社会的民族原始神话中，都在讲述原始大水中生成陆地的故事，除了上节引录的苏美尔、阿卡德和亚述人的神话外，古代埃及人和印度人都这样讲述大地的出现。

古代埃及人的神话讲述：

> 最初的世界是一片茫茫大海，最初的水神叫努，水神努生了一个发光的蛋，浮在茫茫水面上，太阳神拉就从蛋里孕生出来。拉生了几个儿女，其中就有地神盖布。[1]

古代印度神话讲述：

---

[1]　李永东编：《埃及神话故事》，宗教文化出版社 1998 年版，第 1 页。

宇宙之初，只有茫茫无际的原始大水，水中浮出一个金黄色的蛋，有一天，蛋破裂后，宇宙万物的始祖梵天就从蛋中孕生，他将蛋壳一分为二，就有了上下天地的区别，然后，他又在水中劈开了陆地。①

上述神话都在讲述最初的大地是从原始大水中产生或形成的。确实很多民族的创世神话都在讲述最初的陆地从原始大水中浮生的故事，上举几例只是其中的一部分。

由此回到鲧与息壤的关系：比照上述土地从原始大水中被创造出来的神话，可以推定，那块最初的神土息壤就是原始水神鲧创造出来的。今文本说鲧窃取了天帝的神土"息壤"淹填洪水，因为不得天帝允许就私自这样，所以，被天帝诛杀了。但既然在远古夏初，鲧之上并不存在什么天帝，因此，这个关目就是后人添加的。在原初前文本中，应该是鲧在茫茫原始大水中创造了最早的神土息壤，后世鲧以息土淹填洪水以治理洪水的关目，应该是这个创世神话关目的置换形式。那么，什么是息壤呢？叶舒宪先生作了很有意思的解释：

> 从造字结构看，"息，从自，从心"。"自"在甲骨文中是鼻的象形。《说文》："自，鼻也，象鼻形。"又《说文》："皇，大也，从自，自，始也。……自读若鼻，今俗以始生子为鼻子。"可知"自"有初始的意思。所谓"鼻子"便是第一个儿子。至今我们还说"鼻祖"，也是取最初最早之意。……由此看来，"息壤"可暗指"最初的土壤"。这世界上最初的、能自己生长的土壤也就是创世时最先出现的土壤。②

叶舒宪先生进而在对"息"字继续训释的基础上，得出"息壤"还有"有生命的土壤"和"有灵魂的土壤"二重相互关联的意义。③ "有生命的土壤"一重意蕴，在古代典籍谓息壤是可以无限生长的土壤的规

---

① 综合自马香雪译《摩奴法典》，商务印书馆1982年版，第9—12页。
② 叶舒宪：《中国神话哲学》，中国社会科学出版社1992年版，第341页。
③ 同上书，第342—343页。

定中已有表述，而"有灵魂的土壤"的意蕴，则是叶先生对于"息壤"内涵的新发掘，较有意思。

鲧创造了"息壤"也就是说鲧创造了最早的陆地，这和鲧生大禹在深层结构上是同一个意蕴，原始混茫水世界中生长出最初的高山陆地，这在很多古代民族神话中被讲述，苏美尔和埃及古代创世神话就是这样讲述的。因此，鲧、禹神话的前文本中，创世的第一个阶段应该是原始大水中创生出陆地。根据今文本有关描述，这个阶段前文本中有两种具有内在同构性的异文，一个偏向自然形态，一个更具人类生命特征。自然形态的是原始大水生神土息壤（最早陆地）的关目，更具人类生命特征的关目则是：原始水神鲧生育了土地之神禹。在这里，原始大水的自然形态和它的神化人物鲧，神性土壤的原始形态"息壤"和它的神化人物——社神禹——之间有明显的内在对应性，它们的深层真意就是：大地从原始海洋中升浮出来。

但鲧主要是在茫茫原始大水的世界中创造了一块可以无限生长的神土，他并没有完成大地的创造和世界的命名，这个工作是由他的儿子禹初步完成的。这是因为，鲧作为混沌黑暗的原始大水之神，尽管他生了自己的儿子，但这个儿子的神性却与他基本是对立的，一如原始大水诞生了自己的对立面——息壤。息壤的出现，是对混沌黑暗原始大水世界的客观破坏和否定，因此，它与水具有内在的矛盾性和对立性。所以，后世神话传说中关于鲧治水不成功的故事，尽管已经历史化得离这个神话的原始真意相去甚远，但内在仍然保留着对鲧原始神性的确认：大水之神如何可能成为成功治水之神呢？治水的成功，只能由具有土地神性的禹来完成。禹作为土地神，要在一片混沌黑暗的原始大水世界创造出一片陆地，最终必定会与鲧发生冲突。今天我们所见到的鲧、禹神话中已经完全没有关于两者冲突的关目，甚至在禹诞生之前，就让天帝派人将鲧诛杀了。但笔者相信，在原初，既然没有天帝这个角色，那么，鲧被诛杀后生禹的关目就绝对是不可信的，可以断定，这是战国时代的人们编派出来的，为的是抹杀鲧、禹之间曾经有过的冲突。

其实，这种抹杀做得并不彻底，最大的漏洞是，夏以后、尤其是周代，人们为了抹杀鲧、禹之间冲突的神话关目，将原初神话中鲧、禹的冲突转化为共工和禹的冲突。20世纪，已经有杨宽、顾颉刚等众多学者经过精心比较，还原了这个真相，指出，共工实际就是从鲧那里分化出来的，因此，共工与禹的冲突和最后被禹诛杀或放逐的故事，在更早的时代，应该是鲧和禹发生冲突和最后鲧被诛杀或放逐的故事："共工与鲧既为一人，则禹伐共工，是子伐其父也。"①

于是在这里我们便要讨论一个和鲧有密切关系的神共工了。

众所周知，20世纪上中叶，先有张治中先生提出鲧与共工为一人的观点，其后童书业先生在《五行说起源的讨论》一文中再次主张共工即鲧，但未详细论证，再其后杨宽先生在《大美晚报·历史周刊》先后撰写两文，从古代资料中找出九个方面的相近与相同点论证"共工即鲧说"（两文后来汇为《鲧、共工与玄冥、冯夷》一文，编入《中国上古史导论》一书，可参阅）。同时，他还从音训角度指出，"盖'鲧'与'共工'声音相同，因言之急缓而有别，急言之为'鲧'，长言之为'共工'也"②。杨宽先生之后，顾颉刚、丁山、孙作云等先生在各自的研究中，都接受了共工就是鲧的结论。

尽管认同者众多，但质疑者也时见。今人杨国宜、李传江、杨栋等学者都对此提出过质疑。③ 质疑者认为："上古传说中关于鲧与共工的故事颇多，且二者的读音相同，但他们分属两个不同的帝系。共工是氏族名，炎帝后裔，鲧是失败的治水英雄，黄帝后裔。因为上古人民常常沿用本氏族的历史名称来传说故事，造成了'共工'名称从女娲到禹的上古史中频繁出现，共工氏被不断神话化，以致与后来的鲧混淆。"④ "鲧和共工应当是分属于两个不同的族系。"⑤ 上述学者认为鲧、共工分属炎黄不同帝系故不可能是同一个人，亦是未能窥破中国神话传说在历史流传过程中出现"层累的古代史"的规律。显然，确如杨宽先生

① 杨宽：《杨宽古史论文选集》卷五《禹、句龙与夏后、后土》，上海人民出版社2003年版，第324页。

② 杨宽：《杨宽古史论文选集》，上海人民出版社2003年版，第324页。

③ 分别见杨国宜《共工传说史实探源》，载《文史》第三辑，后收入《求索集——杨国宜史学文选》，安徽师范大学出版社2010年版；李传江《"共工即鲧说"疑》，《连云港师范高等专科学校学报》2008年第6期；李传江《共工与鲧之关系新释》，《兰台世界》2008年第1期；杨栋《"共工非鲧"考——兼及与禹的关系》，《古籍整理研究学刊》2009年第6期。

④ 李传江：《"共工即鲧说"疑》，《连云港师范高等专科学校学报》2008年第6期。

⑤ 杨栋：《"共工非鲧"考——兼及与禹的关系》，《古籍整理研究学刊》2009年第6期。

指出的，已有共工与鲧资料有极多相近相同之处，完全否认二者的相关性不足以服人，故亦有学者折中处理，提出共工乃氏族名号，鲧乃共工氏最后一代首领的说法，等等。这些观点业内学人共知，在此不一一介绍。

那么，共工是鲧吗？笔者认为，杨宽等先生对共工与鲧关系的认定极有见地，证据资料也是充足的。同时，笔者也认为，关于共工与鲧的关系，要从夏人神话的流传史角度来理解才可能有更合适的判断。

在遥远的夏代神话中，鲧与共工应该就是同一个神，他是夏人神话的始祖神，即黑暗的原始大水之神，他们名字的发音相近，都具有混沌重浊的特征，而在古代汉语中，声音本身是有表意作用的，这已是基本常识。这个发音混沌重浊的神，正是夏人神话中原始黑暗的始祖神（其实最早是原始母神）；他们同时又是水神，共工水神的特征到后世完整保留自不必说，鲧死后化为三足神鳖沉渊为"玄冥"——黑暗世界的深渊之神，也证明了他的水神特征。鲧的水神特征到后世稍稍转换，他由水神转为治水之神，但他治水失败的根源也恰恰在于他本原上是水神，水神与治水之神，这两种神性的功能既有内在联系，也有内在对立性。这种联系使得原始水神变为后世治水之神，而对立性则使得治水之神的治水行为必然失败。只是到了先秦，这个水神的原始特征慢慢湮灭不彰。而在夏人神话中，他应该是原始大水之神，是世界的唯一，一的一切，一切的一，而在后世的流传过程中，他们所主之水和所治之水不过是自然的大洪水而已，不具有世界的本原性和唯一性。

现今所见秦汉间关于共工与鲧的资料中那些既有内在统一性又有某些差别性的资料，都是从夏人原始神话中遗落的碎片，这些碎片在后世的流传过程中被不断地根据不同时代的需要而作了某些改造增删，这些改造增删使得共工与鲧在不同的神话片段中既保留着大部分原初的共同基因，又不断增加某些差异性因子，故而使得一些学者不能接受两者为同一个人的结论；但他们源于共同的原初神话这一点，又使他们在原初神话中的同一性特征一直保留在那些神话碎片中，从而使杨宽等学者能从中窥见出他们在远古神话中的同一性。如果坚持按照战国至秦汉间文献表面的资料来看共工与鲧，他们是相似而不同的传说人物，如果从战国至秦汉间文献资料中去追寻他们在遥远时代的原始面貌，则可能窥见他们本是同一个神。这是导致杨宽等学者和后世对他们观点持异议者的学者发生对立性认识的重要原因。

鲧与共工的分离，笔者猜测应该在夏代中后期就已经开始，导致这种分离很重要的一个原因，应该是夏人对自己始祖神话的伦理化改造活动。禹和启作为夏人神话传说中夏人的始祖神和王朝的奠基者，自然是夏人崇拜性神话叙事的中心（尤其是禹），一切与他们对立的神祇自然都必须做贬低性处理，同时，作为华夏最早的国家政权和男性王朝，宗法伦理原则当然对于夏人的国家是至关重要的意识形态，为了崇化性塑造禹、启（尤其是禹）形象，他们身上一切与这种宗法制伦理原则相悖的故事关目都必须虚化、删除或改头换面。因此，鲧在夏人神话中慢慢一分为二，禹的父神、那个治水失败的原始水神鲧在禹出生之前就已经被舜帝诛杀（而不是被禹诛杀或流放），而鲧的分身性神祇"共工"则是在禹出生后继续以洪水作恶，危害世界，所以在更早神话中禹与其父亲冲突并惩罚他的神话，转移为禹与共工的冲突神话。其实，在夏人原初的神话中，鲧（共工）应该是在禹出生后很久一直活着的，他与他的儿子禹曾经是创世的合作者，但后来因为某些重大矛盾发生了持续的冲突，在这场冲突中，禹最后打败了他的父神（其实是母神）并惩罚了他。至于这种矛盾所为何事，下节将专门论及，此处从略。

既然夏人创世神话的第一个环节，就是原始大水中创生了最早的陆地，夏人创世神话显示出的世界起源论无疑是水起源论了。这使我们想到郭店竹简《太一生水》中楚人的宇宙起源论，《太一生水》已经是一篇哲学文献了，但如果我们对这个竹简的思想进行历史还原剥离，我们将发现，它表达的与夏人创世神话是一样的世界水起源观。

下面是郭店竹简《太一生水》的原文：

> 太一生水，水反辅太一，是以成天。天反辅太一，是以成地。天地复相辅也，是以成神明。神明复相辅也，是以成阴阳。阴阳复相辅也，是以成四时。四时复相辅也，是以成冷热。冷热复相辅也，是以成湿燥。湿燥复相辅也，成岁而后止。

故岁者，湿燥之所生也。湿燥者，寒热之所生也。寒热者，四时之所生也。四时者，阴阳之所生也。阴阳者，神明之所生也。神明者，天地之所生也。天地者，太一之所生也。

是故太一藏于水，行于时。周而又始，以己为万物母；一缺一盈，以己为万物经。此天之所不能杀，地之所不能厘，阴阳之所不能成。君子知此之谓……

下，土也，而谓之地。上，气也，而谓之天。道亦其字也。请问其名。以道从事者，必托其名，故事成而身长。圣人之从事也，亦托其名，故功成而身不伤。天地名字并立，故过其方。不思相当。天不足于西北，其下高以强；地不足于东南，其上□□□。不足于上者，有余于下；不足于下者，有余于上。天道贵弱，削成者以益生者，伐于强，责于……

对这篇文献研究成果众多，在此均不涉及，笔者只从它与夏人创世神话宇宙起源论的关联角度讨论两者的内在同一性。这篇文章的宇宙构成论主要体现在第一节（其他几节当然也有关），它叙述世界的起源是太一，太一何谓？宇宙万物本原之道也。也就是竹简文献预设了一个先在的宇宙万物的终极性本原，然后从这里衍生出整个世界。与我们讨论的主题关系密切的问题是，这篇哲学文献中，太一与水是什么关系？有关研究有两种观点，一种观点认为太一是太一，水是水，水是太一所生成的；但也有研究者认为，这里的太一其实就是水，"太一生水"可理解为太一生存于水，即后文的"太一藏于水"，则意味着太一并不能单独存在，只能以水的形态和方式存在，水与太一，是同一本原的内核与外形关系，水就是太一。因此，太一生水，寓意是太一就在水中，太一即水，然后，由水创成了天地万物。笔者倾向于后面这种理解。

如果"太一生水"就是太一生于水，则楚人的宇宙起源论就是水起源论，这与夏人鲧生大禹表达的宇宙起源论是一样的。即使将太一与水当成两种不同的因素和世界创生的两个不同环节，那水在世界起源中，依然具有一个最先的位置，因为太一首先生的是水，然后通过水才创造天地万物，并且，太一是藏于水中的，太一创世是通过水进行和完成的。太一和水，是一而二、二而一的两个因素。所以，即使是第二种理解，水在楚人宇宙起源观中也占有关键性的源头性地位。从现有资料看，居住于长江流域、河湖遍布之地的楚人，其文化崇水是明显的，在老子《道德经》中，老子也以水喻道，谓"道几于水"，《太一生水》很明显是受了老子思想影响的。

我们知道，从历史角度看，哲学是从更远的神话中发展起来的，尤其是哲学的宇宙论，一定是以创世神话为前提的，后世哲学中那个抽象的、世界本原性的"道"或"太一"，其实是理性化时代人们抽象的观念物，在原初是不存在的。如果我们进行历史还原性处理，剥离掉这个理性时代的人们加之于其先的抽象的"道"或"太一"，则"太一生水"这篇文献所从出的创世神话也应该是水起源神话无疑了。那么，这篇作为"太一生水"哲学体系源头的世界水起源神话在哪里？我们现在看到的楚国帛书创世神话还基本是水起源神话，它可以看成是"太一生水"最近的神话来源。但如前所述，帛书创世神话有明显的组合性，就是说他是建立在对此前夏商创世神话的整合基础之上的，因此，其水起源神话应该有更为遥远的源头。那么，帛书水起源神话的来源在哪里？它是否和我们本节讨论的夏人创世神话相关？

笔者觉得这是十分可能的。原因是，楚王室的始祖是周初分封到楚地的，而起于西北的周人是同样起于西北的夏文化的继承者，在夏商两代文化中，对于夏文化更为重视。从周初分封的时候，楚国王室的先祖们很可能将夏人神话携带过来了，而楚国因为直到战国时期，依然巫风炽盛，神话发达，其王室先祖从周初带来的夏人神话更多地保持原来的样貌，并一直在楚地流传。这大约也是直到春秋战国时期，夏人神话和文化（如《九辩》、《九歌》）的遗存特别丰富，而且很多和中原经过改造的夏人文化有较大区别的原因。

同时，在楚文化的发展中，夏文化也成为重要源头，并对楚文化发展产生了潜在的重大影响。《太一生水》只是楚人受了夏人神话的世界水起源论影响的文本之一。这个推测需要更多实证性研究予以证实，笔者在此只是提出这个猜想。事实上，关于楚文化和夏文化的关联，已有一些学者注意到。有学者甚至认为楚人中有一支是在夏代就从西北迁徙到长江流域的，他们后世的文化与夏人文化极多相近之处，最早的源头就在那里。当然，这也是一种猜测，但可能是一种很有想象力和启发性的猜测。

第三节　"惩父山"隐含的鲧、禹 冲突的神话秘密*

现今所见有关鲧、禹的主要资料均描述：鲧因为治水无方，三年不成，所以，被天帝尧派人击杀于羽山。鲧在羽山尸体三年不腐，孕生子禹，其后，鲧化为黄熊（三足鳖）入于虞渊。[①] 尽管鲧、禹是父子关系，但他们从来就不曾有过共同生活的经历，因此，他们之间自然也没有什么故事。但下面一条资料却让我们产生了疑问：

祝其东北独居山，西南有渊水，即羽泉也。俗谓此山为惩父山。[②]

相近说法也见于他书。例如《汉书·地理志》云："祝其，《禹贡》羽山西南，鲧所殛。"《续汉书·郡国志》亦云："祝其有羽山。"刘昭《注》引《博物记》云："东北独居山，南有渊水，即羽泉也，俗谓此山为惩父山。"[③] 上引资料所出之书尽管稍晚，并且明显地将上古神话中的神山附着在自然山川上了，但我们仍然相信它在被记录下来之前，已经在民间流传很长时间了，"俗谓"一语就透露了这一点。笔者猜测这则资料的实际来源相当早，也许要早过我们现在看到的文献中有

＊　本节大部分曾以《鲧禹创世神话类型再探》为题发表于《民族文学研究》2007 年第 3 期，被《2007 年中国民间文艺学年鉴》转载，收入本书有修改。

①　此事比较完整的记载首见《山海经·海内经》，另《楚辞·天问》、《书·尧典》、《洪范》、《国语·晋语》、《墨子·尚贤中》、《史记》等文献均有有关资料，诸说并不一致，但说鲧治水无成被帝诛杀于羽山，这大体都是差不多的。

②　《玉函山房辑逸书》辑《博物记》，转引自袁珂、周明编《中国古代神话资料萃编》，四川省社会科学院出版社 1985 年版，第 243 页。

③　分别见班固《汉书》，中华书局 1962 年版，第 1588 页；司马彪著，刘昭注补《续汉书》，中华书局 1965 年版，第 3458 页。

关鲧、禹关系的资料。如果这个判断并不错的话，接着我们要探讨的是："惩父山"的命名是从谁的角度出发的呢？是从天帝的角度吗？著名学者袁珂先生似乎是这样理解的："按所谓惩父，谓惩禹之父鲧。"① 袁珂先生似乎故意省略一个主语，是谁"惩禹之父鲧"呢？袁珂先生的说法让人推断这个省略掉的主语是先秦《国语》、《尚书》、《山海经》等文献中的"帝"或"天帝"（或天帝派去的臣子如祝融）。笔者以为这样理解并不准确。这"惩父山"应正解为"惩罚父亲之山"，这个惩罚者是天帝吗？当然不是。如果从天帝的角度来命名鲧死之地，当然只能命名为"惩鲧山"，或"惩臣山"了。"惩父山"只能从儿子对父亲关系的角度命名才是合适的，不能有其他的角度。著名学者杨宽先生在谈到惩父山的名称时也断定："俗谓羽山为惩父山，当必先有禹惩鲧之传说。"②

但如果是这样，问题接踵而来了：按照现在所看到的关于天帝派祝融诛杀鲧于羽山、鲧尸体三年不腐，并且孕生大禹的文献，则禹出生时其父鲧已死了，他对父亲如何有"惩罚"一说？再说，按照中国文化的伦理原则，儿子如何能杀父？那岂不是犯了弥天大罪？何况还是被中国古代儒家奉为国家政治伦理典范的大禹？! 这个疑问也从另一个角度提示，上引那条记载"惩父山"的资料尽管记载较晚，但所出一定早得很，我猜应该在先夏或夏代。按照这种理解，可以得出下面的判断：1. 鲧并不是禹出生之前早已死了三年，而是出生之后很长时间还活着；2. 鲧与禹后来曾经发生过激烈的冲突；3. 禹打败了鲧并严厉惩罚了他。

这种判断还仅仅是逻辑上的，能否成立则有待相关资料的证明。但问题是，我们现在所能看到的关于鲧、禹的资料都是经过了夏以后尤其是周以后漫长时期大规模的历史化和伦理化改造的，鲧、禹神话的原初形态在这些资料中都被大规模地改造了，只有通过对大量歪曲变形资料的仔细分析，才有可能部分复原其曾经的原初形态。因此，本节要做的工作其实有一定的冒险性：通过对现文本的梳理分析去复原（或者说

---

① 袁珂校注：《中国神话传说辞典》，上海辞书出版社 1985 年版，第 386 页。

② 杨宽：《鲧、共工与玄冥、冯夷》，载《杨宽古史论文选集》，上海人民出版社 2003 年版，第 324 页。

重构）鲧、禹神话的原初文本。尽管具有某些冒险性，但也存在极大的可能性，这种可能性主要是：1. 已经有不少学者的研究成果作为基础；2. 更关键的是，现有鲧、禹传说充满着矛盾，这些矛盾恰恰透露出，两周到秦汉，关于鲧、禹神话尽管经历过大规模的漫长的历史化和伦理化改造和篡改过程，但这种改造和篡改很不彻底，前文本的大量信息依然以各种特殊的形式存在于今文本之中，从而导致了今文本的内在矛盾和混乱。这种内在矛盾和混乱为我们复原掩藏在今文本后面的前文本提供了可能。学者们已经发现，尽管中国上古神话资料存在许多混乱和矛盾，但最混乱最矛盾的当数关于鲧、禹的神话资料。也正因为如此，鲧、禹神话是被学者们注意和研究得最多、有关成果最丰富但歧见也最多的神话。

我们的讨论从这个问题开始：禹如何可能和父亲发生冲突并惩罚父亲？

上节我们讨论到"伯禹腹鲧"，鲧生了禹和创生了神土息壤，完成了创世工作的第一个环节。但到这里，大地创造的工作只是才开始，并没有完成，息壤只是可能生长成大地的原初神土，并不是大地本身，让这块神土生长成广袤的大地，那还有许多工作要做。其中最关键的就是，将大地创造成什么样子，也就是该如何设计即将创造出的大地的模式。这个权力显然最先属于息壤的创生者鲧，但看来鲧并不是承担和完成这项工作的最合适的人选。今文本中说他"堕高淹坤"、"汩陈五行"、"九载，绩用弗成"等，大约是从前文本神话中鲧造地（而不是治水）并不成功的叙述中转化而来的。我们看《尚书·洪范》中的这一段叙述：

> 昔鲧湮洪水，汩陈其五行，帝乃震怒，不畀洪范九畴，彝伦攸斁。鲧则殛死，禹乃嗣兴。天乃锡禹洪范九畴，彝伦攸叙。[①]

已经有学者指出，《洪范》这个文本可能是战国甚至秦汉时人伪造的，并非真的来自尧舜时代，但这篇文献应该有神话底本作为前提，这

---

① （汉）孔安国传，（唐）孔颖达正义，黄怀信整理：《尚书正义》，上海古籍出版社2007年版，第447—448页。

个底本应该是流传到周代的关于鲧、禹的夏人神话故事。我们的任务，是要通过今文本去复原前文本的原初形态，即夏人神话的原始形态。上引这段文献中，如果我们剥离掉后世加于鲧、禹之上的所谓尧舜这样的"帝"，那么，我们得到的是什么呢？就是鲧曾经因为"汩陈其五行"而导致治水失败，禹则因为有了"洪范九畴"而治水成功。从原型角度讲，如叶舒宪先生所言，今文本所谓治水，正是神话前文本中创世的置换形式，我们将其还原，则得出的是这样一个故事：鲧因为"汩陈其五行"而造地失败，禹因为按照"洪范九畴"实施而造地成功。那么，什么是"五行"？什么又是"洪范九畴"？先秦以来，注解《尚书》的很多，但因为都未能窥破这个故事的原初形态，所以，这些注解都未得要领。

首先，"汩陈五行"是什么意思？历代注家认为，所谓"汩陈五行"即"乱陈五行"，那么，这里的"五行"指什么？我们基本可以这样理解，"五行"是春秋后期、战国时代才出现的一种用来描述世界构成和规律的模式，是以"五"为元编码来切分和设计世界万物的模式。应该说，"五行"的说法在先夏或夏初一般是不会有的，以"五"作为文化元编码来编组和命名人类世界中那些最重大的事物，那是春秋前后、最早也是周代的事情（这也侧面证明，《尚书》中鲧、禹传说是经过晚周人改造的）。"五行"在其他场合使用的意义我们另当别论，在这里，我认为当与鲧创造大地的工作有关。在前文本神话中，笔者猜想"五行"应该指原始大水之神鲧所设计的用息壤创造大地的基本模型和实施方略。在前文本中，应该是用另一个概念，而不是"五行"这个概念指称它，因此，我们可以把今文本中"五行"这个概念当成前文本中命名鲧关于大地设计模型和实施方略的等值置换性称谓。因为春秋战国时代的"五行"这个概念本身包含了世界的构成模式及其相互关系规则的基本含义，以之来置换和命名夏代神话中鲧那个用息壤造地的方案也是合适的。

看来，鲧设计的造地模式和实施方略并不成功，《尚书·洪范》中说他"汩陈其五行"导致治水失败，在前文本中应该指他按照自己的造地模式和方略实施造地失败。鲧创生了最初的神土息壤，但他并不是大地创造工作的完成者，大约与他本身是一个混沌水神有关。那么，创造大地的最后完成者是谁呢？

应该是禹。禹作为土地神，就神性而言，自然是完成大地创造工作的合适人选。上引今文本中有天帝赐禹"洪范九畴"以保证他治水成功的关目，这里，"洪范九畴"指的什么，历多异说。吕微先生认为是"关于九州大地的原始模型"[1]，笔者以为基本是合适的。准确地说，在前文本中，应该是指禹自己设计的（而不是天帝赐予的）一套关于用息壤造大地的模式和实施方略。所谓"洪"者，极大也，"九"为数字之极，亦含极大之意，极大亦内涵神圣之意；范、畴者，均谓模型也，因此，所谓"洪范九畴"，即（关于造地的）伟大神圣的模型。

禹的"洪范九畴"大约和鲧的"五行"是对立的，用"五行"还是"洪范九畴"来创造大地？父子矛盾很可能因此产生。尽管在创造大地的环节上，鲧、禹之间存在矛盾，但他们在早期还有一定的合作关系，今文本中的某些资料（今文本中已经演变为治水）还保留着这方面的信息：

> 鲧、禹是始布土，均定九州。[2]
> 中古之世，天下大水，而鲧、禹决渎。[3]
> 听其自流……则鲧、禹之功不立。[4]
> 今王既变鲧、禹之功……[5]
> 禹能以德修鲧之功。[6]

这些资料都传达了一个信息，鲧和儿子禹在造地的早期曾经有过合作的阶段。著名上古史学者杨宽先生也据此断定："是鲧与禹同为

---

① 吕微：《神话何为——神圣叙事的传承与阐释》，社会科学文献出版社 2001 年版，第103 页。

② 袁珂校注：《山海经校注》，上海古籍出版社 1980 年版，第 469 页。

③ （战国）韩非著，陈其献校注：《韩非子新校注》，上海古籍出版社 2000 年版，第1085 页。

④ 何宁：《淮南子集释》（下），中华书局 1998 年版，第 1322 页。

⑤ 上海师范大学古籍整理组校点，《国语》，上海古籍出版社 1978 年版，第 599 页。

⑥ 同上书，第 166 页。

有功于治水（即我所谓创世活动——引者注）者"①，应该是不错的。但这种合作没有持续下去，因为鲧、禹造地的方案和模型完全不同，冲突必定发生。父子冲突的结果，就是禹战胜了父神（其实是母神）并将他囚禁（这也就是后世"永遏在羽山，夫何三年不施"的神话底本）。

原初夏人神话中禹在造地环节获得了主导权，他按照自己的"洪范九畴"创造了大地，因此成为神界新的领袖。今文本中，叙述禹治水成功的过程和治水成功之后的许多作为，其中许多都间接地透露出前文本中他作为创世主神获得的特殊地位和权力。例如他自己命名山川大地，这种行为正是他主宰世界的关键证明。

今文本中，禹平治洪水与给世界命名是同步的：

> 禹乃以息土填洪水，以为名山。（《淮南子·地形训》）②
>
> 禹平水土，主名山川。（《尚书·吕刑》）③
>
> 禹平水土，主名山川。（《墨子·尚贤中》）④
>
> 茫茫禹迹，画为九州，经启九道，民有寝庙。⑤

这些后世已经带有明显历史化色彩的说法中，曲折透露出的正是原初创世的信息：禹用息壤在茫茫大水的世界创造了大地，并且第一次给大地划分区域（"画为九州"），世界因此有了最初的空间，给山水命名（"主名山川"），世界有了最初的称谓。不仅如此，禹还确认了世界最初的空间方位和距离，下面这些今文本资料尽管已经有很强的历史化痕迹，但仍然能让我们推见大禹在原初神话中确认"九州"（在当时人们的意识中就是大地的全部）空间的工作：

---

① 杨宽：《鲧、共工与玄冥、冯夷》，《杨宽古史论文选集》，上海人民出版社 2003 年版，第 325 页。

② 何宁：《淮南子集注》（上），中华书局 1998 年版，第 322 页。

③ （汉）孔安国传，（唐）孔颖达正义，黄怀信整理：《尚书正义》，上海古籍出版社 2007 年版，第 776 页。

④ 王焕镳：《墨子集诂》，上海古籍出版社 2005 年版，第 179 页。

⑤ （周）左丘明传，（晋）杜预注，（唐）孔颖达正义：《春秋左传正义》（下），北京大学出版社 1999 年版，第 839 页。

> 禹东至搏木之地，日出九津青羌之野，攒树之所，缙天之山，鸟谷青丘之乡，黑齿之国。南至交阯孙朴续满之国，丹粟漆树，沸水漂漂，九阳之山，羽人裸民之处，不死之乡。西至三危之国，巫山之下，饮露吸气之民，积金之山。其肱一臂三面之乡。北至人正之国，夏海之穷，衡山之上，犬戎之国，夸父之野，禹强之所积水、积石之山，不有懈堕。①

这实际是确认世界东西南北方位极点的工作，也就是确认世界空间的工作。而这个工作，在有的传说中，不是禹亲自做的，而是他指派某些神做的：

> 帝命竖亥，步自东极至西极，五亿十万九千八百步；竖亥左手把算，右手指青丘北。一曰禹令竖亥。一曰五亿十万九千八百步。②
>
> 禹乃使太章步自东极至于西极，二亿三千五百里七十五步。使竖亥步自北极至于南极，二亿三万三千五百里七十五步。③

这个太章和竖亥是何方神圣，尽管已有一些研究成果，但我们在此还是可以不予深究，我们从这些传说里能确认的就是，这个世界东西南北的方位和距离的确定，是禹完成或他指派某些神完成的。而创造和确认空间，是创世工作的重要内容。

与空间确认密切相关的就是确认时间，世界被人类所感知的基本形式就是时间和空间。禹确认空间的工作我们已经有确凿的资料，关于禹确认时间的工作也有不少资料。在人们的感知经验中，世界的时间变化主要是以太阳的运行和月亮的盈亏变化为依据的，因此，时间之神多与光明之神太阳神或月亮神相关。其实直到现在我们几乎也是这样，如果没有太阳和月亮的存在和运行，人们就很难有切分时间的客观标准和依据，就不会有强烈的时间感。当大地从一片混沌的原始

---

① 陈奇猷校释：《吕氏春秋校释》（四），学林出版社1984年版，第1514页。
② 袁珂校注：《山海经校注》，上海古籍出版社1980年版，第258页。
③ 何宁：《淮南子集注》（上），中华书局1998年版，第321页。

大水的世界中创生出来的时候，四方的空间方位比四时四季的时间段位显然更具有重要性和原初性，人们也必定是首先意识到空间然后才意识到时间。所以，大地之神禹的工作主要是确定世界的空间方位、距离并给世界命名。而时间的确认和切分，实际上应该由光明神或具有光明神性的神来完成。但中国神话中，时间体制居然是由大地之神禹来确定的——

> 日……入于虞渊之汜，曙于蒙谷之浦，行九州七舍，有五亿万七千三百九里，禹以为朝昼昏夜。[1]

本来应该由天空和光明之神承担的确定时间的工作，却由大地之神来完成，相当意义上，这是神灵之间职司功能的僭越，在这种功能僭越的现象下面，潜含的是中国先民对土地神的特别重视。从逻辑上看，只有当天空和太阳被创造出来后，禹才能以太阳的运行为依据，切分时间，区别朝昼昏夜。而当天空和太阳还没有创生时，世界没有时间，或者时间还不能强烈地被人类意识到。当然，这只是人类在自己最初的文化形式——神话——中表现出来的对空间和时间意识的先后顺序，并不是时间和空间形式的自然存在状态，在自然状态中，时间和空间是同时产生的，同生共灭的。

禹走遍了大地，"禹迹"指的是大地，它暗含的一个意思是，禹曾经用其步履丈量过大地四方，因此，"禹迹"就成为大地的代称。在先秦文献中，"禹迹"又作"禹绩"，是经常出现的概念，它们都在表征一个共同的对象：就是大地九州。"禹迹"也就是大地了，它意味着，禹曾经走遍世界，或派太章、竖亥巡视和丈量过整个世界。我们发现，这个情节与巴比伦创世神话史诗《恩努马—埃利希》中的一个情节有极强的可比性，在巴比伦这部史诗中，也有一个神巡视和丈量过世界，那就是马尔杜克。在打败提阿马特并完成世界和人类的创造后，他成为神话中世界的最高主宰，于是——

---

① 何宁：《淮南子集注》（上），中华书局1998年版，第237页。

他横穿苍天，

检查它的各部分。

马尔杜克使自己

住在努迪穆德的阿卜苏寝宫对面。

他丈量了阿卜苏的面积。①

马尔杜克的父亲埃亚当初杀死其祖神——原始水神阿卜苏后，在他的身体上建造了自己的宫殿，将其命之为阿卜苏。这里的马尔杜克所丈量的"阿卜苏"，是用大地之神埃亚的宫殿代指大地。上面这一段叙述实际是说，马尔杜克巡视和测量了他统治的世界。

某一位神自己（或叫人）巡视和测量世界的深意是什么？有学者研究指出，这个关目的深意在于："在古代的观念里，大概也只有具有造物者身份的人物，才有资格叫人步量天下，也唯有知道天下广狭的人，才配称天下之主。"② 笔者以为，这样理解是准确的。禹和马尔杜克命名、巡视和测量天下的深意正在这里：这是他们是万神之王、天下主宰的证明。

禹为万神之王，世界主宰的身份，在他另一个有名的行动中也表现得十分突出，那就是他召集诸神大会，并在这个大会上通过诛杀不服号令的神防风氏而证明自己至高无上的权威。《国语·鲁语下》云：

吴伐越，堕会稽，获骨焉，节专车。吴子使来好聘，且问之仲尼，曰："无以吾命。"宾发币于大夫，及仲尼，仲尼爵之。既彻俎而宴，客执骨而问曰："敢问骨何为大？"仲尼曰："昔禹致群神于会稽之山，防风氏后至，禹杀而戮之，其骨节专车。此为大矣。"客曰："敢问谁守为神？"仲尼曰："山川之灵，足以纪纲天下者，其守为神；社稷之守者，为公侯。皆属于王者。"客曰："防风何守也？"仲尼曰："汪芒氏之君也，守封、隅之山者也，为漆姓。在

---

① 《恩努马—埃利希》，载［美］戴维·利明、埃德温·贝尔德《神话学》，上海人民出版社1990年版，第188页。

② 胡万川：《捞泥造陆——鲧禹神话新探》，民间文化青年论坛，网址：http：//www.pkucn.com/chenyc/viewthread.php？tid=2795。

虞、夏、商为汪芒氏，于周为长狄，今为大人。"客曰："人长之极几何？"仲尼曰："僬侥氏长三尺，短之至也。长者不过十之，数之极也。"①

这个身高三丈三尺的防风氏显然是一个巨人神，只因为在禹召集的诸神大会上后到，就被禹诛杀，禹主宰天下诸神之权威，于兹可见。在今文本中，禹治水完成，在会稽招会群神的故事，似乎与创世活动无关，但笔者相信在原初夏人神话中，应该是他造地完成之后举行的一次群神大会，这次大会，也是在神界象征性确立自己最高统治者地位的大会。防风神大约是对禹的诸神统领身份提出了挑战，所以才招致禹的诛杀。这个巨人神很可能就是支持鲧的神族成员中的一个。很有意思的是，希腊神话中，混沌神地母盖亚生的第一代神祇中，也有一群巨人神（即堤旦神族），防风氏很可能是混沌神鲧所生的早期巨人神之一。因此，防风氏与禹的冲突，很可能是以鲧为首领的诸神与以禹为首领的诸神冲突的特殊形式。

禹在造地的过程中，得到女神涂山氏（即女娲）的帮助，并娶她生子启。正如鲧生禹暗含的是混茫原始大水中出现了陆地的创世环节，禹与涂山氏生启的行为，暗含的是大地和高山上诞生了明亮天空的创世关目。关于启的光明神性以及他在创世过程中的地位，当在后面章节探讨，此处只从创世过程角度特别指出，天空之神、光明之神启也是通过生殖行为诞生的。在鲧—禹—启的生殖世系中，暗含的是"水—地—天"的创世过程。从声训角度看，鲧—禹—启三个神的发音，呈现出由重浊向清明转换的明显趋向，而在远古还没有文字的时代，声音本身不仅是纯物理的因素，它还含有相应的语义内涵。"鲧"的发音重浊昏蒙，透露出这个神的混沌黑暗神性，他对应的是神话中原初黑暗混沌的世界；而禹发音相对清浅细窄，透露出这个神开始具有某些清晰的特征，他对应的是黑暗混沌的状态被打破，大地出现、世界开始出现最初的条理性的状态；而开（启）的发音开阔清亮，则暗含这个神具有清亮光明的神性，他对应的是天空出现、光

① 上海师范大学古籍整理小组校点：《国语》，上海古籍出版社 1978 年版，第 213 页。

明满天的世界；所以，鲧—禹—启的生殖世系下面，潜含的是他们三个神不同的神性特征，表征的是世界由混沌到朦胧到明亮的发展状态和过程。

尽管禹与鲧的冲突在造地过程中以禹囚禁鲧的形式获得了阶段性解决，但从有关资料看来，这个解决是暂时的，鲧最后还是从囚禁地出来。在禹造地完成后，他带领忠于他的老一辈神祇（这些神祇都具有原始水神的特征）与禹为首的新一辈神祇就世界的主宰权展开了一场震撼宇宙的激烈冲突。这场冲突在今文本中不是在鲧、禹之间直接展开的，而是在鲧的衍生性神祇共工为首的老一辈神祇和禹为首的儿孙辈神祇之间展开的。尽管上述多位学者都谈到鲧与共工实为一人，但遗憾的是各位学者都没有面对这个问题：既然共工是从鲧的缓音中分化出来的，为什么会有这种分化？笔者以为，这种分化与上述鲧、禹神话至少从周代开始的伦理化改造有关。禹作为中国古代政治伦理的典范，其原初神话中与伦理化原则不相符合的部分必须进行重新处理和改编。

从现在的资料来看，改编者（不一定是一个人）用了两种基本的方式来处理那些与上述原则不一致的材料：一是通过音声的缓读方式派生一个神共工，将那些不能见容于父子关系的故事关目转移到共工与禹的关系中，这就导致了今天所见的共工和鲧在神性和作为上大量的相同现象。后世文献说共工（鲧）与某某大神（如颛顼）"争帝"或争"三公"（如与舜）的位置发生冲突，在前文本中，应该是夏人的创世元神鲧带领追随者与禹为首的儿辈神祇之间为争夺宇宙控制权发生冲突的故事在后世流传过程中的变形形式。二是对剩下的有关鲧、禹的神话故事进行再改造，凡是父子冲突的关目一概抹去，一种最彻底的抹杀方式就是根本不让鲧、禹发生任何关系：让鲧在禹出生之前就被天帝派人击杀。这大约是我们今天看到的以《尚书》为首的北方历史著作或诸子著作中，记述鲧因受天帝派遣治水不成功，并不守臣道，最后被天帝派人击杀于羽山而后尸生大禹的原因所在。

共工（鲧）与禹的冲突在后世文本中演化成发动洪水和治理洪水的故事，这倒与原初夏人神话原始形态相去不远。因为鲧（共工）为原始水神，是天地人间一切水之主宰者，在与禹争夺宇宙控制权的冲突中，他以洪水为武器就是自然的事情。下面的有关资料大概还保留着鲧、禹神话前文本的较多信息，这些资料确凿地证明了前文本中鲧、禹之间激烈的冲突，只要将这些资料中的共工还原为鲧，就有可能重现这场冲突的某些核心事件：

> 舜之时，共工振滔洪水，以薄空桑。……舜乃使禹疏三江五湖，辟伊阙，导廛涧，平通沟陆，流注东海。鸿水漏，九州干，万民皆宁其性。①
>
> 西北海外，大荒之隅……有禹攻共工之山。②
>
> 禹伐共工。③
>
> 禹有功，抑下鸿，辟除民害逐共工。④

究竟谁与共工（鲧）发生过冲突，是谁打败共工的，今文本有多种说法。除禹外，尚有颛顼、高辛氏、祝融、神龙氏、尧、女娲等，异说较多，这些文献众所周知，此不赘引。笔者认为，既然共工即鲧的分化形式，鲧、禹神话乃夏人的创世神话，那么，共工（鲧）与禹的冲突应该发生最早，共工（鲧）与其他诸神的冲突应该基本是从鲧、禹冲突模式中衍生出来的，而且，其中某些故事关目甚至是鲧、禹冲突中相关关目的直接移植结果，它们为我们从今文本中窥见前文本的原始形态提供了某些佐证。而且，上述与共工曾经发生过冲突的诸位神祇中，不少与禹应该是有某种关系的。颛顼如前所述，多半是周以后制造出来的神祇，如果他也是夏人的神祇，那应该是鲧的儿孙辈，属于禹阵营的；祝融这个神就起源和神性讲，很可能是禹的儿子启（后面章节将论及）；女娲这个神不少学者认为是禹的妻子涂山氏（后面章节有详论），如果这样，他们与共工的冲突，其实都与禹与鲧冲突的一部分。至于尧、高辛氏、神龙氏与鲧的冲突，那只能看成是禹与鲧冲突在周以后的置换形式。

---

① 何宁：《淮南子集注》（中），中华书局 1998 年版，第 578—579 页。

② 袁珂校注：《山海经校注》，上海古籍出版社 1980 年版，第 387 页。

③ 北京大学荀子注释组：《荀子新注》，中华书局 1979 年版，第 242 页。

④ 同上书，第 419 页。

禹与共工（鲧）的冲突看来经历了一个比较漫长的时间，首先是共工的一些重要部下被禹或其部下所打败诛杀——

> 晋平公梦朱熊窥其屏，恶之而疾。问于子产，对曰："昔共工之卿曰浮游，败于颛顼，自沈于淮，其色赤，其言善笑，其行善顾，其状如熊，为天王祟。见之堂则王天下者死，见之堂下则邦人骇，见之门则近臣忧，见之庭则无伤。今窥君之屏，病而无伤，其祭颛顼共工乎。"从其言而病间。[①]

这个蜉蝣很明显是水生动物性神祇，是共工之部下，最后被颛顼所打败，自沉于淮水。共工另一个更重要的部下相柳则被禹所诛杀：

> 共工之臣名曰相柳氏，九首以食于九山。相柳之所抵厥为泽溪。禹杀相柳，其血腥，不可以树五谷种。禹厥之，三仞三沮。乃以为众帝之台，在昆仑之北，柔丽之东。相柳者，九首人面，蛇身而青，不敢北射，畏共工之台。台在其东。台四方，隅有一蛇，虎色，首冲南方。[②]

《大荒北经》中亦有类似记载，这些记载都证明共工（鲧）的部下相柳曾与禹发生激烈冲突，并被禹所打败诛杀。这个相柳看来也是一个了不得的大神，《大荒北经》说他"九首蛇身，自环，食于九土。其所欵所尼，即为源泽。不辛乃苦，百兽莫能处"[③]。而在古代，若一个神的形体结构上某一个器官（尤其是首和尾）复生以"九"，往往是其有特殊神性和崇高地位的标志。例如下面一则传说——

> 禹三十未娶，行到涂山，恐时之暮，失其度制。乃辞云："吾娶也，必有应矣。"乃有白狐九尾，造于禹，禹曰："白者吾之服

---

① （宋）李昉等：《太平御览》卷九百八十引《琐语》，景印文渊阁四库全书·子部二〇七·类书类，（台北）商务印书馆1986年版，第140页。
② 袁珂校注：《山海经校注》，上海古籍出版社1980年版，第233页。
③ 同上书，第428页。

也；其九尾者，王之征也。"涂山之歌曰：'绥绥白狐，九尾庬庬；我家嘉夷，来宾为王；成家成室，我造彼昌；天人之际，于兹则行。'明矣哉！"禹因娶涂山，谓之女娇。取辛壬癸甲。禹行十月，女娇生启。启生不见父，昼夕呱呱啼泣。①

则相柳的"九首"之形，大约也应该是"王之证也"，至少也说明其地位相当高，而这位有着相当高地位的相柳，只是共工的一个臣子，足见共工更是一位地位极高的大神（多种资料都言共工曾为古代之"王"），这也可以侧证笔者上面的推断：共工（鲧）在远古夏人神话中曾是诸神之首（迟至汉代，还有人将其作为远古三皇之一）。关于禹与相柳冲突对抗的过程，有关资料完全没有交代，只有禹诛杀相柳的结局。根据相柳特殊的外形和这种外形在一般神话中应有的非凡神性，这个对抗冲突的过程应该是十分激烈的。

逻辑地推断，在相柳被诛杀后，才有禹擒惩共工（鲧）的结局。鲧在与禹的冲突中最后头撞不周山，导致刚刚创造的世界出现天柱折、地维绝的宇宙大灾难。

> 昔者，共工与颛顼争为帝，怒而触不周之山，天柱折，地维绝。天倾西北，故日月星辰移焉；地不满东南，故水潦尘埃归焉。②

除了上述《淮南子·天文训》记载外，不少古代典籍都记载了这场宇宙大灾难：

《列子·汤问》：

> 共工氏与颛顼争帝，而怒触不周之山，折天柱，绝地维。故天倾西北，日月星辰就焉；地不满东南，故百川水注焉。③

---

① （汉）赵煜：《吴越春秋》，景印文渊阁四库全书·史部二二一·载记类，（台北）商务印书馆 1986 年版，第 40 页。
② 何宁：《淮南子集注》（上），中华书局 1998 年版，第 167—168 页。
③ 杨伯峻：《列子集释》，中华书局 1979 年版，第 150—151 页。

《淮南子·原道篇》：

> 昔共工之力触不周之山，使地东南倾。与高辛争为帝，遂潜于渊，宗族残灭，继嗣绝祀。[①]

《雕玉集·壮力篇》：

> 共工，神农时诸侯也，而与神农争定天下，共工大怒，以头触不周山……又女娲炼五石以补天缺。[②]

司马贞《补〈史记·三皇本纪〉》：

> 当其末年也，诸侯有共工氏，任智刑以强，霸而不王，以水乘木，乃与祝融战，不胜而怒，乃头触不周山崩，天柱折，地维缺。[③]

后世这些文献中，共工与之"争帝"的对象各有不同，正如前文所言，都是原初夏人神话中鲧与禹争夺世界控制权冲突的置换形式。这场冲突导致的宇宙大灾难显然给人太强烈的震撼和太深刻的记忆，所以，代代相传，流布广远。

但这场冲突的最后结果还是以禹为首的鲧的儿孙辈神祇们胜利了，鲧最后被儿辈神祇擒惩。这个惩罚的形式或者是驱逐、流放幽州（即幽都，地下黑暗世界），或者是被禹命祝融（即禹的儿子启）诛杀于羽山，他被诛杀或驱逐的那座山因此也就被命名为"惩父山"。

以禹为首的儿孙辈神祇中，他的儿子启在打败鲧的战争中起了关键作用。多种今文本资料都记载，祝融是和共工争战并最后诛杀共工的关键神祇，这个故事应该是原初启与共工冲突的衍生形态，而后世神话中

---

① 何宁：《淮南子集注》（上），中华书局 1998 年版，第 44—45 页。
② 转引自袁珂、周明编选《中国神话资料萃编》，四川省社会科学院出版社 1985 年版，第 142 页。
③ （唐）司马贞：《补〈史记·三皇本纪〉》，景印文渊阁四库全书·史部一·正史类，（台北）商务印书馆 1986 年版，第 964 页。

的祝融应该就是夏人神话中的启。

关于祝融的身份和地位，已有资料有很大区别：有谓祝融是远古三皇之一者，有谓祝融乃颛顼的儿子重黎，有谓祝融乃帝喾的火官，有谓祝融乃尧的臣子（帝令祝融诛杀鲧于羽山），有谓祝融为炎帝的子裔，有谓祝融乃南方赤帝，等等，诸说不一，造成这种混乱的原因之一，乃是中国古代早起神系的重要大神，都会在后世不同朝代和地域中，被不同的神系所吸纳重组，进入不同的神系。这也使我们可以推断，在古代各个神系都存在的神，基本可以认定是起源比较古老的神。而那些只在某些神系中存在的神，可能是（当然不绝对是）晚起的神，哪怕他地位极其显赫；这一规律使我们能够推断，祝融这个神，来源十分古老。在今见所有神系，不管他的身份为何，他的神性却是一致的，他都是火神、光明神，这是公认的。祝融在古代不同神系中都存在，大约与不同神系都有光明神、火神这个职神也有关系。而这个神的来源应该在夏人神话中，他在夏人神话中，是禹的儿子天神启。

从文字训诂角度讲，祝者，朱也，融者，明也。祝融即朱明。《淮南子·天文训》谓：

> 南方火也，其帝炎帝，其佐朱明，朱明又作祝融。①
>
> 《后汉书·祭祀志 中》："立夏之日，迎夏于南郊，祭赤帝祝融，车旗服饰皆赤，歌《朱明》。"②

则朱明即祝融也。朱明何意？朱明的本意乃明亮火红炽烈之光。而一切光的本源就是太阳，所以朱明本意就是明亮赤红的阳光。战国时候的五方五时帝神系中，将他配置为南方、夏天、正午之神，都是在强调这个神性特征。他主管的所谓"火"，其源头乃是太阳，所以，火神祝融其原初本相是太阳神、光明神。那么这个太阳神、光明神最早来自哪里？如果说夏代是中国上古三代出现最早的一个王朝，那么，夏人神话系统相对商周神话系统具有早出性应该是可以确认的。夏人的光明神、太阳神是谁？是禹与涂山氏女娲的儿子启。所谓启者，开也，明

---

① 何宁：《淮南子集注》（上），中华书局 1998 年版，第 186 页。
② （宋）范晔著，（南唐）李贤等注：《后汉书》，中华书局 1999 年版，第 2161 页。

也，所以，夏后启又作夏后开。启就是夏人神话系统中的天神、太阳神、光明神祝融。

启作为夏人神话中的天神、光明神、太阳神，是夏人创世神话系统中的重要构成。夏人神话系统中，第一代祖宗神和创世神鲧（共工）是原始黑暗的混沌水神，他（她）在原始混沌的黑暗大水中创造了可以无限生长最早的神土息壤；所以，他死后仍然成为夏人祭祀的祖先（《国语·晋语八》："昔者鲧违帝命，殛之于羽山，化为黄熊，以入于羽渊，实为夏郊，三代举之。"）。第二代祖宗神和创世神是禹与涂山氏，他们在神土息壤的基础上创造了大地、高山和天空，第三代祖宗神是他们的儿子启，天空之神和光明之神，最后完成了创造世界的工作。夏人神话中，世界的创造经历了水—地—天的过程，分别对应于三代祖宗神的神性。

由此回到共工（鲧）与祝融的关系，在夏人的神系中，他们是祖孙关系，但正是这个孙辈太阳神，最后成了鲧（共工）的敌人，他和父母神禹与涂山氏一起最后打败并惩罚了他的原始祖神。这是两个具有神性对立性的神祇，他们的冲突暗含的是世界创造过程中黑暗与光明、水与火的冲突，最后的结局是光明神的胜利，光明世界的确立。

鲧和禹这场冲突的痕迹在今文本中已经直接看不到了，因为中国是个极其强调血缘伦理的国家，这种伦理意识至少到周代就已经很深浓了。在后世被当成远古政治伦理典范的"三王"之一的禹，自然不可能是个忤逆父亲、和父亲对抗冲突并且最后诛杀或流放父亲的儿子，有关的情节当然必须抹杀或者彻底改写，最彻底的改写当然是说禹出生之前，鲧就已经被天帝诛杀了，因此，他的死与禹毫无干系了。这大约是我们在今文本中基本看不到鲧、禹直接冲突的根本原因。但这种抹杀看来还是不太彻底。某些文献仍然间接地留下了远古神话中那场父子冲突的痕迹，让细心的研究者可以根据它们去复原前文本中那场被彻底抹杀了的冲突及其结局。上引关于"惩父山"的称谓和资料，就透露出了这个冲突及其结局。杨宽先生谓惩父山的名称一定内涵"禹惩鲧之传说"，应是独具只眼的发现。

这里还有一个问题需要厘清：共工（鲧）因为"争帝"（争夺神界最高领袖的位置）与禹发生冲突，以头触不周山，导致天柱折、地维绝、天倾地覆的巨大灾难，这是在大地造就之前，还是大地造就之后呢？从逻辑上讲，这只能在大地造就之后。如果大地根本没有造就，就不可能出现共工头触不周山导致天倾地覆的巨大灾难的事情。但如果是大地造就之后共工与儿孙辈神祇发生冲突，问题又接踵而来：共工（鲧）在造地之初因为创造大地的方案（用"五行"还是"洪范九畴"）就与儿神禹发生冲突，并被禹打败，失去了设计和建造大地的领导权，如何又有后面再次发生冲突并再次被打败的事情呢？这里的秘密与前二章讨论鲧两度被惩罚的关目有直接关系。笔者推测原初夏人神话应该是这样的：鲧在如何创造大地的设计方案问题上和禹冲突被打败，并因此被长期囚禁（后世所谓"永遏在羽山"的关目当由此衍生而出），当禹创造大地的工作完成后，共工（鲧）挣脱囚禁，并带领忠于他的旧神们与禹为首的儿孙辈神祇再次发生更为激烈的冲突，这个冲突的目标依然是夺取神界的领导权和控制权（后世传说中"争帝"的说法依然保留着这个内容）。共工（鲧）作为古老的原始水神领袖神通广大，一些跟随他的原始混沌水神如相柳、蜉蝣等，都曾经颇有神通。他不仅振滔洪水、使满世界一片汪洋，到最后还头触不周山（这里不周山应该是擎天柱），这一举动给世界带来了巨大的灾难，那就是本节上面引用的文献中关于共工头触不周山导致的大灾难。但最后，禹为首的儿孙辈神祇还是彻底打败了共工为首的老一辈神祇，战胜了他造成的宇宙灾难。

共工（鲧）第二次被打败后被如何处理？诸书不一，有谓被祝融诛杀者，有谓被女娲诛杀者（女娲杀黑龙济冀州，有学者谓黑龙即共工也），有谓被流放者，有谓被诛杀后化为三足神鳖沉入混沌大水的世界虞渊者，不管哪种结局，他都是失败了，从这里，我们也可以解开关于鲧是被囚禁还是诛杀的争论和困惑了，在夏人创世神话中，他可能是先被囚禁，后被诛杀或流放。

这种老一辈神祇与儿孙辈神祇的二次冲突在几个文明民族古代神话中都发生过。希腊神话中地母盖娅先后和儿孙辈的天神发生两次冲突。第一次是和儿子兼丈夫的黑暗天神乌拉诺斯发生冲突，乌拉诺斯本是盖娅的儿子，但他长大后成为盖娅的丈夫，并夺取了盖娅的主宰地位，成为主宰世界的天神，当他专断地要盖娅将所有的儿女都装在自己肚子里不准出来的时候，盖娅与这个儿神兼夫神后辈发生冲突，她联合儿辈神祇克雷诺斯杀死了乌拉诺斯；第二次与后辈儿神的冲突更为激烈和规模巨大，她率领自己最早的儿子们、古老的堤旦神族向孙辈天神宙斯的神系发起挑战，这一次差点推翻了天神宙斯的统治。

更典型的是巴比伦创世神话《恩努马—埃利希》中，原始海神夫妇提阿马特和阿卜苏与后起的儿孙辈神祇也先后发生两次冲突，第一次冲突阿卜苏被打败并杀死，第二次冲突提阿马特被打败并杀死。第一次冲突的结果是他们的孙辈神祇创造了大地，第二次更为激烈的、震撼整个神界和宇宙的冲突结果，是他们的重孙辈天神马尔杜克率领众位后辈神祇最后完成了世界的创造。我们发现，中国夏人创世神话与巴比伦这个创世神话有极大的类似性。古老的黑暗元神与儿孙辈新神的冲突也发生了两次，第二次比第一次更为激烈，共工最后的行动甚至导致了一场宇宙大灾难：天塌地陷、天倾地覆，刚刚草创的世界遭受巨大破坏。

至此，笔者已对鲧、禹神话的核心环节进行了分析，并通过今文本对其前文本形态进行了还原性构拟，如果这个构拟是大体不错的话，那么，将这个创世神话确认为陆地潜水型（即捞泥造地型）神话，就可能是有问题的。那么，鲧、禹创世神话究竟属于什么类型的神话？我认为，它属于世界祖宗型神话。因为，这个创世神话的创世神鲧和禹以及禹的儿子启，同时都是夏人的祖宗神，可以说这是典型的世界祖宗型神话。关于世界祖宗型神话的主体特征和故事构成，我们将在"结语"部分进一步讨论。

第十一章　女娲在夏人创世神话中的作用和地位

——夏人创世神话研究之三

我们一直没有涉及女娲在夏人创世神话中的地位和作用。本章将对这个神祇在夏人创世神话中的地位和作用进行研究。

第一节　共工触山与女娲补天：世界灾难的发生与平息[*]

我们在前面的章节中已经论证，共工（鲧）怒触不周山故事，乃是夏人创世神话中遗落的碎片，原本是夏人创世神话中两代神祇之间为争夺宇宙控制权而展开的冲突和战争的一个部分。尽管禹为首的儿孙辈神祇最后战胜并惩罚了鲧（共工）为首的父母辈神祇，但共工触山导致的宇宙大灾难是谁平治的，还未曾涉及。本节就这个问题进行探讨。

从现有资料看，共工造成的宇宙灾难主要是女娲平治的。

关于女娲，从现有文献来看，名字见诸典籍比较晚近，最早见于屈原的《天问》，但几乎所有学者都认为这个神出现应该很早，袁珂先生甚至认为可以追溯到原始母系社会。例如女娲泥土造人神话记载

---

[*]　本节与本章第二节主要内容以《涂山氏与女娲及其在夏人创世神话中的地位和作用》为题发表于《徐州工学院学报》（社会科学版）2013 年第 3 期（《高校文科学术文摘》2013 年第 3 期摘载），发表时部分内容有调整增删。

虽晚，起源当要早得多，其中"可见原始社会母权制时期之影响"①。赵国华、叶舒宪等先生也认为原始社会的蛙崇拜习俗与女娲有关，蛙即娲。② 有关她的资料十分矛盾而零碎，并且涉及中国古代许多民族或部落的创世神话。例如在楚国帛书创世神话中，她是创世大母神，是帛书创世神话的原始母神，但帛书中却没有关于她造人的神话，或她和伏羲在洪水遗民神话中再生人类的神话，没有她炼石补天的神话，更没有她"一日七十化"的神话，也没有她的肠子化为十神的神话。如果将南方少数民族中伏羲女娲洪水遗民型故事中的神话算在内，很多的故事情节帛书都没有。楚帛书创世神话中的女娲，除了作为原始母神和伏羲生了"四神"外，就没有什么作为了。但她在夏人神话中就不一样了。

据《淮南子·览冥训》载，女娲曾经平息过一场大灾难：

> 往古之时，四极废，九州裂，天不兼覆，地不周载，火爁焱而不灭，水浩洋而不息，猛兽食颛民，鸷鸟攫老弱。于是女娲炼五色石补苍天，断鳌足以立四极，杀黑龙以济冀州，积芦灰以止淫水。苍天补，四极立，淫水涸，冀州平，蛟龙死，颛民生。③

女娲遇上的这场灾难是够巨大的，那么这场灾难是谁发动的呢？《淮南子》并无明确记载。这场灾难是否为共工触山导致的呢？《列子·汤问》给予了否定：

> 天地亦物也，物有不足，故昔者女娲氏炼五色石以补其阙，断鳌之足以立四极。其后共工氏与颛顼争帝，而怒触不周之山，折天柱，绝地维。故天倾西北，日月星辰就焉；地不满东南，故百川水注焉。④

---

① 参见袁柯《中国神话传说辞典》，上海辞书出版社1985年版，第44页。
② 分别见赵国华《生殖崇拜文化论》（中国社会科学出版社1990年版），叶舒宪《从女娲到女蛙——中国的蛙神创世神话及信仰背景》，（收入米尼克·希珀、叶舒宪、尹虎彬主编会议论文集《中国创世与起源神话——口头与书面传统的跨文化探索》，Brill出版社2011年版）。
③ 《淮南子·览冥训》，见何宁《淮南子集释》（上），中华书局1998年版，第479—480页。
④ 杨伯峻：《列子集释》，中华书局1979年版，第150—151页。

按照《列子》的叙述，女娲补天在前，共工触山在后。女娲补天，那是因为天地创造刚刚完成的时候，造得不完满（"天地亦物也，物有不足"）。天地不足在这里指什么呢？从后面叙述的女娲的工作看，主要是天有缺漏，天地之间没有支撑物擎天柱（故而天有塌下来的危险），所以，女娲炼石以补天，断鳌足以为擎天柱立四极，使宇宙完满稳固。其后才发生了共工触山，导致天柱折、地维绝、天翻地覆的大灾难。

从先秦到唐以前的各种文献中，除了《列子》外，其他诸文献对共工触山和女娲救世究竟谁先谁后，它们是有内在因果关系的事件，还是毫无关联的事件，大都没有涉及。就是叙述女娲救世的《淮南子》，在《天文训》中讲到共工触山故事的时候，也不交代两者是否是有因果关系的事件：

> 昔者，共工与颛顼争为帝，怒而触不周之山，天柱折，地维绝。天倾西北，故日月星辰移焉；地不满东南，故水潦尘埃归焉。①

倒是东汉王充在《论衡·卷十一·谈天篇》中转述之前儒书所言，谈到这两件事情，认为是共工触山导致大灾难在先，而女娲补天救世在后：

> 儒书言："共工与颛顼争为天子，不胜，怒而触不周之山，使天柱折，地维绝。女娲销炼五色石以补苍天，断鳌足以立四极。天不足西北，故日月移焉；地不足东南，故百川注焉。"②

到唐代司马贞作《补〈史记·三皇本纪〉》，更明确将两件事情联系在一起：

---

① （汉）刘安：《淮南子·天文训》，见何宁《淮南子集注》（上），中华书局 1998 年版，第 167 页。

② （汉）王充：《论衡·订鬼篇》，见黄晖《论衡校释》（全四册），中华书局 1990 年版，第 469 页。

女娲氏亦风姓。蛇身人首。有神圣之德。代宓牺立。号曰女希氏。无革造。惟作笙簧。当其末年也，诸侯有共工氏。任智刑，以强霸而不王。以水乘木。乃与祝融战，不胜而怒。乃头触不周山。崩。天柱折，地维缺。女娲乃炼五色石以补天，断鳖足以立四极，聚芦灰以止滔水，以济冀州。苍天补，四极正；淫水涸，冀州平；狡虫死，颛民生；背方州，抱圆天。[①]

《路史·后纪》卷二《女皇氏》也确认这种因果关系：

太昊氏衰，共工惟始作乱，振滔洪水，以祸天下，隳天纲，绝地纪，覆中冀，人不堪命。女娲氏役其神力，以与共工较，灭共工氏而迁之。然后四极正，冀州宁，地平天成，万物复生。

《路史·后纪》是在以伏羲氏开始的中国上古史系列中叙述这场灾难和女娲对灾难的平治的。而我们知道，这个"以伏羲为百王先"的历史系列，是秦汉以后多代文化人反复整合塑造成功的一个系列，并非真实的历史过程。只要明白了这一点，则这个系列的历史真实性自不必认真对待，我们能确认的是，在远古神话中，共工造成的灾难是女娲平治的。

千百年来，关于这两件事情是否有关系，多有歧见。当代著名神话学家袁珂先生认为女娲所治理的是洪水灾害，与共工触山导致的大灾难无关："女娲补天，其目的无非治水。'积芦灰'明言'止淫水'，其余三事，'断鳖足'、'杀黑龙'乃诛除水灾时兴风逐浪之水怪，而'炼石补天'所用之石，亦湮洪水必需之物。"[②] 对于袁珂先生的观点，笔者曾经也基本认同。[③] 但在反复思考之后，觉得这个判断存在一些问题。袁珂先生说女娲救治的灾难是洪水是不错的，因为共工本是原始水神，他发动与禹为首的儿孙辈的战争使用的最重要武器就是水，用洪

---

① （唐）司马贞：《补〈史记·三皇本纪〉》，景印文渊阁四库全书·史部一·正史类，（台北）商务印书馆 1986 年版，第 964 页。

② 袁珂：《中国神话传说辞典》，上海辞书出版社 1985 年版，第 44 页。

③ 参见张开焱《泥土的神圣与卑污——三则人类起源神话文化内涵之比较》，《外国文学研究》2001 年第 3 期。

水淹没禹创造的大地，所以必然导致洪水灾难，也必然引发诸神平治洪水的行为，这在上面引录的所有古代关于诸位神祇与共工的战争资料中都已经有明确而突出的强调。但女娲平治的灾难远不止是洪水。《淮南子》中说的"往古之时，四极废，九州裂，天不兼覆，地不周载"，那就不是可以用洪水来解释的灾难了，显然，这个灾难要比洪水大得多，是包含了洪水但又远比洪水严重得多的天翻地覆的宇宙大灾难。而在中国古代神话资料中，造成这种天翻地覆、天塌地陷大灾难的，只有共工头撞不周山导致的天柱折、地维绝的大破坏才可能。基于这个认识，笔者后来认为，《淮南子·览冥训》中记述的女娲战胜的大灾难，正是共工头撞不周山导致的结果。也就是说，笔者认同上引王充所转载的所谓"儒书"的观点。尽管在后世，因为夏人原初神话在流传过程中的碎片化，本是前后因果关系的一件事情变成了两件事情，但从逻辑上还是很容易看到两者之间在远古神话中的内在联系的，何况从东汉王充所看到的"儒书"中，还将两件事情作为具有因果关系的一件事情来对待。

如果共工触山导致的大灾难是女娲救治的，那女娲在夏人创世神话中就是居功至伟的一个重要神祇。并且，女娲不仅在平治宇宙大灾难中起了关键作用，还有一系列的作为，这些作为都构成了夏人创世神话的关键环节。

首先是造人。女娲创造人类的故事广为人知：

> 俗说：天地开辟，未有人民，女娲抟黄土作人，务剧力不暇供，乃引绳于泥中，举以为人。①

人类诞生是创世神话重要的构成部分，这个工作是由女娲完成的。

按《风俗通》义所说，女娲不仅造了人类，还是人类婚姻制度的创立者：

> 女娲祷祠神祈而为女媒，因置婚姻。②

---

① （汉）应劭著，王利器校注：《风俗通义校注》，中华书局 1981 年版，第 601 页。
② 同上书，第 599 页。

其次，她还发明了笙簧这种乐器，使人类有了音乐。《帝王世纪》云："女娲氏，风姓，承疱羲制度，始作笙簧。"① 这个说法源自《世本》："女娲作笙簧。"② 《释名》曰："笙，生也，象物贯地而生，以疱为之，故曰疱竽，亦是也，其中空以受簧也。"③ 即是说，笙簧是一种象征男女交合而生子的乐器，女娲制作这种乐器，与为人类建立婚姻制度相关。

最后，女娲还身化诸神和万物。《山海经·大荒西经》中有这样一段材料：

> 有神十人，名曰女娲之肠，化为神，处粟广之野，横道而处。④

郭璞在给上面的文字作注时解释：

> 女娲，古神女而帝者，人面蛇身，一日中七十变，其腹化为此神。⑤

这意思就很明白了，就是这十个神是女娲的肠子变的。这个十分重要的材料一直没有引起研究者重视，十分可惜。很明显，这个片段暗含了一个关目，即在原初夏人创世神话中，女娲曾经被肢解分尸，尸化众神万物。《大荒西经》中这条女娲之肠化为十神的资料，只是原初夏人大母神女娲尸化众神万物神话在后世留存下来的碎片。

但这个完整的夏人大母神尸化万物的故事在后世却湮灭了，只留下一个孤零零的碎片，而且这个碎片在后世也被人们作了偏离其本意的解释。例如《淮南子·说林篇》中还有一个与女娲相关的造人神话：

> 黄帝生阴阳，上骈生耳目，桑林生臂手，此女娲所以七十化

---

① （晋）皇甫谧著，刘晓东等校点：《帝王世纪》，齐鲁书社 2000 年版，第 3 页。
② 参见（汉）宋衷注，（清）秦嘉谟等辑《世本八种》之张澍稡集补注本，中华书局 2008 年版，第 7 页。
③ （唐）欧阳询著，汪绍楹校：《艺文类聚》（上），上海古籍出版社 1965 年版，第 792 页。
④ 袁珂校注：《山海经校注》，上海古籍出版社 1980 年版，第 389 页。
⑤ 同上。

也。（高诱注：黄帝，古天神也。始造人之时，化生阴阳。上骈、桑林皆神名。女娲，王天下者也。七十变造化。此言造化治世，非一人之功也。）①

　　按照《淮南子》的叙述及高诱注释，人类是包括女娲在内的众神共造的。但将女娲"七十化"解释为众神造人这件事情，是完全说不通的，我们完全看不出"黄帝生阴阳，上骈生耳目，桑林生臂手"的行为与女娲"一日七十化"有何关系，高诱的那个注释则更让人莫名其妙。倒是郭璞注解《大荒西经》那条名为女娲之肠的十个神祇的来源多少有点接近本意：女娲"一日中七十变，其腹化为十神"。但郭璞显然也未能把握这个神话片段的原初真相：那就是女娲曾经被肢解，其尸体碎片一天之内化作世界上很多神灵和诸事物。需要说明的是，这里的"七十"不是实数而是虚数，是指很多很多。

　　女娲在原初神话中创化万物的故事，在后世显然流传很广，东汉许慎在《说文解字》中解"娲"字时也说："娲，古之神圣女，化万物者也。"② 这里的"化"是"化育"，还是"身化"、"化为"之意呢？许慎大约是从"化育"角度来使用这个"化"字的，后人大约都是这样理解这个字的，但它的原初意义应该是"身化万物"的意思。"一日七十化"的传说后面，是远古神话中女娲被屠戮分尸、身化万物的创世神话。因此，说女娲是"化万物"的神圣女神，最准确的理解不是女娲"化育"万物，而是她"身化"万物。《淮南子》等的记载和解释，均未能窥破女娲"七十化"的原初真相。

　　这使我们立即想起印度神话中那个原始巨人布尔夏被肢解而化为世界万物的故事，还想起巴比伦神话史诗《恩努马—埃利希》中那个被重孙马尔杜克杀死、将其尸体肢解再造天地的提阿马特，也想起中国盘古身化宇宙万物的故事。本书作者在前面讨论盘古神话的中国元素时，曾经特别指出，盘古身化宇宙万物的故事，在中国古代自有其源头，这个源头之一就是女娲曾经身化众神万物的故事。

　　在此，笔者要特别提及巴比伦神话史诗《恩努马—埃利希》中原始

---

① 《淮南子·说林篇》，见何宁撰《淮南子集注》（下），中华书局 1998 年版，第 1186 页。
② 许慎：《说文解字》，中华书局 1963 年版，第 260 页。

母神提阿马特被重孙、天神马尔杜克打败并肢解再造天地的故事，这个提阿马特与女娲的结局有太多相近的地方；她们都是原始大母神，她们都在创世过程的某个环节起着重要的作用，最后，她们都被屠戮肢解，尸体化为天地或者众神万物。

于是就出现了一个问题：女娲是谁？她和夏人究竟什么关系？她在夏人神话系统中有怎样的身份和地位？是谁将她屠剥肢解，化为万物？下一节我们将探讨这个问题。

第二节　女娲与涂山氏

在解答女娲在夏人创世神话中的身份和地位的时候，我们要回到今文本有关鲧、禹、启的神话传说。在有关夏人的神话传说中，主角是鲧、禹、启，而涂山氏则是除了作为禹的配偶为他生了一个儿子之外，没有任何重要性的角色。但有理由认为今文本中涂山氏的这种形象是夏人创世神话在夏以后的男权社会中被有意无意改造的结果，其原初本相绝非如此。这个毫无作为的涂山氏，实际上与古代神话中一个重要的女神有密切的关系，那就是女娲。

屈原《天问》中，出现了涂山氏和女娲这两个女神的名字，涉及涂山氏的有"禹之力献功，降省下土四方。焉得彼嵞山女，而通之于台桑？闵妃匹合，厥身是继。胡为嗜不同味，而快朝饱"；涉及女娲的有"登立为帝 孰道尚之？女娲有体 孰制匠之"。女娲和涂山氏究竟是两个神还是同一个神，屈原没有明确交代，但稍晚的《世本》就认为她们是同一个神。

雷学淇校辑本《世本·帝系篇》中有一条资料：

> 禹娶涂山氏之子，谓之女娲，是生启。[①]

[①] （汉）宋衷注，（清）秦嘉谟等辑：《世本八种》之雷学淇校辑本，中华书局 2008 年版，第 8 页。

而在张澍稡集补注本的《世本·帝系篇》中，"女娲"作"女娇"：

> 禹纳涂山氏女，曰娇，是为攸女。[①]

《吴越春秋·越王无余外传》涂山氏亦作"女娇"：

> 禹三十未娶，行到涂山，恐时之暮，失其制度。乃辞云："吾娶也，必有应矣。"乃有九尾白狐造于禹，禹曰："白者，吾之服也；其九尾者，王之征也。涂山之歌曰：'绥绥白狐，九尾厐厐；我家嘉夷，来宾为王；成家成室，我造彼昌；天人之际，于兹则行。'明矣哉！"禹因娶涂山，谓之女娇。取辛壬癸甲。禹行十月，女娇生启。启生不见父，昼夕呱呱啼泣。[②]

其他资料均只提到"涂山氏"，未言及名字。那么，涂山氏是女娲吗？在回答这个问题之前，笔者首先对上引文献《吴越春秋》和张澍稡辑补注本《世本》中谓涂山氏名"女娇"的说法做一点辨析。笔者以为，涂山氏作为一个古老的女神，叫女娇的可能性很小，因为以"娇"命称女性，潜含的是男权时代男性对女性柔弱娇媚的感觉、喜好和要求，也是女性退出社会生活以后为适应男性要求的自我追求，而在更古老的时代如母系社会，当女性是社会生活中重要的成员时，这个角度并不是必然的，这种感觉、要求和追求也不是必然的。而女娲的命名则是潜含和携带着更遥远时代社会和文化的重要信息。已有学者在中国远古文化的蛙纹和蛙崇拜习俗里，看到生殖女神娲（蛙、娲音同义通）的遥远起源，"远古人类以蟾蜍象征女性生殖器子宫（肚子），尔后发展出以蟾蛙象征女性的意义，遂有嫦娥、女娲的出现"[③]。认为"蛙是生殖化育能力旺盛而被初民视为神圣的一种动物图腾，蛙与娃、娲等字相通，后世神话中的女娲可能就是史前女蛙图腾的

[①]　（汉）宋衷注，（清）秦嘉谟等辑：《世本八种》之张澍稡集补注本，中华书局 2008 年版，第 91 页。

[②]　（汉）赵煜：《吴越春秋》，景印文渊阁四库全书·史部二二一·载记类，（台北）商务印书馆 1986 年版，第 40 页。

[③]　赵国华：《生殖崇拜文化论》，中国社会科学出版社 1990 年版，第 209 页。

讹传和变形"①。叶舒宪先生的论文《从女娲到女蛙——中国的蛙神创世神话及信仰背景》，也认为中国远古存在过蛙神（女娲的原型）创世的神话，青蛙/蟾蜍是中国第一个史前神话女神——女娲的原型，女娲的"娲"和青蛙的"蛙"或者蟾蜍的"蜍"，其发音应该是互换的，是象征对应的，是一个东西。② 所以，如果认为鲧、禹、启神话的源头在遥远的远古，那么，禹的妻子涂山氏叫女娲的可能性比叫女娇的可能性大得多。笔者猜想，娇、娲形近，"娇"很可能是后世人们从"娲"讹误而来的结果。

回到关于涂山氏与女娲的关系上来。已有一些现代学者采信《世本·帝系》中认为涂山氏即女娲的见解，著名学者闻一多先生在《高唐神女传说之分析》一文中，就以认同的态度确认《世本》关于夏人的先妣是女娲即涂山氏的说法：

> 夏人的先妣是涂山氏，《史记·夏本纪》（唐）司马贞索隐：《世本》曰"涂山氏名女娲"，而《路史·后纪·禅通纪》："女皇庖娲，一曰女希。蛇身牛首，宣发。太昊氏之女弟。出于承匡，生而神灵……少佐太昊，祷于神祇，而为女妇，正姓氏、职婚因、通行媒，以重万民之判，是曰神媒。"以女娲为神媒，《余论二》又曰"皋媒古祀女娲"。这是夏人的高媒是其先妣之证。③

闻一多先生在该文中还从禹与女娲为夫妻的角度谈到禹称高密的来源：

> 《史记·夏本纪》、《索引》引《世本》、《吴越春秋·越王无余外传》都称禹为高密。我常常怀疑禹从哪里得来这样一个名字。如今才恍然大悟，高密即高媒（媒通作密，犹之乎媒宫通作宓宫），

---

① 张自修：《骊山女娲风俗及其渊源》，《陕西民俗学研究资料》1982 年第 1 辑。

② 叶舒宪：《从女娲到女蛙——中国的蛙神创世神话及信仰背景》，收入米尼克·希珀、叶舒宪、尹虎彬主编会议论文集《中国创世与起源神话——口头与书面传统的跨文化探索》，Brill 出版社 2011 年版。

③ 闻一多：《高唐神女传说之分析》，见闻一多《神话与诗》，上海世纪出版集团 2006 年版，第 84 页。

高密本是女娲的称号，却变成禹的名字。……①

高密即高媒，即主管婚姻之神，原是给人类"置婚姻"的女娲的名称，后来转为禹的名称，恰是因为两人是夫妻之故。

台湾学者王孝廉先生从另一个角度证明涂山氏、女娇、女娲其实是一个人："禹的妻子涂山之女，谓之女娇，女娇或被写作女憍（《大戴礼·帝系》），或作女赾（《汉书·古今人物表》），由《国语·晋语》所载'黄帝之母有蛴氏'在《史记·三皇本纪》中写作'有娲氏'，可以知道蛴、娲是相通的字，因此，女娇、女赾、女憍也就是女娲。《世本》说：'涂山氏号女娲'，更可知禹的妻子是女娲无疑。"②

而孙作云先生在《中国古代的灵石崇拜》一文中，也认为涂山氏即女娲：

> 女娲即涂山氏为夏先妣及高媒。③

孙先生的证据之一是，女娲和涂山氏都有化石之说。涂山氏化石之说已经广为人知，而女娲化石之说则被遗忘了，但人们还可以从后世关于女娲石的命名中窥见曾经有过女娲化石的传说。《太平御览》卷五十二引王韶之《南康记》云：

> 归美山山石红丹，赫若采绘……名曰女娲石。大风雨后，天澄气净，闻弦管声。④

孙作云先生由"女娲石"见出必有关于女娲化石的传说，而这个女娲化石的传说和涂山氏化石的传说应该是同一的。实际上，中国古代的"高媒石"中，确实可能隐含着女娲化石的传说，因为，尽管古代高媒

① 闻一多：《高唐神女传说之分析》，见闻一多《神话与诗》，上海世纪出版集团2006年版，第84页。
② 王孝廉：《岭云关雪——民族神话学论集》，学苑出版社2002年版，第5页。
③ 孙作云：《中国古代的灵石崇拜》，《孙作云文集》之《中国古代神话传说研究》（下），河南大学出版社2002年版，第672页。
④ （宋）李昉等：《太平御览》（一），中华书局1960年版，第252页。

神很多（闻一多先生认为夏商周三代各有其高媒，各诸侯国如齐宋楚燕等也各有自己的高媒神），但既然夏是三代中最早的王朝，因此最早的高媒神应该是女娲：

> 女娲祷祠神，祈而为女媒，因置婚姻。行媒此始明矣。[①]
> 以其载媒，是以后世有国，是以祀为皋媒之神。[②]

女娲当然不是唯一的媒神，但她可能是最早的媒神。因此，中国古代立石以为高媒之象征的风俗中，应该潜含有高媒（女娲）曾经化石的传说，或者说是以之为基础的。

笔者也认为在原初神话中，女娲即涂山氏，理由如下。

1. 女娲和涂山氏都是古代南方的女神。赵国华、叶舒宪等学者都指出，出于生殖崇拜的原因，中国在遥远的古代，先民曾经盛行蛙或蛙神崇拜，仰韶文化器物上大量的蛙纹图饰就是这种崇拜的遗存之一。蛙、娲同音，蛙神应即娲神，是最早的生殖女神。即使在后世文献中，女娲也是主管婚姻生殖的女神，这是从其遥远的司职继承下来的。在后世，尽管她自己不再是生殖女神，但她仍然主管婚姻生殖之职，透露了这个女神的远古神性特征。蛙为浅水陆地两栖生物，中国北方少水，南方多水，河湖港汊沼泽浅滩到处都是，故北方蛙少，南方蛙多，因此，尽管今见文物遗存中远古蛙纹器物多出自西北，但逻辑推断，南方应该是蛙神崇拜的发源地，或者说南方蛙神崇拜可能最为盛行。也就是说，对女娲这个生殖女神的崇拜最早应该出自居住南方的苗蛮族团，她是苗蛮族团的原始大母神。现今所见南方苗族神话中，女娲正是人类的高祖母。而在长沙发掘出来的战国时期的帛书记载的楚国创世神话里，女娲也是人类的女始祖。而如本书前面章节所论，楚国帛书创世神话其实是以楚国原住民苗蛮族团的创世神话为基础，结合春秋战国时代流行的夏商周三代神话人物组合而成的。在苗蛮族团后世分化为不同民族后，伏羲女娲依然成为

---

① （汉）应劭著，王利器校注：《风俗通义校注》，中华书局 1981 年版，第 599 页。
② （宋）罗泌：《路史》，景印文渊阁四库全书·史部一四一·别史类，（台北）商务印书馆 1986 年版，第 85 页。

很多南方少数民族创世神话或洪水遗民型神话中的始祖神或人类再生始祖，这一点恰恰侧证他们可能有一个更远的共同源头，这个源头就是远古苗蛮族团伏羲女娲为始祖神的创世神话。

涂山氏也是南方地域的女神。涂山究竟在何处，历来多有争议。主要有会稽、渝州、濠州、宣州当涂等说法，地虽不一，但我们发现，它们几乎都在长江流域，都在相对黄河流域的南方，涂山氏也是禹在南巡时遇上的；她等候禹而唱的恋歌，《吕氏春秋·音初》中被确认为南方音乐的源头："实始为南音"。据此基本可以断定，涂山氏是南方的神女。因此，涂山氏与女娲这两个南方的神女，在夏人神话中，很可能是同一个神。

2. 她们都是禹的妻子。今文献载女娲和涂山氏都为夏人的先妣，涂山氏是禹的妻子，至于女娲是夏人哪一代先妣，有多种说法，笔者以为，也应该以禹的妻子、启的母亲为是，《世本》等文献正是这样认定的。后世文献如《绎史》说她是禹的十九世高祖母，这应该是夏人神话世系在后世被篡改的结果。

涂山氏女娲既为南方女神，为何成为起于西北的夏人族团禹的妻子？这个原因乃在于，夏人在黄河流域强大并建立自己的政权后，也对长江流域具有一定的控制力。为了表达自己对世界的征服和拥有，除了在军事、政治方面实质性地建立统治权之外，在作为意识形态形式的神话中，也会以象征性的方式表达这种统治权。而在远古神话中，征服者族团和与被征服者族团之间关系的神话表述，往往以前者的男性化和后者的女性化并且前者拥有后者的方式出现，这在人类古代神话中甚至是一个普遍的现象。禹在远古夏人神话中，是以黄河流域为主要居住地的夏族主神，他娶长江流域的女神女娲为妻，象征性地表达着远古北方夏人族团与南方苗蛮族团的交往、合作，以及前者对后者的胜利、征服和拥有。

3. 涂山氏和女娲在远古神话中均为婚爱生殖之神，即高媒神。涂山氏自己是个大胆追求爱情的神，在禹南巡时，她大胆主动在禹经过的路上等候他，唱着热烈的恋歌，并最后与之"通之台桑"：在祭祀社神的地方（也是祈求生殖的地方）举行神圣而狂放的交合，这实际上是在演绎一种神圣的生殖仪式。尽管女娲的神话没有这种性爱与交合的直接关目，但后世将之奉为社神、高媒神、婚姻神、生殖神，正暗含了她与涂山氏可能有共同的能力和特征。

4. 涂山氏和女娲都是石神。涂山氏是山神，这在其命称中就显示出来了，因此，自然也是石神，她化石生启的神话关目更确证了这个特征，因为她是石神，所以才可能化石生启；而现有关于女娲的神话资料尽管没有直接的化石关目，但上引资料中"女娲石"的名称正如孙作云先生所言，可能暗含着曾经有女娲化石的神话关目。与"女娲石"相关的、作为高媒神象征的"高媒石"与作为高媒神的女娲应该有直接的关系，女娲石就是高媒石，"高媒石"暗示着女娲的地神、山神、石神特征，她与涂山氏一样，都是社神、山神、石神。而且，证明女娲与山和石特殊关系的另一有力证据，就是众所周知的女娲炼石补天的神话关目，这个神话关目突出着女娲石神的内在属性。

由此，顺便探讨一下涂山氏生启神话的深层创世意义。

"涂山"在何处一直存在争议，其实，"涂山"乃夏人创世神话中的一座神山，就像周人神话中的神山昆仑一样，将它指实为某地的某座山乃是后人的附会。涂者，闭也，蒙也，有昏暗义。所谓涂山者，昏蒙之山也，"涂山氏"之"涂山"，从语义上亦可训为"蒙山"、"暗山"，后世人们到处寻找涂山所在，有许多附会性指认（如考究以涂山为名的山共有四处等），不知道涂山并不是自然存在的某一座山，只是神话中的一座神山而已。明乎此，我们才能窥探到涂山氏生启的神话真意：那就是昏暗中诞生了光明，曙蒙的大地上诞生了明亮的天空。"启"就其本义乃是开、明之意，而"开"、"启"、"明"是相对"闭"、"蒙"、"暗"而言的。

朱熹的《楚辞集注》引古本《淮南子》曰：

> 禹治水时，自化为熊，以通环辕之道，涂山氏见之而惭，遂化为石，时方孕启。禹曰："归我子！"于是石破北方而启生。[1]

在中国古代神话循环时空中，北方对应于一天的黑夜、一年的冬天，涂山氏所化之石，在这里强调的是其北方的时空方位，也就是其作为黑夜（黎明）这一昏昧时段的神的特性。作为光明神的启从石头的北方或东北方出生，正是黑夜（黎明）诞生光明的神话表述。启在这个出生的时空方位中，被确认为东方、早晨升起的光明神，即太阳神、天神。

就自然现象而言，涂山氏生启的神话，与在人们的视觉经验中，高高的山尖耸入云霄、与天相接这一自然现象密切相关。在人们的视觉中，大地上最高的、与天相接的东西就是山了，天似乎就在山上。天神所居住的地方并不在九重天庭，而在高山上，如俄林帕斯山、昆仑山等。所以，古代人首先最崇拜的自然现象并不是天空而是高山，中国古代记载神话最多的文献《山海经》中，介绍得最多的不是天神而是山神，这一点对研究古代神话的学者们来说已经是常识。在原始先民的直观中，天就在山上，山就是天，或者天是山生的。涂山氏生启的神话的自然基础和早期人类心理基础就在这里。

启是一位光明天神，这种光明神性已经内含在其名称中了。确证了这一点，那么，涂山氏生启神话的创世内涵就显现出来了：那就是它是讲述天空创生的神话：高山上诞生了明亮天空。这正是夏人创世神话的重要一环。

5. 涂山氏和女娲都有直接或间接被碎尸的关目。屈原《天问》中曾有一问：

　　启棘宾商，《九辩》、《九歌》，何勤子屠母，而死分竟地？

从王逸以来，对这几句诗、尤其是后两句诗的解释歧见迭出（有关讨论见下章），笔者确认，这几句诗中启屠母分尸，抛撒四境的故事情节，显然是屈原看到的神话碎片，它是远古夏人创世神话中遗落下来的，屈原看到的这个神话碎片就是启曾经屠戮其母涂山氏，并将其肢解抛撒四境。这个神话故事在后世被虚化性处理成为涂山氏化石，石破生启的传说，而其原初本相则是夏人大母神涂山氏被儿神肢解的情节。无独有偶，女娲也曾经被肢解，这在上一节已有讨论。正是从这里，我们解开了三个问题：一是女娲为何被肢解和被谁肢解的问题。二是女娲和涂山氏为何都有被肢解的情节问题。在原初神话中，女娲被肢解的情节与涂山氏被屠戮肢解的情节其实是同一个情节，只是在后世的流传过程中分离和被虚化或被掩蔽。三是女娲和涂山氏被肢解的性质问题，这是夏人创世神话的一个环节，是天神启最后完成世界再创造的一个重要环节（这个问题本书后面有专章讨论）。

从历史角度看，涂山氏女娲被夏人天神启屠剥分尸的关目，象征性地表述了夏人对南方苗蛮民族的征服杀戮。我们在今文献有关禹与启的传说中，看到很多他们征伐南方苗蛮族团的传说记载，这尽管有不少是神话传说在后世的历史化产物，但这些记载还是真实地反映了来自西北的夏人征服长江流域苗蛮族团的漫长历史过程。当然，遥远时代地处黄河流域的夏人（也包括后来的商人）因为历史的原因，其控制力比较有限，所以，对于南方苗蛮族团的征服是远不彻底的，后者对前者还保持着相当的独立性，并且经常发动对北方统治者族团的不断反抗。如果说神话中涂山氏女娲主动向南巡（其实是南征）的禹示好，与禹结为夫妻，象征性地表达了南方苗蛮族团对北方夏人族团的臣服，那么，涂山氏女娲在做了禹的妻子之后，最后还是选择了离禹而去，这个故事象征性表述了南方苗蛮族团对夏族统治者的背弃和反抗。这种背弃和反抗当然最后失败了，今文本中涂山氏离禹化石、石破生启的神话片段隐含着远古神话中涂山氏被儿子启屠剥分尸的情节，这个情节暗寓的是南方苗蛮族团被西北夏人族团征伐杀戮的历史事实。而关于女娲被屠剥碎尸的情节，原初应该和启屠剥其母的故事是一回事，涂山氏就是女娲。

综上所论，笔者认为，由《世本》所载，闻一多和孙作云等著名学者所确认的，在远古夏人神话中涂山氏即女娲的说法，是可以成立的。涂山氏就是女娲，禹的妻子，启的母亲。

但同时，我们也应该看到，说她们本是一个神，只是从源头上讲的，在夏以后的神话流传历史中，这个夏人的先妣神二分为女娲和涂山氏两个神，那个在远古夏人创世神话中先妣神的大部分重要作为归到女娲神身上，而这个先妣神的另一个分身涂山氏仅仅是禹的妻子，除生了儿子启外，几乎一无作为。而如果我们还原出涂山氏的原始面目，厘清她和女娲在原初实为一神，涂山氏即女娲，女娲即涂山氏，则涂山氏女娲在鲧、禹启创世神话中的作用就显现出来了。

在鲧、禹冲突中，涂山氏女娲是禹为首的儿孙辈神祇的一员，当共工头撞不周山引发大灾难时，涂山氏女娲是灾难的平治者和拯救者，在夏人创世神话中有重要的作用和地位。涂山氏女娲"炼五色石以补苍天"的行为再一次显现出来天空与山石的内在联系。从神话的深层看，可以将女娲（涂山氏）炼石补天的神话看成是涂山氏（女娲）生启神话的继续形式，其内在的深意，都是天空缘自山石。

回到本节开始的问题：女娲和涂山氏是什么关系？答案是，她们本是同一个神，只是在后世的流传过程中分离为两个神，时间既久，一般人也就忘记了她们本源上的同一性了。

第三节 女娲泥土造人神话隐含的
土地崇拜意识*

人类起源神话是创世神话的核心构成之一，本节的目标是讨论夏人创世母神女娲泥土造人神话隐含的民族心理与文化内涵。为了讨论的方便，笔者将在比较神话学的框架中展开，把女娲造人神话与希伯来上帝造人神话和希腊普洛美修斯造人神话进行对比性研究，为了分析之需，我们还将涉及与人类起源相关的某些神话，如大洪水神话和人类再生神话。

希腊和希伯来人类起源神话文本已很完整，无须梳理，为节省篇幅，亦不转述。[1] 由于中国古代关于人类起源神话的有关材料比较零

---

　*　本节曾以《泥土的神圣与卑污——三则人类起源神话文化内涵之比较》为题，发表于《外国文学研究》2001 年第 3 期，收入本章后有部分修改。

　[1]　关于希伯来人类起源神话及大洪水和人类再生神话均见《圣经·旧约·创世记》；希腊有关神话见赫西俄德《工作与时日　神谱》（张竹明、蒋平译，商务印书馆 1996 年版）、斯威布编《希腊神话传说》（上）"人类的时代"等有关章节（刘超云、艾英译，宗教文化出版社 1996 年版）。

碎，在此对有关资料进行简略的整理和勾勒。女娲造人及相关神话大体是这样的：

> 世界初创后，大母神女娲用黄土造了最早的人类，他们在大地上生活劳作，勤劳而善良（"颛民"即良善之民也），女娲帮助他们缔结婚姻，生息繁衍。原始黑暗的水神共工，因为与禹为首的儿孙辈神祇（也是人类的保护神）争夺权力，故发动大洪水，撞折天柱，要消灭诸神及其创造的人类。但女娲和禹为首的儿孙辈神祇制伏共工，战胜大洪水及其他灾害，保护了人类。[①]

比较中国和两希（希伯来、希腊）泥土造人神话叙事母题，我们发现，两希神话的主要叙事关目都相同或相似，只有极少的不同。大体看来，下面这些叙事关目基本相同：1. 人类是一个神用泥土制造的，神赋予了泥人以生命和灵魂；2. 人类曾经有过极乐时光（希腊黄金时代，希伯来伊甸园中始祖的生活），但因人类堕落的罪恶，他们失去了极乐世界；3. 因人类本性卑劣，获罪于天神，导致天神的厌弃和惩罚；4. 有一个小神帮助过人类，但因此而受到至高天神严厉的惩罚（希腊的普洛美修斯，希伯来的蛇——即所谓魔鬼撒旦，他帮助始祖获得智慧和辨识善恶的能力）；5. 最高天神用以毁灭人类的是大洪水；6. 有一对夫妇逃过了大洪水灾难，幸存下来，他们成为再生人类之祖。两希泥土造人神话的差异性关目则主要在于：1. 希腊造人、赋予人生命与灵魂、毁灭人类的是不同的神，而希伯来神话中这些关目的承担者则是同一天神；2. 希腊神话中帮助人类的是一个善神，希伯来神话中人类的帮助者（蛇）则是一个魔鬼；3. 希腊神话中再生人类是石头变的，希伯来神话中再生人类是挪亚夫妇生的。

通过上面的大体比较，我们有理由认为，两希泥土造人神话尽管各有自己的民族特征，但应有一种传播学上的影响关系，它们的共同源头之一都是早它们而出现的古代苏美尔—巴比伦泥土造人及大洪水神话，比较文化史和神话史学者已在这方面做了大量卓有成效的研究工作，这

---

① 女娲造人和平息共工制造的宇宙大灾难，分别见前二节所引资料和论述。

方面的成果已令人信服地揭示了苏美尔—巴比伦文化对两希文化的影响，两希人类起源和再生神话诸关目的大体相同相近，再一次证实了这种影响的存在。

相比之下，中国古代人类起源神与两希神话诸关目，就是同少而异多。在下面几个关目上，它们大体相同或相近：1. 人类是用泥土所制造；2. 创造人类的是一个神；3. 人类都曾遭遇大洪水劫难。但在更多的关目上，中国与两希神话则是相异的：1. 人类只是用泥土所创制，没有神吹气给泥人使之获得生命和灵魂；2. 创造人类的是女神而不是男神；3. 人类没有居乐园的关目，也没有失乐园的关目；4. 因而也没有人类堕落和与天神冲突及遭厌弃的关目；5. 发动大洪水毁灭人类的是恶神而不是至上天神；6. 有一个或众多天神帮助人类、保护人类；7. 大洪水被战胜，危害人类的恶神受到惩罚。这一简单比较，使我们有理由断定，中国人类起源神话是独立地产生和发展起来的，较少受到其他文化圈相关神话的影响，至少没有直接影响。

三个民族人类起源神话积淀着丰富的文化密码和民族心理内涵，人们可以从不同的角度切入对它们的分析从而获得不同的启示。本书的兴趣是：中国与两希人类起源神话中既然都有泥土造人的关目，那么，表现出的对泥土（土地）的态度是否相同？又是什么原因决定了这种态度？与此相关的是，泥土造人的关目是否蕴含有三个民族文化对人类本性、命运的某种理解和认定？它们是否有异同？又是什么原因导致这种相同或相异的理解和认定？

首先，三则人类起源神话表现出了一个共同的认识，即人类与土地的渊源关系：人类从根本上来自土地。关于人类的由来，综观世界各民族古代神话，众说不一。有的起源神话讲述，人类来自某种图腾动物，乃它们所生（美洲印美安易洛魁部落神话讲述人类乃狼、海龟或鹰所生），或来自某种植物，如某种树、竹乃至瓜果，但中国、希伯来、希腊三个民族古代神话却共同讲述着人类来自泥土的故事。如果说人类起源神话中蕴含着各个民族古代先民对人类本质的某种认识，那么，我们可以说，泥土造人神话，确认的是人与土地的本质关联，即人的土地根性。土地，既是人类身体构成的质料，又是人类生息、繁衍、劳作和归宿之所在，无论是个体的一生，还是群体的起源与归宿，人从内到外都与土地息息相关。

如果说在图腾（动物、植物、无机物）生人的起源神话中，表现了创造它的民族对于图腾（人类或某种部落的血亲祖宗）的崇拜意识的话，那么，泥土造人神话是否也表现了对土地的崇拜意识？我们发现，事情远非这么简单。中国与两希神话泥土造人的故事，表现的竟是对土地完全对立的感情：一是崇拜，一是鄙弃。因而，土地也获得了完全对立的评价：一是崇高的，一是卑污的。

尽管两希人类起源神话在某些关目上略有差异，但主要关目都大体相同，因而，对土地的态度和评价也大体相同。就希伯来神话而言，贯穿《旧约》几乎大部分神话传说故事的一个基本冲突是人类与上帝的冲突，这一冲突的开端和基型就在创世纪之中。上帝耶和华乃是至上天神，也是唯一的神，作为天空之神，他的对立面乃是土地以及土地的神性形式——蛇。伊甸园中那条神蛇在天主教和基督教义中，常被解释为魔鬼的化身——撒旦。在信奉一神教的希伯来人那儿，除耶和华外，所有的神祇都被贬低为魔鬼。就创世记中上帝与蛇这一对立角色结构而言，那条神蛇其实就是土地的神化形式。关于蛇与土地的内在同一性，在西亚乃至世界各民族神话中都以各种方式被讲述着，在此不需我们赘复。天空与大地的对立性冲突，在后世欧洲文学中，形成了一个原型性形象结构，那就是天鹰与地蛇的冲突。那么，在天空/大地、上帝/魔鬼的对立冲突中，人类作出了什么选择？人类选择了大地。亚当夏娃听信了蛇的诱惑，违背耶和华的禁令偷吃智慧果，与蛇一起，被上帝谴罚到大地上受苦受难。人类听信蛇的诱惑和怂恿，其实是人类听信自己身上泥土根性的诱惑和怂恿，蛇是内在于人自身的一个成分，因为构成人的质料的是泥土。因而，在《旧约》中，上帝与蛇的对立和冲突，便转化为上帝与人类的对立和冲突。在创世记以外各篇中，蛇这一形象基本消失，不再出现，人类则被置换到蛇的位置上，成了上帝的对立面。

当然，人类与蛇还不是完全同一的，人类身上还有天神的成分，上帝将"气息"吹进泥人的鼻孔，使之有了生命。在希伯来语中，"气息"与"灵魂"同词同义，气息即是灵魂。故人类实际上是由两种成分——

泥土的血肉和天神的精神——构成的，内在于人类的，不仅有土地的属性，还有天空的属性。这一人类本性的对立性构成，导致了人类永恒的冲突：灵与肉、精神与本能、理性与感性、光明与黑暗。在这些对立性构成中，与天神赋予人类的属性相比较，泥土赋予人的是肉体、本能、感性、欲望等黑暗的成分和属性。在上帝与蛇即天空与大地的冲突中，人类选择了蛇，即选择了土地。耶和华把亚当夏娃遣罚到大地上，说"你是从土而出的；你本尘土，仍要归于尘土"，便是对人类土地属性的确认。

由于古代希伯来人信奉一神教，只有上帝是唯一的神，是圣洁而崇高无比的神，因而，与这天空之神相对立的土地就是污秽的、卑贱的乃至罪恶的。[①]由创世纪神话中生发出来的所谓"原罪说"，寻根究底，那原罪之源乃在于泥土之中，大地之中，人类的原罪来自土地。[②]希伯来创世纪神话中上帝对人类的诅咒和否定，也是对土地的诅咒和否定（亚当罚落大地时，耶和华明确对他说"地必因你而受诅咒"[③]）。

明确了希伯来造人神话中对土地的贬低和鄙视，我们就能理解与造人相关的洪水神话及其他神话。耶和华要用大洪水毁灭人类，据《旧约·创世记》叙述，乃是因为亚当夏娃的子孙们在大地上"行恶"，主要是指人类听凭自己本能的驱遣而行事，即被泥土根性所主宰。耶和华发动大洪水毁灭人类的神话，其实是造人神话中上帝与人类、天空与大地冲突

---

① 需要说明的是：此处只指《旧约》中的上帝。许多宗教学家和人文学者都指出，《旧约》中的上帝主要是专横、暴戾、酷虐、严厉的，是惩罚型上帝，其仁爱、护佑的特性是次要的，他是游牧民族的上帝，几乎所有游牧人的上帝都有这种惩罚特征，他们是高高在上的天神，都贱视土地与农耕。但《新约》中的上帝则主要是仁爱、宽厚、护佑型的，与《旧约》中的上帝有很不相同的精神特征，而且，他也不再贱视土地与农耕。他的身体的象征变成了土地中生产的产品制成的面包和葡萄酒，这是受了埃及农业文化影响的结果。关于希伯来上帝与埃及文化的关联，弗洛伊德《摩西与一神教》（中译本，生活·读书·新知三联书店1987年版）一书提出了大胆的设想，英国学者C. R. 白德库克则在《人类文化演进之谜——文化的精神分析》（中译本，浙江人民出版社1992年版）一书中展开了深入论证分析，所论极有新意，可参阅。

② 关于人类之"原罪"究竟为何，有二说。一是认为人类始祖在伊甸园听信蛇的诱惑违拗了上帝意旨，犯了罪，因而，所有人类始祖们先天地继承了这一份始源性罪恶；二是认为希伯来英雄摩西乃上帝派来拯救苦难的希伯来人的，但最后却被希伯来人杀害，因而，所有希伯来人（乃至人类）都承继了这份始源性罪恶。后说为基督教创始人圣保罗的观点。

③ 《圣经·旧约·创世记》，中文圣经祈祷本编辑委员会编，中国基督教协会印发，1997年版。

发展的顶点和解决。

因而，在希伯来泥土造人神话中，表达的是希伯来人对土地的极度贬抑和否定性评价与态度。那么，希腊泥土造人神话呢？希腊泥土造人神话表达的对土地的态度与评价与希伯来一样，是贬抑性和否定性的。在希腊人类起源神话中，存在着与希伯来神话相同的对立性角色结构：天神与地神、宙斯与普洛美修斯的对立。宙斯作为后起而居统治地位的俄林帕斯神系众神之王，是一位天神（"宙斯"在古印欧语中即"天空"），人类的创造者普洛美修斯乃堤坦神族之一员。堤坦神族是比俄林帕斯神族更古老的神族，是天神乌拉诺斯与地母盖娅的儿孙，他们是居住地上的巨人族。尽管堤坦神身上也有其父乌拉诺斯的基因，但乌拉诺斯作为希腊神话中三代神王中最早的一代神王，其属性不是"光明之天"，而是"黑暗之天"，与第三代"光明之天"的神王宙斯完全相反。这黑暗的天神与地母盖娅交合所生之堤坦诸神，大多为本性蛮野、力量过人而缺乏智慧光照的巨人，如果说光明天神代表的是智慧的话，那么，混沌蛮野、本能强大的堤坦诸神则更接近于黑暗之地神，即其本性中土地根性更深沉而强大。人类乃堤坦之子普洛美修斯用泥土创造，实际上是说土地之神创造了土地之人。

与希伯来创世神话一样，希腊神话中人类用泥土造好后，也有一个神朝他身上吹了一口气，使之获得了生命和灵魂，这个神就是雅典娜。在希腊神系中，雅典娜是后起的神祇，作为智慧的象征，雅典娜的出生十分独特：她是从天神宙斯脑袋里蹦出来的。智慧女神雅典娜最集中而突出地体现了天神的内在品质，她的一个象征形象是鹰，神鹰代表的是天空。泥人因获得雅典娜的气息而具有生命与灵魂，意味着人类也是由两种对立的属性构成的：即泥土的本性与天空的本性。与希伯来起源神话一样，人类身上泥土根性显然更深沉而强大，希腊神话中人类的始祖们也因其泥土本性而堕落，变得贪婪、放纵、冷酷而残暴，因而为天神宙斯所厌弃。宙斯与众天神开始危害人类，所谓"潘多拉的匣子"这一关目，实际上是一次人类的"失乐园"，因为在此之前，人类没有疾病、瘟疫、痛苦、不幸、灾厄，生活无忧无虑、无病无灾，但众神送给人类祸物潘多拉的匣子里飞出的疾病灾厄，却结束了人类的乐园时光，这极近希伯来神话中人类始祖的失乐园。但天神宙斯对人类的厌弃和惩罚并不到此为止，地神之子普洛美修斯和人类与宙斯的对立冲突的最后解决，就是前者受到更严厉的谴罚：普洛美修斯被捆绑在高加索山上，被宙斯派遣的一只神鹰每天啄食肝脏，痛苦万分（请注意希腊神话中鹰与天空的关联），而人类则在一场大洪水中被消灭得一干二净，唯有丢卡利翁和皮拉夫妇死里逃生。

因而，希腊泥土造人神话所确认的，也是人的土地本性。不唯起源神话表达了这种确认，还有其他几则神话都在强化着这种确认。首先是人类再生神话。在帕耳那索斯山上幸免于大洪水厄难的丢卡利翁夫妇，得到堤坦女神忒弥斯（据希腊神话她乃普洛美修斯之母）的启示，将他们"母亲（地神）的骨骸"——石头扔到身后，那些石头都变成了人。① 在这个人类再生性神话中，石头乃丢卡利翁夫妇之母（地母）的骨骸，仍属地中之物，不妨说，这是泥土造人神话的变异形式。另一确认人类土地本性的故事，是所谓"地生人"的故事。这种故事在关于卡德摩斯和伊阿宋的传说中都出现过，其中，卡德摩斯与地生人的故事最有意味。卡德摩斯在寻找其妹欧罗巴的途中遇上一条毒龙，他杀死了毒龙，按雅典娜的吩咐将龙牙埋进土地中，土地中生出一群武士，这群武士自相残杀，死亡几尽，最后五个人停止互相屠杀，在卡德摩斯的带领下，在那儿筑石建城，此即忒拜城的来源。伊阿宋在寻取金羊毛的过程中，也经历过杀死毒龙、龙牙被埋入土中，长出一茬人，并被杀死的情节。在这种故事中，天神与地神的冲突被置换成了天神之子——英雄（英雄乃天神与人类交合所生）与毒龙及龙牙所生之人的冲突，后者与前者都具有结构上的对应性；毒龙在西方神话和文学中，往往由古代巨人所变异，乃土地之子或土地之神的贬损形式，代表的是黑暗、混沌、蛮野、恐怖的大地之神，其毒牙入土生长出人来，就是十分自然的了。这种"地生人"神话可以看成是泥土造人神话的次生形态，其所确认的，都是人类的土地根性。当然，对卡德摩斯这个传说本身而言，"地生人"故事还具有某种宿命意味的象征性，即建于此地的忒拜城统治者后裔的悲剧命运与结局：俄狄浦斯的悲剧、其子孙互相残杀而最后城落他人之手的悲剧，都可以在卡德摩斯与"地生人"的故事中寻找到

---

① ［德］斯威布编：《希腊神话传说》第三章，刘超云、艾英译，宗教文化出版社 1996年版，第 9—11 页。

其象征与隐喻性预示。而这些"地生人"所以愚蠢地自相残杀，其根本的原因乃在他们的土地本性。

从上述分析不难看出，希腊泥土造人及相关神话，表达了希腊人对人类泥土本性的确认，这种确认中也表达了人类对土地的贬抑态度。但要注意的是，希腊人对土地的贬抑远没有希伯来人那么彻底和极端，希腊人在叙述人类起源故事时，对地神之子——普洛美修斯并不持否定态度，反而带着赞美倾向；对天神宙斯也不是无保留地肯定，总体上看还带点批判态度。对人类因其本性而导致的"堕落"虽然也不认可，且带有明显否定倾向，但对宙斯用大洪水来毁灭他们也不会持肯定态度。总体上看，希腊泥土造人及相关神话对土地的态度是贬抑的，但不及希伯来神话那么极端和彻底。

与两希神话相比较，中国泥土造人神话就表达了对土地完全不同的态度和评价。首先，中国神话中没有赋灵关目，人完全是泥土构成的，并不需要另一个天神"吹气"赋予泥人以生命和灵魂，人类来自泥土，其生命和灵魂也自在泥土之中，而不来自泥土之外；其次，神是用造自己的材料来造人的，女娲乃地母，"女娲地出"典有明征。[①]人与神在根本上是同一的。希伯来神话中造人的上帝不仅不是用泥土造成的，也不是由任何质料构成的，他从根本上说没有任何具体质料构成的身体，只是一种精神的存在。[②] 在希伯来神话中，人神是相对立的、分裂的；中国神话中，人神是同一的，一致的。人神的同一，决定了人自身本质构成的同一。中国神话中的人不是内在分裂的人，他没有精神与本能、灵与肉、感性与理性的固定分裂与冲突结构，而是混融为一的。

中国泥土造人神话中，神用构造自身的材料创造人类，这表达出中国古代先民对土地的肯定和崇拜态度。在中国神话中，土地及其神化形式有极高的地位。当天空陷塌（"天柱折"）大雨倾盆，洪水泛滥时，是女娲炼五色石以补苍天，这"五色石"乃出自土（"石者，土之精"），

---

① （晋）葛洪：《抱朴子》，景印文渊阁四库全书·子部三六五·道家类，（台北）商务印书馆 1986 年版，第 45 页。

② 《圣经·旧约》中从没有描述上帝的形貌，上帝只以声音、火光或雷电显示自己的存在，他没有具体物质实体。而且在《旧约》中，耶和华多次晓谕以色列人不能崇拜偶像。

补天之五色石，实乃土地精华所聚之神物。泥土是神祇们用以战胜灾害的神物，可见地位之高。更为重要的是，中国古代最高大神也大都具有土地属性。春秋战国时代，中国形成了五方帝神系统，即按五行观念将古代诸主要大神重新组合成五位主神和五位佐神的五方十神系统。可以说，这是中国的"俄林帕斯神系"，这一神系的最高统治者乃是黄帝，其佐神为后土。那么，这位黄帝是什么样的一位神帝呢？按古代典籍记载，黄帝作为五帝之首，位居中央土位，即无极之土，以君临其他四帝。其佐神乃后土，即土地神、社神。在五方帝神系统中，佐神与主神有内在的同一性，属性是一样的，后土作为土地神，则其主神黄帝事实上也是土地神。

中国最高大神的土地属性意味着他们在本质上与人类是同一的，因而，中国古代没有最高天神发动大洪水或什么其他灾难毁灭人类的神话理所当然。中国泥土造人神话表达的不是对土地的贬抑与否定，而是肯定与崇拜。土地在两希神话中是低贱的、卑污的，在中国神话中则是崇高的、神圣的。在这里，需要说明的是，尽管到了理性化时代，中国一些重要文化典籍（如《易经》）中开始有了"天尊地卑"的观念，但即使在这些典籍中，它们的尊卑区别只是相对而不是绝对的，中国文化更强调的是天地参合、阴阳交泰、互补互渗，而不是极端的尊天抑地。至于在原始神话中，这种尊天抑地的观念就更其淡薄。事实上，如果我们从精神上把握中国文化，将不难发现，中国文化本质上充满了土地精神，天空意识则相对淡薄。

与人类之来源相关的是人类本性之构成。三个民族泥土造人神话都直接或间接地表达了各自先民对此的见解。希伯来神话中，人之来源是二元性的，即兼具泥土与天空两种对立属性。与天空相对比，土地总是黑暗、欲望、本能的象征。如果拿弗洛伊德的术语表达，则土地是本我人格的象征，而天空则代表着绝对真理、最高道德律令、最高智慧和理性，在弗洛伊德人格理论术语中，这些属于超我人格内容。由泥土与上帝"气息"构成的人类，本质上是由这相反对立的两极构成的。希伯来文化中，这对立二极在人身上不可能和谐统一，它们处于激烈的冲突对立之中，人在本质上是分裂的。

这种分裂型人性观在希腊文化中也有相近表现。希腊神话中的人也是由泥土与天空两种因子构成。如同希伯来文化一样，希腊文化中土地意象代表的也是一片黑暗的世界，强大的肉体本能、强烈的欲望与冲动，用尼采的术语表达，即所谓酒神狄俄尼索斯精神；而希腊神话中给人之肉体赋灵的是集中代表着天神之光明、智慧、理性、秩序和权威的雅典娜。人在本质上是由两种对立的因子构成的，他也是分裂型的。这种灵肉二元论看来深深地影响了希腊此后的文化发展，其最早的例子之一就是苏格拉底—柏拉图对人的描述。[①] 尽管两千多年后的尼采曾激烈地攻击苏格拉底和柏拉图，将他们看作是使希腊神话衰落、酒神精神消歇的罪魁祸首，但他们在其哲学中对人的描述则是典型二元论的，这种人性二元观最突出地体现出他们的哲学与希腊神话内在的脉承关系。

不过，尽管希腊人类起源神话表现出的人性观也是二元性的，但这二元并非是绝对的分裂关系，神并非绝对只受理性、道德、智慧的控制而完全没有本能性情欲，大多数神或神性英雄倒是二者兼具，最高大神宙斯便是最典型的一个。正如他头脑（人之天）中蹦出雅典娜而大腿（人之地）中蹦出狄俄尼索斯，他同时兼具智慧与本能两大品性。在希腊神话中，普洛美修斯是按神的样子来造人的，人与神在本性上具有同一性，他也兼具土地之本能与天空之智慧。希腊神话中表现出的人性观也是二元性的，只是这种二元本性并非绝对分裂，它们也可能有均衡和谐的时候，希腊神话中"黄金时代"的人类正是这种人性均衡和谐状态的一个样板，那是希腊神话对人性与人类生活状态的理想设计。只是人类走出了黄金时代以后，他身上大地与天空二重本性均衡和谐的状态便慢慢发生了倾斜和被破坏，乃至到了"黑铁时代"，人类身上的土地根性得到恶性膨胀发展，而天空智性则被抛弃，并因此遭到宙斯的严厉惩罚。就是说，在希腊神话中越到后来，人类的本性越向土地倾斜堕落，与此相应的是，神的本性则愈向天空升腾纯化，人与以宙斯为代表的神因此作为对立二极而被突出，后者更突出了其智慧、理性、光明的属性，前者则更强调了其黑暗、本能、欲望、无理性的品性，因此，在人身上，大地与天空之属性处于分裂状态。尽管如此，这种人神属性分别向大地与天空的逆向运行在希腊神话中是有限度的，直到希腊神话开始

---

① 参见朱光潜译《柏拉图文艺对话集》中有关"迷狂"与"灵魂回忆"的论述，人民文学出版社 1963 年版。

消歇时，希腊神话中的天神也没有发展到只有单纯天空属性，其中的人类也没有堕落到只具有土地精神的地步。故而，希腊神话中人性二元构成的分裂与纯化程度相对有限，远不如希伯来神话中那么深巨和彻底，这一区别不可不察。

与两希神话表现的二元分裂性人性观相比，中国神话中体现出的人性观却是一元性的。中国神话关于人类起源的故事中，只有赋形关目，而没有赋灵关目，人类的来源是一元性的，这意味着其本质也是一元性的。中国神话总体上看对人的本性构成这一问题处于无意识或意识相当淡薄状态，它引导人们注意的，更多是外在的生活情景，而不是内在的本性构成，这是它与两希人类起源神话中较为强烈的人本性意识的一个重要区别。曾有学者论及中国文化有一种将精神还原为身体——即心灵的身体化特征，这不无道理，造人神话只有赋形而没有赋灵关目，大约是这种特征最早的表现。但另一方面，中国人类起源神话没有特别的赋灵关目，也许与中国古人持守一种浑整统一的一元人性观有关，即人的肉体与灵魂不可分割，且它们都来自土地，最终也归于土地，因而，地神给人类赋形与赋灵具有同一性。人类的血肉与灵魂都来自土地。这是中国与两希神话（尤其是希伯来神话）很不相同的地方。由于对这一问题学者可能有歧见，在此有必要稍加展开。

希伯来神话中人的身体来自泥土，所以死后身体归于泥土，一部《旧约》不厌其详地叙述以色列人的列祖列宗死后归葬某地的关目，在反复强化这种意识。那么，人的灵魂归往何处呢？是否归往泥土？《旧约·创世记》中耶和华曾说，人既然是来自泥土的血肉之躯，那么"我的灵就不永驻他身上"，既然人的灵魂乃上帝所赋，自然人的肉体死亡后，灵魂应归于其所来自的天空，就像身体应归其所来自的土地一样。很多学者都注意到犹太教没有来世论，没有地狱观念。大多数游牧民族的宗教都如此。英国学者白德库克将其看成是犹太教"最显著的特征之一"①。既然游牧民族视地为卑污所在，上帝所赋的人之灵魂在人死后自然也不能归于这卑污所在，所以，游牧的希伯来人没有发展出地狱的观念是理所当然的。

---

① ［英］C.R.白德库克：《人类文化演进之谜——文化的精神分析》，顾蓓华、林在勇译，浙江人民出版社 1992 年版，第 165—166 页。

　　而农耕民族的中国和埃及大不一样。中国人在汉以后的地狱及阎罗的观念来自印度文化，对此学者已有确论，但汉以前中国文化中是否就没有地府及冥王的观念呢？学者们对此意见却有分歧。为节省篇幅在此不对之展开述评，只表达笔者的看法：中国汉以前早有地府及冥王的观念，以及与之相关的鬼魂观念，所谓鬼就是人死后的魂魄（试看《楚辞·国殇》中"子魂魄兮为鬼雄"的诗句）。中国古代神话中的"司幽之国"就是地府。那么，这地府的主宰是谁呢？他名叫司幽，或土伯、或后土，中国上古关于他们的资料较多，这已为人们熟知，兹不赘举；屈原曾在《招魂》中呼唤"魂兮无下"，因为土地下面有凶恶狰狞的土伯等待在那儿。另有学者研究说，昆仑山（泰山）在上古曾是中国神话中的地狱之山，人死后灵魂之归所。① 不管地府在哪儿，地府的主宰究竟是谁，有一点可以肯定，中国上古有地府这个所在，它是人死后灵魂之归宿。这意味着，人不唯其形而且其灵都来自土地。因而，不管形也罢，灵也罢，在中国上古神话中，它们都具有土地根性。

　　与中国相类似的是埃及文化。埃及神话中人死后其形归于土，其灵魂也归于土而不是升天。埃及神话中最有名、最为埃及人敬爱的大神是奥赛里斯，他身兼土地神、植物神、农业神和冥王多种职能，他主宰的地府是埃及人最重视的所在。埃及人十分关心死后的灵魂去向和来世问题，所以地府及冥王具有十分显赫的地位。

　　那么，中国和埃及这样的农业民族古代神话中有天神吗？他们与地神是什么关系？农业民族当然有天神，但他们与地神的关系主要不是冲突对立而是交合承沿的关系。埃及太阳城九大神共分四代，第一代大神是太阳神拉（至上天神），他之后每一代大神（拉的儿孙）都是兄妹配偶神，且分为天神与地神，最后一代大神伊西斯与奥赛里斯兄妹是拉神的重孙，也是天地相配的夫妻神。从奥赛里斯这个冥府之王的角度看，从最高天神、太阳神拉到他，是一脉相传的关系；而横向的伊西斯（他的姐姐与妻子、具有天空属性的神）与他，则是一脉相通的关系。中国的情况也差不多。地神女娲与天神伏羲（太昊）就是夫妻关系，汉代画像砖上有他们人首蛇身而蛇尾相交的图画，即天地交合的象征。另外，

---

　　① 参见何新《诸神的起源》第五章"古昆仑——天堂与地狱之山"，生活·读书·新知三联书店 1986 年版，第 253 页。

许多上古神祇间的谱系，都在强调天神与地神之间的脉承关系和转换关系，在此仅引二例以为证：

> 有司幽之国。帝俊生晏龙，晏龙生司幽，司幽生思士，不妻；思女，不夫。（《山海经·大荒东经》）
>
> 炎帝之妻、赤水之子听沃 生炎居，炎居生节并，节并生戏器，戏器生祝融。祝融降处江水，生共工。……共工生后土。（《山海经·海内经》）

上两则神话资料中，帝俊乃商人至上天神，炎帝既是农神植物神（因而也是地神）亦是火神和太阳神（《白虎通义》："炎帝者，太阳也。"），也是天神。而"司幽之国"当指地府，"后土"亦是地府之主宰，这两个地府之主宰均为至上天神的后裔，他们之间有血缘上的脉承和转换关系，并不是简单的对立分裂关系。像这种神族谱系，中国古代神话中还能找出许多。中国神系更强调的是彼此属性的相互关联、转换和渗透，而不是分裂对立，这是它与希伯来神话乃至希腊神话很不相同的地方。希伯来神话把天神与地神（蛇）的分裂冲突强调到无以复加的地步。希腊神话尽管没有这么极端，但天神与地神的关系中分裂对立是主导的。这不仅有宙斯与普洛美修斯的冲突，更有地母盖娅及堤坦神族与以宙斯为代表的俄林帕斯神族持久的冲突，以及希腊英雄（天神之子）与各种怪兽毒龙（多为地神之子）及堤坦后裔持久的冲突为其证明。

由于中国神话中天神地神祇在本质上是相互和合涵容的，有内在脉承关系的，因而，中国上古造人神话中人类形体与灵魂之来源和归所均为土地。但这不意味着人之本性就与天截然对立，通过土地，人的灵肉也与天神间接相通。中国神话中人类来源和本性的一元论意识是极具有涵容性而不是完全封闭性的。因而，中国神话中的土地就不像希伯来神话中的土地，只是人类身上黑暗、欲望、冲动、非理性这些"本我"人格内涵的象征，它包含这些人格内容，更有"自我"的人格内容。中国文化中，土地意味着现实世界，这现实世界内化于人的精神构成，主要形成了人的"自我"人格，以及某些"超我"的品性。因而，中国神话中的土地意象在以自我为主的前提下，涵容着本我和超我的内容，它具有一种浑整性和包容性特征，与希伯来以及希腊神话中土地意象潜含的精神属性很不一样。

与人类来源、人类本性设定相关的是对人类命运和生存处境的设定。三个民族人类起源神话都有意无意地表达了对人类生存处境和命运的设定。在这方面，我们发现，两希神话的设定有较多的相似性和相同性，而中国神话的设定则大不一样。

在两希神话中，人类远古都曾有一个极乐世界，在希伯来神话中，那些是始祖亚当夏娃曾居住的伊甸园，在希腊神话中，则是人类的"黄金时代"。由于人类身上土地根性的驱动，人类开始堕落了，犯罪了，远离了赋予其灵魂的天神的指引，堕落的人类因此受到代表智慧、道德、理性、秩序的最高天神的惩罚。这一惩罚有两个关目，先是失乐园，后是全体毁灭。在希腊神话中先是黄金时代的丧失，人类最后走向充满血腥、残酷、战争、暴力、疾病、痛苦、贪欲、情欲和权力欲的绝望的"黑铁时代"，并最终导致宙斯用大洪水来彻底毁灭人类；在希伯来神话中，人类始祖被逐出伊甸园，被耶和华罚到土地上去经受劳作、生育和穷困劳累的无尽煎熬；由于人类在这种处境中仍然继续堕落，所以才导致了第二个惩罚关目的出现：天神发动大洪水消灭整个人类。因而，在两希人类起源神话中，贯穿着一个共同的主题：堕落与惩罚。最强烈地表达着这一主题的自然是希伯来神话，人类的命运在上帝造人与灭人的神话中，走着一条因其始祖的"原罪"而"永劫难归"的堕落而苦难的漫漫长途，人类现实的生存处境是罪恶、痛苦、堕落、永恒的惩罚。

在中国神话中，人类的命运与处境被作了大不相同的设定。尽管中国神话也设定了一个人类始初的类似"黄金时代"的时代——二帝三王的时代，但却没有突出地强调人类以后的堕落以及由此而来的毁灭性惩罚。"罪恶—惩罚"主题在中国神话中不被突出，因而，中国神话中人类也没有失乐园的关目，不曾有希伯来式的"永劫难归"的命运；与此相关的是，中国神话人类现世的生存也不是一种必然堕落和充满罪恶的生存，尽管比起"二帝三王"的黄金时代，以后人类的生存处境也许要糟糕得多，但那毕竟不是只当如此和必定如此的。导致中国神话对人类命运与处境作这种温和设定的直接原因之一，乃是中国神话中的神与人不是对立而是亲和的。中国造人之神与最高大神，均不是惩罚型天神，而是庇护型天神，他们是人类的护佑者而不是暴戾专横的惩罚者；中国神话以对待人的态度来判断神祇的善恶：护佑人的神是善神，敌视人的神是恶神。这种人神本质上的亲和同一性从根本上讲，乃是由他们身上共同的土地根性所决定的，这与两希神话中神人的本质属性根本对立恰恰相反。希伯来神话恰是以对待神的态度来判断人的善恶的：服从敬畏神的是善人，忤逆反抗神的是恶人。希腊神话在神人关系上也持大体相同的标准，只是没有希伯来那么绝对和极端。

因而，三个民族人类起源神话中对人类来源、本性、命运的描述和认识有极大的差异，这种差异对各自文化的发展有着至关重要的影响。如果说神话是一个民族文化史的源头，是这个民族集体潜意识的最初表达，那么，在它身上，就潜含着对这个民族文化而言是非常重要的基型和基因，它们在相当程度上潜在地规约着一个民族文化的基本形态和内在精神。比较文化学者的研究成果，已让我们了解并接受了这样一个基本结论：以古代希腊和希伯来文化为源头的欧洲文化就其主导倾向而言，是一种分裂型文化，这种文化所设定的人、世界、人与世界的关系是二元对立分裂型的，乃至其文化构成和发展历史本身也是二元断裂式的；而中国文化则是一种从外到内都显现出强烈的浑整互融性特征的文化。那么，这种文化特征差异性的最早表达，便是在三个民族的人类起源神话中。

三个民族古代人类起源神话都确认了人类与土地的血缘关系，但对土地（因而也是对被土地属性主宰的人类）有着完全不同的态度和评价。希伯来神话中，那是断然的否定和贬斥；希腊神话中，那些也基本是否定的；中国神话中，则是肯定和崇敬的。两希神话中，神是在用一种低贱卑污的物质造人，而中国神话中，神是在用一种尊贵崇高的物质造人。同是土地，在不同民族神话中却有截然相反的评价，原因何在？这根本的原因，当在三个民族古代不同的经济生活模式以及由此形成的不同民族心理构成和价值观。是不同的经济生活类型以及由此导致的民族心理特征，决定着土地在不同民族人们生活中的重要性程度，以及人们对土地的不同评价。

就中国而言，考古发掘证明，至少到仰韶文化中晚期，中华民族的主体——黄河流域的华夏先民就进入到以农耕为主的经济时代，这一时期各种陶器的大量被制造就是一个有力的侧证（各种陶器主要用于储存谷物和食用谷物）。农耕经济与聚落方式都在强化人们对土地的感情和突出土地的重要性。先民生存之衣食主要来自土地，因此，聚族而居，守住一方水土，就是普遍的生活方式。失去了土地，也就是失去了生存之依凭，土地崇拜意识自然由此而强烈起来。可以说，农耕社会的人们都有一种共同的情结——恋土情结。土地神（社神）是人们膜拜的最重要的神，像女娲、炎帝、黄帝、禹、尧、稷等古代最显赫的大神，都曾是土地神或与土地联系紧密（经常一分为二又合二为一）的植物神、农业神；迄今为止，在中国乡镇，还随处可见那祭祀土地神的所在——社坛或社庙；在中国上古，最显赫的神是土地神或具有土地神性的神；最神圣的图腾龙（或蛇）是土地的神化意象；最隆重而盛大的祭仪不是祭天而是祭地以及与地关联的山川江河；[①] 最高形式的政治共同体国家命称为"社稷"（土地与谷物）……文化的方方面面，生活的角角落落，到处都弥漫着土地意象，这是中国文化最核心的精神意象。中国古人当然也尊天，但天是与人们保持亲和性的天，与土地相生相克的天，或是被土地化了的天：土地神黄帝居然成了最高天神，且衍化为以后的玉皇大帝；土地的神化意象——龙——居然腾跃九霄，最后竟至护日巡天（"六龙回日"即是也）；或是被世俗化、现实化了的天。秦汉以降，中国文化确也发展出了"尊天抑地"的观点，但这尊抑的倾向从来也没有发展到极端，中国文化在最高层面倒是追求阴阳合璧、天地交泰、互渗互利、相辅相成的境界。

与对土地崇拜感情相结合的是对故乡的眷恋。故乡的观念与聚族定居的生活是联系在一起的，后者决定前者。没有聚族定居的聚落形态，人们便很难培养起极其深挚的故乡观念，在相当意义上，农业民族有着超过任何其他民族（如游牧、商业民族）的强烈的故乡观念，故乡与故土几乎成了同义词。我们可以说，故乡情结在很大程度上是土地情结的一种转换，二者有内在的同一性。农业民族对土地的崇拜总是与对故乡的眷恋结合在一起的。

---

① 可参见晁福林《论殷代神权》一文，见《中国社会科学》1990 年第 1 期。

对土地的崇拜最直接的原因是土地是农业民族的衣食之源，所以农业民族在其精神文化中，总是把土地的地位抬到至高无上的程度。中国古代用以编组大千世界和人类社会的一个基本模式是五行模式，而在金、木、水、火、土这五行中，居于中央以控驭四方的是无极之土，其神为中央之帝黄帝，其佐神为后土；在埃及这个农业民族的神话中，最重要、最让埃及人崇拜的大神，是兼土地、植物、农业为一身的大神奥赛里斯，其地位之崇高和为人们崇拜之程度，连太阳神拉也比不上；这情形与中国古代几乎差不多。

但两希文化却大不一样，它们都极端地尊天抑地（希伯来尤其如此）。据《旧约》及其他历史资料，古代希伯来人主要从事畜牧业，过着一种逐水草而居的行无定踪、居无定所的游牧生活。游牧民族的衣食之源不直接是土地而是动物，土地对游牧人远不如对农业民族那么重要。因而，游牧人没有强烈的土地崇拜意识和土地情结；由于居无定所，游牧人也培养不出农业民族人们那么深挚的故乡观念和情感，他们倒是容易培养出一种强烈的漂泊意识。游牧生活本质上没有故乡，只有永久的迁徙漂泊。希伯来人类起源神话中极端的贬抑土地的态度，根本上来自这种经济生产与聚落方式。

希伯来神话中的上帝在本质上是游牧人的上帝，已有研究证明，耶和华在远古本是犹太人的动物保护神和部落保护神，到后来，随着犹太人的扩张活动，以及希腊罗马人入侵后的漂泊历史生活的出现，这个希伯来人的部族保护神与动物保护神才慢慢升华为至上天神和全人类的上帝。尽管《旧约》中的上帝已成为全人类的上帝，但他在本质上仍是游牧人的上帝而不是农业民族的上帝。《旧约》中经常叙述希伯来人敬祀上帝的活动，但所叙述的供品主要是牛羊等动物而不是农产品。《旧约》中人类弟兄之间第一次血腥谋杀的原因即与此有关。据《旧约·创世记》，亚当的两个儿子亚伯和该隐一个放牧，一个种地，祭祀上帝时，农人该隐拿来出自己土地里的出产，而牧人亚伯拿出自己牧羊群中头生的羊和羊的油脂，上帝悦纳亚伯的供品却不喜欢该隐的供品，这使得该隐十分恼恨嫉妒，竟因此而杀了亚伯，因而受到上帝的严厉谴责和诅咒。在《圣经》中，人类兄弟间这第一次仇杀，实际隐喻着两种经济生产方式的冲突，耶和华在这场冲突中选择了游牧的亚伯而拒绝了农耕的该隐，拒绝该隐也就是拒绝农业和土地。这一精神内涵如果考察这个神话故事的来源将会使人有更明确的认识。

该隐与亚伯冲突的故事源自更古老的苏美尔—巴比伦神话，在苏美尔—巴比伦神话中，有两则结构和内涵相近的故事与此相关。一则是伊米什与因梯恩的故事。这个故事说，大气神恩里尔在神灵的创造室造出伊米什和因梯恩兄弟，让他们分别负责主管大地上的农业生产和牧业生产，两弟兄各自尽职努力，都干得非常出色，得到众神的嘉赏。两兄弟后来骄傲起来，各自夸耀自己的功劳和贡献，并互相攻击，最后大神恩里尔出面裁决，他说牧神因梯恩的功劳比农神伊米什大，伊米什的劳动和贡献无法与因梯恩相比；伊米什心悦诚服地接受这个裁决，两兄弟和好如初。另一个故事与此相仿：大神安启造出畜牧神拉哈尔和他的姐妹伊什南，让拉哈尔负责畜牧业，伊什南负责农业。他们非常负责努力，成绩出色，得到诸神的赞赏。后来他们骄傲起来，工作怠惰，且各自夸耀自己的功劳比对方大，经常争吵，结果由大神恩里尔出面调停，他责备他们居功自傲的错误，要他们各自反省。在恩里尔的调停下，拉哈尔和伊什南重归于好。[①] 这两则神话故事也是关于兄弟或兄妹争端的，且反映的也是农业与畜牧业的矛盾，希伯来神话中该隐与亚伯的冲突与此有显而有易见的渊源关系。所不同的是，苏美尔—巴比伦神话中，最高大神尽管偏向畜牧神，但仍然在冲突双方之间起调停作用，且冲突双方最后重归于好。这个结局与苏美尔—巴比伦人的经济活动特点是有关系的。从有关资料看，古代苏美尔—巴比伦人最早都是游牧人，入主两河流域后，开始从事农业活动，畜牧业和农业对他们都具有重要意义。这种经济活动的历史和特征导致他们的神话在畜牧业和农业之间保持一种虽有偏向但不致走向极端的立场。而希伯来人则一直以畜牧业为主，农业始终没有成为其主要经济活动，故而希伯来上帝在该隐与亚伯的冲突中完全偏爱游牧的亚伯就是理所当然的。

古希腊神话中土地的卑污地位也与希腊人经济生产方式有内在关联。古希腊人乃是远古雅丽安人的一支，而古雅丽安人的历史资料尽管已湮灭难求，但大多数研究者认为古雅丽安人在公元前五千年前后大约

---

① 参见姬耘编《巴比伦神话故事》第一章，中国民族摄影艺术出版社 1998 年版。

居住于中亚一带，他们是游牧民族，这一推断应该大体可信。其后，雅丽安人开始分为两支，一支穿越阿富汗、波斯等，到达南亚次大陆，消灭了那儿的土著及其文化，成为现今所见之古印度文明的创造者；一支则向欧洲腹地进发，并一路分化，其中一个分支到达希腊半岛，消灭了先他们而存在的迈锡尼文化和克里特文化，建立了自己的统治，创造了我们今天所知的古希腊文化。许多历史资料表明，进入希腊半岛的这一支雅丽安人曾放弃了游牧生活方式，而选择过农耕的经济生活方式。但希腊半岛的地理环境显然不大适合农耕，在环境的压力下，希腊人开始走向大海，过起了以种植业、手工业和以环地中海诸民族为主要对象的商业贸易为主的经济生活方式。古代雅丽安人游牧的草原变成了大海，而游牧与商贸、草原与大海，实际上有着内在的相似性。对于这一点，英国著名历史学家汤因比曾有过明确论述。汤因比在论及语言的传播时说，草原像"未经耕种的海洋"一样，为旅行、运输和语言传播提供着极大的便利。[①] 事实上，草原与海洋，游牧与商贸生活的相似之处远不止于此，它们都与农业生产方式相对立，它们都使得人类过着一种流动性极大的、漂泊无定的生活方式，它们都对土地很淡漠。希腊人以海上贸易为主的生产方式与雅丽安人的游牧生活方式在许多方面都有一致性，尤其是对土地的态度和评价。草原游牧与海上商贸，都难以培养起对土地的崇拜感情。因而，在希腊俄林帕斯十二神构成的神系中本没有土地神、农神的位置，集土地神、农神、植物神于一身的德墨忒耳在希腊诸神中的地位相当低。希腊第三代神王宙斯的出生地，不是陆地，而是海中的一个孤岛：瑞亚怀上他后，为了躲过她丈夫克雷诺斯对儿子的加害，到处逃避，但陆地上竟没有她藏身之所。最后，她只有逃到大海中的一个小岛，在那儿生下了宙斯……神王宙斯的诞生地不是陆地而是海洋，这个神话表达了希腊人对土地的恐惧和贬抑态度，在商贸民族中是有代表性的。游牧民族和商贸民族在这一点上具有共同性：他们都贱视农业经济，贱视农人和土地，他们崇拜的是草原、大海和天空。[②]

---

① ［英］汤因比：《历史研究》（上），曹未风译，上海人民出版社1996年版，第234页。

② 关于游牧民族与商贸民族在生活方式、心理特征、文化精神上的相同相近性，除汤因比《历史研究》有关章节外，英国学者白德库克《文化的精神分析》（中译本名为《人类文化演进之谜》，浙江人民出版社1992年版）一书亦有深论，可参阅。

从历史发展的进程来看，农耕经济取代游牧经济几乎有着历史的必然性，所以，汤因比曾不无形象和幽默地说："虽然上帝看得起亚伯和他的供物，而看不起该隐和他的供物，但还是没有力量避免不让亚伯死在该隐的手里。"① 而在农耕社会中发展起来的商贸经济活动，最终又必定取代农耕经济。在这个意义上，商贸社会可以说是游牧社会的复仇者，代替后者报了仇："亚伯的报仇雪恨，似乎也并不是不可能的。"汤因比在谈到这一历史进程时依然幽默风趣，"看起来好像是一个垂死的牧民还可以苟延残喘到看见杀死了他的那个做工的人也精疲力竭地倒下去，走进坟墓"②。从这个意义上讲，游牧与商贸都是农耕经济的对头，它们有内在的一致性。从这里，我们可以找到两希泥土造人神话所表达的对土地的贬抑和否定态度的历史根源所在。

三个民族神话对土地的不同态度和评价的历史原因及文化内涵至此也许大体说清了，但仍有一个与之相关的问题等待解决：无论如何，三个民族神话的创造者均是人，为什么不同民族的人编织的关于人类起源的神话却表达出对人与神大不相同的态度？很明显，中国神话对人类没有任何否定的态度和评价，它甚至是以与人的关系为标准来评价神的：护佑人的是善神，危害人的只是恶神（如对共工的评价）；但希伯来神话几乎恰恰相反，他是以神为标准来衡量人的：服从神的是好人，违拗神的是坏人。《旧约》人类起源神话中，人主要是违拗神的（只有挪亚是顺从神的，故未受惩罚），因而，人坏神好，人受到神的惩罚理所当然；希腊人类起源神话尽管不这么绝对和极端，但基本的态度仍然是：因为人堕落、冷酷、自私，所以受到宙斯毁灭性惩罚实在也是必定的。其基本态度依然是神好（或较好）而人坏。为什么人在自己创造的神话里会如此贬低自己？

精神分析学也许能从某种角度揭示这种神话和文化中潜含的一种民族心理特征，即，它表现了不同民族相当不同的自恋性和自虐性心理倾向。弗洛伊德在《摩西与一神教》这本引起颇多非议但又极具洞见的著作中已表达了这种看法，而英国学者白德库克则在此基础上运用精神分析法对人类文化演进的心理基础和特征进行了深入且是相当独到的剖

---

① ［英］汤因比：《历史研究》（上），曹未风译，上海人民出版社 1996 年版，第 212 页。
② 同上书，第 215 页。

析，这剖析对于我们理解本书上面的问题也许是有启发性的。笔者只概述白德库克先生这样一种基本见解：农耕经济是由妇女发明的，这种经济生产方式间接地满足了人的本我要求，因而这种生产方式中的人没有过度的自我压抑（人的攻击性、性本能在农业的耕耘播种活动中释放了），他是平和、宽容、仁厚、自我肯定和自恋的；而游牧经济生产方式则是人对攻击性本能（本我）自我压抑和转移的产物，而要抑制这种强大的攻击性本能，必须有一种更为强大的道德和理性产生且居主导地位，那就是超我人格。这种超我人格的纯化和神化，就导致了游牧民族惩罚性上帝的产生。游牧人的上帝，是人类超我力量（道德良心）的象征物，白德库克说："游牧一神教的首要特征是一个父性神。他为道德而行使其父性权威——即，他一般是为了抑制利己主义、自恋和本能满足……游牧业与'道德的创世神上帝'有极大的相关。"[①] 上帝既然是超我的象征，按照精神分析学的观点，自然就具有专断、酷虐、严厉和高高在上的特征。既然天神上帝主要是超我的象征，则泥土所造之人就主要是本我的象征了，自然也就要接受上帝的制裁和惩罚了。白德库克发现，"信仰一神教的人们具有特别强烈的自我强迫性倾向"[②]，这种自我强迫性倾向特别表现为信仰者的自我压抑、自我贬低、自我否定的自虐性行为和心理特征，无论对个体还是群体，这种特征都具有普遍性。我们当然不能接受白德库克先生将精神分析意义上的性心理看成是人类经济生产方式产生与转换的动力和基础这样的基本思想，但他的论述使我们看到人的婚性方式与心理和人类经济生产方式有某种深刻的关联，这应该是极有启发性的。在这个意义上，我们也许能接受他如下的研究结论：

> 我们已对游牧者的性格、经济和宗教之间的联系作了分析，可以归结说：在这些社会中人们的强迫性积习是由超我的惩罚性而来，而超我又隐含于唯一的上帝之中。……无论对个体还是对群体而言，超我的报复性和攻击性实际上是转向自我的本我的攻击性本

---

① ［英］C. R. 白德库克：《人类文化演进之谜——文化的精神分析》，顾蓓华、林在勇译，浙江人民出版社 1992 年版，第 164 页。

② 同上书，第 168 页。

能，它被体验成内疚和压抑。正因为如此，游牧者与农耕者相比，神的惩罚性要强得多。①

神话中积淀的民族心理自然远比白德库克揭示的要丰富复杂得多，但不管多么丰富复杂，我们也许可以相信，它们与创造者们的历史生活形态是有内在渊源的。在中国与两希人类起源神话中表现出的人类自我肯定和自我否定两种截然不同心理倾向，确实与其创造者们所处的经济生活方式和历史生活特征有内在关联。

因而尽管本书分析的三个民族的古代泥土造人神话表面上看来与社会的经济生活、历史形态毫无关联，但在其深处，后者对前者的决定作用却无处不在，因此，我们也不难理解为什么两希神话中那两个惩罚人类的至上神都专断暴戾，而中国的女娲以及黄帝等大神却温和仁厚；为什么两希神话中人神是分裂对立的，而中国神话中人神是一致和谐的；为什么前者贱视泥土而后者崇拜泥土；乃至，为什么两希造人之神均为男神而中国造人之神独为女神，那最终的答案均在由社会的经济生活为主体而构成的三个民族不同的历史生活之中。

---

① ［英］C. R. 白德库克：《人类文化演进之谜——文化的精神分析》，顾蓓华、林在勇译，浙江人民出版社 1992 年版，第 176 页。

第十二章 "启棘宾商"与夏人神话创世的完成和庆典

——夏人创世神话研究之四

夏人神话中，禹按照自己的模式和方略，创造了大地，并和涂山氏女娲生了光明天空之神启，创造了人类，基本完成了初创世的工作。但他创造的世界被鲧（共工）破坏了，因此，以禹为首的众神有一个二次创世的过程。在二次创世的过程中，他和涂山氏女娲都作出了重要贡献，后世传说中禹治理洪水的工作，上一章讨论的女娲炼石补天等救世行为，都是二次创世的构成。但最后完成二次创世工作的，却是他们的儿子启。本章将研究启在夏人二次创世神话中的地位和作用。

第一节 "启棘宾商"诗句群诸家注解的困难

我们从屈原《天问》中几句诗的释读入手。

屈原《天问》中充满令后人摸不着头脑的疑问，一千多年来，尽管对它的注解数不胜数，但许多问题仍然是充满神秘感的谜，似乎迄今仍然没有人揭开这些谜底。例如，下面一问就属于这种情况：

启棘宾商，《九辩》、《九歌》，何勤子屠母，而死分竟地？

这四句诗的基本意思是什么，从王逸《楚辞章句》以来，历代注家的解释多有歧见，1982 年著名学者游国恩搜集古今有关《天问》的诸种注释，编成《天问纂义》一书，关于这四句诗，历代注家不同的注解居然有 34 种之多，游先生就此发了一个令人深思的感叹："此条旧解无一能尽通者。说愈多而愈歧，解弥异而弥远。大抵后先相袭、执其一端，以求强事贯通，卒之左支而右绌，捉襟则见肘，于全文辞义，未有以见其合也……"[①] 综观《天问纂义》所集古今注家之说，信游先生所言不诬也。

不过，从《天问纂义》所集资料看，对于"何勤子屠母，而死分竟地"二句的解释，尽管分歧者也众，但洪兴祖、朱熹、黄文焕、陈李玉、钱澄之、林云铭、蒋骥、戴震、陈本礼、孙诒让、曹耀湘等大多数注家都认为这二句诗所述事件与《淮南子》所载启母化石、石破生启的故事相关，值得辨析。据古本《淮南子》：

> 禹治水时，自化为熊，以通环辕之山，涂山氏见而惭，遂化为石。时方孕启，禹曰："归我子！"于是石破北方而生启。[②]

清人马骕在《绎史》中亦引有《随巢子》的相关故事：

> 禹娶涂山，治洪水，通环辕山，化为熊，涂山氏见之，惭而去。至嵩高山下化为石。禹曰："归我子！"石破北方而生启。[③]

认为"何勤子屠母，而死分竟地"与上引《淮南子》资料相关的见解最早可追溯到朱熹的《楚辞集注》：

> 屠母，疑亦即《淮南》所说："禹治水时，自化为熊，以通环辕之道，涂山氏见之而惭，遂化为石，时方孕启。禹曰：'归我子！'于是石破北方而启生。"其石在嵩山，见《汉书》注，竟地，

---

① 游国恩主编，金开诚、董洪利、高路明补辑：《天问纂义》，中华书局 1982 年版，第211 页。
② （宋）朱熹集注：《楚辞集注》引古本《淮南子》（今本无），上海古籍出版社 1979 年版，第 60 页。
③ （清）马骕：《绎史》（一），上海古籍出版社 1993 年版，第 168 页。

即化石也。此皆怪妄不足论,但恐文义当如此耳。①

　　朱熹之后,注家多从此说。当代学者中,姜亮夫先生的《屈原赋校注》也从朱说,认为,"所谓屠母者,即谓石破乃生启也。死分竟地者,犹言尸骨分裂委地也,即指石破事言。"② 但游国恩先生在集合了这些相关注解后评论说:"言启能上宾于天,得《九辩》、《九歌》之乐,以奏于下,已属荒谬绝伦,又何以有其母化石,石破而启生之事乎?疑其说之不经也。"③ 游先生的怀疑是有代表性的,若用理性观点看待启母化石生启的传说,那一定要认定虚妄不足信。其实当年朱熹就认为"此皆怪妄不足论",意谓其荒诞不经,但朱熹同时又认为"但恐文义当如此耳"。也就是说,屈原所以有这一问,应该与他看到了这个荒诞不经的传说相关。游先生认为他辑录的古代诸位注家都未能合适地释读本文开始引录的屈原那四句诗,这个判断是对的,但游先生自己的上述判断本身也是一个问题,囿于传统的学术视野也未能合适地解决古代注家存在的问题。

　　人们很少质疑屈原看到的是不是《淮南子》中的这个故事而有"何勤子屠母,而死分竟地"一问。因为,这个"石破北方而生启"的故事关目中,启并不是主动者,而是被动者,谈不上"屠母",而且,更谈不上"分尸"抛撒四境(竟地),所以以《淮南子》、《随巢子》所载启母化石、石破生启事解"何勤子屠母,而死分竟地"是否合适,是大可存疑的。

　　而从今天的神话学和人类学视野分析,上引《淮南子》和《随巢子》叙述涂山氏离开禹的原因并不可信。从文化人类学角度看,禹化为熊以通环辕山的行为,就像《天问》说鲧治水而"蚩龟衔曳"一样,并不是什么不可思议的事情,前者是一种化为图腾神的行为,后者是获得图腾神帮助的行为,明显带有图腾崇拜时代的印迹。而在这样的时代,得到图腾神的帮助,或自己化为图腾,在人们的意识中是

---

① (宋)朱熹集注:《楚辞集注》,上海古籍出版社 1979 年版,第 60 页。
② 姜亮夫校注:《屈原赋校注》,人民文学出版社 1957 年版,第 311 页。
③ 游国恩主编,金开诚、董洪利、高路明补辑:《天问纂义》,中华书局 1982 年版,第 212 页。

天经地义的甚至是自身具有神圣性的证明，涂山氏见丈夫禹化为图腾熊，如何会"惭而去"呢？这显然是进入文明时代人类的看法：人比动物高级，所以，丈夫变为动物，妻子才会感到惭愧，并决然离开他。因此，在远古神话中，涂山氏离开禹应该不是上面说到的原因。那么真正的原因是什么，今文本中已经找不到合适解释了。袁珂先生曾经推断大约是涂山氏与禹之间的矛盾导致涂山氏离去，可能是有道理的。关于涂山氏与禹的矛盾，我在后面还将分析，此处暂不深论。如果涂山氏见禹化熊羞愧而去的关目并不可信，那么，下面的禹追涂山氏而涂山氏化石、石破生启的关目的可信性自然也是一个问题。据此给《天问》相关诗句作注解也就是个问题了。同时，这也提醒研究者，《淮南子》和《随巢子》中记载的那个启母化石生启的故事出现比较晚近，是进入文明时代的人根据自己时代的认识水平创作的。那么，这个创作是否有所本？笔者认为是有的。其所本的神话原始形态为何？现在不得而知，但笔者推测，屈原所见并因此困惑发问"何勤子屠母，而死分竟地"的神话，就是其所本，也就是说，在笔者看来，屈原在当时曾经看到关于启屠戮其母、分尸四境的神话碎片，所以才有那样的问题，而《淮南子》中的那个启母化石生启的故事，正是后世对屈原看到的神话故事的虚化性处理结果。关于这个问题，下文还将论及，此处仅仅提示而已。

20 世纪 90 年代以来，关于《天问》这几句诗新的释读注解又有若干，其中，具有人类学视野的学者萧兵和陈建宪先生的释读最值得注意。

萧兵先生在《楚辞新探》、《楚辞全译》、《楚辞的文化破解》等著作中，都曾经涉及这四句诗的解释，他认为这四句诗表述的事实与夏启暴巫求雨的仪式相关。他的训释概括起来主要有下面几点：1. 棘，急，亟；"商"，上帝；宾，即《山海经》中"开上三嫔于天"之"嫔"，即作为牺牲的女性。2. 夏人地处西北，自然气候缺水少雨，干旱经常发生，因此王朝的统治者主持求雨仪式、奉献牺牲给上帝祈雨是经常的事情。启在一次求雨仪式中，杀了三个美女奉献上帝，最后甚至屠杀了自己的母亲（女巫），将其分尸四境，以求上帝赐雨；因此，"启棘宾商，《九辩》、《九歌》"的意思是，"旱情危重，夏启急

（巫）需杀死三嫔而'宾商'（帝），换取祈雨巫术乐舞《九辩》、《九歌》以解燃眉之急"①。3."勤"当作"堇"，《老子》"用之不勤"帛书乙本作"用之不堇"，而堇有旱义，"勤子"即"堇子"——即"旱子"——即"晴子"——即启。夏启之"启"正有"晴"义，与"旱"义合，因此，"勤子"即主持求雨仪式的启；4."死分竟地"之"死"同"尸"，"竟"通"境"，这样，"何勤子屠母，而死分竟地"两句诗可以理解为：启（勤子）把母亲涂山氏杀死并分尸埋于四境：

> 在母系氏族制度下……请雨的时候往往要由女巫（往往兼为族长、酋长）表演猥亵的魔法和乐舞，以刺激诱导上帝降雨；必要时还把她们杀死、烧死，以贿祭上帝。……杀了她们之后，还要把鲜血撒在地上，把骨肉埋进地里，以使雨水更加充足，庄稼格外丰盛。所以，"屠母"并且"死（尸）分竟（境）地"，就是这个意思②。

所以，与上面四句诗相关的历史事件，萧兵先生作了这样的解读："夏启初年，遭遇旱馑，以牺牲换取《九歌》求雨不成，只好杀死母亲——作为女巫，她更便于上天请雨。涂山氏化石，石破而生启，当是此事的神话反映。"③

江林昌博士在其博士论文《楚辞与上古历史文化研究——中国古代太阳循环文化揭秘》中，采信萧兵先生上面的解释，将《天问》中的"何勤子屠母，而死分竟地"一问解读为：

> 意指夏启屠剥其母，将其母的尸体分割开来埋于四境。其中的"勤子"实即"堇子"（晴子），死则通尸。两句反映的是原始社会"暴巫求雨"的巫术宗教习俗。其实，这仅仅是问题的一面。如果从社会政治史的角度看，这两句话还反映着对母系政权

---

① 参阅萧兵《楚辞的文化破解》，湖北人民出版社 1991 年版，第 198—229 页。
② 萧兵：《楚辞新探》，天津古籍出版社 1988 年版，第 538 页。
· ③ 萧兵：《楚辞全译》，江苏古籍出版社 1998 年版，第 85 页。

的废除。①

萧兵先生和江林昌博士的解释中，确认"何勤子屠母，而死分竟地"应解做"夏启屠剥其母，将其母的尸体分割开来埋于四境"，笔者以为是合适的，比游国恩先生辑录的那些注家出于文明社会的宗法伦理，回避诗句中明显含有启屠剥其母的行为的其他解释要合适得多。同时，萧兵、江林昌等学者从文化人类学和社会政治学角度解释这种屠母分尸行为，拓展了理解的视阈，很有价值。但他们的解释也有可以讨论的地方——

首先，训"勤"为"堇"，在"勤子"、"堇子"、"旱子"、"晴子"、启之间建立语义上的同一关系，尽管训诂学上未为不可，但这种过分绵长曲拐的引申也一定使这种训诂的可靠性大打折扣，这也是治古文献学者忌讳的；其次，搞古代文献释读的学者，对文字的训释大都奉行三证原则，即对一个字义的训释，应该有至少三条以上相同的使用资料作为佐证才为有效，而要训"勤子"即堇子、旱子、晴子、"启"，不要说找到三条资料，就是一条资料也难找到，从现有文献中，我们根本就看不到称启为堇子或旱子或晴子的；再次，将"勤子屠母"的行为解释为"暴巫求雨"的仪式性行为，固然有一般的文化人类学理论背景的支持，是一种可能的解释，但在有关夏人的神话传说资料中却找不到任何依据，仅依靠文化人类学的一般理论作这种推断，还是有点玄乎。而且，从古代传说化的历史资料本身看，夏人面临的问题是治理水患，而不是天旱无雨。将启屠剥其母、分尸四境的行为解释为"暴巫求雨"的行为，与夏人传说资料本身不合。因此，尽管萧兵先生对"何勤子屠母，而死分竟地"一问核心的内容作了正确的解读（启曾经屠剥其母、分尸四境），但启何以如此的原因，萧兵先生并未能有效揭示。

陈建宪先生在《一个失落的上古神话仪式——〈天问〉"何勤子屠母，而死分竟地？"解》一文中，也从文化人类学视野中来释读这四句诗，他提出这四句诗可能关涉的是启主持的一种农业社会的祈丰仪式。陈先生的观点概括起来有下面几点是主要的：

---

① 江林昌：《楚辞与上古历史文化研究——中国古代太阳循环文化揭秘》，齐鲁书社1998年版，第233页。

1. 他通过对历代学者关于"启棘宾商,《九辩》、《九歌》"一句注解的分析,得出判断:"根据以上讨论,《天问》中的'启棘宾商,《九辩》、《九歌》'可以肯定是指祭祀仪式。"① 那么,"……在夏启的原始传说中,祭祀仪式究竟有怎样的重要性?"陈建宪先生经过对相关传说资料和历史分析后的结论是,因为夏启改变了传统的禅让制度,用暴力夺取并且用暴力巩固自己的统治权,建立了华夏第一个统一的国家政权,对于自己统治的合法性,他需要通过祭天的方式证明:"夏启处于从传统的部落联盟转向建立国家统一政权的历史时期,他的传说中祭天母题之所以占有特别重要的地位,乃是他需要证明自己是天地所选的国王而不得不大举进行祭祀活动的历史真实,在其原始传说中得到的艺术反映,因此这个母题才成为夏启故事中历久而未丢失的重要情节。"②

2. 他不同意萧兵先生将"勤子"释为"堇子"、"旱子"、"晴子"。他从文字训诂学角度指出萧兵先生将"勤"之偏旁"堇"释为"旱",由此将"勤子"释为"堇子"、"旱子"、"晴子"可能是不妥当的。"堇"的本义乃是黏土之意,可引申为板结的土地,"力"乃古代翻土工具"耒"的象形,"要之,'勤'之本义似为一会意字,由于黏(黄)土难治,故当勤劳耕作。由于'堇'土长不出庄稼,所以其义就引申出'饥馑'、'灾害'之意,旱馑只是其引申义的一种"③。他认为"'勤子'可能是古代祭仪中主祭者的称号,他主持一年一度的播种祈丰典礼"④。

3. 他认为"母"字的意义,"不仅指人类的母亲,也指一切雌性的、能生育的动物,如母羊、母牛等,同时也指能结果实的草木。《尔雅·释草》:'荸,麻母。'郭璞注:'苴麻,盛子也。'……王国维《尔雅草木虫鱼鸟兽释例 上》:'草木之有实者曰母,无实者为牡,实而不成者曰童。'甲骨文中,以母为形旁的字,多有草木滋生之意"⑤。他认为"'何勤子屠母'的'母',未必就是指启的母亲,也有可能指的是

---

① 陈建宪:《一个失落的上古神话仪式——〈天问〉"何勤子屠母,而死分竟地?"解》,台湾辅仁大学中国文学系,《先秦两汉学术》2006 年第 5 期。

② 同上。

③ 同上。

④ 同上。

⑤ 同上。

'草木有实者'"①。据此，他总结道："如果我们承认'启棘宾商，《九辩》、《九歌》'是一种祭祀仪式的话，那么，'何勤子屠母，而死分竟地？'就应该是对这种神话仪式的解释。"② "考虑到'勤子'、'母'和'死'字的本义，及它们在《天问》中的组合关系，参照世界各地碎尸化生母题，我们从逻辑上可以推出，夏启屠母碎尸仪式，恐怕更有可能是播种仪式而非求雨。在播种祭仪上，圣王、神尸、人牺三者本为一体，这是原始农耕祭典的一个世界性原型，三者统一于一身的信仰根源是：圣王作为植物神或谷物神的替身，象征性地演出农作物生命的年周期的回圈运动，借此确保和促进大自然生命力的更新与旺盛，求得生产的丰收与社会的繁荣。"③

4. 在上面几点的基础上，从文化人类学的角度，作者最后对本章开始引出的《天问》中几句诗作出这样的解释：

> "勤子"可能是古代祭仪中主祭者的称号，他主持一年一度的播种节祈丰典礼。夏启大约是最早将这类祭典官方化、正规化的人，这在神话中就表述为从天上得到《九辩》《九歌》。……启代表国家举行的播种节祭，所屠之"母"是用真的人殉，还是用"尸"代替地母，尚不得而知。如果是"死"，则可能是一些称为"母"的植物种子（如《山海经》中提到的膏稻、膏黍、膏稷等）。主祭者将这些种子的穗揉碎，象征性地分埋进不同地方，就是所谓"尸分竟地"。到了后世，人们对这一仪式的意义已不能解，于是产生"语言的疾病"——启母石神话，用来解释这一仪程。再到屈原时代，对这一仪式和神话更不甚了了，于是乃有《天问》中的这个问题。④

陈建宪先生从文化人类学角度对《天问》中这四句诗的解释别开生面，很有启示意义，从文字训诂学角度对"堇"字的解释揭示了其本

---

① 陈建宪：《一个失落的上古神话仪式——〈天问〉"何勤子屠母，而死分竟地？"解》，台湾辅仁大学中国文学系，《先秦两汉学术》2006年第5期。

② 同上。

③ 同上。

④ 同上。

义,对"母"字的解释,颇富新意,将夏启的行为解释为农业民族祭祀农业神的仪式行为,也是可通的。但他的解释有几个问题:1. 将"勤子"解作古代祭仪中主祭者的专有称号,这在所有文献中均无记载,只能是一种为了解通诗句含义和证明夏启是祭仪主持人的猜想,这和他文章中不认同的萧兵先生将"勤子"最后解作"晴子"一样缺乏说服力,无有相同使用的例证。2. 将诗句中的"母"解为结实之植物穗子,虽然可备一说,但如果是这样,即使屈原不知道这种祭祀习俗,但不至于那样惊讶困惑。屈原感到惊讶困惑的应该是在他的时代,用血缘伦理观念来衡量很不能理解和接受的行为,这种行为应该是:启杀了他的母亲,将她的尸体碎解,分撒四方。对这一句的本义,笔者觉得萧兵先生的解释是对的,只是萧兵先生未能在一个合适的框架中解释这种屠母碎尸行为。3. 与此相关,说屈原时代是因为对夏启时代祭祀农业神的仪式不甚了了而产生《天问》中"何勤子屠母,而死分竟地"的问题,也难服人。中国作为农业国家,夏商周经济生产方式并无根本不同,祭祀农业神、植物神的仪式,三代都有,似乎不至于根本不理解,而且,我们发现,楚文化中保留着相当多夏文化的遗存,屈原时代去古未远,不至于完全对夏人农业神祭仪不甚了了而导致困惑。4. 最后,仅仅将启当成历史人物来讨论他的行为也许不是很合适,启可能在更早的时候,是夏人神话中的人物,而后才在神话的历史化和传说化中演化为历史人物。

综上,尽管陈建宪先生从文化人类学视野读解前引《天问》中的四句诗提供了很多具有启发性的解释,但仍然存在值得商榷的地方。

此外,闻一多和何新先生对这四句诗的释读值得一提:闻一多先生曾经以夏太康时期的五子之乱训释这四句诗的内涵,训"勤子"作"奸子"(指五子):"案勤、奸声近,勤子即奸子。乱在内曰奸(《九歌》惜贤注),五子家讧,故曰奸子也。屠读为瘏……瘏,忧劳也。……盖五子叛父而挟其母,使母忧劳,故曰'奸子瘏母'也。"[1] 闻先生以五子之乱训释《天问》中这几句诗,上承清人朱亦栋和张惠言,但古来取此说者寥寥,原因在于这几句诗与太康和五子实在毫无关联;且以"屠"

---

① 《天问疏证》,闻一多:《闻一多全集》(五),湖北人民出版社1993年版,第572页。

为"瘃"和勤、奸音近为义同的理由，很难服人，古人运用音声训义是有特定限制的，十分慎重，那就是对所训之字他法无解，才可勉强使用。而"勤"、"瘃"的意义十分明白，实不必要用同音转义的方式解释。故闻先生的训释亦不妥。

今人何新先生在《宇宙的起源》一书中有一部分专解《天问》，他接受闻先生的训释，将"勤子"训作"奸子"，他对本章开始引录的那几句是这样释读的：

> 于是启大颂赏
> 又歌又唱——
> 为何奸子淫母的家伙
> 竟能封国建邦？①

对"勤子瘃母"他有这样的注释："勤子，勤读若奸（闻一多说）；瘃母，舜族与莘族世为婚姻，后益之族即有易，有莘之族。禹母涂山女亦为莘氏，故为启之母族。启杀益，故曰'瘃母'。"②

何新先生的翻译和训释存在这样的问题：1. 对"勤子"的训释存在与闻一多先生一样的问题。2. 释文和注释不统一。在释文中"勤子瘃母"释作"奸子淫母的家伙"，但在注释中，"淫母"指的是启瘃杀母族之后益的行为，即使"瘃母"真指杀益之举，似乎也不能释读为"淫母"的行为。3. 启"瘃母"是否可以解为杀母族之后益的行为，是大有疑问的。屈原的原文给人的感觉不是指族与族之间的屠杀关系，而是儿子和母亲之间的屠杀关系。4. "死分竟地"解为"封邦建国"是否合适？从字面上来看，其意思是明确的，那就是尸分四境。这种行为可能与封邦建国的行为相关联，但这种关联不是字面的，需要有合适的引导和解释。所以，何先生的训释也是有问题的。

综上，迄今为止，尽管对这四句诗训释解读的成果众多，但实际上尚未有一种解读无懈可击。

---

① 《宇宙之问——天问新解》，何新：《宇宙的起源》，时事出版社 2002 年版，第 96 页。
② 同上。

第二节 "启棘宾商"、"屠母分尸"的历史信息与神话底本

笔者认为，对上引《天问》几句诗的解释，要分三个层次分别进行还原性处理才可能窥见其原意原貌。首先是还原性推断屈原时代屈原可能见到的有关资料，对这几句诗在屈原那里的本意本貌进行训释，这第一层的还原性处理，是要弄清屈原《天问》这几句诗本身表达的本意是什么；第二个层次是从历史分析角度，解释屈原可能看到的、与屈原这几句诗相关的神话传说片段后面隐含的、屈原自己可能没有意识到的历史信息；第三个层次，则是要从人类学和神话学角度对屈原这几句诗所指的事件进行终极性还原性处理，以重构其后面隐藏的夏人神话的原初形态。

第一，屈诗本意。

首先，笔者认为，在屈原那里，这四句诗的主体都是启，无论从语法关系还是内容角度讲，都是如此。游国恩先生辑录的 34 家注释中，有一些学者将前两句的主体和后两句的主体确认为不同的人（如前两句的主体为启，后两句的主体为禹或天帝或其他人），这是不合适的；这四句只有一个主体，就是启，"宾商"者是启、制作和演奏《九辩》、《九歌》的是启，屠母分尸、抛撒四境的也是启。

其次，笔者认为，屈原见到的资料或听到的传说中，有启屠戮其母，分尸四境的故事关目，这也是屈原"何勤子屠母，而死分竟地"一问针对的故事情节。

再次，"启棘宾商"之"棘"，多位学者训释同"亟"，可从。但学者们续训"亟"为"急"，则不妥。今按："亟"字本义乃是"极"也，"亟"甲骨文作$\mathfrak{I}$，象形字，像人（$\bigwedge$）在天地（二）之间，表示人之上与人之下的天地两极。名词"极"因此衍生出"最"、"极其"、"无以复加"之义，可作程度副词。所以，"启棘（极）宾商"，亦可作"启宾商棘（极）"，"亟（极）"在此当有极其（非常、十分）隆重、盛大之意。

又次，"宾"字训释，歧见纷呈，作"宾客"解者有，作"嫔妃"

解者有，作祭祀仪式解者有。窃以为陈建宪先生作祭祀仪式之一种解较为合适。据甲骨文，商人诸种祭祀仪式的名称中，就有"宾"这种仪式，如甲骨卜辞有"庚子卜贞：王宾日，亡尤"，"贞：咸宾于帝"，"乙巳卜，王宾日"等。《尚书·尧典》也有羲仲"寅宾出日，平秩东作"、舜"宾之四门，四门穆穆"的记载。这里的"宾"，均为一种仪式，而且是祭日的仪式。商人祭日仪式和称谓有很多，如"出日"、"宾日"、"既日"、"入日"、"御日"等，一天不同时段祭日仪式都有不同称谓，据"寅宾出日"一句，则"宾"大约是一天之中早上（寅时）这一时段祭日仪式的称谓。日在天上，且是天的代表，祭日就是祭天，故古人又有"宾天"的祭礼。

"启棘宾商"之"商"，有作"帝"解，认为是"帝"字误写，这是可能的；但"商"亦可同"上"解，上即天，宾商即宾天，即祭祀上天。陈建宪先生将"宾商"作祭天仪式解是合适的。启棘（极）宾商，其意谓启举行极其隆重盛大的祭天仪式。启这次宾天仪式显然有不同一般的特殊意义，故被代代相传，直到屈原，仍然有深刻的记忆。启何以要举行盛大的宾天仪式？陈建宪先生认为这与启封邦建国的历史活动相关，启在部落联盟的基础上，第一次建立了国家政权，这自然是开天辟地的重大历史事件，通过祭天仪式，证明自己政权和行为的合法性（君权神授），笔者以为是很正确的理解。启举行祭天仪式，不仅是想通过这个活动证明自己统治的合法性，还是封邦建国的盛大庆典活动，这一点十分重要。

最后，关于"勤子"的训释：萧兵先生释作"堇子"、"旱子"、"晴子"，陈建宪先生释作祭祀仪式主持人的专名，似均不妥，原因已如前述。窃以为历史化的文献中，启作为夏之开国君王，承父志、征三苗、讨有扈、宾天制乐（《九歌》、《九辩》）、铸造九鼎、封邦建国，其勤勉辛劳自不待言，故屈原称之为"勤子"是很恰当的。今人姜亮夫先生训"勤子"作"贤子"："勤子犹贤子，犹勤劳之为贤劳也。……启能承禹之位，有征有扈安国家之功，故曰贤子。"[①] 姜训甚是。正因为启为贤子，故其屠母分尸、抛埋四境就令人不能理解。"何勤子屠母，而死分

---

① 姜亮夫校注：《屈原赋校注》，人民文学出版社 1957 年版，第 310—311 页。

竟地?"一句意即"言启有宾天之德,何以有屠母之说也"①。这一问的前提,当是屈原在他的时代尚能看到或听到启杀死其母、屠剥分尸、撒埋四境的神话碎片,因为到了屈原的时代,文明社会的宗法血缘伦理规范已经确立,儿子屠母并分尸四境的行为自然是不能理解、不能饶恕的、罪大恶极的行为,所以,他才对启的行为困惑不解。

"死分竟地"一句,多数学者训"死"同"尸",是合适的;"竟"有学者训同"境",可通。但亦可训作"尽"即"所有"、"全部","竟地"即"尽地",即所有的地方,大地四方。"死分竟地"即将其尸体肢解抛撒大地四方。

依据上面的训释,屈原那四句诗的本意可以作如下翻译:

> 启为封邦建国举行盛大的祭天仪式,
>
> 制作并隆重演奏了神圣乐舞《九辩》、《九歌》。
>
> 这样贤劳的儿子(从前)何以会屠杀自己的母亲,
>
> 并将其尸体肢解抛埋大地四方?

第二,"启棘宾商"的历史信息:夏人封邦建国的盛大庆典。

接下来我们要继续讨论启祭天仪式的性质。这种讨论的前提是将夏启当成一位传说中的历史人物,从今见有关夏启的神话传说资料中去探寻可能的历史信息。

启举行隆重盛大的祭天仪式在《山海经》中有特别突出的记载:

> 西南海之外,赤水之南,流沙之西,有人珥两青蛇,乘两龙,名曰夏后开。开上三嫔于天,得《九辩》与《九歌》以下。此天穆之野,高二千仞,开焉得始歌《九招》。②
>
> 大运山高三百仞,在灭蒙鸟北,大乐之野。夏后启于此儛九代,乘两龙,云盖三层。左手操翳,右手操环,佩玉璜。在大运山北。一曰大遗之野。③

---

① 姜亮夫校注:《屈原赋校注》,人民文学出版社 1957 年版,第 310 页。

② 袁珂校注:《山海经校注》,上海古籍出版社 1980 年版,第 414 页。

③ 同上书,第 209 页。

屈原《天问》"启棘宾商，《九辩》、《九歌》"，当是指的这场盛大隆重的祭天仪式。所谓"大乐"，即"天乐"、神乐，"大乐之野"，就是演奏天乐神舞的地方。《九辩》、《九歌》即神舞神歌，今天看到的屈原《九歌》是祭祀以楚人天神东皇太一、东君为首的诸神之歌，屈原《九歌》是否夏人《九歌》原本体制，尚不能确定，但夏人《九歌》内容当是夏人以天神为首的诸神之歌，应该是可以推定的。"九"者，神圣之极数也，夏人以"九"命称之物基本可以以"神"字替换，如"九州"、"九鼎"、"九龙"等，亦可作"神州"、"神鼎"、"神龙"，其《九歌》、《九辩》、《九招》、《九代》等神乐神舞之"九"亦可以"神"替换之。因此，《山海经》特别突出记载的夏启在大乐之野举行的这场祭祀仪式，正是祭天的仪式。

为何祭天呢？从历史化的层面，陈建宪先生推测，那应该与传说中夏启开创夏朝、封邦建国的庆典仪式相关，笔者以为很有道理。传说中的夏王朝是中国上古第一个走出原始社会进入阶级社会的王朝，对于中国历史具有无论如何估量也不过分的意义，夏王朝的开创者夏启在举行封邦建国的盛大庆典仪式上祭祀天神，确证自己是受命于天的合法统治者，庆贺自己开天辟地的伟大功业，这才是这场祭天仪式的核心内涵和目的。正因为这样重要的性质，所以，它具有特别重要的历史和文化意义，注定会在中国文化史上保存着特殊的记忆，到《山海经》里还一直保留着这场庆典祭礼的关键性碎片，就是这种记忆的证明，《天问》特别叙述到这个事件的根本原因也在这里。陈建宪先生将"启棘宾商"解作祭天仪式，认为这与启将一个部落联盟转换为古代中国第一个国家政权这一重大的历史活动有密切关系。启通过这种祭天仪式方式证明自己的权力来自上天的赐予，以强化对所建立的王朝和自己权力合法性的确认。笔者认为这是十分重要而正确的见解。同时，从历史的层面讲，笔者觉得更准确地说，启举行的祭天仪式应该是封邦建国的庆贺大典。因为他建立的王朝是旷古未有、开天辟地的，所以具有巨大的历史意义，因此，关于这次庆典的盛况记载才代代相传，直到今天，我们从《山海经》所载的关于启在天穆之野载歌载舞的盛况场景中还能窥见一二。

但是陈建宪先生在其论文的后面将"何勤子屠母，而死分竟地"一问解作农业播种仪式就值得讨论了。一般而言，农业播种仪式祭祀的对象主要是社神即土地神，天神在这种祭祀仪式中尽管也可能是祭祀对象，但其重要性不如土地神，这也是中国古代社会为什么将耕耘播种的祭祀仪式称为社祭的缘故。据有关资料，除因特殊事件而不定期举行的社祭活动外，中国古代固定的社祭在两个季节举行，春天和秋天，即春社和秋社，春社就是春天耕耘播种季节祭祀土地神的仪式，即陈建宪先生说的播种仪式，这种仪式的主要目的在于祈求土地神赐予丰收；秋社则在秋天举行，用当年的收获做祭品，感谢土地神赐予了丰收。这些祭祀仪式上，天当然也是一个祭祀对象（天公地母配合才能风调雨顺，才有农业丰收），但主角却是土地神，这从祭祀的命称（"社"）就能看出。而"宾"却是关于上天和太阳的专门性祭礼命称，不包含对土地的祭礼内涵，中国古代有宾日的称谓，却没有宾地、宾社的称谓。所以，将这四句诗理解为是农业播种的祭祀仪式似不妥当。

接下来的问题是，启举行的这个封邦建国盛大隆重的祭天庆典，和启"屠母分尸"的行为有何关系？难道是说这场庆典仪式上启屠母分尸了？如果仅仅从文化人类学角度，也许可以给出这种解释，而且也是可通的：原始社会的庆典祭礼都要有牺牲奉献神灵，启母正是启奉献神灵的牺牲。尽管这也说得通，但笔者认为事情并不是这样的。首先，笔者认为屈原的诗歌中，前二句与后二句所指之事，并不是同一个时间发生的事情，就是说启屠母分尸是举行封邦建国的盛大仪式以前的事情，屈原所以要放在一起提问，原因可能是屈原觉得启勤勉贤劳、制舞作乐、封邦建国、建立夏朝，是不世功业，如此杰出伟大的英雄却为什么会在先前做出屠母分尸这样大逆不道的恶事呢？

那么，启真的屠母分尸了吗？屈原的问题我们的回答是肯定的。同时，笔者认为，屈原看到的并不是本章开始征引的古本《淮南子》和《随巢子》中那段关于启母化石、石破生启的传说，而应该是另外的资料，因为，如前所述，《淮南子》和《随巢子》中的资料并不能让人作出启曾经屠母分尸的判断。笔者推断，屈原当时看到的是一个类似"有神十人，横道而处，女娲之肠所化"这样一个无头无尾、令人莫名其妙的关于启屠其母分其尸的碎片性记载，现今所见的中国古代神话资料中有不少这样无头无尾、莫名其妙的神话碎片，笔者相信它们是从遥远的上古神话系统中遗落的碎片，由于它所在的神话系统在后世要么湮灭，要么转化成历史化的传说，被严重地伦理化和合理化了，这种极少数保留着其原生形态的神话碎片因失去原初的文本语境、历史语境和文化语境，遂成为怪异的、不可理解的神话硬块，如果没有文献的记载，这些神话碎片迟早也将湮灭或被作某种合理化的处理。屈原"何勤子屠母，而死分竟地"一问所见到的神话碎片，是已经确立了封建血缘伦理时代的屈原无论如何既不能接受也不能理解的，在他的心目中，那个开天辟地、封邦建国的大英雄与这种屠母分尸的忤逆儿子无论如何也统一不起来，所以，才有困惑的发问（这大约也是这个神话碎片后世湮灭或虚化成启母化石石破生启传说的原因）。

因为笔者相信屈原曾经看到启屠母分尸的神话碎片，所以他才有那样的困惑发问，所以古本《淮南子》和《随巢子》中的那个记载，在笔者看来，只是后世对更远时代启屠母分尸故事的虚化和合理化处理的结果。

那么，启为什么杀死自己的母亲、将其屠剥分尸？现有文献没有任何交代。从后世已经虚化了的关于涂山氏离禹而去、化石生启的那个传说推断，应该是涂山氏因为什么严重的问题和禹发生了不可弥合的矛盾和冲突，在这场冲突中，启坚决地站在父亲一边，将其母杀死屠剥，分尸四境。那么，是在什么问题上涂山氏女娲与禹、启发生冲突了呢？从现有资料无法断定，从人类历史进程角度推断，这场冲突很可能与两个原因相关：一是与中国上古社会由母系社会向父系社会转化有关，也就是说，与女性那场具有世界意义的历史性失败有关。关于这场冲突和女性的失败，在后世已经虚化了的那个涂山氏化石、石破生启的神话故事中，依然透露出某些信息。二是与禹与涂山氏女娲分别代表的西夏族团与苗蛮族团的分合冲突相关。

我们知道，传说中涂山氏是禹在南巡治水的路途中主动向禹示好因而与禹"通之台桑"、结为夫妻的，这个传说《吴越春秋》已有记载。这种结合方式恰恰说明那还是一个女性十分主动、有相当自主权的时代，在20世纪早中期还处于母系社会向男系社会过渡的云南纳西人的婚姻形式中，还能看到女性大体处于这种状态，这种社会的婚姻中，男女两性基本是平等的，所以，婚姻也是松散的，子女仍然随母居随母姓。涂山氏与禹的婚姻大约也是这种松散的婚姻，屈原在《天问》中谓涂山氏与禹"嗜不同味而快朝饱",即气味不相投但仍然出于满足欲望而结合(屈原因此也对此大为不满)。其实这里的"嗜不同味",可以理解成为按照屈原时代的妇女标准,涂山氏不是一个好女人,她太有自己的独立性了,屈原的意思是,这样的女人禹就不该接纳。这些都从一个侧面反映出涂山氏与禹的婚姻中,涂山氏是一个有相当独立性的人,也意味着那个时代还不是完全的男权社会。涂山氏觉得与禹不和,断然离去,这也印证了女性在那个时代的独立性和自由性。涂山氏离禹而去禹大叫"归我子"的关目,透露了父亲对儿子所有权的争夺、强调和确认,而从历史发展角度看,子女从随母到随父的过程,对应的正是人类社会由母系社会到父系社会的发展过程。在这个意义上,涂山氏从携子离去到禹夺回儿子的神话故事,正是极具象征性地表达了这个具有历史意义的决定性转折。在这两性权力由平等向男性主宰过渡的关键时刻,他们的儿子启站在父亲一边,打败了母亲,将其屠剥分尸,抛撒四境,决定性地完成了男性对女性的历史性胜利。

启屠母碎尸的故事还可以从社会历史角度解读。关于原始神话的各种理论中,历史寓意论是比较有影响的一种。这种理论认为,神话中讲述的某些故事,是真实历史的象征性表达,其中折射着某些真实发生的历史事件。例如希腊神话说希腊天神宙斯诱拐了埃及国王美丽的公主欧罗巴,并将她带到现今的欧洲大陆,使她成为自己的情人(欧洲的地名也因这位公主的名字而获得),那很可能是希腊人从埃及人那里获得了许多宝贵的物质和文化成果的象征表述(欧洲文化的源头之一正在埃及文明)。这种理论解释某些神话故事与特定历史过程的关联,有一定的效度和合理性。

如果从这个角度理解启屠母分尸的神话故事,我们将发现,它很可能折射着远古中国西北夏人族团与南方苗蛮族团之间交往和冲突的历史过程的某些环节。涂山氏作为女神,源自南方苗蛮族团。后世附会性的传说中涂山所在的四个地方分布在今四川、重庆、安徽、浙江绍兴等地,均在南方长江流域,它们在远古都是属于南方苗蛮族团的居地。中国远古社会三大族团中,来自东北的东夷族团、来自西北的夏人族团和来自南方的苗蛮族团,在中原地区曾经有过长期的交往、冲突、征战和合作的历史过程,在这个过程中,曾经强大的南方苗蛮族团先败于西夏，后败于东夷，最后退守到长江流域的中上游区域散居。这个历史过程在夏人和商人的神话中都有象征性表述，就是在神话中以婚姻的形式来象征性表达胜利者和失败者双方的关系，胜利者的男性主神作为征服者娶了失败者的女神，使其为自己所有。在这种形式中，胜利者的族团形象主要是以强大的男性神祇形象出现的，而失败者的族团形象则被女性化，以被征服的女性形象出现，其身份和地位，在神话中始终是从属性的。因此，西北族团的领袖禹娶南方族团的涂山氏为妻，正是这个历史过程的神话表述，它象征性地表述了苗蛮族团与西夏族团交往中的失败者形象和历史。正是从这里，我们可以窥见启屠母分尸神话故事所折射的历史事件了。涂山氏作为南方苗蛮族团的母神，在禹南巡的途中主动向禹示好并与禹结合，但在与禹相处的过程中，与禹发生了尖锐的矛盾和冲突，最后离禹而去（说明夏代早期苗蛮族团还有相当独立性）。而禹的儿子启则站在父亲一边（或者是禹和启一起），将反抗父亲的母亲涂山氏女娲屠戮分尸，并碎尸四境（这正好印合了禹与启先后征伐三苗的历史传说）。因此，从神话是特殊社会历史进程的折射和隐喻这个角度看，我们发现，启屠母分尸的事件象征性地表达的是夏人对南方苗蛮族团的征服和屠戮，是这个历史事件和过程的折射。

因此，《随巢子》、《淮南子》中那个虚化了的启离禹而去、化为石头、石破生启的神话故事，仍然携带着早期社会两性关系和两个族团关系丰富的历史文化信息。从这个角度回头看上面启在大乐之野举办的那个封邦建国的祭天庆典，我们就发现了它隐含的另一层历史文化信息：这不仅是夏人建立自己王朝的历史性庆典，还是男性战胜女性、确立男性统治世界的历史性庆典，也是西北夏人族团战胜南方苗蛮族团、建立夏人统治政权的历史性庆典，这两者间有一种内在的相关性。

到这里，我们对《天问》中"启棘宾商"四句诗的文本语义和历史信息作了基本的还原性清理，但这并不一定是最终的还原。这里还存在一个问题，屈原所见的那个启屠剥其母、将其肢解并分尸四境的神话碎片来自何处？它的本意是什么？这个问题弄清楚了，我们才能对屈原《天问》中这四句诗后面隐含的夏人神话原始形态及其本意作出最终的解释。

第三，"勤子屠母"的神话底本：启再创世的完成。

如果从历史层面解读，启举行的祭天仪式指向的是夏人封邦建国的历史庆典，但这个历史庆典是否是历史上真实举行过的活动？有可能，但不一定。关于这个庆典的传说应该是从更远的夏人创世神话中转化过来的，它原本是夏人创世神话的最后一环。

我们先从启屠母分尸的情节说起。屠母分尸的情节，并不是说真实存在的夏人建邦立国的第一个统治者（假设他叫启），真的曾经屠戮过自己的母亲，还将她的尸体剁碎抛撒四境，这个情节当是夏人自己编织的创世神话中的一个部分，只是在后世的流传过程中，曾经是想象性的神话故事，被当成了真实存在过的历史事件和人物。因此，"启棘宾商"几句诗涉及事件的终极底本，在遥远的夏人创世神话之中。后世关于夏启封邦建国的庆典，只是从这个终极底本中转化出来的历史传说。当然，历史上真实存在的夏人最初的建国者也可能按照自己的创世神话来设计和真实地举行封邦建国的祭天大典。

涂山氏在远古夏人神话中应该就是山的人格化形式，也是大地耸起的部分，山的主要构成成分是石，而石在中国古人那里乃泥土之精华所在，在根本上它是大地的一部分。所谓土之精为石、石之精为玉的说法，正表达了这种普遍的认识。涂山氏，山神、石神也。我们在前面已经论及山石与女性的内在联系，石作为女性的象征，总是对应于晚上、西方、北方等昏暗的时空方位，故涂山的本义即昏蒙之山。从神话的平面时空角度讲，鲧所代表的是西北方位的黑暗时空，而禹和涂山氏则代表的是由北向东转换的黎明时空，故石破北方而生启，启代表的是从东方开始的光明时空。启明、朱明、东明，意义都是一样的，都指的是东方初开的太阳。所以，启是光明之神无疑，夏人神话的生殖世系暗含的正是世界由黑暗走向光明的过程。

从这里来看"勤子屠母，死分竟地"内含的神话故事，就不难理解了，它内含的是光明世界与昏蒙世界的斗争和前者对后者的胜利。在禹为首的儿孙辈神祇战胜了鲧、涂山氏女娲救治了鲧撞断天柱而导致的宇宙灾难后，启最后完成了再创世的工作。很可能是在再创世的过程中，涂山氏与禹发生了矛盾，在这场矛盾中，启站在父亲一边，打败并屠戮其母、分尸四境，其母尸体碎片化生众神万物，从而最后完成世界再创造的故事。

很多民族的古代神话中，屠神碎尸、尸化万物，是创世神话的重要关目，由此，神话学家们专门归纳出一种创世神话类型：尸体化生型创

世神话。尸体化生型神话最典型的是印度古代神话中原人布尔夏通过将
自己献祭和尸体被诸神肢解而化生万物的故事。

据《梨俱吠陀》的有关神话，最早宇宙除了布尔夏什么也没有：

> 他遍及大地的每一边缘，
>
> 他充满了十指宽的空间。

后来诸神将他肢解，作为祭品献祭，由此创造了世界——

> 从这伟大的总祭品上，
>
> 滴下的油脂凝结起来，
>
> 形成空中的生物、野畜和家畜。
>
> 从这伟大的总祭品身上，产生赞歌、咏歌和咒语。
>
> 布尔夏尸体里，产生了牛马羊，各种种姓的人类，日月天地宇
> 宙……①

但启屠戮其母、分尸四境完成世界再造的神话，更与巴比伦神话
《恩努马—埃利希》有极大的类似性。在这部神话史诗中，后起的光明
天神马尔杜克为首的新神与他的曾祖母、原始黑暗的大海母神提阿马特
为首的老神发生冲突：

> 神兄神弟团结一致，
>
> 他们侵扰提阿马特，
>
> 并杀死了他们的监护人。
>
> 的确，他们使提阿马特伤心痛苦，
>
> 在神界造成了动乱不安。

冲突的结果是马尔杜克杀死了提阿马特——

---

① 参见［美］戴维·利明、埃德温·贝尔德《神话学》下篇"创世神话"之《梨俱吠陀》
中关于原人布尔夏身化宇宙万物的叙事诗歌，李培茱等译，上海人民出版社 1990 年版，第 202—
205 页。

主神马尔杜克踏在提阿马特的腿上，

用他毫不留情的大棒劈开她的头骨。

他割断她的血脉，

让北风把她的血吹得不知去向。……

最后，马尔杜克用提阿马特的尸体重造了天空和大地：

主神马尔杜克稍事休息，

他看着提阿马特的死尸，

想如何肢解这个庞然大物，

用他造出奇妙的事物。

马尔杜克把提阿马特的尸体劈为两半

一半成地，

一半成天，

他用大棒做成擎天之柱，

命令它们不准让提阿马特的水滴半分。[①]

巴比伦神话中的创世工作最后就这样完成了。而中国神话中启屠剥其母、分尸化生万物的关目，也应该具有类似的性质，在这场冲突中，后起的新神启为首的诸神打败了母亲神涂山氏，并用她的尸体最后完成了世界的创造。正是在这里，我们再一次发现了启屠母碎尸的神话故事与《山海经》中那条关于女娲之肠化作十神的神话碎片之间的内在联系，后者正是从前者中遗落的碎片，涂山氏与女娲在原初同为一神。

到这里，我们应该揭示了屈原《天问》中"何勤子屠母，而死分竟地"一问的终极神话底本所在，在屈原的时代，他当是看见或者听闻启曾经杀死并屠剥其母、分尸四境的神话传说片段，已经接受了宗法伦理观念的他因此不理解启何以如此，才有困惑的发问。本章第一节所引文献中启母化石、石破生启的故事，也应该是作者出于和屈原一样的宗法伦理观念而对夏人创世神话屠母分尸的情节进行的虚化性处理结果，进

---

① 参见 [美] 戴维·利明、埃德温·贝尔德《神话学》下篇 "创世神话" 之《恩努马——艾利希》，李培茱等译，上海人民出版社 1990 年版，第 188 页。

入文明社会的人们无法接受这种违背宗法伦理基本原则的故事，就像无法接受禹打败并诛杀或流放父神的故事一样，因此，必须按照宗法伦理原则对它们进行改造，要么抹去这些情节，要么虚化性处理，要么移花接木，使其变成别人的行为。今文本启母化石、石破生启的故事，应该就是前文本中启屠戮母亲、分尸四境故事的置换形式。而我们据此对这个神话故事的碎片进行还原性处理，当能窥见，它其实是远古夏人天神启屠母创世神话遗落的碎片之一。

从这里看"启棘宾商"的仪式，我们将发现，它的终极底本很可能不是夏人封邦建国的真实历史活动中举行的祭天大典，而是夏人创世神话中启在完成了创世工作后举行的诸神庆典和狂欢，在这个庆典上，启亲自创制并率领诸神演奏了盛大的神乐神舞《九辩》、《九歌》，将天下分为九州并命人铸造九鼎以为象征。《山海经》中所特别记载的启与诸神在"大乐之野"、"天穆之野"演奏《九歌》、《九招》或《九代》，当是创世神话中这个盛大庆典在后世遗落的碎片。当人们在漫长的历史过程中，将神话历史化，将神话中的天神启历史化为夏朝第一位立国之君后，创世神话中他率领诸神庆贺创世完成的盛大庆典，也自然可以转换成封邦建国的历史庆典。

由此回到上引萧兵和陈建宪先生对《天问》这几句诗的释读。萧兵先生从暴巫求雨仪式的角度对屈原《天问》中关于启屠母分尸，抛撒四境的神话关目作出的解释，其不足是未能把握这个神话关目属于夏人远古创世神话的原始本意。但另一方面，萧兵先生的解释又是有道理的，因为这种创世神话中屠神分尸、尸化万物的故事中可能演化出一种具有原型意义的仪式，在后世人类许多神圣的活动中被继承和转移，从而衍生出许多相关的社会活动和文化成果，暴巫求雨的仪式就是这种衍生性仪式之一。从这个角度讲，陈建宪先生的解释也可以找到一个更具有本原性的神话源头，那就是夏人创世神话中启屠母碎尸、撒埋四境以完成世界最后创造的关目，与后世农业祈丰祭典仪式中将结实的穗子揉碎抛撒四方，以祈求丰收的祭礼关目有源流关系，相当的意义上，后者是以前者为原型的衍生形式。

第十三章　启铸九鼎与夏人神话的宇宙圣数

——夏人创世神话研究之五

"启铸九鼎"是夏人传说中的重要事件，人所共知，但这个传说的原初本相是怎样的，隐含着怎样的历史内涵和文化密码，却并没有像样的研究成果。本章将从夏人创世神话角度研究启铸九鼎的传说，揭示这个传说隐含的历史信息与文化内涵，并由此论及夏商创世神话宇宙圣数对中国文化元编码形成的意义。

第一节　启铸九鼎与饕餮原型

首先，在笔者看来，启铸九鼎这个传说是古代夏人创世神话系统中遗落的碎片之一，而未必是真实的历史事件（当然，夏人也可能按照神话中的铸鼎关目真实地铸造九鼎）。因此，本节主要从神话角度，对夏人铸九鼎的关目进行研究。

据考古学提供的材料，目前在被部分历史学家认为可能是夏都的河南二里头文化遗址，发现了较多青铜器，其中有一只铜鼎（见图1），所以，夏人铸鼎的神话是有历史基础的。传说中夏人所铸之九鼎为何人所造？现今所见资料有三说，一说为禹铸，一说为启铸，一说为黄帝所铸。第三说不足道，因为本书作者相信黄帝乃周人创制的神帝，所以黄帝铸鼎当是后人的附会。在禹和启之间，现在流传最广的是禹铸九鼎的传说，但这个说法可能是不对的。

图 1　二里头遗址发掘出的铜鼎

先秦典籍中夏人铸鼎的说法最早见于《左传·宣公二年》，书中记载了著名的楚子问鼎的历史事件，王孙满回答鼎的来历就提到最早是夏人所铸："昔夏之方有德也，远方图物，贡金九牧，铸鼎象物，百物而为之备，使民知神奸。故民入川泽山林，不逢不若；螭魅罔两，莫能逢之。用能协于上下，以承天休。"[①] 这里并没有明确说九鼎是夏禹还是夏启铸造的。但在古代文献中，几乎有一个成例，就是言及夏人做何事，如果没有指明具体的对象，那一般都是指启。仅举一例：屈原《离骚》有"启《九辩》与《九歌》兮，夏康娱以自纵"一句，当

_____

① 杨伯峻编：《春秋左传注》（卷二），中华书局 1990 年版，第 669—671 页。

代学者对这里"夏"的疏解都是启。汤炳正："夏，实指夏启。此乃屈赋常用之'借代'格，即借朝代名称代指该朝帝王。"① 褚斌杰："启，夏后启，禹的儿子。……夏，夏代，夏王朝，这里即指夏后启。"② 因此，上引《左传》中关于夏鼎的那段话中的"夏之方有德"，其实也就是说启有德，制鼎者当是传说中夏人的开国君王启。大体在战国时代成书的《墨子》也谓夏鼎是夏启所铸："昔者夏后开使蜚廉折金于山川，而陶铸之于昆吾；是使翁难雉乙卜于白若之龟，曰：'鼎成三足而方，不炊而自烹，不举而自臧，不迁而自行，以祭于昆吾之虚，上乡！'乙又言兆之由曰：'飨矣！逢逢白云，一南一北，一西一东，九鼎既成，迁于三国。'夏后氏失之，殷人受之；殷人失之，周人受之。夏后、殷、周之相受也，数百岁矣。"③

但夏鼎的铸造者亦有说是禹的。古代典籍中明确提出大禹铸鼎的最早为西汉的司马迁，在《史记·夏本纪》中，他说禹"收九牧之金，铸九鼎，象九州"④；其后汉代焦延寿的《易林·小畜之九》亦谓"禹作神鼎，伯益衔指"⑤。到东晋王嘉的《拾遗记·卷二》中亦明言"禹铸九鼎"⑥。此后，九鼎为大禹所铸造，遂成定论。

那么夏鼎到底是禹所铸造还是启所铸造呢？笔者以为应该是启所铸造。原因是：1. 按照文献先后的原则，启铸九鼎的说法在先，禹铸九鼎的说法远远后出，当然应该是取先说合适；2. 启又传说是夏朝的立国者，通过铸鼎行为象征自己的无上权力是最合适的；3. 在夏人创世神话中，启是世界创造的最后完成者，也是至上天神，作为神话的一个关目，叙述他在最后完成世界的创造之后，铸造九鼎，纪功立威，以象征世界创造的完成以及他对整个世界的主宰权和控制权，也是最为合适的行为。因此，启铸九鼎的说法更符合逻辑和历史。但到后世，禹铸九

---

① 汤炳正等注：《楚辞今注》，上海古籍出版社 1995 年版，第 19 页。

② 褚斌杰：《楚辞要论》，北京大学出版社 2003 年版，第 160 页。

③ 王焕镳：《墨子集诂》，上海古籍出版社 2005 年版，第 993—1002 页。

④ （汉）司马迁著，（南朝宋）裴骃集解，（唐）司马贞索隐，（唐）张守节正义：《史记·夏本纪第二》，中华书局 1959 年版，第 465 页。

⑤ （汉）焦赣：《焦氏易林》，景印文渊阁四库全书·子部一一四·术数类，（台北）商务印书馆 1986 年版，第 294 页。

⑥ （东晋）王嘉著，（梁）萧绮辑编：《拾遗记》，景印文渊阁四库全书，子部三四八·小说家类，（台北）商务印书馆 1986 年版，第 320 页。

鼎的说法则更为流行，原因大约是在先秦到秦汉，禹被塑造成了一个临危受命、公而忘私的国家政治伦理楷模，他不辞辛劳、平治洪水、拯救万民的行为为后世所推崇和敬仰。启因在《离骚》等诗歌中被指责为"康娱自纵"的形象，所以在后世多为负面评价，其地位被大大削弱，因而，禹成了夏人神话传说中的主角，人们把一些重大的活动归结到他的名下，也是顺理成章的事情。

对于本节而言，九鼎为何人所铸并不重要。从真实的历史角度讲，鼎可能既不是禹也不是启所铸造，后世经常将一些重要的文化创造移植到一些最重要的传说和历史人物身上，这在中国古代神话传说中已是屡见不鲜，说夏鼎为禹或启所铸造，当是这种现象之一。本节采用启铸九鼎的说法，主要是将其作为夏人创世神话的一个关目来探讨这个行为的历史与文化意义。

在笔者还原性建构的夏人创世神话中，启铸九鼎的神话片段，当属于夏人创世神话庆典环节中的一个片段。铸造九鼎的神不是禹而是启。天神启最后完成了世界的创造之后，率领众神在天穆之野举行盛大庆典，欢庆创世完成、确认启对世界的主宰权和控制权。在这个庆典过程中，启自己（或命人）创制并演奏了美妙的神乐神舞《九歌》、《九辩》、《九招》等，同时命人铸造了九只大鼎，配享九州下民之供奉，以象征自己对天下九州的统治权和主宰权。

《九歌》、《九辩》、《九招》（即《九韶》）这些神乐神舞的原始构成和内容是怎样的，我们今天已不可知，但我们可以推测，先秦楚人的《九歌》体制应该是从遥远的夏人那里延续过来的，会给我们提供许多推测夏人《九歌》的有用信息。从楚人的《九歌》中，我们大体可以推断，这是歌颂众神的歌，而且每一首歌都有一个具体的对象，楚人《九歌》的具体内容（如祭祀的神祇对象）应该与夏人《九歌》应有很大区别，但这种体制和目的我相信应该基本沿袭不变，就是以一定数量的歌曲祭祀、歌颂本部落或民族最重要的神祇。如果这个推断不错，那么，启制定的《九歌》、《九辩》、《九招》等，应该具有天神排座次的意味，就是在世界创造完成之后，根据诸神在神界的地位和重要性，选出若干个（很可能是九个）最重要的大神作为夏人祭祀的最重要的神，配享神歌神舞和下界人类的祭祀，就像希腊的俄林帕斯山十二神和埃及赫里尤布里斯太阳城九神一样。

关于《九歌》、《九辩》、《九招》等神乐，一些学者按照《山海经》中"开上三嫔于九天，得《九辩》与《九歌》以下"的记载，认为是天帝之乐，是天帝赏赐给启的，这都是夏人创世神话本相湮灭之后流传的结果。在原初，《九辩》、《九歌》、《九招》等神乐神舞的创制者当是启本人，因为，他就是最高帝神。戴震在给《离骚》"启《九辩》与《九歌》兮"句作注时就说："言启作《九辩》、《九歌》，示法后王。"[①] 这个说法无意中暗合了夏人创世神话的原始本相。在这个框架中，我们来讨论启铸九鼎的神话片段。

夏鼎上的图案纹饰是怎样的？提出这个问题，乃是因为《左传》在记载王孙满答楚子问鼎时有这样一段话：

> 昔夏之方有德也，远方图物，贡金九牧，铸鼎象物，百物而为之备，使民知神奸。故民入川泽山林，不逢不若；螭魅罔两，莫能逢之。用能协于上下，以承天休。[②]

按照王孙满的这个说法，夏人神器九鼎上是铸有各种图案的："铸鼎象物，百物而为之备。"[③] 但这种说法看来是想象性和夸张性的。以区区九鼎，何以能刻铸那么多动物、植物、人、神、螭魅魍魉？而因为夏王朝的存在至今仍然是一个未能确认的问题，部分学者认定为夏都的二里头发掘出来的青铜鼎也很少，无法让我们准确断定夏人铜鼎上刻铸的图像有哪些。但有学者如李学勤先生研究认为，商周青铜器与远古良渚文化和仰韶文化器物的形制和纹饰有相当明显的继承性，这个观点应该是能成立的。我们也可以据此推断作为商人宗主国的夏人的青铜鼎形制和纹饰，也在总体上被商人、继而也被周人相当程度地继承（当然商青铜鼎也有一定地域和时代独特性）。如果这个推断能够成立，那么，夏鼎上刻铸的图形纹饰应该与商周青铜鼎上主要的类型大体差不多。而

---

① （清）戴震注：《屈原赋注》，中华书局1999年版，第13页。

② 杨伯峻编：《春秋左传注》（卷二），中华书局1990年版，第669—671页。

③ （周）左丘明传，（晋）杜预注，（唐）孔颖达正义：《春秋左传正义》（上），北京大学出版社1999年版，第602页。

我们现在看到的商周青铜器，一只鼎一般只有一个主图纹饰，辅饰以几种其他纹饰而成，可以推断，夏鼎的纹饰应该也是这样的规范。若如此，九只鼎即使各有不同纹饰，那所铸刻的纹饰也十分有限，远不可能达到"百物为之备"的状态。而且，按照一般情形，夏之九鼎所铸刻的纹饰主图极可能都是一样的，统一的。所以，无论从哪方面看，我们都可以说，王孙满对九鼎图案纹饰的说法是虚构性和夸张不实的。

据学者研究，商周青铜鼎上的纹饰图形尽管式样较多，但主要的类型是云雷纹、饕餮纹（一作兽面纹）、夔纹、龙纹、鸟纹、涡纹（火纹）、乳钉纹等，其中，饕餮纹不仅在青铜鼎、而且在其他青铜器上也被广泛采用，是一种重要的纹饰。那么，夏鼎的纹饰主要是哪一种呢？这确实是我们目前无法确定的事情。由于在众多青铜鼎纹饰中，所谓饕餮纹（兽面纹）分布最广，且在商周其他各种青铜器具上都多有刻铸，流布广泛，纹样构图也极其稳定，在历史上也最为著名，所以，笔者推断，它应该是有着遥远历史和继承性的一种纹饰，这种纹饰很可能是从夏人铜鼎的纹饰中流传和继承下来的。有些国外学者甚至主张把我国早期铜器时代定名为饕餮时代，认为我国早期铜器的时代是以饕餮纹为象征，以鬼神为先，以人文为后的神圣王国时代。所以，本节在此推断夏启所铸造的九鼎上，最主要的纹饰图案就是饕餮纹。

关于饕餮（兽面）纹饰的来源，学者们已有丰富的研究成果。一般讲来，都会将这种纹饰的起源追溯到原始时代的动物面纹饰中。在良渚文化、龙山文化发掘的器物中，多见一些兽面纹饰形象，而被一些学者认为可能是夏都的二里头的文化器物中，也有一些兽面纹饰，其中一个绿松石镶嵌的铜牌最为典型（见图 4），李学勤先生认为，史前日照石锛、良渚玉琮、玉冠、二里头绿松石铜牌到商周青铜器上的纹饰之间，有明显的继承关系。这个看法也是大多数研究饕餮纹饰的学者共同的观点，也就是说，饕餮这种纹饰图案，有极其遥远的继承性，同时，不同时代的人们也会根据自己时代的需要对它们作出部分改变。

我们说商周青铜器上的饕餮纹与良渚文化的兽面纹饰之间有明显继承性，这主要是就其构图原则而言的，即它们的构图最核心的部分都是遵循对称中分原则（或称二分原则），都夸张地突出了鼻梁的中分地位和眼睛的成分。至于它们所依据的动物原型，那可能是很不一样的。良渚器物的兽面纹饰不像是猛兽，一些学者认为应该是鸟或鸟与人的面部器官组合而成（见图 2、图 3、图 4）。而商周青铜器饕餮纹饰多像猛兽形象（见图 6、图 7、图 8）。

图 2　良渚文化的兽面纹饰玉冠

关于饕餮纹的性质，历来学者争论颇多。从文献角度讲，饕餮是古代神话传说中的一种神性恶兽，饕餮之名，最早见于《左传》："缙云氏有不才子，贪于饮食，冒于货贿，侵欲崇侈，不可盈厌……天下之民，以比三凶，谓之饕餮。"① 晋人杜预解释说：贪财为饕，贪食为餮。此为贪婪极恶之辈，是人而非兽。《左传》又云："饕餮，兽名，身如牛，人面，目在腋下，食人。"② 至《吕氏春秋·先识》篇则云："周鼎铸饕餮，有首无身，食人未咽，害其及身，以言报更也。"③ 第一次将神话中的饕餮形象和周鼎中的某种形象结合在一起了。但众多周鼎上所铸兽面形象颇多，饕餮究竟指哪种周鼎上的哪种形象，则无法确切指认。将古代文献中这种神性恶兽与商周青铜器上的兽面纹建立确切对应联系则是在宋代吕大临的《考古图》，该书将商周以来的青铜器上

---

①　杨伯峻编：《春秋左传注》（卷二），中华书局 1990 年版，第 640 页。

②　（周）左丘明传，（晋）杜预注，（唐）孔颖达正义：《春秋左传正义》（上），北京大学出版社 1999 年版，第 581 页。

③　陈奇猷校释：《吕氏春秋校释》，学林出版社 1984 年版，第 947 页。

图 3　良渚文化玉琮上的兽面纹饰玉钺

图 4　良渚文化的兽面纹饰玉琮

那种兽面纹命之为饕餮，那以后，这一命称就被历代文化人接受。关于饕餮纹的称谓是否合适，当代学者们已经有持续的讨论，著名学者马承源建议将饕餮纹饰的称谓改为兽面纹，得到不少学者认同。本节还延续饕餮纹的称谓，只是因为这种称谓已经有近千年的历史，而且在中外学术界已经广泛传播。使用这个命称并不意味着我认同商周青

图 5　二里头绿松石铜牌兽面纹

图 6　商代青铜器上的饕餮纹

铜器上的饕餮纹是古代典籍中那种神性恶兽的说法。本处使用这个概

图 7　商代青铜器上的饕餮纹饰

图 8　商代青铜器上的饕餮纹饰

念，只是用它特指商周青铜器上某种特殊的兽面纹饰类型（如图6、图7、图8类型的纹饰）。

商周青铜器上的饕餮构图的动物原型是什么？众多学者对此的判断莫衷一是。认为是鸟、夔、龙、羊、牛、虎、鹿的都有。近百年来的研究对它的构成细分为越来越多的类型，这对于我们深入了解饕餮纹饰不同的构成特征和来源是十分有益的。但不管哪种类型的饕餮纹，大多数学者都能感受到，商周饕餮纹构图具有神秘、威严、凶狠甚至狞厉的特征，是一种综合了多种猛兽特征的纹饰，从各种饕餮纹构图看，这个感觉总体是不错的，但我们还需要区别不同时代兽面纹的不同特征，这些不同特征积淀了不同的社会文化内涵。比较下面几种兽面纹饰，我们将很容易发现，原始文化时期的良渚文化器物（见图2、图3、图4）上的兽面（或鸟面、或鸟人结合面）纹饰具有某种神秘、单纯、天真、轻快的特征，但二里头发掘的那个绿松石铜牌（见图5）上的兽面纹就完全没有这种单纯、天真、轻快的感觉，而具有一种沉重、威严的特征和某种神秘压抑的感觉；到了商代青铜器上的兽面纹（见图6、图7、图8），它们构形上的那种神秘、威严、凶猛、沉重、狞厉的特征就十分突出了，给人强烈的威慑和逼压感。

人类从平等的原始社会进入到以暴力镇压为基础的阶级社会，其历史内涵在良渚兽（或鸟、鸟人）面纹——二里头兽面纹——商周青铜器饕餮纹饰特征的变化中无意识积淀下来。作为阶级社会第一个国家政权的夏代，其兽面纹饰与良渚纹饰的区别是那么明显，至商周青铜器上的饕餮纹这种区别就更明显了。我们不知道启所铸的九鼎上是怎样的兽面纹，但可以推测，那应该是与已经发掘出来的夏商青铜器物上的饕餮纹大体相同的纹饰。神秘、威猛、凶狠、狞厉、恐怖应该是夏鼎饕餮纹饰的主要特征。具有这种特征的纹饰，不少学者都认为其原型是猛兽，很可能是凶猛的食肉动物虎。只有虎才能够给人这种感觉。很多饕餮纹很可能是在虎的基础上，综合了其他多种野兽的形象特征之后形成的纹饰类型。

当然也不是一切饕餮纹饰的原型都是虎，许多动物可能成为不同器物上不同饕餮纹的原型，但它们共同呈现出的神秘、威严、凶猛、狞厉的特征，使这些纹饰都"泛虎化"了。而这似乎是我们尤其应该注意到的一个现象，现当代不少中外学者对商周青铜器上的饕餮纹饰进行了十分细致的分类，有的甚至将它们分为一百多种，同时也确认不同类型所依据的动物原型可能是不一样的。这些研究对于我们更深入细致准确了解商周青铜器饕餮纹饰的复杂性十分有益。但在进行细致繁复分类工作的时候，我们一定不要忘记，构成商周青铜器上的饕餮纹饰的动物原型可能有很多种，比如有的饕餮纹明显类似羊角或牛角，有的鼻子明显类似羊鼻或牛鼻。但它们在纹饰中都被严重地"泛虎化"了，就是说都带着猛虎特有的威严、凶猛、狞厉和恐怖的特征。图6、图7、图8这些纹饰的动物原型，不管是否是猛虎，都具有这一特征，这正是商周青铜器饕餮纹饰泛虎化的典型表现。尤其是将它们和良渚文化中的那些纹饰比较，这种感觉就会更加强烈。

　　而作为许多青铜器上饕餮纹饰的主要原型之一的虎，正可能与夏人创世神话中世界创造的最后完成者启有关，是启的神性形象。启是什么形象，诸书未有明言，大约在历史化的文献中，启已经是人王而非天神，人王其形象自然是人形了。但实际上，在原初夏人创世神话中，启并非纯粹的人形，而很可能是人面虎身，或者就是老虎的形象。所谓启者，开也，明也，故作为神祇的启，乃是东方开启光明的天神。而在中国古代神山昆仑山上，有一只面向东方的开明神兽，是司掌东方启明的神兽。《山海经·海内西经》对这个神兽有这样的描述：

　　　　昆仑南渊深三百仞。开明兽身大类虎而九首，皆人面，东向立昆仑上。① 海内昆仑之虚，在西北，帝之下都。昆仑之虚，方八百里，高万仞。上有木禾，长五寻，大五围。而有九井，以玉为槛。面有九门，门有开明兽守之，百神之所在。在八隅之岩，赤水之际，非仁羿莫能上冈之岩。②

　　对此袁珂校注曰："开明兽即《西次三经》神陆吾也。"③ 陆吾亦作肩吾，按《庄子·大宗师》称肩吾亦省称"开明"。而笔者认为，这个

---

① 袁珂校注：《山海经校注》，上海古籍出版社1980年版，第298页。
② 同上书，第294页。
③ 同上书，第299页。

开明神兽的形象来源可能很古老，应该来源于夏人神话系统。昆仑山在周代神话中是周人至上天神黄帝之下都，这个开明兽在周人神话中已经变成一个不知名的小神了。但在夏人神话中，这个开明神兽应该地位显赫，它就是至上天神、东方光明之神启。夏人神话中天帝启所居之山为何，尚不可知，但可以肯定，在夏人神话的神山上，开明天神启是至上主神，那个主神的形象是怎样的呢？应当与这个开明兽这样的形象相关："身大类虎而九首，皆人面。"笔者说启的神性形象就是这个开明兽的形象，理由如下。

1. "启"的本意，就是"开"、"明"之意，即光明、朱明之意（亦即祝融神之本义）；而昆仑山这个开明神兽是"东向立昆仑上"，面向东方光明诞生的方向，暗示了其司职与光明相关。

2. 开明即祝融，光明天神，而祝融神的形象据《山海经·海外南经》说："南方祝融，兽身人面，乘两龙。"① 这与《海外西经》中"夏后启于此儛九代，乘两龙"②，《大荒西经》中"有人珥两青蛇，乘两龙，名曰夏后开"③ 的形象，十分相近。这个祝融神最早的来源应该就是夏人神话中的最高天神启，在周人神话系统中才演变为后起神系中黄帝的属神。而这个祝融的形象是怎样的呢？"兽身人面"，什么兽没有明说，但作为具有主司东南方向的光明神，同时也是具有巨大神力的杀伐之神，虎才是合适的。而那个开明兽也是"身大类虎而九首，皆人面"④，人面兽身，形象完全一样。而且开明兽的名字"陆吾"，与"祝融"音声相近，应该是祝融的误读或变音。

3. 这个开明神兽"身大类虎"，其实就是以虎为原型的神兽，而在中国神话系统中，虎是与东方相关的神兽，对应的时间是"寅时"，即清晨，也就是太阳东升的那个时辰，故有"寅虎"之称。同时，虎还对应于太阳沉落的西方方位（西方白虎），所以虎具有既主新生又主刑杀（后世主要突出了其刑杀的职能和形象）的辩证职能。而昆仑山的这只虎形神兽是面向东方而立的，是主管清晨的开明神兽，即"寅虎"，这

---

① 袁珂校注：《山海经校注》，上海古籍出版社 1980 年版，第 206 页。
② 同上书，第 209 页。
③ 同上书，第 414 页。
④ 同上书，第 298 页。

和"启"的本义也是一致的：由昏蒙到光明曰启，正是早晨东方升起的光明天神。

4. 夏人始祖神鲧、禹和涂山氏的构形中，其实都内含有"三"或以之为基数"九"的构成（详见本章第三节），启其实也应该是这样，他在夏人神话中，应该是那个人面九首身大类虎的形象，这个形象的组构，和其他夏人始祖神的形象遵循共同的规则。

5. 虎的形象因其凶狠威猛，所以主刑杀的职能十分突出，而在夏人创世神话中，三代始祖神中，启是杀伐最多的一位：杀祖父（母）鲧（"帝令祝融杀鲧于羽郊"[①]）；杀母亲涂山氏（屈原《天问》："启……何勤子屠母，而死分竟地？"[②]）；杀可能争夺最高统治地位的益（《竹书纪年》："益为启所诛"[③]）；讨伐不听命的异族三苗、伐杀挑战其位的同族有扈氏，等等，夏人神话中的世界，最后是在第三代始祖神启一系列的杀伐屠戮中完成创造的。这个掌控杀伐刑戮大权的天神，与主刑杀的神虎正有内在的一致性。

6. 启的属神孟涂是虎神，这也可侧证启可能是虎形。据《山海经·海内南经》："夏后启之臣曰孟涂，是司神于巴。"[④] 而据有学者研究，这个巴神孟涂即于菟就是虎神。古代巴人也是崇虎的民族，以虎为图腾。孟涂是虎形当然不一定是启亦为虎神的确证，但他们之间有可能是一样的。

鉴于上面的理由，笔者认定，《山海经》中那个开明神兽应该来源自夏人神话，它在夏人神话中，应该就是那个完成世界创造的开明神启。

写到这里，我们面临一个问题：前几章分别说到夏人神话中原始混沌母神鲧的神性形象是三足鳖，禹的神性形象是龙，启的神性形象是虎，而这些神性形象如果从历史角度讲，就是这些神所在氏族或部落的图腾即族徽。于是，问题就产生了，既然在神话中鲧、禹、启有血缘世系关系，他们各自的图腾为什么不一样？众所周知，图腾是一个氏族或部落的族徽，其本义是某人或某氏族、部落在文化上所认定的血缘祖

① 袁珂校注：《山海经校注》，上海古籍出版社 1980 年版，第 472 页。
② （宋）朱熹集注：《楚辞集注》，上海古籍出版社 1979 年版，第 59—60 页。
③ （战国）《古本竹书纪年》，刘晓东等校点，齐鲁书社 2000 年版。
④ 袁珂校注：《山海经校注》，上海古籍出版社 1980 年版，第 277 页。

先，这意味着只要是属于同一个氏族和部落，就应该是同一个图腾形象。鲧、禹、启各有自己的图腾标识，这是否意味着他们没有血缘关系？对这个问题的可能回答，有四种：

第一种是他们之间在夏人创世神话中确实本没有血缘世系关系，是后人将他们组合在一起，确认为具有血缘关系的三代人。但他们各自的图腾，还是无意识地透露了他们属于不同的始祖或部落，本没有血缘关系。顾颉刚先生在《鲧、禹的传说》中，就说鲧、禹本不是父子，是战国时代的人将他们拉到一起成为父子的。同时，顾颉刚先生还认为，禹只是一个早期天神，本和夏也没有关系，只是春秋战国时代的人们将他描述为夏的祖宗，传说中夏人的立国者启的父亲。

第二种是他们可能曾经分属远古夏人部落联盟中不同的氏族或部落，这些氏族或者部落各有自己的族徽（图腾），他们在不同时期各自先后成为这个部落联盟的首领，因为古代组成部落联盟的各部落和氏族在原则上都有或远或近的血缘关系，他们三人尽管来自不同的部落，但可能正好是具有祖、父、孙的代际关系，因此，在神话中他们被描述成具有血缘关系的三代神祇（这种情况下，他们本是有泛血缘关系的）。

第三种可能是，他们本是真实具有血缘关系的，鲧所在的部落是以龟鳖为图腾的部落，但他的儿子禹这一辈人长大后，他所在的部落人丁兴旺，于是这个部落为首的下一代人中的一部分就分蘖出去组成新的部落（他们和父辈的部落还在一个大的部落联盟中），他们作为新的部落，需要有一个新的族徽（图腾），于是他们就以蛇或龙为图腾；禹这一个部落的发展也可能十分迅速，于是以他的儿子启为首的他的下一辈人中又有一部分分蘖出去，组建新的部落，启新建的部落又有了新的图标（图腾）虎。这就是鲧、禹、启三位神祇虽为血缘世系的祖孙关系，但却具有不同图腾的原因。

第二种和第三种情况是可能的吗？摩尔根的《古代社会》一书对以易洛魁部落联盟为主的美洲印第安人的氏族、部落和部落联盟的构成情况和形成过程都作过深入扎实的研究，我在这里介绍其中与本节问题相关的某些成果：印第安人的每个部落联盟都是由若干个部落组成的，一个部落又是由若干氏族组成的，氏族与氏族之间、部落与部落之间都有或远或近的血缘和泛血缘关系，每个部落和氏族都有自己的族徽。部落与部落、氏族与氏族之间一般都是同辈关系，但由于不同部落或氏族的人口发展速度和状态不一样，所以，那些发展迅速的部落和氏族中的下一辈中的某些人就可能从原来的部落或氏族中分蘖出去，另成立一个氏族或部落，他们作为新的氏族或部落，拥有自己新的族徽。这种发展的不平衡导致一个部落中的多个氏族之间、一个部落联盟内的各个部落之间的关系，既可能是同辈关系，也可能是不同辈关系。[①] 摩尔根介绍的这种情形，可以作为笔者上面提出的第二和第三种解释的理论基础。鲧、禹、启在神话中被描述为具有血缘关系的祖—父—孙关系，从历史角度考察，应该是属于笔者上面提出的三种可能中的后两种。

但还可能有第四种解释，这就是，作为神话世界的人物，他们带有动物特征的神性形象与他们在古代神话中不同的时空方位相关，而不是与他们神话中的血缘关系相关。而在中国古代神话中，处于不同时空方位的神祇，即使他们之间有血缘关系，他们的神性形象也并不总是按照同一个图腾形象来确定的。例如，从立体角度，中国古代将世界分为水—地—天三个层面，这三个层面主神的神性形象分别是鱼类（龟鳖或鲸鱼等）—龙蛇类—鸟类。从平面角度，中国古代神话时空由东南西北四个空间方位构成，分别对应于春夏秋冬、晨午昏子四个时间段位，它们的神性形象分别是青龙、朱雀、白虎、玄武（龟蛇合一的形象），而这立体或平面空间和时间结构的神之间完全可能存在血缘世系关系。如在黄帝众多后裔中，有一个黄帝—颛顼—昌意—韩流的生殖世系，他们在深层大体对应的是白天—昏昧—黑夜的时空区位，在这个世系中，黄帝的神性形象可能带有熊的构成（黄帝乃有熊氏），颛顼的神性形象可能带有鱼的构成，韩流的神性形象则可能带有猪的构成。这就是说，诸神的神性形象，很可能不是按照他们的图腾来确定的，而是按照他们在神话中所处的时空方位确定的。从这个角度来理解鲧、禹、启之间神性形象的不一致就容易了，因为在夏人创世神话中，他们分别代表世界创造的不同阶段，处于不同的时间和空间位置。

由此回到商周青铜器上铸造的饕餮形象，笔者认为它的主要原型之一就是虎神，这种饕餮纹的来源应该是夏人青铜器，神话中所说的夏人

---

① 可参阅摩尔根《古代社会》第二编《政府观念的发展》第二—第七章，杨冬荪、张栗原、冯汉骥等译，商务印书馆 1971 年版。

九鼎上刻铸的形象，应该是这种以虎神为主的形象，也就是光明创世天神启的形象。这个形象，突出了他的威猛、神秘、凶狠、狞厉特征，为的是给人巨大的神秘感和恐惧感、敬畏感和压迫感，突显了夏人创世神的暴力特征。启铸九鼎作为启统治世界的象征，在鼎上铸造自己的形象，也是再合理不过的事情。

第二节　启铸九鼎与夏人神话宇宙圣数 *

接下来，我们要探讨一个问题：启铸造九鼎的行为和九鼎形制本身透露出和夏人创世神话相关的怎样的信息？

在讨论这个问题之前，对于上引《墨子》那段记载中鼎的形制问题，有必要稍加辨析。《墨子》那段记载谓启所铸造的鼎是"三足而方"的形态，正解应该理解成一只三足的方鼎，但这种形制的鼎迄今未见。笔者网上遍查目前所见之史前陶鼎、夏商周青铜鼎照片，未见三足方鼎，三足均为圆鼎，而方鼎均为四足。笔者据有关资料，对此作出这样的解释：要么原文传记有误，"三足而方"本为"三足而圆"，即三足圆鼎，要么"三足而方"应该解读为"三足而足方"的圆鼎。结合上面二里头出土的三足圆鼎的形态，笔者想神话中启所铸造的鼎不应该是三足而口方的方鼎。

下面，我们继续讨论启铸九鼎与夏人创世神话的关系，以及它的形制中透露出的夏人神话创世密码。

启铸九鼎的关目，应该是夏人创世神话的关目之一。在这个神话中，启在完成了世界的创造后，举行了大规模的庆典，他创制（或命人创制）了神乐《九招》、《九辩》、《九歌》，收九州之金铸造了九鼎，象征他对天下的主宰和控制权。在天穆（大乐）之野，他率领众神举行盛大的庆典。今见《山海经》和相关文献的记载还透露出这个过程的某些信息：

＊ 本节以《启铸九鼎与夏人神话宇宙圣数》为题发表于《井冈山大学学报》（社会科学版）2013 年第 5 期，发表时有增删。

西南海之外，赤水之南，流沙之西，有人珥两青蛇，乘两龙，名曰夏后开。开上三嫔于天，得《九辩》与《九歌》以下。此天穆之野，高二千仞，开焉得始歌《九招》。（《大荒西经》）①

大运山高三百仞，在灭蒙鸟北。大乐之野，夏后启于此儛九代，乘两龙，云盖三层。左手操翳，右手操环，佩玉璜。在大运山北。一曰大遗之野。（《海外西经》）②

这个启带领众神在天穆之野歌舞的记载，尽管已经从原始的创世神话中遗落，但仍然保留着神界庆典的某些特征。如上节所述，它的原始形态应该是，启在完成创世工作以后，自己或命人制作神歌神舞《九辩》、《九歌》、《九招》等，并铸造九鼎，配享下民供奉，以记创世完成之功。

启铸九鼎的神话故事，就属于这个庆典的一部分。

鼎这种器物并非自夏人开始铸造，考古学发掘证明，华夏民族，在新石器时代就有陶鼎出现，距今约 8000 年前后的良渚文化遗址中，就出土过黑陶鼎。而距今约 5000—7000 年前后的黄河中下游的北辛文化、大汶口文化、仰韶文化遗址中都已经发现大量陶鼎，稍晚的黄河上游的大地湾、张家嘴、马家窑等文化遗址上，也挖掘出新石器时代中晚期的三足或四足陶鼎，足证鼎作为一种新石器时代的食器，已经遍布黄河流域。从现在发掘的陶鼎情形看，专家一般认为主要是用于日常生活的食器，同时，也有少数陶鼎可能具有祭祀的用途。如黄河上游的甘肃大地湾遗址出土的一只弦纹彩色四足鼎，其形制可能具有特殊性质和用途，应该是用之于祭祀活动的礼器。这样，鼎在新石器时代，除了作为日常生活的食器外，已经开始作为祭祀的礼器使用了。

启铸九鼎这样的神话故事关目中，鼎自然是作为庆典的神器（也是后来下民祭祀的礼器）而出现的。笔者的问题是：1. 启为何铸造的是九只鼎，而不是其他数目的鼎？2. 夏鼎为何是三足圆鼎而不是四足方鼎？3. 夏鼎上铸刻的图案是什么？4. 上述所有这些形制和图案纹饰有什么特殊的意义？

这四个问题中，第一个问题，古代文献似乎已经作了解答：在上引

---

① 袁珂校注：《山海经校注》，上海古籍出版社 1980 年版，第 414 页。
② 同上书，第 209 页。

《左传》、《史记》历史化了的夏人铸鼎传说中表述得很清楚，九鼎象征天下九州，集九州之金而铸造九鼎，作为启所拥有的神器，配享九州万民的供奉，则自然象征着启对天下九州的控制权和主宰权。但这似乎还不是问题的终极解答，因为继续的追问是，夏人神话中，大地何以被切分为九州而不是其他数目的区域？而且，我们还发现，夏人并不是仅仅在陆地的切分上是以"九"为标准，而且几乎在创世神话的一切领域都以"九"为神圣数字来切分和表示。下面列举几个基本的方面：

1. 夏人始祖神"禹"的形象内含有"九"数。

关于"禹"与"九"的关系，从其字的构形中就透露出来了。

篆书"禹"字　　　金文"禹"字1　　　金文"禹"字2

金文"禹"字3　　　金文"禹"字4　　　金文"禹"字5

甲骨文"九"字　　　金文"九"字　　　篆书"九"字

从上面的"禹"的字形可见，几乎所有禹的构形中都有一个"九"字，篆书"禹"和金文"禹"字5，明显是一个"九"字和一个"虫"字的结合体。许慎《说文·内部》云："禹，虫也。从内，象形。"顾颉刚先生因此而得出禹是一条类似蜥蜴的虫的结论。而上面金文"禹"字1，正是一个蜥蜴状象形字，它令我们想起青海出土的史前仰韶文化陶器上的那只蜥蜴，而其他金文和篆文的"禹"字，则基本为也可看出是"九"、"虫"的结合体。因此，它们应该是一个会意字，意为"九条虫"之神；而所谓虫在此即指上面金文"禹"字1的蜥蜴状动物，那是中国古代龙的原型之一，或者说那就是史前的龙的形象之一。古人向来将龙视为鳞虫之长，因此，"禹"字的本义应该解为九龙之神。而古代文献资料均谓禹与龙有密切关系。禹为夏人社神、土地神，而社神后土的原始形貌就是句龙，即一条环屈的龙，这在神话学界已经是常识，不需赘证。禹这个社神不仅是龙，还应是九龙，所谓九龙的形状，大约就是九头龙的形状。今存文献未见谓禹是九首之龙的直接记载，但禹字的构形透露了在远古神话中他可能就是九首之龙形象的信息。而禹父共工（鲧）的臣子（其实应该也是他所生的另外的儿子）中，就有九首龙蛇的形象，相柳是典型。

《山海经·海外北经》：

> 共工之臣曰相柳氏，九首，以食于九山。相柳之所抵，厥为泽溪。禹杀相柳，其血腥，不可以树五谷种。禹厥之，三仞三沮，乃以为众帝之台。[1]

《山海经·大荒北经》：

> 共工臣名曰相繇，九首蛇身，自环，食于九土。其所欧所尼，即为源泽，不辛乃苦，百兽莫能处。禹湮洪水，杀相繇，其血腥臭，不可生谷。其地多水，不可居也。禹湮之，三仞三沮，乃以为池，群帝因是以为台。在昆仑之北。[2]

九首蛇身也就是九首龙身。蛇是龙的重要原型，蛇可以变成龙，龙也可以化为蛇。人首蛇身的伏羲女娲在汉画像砖中交尾缠卷的形象，亦被看成"龙身"交缠之象。当然，"九"作为夏人文化中的宇宙圣数，至大至圣至圆满，具有神圣之意，九即神圣，神圣即九，两者可以互换，所以，以九命称的对象如果不是实指，也可以以神命称。诸如九鼎、九州均可称为神鼎、神州，准此，则九龙也就是神龙之意，禹字的本意是九龙，也就是说他的形象是神龙。

2. 夏人始祖母神涂山氏的形象也内含有"九"数。

禹的妻子涂山氏的形象亦与九有不解之缘。据汉赵晔《吴越春秋·

---

① 袁珂校注：《山海经校注》，上海古籍出版社1980年版，第233页。
② 同上书，第428页。

越王无余外传》云："禹三十未娶，恐时之暮，失其制度，乃辞云：'吾娶也，必有应矣。'乃有九尾白狐，造于禹。禹曰：'白者吾之服也，其九尾者，王者之证也。涂山之歌曰：绥绥白狐，九尾厖厖。我家嘉夷，来宾为王。成家成室，我造彼昌。天人之际，于兹则行。明矣哉！'禹因娶涂山，谓之女娇。"[1] 则涂山氏乃一九尾狐，九尾灵狐象征子孙繁息，是祥瑞之象。

3. 夏人神话中世界最重要的构成都是以"九"为基数命称和划分的。

夏人的天有九重，地称九州或"九有"，最神圣的神乐歌舞称《九辩》、《九歌》、《九招》，最神圣的礼器称为九鼎，创造大地的神圣模型称之为"洪范九畴"，等等。而且，夏人鲧、禹启生活的环境和行为世界以"九"命称的也很多：《尚书》谓鲧治水的时间是"九载"而不成，《国语·周语》谓禹治水曾经"封崇九山，决汨九川，陂障九泽，丰殖九薮，汩越九原，宅居九隩，合通四海"[2]，《史记·夏本纪》谓禹治水"开九州、通九道、陂九泽、度九山"等[3]，均以"九"为基数命称，乃至后世传说中授予禹河图的女神叫"九天玄女"，河图又称为九宫图，等等。

由此可见，"九"在夏人神话世界中似乎是一个构筑其世界的基础数，也即是荣格所谓的原型圣数，笔者称之为宇宙圣数，或文化元编码数，即夏人用以构筑其创世神话中天地宇宙的基础性数字，夏人按照这个数字来切分、命称他们所创造的世界。这使得夏人神话世界中那些最神圣的对象均以"九"来命称和制作，祭祀神器"九鼎"的体制就是按照这个规则来确定的。

但进一步研究将会发现，"九"还不是夏人构造神话世界的元编码数，还有一个数字比"九"更具有基础地位，那就是"三"，"九"不过是"三"的倍数而已，其基础数是"三"。所以，"三"是圣数中的圣数。据赵国华等学者研究，以三为大、以三为圣、合三为一、以一为三

---

① （汉）赵晔著，张觉校注：《吴越春秋校注》，岳麓书社 2006 年版，第 161 页。

② 上海师范大学古籍整理小组校点：《国语》，上海古籍出版社 1978 年版，第 104 页。

③ （汉）司马迁著，（南朝宋）裴骃集解，（唐）司马贞索隐，（唐）张守节正义：《史记·夏本纪第二》，中华书局 1959 年版，第 51 页。

的规则，在仰韶文化后期基本形成，到《易经》的计数系统中完全被确认，并成为以后中国文化的重要观念和基础。[①] 在我看来，从仰韶文化到周人《易经》的计数系统中，有一个重要的阶段，就是夏商两个时代。是夏人的神话和文化世界，确认"三"作为文化元编码数的重要意义。夏人是起自西北的族团，夏代是从原始的仰韶社会向阶级社会发展的标志性时代，其文化对于仰韶文化的继承是显而易见的。夏人创世神话中，最基础的圣数是"三"，"九"是"三"的三倍数因此具有最神圣的意义。关于"三"对于夏人创世神话的意义，兹列举几个方面：

1. 上述夏人神话所有含"九"或以"九"命称的对象，其基础数都是"三"。中国文化制造圣数的方式，就是以"二"和"三"为基础数，以它们的倍数衍生新的圣数。"九"就是通过"三"的倍数方式衍生的圣数，因为它是"三"的三倍数，同时又是一至十的自然数中的最高数（至"十"即重归"一"），所以，成为圣数中最重要的圣数。以"三"为大、以"三"为神圣、以"三"为完满的观念，同时也转移到"九"这个数中，以"九"为大、为神圣、为圆满也就成为中国文化的基本观念。所以，中国文化和社会生活中以"九"为体制的现象十分丰富。因为"九"为最神圣的数字，所以，人们往往以"神"来替代它。如"九州"又称"神州"、"九鼎"又称"神鼎"、"九龙"又称"神龙"等，"九"的含义等同于"神圣"。准此，我们可以推断，所谓《九辩》、《九歌》、《九招》（"九韶"），其本来的含义就是神歌神舞神乐。从这里我们也可解开《楚辞》学家聚讼千年的一个问题：屈原之《九歌》，按照题名之数字，应该是九首歌，但为什么有十一首？古往今来无数学人为此作解，但终未有一个大家都接受的解释。从本书上面对"九"与"神圣"含义的同一性角度，我们很容易解决这个问题："九歌"的本意就是神歌，在启那里原初也许还是对应于夏人九位大神的歌，"九"同时也具有实指数字的意义。而在后世流传的过程中，"九歌"的体制用之于祭祀不同地域重要神祇的时候，人们对于"九"作为实数的意义慢慢不再执著，而是强调了其"神圣"的含义，《楚辞》中的"九歌"应该就是这样形成的，它有十一首歌，但依然名之为"九歌"，突出的是

---

① 参看赵国华《生殖崇拜文化论》，中国社会科学出版社 1990 年版。

其"神圣之歌"的含义。

2. 夏人神话中的始祖神鲧的形象内含有"三"的数码。

《国语·晋语八》云："昔者鲧违帝命，殛之于羽山，化为黄熊，以入于羽渊……"[1]《左传》昭公七年也云："昔尧殛鲧于羽山，其神化为黄熊，以入于羽渊。"[2] 研究者确认，这个"黄熊"原本当作"黄能"，今本误作"黄熊"，陆德明《经典释文》认为"熊亦作能，作能者胜"。[3] 孔颖达《正义》说："能，如来反，三足鳖也。"[4] 有学者如杨宽先生认为说这个"三足鳖"是畸形的鳖[5]，从自然科学角度看确实如此，但从神话学角度讲，说鲧化为三足鳖入于羽渊，绝对不是强调它变成一只畸形的鳖的意思，而是强调它的神圣性，是说它是一只神鳖。因为，在以三为大、为圣的夏文化中，以"三足"来强调一只鳖的形象，那是在强调它的神圣性。一如古人说日中有三足乌一样，那只三足乌不是强调它是一只畸形的乌鸦，而是强调它是太阳神鸟即凤凰。

3. 夏人创世神话中，世界的空间构成是三个层次、并经过三代神祇创造完成的。夏人的神话世界是由水—地—天三个层次构成的，且这三个层次的创造是在历时过程中分次完成的。与之相对应的是，夏人始祖神鲧、禹、启三代神祇的神性分别对应为水神—地神—天神，至第三代天神启那里，世界的创造才得以完成。

4. 夏人的神话传说世界中，以"三"和其倍数命称的对象和现象很多，且都有神奇性：

鲧死三岁不腐，剖之以吴刀，化为黄龙。（《山海经·海内经》郭璞注引《开筮·归藏》）[6]

昔者，夏鲧作三仞之城。（《淮南子·原道训》）[7]

① 上海师范大学古籍整理小组校点：《国语》，上海古籍出版社 1978 年版，第 478 页。
② （周）左丘明传，（晋）杜预注，（唐）孔颖达正义：《春秋左传正义》，北京大学出版社 1999 年版，第 1244 页。
③ （唐）陆德明著，黄焯断句：《经典释文》，中华书局 1983 年版，第 278 页。
④ （周）左丘明传，（晋）杜预注，（唐）孔颖达正义：《春秋左传正义》，北京大学出版社 1999 年版，第 1244 页。
⑤ 杨宽：《楚帛书的四季神像及其创世神话》，《文学遗产》1997 年第 4 期。
⑥ 袁珂校注：《山海经校注》，上海古籍出版社 1980 年版，第 473 页。
⑦ 何宁：《淮南子集注》（上），中华书局 1998 年版，第 29 页。

禹耳三漏。(《淮南子·修务训》)[1]

先儒说，夏禹时，天雨金三日。(《述异记·卷下》)[2]

舜传天下，而传之禹。……而国之不服者三十三。(《韩非子·十过》)[3]

禹东教乎九夷，道死，葬于会稽之山，衣衾三领，桐棺三寸，葛以缄之。(《墨子·节葬下》)[4]

禹乃使太章步自东极至于西极，二亿三万三千五百里七十五步；使竖亥步自北极至于南极，二亿三万三千五百里七十五步。凡鸿水渊薮自三百仞以上二亿三万三千五百五十里有九渊。禹乃以息土填洪水，以为名山。(《淮南子·坠形训》)[5] (本文作者按：均为三之倍数)

大运山高三百仞……大乐之野，夏后启于此儛《九代》，乘两龙，云盖三层。左手操翳，右手操环，佩玉璜。在大运山北。一曰大遗之野。(《山海经·海外西经》)[6]

开上三嫔于天，得《九辩》与《九歌》以下。(《山海经·大荒西经》)[7]

上述这些文献，都有意无意在使用"三"和"三"的倍数来描述夏人神话中几位始祖的生活和世界。可列举的例子远不止这些，例如，夏人神话中，将自己的敌人也以"三"或"三"为倍数描述或称呼，如称自己的敌族苗人为"三苗"或"九黎"，等等，说明"三"和其倍数已经是他们命称世界的元编码数了。

由此说到夏鼎的形制三足圆鼎。夏人的礼器鼎是三足圆鼎，这已经不成疑问，为什么是三足圆鼎且九只成制？笔者以为，这和夏人以"三"和"三"的倍数为圣数密切相关。应该说，三足圆鼎的形制并

[1] 何宁：《淮南子集注》(下)，中华书局1998年版，第1335页。

[2] (梁)任昉：《述异记》，景印文渊阁四库全书·子部三五三·小说家类，(台北)商务印书馆1986年版，第624页。

[3] (战国)韩非著，陈其献校注：《韩非子新校注》，上海古籍出版社2000年版，第788页。

[4] 王焕镳：《墨子集诂》，上海古籍出版社2005年版，第610—611页。

[5] 何宁：《淮南子集注》(上)，中华书局1998年版，第321—322页。

[6] 袁珂校注：《山海经校注》，上海古籍出版社1980年版，第209页。

[7] 同上书，第414页。

不自夏人始，新石器时代，黄河流域上中下游各文化遗址中都发掘出了三足陶鼎、四足方鼎，作为一般食器，三足、四足、圆鼎、方鼎，都不具有特殊神圣的象征意义，只是先民根据不同的环境和条件制造出来的食器而已。而且，考古发现，三足在中国新石器时代各地，远不止存在于鼎的形制中，而存在于大量不同的器物中，中国新石器时代遍布各地的"三足器"现象，如三足鬲、三足爵、三足盘、三足壶形器、三足规、三足樽、三足壶、三足钵、三足盉，等等，都证明以三足支立食器用器，已经十分普遍了。先民在自己的实践经验中，发现三足是最简洁、稳定、牢固的一种支立方式，故而用之于各种器具。但作为一种祭祀天地神灵的礼器，夏人选择三足的形制铸造铜鼎，其原因就远不在于三足符合简洁、稳定、牢固的物理学规律（一如商人的四足鼎形制也不简单是为了支撑稳固的原因），而应该具有更重要而丰富的文化象征内涵，那就是要在鼎的形制中象征性体现夏人创世密码（宇宙圣数）的神圣性。因为，在夏人之前的新石器时代，陶鼎三足、四足、圆鼎、方鼎都有，选择怎样的形制，取决于夏人希望从鼎的形制上象征性体现怎样的文化内涵。显然，夏人选择三足鼎形制体现的是夏人以"三"为文化元编码数的内在用意，而鼎数以九，体现的也是同样的追求。这只要联系商人最具有特征的鼎是四足方鼎这一事实就可见出。

除了三足和九只之外，夏鼎的形制中，还有一个特征应该也是含有特殊意涵的，那就是圆形。从图1可以推断，夏人三足鼎一般的形制应该圆形，鼓腹、敛口。尽管这也是此前许多三足陶鼎的形制，但夏人选择它作为神圣的礼器，应该赋予了其象征意义，那就是天的象征。圆天方地，这个观念应该是中国人很早就有的，在神圣礼器鼎的形制中突出圆形特征，暗示该鼎最早应该为祭天礼器，或者说是天神启使用的食器，它体现的是强烈的崇天意识。从这个细节的角度，我们也认为，夏人神话中，鼎不当为禹所铸造，因为禹是地神，天圆地方的观念，应该是夏代就已经形成，如果禹铸九鼎是象征自己对天下的拥有权和主宰权的话，那他最应该选择的鼎的形制是方形而不是圆形。

崇天意识在夏人那里也就是崇男意识。传说中的夏代，是第一个以男性为中心和主宰建立起来的国家政权，这个政权在文化上极端肯定和崇拜男性就是必定的。天圆地方的观念中国先民很早就有，甚至可以推到遥远的原始社会，但将天地和男女对应、并且尊天卑地，那应该是男权社会才会有的文化观念。《易经》谓乾为天、为阳、为男、为马，坤为地、为阴、为女、为子母牛，天尊地卑，所谓三天两地、九天八地，就是说，"三"及其倍数是男性的象征数，"二"及其倍数是女性的象征数，这个观念，应该是夏人奠定的。起于西北的周人与起于西北的夏人在文化上的承传关系是众所周知的，周人自己也公开承认这个传承关系。

而夏人创世神话中，男性始祖神禹和启，分别是通过打败并惩罚（流放、诛杀或屠剥）两个女性始祖神鲧和涂山氏的方式完成世界的创造的，也就是说，夏人创世神话中，启最后完成创造的这个世界，根本上是一个男性对女性镇压、主宰和胜利的世界，夏鼎圆腹、三足、九只并列的九鼎形制，作为庆贺、纪念创世完成的神圣礼器，象征性地表达的是对男性的极端肯定和崇拜意识，内涵了神话世界中男性对女性的历史性胜利的性质（再次提示对比商代武丁给自己母亲和妻子妇好分别铸造的大方鼎的形制，方形象地，女性的形象象征）。

综上可知，启铸九鼎的神话有着丰富的历史文化内涵，其中最值得我们注意的是，启铸九鼎的故事，首先是夏人神话中创世庆典的神话关目，而后，因为创世神话的神圣性，作为范例，夏人在现实中完全可能按照这个形制铸鼎。所以如果说，实际历史生活中夏人曾经铸九鼎，那也是完全可能的。鼎的形制和组合暗含了夏人创世神话的宇宙圣数，即文化元编码数，它是按照夏人神话的宇宙观而创制的。而夏代作为中国第一个进入阶级社会的政权，其内涵于九鼎形制和组合中的宇宙圣数，也奠定了中国文化编码系统的基础，以"三"为基数、通过倍数的方式衍生新圣数的编码规则，成为后来中国文化组构自己文化世界和现实世界的重要规则，对中国数千年的文化与社会产生了深远而巨大的影响。

第三节 夏商创世神话宇宙圣数与
中国文化元编码[*]

至此，我们已经讨论了夏商创世神话的宇宙圣数，本节沿着这个话题继续讨论一个问题：夏商创世神话的宇宙圣数对中国以后的文化世界组构的意义。

人类早期文明中，总是把世界（和人类）作为一个总体，按当时当地所崇尚的某些神圣的数字（以下简称圣数）概念对它进行切分，这些圣数对当时的文明具有一种元编码的作用和地位。例如把时空切分成阴阳、上下、左右、前后、东西、天地、昼夜等，都意味着这是以"二"为圣数（元编码）切分世界的结果，二元对立原则正是这种以"二"为元编码数的产物。而到了以"三"为圣数的时期，则时空的二元切分就变成了三元：早中晚、天地水、昼昏夜、上中下、左中右等。到"四"为圣数的时期，时空的切分则又为四元如子午晨昏、春夏秋冬、东南西北等。随着最大数概念的不断后移，人们对世界的切分越来越细。最早的文明中，一年只有二季，后来变为四季再后来变为二十四个节候；最早的空间，只有东西，后来变为四方，再变为八方，到现在，则根据经纬度划分，可细密精确到五位数的切分了。根据列维—布留尔《原始思维》的观点，在人类早期文明中，从"一"到"十"（乃至更大）数概念的出现经历了一个漫长时期（并非同时出现），十个自然数中，几乎每一个数概念都在世界的整体或某些方面的切分上留下了或深或浅的印痕。

但这并不意味着十个自然数中的每一个对人类文化具有同等重要的作用和地位。大量文化现象表明，各民族文化的奠基阶段，某些数概念具有特别重要的地位，是圣数中的圣数，它们被作为切分、组织自然、人类社会和文化世界的基础性数字而广泛运用，而另一些数概念则远不

---

* 本节曾以《中国文化元编码的形成及其历史基础》为题发表于《东方丛刊》2000年第4期，收入本章时有部分增删和修改。

具有这么重要的地位。荣格把这种作为基础性的数字称为原型圣数，笔者则称之为文化元编码数。笔者所谓文化元编码数是指在一个民族文化的奠基定型阶段被当作原型圣数来切分人类与自然世界，并由此组构起自己独特文化世界和符号体系的那些数概念。在那以后，不管数的概念发展出多少，不管文化的形式和内涵有多少增删补益，繁复变化，那一套奠基期所使用的文化元编码数字始终具有基础性的地位，它以各种方式转换和衍生出此后每一阶段的文化符码。

人们发现，在很多民族各种各样的圣数中，"二"和"三"两个数概念具有基础性的地位。一方面，它们被作为圣数来切分和组织人类生活和世界；另一方面，它们本身成了其他一切圣数得以衍生的基础，其他各种圣数都可以各种方式简化还原成"二"和"三"。这在中国文化中尤其如此。如中国古代几个神圣的数字四、六、八、九、十二、二十四、三十六、七十二、九十九、一百零八、一百二十等，都是"二"或"三"的倍数或"二"和"三"的公倍数。

关于中国文化世界的组构与某些特殊数字关系的研究，在中国学术史上源远流长。最早可以追溯到汉代的谶纬学和宋代的象数学，那以后绵延不绝。现当代学人在这个领域的研究更是成果众多，如郭沫若、杨希枚、赵国华、叶舒宪等著名学者都在这个领域留下了重要的研究成果。仅最近三十多年，以专著形式出版的成果中，比较有影响的就有中国台湾学者杨希枚的《先秦文化史论集》[①]，赵国华的《生殖崇拜文化论》[②]，叶舒宪、田大宪的《中国古代神秘数字》[③]，杜贵晨的《数理批评与小说考论》[④] 等。另外蓝允恭的《周易象数预测》[⑤]、欧阳维诚的《周易的数学原理》[⑥] 和《数学：科学与人文的共同基因》、[⑦] 曲彦斌的

---

① 杨希枚：《先秦文化史论集》，中国社会科学出版社 1995 年版。杨希枚先生从 20 世纪60—70 年代开始研究中国文化中的神秘数字问题，收入该书有关这个主题的多篇论文，主要是那个时期撰写的。

② 赵国华：《生殖崇拜文化论》，中国社会科学出版社 1990 年版。

③ 叶舒宪、田大宪：《中国古代神秘数字》，社会科学文献出版社 1998 年版，该书又于 2011 年由陕西人民出版社出版。

④ 杜贵晨：《数理批评与小说考论》，齐鲁书社 2006 年版。

⑤ 蓝允恭：《周易象数预测》，中州古籍出版社 1994 年版。

⑥ 欧阳维诚：《周易的数学原理》，湖北教育出版社 1993 年版。

⑦ 欧阳维诚：《数学：科学与人文的共同基因》，湖南师范大学出版社 2000 年版。

《神秘数》①、王步贵的《神秘文化：谶纬文化新探》②、吴慧颖的《中国数文化》③、张仲谋的《中国神秘数字》④、王晓澎和孟子敏的《数字里的中国文化》⑤、位同亮的《中华数字文化》⑥、台湾学者龚鹏程的《文化符号学导论》⑦ 等著作，在这个主题的研究上也多有创获。

归纳上述学者的研究，可以得出这样几点认识：

1. 中国文化世界中某些数字有特殊的意义和作用，不同学者分别将其称为神秘数字、神秘圣数、模式数、原型数、编码数等，这些称谓之间的意义本身可能有微小差别，但总体上的一个指向则是共同的：这样的数字在中国文化世界中有超过其作为自然数的特殊意义和作用，也超过了其他自然数字的作用。

2. 这些数字中，从一到十的数字具有最重要的意义，中国文化世界的组构与这些数字密切相关，它们成为中国社会组构自己的文化世界乃至现实世界的基础性编码数字。

3. 不少学者的研究揭示，以《周易》八卦为代表的神秘数字系统、计数方式和象数原理，对中国以后文化世界的组织和发展具有源头和基础的地位。某些学者（如赵国华）的研究更证明，《周易》八卦的神秘数字系统、计数方式和原理，来自中国仰韶文化时期先民的现实生活和文化生活。它们是原始先民在自己的文化与现实生活中形成和确认的。

4. 某些学者（如杨希枚先生）的研究认为，在中国古代众多神秘数字中，有两个数字具有重要的地位，即"二"和"三"，中国古代所有神秘数字都是以这两个数为基础、以它们的倍数或乘数构成的，他在这个认识基础之上，总结出了中国古代形成神秘数字的基本公式（即小衍神秘数公式与大衍神秘数公式，见后文）。

笔者特别重视赵国华和杨希枚先生的研究成果，所以在此以他们的相关成果为对象和基础进行更深入的讨论。

———————————

① 曲彦斌：《神秘数》（又名《中华民族数文化》），河北人民出版社 1997 年版。
② 王步贵：《神秘文化：谶纬文化新探》，中国社会科学出版社 1993 年版。
③ 吴慧颖：《中国数文化》，岳麓书社 1995 年版。
④ 张仲谋：《中国神秘数字》，中国矿业大学出版社 1996 年版。
⑤ 王晓澎、孟子敏：《数字里的中国文化》，团结出版社 2001 年版。
⑥ 位同亮：《中华数字文化》，泰山出版社 2002 年版。
⑦ 龚鹏程：《文化符号学导论》，北京大学出版社 2005 年版。

杨希枚先生在《中国古代神秘数字论稿》等论文中明确提出，在所有神秘数字中，"二"和"三"是中国文化最基础和最重要的神秘圣数。在杨先生看来，至迟到春秋战国时代，中国文化就形成了对某些神秘数字的崇拜现象，神秘数字的来源似与易卦符号、揲蓍立数法则及天象地理有关，数字与天地具有同源互感的关系。其中尤其是对"二"、"三"的崇拜现象，这两个数字成了最具有神圣性和神秘性的数字。中国文化中所有神秘数字都是以这两个数字为基础形成的。而这两个数字的特殊重要地位，在《周易》中就已经形成了：

天一，地二，天三，地四，天五，地六，天七，地八，天九，地十。[1]

杨希枚先生指出，中国文化中有过许多表示天地宇宙的神秘圣数，如叁天两地、天三地四、天九地八，以及两数之积和倍数，而所有这些圣数的一个基础即"天三地二"（亦即《易经》中所谓的"参天两地"，"参"即"叁"也）。据此，杨先生推演出中国文化制造圣数的两个立数式，即"参天两地"的大衍神秘数和小衍神秘数的求算公式：

$$X（大于 12 的神秘数）＝n（3×4）＝2n（3×2）$$
$$X（大于 72 的神秘数）＝n（9×8）＝6n（3×4）＝12n（3×2）[2]$$

很明显，这两个公式的基础性数字，就是"二"和"三"。笔者在杨先生这个公式的基础上补充一个公式，那就是 12 以内的神秘数字主要是以"二"或"三"的倍数构成的，其公式为：

$$X＝2n 或 X＝3n$$

由于中国文化信奉天地交感而生万物、阴阳交泰乃有世界、男女交

---

①　（西周）佚名著，郭彧译注：《周易》，中华书局 2006 年版，第 371 页。

②　杨希枚：《略论中国古代神秘数字》，载台湾《大陆杂志》第 44 卷第 5 期。

合乃有人类社会，因此这两个圣数之积（交合）便是创生新的圣数的基础，也是用以组织中国文化的基数，即原型圣数。杨先生对此论述道：

> 古代社会的人类，尤其是统治该社会的帝王人主，因认为"天地交感"而"万物化生"为宇宙大自然的常道，人类社会行为必须符合这一常道，才可以达成行鬼神、通幽明、与天地同德同化的目的。所以，就利用这类原具象征天地交感意义的"参天两地"神秘数来参备事治。就这样，古代社会也就成为无往而非神秘数字的一个神秘数字世界，一个神秘数字的复合体。……
>
> 或勿宁认为这种程式（按：指神秘圣数的两种演算式）更应该是中国古代社会制度、思想以及一切生活方式（the way of life），即整个文化的程式，也即文化模式（the cultural pattern），如此，则这一文化模式可以代表、因而可以解释中国古代社会的思想与文化形态，且本身显含着非一语可以道尽的复杂神秘意义。①

杨先生的这一见解基本是符合中国古代社会形态与文化模式的事实的。有大量事实可以证明这个见解的正确性。当然，他的公式也不能完全囊括中国文化所有的神秘圣数，例如"五"和"七"两个数字就在中国文化中曾经具有重要的作用，但杨先生那个公式就不能将其囊括。除了这样极少的例外，应该说，绝大多数中国文化的圣数都是"二"和"三"两个数字的倍数或它们的积数，因此在中国文化的组构中，它们确实具有圣数中的圣数这样的基础性地位，笔者将它们称为中国文化的元编码数。

那么，这两个数字成为中国文化元编码数是从什么时候形成的呢？杨希枚先生追溯到《周易》中，这是有道理的。《周易》卦象结构无意识遵循的基础数字就是"二"和"三"。首先，《周易》卜卦的基础是阴（"--"）阳（"—"）二爻（以"二"为基础性编码数的特征在这里十分明显），将阴阳二爻按照由往上的顺序重叠三次，就形成了"乾，坤，震，巽，坎，离，艮，兑"八个基本卦，称为八经卦。再将八经

---

① 杨希枚：《略论中国古代神秘数字》，载台湾《大陆杂志》第 44 卷第 5 期。

卦两两重叠，就可以得出六十四别卦，每一卦都有特定的名称。同时，这六十四卦又可以按照阴阳概念进一步划分为"老阴，老阳，少阴，少阳"（亦称"太阴，太阳，少阴，少阳"）四种情形，六十四卦每一卦的每个位次上都可能有四种阴阳状态，于是全部易卦系统就共有4096种不同的卦。很显然，在这里，卦象的形成过程中，"二"（阴阳二爻）这个数字起着基础的作用，从两爻到八卦、六十四卦、四千零九十六卦的生成过程中，都是以"二"为元编码数进行推衍组织的。在八卦的构造和推衍过程中，"二"显然起着重大的作用，是基础性的数字。

但仅有阴阳二爻不能成卦，必须是三爻成一个基本卦，则一个基本卦中必有三爻，一分为三、合三为一的规则是十分明显的，同时，既然八经卦中的每一经卦都是由两个基本卦构成的，则每一个经卦必有六爻，这六爻既是以"二"为基数的倍数，也是以"三"为基数的倍数，是"二"和"三"的公倍数，因此，每一经卦就同时内含有"二'和"三"两个元编码数。又，《周易》八卦计数的基础性规则是一爻为三即"以一为三"，而每一经卦由三爻组成，则计数为"九"，"九"乃是《周易》八卦计数的最高数。这意味着，《周易》八卦构成的基础数是"二"和"三"以及它们的倍数。本书前面已经证明，"二"和"二"的倍数是商人创世神话的宇宙圣数，"三"和"三"的倍数，是夏人创世神话的宇宙圣数，《周易》在八卦的构成模式中，将它们吸纳采用为自己八卦构成的基础数。这意味着《周易》八卦有意无意地吸纳整合了夏商文化的元编码而作为自己的基础性编码。

众所周知，"六径"在中国文化中一直具有十分崇高的地位，而《周易》又被称为"群经之首"，是经中之经，它对后世中国文化具有奠基的意义。中国历代文化人在《周易》基础上演绎发展出多套十分丰富庞大复杂的《易学》体系，以之来组织、解释、预测天地自然、社会历史、个体群体、天事人事的过去、现在和未来，从而对中国社会和中国文化保持着极大的建构力、解释力和影响力，相当程度上，说它对中国文化具有奠基意义应不为过。《周易》对中国社会和文化巨大的影响力，就是它内涵的以"二"和"三"为元编码的圣数系统，在漫长的中国古代社会影响到了人们的文化世界、现实世界和心理世界的组织和解释。

　　而赵国华先生的《生殖崇拜文化论》则将《周易》八卦阴阳二爻的符号形式和计数方式的源头追溯到仰韶文化和半坡文化中，对中国文化源头之一的八卦的起源演变及内在文化涵蕴进行过极细致深入的研究。他的成果在此不能详细引述，只介绍其中一个基本观点：赵先生接受了宋人关于八卦有后天八卦（周文王演绎）和先天八卦（远古伏羲创制）两种、后天八卦是从先天八卦中演变而来的观点，但他认为，先天八卦符号并非来源于伏羲创制，而是起源于仰韶文化半坡先民的鱼祭活动，各种陶器上的鱼形象或抽象鱼纹，即由其产生，它们即后天八卦产生的来源和基础。仰韶文化和半坡文化的抽象鱼纹具有表示数字的作用，先民曾以之计数。其计数的方式首先是"以一为一"，其后发展为"以一为二"，"合二为一"，这曾在一段时间内成为半坡先民计数的通用密码（即以"二"为元编码的二进制计数法），但是，半坡先民很快超越了这一阶段，而发展到以"三"为元编码的三进制计数方式，即"以一为三"和"合三为一"的方式。赵先生对这一计数规则的变化历程作了如下概括：

　　　　至此，可以发现，半坡抽象鱼纹中的平直线，在显示鱼的数量意义时，开始是以"一"为"一"，在中间某一阶段的某些鱼纹中，它曾同时表示过新的数值，以"一"为"二"。尔后，它再度变化，由以"一"为"一"，发展出合"三"为"一"，以"一"代"三"的表示方法，并且稳定下来。从此，平直线的合"三"为"一"，以"一"代"三"，成了半坡抽象鱼纹中一种通用的重要密码……①

　　赵先生在这一研究成果的基础上，进而揭示出半坡先民对三以上数目的计数方法和新数概念的确定，均以"三"为最基础的元编码数。
　　赵先生的这一成果具有十分重要的学术价值。他揭示了中国文化进入文明时期重要的文化元编码数"二"和"三"的来源和生成过程。而在半坡文化和《周易》之间，有一个重要的承前启后阶段，就是夏商文

---

　　① 赵国华：《生殖崇拜文化论》，中国社会科学出版社1990年版，第58页。

化。夏商创世神话的宇宙圣数，可以说是原始文化崇"二"崇"三"习俗的延续，只是在夏商两代，它们各自侧重以"三"和"二"中的一个作为文化元编码数字罢了。

《周易》中对"二"的倚重应该直接来自商人的文化。如前所述，商人创世神话元编码数就是"二"，在此基础上推衍出其他神圣数字如"四"和"八"。《周易》八卦应该是在殷商人《归藏》的卜卦模式基础之上演变的结果，商人是以"二"为元编码组构自己文化世界的，所以，现今所见《周易》以阴阳二爻为基础性编码组织、结构从单卦到64经卦再到4096种不同的卦，应该与商人卜卦模式有关，传说《周易》从商人的卜卦书《归藏》发展演变而来，这是很有可能的。如果周文王被囚羑里演八卦的传说是真实的，那在周人奉商人为宗主国的时代，在商人的卜卦模式基础上演绎创造自己的八卦模式几乎是顺理成章和必然的事情。

《周易》中对数字"三"的倚重应该直接来自夏人文化。夏人起自西北，即黄河流域中上游，而那也正是周人的发祥地，更早的半坡文化、仰韶文化也都发端于黄河中上游，其一脉相承的关系是显而易见的。也就是说，周人通过夏文化继承了赵国华先生所揭示的半坡文化崇"三"的传统。正是在夏商文化圣数的基础上，形成了周人文化以"二"和"三"为基本圣数的模式。在这个意义上，我们可以说，构成中国文化源头之一的《周易》是在统合了夏商创世神话宇宙圣数基础之上形成的。

在确认这一认识之后，笔者接着提出的问题是：在《周易》开始的中国文化中，"二"和"三"两个圣数是否具有同等的重要性？有没有一个更为重要？这是笔者所见到的有关中国文化神秘数字的成果中未曾提出的问题。杨希枚先生确认了"二"和"三"两个神秘数字对中国文化的组织具有基础性地位，但他却没有继续讨论这两个数字中是否有一个更有重要性。

笔者以为，"二"和"三"在古代中国文化中并不具有同等重要的地位，在"参天两地"的圣数"三"和"二"中，"三"的地位远比"二"高。"三"为天、为乾、为日、为父、为男、为阳，"二"为地、为坤、为月、为母、为阴，在天尊地卑、男尊女卑的古代社会，"三"

的崇高性和神圣性远非"二"可以比拟。笔者的 2010 级研究生雷兴强同学在撰写一篇与神秘数字相关的学位论文的时候，曾经对近百年来大陆和港台学者有关中国古代神秘数字研究的论文论著进行过较为深入、全面的收集和阅读，他搜集的资料显示，这方面的成果实在是十分丰富。他提供的论文目录有一个十分有趣的现象，就是几百篇论文的研究对象相当多集中在对"二"、"三"及其倍数如"四"、"六"、"八"、"九""一十二"、"二十四"、"三十六"等数字的研究上，而其中，最为集中的一个数字就是"三"，这深刻地显示学者们都意识到了"三"这个数字对中国文化特殊的重要性。

在中国古代神话与文化研究方面颇有成绩的当代学者叶舒宪在与人合著的《中国古代神秘数字》一书中，对中国古代神秘数字"二"的起源及其与女性的关联作了深入研究，其成果在此无法全面转述，只提出与本章有关的部分："古人把男根视为一，相应地把女阴视为被一分开的二。"而"二"因此就具有一种道德上的贬义，古人用这个数概念表示与"一"的意义相反的次要、低下、分裂、叛变、阴谋、不专一等意义。① 这一研究成果的价值应可确认。

上引赵国华先生《生殖崇拜文化论》一书中对半坡鱼纹技术方式的研究成果，也证实在半坡文化的早中期，人们先是奉行"以一为二"、"合二为一"的计数规则，但很快就越过了这个阶段，而形成了"以一为三"、"合三为一"的通用计数密码，这意味着"三"在半坡文化后期，成了人们计数规则的基础性数字。从本书的角度讲，夏人和周人的文化都起于西北并发展到中原，也正是半坡和仰韶文化所在的地域，说它是继承了半坡和仰韶文化的这个以"三"为大的文化传统，应该不是冒失的想法吧？因此，赵先生的研究从这个角度正和笔者的研究有内在关联。我们可以说，周以来两千多年，中国文化重"三"崇"三"的文化心态和规则，其渊源都与继承了夏人宇宙圣数相关。在那以后，中国文化的各个方面，都表现出一种对"三"的特别崇拜和推重。中国文化中，最基本的圣数正是"二"和"三"，而"三"又比"二"更重要。郭沫若在《中国古代社会研究》第一编"周易时代的社会生活"中谈到

① 参见叶舒宪、田大宪《中国古代神秘数字》第 2 章第 2、3、4 节，社会科学文献出版社 1996 年版。

八卦的数字时说：

> 古人数字的观念以三为最多，三为最神秘（三光、三才、三纲、三宝、三元、三品、三官大帝、三身、三世、三位一体、三种神器等等）。由一阴一阳的一划错综重叠而成三，刚好可以得出八种不同的方式。……①

美学家易中天从人类学角度研究古代艺术现象时也特别注意到"三"作为一个圣数的各种表现：远古人类用三角形象征女阴、男根，各种陶器、青铜器多有以三足铸制的；三足鼎、尊、角等食器祭器，庙底沟的三足鸟纹（笔者补：中国上古神话中大凡神而圣之的形象均与"三"有关：如三足鸟、三足鳖、三目人、三面人、三身人、三手人，等等），在这些材料中可以看出，"三"成了一个圣数——

> 我们说起有关"三"的概念、范畴体系来都十分顺口，是不是有某种潜意识在起作用呢？其实，不但"三"是一个圣数，"三"的倍数"六"和"九"也是圣数。中国古代有"六经"、"六艺"、"六书"、"六礼"之类。"九"就更为神圣：天有九重，地有九州，人有九族，官有九品，帝王为九重天子，皇位是九五之尊，民众则是三教九流。总之，天上三光日月星，地上三元水火气，人生三界身心魂，人心三宝精气神，"三"的圣数充满文化领域，连哲学之王黑格尔也不能幸免，他的辩证法也是"三"：正、反、合。②

所以，中国古代文化中，最崇高、神圣的对象都用"三"或"三"的倍数来表示，或由"三"所蕴含的崇中观念来表现（"三"有中间段位，"二"则只有两极区分，故崇"三"与崇"中"有内在关联）。帝王为天子，其圣数为九五（九者，数之极也，五者，数之中也），帝王后宫设三宫六院、行政机构设三省六部、祭祀对象为天、地、祖宗，祭礼

---

① 郭沫若：《中国古代社会研究》，人民出版社 1954 年版，第 23—24 页。
② 易中天：《艺术人类学》，上海文艺出版社 1992 年版，第 124 页。

之最用三牲（太牢），居丧之数为三载，礼拜之数为三叩首，敬酒之礼
必以三巡……可以说，从自然到人事，从王政到民俗，以三为大，以三
为圣，以三为足，乃是一种集体无意识心理。不仅汉族文化如此，就是
中国少数民族也是如此。下面征引的这段纳西族人祭天仪式的祭礼规程
可以说把"三"的神圣性推到无以复加的地步：

> （正月）初上，木官门前插上三根长竹子，上面点燃三支香。……
> 三棵神树已安插在祭天台上。……场内烧三堆火，上面各烧三个石
> 头。东边开始烧松毛，点天香，绕场三周。……祭天台分三层，第
> 一层要安神树、插神香，摆三支杜鹃花和九个烧红的石头。……每
> 个神米篓前摆三碗神米。每棵神树前有一个槽穴，里面放三块石
> 头，另摆一罐酒……①

几乎一切供品、祭具、摆设、祭祀人的行为，都以"三"为准则。
这种祭礼规矩决不是纳西族的一个特例，凡是熟悉民俗文化的人都不难
判断，"三"乃是中国很多民族民俗文化及活动中的一个最神圣的数字，
它已经成了一个无意识编码，组织和规定着人们的生活、行为和精神
世界。

由于篇幅所限，这方面大量的资料无法一一征引和阐解。相信以上
的介绍可以确认：1. 在中国文化中"二"和"三"是两个最神圣的元
编码数；2. 在这两个数中，"三"比"二"更具神圣性，因而对中国文
化的影响更大更深远。

崇"三"的习俗，不唯在中国盛行，其他各国大都如此。例如印度
文化中，"三"是一个最神圣的数码。雅利安人入主之后，其最高大神
由梵天、湿婆、毗湿奴三人构成，且三人中创造宇宙的神梵天为四面
（由 3＋1 的方式构成），而最具神力的创造与毁灭、苦修与舞蹈之神湿
婆乃三面人形；更重要的是，在印度文明中，"三"不仅本身是一个圣
数，而且还是产生与确定新的圣数的基础。例如"四"、"七"两个数在
印度文明中具有神圣性，均是以"三"为基数加"一"（或三的倍数加

---

① 参见和志武、钱安靖、蔡安麟等主编《中国原始宗教资料丛编·纳西族卷》第二章
《自然崇拜》之"祭天"仪式，上海人民出版社 1993 年版，第 56 页。

一)的方式产生,即"3+3+1"或"6+1"等。^①

不唯印度,古希腊文明中,"三"也具有至高无上的神圣性。俄林帕斯神王经过三代才稳定下来,俄林帕斯神系最显赫的大神为宙斯、普路同、波寒冬三兄弟,分别主管世界天、地、水三域;该神系有十二大神,这"十二"显系"三"的倍数构成;北欧神话亦由十二大神构成其主要神系;至于在圣数崇拜起源上最早最久的西亚和阿拉伯各古文明如巴比伦、希伯来、埃及等民族,"三"也是一个神圣数字。杨希枚先生指出:

> 数字"三"在许多民族中均为一重要神秘数字,象征生育、生命和死亡,象征"三位一体"(Trinity)和完美,因此与许多事物关联在一起。如新、旧约所见,上帝召唤撒母耳三次,问了彼得三次爱不爱他;大卫膜拜于上帝三次;耶稣在往哥洛哥塔(Clogotha)的路上跌了三次。此外,在古典神话上载有地府的三头狗,司命运的三女神,复仇的三女神等等。显然,这与中国数字三相关的事物如三天、三正、三元、三皇、三山、三纲、三拜、三叩首之类,不仅同具有神秘意义,且同样是举不胜举的。^②

杨先生所举西方各民族崇"三"的例子当然只是沧海一粟,但仅此也能证明"三"在西亚乃至欧洲各民族文化中的重要地位。可以补充的是巴比伦黄道十二宫,以色列的十二支派以及埃及太阳城九神,均以三的倍数自是显而易见,就是苏美尔、巴比伦、叙利亚、希伯来、埃及等民族崇拜的圣数"七",也很可能像印度一样,是由以"三"为基数加"一"的方式构成和确定的。上述诸民族古代文化有极频繁的传播交流,古印度前雅利安文明创造者可能是苏美尔人,耶稣可能秘密到印度学习过印度文化。据杨希枚先生的研究,古印度前雅利安文明与苏美尔及阿拉伯文明的联系证据之一是,在发掘出的前雅利安印度河哈拉玻文明中,曾有一尊祭司的塑像,其罩袍上饰满三叶图案,而这种三叶图案正

---

① 金克木先生《〈蛙氏奥义书〉的神秘主义试析》一文对此有论述,载金克木《印度文化论集》,中国社会科学出版社1983年版,第24—46页。

② 杨希枚:《略论中西民族的神秘数字》,载台湾《国立编译馆馆刊》第3卷第2期。

是古苏美尔—巴比伦文明、古埃及文明，以及其他西亚和阿拉伯古代文明中普遍流行的一种最重要而神圣的纹饰图案。这种三叶图案的构形也正是这一古文化传播区崇"三"的有力证据。后世所谓"三位一体"结构的最初原型当是这种三叶图案。

限于篇幅，关于外国各民族文化中"三"作为一种原型圣数所具有的地位和作用，在此无法详加罗列和论述，这些简单的介绍也可使我们见出人类文化的某些共同性方面。

那么，中国文化崇"二"或"三"的风俗、文化惯例和心理得以产生与确立的社会历史基础是什么？为什么古代人类要以"二"或"三"作为圣数来组织自己的文化世界？并且赋予"三"更神圣的意义？这是一个学者们涉猎较少，然而对文化起源却极具意义的问题，本书作者在此将以中国文化为例就这一问题提出自己的解释。

在中国文化中，"三"、"二"两个圣数乃天地的象征数，《易经》中已明言"参天两地而倚数"，而天为乾、为阳、为男，地为坤、为阴、为女，这也已是中国文化的常识。所谓"三天两地"，也就是"三男两女"，在天尊地卑、男尊女卑的男权社会，崇"三"而贬"二"也就是自然的。中国古代社会小至家庭，大到国家，更大到宇宙万象，多以"三"为圣数来切分组配，实际上就是以男权文化编码作为组织和建构自己的社会、历史和文化世界的依据。

"三"与男性有什么关系？从《易·说卦》观念来看，大约是由天地对立而类比的产物，但事实上，"三"与男性的关联当有更为深远的渊源。笔者以为有两个方面使"三"成为男性的象征圣数：一是男根崇拜，二是男性家庭的产生。关于"三"与男根崇拜的关系，已有学者如赵国华、叶舒宪等予以揭示。中国古代神话中有"三足乌"、"三足鳖"、"三身人"等，学者多认为"三足"乃两足之外，以男根为一足，共为三足，"足"乃男子性器的象征或别称。中国民间亦多有把动物性媾称为"踩蛋"、"搭脚"的，故"三足"之称中确隐含着对男子性器的指称。而"三足"之物成为神圣之物，如三足乌、三足鳖、三足鼎等，则其物其称中透露出明显的男根崇拜意识。正是这种男根崇拜，使"三"成为至高无上的神圣编码。

"三"成为圣数的另一个原因，笔者以为与男权家庭出现有关。在前男权社会中①，男女婚性关系短暂，难有持久稳定的家庭。这种婚性关系突出了男女二元关系，强化了二极意识，除"你—我"关系之外，一个"他者"尚未出现或不具有重要地位。在这种社会（前男权社会），很可能是以"二"为圣数的，人们对"二"有着远比"三"强烈得多的意识和推崇。但男性中心家庭关系的建立，使得两性关系复杂化了，自然状态的男女二元关系，变成了超自然的"儿—父—母"三元关系；这种关系并不以自然性别作为基础，而以在家庭关系中的角色地位作为基础。在夫妻二维关系中，一个重要的因素——儿（女儿或男儿）——出现，成了分开他们又联结他们的重要一极，"你—我"二元关系变成了"你—我—他"三元关系。在男性中心的家庭中，有"三"才为完满，才为幸福，才为至大。

所以，在这种家庭中，"二"这一数码所代表的简单、短暂状态不再被视为美满，不具有绝对的价值，"三"所代表的张力式家庭结构才被认为是值得肯定的，被视为圆满，故而，有"三"为美、为足，有"三"为大、为神、为圣的心态和标准得以产生和确立。

由于这两个有内在统一性的原因，"三"乃作为男权社会文化元编码被确立，并用以切分、组织、建构人类社会生活和艺术世界；而"二"的地位就下降了，它所包含的切分和组织原则不能如实地表达男性社会复杂化了的历史状态，因而，作为一种元编码，它尽管还在某些领域被运用，但其地位和作用已经远不能与"三"相比。总而言之，男权社会的社会状态和文化，主要是以"三"为元编码建构起来的。"二"在这种建构中，不是被简单彻底地否定和抛弃，而是被涵容于其中，但它已不能作为一种最神圣的元编码来组织社会和建构文

---

① "前男权社会"这个概念来自女权主义理论。关于男权社会之前的社会属什么社会形态，学界多有歧见。自巴霍芬在《母权制》一书中将前男权社会定为母系社会，经由恩格斯、拉法格等经典作家的论述，这一界定已成权威观点。但近来西人研究前男权社会形态，多不同意为母系社会（母系社会非母权社会）。一些女权主义者的研究也认为，人类史上没有过统一的母权社会。美国著名女权主义学者理安·艾勒斯在《圣杯与剑》中，亦承认没有母权社会，故她给前男权社会命名为合作关系社会。另有一些学者则持人类进程多元论观点，认为，在前男权社会中，有一些民族可能经历过母系社会，有的则没有经过，是否经过母系社会，因各民族所处具体历史环境不同而有别。我认为多元论较为适当。以我国各民族古代社会形态为例，汉族是否经历过母系社会，尚有争议。但纳西族等少数民族曾有过母系社会，则基本已成定论。这些民族直到现在，其文化中还有许多母系社会文化遗存。大体说来，不管属什么社会形态，前男权社会与男权社会文化当有本质区别，是可以认定的。

化世界。

因而，在笔者看来，"三"成为至高至大、至神至圣的文化元编码的力量，在社会历史土壤中，是男权社会的建立使其成为可能。笔者推测，在前男权社会中，极可能以"二"为原型圣数来组织社会和建构文化世界，如果人类的大多数文明民族，都经历过从前男权社会到男权社会这一过程，那么，其文化元编码也就都经历过从"二"到"三"的更替过程。列维—布留尔在《原始思维》第五章"从原逻辑思维与计数的关系看原逻辑思维"中介绍道，相当多的原始民族只有"一"和"二"两个数概念，对于超过"二"的数他们没有直接的数概念表述，而以"一"和"二"一次或多次叠加的运算方式表述。[①] 在这样的民族，自然不可能有崇"三"观念。但我们又发现，较早进入文明的民族，则少有例外地崇"三"而不是崇"二"，似乎"三"成了文明的一道门槛，跨入这道门槛的民族，才有可能进入一种高级文明形态。我推测，这与男权社会的建立有某些对应关系。因为进入阶级社会被视为文明社会的开始，而进入阶级社会的前提是建立男性主导的家庭和以此为基础的社会。这样，古代由前男权社会到男权社会的过程，与该社会的圣数由"二"转变为"三"很可能有某种内在的对应关系。当然，从整个人类社会发展的角度讲，这一文化元编码的更替过程与社会的历史进程，不会是简单绝对对应的，但总体上看，应大体是对应的。如果我们回顾前面关于启屠母碎尸的故事内涵研究，我们将发现，夏人创世神话确立以"三"及其倍数为宇宙圣数，其实象征性寓含了男性对女性的胜利这一重大历史事件。

"二"作为前男权社会的元编码圣数，也与两个方面的历史因素有关。一是前男权社会的女阴崇拜，二是前男权社会男女婚性关系的短暂性只突出了二元关系。大量人类学资料显示，在前男权社会生殖崇拜对象中，女阴崇拜是最重要的。而女阴和男阳的刻符和数字表示式，则常为女二男一。郭沫若、周予同等早已指出，中国古代八卦符号中的阳爻"━"即男根的象征，而阴爻"--"为女阴的象征。男一女二，男奇女偶，是八卦卦爻象数的一个通用密码；更重要的是，男

---

① 参见［法］列维—布留尔《原始思维》，中译本，商务印书馆1987年版，第175页。

女婚性关系在前男权社会的频变性、短暂性，只突出了二元意识，强化了二极特征，这一切，都可能是"二"作为女性的象征数，并作为前男权社会文化元编码的社会历史基础。我们发现，商人尽管是在夏以后成为中原的统治族团的，但商人就其起源与夏人一样古远，他们的文化是同时存在的。而商人的文化，直到他们成为中原的统治者之后，还保留着强烈的女性崇拜意识，著名历史学家郭沫若先生指出，商人社会带有浓厚的母系社会遗存，在这个社会里，女性还具有相当高的地位，他们的卦书《归藏》以"坤卦"为首、专门为女性祖先设祭、最具有女性特色的大方鼎乃由女性亲属配享，等等，都意味着女性在商人社会中还有相当高的地位，也意味着商人脱离母系社会并不远，因此，在其文化世界的组构中，仍然延续着其前男权社会以"二"为文化元编码的无意识规则来组构自己的文化世界和社会，就不是不可理解的事情。

《周易》为基础的周文化就是在继承了商夏文化元编码基础上形成的，其文化元编码以"二"、"三"为基础，而更崇"三"重"三"。这原因乃在于，一是周人起自和夏人一样的西北，所以在周文化中，夏文化的影响显然更深更大；二是到周人这里，男权社会已经完全确立，所以，代表男性编码的"三"才获得更高的地位。

这样说来，对于周以后的中国文化而言，夏人的宇宙圣数具有更重要的地位。确乎如此。但在确认这一点的时候，我们还同时要确认另一点，就是中国文化从来不是一种极端的文化，尽管它相对崇"三"贬"二"，但这种崇贬都不是极端的，它们共同地构成了周人文化的基础，并深刻地影响到此后的中国文化。正如中国文化总体上追求阴阳互补、阴阳调和、天地和合，中国文化的元编码数也是"二"、"三"互补调和的。

结语　世界祖宗型神话

——中国上古创世神话叙事类型再探

至此，我们已经对中国古代四个创世神话进行了源流追溯，因为今文本中这四个创世神话的表层形态很不一样，所以采取的是不同方向的追溯。盘古神话与楚帛书神话的创世性质今见文本已经很确定了，所以，本书主要是以其为源而探讨其流变过程；而夏商创世神话其源头形态因为湮没既久，今文本中只能见到其后世历史化和传说化形态，所以本书以今文本为依据，运用历史溯源法和原型重构法，还原其原初创世神话的本源形态。经过这种以今文本资料为依据，分别向后探其流变和向前讨其源头的研究，我们获得的不只是它们在某一个时间点上的存在形态，而是在一个历史过程中的源流演变形态。这种研究的意义在于，就神话而言，因为它是全民族的集体性精神形式，所以，在民族漫长的历史发展过程中会长期流传和存在，而某种文献记载的只是它们在某一个时间点上的存在形态，这种被固定下来的符号性作品，既不能完全代表它们在此前的原始形态，也不能完全代表它们在以后的变异形态，这使得以这些凝固在文献中的某一个时空点上的神话为切口，探讨它们的流变过程成为有价值的工作。

本书并没有对中国古代所有创世神话进行最完整的清理，例如叶舒宪先生在《中国神话哲学》中以黄帝为创世主的创世神话本书就没有专门论析，一个原因是因为叶舒宪先生的重构性研究已经很清晰了，笔者没有太多可以补充的东西；另一个原因乃在于笔者认为黄帝只是西周以后（很可能是春秋早中期）才出现的一个神帝，他的神话似乎与创世神话关系不大。鉴于上述原因，所以本书只选择了四个中国古代创世神话进行研究。

在大体完成了对中国古代四个创世神话流变的研究后，本书最后要做的一个工作，就是在"绪论"中提及的目标：确认中国创世神话的基本类型。

如果不考虑中国各少数民族创世神话（因为其起源年代无法确认），关于中国古代华夏诸族创世神话类型的研究成果，最全面系统的当然是叶舒宪先生的《中国神话哲学》一书。叶舒宪先生在这部获得学术界广泛关注和好评的著作中，以《新大英百科全书》中关于创世神话五种类型的描述为基础，增补一种类型，归纳出人类创世神话一共有六种类型，并且通过自己的研究证明，中国古代这六种创世神话完全具备，由此可见，我们民族并不是如西方学者普遍认为的那样缺少创世神话，而是有着丰富的创世神话，这个工作的学术价值是显而易见的。

在充分肯定叶舒宪先生这个研究成果重大价值的前提下，笔者要提出的问题是两个：1.《新大英百科全书》描述的五种创世神话类型是基于对几乎除了古代中国以外世界大多数民族和国家古代创世神话类型的归纳，如果单就某个国家和民族的创世神话而言，几乎很少有全面具备这五种创世神话类型的，每个民族和国家的神话都有自己的特点，创世神话更是如此。一个民族的创世神话可能有几个，但其主导性类型却并不很多，往往属于上述五种类型中的某一种或两种，从而形成自己民族创世神话的独特面貌。中国会是个例外吗？2. 因为西方学者对中国古代神话了解很少，普遍认为中国古代没有创世神话，因此《新大英百科全书》对人类五种创世神话类型的归纳基本不是以中国古代神话为对象概括的，中国古代创世神话并没有进入他们的研究视野，那么，他们对于其他民族创世神话类型的概括是否完全适用于中国古代创世神话？中国古代创世神话是否是其他民族神话的简单复制性产物，或者说是传播性产物？叶舒宪先生用《新大英百科全书》的五种创世神话类型来描述中国古代创世神话，显然认为它们是有效的，他这样的立场是基于比较文化学和比较神话学的视野。但所有的比较性研究同时存在求同和求异两种方向，它们都是有价值和理由的。叶舒宪先生按照《新大英百科全书》的五种创世模式来研究中国古代创世神话，求同性指向是十分明显的。这种指向的价值在于将中国古代创世神话中与其他民族相同和相近的因素突出出来了，但不足是对于中国古代创世神话基于自身历史和文化特异性的那些因素似乎注意不够。即使亚欧非美澳大陆诸民族古代神话真是互相传播和影响而生成的，或者它们都有一个共同源头（如来自巴比伦文化和神话，泛巴比伦主义就是这样认为的），但在其各自发展的过程中，各自独特的环境、独特的历史过程和生活道路所带来的重大影响，一定会在包括神话在内的各自文化中留下深深的烙印，甚至会根本性地改变其原初文化中的许多东西，而这一点往往被比较神话学视野中求同性研究的学者忽略了。因此，我们的研究也许应该既重视比较神话学、比较文化学视域中各民族文化与神话的共同性所在，更注意各自发展历史过程中形成的独特性所在，这样才可能比较全面。

基于这个认识，笔者提出的问题是：如果说中国古代创世神话确实具备《新大英百科全书》概括的或其他外国神话学著作所概括出的各种创世神话类型或这些类型的因素的话，是否有一种主导性的因素与类型存在于中国古代所有创世神话之中？笔者的研究结论是，存在这种主导性类型。这种主导性类型不排除其他多种类型的因素在低一级的层次存在于自身，甚至可能以不同类型的因素为基础，但不管哪些因素进入中国古代创世神话，它都体现出或者说会形成一个共同的类型特征和指向，这种主导类型与世界父母型创世神话相关但又不完全一样。

不难发现，中国古代多种创世神话确实有某些符合《新大英百科全书》描述的某些创世神话类型特征，例如徐整记载的盘古创世神话，确实有明显符合宇宙蛋创世和尸体化生创世神话类型的要素，正是这种符合性使得我们对它的印度来源说不能简单否定，因为印度古代吠陀神话中，这两种类型创世神话早已具备。同时，鲧、禹洪水神话中，确实存在某些陆地潜水型创世神话的因子，或者说存在可以作这种解释的因素；有关黄帝的神话传说，也确实有某些因素可以从最高创世主创世类型角度解释，楚国帛书伏羲女娲的创世神话，确实有天地父母型神话的某些要素。但同时，也不难发现，中国古代各种创世神话都存在一些特别明显的共同因素，这些因素恰恰是最具有特色和意义的，需要我们给予特别的关注和研究。例如盘古创世神话，不少学者认为是受了印度神话影响产生的，但这个神话在后世的发展过程中，发生了很多与印度宇宙蛋型和尸化型创世神话很不一样的变化，增加了很多最具有中国特征的因素，这个因素就是盘古不仅仅是世界的创造者，他还成了古代中国某些地域某些民族的祖先，而这是尸化型与宇宙蛋型创世神话不具备的，或者说不是它们必定的构成要素。印度神话中，尸化万物的原人布尔夏永远就那样定格了，不会在流传过程中复活或和某个女神结为夫妻，成为人类某些民族或地域族团的祖先；从金蛋中创世的梵天与人类是截然两分的，不是人类某些民族或族团的始祖，但中国神话中的盘古在后世流传过程中，在某些特定地域和民族则既是宇宙万物的创造者，也是某些特定族团或民族的祖先。他可以没有尸化万物，而是娶妻生子（与女娲兄妹夫妻神话混合），成为民族之祖。在中国这个有着强烈祖宗崇拜的国度里，即使是外来的神话，最后也要打上本土的印记才能在这块大地上流传和发展。

不少学者都提到，中国古代几个重要的创世神话都具有世界父母型特征，我先前也是这样认为的。但深入考察后，觉得这个观点还是有不能解决的问题。

首先，世界父母型神话中，一对原始父母神是世界创造的始源，但中国古代有些创世神话，一开始并不是有一对原始父母神出现的，或者其中的一个是不被强调的。例如盘古神话，最早就只一个独神创世的；夏人神话也是这样，创世元神鲧也是一个独神，后来在其流传过程中，才给他配了一个妻子修己，变成原始夫妻神。朱狄先生在考察了巴比伦创世神话和中国古代创世神话的区别后，谈到两者的一个根本的区别是：

在中国的创世神话中，盘古的混沌状态是"一"，而巴比伦的创世神话却是由混乱与秩序构成的"二"，所以，从宇宙论的角度看，出发点就有极大差异。在中国神话中，不仅盘古的混沌状态是"一"，女娲、伏羲这些创世英雄都是"一"，"二"是后人加上去的。所以，我总觉得西方神话学中的"世界始祖（world parents）"一词缺乏普遍的适应性，用来解释中国神话，它就会变成一个可疑的术语。原因只有一个：它是复数，直译也可译为"世界的双亲"，或照张光直先生的译法，译为"世界父母型"。这种复数无论对中国创世神话或英雄神话都不相适应，因此它缺乏普遍意义。[①]

朱狄先生这个判断对中国某些神话在原始时候的状态是合适的，例如夏人创世神话和盘古创世神话都是如此，创世元神最早都是独神而不是夫妻双神。但这个观点又有片面。一是这两个神话在后来的流传过程中，原始独神最后都有了配偶：在《世本》中，鲧配了修己为妻；在葛洪的《枕中书》中，盘古配了太元圣母为妻，在河南的传说中，又和伏羲女娲兄妹夫妻神话混淆而成为夫妻神；同时，如果作为对所有中国创世神话的总体判断，也存在片面，他显然没有注意到楚帛书的创世神话，这个神话中，最早出现的是一对原始父母神伏羲女娲。而且如果我们将舜的传说还原为帝俊的神话，则发现，商人神话中，世界最早也是有一对黑暗夫妻神（瞽叟和他的妻子）的。

尽管朱狄先生认为中国古代创世神话中最早的神都是独神这个判断存在片面，但至少有几个神话是这样的，因此，中国古代创世神话不能完全纳入世界父母型神话，自有其道理。

笔者觉得更重要的是，西方神话学所概括的世界父母型神话，都没有强调其创世元神的祖宗神特征，而中国古代创世神话，无一例外都在强调，创世神也是祖先神，甚至他们不仅是神，还是人，是特定民族、部落或氏族的祖先。

楚帛书甲篇创世神话很明确地叙述，最早在混沌世界中出现的就是伏羲和他的妻子女娲，他们生了四个儿神开始世界的创造，尽管这个神话中不少神都与伏羲女娲没有生殖意义上的世系关系，但这个源头和框架，还是基本属于世界父母型神话的。而且，尤其要注意的是，尽管帛书创世神话中没有完成将创世诸神世系化的工作，但在后世伏羲女娲神话的流传过程中，伏羲成为中国所有神话传说人物共同的人文始祖，从而间接地完成了对诸神的世系化工作。商人创世神话是很典型的世界父

---

① 朱狄：《原始文化研究》，生活·读书·新知三联书店1988年版，第770页。

母型神话，混沌元神瞽叟和其妻子生了一对分别代表光明和黑暗的儿神舜（俊）与象，而光明神舜（俊）又娶了云气之神羲和、常羲以及其他若干位神女，生了日月众星和宇宙万物，舜（俊）的儿神羿平息了一场宇宙大灾难，重新安排世界秩序，从而结束了世界的创造。本书没有研究的黄帝神话，如果是叶舒宪先生重构的那样具有创世神话的性质的话，那么，实际也具有世界父母型特征，是少典氏夫妻通过生光明神黄帝、炎帝的行为开始世界创造的，这里少典氏夫妻具有创世元神的地位。所有这几个创世神话，都显现出一个共同的特征，就是世界的创造是通过一对夫妻神生育后代神祇的方式进行和完成的。所以，他们具有世界父母型的特征。

但能不能就此断言中国古代创世神话的基本类型就是世界父母型呢？经过深入思考和探求后，我认为还不能。这是因为：1. 中国还有一些创世神话如盘古创世神话和夏人创世神话，最早的形态中，创世元神是独神而不是夫妻双神；2. 更重要的是，即使那些最初出现就是夫妻双神的中国古代创世神话还含有一个世界父母型创世神话并不必定含有的关键性因素，那就是所有创世元神，都是特定氏族、部落、部落族团或民族的祖先神，他们并不只是全人类甚至整个宇宙的祖神，而是有着特定族属身份的神。盘古在徐整的《三五历纪》、《五运历年纪》中，还是一个没有任何族属身份的创世神，但在稍后的梁代任昉的《述异记》中，他已经被南方某些特定民族和族团奉为自己的祖宗了，在东晋葛洪的《枕中书》中，则成了许多民族的原始祖宗。

创世者还是特定氏族、部落或民族的祖先，这其实是说，是特定民族的祖宗创造了世界，这种情形不止发生在盘古神话的流传过程中，也发生在楚国帛书创世神话中。世界是由一对原始天地父母神伏羲女娲夫妻开始创造的，但楚帛书创世神话中一开始就特别交代，这个天地父母神伏羲女娲，又是特定地域特定族团的祖先神，伏羲是"大熊"，那正是楚国王室的姓氏；女娲是某某氏之女，也在强调她的族属身份。所以，楚国这个创世神话讲述的是，楚人的祖先神伏羲女娲创造了世界，伏羲女娲既是神又是人，而且还不是一般的人，是具有特定族属身份的神人。在汉初开始到唐代完成的全国化过程中，伏羲女娲（尤其是伏羲），一直保持着这个既是祖宗神又是人的特征，他们已经不只是楚国人的祖宗神，还分别成为许多地域和民族的祖宗神，许多地域的神话都将他们当作自己民族或地域的远古祖先崇拜和讲述。

至于夏商两朝的创世神话，经过本书沿波讨源的复原性重构，我们能很清楚地看出，源于西北族团的夏人创世神话中，创世神鲧、禹、启也是夏人的祖先神，是两者的合一；同时，创世神还是人，他们在后世流传过程中，都成了夏人传说历史的王朝奠基者和创立者。商人的创世神话也不例外，商人创世神话的至上神帝俊在商人的甲骨卜辞中就是本族团的"高祖"（"高祖夋"），是天神也是祖宗神，商人创世神话中战胜宇宙大灾难、最后完成创世工作的羿，也是东夷有穷氏族团的祖先神后羿。

创世神同时是特定氏族、部落、族团或民族的祖先神，这不是"世界父母型"神话必须具备的因素。

中国创世神话中创世神也是祖先神的一个很重要的标志性特征，就是中国古代创世神话中的大神的神格（这里指的是神的体格）特征。笔者在《神话叙事学》一书中，曾经专门对人类原始神话的神格进行过分类型描述，在我的分类中，原始神话中神的体格大体有四种类型，即物格型、物人混合格型、人格型、超人格型（即无体格型，纯精神型）。①一个民族原始神话中的神格形态，积淀着这个民族创造神话的先民在人与自然关系方面的集体无意识心理。在这四种类型的神格中，物格型神最为原始。从历史发展角度讲，这类神祇产生的时代应该最早，突出表达的主要是先民图腾崇拜和自然崇拜的心理。物人混合格型神，其神格形态上，人的自我肯定意识开始觉醒，但依然保留着浓重的自然崇拜和图腾崇拜的心理特征。纯人格神从体格上来讲，其自然崇拜和图腾崇拜的心理在外观上已经消除，人对自身的肯定意识在这种神格上体现得最为强烈和充分。而到超人格神（纯精神性神，希伯来上帝是典型）这里，不仅形式上的自然崇拜和图腾崇拜特征完全消失，人的自我肯定意识也完全消失。

而中国诸神的神格基本属于第二层次，即以物人混合格为主。就拿

---

① 参见张开焱《神话叙事学》第二章"神格的构成"，中国三峡出版社 1994 年版。

本书讨论的创世神话中的诸神而言，其体格形态大都带有鲜明的物人混合格特征。关于盘古的形象，《广博物志》卷九引《武运历年纪》曰其为"龙首蛇身"；《补衍开辟》谓其"龙首人身"[①]；伏羲女娲在汉代画像砖中的形象都是人首蛇身，其物人混合格形态自不必说，即使是帛书神话中，尽管没有明确交代他们的体格特征，但伏羲谓"大熊"，其纯物格（熊）或物人混合格（人熊、人首熊身或熊首人身）特征也是可以想象的；舜因其历史化已经变成纯人格帝王了，但其神话形象帝俊的原始形态"夋"，其甲骨文的象形应该与猿猴类或鸟类（有学者辨认甲骨文中"夋"乃鸟类的象形）有关，多半是半人半猴、或鸟首人身的形象；而帝俊的两个妻子羲和、常羲，在汉代南阳画像砖上，均为人首蛇身的形象。至于夏人创世诸神鲧的形象与水生动物鱼类相关，这无论是其字的构形，还是神话资料本身都已经有明确显示；禹尽管后世历史化为"三王"之一，但神话中的禹应该是一条龙（后土）或"九首龙身"的形象（其甲骨文已经有明确显示）；至于他的儿子启，很可能是后世那个人面虎身或虎头人身的开明兽形象。

人类最早的神话，很多都是图腾神话，而图腾神话中的诸神，在其体格上最重要的特征，就是都带有图腾的特征或者就是图腾本身。物格神不都是图腾神（也有的物格神祇是一般的自然神），物格型神的神话也不都是图腾神话，但物格神有相当一部分是图腾神，其神话有相当一部分也是图腾神话；物人混合格神的神话具有更多更丰富的内容，但有一部分是图腾神话或与之相关的神话，其图腾崇拜的心理无意识地携带在其形象自身。而图腾，在原始文化中，其核心的含义，就是一个氏族或族团文化上认定的远古血亲祖先，因此，它是原始时代鉴别个体族属特征的标志、族徽。故而，图腾崇拜的核心含义，就是祖宗崇拜。中国古代创世诸神在神格上的特征，已经将这种祖宗崇拜的内涵显示在形象上了。以这样的神格的神祇为创世神的神话，其祖宗崇拜的内容无须怀疑。图腾神创世，也就是祖宗神创世。

"世界父母型"创世神话最典型的当属巴比伦《恩努马—埃利希》讲述的神话。这个神话中，原始大海之神提阿马特与阿卜苏结为夫妻，

---

① 均转引自袁珂、周明编《中国古代神话资料萃编》，四川省社会科学院出版社 1985 年版，第 8 页。

他们通过生育儿女子孙的方式展开这个世界的创造，他们的儿孙辈神祇通过与他们的冲突、战争最后打败他们，完成了创世的工作。但他们以及最后完成世界创造的他们的重孙马尔杜克都是神，不是人，更不是任何特定族团的人，他们（如马尔杜克）创造了人，但他们自己不是人，不是特定族属的祖宗神。中国古代创世神话中的俊、禹、伏羲女娲，既是神，还是人，还是有特定族属身份的祖宗神。

因此，尽管中国古代创世神话确实可能各自具有《新大英百科全书》归纳的五种创世神话类型的某些因素，但总体上它有一个共同的类型特征，就是创造世界的神都是不同民族的祖先神，同时，他们既是神还是人（祖先），这个突出的特征却是《新大英百科全书》归纳的五种创世神话类型都不具备、至少是不强调的。导致这种情形的历史原因，是在漫长的相对封闭独立环境中存在和发展的中国古代社会，一直保持并不断强化着从远古氏族社会就产生的强烈的祖宗崇拜意识，这种祖宗崇拜意识构成了我们民族文化最突出的精神特征，它渗透到文化的一切方面。卡西尔在《人论》中谈到世界古代几大文明民族的文化特征时特别指出，世界几个古代文明民族都有自己的宗教，唯独中国是个例外。如果说中国人也有宗教的话，那就是祖宗崇拜。这是对中国历史、文化和大众心理的准确概括。产生于如此强烈的祖宗崇拜文化中的中国古代神话，从根本上带有这样的特征是再自然不过的事情。但《新大英百科全书》归纳的五种创世神话类型中，却找不到一种能最合适地表述中国祖宗崇拜意识的创世神话，这个原因是因为《新大英百科全书》"创世神话"条目的作者，不是以中国古代创世神话作为归类对象的，中国古代创世神话基本没有进入他们的研究视野（因为长期以来，几乎所有西方学者都认为中国没有创世神话），所以，我们以他们基于异域古代神话归纳的理论模式来解释中国古代神话，难保不遮蔽中国神话中与这些类型相异的那些关键性因素和特征。

因此，基于中国文化和神话的特征作出新的理论概括，以丰富神话学关于创世神话的理论，是中国学者的责任。基于这种认识，笔者提出"世界祖宗型神话"这个类型概念，来表述中国古代创世神话最根本的特征。下面，我对"世界祖宗型神话"的主要构成作一个大体的归纳：

1. 神话中创造世界的元神也是某个氏族、部落、部落族团或民族的祖宗神。这个特征在夏人、商人创世神话和楚帛书创世神话中，都是十分明显的。如果关于黄帝的神话最早也是创世神话的话，那么，黄帝本身的族属特征也十分明显：他出生于特定氏族少典氏，他有特定姓氏（姬姓），他通过生殖行为（也可能隐含的是创世行为）繁衍的子孙辈众神有 25 个分支之多，他是春秋战国时代还存在的 25 个氏族、部落或部落族团的共同祖宗。盘古神话因为晚出，带有某些外来特征，所以最早的记载中祖宗崇拜特征尚不明显，但进入本土后的流传过程中，很迅速地具备了这个特征。同时，中国古代各民族或族团的创世祖先往往具有既是神也是人的特征，很难区分他们是神还是人，也许给他们一个独特的名称比较合适，那就是神人，或人神。本书习惯上按照神话学的命称将他们称为祖宗神，但实际上他们还不是一般意义上的祖宗神，而是祖宗神人或祖宗人神。

　　这一点尤须注意：中国古代诸神都不完全是西方神话学意义上的神性主体，他们既是神还是人。本书涉及到的古代巴比伦、埃及、印度、希伯来、希腊等文明古国神话中，神、人两分，大都界限明确。但中国古代神话主体并没有这样明确的区分，《国语·楚语》谓远古中国"民神杂糅，不可方物"，即人与神相通并处，无法区别，神是"人神"，而那些族群的神性祖宗则是"神人"。中国古代神与人在属性上从不曾绝对两分（一如鬼神合称、无法两分，而鬼之本义乃人死后之存在形态）。今天我们看古代典籍中的伏羲女娲鲧禹三皇五帝等，他们究竟是纯粹神祇还是真实人祖，很难做绝对判断，他们既是神、又是人，若一若二、若二若一。故中国古代神话并非纯粹西方神话学意义上诸神的故事，而是"神人"或"人神"的故事。这也导致进入文明理性时代，这些人神或神人，很容易转化为历史人物。

　　中国古代创世神话主体何以出现"神人合一"的特征？这与中国古代巫文化特殊发展道路相关。文化人类学已揭示人类原始神话起源于原始巫术，巫师作为神灵在人间的显身者（巫神，即神人），具有特殊地位，原始部落大巫师与酋长经常合而为一（巫酋合一、神人合一）。但后来一些民族如印度、希腊和希伯来，巫术发展为宗教，并与现实政治分离，宗教教主也与君王分离（神君分离、人神两立），成为凌驾后者的力量，这总体上导致宗教的载体——神话——中的主体也由神人合一而致人神两立。在华夏诸族原始巫文化正如李泽厚先生指出的那样，并未像希伯来或欧洲那样朝宗教方向发展，变成凌驾于政权之上的力量，而是沿着和政权合二为一、或者为政权服务的方向发展，由"巫"而"史"、由"巫史"而"德"、"礼"（周公制礼作乐）、由强调外在礼制、德政转向强调内在"仁"、"诚"（孔子儒学），这是中国文化发展的一个总体脉络。① 随着巫文化由"巫"而"史"的进程，古代神话中的诸神转化为历史存在的远古君王或英雄（神人），原始巫文化"巫、酋合一"转化为文明时代的"神、君合一"，其"神人"或"人神"特征一直延续。而中国古代创世神话都是具有强烈祖宗崇拜意识的特定族群创造的，这决定创世主体的"神人"或"人神"必定和其祖先相关。

2. 世界的创造是创世祖宗神（一个独神或两个夫妻神）通过生殖行为展开，由多代神祇完成。这一点在夏商创世神话中最为典型，楚帛书创世神话因为出现较晚，还没有完成创世诸神的世系化工作，这个世系化工作在汉以后的神话流传过程中，在伏羲女娲成为中华人文始祖的过程中间接地完成了。如果黄帝神话原初关乎创世神话，那很显然，这个神话也是通过生殖行为展开和完成创世工作的。中国神话通过诸神的生殖行为展开和完成创世工作，这个特征已经有一些学者在不同的地方谈及，如董楚平先生在多篇论文中多次谈及这个特征，但他没有深入论析，也没有概括出生殖型创世神话的基本构成要素。

3. 创世的过程中会遇到某些特别的困难或灾难，创世诸神通过对这些困难和灾难的克服，展开和完成创世工作。这些困难或灾难在有的神话中以自然的方式出现（楚国帛书创世神话最为典型），而在有的神话中体现为一个或一些神祇对另一个或一些神祇的迫害，由此导致诸神之间的冲突。这一点最突出地体现在夏商创世神话中。在原初，这种冲突多半以后辈神祇战胜前辈神祇结束，世界也是在这个冲突过程中完成不同环节创造的。这种情节模式的存在意味着这些神话的源头很可能在华夏民族十分遥远的历史年代，那时候大约尚未完全形成后世文明时代那样严厉和具有绝对权威性的宗法制度与伦理观念。

4. 上面这个特征使得中国古代创世神话的基本故事结构与《新大

---

① 参见李泽厚《己卯五说》之二《说巫史传统》，中国电影出版社 1999 年版。

英百科全书》五种创世神话类型的"天地父母型"神话的故事结构有某些类同性。但尤需注意的是，在这些神话的后世流传过程中，两代神祇间的冲突往往以和解告终（如商人创世神话）。或者这种冲突被极大淡化、扭曲甚至完全遮蔽（如夏人创世神话），春秋战国是完成这个工作的最后阶段。随着古代中国以宗法制度和宗法伦理为基础的文明社会一步步建立和发展，祖宗崇拜意识空前强化，导致与这种意识抵牾的夏商原初创世神话中后辈神祇反抗和诛杀父祖辈神祇的故事情节被改造、移植、虚化或消除，它们要么像商人帝舜与其父母的冲突关系一样，儿辈神祇以超人的孝悌忍受来自父母兄弟的死亡迫害并最终感天动地，获得了父母兄弟的接纳为结局；要么像夏人鲧、禹关系一样，将原本是父子之间的冲突移植到没有血缘关系的天帝与鲧之间，而使儿神禹免于诛杀或流放父神鲧这样违背宗法伦理的罪责。或者像启和其母亲的关系一样，将启屠剥其母的故事虚化为启母化石、石破生启的故事。后起的楚帛书创世神话与盘古创世神话，其产生的时代，宗法制度和宗法伦理已经成为社会无可置疑的基础，所以，这两个创世神话完全没有诸神代际之间冲突的情节。夏商远古创世神话的代际冲突（尤其是后辈神祇对前辈神祇的反抗和诛杀情节）在流传过程中被隐蔽和消除，具有重大的文化意义，最典型地体现了进入文明时期的古代中国祖宗崇拜文化对创世神话的巨大影响。

5. 中国古代所有的创世神话其深层意象结构都是按照黑暗—光明的程序组织的，世界从黑暗的混沌状态开始到光明状态结束。除了晚起的盘古创世神话之外，夏商创世神话和楚帛书创世神话表层的叙事结构都经历了三个阶段，即初创世界—发生灾难—平息灾难（再创世界）。

以上几点，是世界祖宗型创世神话的基本特征，这些特征中的某些构成环节，难说只是远古中国创世神话所独具，但全面具备这些特征的，却只有中国古代创世神话最突出。这一点在与几个早发文明民族创世神话的简单对比中会有特别强烈的印象。

首先是埃及创世神话。

埃及和中国一样是一个农业国家，与中国古代神话有许多相近的地方。自然经济时代农业生产的有限规模，使得农业国家地域的独立性都相当强，埃及最早的政治实体是在原始部落基础上合并而成的诺姆

（nomes，又译为州，由邻近的若干原始部落合并而成），在上古时期（约公元前 3100—前 2686）和古王国时期（约公元前 2686—前 2181），即使上下埃及被统一，全国性政权建立，地域并不太大的全埃及有 38 个诺姆，最多的时候，甚至超过 40 个诺姆，每一个诺姆都有自己相当独立的宗教自主权，有自己的图腾神、保护神，这些神都是地域性的。在长期的历史过程中，各地域都产生了自己的神话系统，就像远古中国社会众多部落或部落族团都有自己的神话一样。同时，在漫长的历史发展过程中，不同地域的政治力量先后成为国家的统治性力量，某些地域神话系统伴随着创造它的地域族团成为全埃及的统治者而成为全国最重要的神系，但其他地域性神系依然存在和发展着，它们和处于统治地位的神话系统发生着相互影响。同时，在埃及，从上古时期到新王国时期，在众多地域神系中，先后形成了比较有影响的三个地域神系，即孟菲斯（memphis）神系、赫里尤布里斯（heliopolis）神系和赫尔默普利斯（hermopolis）神系。这三大神系创造了不同的宗教信仰。它们在历史发展过程中互相影响。由于早期王朝统一上下埃及的君主纳尔迈（Narmer）及以后的法老和祭司们特别推崇赫利尤布里斯神系，使得这个神系在三大神系中成为影响最大的神系。而赫里尤布里斯神系自身在发展过程中也在不断改变。早期这个神系的始源大神是阿图姆（Atoum），后来变成拉，阿图姆和拉神结合成为太阳神拉—阿图姆，由此形成赫里尤布里斯四代九神的相对稳定的体系。这些方面中国和埃及神话都十分相近。在埃及众多的神话系统中，在较长时间里有较大影响的是以拉为主神的赫里尤布里斯太阳城神系，许多地域神系在历史发展过程中都曾经与这个神系发生交互影响。所以，这里将赫里尤布里斯太阳神系创世神话作为代表，与中国古代创世神话的基本特征进行一个比较。

赫里尤布里斯神系中，创世神话是重要的构成。混沌的古海之神努生了光明的太阳之神拉，拉生了风神、空气之神舒和雨神、湿气之神特夫内特，两者结为夫妻；后者又生了地神盖布和苍天神努特，两人又结为夫妻，由于盖布和努特结合在一起不愿意分开，于是拉令舒踩在地神盖布的身体上，将努特高高举过头顶，由此出现了空间、天空和宇宙。努特和盖布生了两双儿女夫妻神，即农神、冥神奥赛里斯和其姐姐（也是妻子）伊西斯，荒漠、干旱之神赛特和其妻子（也是妹妹）奈芙蒂斯。这是埃及神话宇宙初成的基本情节。赫里尤布里斯神系中，诸神代际之间为了人间和神界的统治权也发生了冲突，但这个冲突不是以后辈惩罚、诛杀前辈神祇为结局的，而是以前辈神祇迫不得已让位给儿辈神祇的方式进行的，古老的混沌神努因为儿子拉的强大无法管控他，因此将统治权转移给儿子，拉后来又因为自己衰老、儿辈神祇不合作、不支持而将统治权转让给自己的儿子舒，舒后来又因为大体相同的原因将这个权力转交给儿子地神盖布（盖布和努特在不同的神话版本中也被描述为拉的另一双儿女夫妻神），盖布后来又将人间统治权转交给儿子奥赛里斯。[①]

在这个神话系统中，宇宙的创生是通过生殖行为展开和进行的，从努到拉到他的三代子孙夫妻神，一个宇宙空间就形成了，宇宙的形成经历了从黑暗、混沌到光明的过程，这些和中国古代创世神话都基本相同或接近。尽管赫里尤布里斯神系是旧王国时期形成的神系，是埃及影响最大的神系，这个神系中的所有神的族属身份都不太突出，他们在形式上是世界（还不仅是埃及）所有人的神，而不是某个部落或部落族团的祖先神。同时，他们更不是人。在赫里尤布里斯神系中，有因为人反抗拉神的统治而招致拉神派遣的眼睛神哈陶尔大肆屠杀的情节，神和人的区别十分分明。埃及历代统治者法老都宣称是太阳神在人间的代表，从古王国开始，法老们就自称是奥赛里斯之子——荷露斯（Horus）的后代，到了中王国时期，法老开始宣称自己是太阳神拉（Ra）的后代，这与他们就是拉神本身有极大的区别，这是说，他们和太阳神家族有内在联系，但他们还不是太阳神家族创世九神本身，创世神不是祖宗神，或者这个特征不是很明显。这使得埃及创世神话与中国古代创世神话有许多相近但又不同的特征。埃及创世神话，大体是世界父母型创世神话，但却不是世界祖宗型神话，尽管已经有某些因素比较接近世界祖宗型神话类型。

其次是两河流域的创世神话。

---

① 参见李永东编《埃及神话故事》，宗教文化出版社1998年版。亦可参见雷蒙德·范·奥弗编《太阳之歌：世界各地创世神话》第八篇"埃及"，毛天祜译，中国人民大学出版社1989年版。

　　古代两河流域文明的创造者，是很不同的部落和民族，从大约公元前 4000 年到前 2000 年之间，先后有欧贝德人、苏美尔人、阿卡德人、阿摩利人、亚述人、迦勒底人等多个不同部落和民族进入这片上地，创造了自己的文明。其中，苏美尔人、阿卡德人创造的神话最早，对两河流域古代神话具有较大影响，所以，这里把他们的创世神话与中国古代创世神话的特征进行一个粗略的对比。

　　先看和苏美尔人创世神话的区别。

　　目前所见苏美尔人神话传说文献中，还没有一篇完整的创世神话文献，今人根据多个文献资料的片段整理了一个苏美尔人的创世神话，大体如下：

　　最早的神是原始水神南马赫，她生了最早的天神安和地神、水神启，安与启结合在一起，紧紧拥抱而不分开（最早的世界上下未分，安启最早的时候因此又是一个神，一个双性同体的神。在后来的神话中，安启作为一个神的名字，更突出的是其水神的特性），生了空气之神恩里尔，恩里尔站在父母之间将他们分开，于是形成了最早的世界。恩里尔又娶了女神宁里尔，生了月神纳那，纳那娶了女神南卡尔为妻，生了太阳神奥吐。安启、恩里尔和南马赫等，又分别创造了天上的星星、地上的动植物和人类，世界就这样完成了创造。人类后来因为不敬神灵被众神厌弃，从而众神决议用大洪水消灭人类。大神安启因为觉得造人不易，反对用大洪水消灭人类，他的意见被众神否决。他将这一消息提前告诉了人类中的一员吉尤苏得拉，让他立即打造一只方舟，在大洪水到来之前带着家人和动物躲进方舟。吉尤苏得拉按照安启的指示行动，逃脱大洪水的厄难。因为他保全了大地上的生命，并且虔敬神灵，天神安努和恩里尔赐予他永生不朽。[①]

　　这个创世神话与中国古代创世神话有很多相近的地方，世界都是从混沌元神开始创造的，世界的创造是通过诸神之间的生殖行为展开和完成的。但这个神话与中国创世神话不一样的地方则是：这里的原始父母神是没有族属身份的神，他们不是某个部落、部落族团或民族的祖宗神

---

　　① 参见姬耘编《巴比伦神话故事》第一章"苏美尔神话"，中国民族摄影艺术出版社 1998 年版；亦可参见雷蒙德·范·奥弗编《太阳之歌：世界各地创世神话》第四篇"美索不达米亚"，毛天祜译，中国人民大学出版社 1989 年版。

（尽管他们是特定部落族团创造的）；同时，人是神的造物，且是神的奴仆，神与人的界限是十分分明的。这些最关键的区别使得中国古代创世神话与苏美尔创世神话类型明显不同。

再看和阿卡德人创世神话的区别。

阿卡德人的创世神话集中表现在神话史诗《恩努马—埃利希》中，其核心内容是这样的：

世界最先只有一片浑茫无际的原始海洋，原始海洋甜水之神阿卜苏与咸水之神提阿马特结合生了海底泥土之神卢奇姆和拉查姆，还生了上下两个方位的神安莎尔和基沙尔，以及其他一些原始神祇。安莎尔和基沙尔结合生了天神安努和地神、水神埃阿。安努和埃阿结合又生了许多神祇，天地宇宙由此初步形成。众神推举天神安努为众神之王。由于后辈光明属性的儿孙神祇的喧闹吵扰打搅了原始黑暗海神阿卜苏和提阿马特的宁静，阿卜苏和提阿马特试图消灭这些儿孙辈神祇。阿卜苏首先被埃阿为首的儿孙辈神祇用计谋擒杀。愤怒的原始海洋母神提阿马特将追随她的神祇组织成强大的队伍向儿孙辈神祇攻击，宇宙为之震撼。恐惧的儿孙辈众神推举埃阿的儿子马尔杜克为首领对抗提阿马特，在激烈的搏杀中最后马尔杜克战胜了提阿马特，将她的尸体肢解重新创造天地，并最后用恶神的血和泥土创造了人类，马尔杜克被众神推举为万神之王，世界的创造由此结束。[①]

阿卡德人的创世神话最典型地符合《新大英百科全书》归纳的"天地父母型"神话，首先，世界创造是通过一对原始父母神的生殖行为展开的；其次，诸神之间发生了激烈的代际冲突，儿孙辈神祇通过打败诛杀原始祖神获得宇宙控制权，并最后完成世界创造。中国古代创世神话中，夏商创世神话的原初形态在这两点上与此有很大的类似性。原初的夏商创世神话也是通过诸神的生殖行为展开世界的创造的，儿孙辈神祇也是在与前辈神祇的冲突中通过打败父祖辈神祇而获得世界的控制权和完成世界创造的。但两者的不同仍然在于，原初夏商创世诸神中，每一个神祇都是夏商两个部落或民族各自的祖宗神，他们在后世传说中就是

---

① 参见《恩努马—埃利希》，载［美］戴维·利明、埃德温·贝尔德《神话学》，李培茱等译，上海人民出版社 1990 年版；亦可参见雷蒙德·范·奥弗编《太阳之歌：世界各地创世神话》第四篇"美索不达米亚"，毛天祜译，中国人民大学出版社 1989 年版。

祖宗（人）；而且，在后世流传过程中，夏商两个族团创世神话中后辈神祇与父子辈神祇的冲突都被消泯、扭曲、虚化或完全遮蔽，后辈神祇不是通过反抗和诛杀父祖辈神祇获得权力，而是通过顺从和解（包括禅让）的方式获得权力，这在阿卡德人的神话中也是没有的。

当然，无论埃及神话，还是苏美尔或阿卡德人的神话，它们与中国古代神话最大的区别之一，还在于前者是突出地体现了自然崇拜特征的神话，而后者却是突出体现了祖宗崇拜特征的神话。埃及和两河流域神话中的那些神，基本都是自然的化身，尽管已经有丰富的社会内涵和明显的社会特征，但自然化身的特征仍然十分明显，他们分别代表着不同的自然现象。中国古代神话人物当然也代表了某些自然现象，但这些体现了自然现象的神祇同时还带有明显的族属特征，后者的特征更为明显。对此，张文安博士在他的《中国与两河流域神话比较研究》第九章中，明确提出两者的区别在于，两河流域神话主要表达的是自然崇拜意识，而中国古代神话主要表达的是祖宗崇拜意识，[1] 这个认知是合适的。

印度创世神话。

印度创世神话多种多样，其中，《梨俱吠陀》中原始巨人布尔夏被众神肢解化身宇宙天地万物的神话和梵天创世神话最为著名，但这两个神话中的布尔夏和梵天在印度任何民族或族团那里都不被叙述为自己的祖先神。[2]

希伯来创世神话众所周知，那是典型的至上神指令创世的类型，至上神耶和华不是任何特定民族的祖神，没有任何族属特征。

希腊神话是世界各民族神话中最辉煌灿烂的成果，但这个民族的神话中，有没有创世神话却是一个有争议的问题。著名原始文化学者朱狄先生在其分量厚重的《原始文化研究》一书第四章"神话与神话学"中，认为希腊没有创世神话："希腊神话虽是所有神话中最光辉的一页，甚至 myth（神话）一词就是从希腊那里来的，然而希腊却没有严格意

---

① 参见张文安《中国与两河流域神话比较研究》第九章"中国与两河流域古代神话的文化比较"，中国社会科学出版社 2009 年版。

② 可参见雷蒙德·范·奥弗编《太阳之歌：世界各地创世神话》第九篇"印度和波斯"，毛天祐译，中国人民大学出版社 1989 年版。

义上的创世神话，这也是一个颇为令人深思的问题。……斯威布所著《希腊的神话和传说》第一句话就已表示'创世神话'在这里不占任何地位，因为它是完成时：'天和地被创造了，大海涨落于两岸之间'。"①如果单就在表层直接叙述天地创生的情节角度说希腊神话没有创世神话，也许是有道理的，但如果细读赫西俄德的《神谱》，将发现他关于希腊几代神王的更替过程，暗含了世界的创造过程。

据赫西俄德的《神谱》叙述，世界最初产生的是混沌神卡俄斯，然后产生了大地之神盖亚、原初欲望主宰的爱神厄洛斯以及大地下面黑暗的深渊塔尔塔洛斯。混沌神卡俄斯还产生了黑暗和主宰它的夜神，他们结合生了光明和昼神。地母盖亚生了许多神，首先是夜空之神乌拉诺斯，大地之神盖亚还生了山谷和山谷之神，深海和深海之神，盖亚和深海之神蓬托斯结合生了许多分别代表着不同的自然现象和社会现象的神；乌拉诺斯和盖亚结合，生了一批巨人神（即堤旦诸神）。盖亚因为不堪乌拉诺斯要她将儿女封闭在自己肚子里的重负，和小儿子克雷诺斯密谋重创了乌拉诺斯，推翻了他的统治。乌拉诺斯的深层意象乃是黑夜布满繁星之天空，克雷诺斯的深层意象则是黎明之天空。克雷诺斯做了神王，娶了他的姐姐瑞亚为妻。他也厌烦他的儿女，但他吸取父亲的教训，不再信任妻子瑞亚，将瑞亚生的儿女都吞进自己肚子里。后来瑞亚在克里特岛生下儿子宙斯后，回到陆地用石头包在襁褓里让克雷诺斯吞下骗过了他。宙斯长大后推翻了父亲的统治建立了自己为神王的俄林帕斯神系。宙斯的深层意象就是光明的大空，他和自己的兄弟波塞冬和普路同分别主管天空、海洋和地下世界，他的一群儿女神祇则成为各种人类社会与文化现象的主管者。②

很明显，这个诸神的诞生过程，与世界创生过程是同步的，或者说，希腊神话叙述诸神产生的过程，暗含的就是世界产生的过程。所以，说希腊没有创世神话，恐怕不是合适的判断。

希腊创世神话也算是比较典型的天地父母型神话，通过原始父神或

---

① 朱狄：《原始文化研究》，生活·读书·新知三联书店 1988 年版，第 734 页。

② 参见赫西俄德《工作与时日　神谱》，张竹明、蒋平译，商务印书馆 1996 年版；亦可参见雷蒙德·范·奥弗编《太阳之歌：世界各地创世神话》第五篇"希腊"，毛天祜译，中国人民大学出版社 1989 年版。

父母神的生殖行为世界与诸神得以被依次创造，而且，诸神代际之间通过发生冲突和后辈战胜前辈的方式完成权力的变换交接。但这里的神，无论是最早的混沌神卡俄斯，还是地神盖亚、深海之神蓬托斯，以及后来的三代神王，都主要是自然神，而后在此基础上强化着社会特征，他们不是希腊任何特定部落或部落族团的祖宗神，也不是整个希腊人的祖宗神，他们不具有特定的族属特征。希腊神话传说中所有城邦都有自己的保护神，但这个保护神祇是特定城邦特别信奉的神祇，却不是这个城邦族群的祖宗神。古代希腊神话传说中，神祇和人类是判然有别的，连通两者的，是神和人的后代，即英雄，英雄不是神，具有半人半神的特性，而且，这些英雄被突出的也不是他们的族属特征，而是他们自身的英雄行为。更重要的是，他们根本不参与创世活动，他们是世界创生以后的产物，所以和创世神话无关。

通过对上述世界几个文明发达较早的民族创世神话的简单叙述与比较，我们能清楚地看到，除了印度和希伯来创世神话外，其余几个民族创世神话基本都属于天地父母型神话，它们与中国古代创世神话有一定的类似性，但在创世神也是特定氏族、部落或族团的祖宗神这个最关键的元素方面，与中国神话都有明显区别，至少没有中国神话如此突出。这意味着，祖宗创世可能是中国创世神话最有独特性的构成。

中国创世神话的这个特点，可能影响了周边一些民族创世神话的构成，日本古代创世神话就是一个例子。

据《古事记》，日本有一套完整的创世神话，这个创世神话中，最早的是天之御中主神为首的天津五柱神，他们是日本神话系统中最高的神，居住在高天原（天空），都是独神且隐身不现，约略相当于混沌阶段的神。其后，出现了以国之常立神为始的七代神，这七代神最后一代即夫妻兄妹神阿耶那岐命与阿耶那美命，他们生育的众多神祇分别代表世界初创时的天地万物。[1]

这些神祇中，阿耶那岐命和阿耶那美命兄妹夫妻神是创生日本列岛和日本众神的关键性神祇，可以说，日本神系的繁复化主要是从这对兄妹夫妻神开始的。从这对兄妹开始的日本众神，有许多分支，他们分别

---

① 参见［日］万安太侣《古事记》上卷，邹有恒、吕元明译，人民文学出版社 1979 年版。

是日本不同氏族或族团的祖神:

天皇家	天照大御神
物部氏	饶速日命
贺茂氏	事代主神
中臣氏/藤原氏	天児屋命
忌部氏	天布刀玉命
大伴氏	天忍日命
尾张氏	天香语山命
津守氏	饶速日命

其中,对后世影响最大的是从阿邪那岐命到神武天皇的一脉。

很显然,如果从原始天津五柱神那里算起,他们都是独神,没有配偶,他们之间没有生殖意义上的代际关系。他们之后的所谓"神世七代"之间,是否有生殖意义上的关联,《古事记》也没有明确交代,作者的叙述,让人感到他们之间并没有血缘世系上的关联。诸神有血缘世系关联的,是从阿耶那岐命和阿耶那美命兄妹夫妻神开始的诸神,这对夫妻兄妹神生了以后的日本诸神和日本国土、海域等,从这对兄妹神开始的日本诸神中的一部分,后来成为日本不同氏族和部落的祖神,尤其是他们生的天照大神(太阳神),成为后来日本神武天皇的祖神。总体上看,这个神系就最早的源头而言,既不是世界父母型神话,也不是世界祖宗型神话,天津五柱神和所谓"神世七代"中阿耶那岐命和阿耶那美命兄妹夫妻神之上的六代神,都不是日本任何部落或族团的祖宗神。但从阿耶那岐命和阿耶那美命兄妹夫妻神开始的诸神,就有一部分与日本不同氏族或部落相关了,所以,从这个环节起,日本创世神话祖宗崇拜特征十分明显了,所有氏族或族团的祖神都是阿耶那岐命和阿耶那美命夫妻神的后裔,基本可以划入"世界祖宗型神话"类型。

但日本神话是晚起的神话,《古事记》和《日本书纪》到公元7世纪(中国唐代)才由日本王室主持编写而成,有学者指出,"记纪神话的体系化特征的形成是统一国家在政治上的特殊需要,这些神话同原始时代的神话不同,它在另一个层面上被规定、被整一化,它的原质发生了改变。关于这一点所以我们很难把它作为纯粹的神话来处理。"① 日本著名学者津田左右吉氏曾指出：日本神话（主要指记纪神话）是经 6 世纪中期开始到 8 世纪初的大和朝廷虚构的神话，这些由后人制作的东西并不是神话，而是宫廷史官承命要为皇室的由来寻个说法才制作出来的物语，或称为"神代史"②。也就是说，从阿耶那岐命兄妹夫妻所生的天照大御神到神武天皇的神系，是为了明显的政治意图而编织的，原始神话究竟是否如此大是疑问。特别值得注意的是，这个神系在公元 7 世纪编织时，日本文化已经深受中国文化影响。这个神系中最重要的阿耶那岐命与阿耶那美命兄妹夫妻神与中国古代传说中的伏羲女娲兄妹夫妻神就很类似，乃至前者围着天之御柱奔走而结合的故事情节，与中国神话传说中伏羲女娲围着大山奔走而结合的情节都有极大的类似性（伏羲女娲兄妹婚故事首见唐李冗《独异志》记述，完全可以相信，这个神话故事被记述之前在民间口头上已经流传了很久）。有理由认为日本这个神话很可能受了中国伏羲女娲神话的影响，这种影响甚至是很明显的。关于日本神话深受中国神话影响这个问题，日本学者大林太良等都有明确论述，这已经是常识，不展开论析。

当然，这样说不是说日本神话就是中国神话的简单复制，日本原住民主要是由东北亚的古代通古斯人种、马来亚人种和中国古代东渡日本的定居者几部分构成的，其文化中有多种成分存在。有学者研究指出，环太平洋很多民族原始神话中都有类似阿耶那岐命与阿耶那美命兄妹围着天之御柱（即某根神柱或某座神山）奔走而结合的故事情节，这也意味着日本神话不仅受中国古代神话影响，还受环太平洋许多原始民族文化影响。另外，从日本记纪神话看，固然有 7 世纪日本天皇王朝为了自己的政治需要而编织古代神话的因素起着重要作用，但记纪神话中基本的内容还是应该有所本，这个底本应该是日本原住民的原始神话。从上面开列的那个不同家族或族团崇拜不同的祖神清单看，日本原住民的原始神话应该是有强烈的祖宗崇拜意识。而由于两汉以降到隋唐，日本与中国的交往十分频密，其文化受到中国明显影响是很自然的事情。

---

① 金伟、吴彦：《日本神话中的太阳神——天照大神在"记纪"神话体系中的形态与机能》，《辽宁师范大学学报》1998 年第 5 期。

② 同上。

至此，我们通过对中国古代几个创世神话构成特征的分析，证明了中国古代创世神话既有与人类其他民族相同或相似的许多因素（因此，从这些因素角度归纳出与其他民族神话类似的某些类型是可能也有价值的），更在总体上有自己独一无二的特征，这就是所有创世神话要么在其原初、要么在流变过程中，都渗透了强烈的祖宗崇拜意识和色彩，创世神也是祖先神，这是中国古代创世神话最突出的特征，正是从这个特征出发，笔者将其命名为世界祖宗型神话。

"世界祖宗型"神话类型，与《新大英百科全书》中的"世界父母型"神话类型有某些共同的因素，但也有不同的因素。前者不能完全纳入后者之中。所以，应该将它作为一种独立的创世神话类型，从神话学理论上对它予以确认。

至于中国古代创世神话何以体现出强烈的祖宗崇拜意识，以至于所有的创世神话都体现出世界祖宗型特征，其文化与历史原因，本书某些章节已有间接分析（如对女娲泥土造人神话文化内涵的分析），同时，更多的学者在不同的著作中都有深入研究，这里不展开论述。总体上讲，中国古代神话产生于更大范围的中国文化世界，中国文化在古代几大文明民族中，是祖宗崇拜意识最突出而强烈的文化。而中国文化产生于中国特定的历史土壤中。中国这个内陆国家，其历史基本是在一个封闭的地理环境中发展的，渐进性特征最为强烈。从原始社会转化为早期阶级社会，氏族为社会基础的体制和组织原则并没有发生根本的改变，而是顺利转化为阶级社会村社的体制和组织原则。同时，中国古代的农业社会生产模式，又完全可以被这种以氏族为基础的村社聚落形态所容受和适应，因此，氏族社会以血缘关系为基础的组织原则和政治体制也转换为阶级社会的基础和组织原则，建立于这种社会基础之上的国家政权不能不都带着血缘为基础的强烈特征。而统治者为了巩固和强化自己的统治，又在有意无意地强化血缘意识和血缘原则，这就是中国文化祖宗崇拜意识特别强烈的根本原因。

体现着强烈祖宗崇拜意识的中国古代创世神话，就是在这样的文化和历史土壤中产生的，所以，它的基本类型必定与此相关，那是毫不奇怪的事情。

附录一　主要参考文献

1. ［巴比伦］《吉尔伽美什——巴比伦神话与史诗》，赵乐甡译，译林出版社 1999 年版。

2. ［埃及］《亡灵书》，锡金译，吉林人民出版社 1957 年版。

3. ［印］《五十奥义书》，徐梵澄译，中国社会科学出版社 1984 年版。

4. ［印］《梨俱吠陀》，巫白慧译，上海人民出版社 1990 年版。

5. ［印］《摩奴法典》，［法］迭朗善译，马香雪转译，商务印书馆 1982 年版。

6. 《中华大藏经》第 29—34 册，中华书局 1988 年版。

7. ［希腊］赫西俄德：《工作与时日　神谱》，张竹明、蒋平译，商务印书馆 1996 年版。

8. ［希腊］柏拉图：《柏拉图文艺对话集》，朱光潜译，人民文学出版社 1963 年版。

9. ［希伯来］《圣经》，中文圣经祈祷本编辑委员会编，中国基督教协会印发，1997
   年，南京。

10. ［日］万安太侣：《古事记》上卷，邹有恒、吕元明译，人民文学出版社 1979
    年版。

11. ［美］雷蒙德·范·奥弗编：《太阳之歌：世界各地创世神话》，毛天祜译，中
    国人民大学出版社 1989 年版。

12. ［美］塞·诺·克雷默：《世界古代神话》，魏庆征译，上海人民出版社 1989
    年版。

13. 李永东编：《埃及神话故事》，宗教文化出版社 1998 年版。

14. 姬云编：《巴比伦神话故事》，中国民族摄影艺术出版社 1998 年版。

15. 曾明编：《印度神话故事》，宗教文化出版社 1998 年版。

16. ［德］斯威布编：《希腊神话传说》，刘超云、艾英译，宗教文化出版社 1996
    年版。

17. 《罗马神话故事》，王新良编译，宗教文化出版社 1998 年版。

18. 《北欧神话故事》，萧风编译，中国民族摄影艺术出版社 1998 年版。

19. ［日］小岛瓔礼：《日本神话故事》，程羲译，（台北）星光出版社 2001 年版。

20.《印第安神话故事》，萧风编译，宗教文化出版社 1998 年版。

21.［前苏联］谢·亚·托卡列夫等编：《世界各民族神话大观》，国际文化出版公司 1993 年版。

22.［前苏联］M. H. 鲍特文尼克等合著：《神话辞典》，商务印书馆 1985 年版。

23. 魏庆征等主编：《外国神话传说大词典》，中国国际广播出版社 1989 年版。

24.［德］尼采：《悲剧的诞生》，周国平译，生活·读书·新知三联书店 1986 年版。

25.［美］斯蒂芬·汤普逊：《世界民间故事分类学》，郑海译，上海文艺出版社 1991 年版。

26.［美］理安·艾勒斯：《圣杯与剑——"男女之间的战争"》，程志民译，社会科学文献出版社 1995 年版。

27.［美］M. 艾瑟·哈婷：《月亮神话——女性的神话》，蒙子等译，上海文艺出版社 1992 年版。

28.［美］摩尔根：《古代社会》，杨冬簨、张栗原、冯汉骥等译，商务印书馆 1971 年版。

29.［日］大林太良：《神话学入门》，林相泰、贾福水译，中国民间文艺出版社 1988 年版。

30.［瑞士］费尔迪南·德·索绪尔：《普通语言学教程》，高名凯译，商务印书馆 2007 年版。

31.［日］高木敏雄：《比较神话学》，东京博文馆明治 37 年版。

32.［德］埃利希·诺伊曼：《大母神——原型分析》，李以洪译，东方出版社 1998 年版。

33.［德］恩斯特·卡西尔：《人论》，甘阳译，上海译文出版社 2003 年版。

34.［德］恩斯特·卡西尔：《语言与神话》，于晓等译，生活·读书·新知三联书店 1988 年版。

35.［法］列维—布留尔：《原始思维》，丁由译，商务印书馆 1981 年版。

36.［加］诺斯罗普·弗莱：《批评的剖析》，陈慧、袁宪军、吴伟仁译，百花文艺出版社 1998 年版。

37.［美］约瑟夫·坎贝尔：《千面英雄》，张承谟译，上海文艺出版社 2000 年版。

38.［英］艾伦·哈里森：《古代艺术与仪式》，刘宗迪译，生活·读书·新知三联书店 2008 年版。

39.［美］戴维·利明、埃德温·贝尔德：《神话学》，李培茱等译，上海人民出版社 1990 年版。

40.［英］弗雷泽：《金枝》（上、下），徐育新等译，中国民间文艺出版社 1987

年版。

41. [前苏联] 叶·莫·梅列金斯基：《神话的诗学》，魏庆征译，商务印书馆 1990 年版。

42. [前苏联] Д. E. 海通：《图腾崇拜》，何星亮译，上海文艺出版社 1993 年版。

43. [英] 马林诺夫斯基：《巫术 科学 宗教与神话》，李安宅译，中国民间文艺出版社 1986 年版。

44. [德] 麦克斯·缪勒：《比较神话学》，金泽译，上海文艺出版社 1989 年版。

45. [瑞士] 荣格：《荣格文集》，冯川编，冯川、苏克译，改革出版社 1997 年版。

46. [瑞士] 荣格：《心理学与文学》，冯川等译，生活·读书·新知三联书店 1987 年版。

47. [英] 汤因比：《历史研究》（上、中、下），曹未风译，上海人民出版社 1996 年版。

48. [英] C. R. 白德库克：《人类文化演进之谜——文化的精神分析》，顾蓓华、林在勇译，浙江人民出版社 1992 年版。

49. [奥] 弗洛伊德：《摩西与一神教》，李展开译，生活·读书·新知三联书店 1989 年版。

50. （西周）佚名著，郭或译注：《周易》，中华书局 2006 年版。

51. （汉）孔安国传，（唐）孔颖达正义，黄怀信整理：《尚书正义》，上海古籍出版社 2007 年版。

52. （周）左丘明传，（晋）杜预注，（唐）孔颖达正义：《春秋左传正义》，北京大学出版社 1999 年版。

53. （汉）郑玄注，（唐）贾公彦疏：《周礼注疏》（上、下册），北京大学出版社 1999 年版。

54. （汉）郑玄注，（唐）孔颖达疏、陆德明音义：《礼记注疏》，景印文渊阁四库全书·经部一一○·礼类，（台北）商务印书馆 1986 年版。

55. （汉）郑玄注，（唐）孔颖达疏：《礼记正义》，北京大学出版社 1999 年版。

56. （战国）韩非著，陈其献校注：《韩非子新校注》，上海古籍出版社 2000 年版。

57. （战国）《古本竹书纪年》，刘晓东等校点，齐鲁书社 2000 年版。

58. （战国）尸佼著，汪继培辑：诸子百家丛书《商君书·尸子》，上海古籍出版社 1989 年版。

59. （汉）宋衷注，（清）秦嘉谟等辑：《世本八种》，中华书局 2008 年版。

60. （汉）刘向编集，贺伟、侯仰军校点：《战国策》，齐鲁书社 2005 年版。

61. （汉）司马迁著，（南朝宋）裴骃集解，（唐）司马贞索隐，（唐）张守节正义：《史记》，中华书局 1959 年版。

62.（汉）董仲舒著，（清）凌曙注：《春秋繁露》，中华书局1975年版。

63.（汉）班固著，颜师古注：《汉书》（全十一册），中华书局1962年版。

64.（汉）许慎：《说文解字》，中华书局1963年版。

65.（汉）焦赣著：《焦氏易林》，景印文渊阁四库全书·子部一一四·术数类，（台北）商务印书馆1986年版。

66.（汉）毛亨传，郑玄笺，（唐）孔颖达疏，陆德明音义：《毛诗注疏》，景印文渊阁四库全书·经部六三·诗类，（台北）商务印书馆1986年版。

67.（汉）赵煜：《吴越春秋》，景印文渊阁四库全书·史部二二一·载记类，（台北）商务印书馆1986年版。

68.（汉）刘向著，刘晓东校点：《列女传》，辽宁教育出版社1998年版。

69.王根林、黄益元等校点：《汉魏六朝笔记小说大观》，上海古籍出版社1999年版。

70.（汉）应劭著，王利器校注：《风俗通义校注》（全二册），中华书局1981年版。

71.（汉）班固：《白虎通义》，景印文渊阁四库全书·子部一五六·杂家类，（台北）商务印书馆1986年版。

72.［日］中村璋八、安居香山辑：《纬书集成》（上、中、下），河北人民出版社1994年版。

73.（魏）王弼注，（唐）孔颖达疏：《周易正义》，北京大学出版社1999年版。

74.（晋）干宝著，汪绍楹校注：《搜神记》中华书局1979年版。

75.（晋）皇甫谧著，刘晓东等校点：《帝王世纪》，齐鲁书社2000年版。

76.（晋）司马彪著，（梁）刘昭注补：《后汉书》，中华书局1965年版。

77.（东晋）王嘉著，（梁）萧绮辑编：《拾遗记》，景印文渊阁四库全书·子部三四八·小说家类，（台北）商务印书馆1986年版。

78.（晋）葛洪著：《抱朴子》，景印文渊阁四库全书·子部三六五·道家类，（台北）商务印书馆1986年版。

79.（晋）葛洪：《枕中书》，《丛书集成新编》第26册，（台湾）新文丰出版公司1985年版。

80.（宋）范晔著，（南唐）李贤等注：《后汉书》，中华书局1999年版。

81.（梁）任昉：《述异记》，景印文渊阁四库全书·子部三五三·小说家类，（台北）商务印书馆1986年版。

82.（梁）萧统编，李善等注：《六臣注文选》，景印文渊阁四库全书·集部二六九·总集类，（台北）商务印书馆1986年版。

83.（梁）宗懔：《荆楚岁时记》，岳麓书社1986年版。

84.（唐）李冗著，（唐）张读撰，张永钦、侯志明校点：《独异志·宣室志》，中华书局 1983 年版。

85.（唐）瞿昙悉达：《唐开元占经》，景印文渊阁四库全书·子部一一三·术数类，（台北）商务印书馆 1986 年版。

86.（唐）司马贞著并注：《补〈史记·三皇本纪〉》，景印文渊阁四库全书·史部一卷·正史类，（台北）商务印书馆 1986 年版。

87.（唐）义净原著，王邦维校注：《南海寄归内法传校注》，中华书局 1995 年版。

88.（唐）欧阳询著，汪绍楹校：《艺文类聚》，上海古籍出版社 1965 年版。

89.（唐）李善等六臣注：《文选》，景印文渊阁四库全书·集部二六九·总集类，（台北）商务印书馆 1986 年版。

90.（唐）陆德明著，黄焯断句：《经典释文》，中华书局 1983 年版。

91.（后晋）刘昫等：《旧唐书》中华书局 1975 年版。

92.（后魏）郦道元：《水经注》，景印文渊阁四库全书·史部三三一·地理类，（台北）商务印书馆 1986 年版。

93.（宋）罗泌：《路史》，景印文渊阁四库全书·史部一四一·别史类，（台北）商务印书馆 1986 年版。

94.（宋）张君房编，李永晟校点：《云笈七签》（全五册），中华书局 2003 年版。

95.（宋）高承著，（明）李明订：《事物纪原》，景印文渊阁四库全书·子部二二六·类书类，（台北）商务印书馆 1986 年版。

96.（宋）李昉等撰：《太平御览》（全四册），中华书局 1960 年版。

97.（宋）李昉等撰：《太平御览》，景印文渊阁四库全书·子部二〇七·类书类，（台北）商务印书馆 1986 年版。

98.（宋）黄休复：《益州学馆记》，人民美术出版社 1964 年版。

99.（宋）朱熹集注：《楚辞集注》，上海古籍出版社 1979 年版。

100.（宋）洪兴祖：《楚辞补注》，中华书局 1983 年版。

101.（清）蒋骥：《山带阁注楚辞》，上海古籍出版社 1958 年版。

102.（宋）黄休复：《益州名画录》，人民美术出版社 1964 年版。

103.（宋）朱熹：《诗经集传》，景印文渊阁四库全书·经部六六·诗类，（台北）商务印书馆 1986 年版。

104.（明）周祁：《名义考》，景印文渊阁四库全书·子部一六二·杂家类，（台北）商务印书馆 1986 年版。

105.（明）马欢：《瀛洲胜览》，中华书局 1985 年版。

106.（明）谢肇淛：《五杂俎》，上海书店 2001 年版。

107.（清）郭庆藩辑，王孝鱼整理：《庄子集释》（全四册），中华书局 1961 年版。

108.（清）戴震注：《屈原赋注》，中华书局 1999 年版。

109. （清）黄生著，黄承吉合按：《字诂义府合按》，中华书局 1984 年版。

110. （清）阎若璩：《尚书古文疏证》，上海古籍出版社 1987 年版。

111. （清）焦循著，沈文倬校点：《孟子正义》（全二册），中华书局 1987 年版。

112. （清）徐文靖：《竹书统笺》，景印文渊阁四库全书·史部六一·编年类，（台北）商务印书馆 1986 年版。

113. （清）马骕：《绎史》（全四册），上海古籍出版社 1993 年版。

114. （清）马骕撰：《绎史》，景印文渊阁四库全书·史部一二三·纪事本末类，（台北）商务印书馆 1986 年版。

115. 何宁：《淮南子集释》（全 3 册），中华书局 1998 年版。

116. 陈奇猷校释：《吕氏春秋校释》，学林出版社 1984 年版。

117. 徐中舒主编：《甲骨文字典》，四川辞书出版社 1989 年版。

118. 李圃选注：《甲骨文选注》，上海古籍出版社 1989 年版。

119. 杨伯俊编注：《春秋左传注》，中华书局 1990 年版。

120. 黄怀信、张懋镕、田旭东著，李学勤审定：《逸周书汇校集注》，上海古籍出版社 1995 年版。

121. 王焕镳：《墨子集诂》（全二册），上海古籍出版社 2005 年版。

122. 黄杯信：《鹖冠子汇校集注》，中华书局 2004 年版。

123. 汪荣宝著，陈仲夫校点：《法言义疏》（全二册），中华书局 1987 年版。

124. 北京大学荀子注释组：《荀子新注》，中华书局 1979 年版。

125. 上海师范大学古籍整理小组校点：《国语》，上海古籍出版社 1978 年版。

126. 杨伯峻：《列子集释》，中华书局 1979 年版。

127. 黄晖：《论衡校释》（全四册），中华书局 1990 年版。

128. 北京大学历史系考古教研室商周组编：《商周考古》，文物出版社 1979 年版。

129. 徐中舒主编：《殷周金文集录》，四川人民出版社 1984 年版。

130. 王国维：《王国维考古学文辑》，凤凰出版社 2008 年版。

131. 夏曾佑：《中国古代史》，河北教育出版社 2004 年版。

132. 顾颉刚、吕思勉、童书业等编：《古史辨》（全七册），上海古籍出版社 1982 年版。

133. 顾颉刚：《顾颉刚古史论文集》，中华书局 1988 年版。

134. 陆宗达：《说文解字通论》，北京出版社 1981 年版。

135. 闻一多：《神话与诗》，上海世纪出版集团 2006 年版。

136. 闻一多：《闻一多全集》，生活·读书·新知三联书店 1982 年版。

137. 范文澜：《中国通史简编》（修订本）（全四册），人民出版社 1949 年版。

138. 吕思勉：《中国通史》，上海古籍出版社 2009 年版。

139. 玄珠（茅盾）：《中国神话研究 ABC》，世界书局 1929 年版。

140. 钟敬文：《民间文学概论》，上海文艺出版社 1980 年版。

141. 丁惟汾：《俚语证古》，齐鲁书社 1983 年版。

142. 马学良、梁庭望：《中国少数民族文学比较研究》，中央民族大学出版社 1998 年版。

143. 叶舒宪：《英雄与太阳：中国上古史诗的原型重构》，上海社会科学院出版社 1991 年版。

144. 叶舒宪：《中国神话哲学》，中国社会科学出版社 1992 年版。

145. 叶舒宪选编：《神话——原型批评》，陕西师范大学出版社 1987 年版。

146. 叶舒宪、田大宪：《中国古代神秘数字》，社会科学文献出版社 1998 年版。

147. 叶舒宪：《金枝玉叶——比较神话学的中国视角》，复旦大学出版社 2012 年版。

148. 潜明兹：《中国神话学》，上海人民出版社 2008 年版。

149. 袁珂编：《中国古代神话》，华夏出版社 2006 年版。

150. 袁珂编：《古神话选释》，人民文学出版社 1979 年版。

151. 袁珂：《中国神话通论》，巴蜀书社 1991 年版。

152. 袁珂：《中国神话传说》（上、下），中国民间文艺出版社 1984 年版。

153. 袁珂编：《中国神话传说辞典》，上海辞书出版社 1985 年版。

154. 袁珂校注：《山海经校注》，上海古籍出版社 1980 年版。

155. 袁珂：《神话论文集》，上海古籍出版社 1982 年版。

156. 袁珂、周明编：《中国古代神话资料萃编》，四川省社会科学院出版社 1985 年版。

157. 刘城淮编：《中国上古神话》，上海文艺出版社 1988 年版。

158. 李学勤：《简帛佚籍与学术史》，江西教育出版社 2001 年版。

159. 王光镐主编：《文物考古文集》，武汉大学出版社 1997 年版。

160. 朱晓海主编：《新古典主义——纪念闻一多先生百周年诞辰国际学术研讨会论文集》，台湾学生书局 2002 年版。

161. 吕微：《神话何为——神圣叙事的传承与阐释》，社会科学文献出版社 2001 年版。

162. 何新：《诸神的起源——中国远古太阳神崇拜》，生活·读书·新知三联书店 1986 年版。

163. 何新：《宇宙的起源》，时事出版社 2002 年版。

164. 陈子展：《楚辞直解》，复旦大学出版社 1996 年版。

165. 范利主编：《20 世纪中国民俗学经典》，中国社会科学文献出版社 2002 年版。

166. 马卉欣：《盘古之神》，上海文艺出版社 1993 年版。

167. 马卉欣：《盘古学启论》，中国社会科学出版社 2003 年版。

168. 杨公冀：《中国文学》，吉林大学出版社 1980 年版。

169. 李零：《长沙子弹库战国楚帛书研究》，中华书局 1985 年版。

170. 李零：《李零自选集》，广西师范大学出版社 1998 年版。

171. 饶宗颐、曾宪通：《楚帛书》，香港中华书局 1985 年版。

172. 饶宗颐：《楚帛书新证》，中华书局 1993 年版。

173. 高明：《楚甑书研究》，中华书局 1985 年版。

174. 王孝廉：《岭云关雪——民族神话学论集》，学苑出版社 2002 年版。

175. 云南民族民间文学调查队整理：《梅葛》，云南人民出版社 2009 年版。

176. 陶阳、牟钟秀编：《中国神话》（上、中、下），商务印书馆 2008 年版。

177. 陶阳、牟钟秀：《中国创世神话》，上海人民出版社 2006 年版。

178. 潘定智等编：《苗族古歌》，贵州人民出版社 1997 年版。

179. 魏昌：《楚国史》，武汉出版社 1996 年版。

180. 李玉洁：《楚国史》，河南大学出版社 2002 年版。

181. 黄瑞云校注：《老子本原》，人民文学出版社 1995 年版。

182. 张京华、张利等：《二十世纪疑古思潮》，学苑出版社 2003 年版。

183. 张振黎：《中原神话研究》，上海社会科学院出版社 2009 年版。

184. 郭沫若：《中国古代社会研究》，人民出版社 1954 年版。

185. 郭沫若：《郭沫若全集》历史编，第一卷，人民出版社 1982 年版。

186. 谢选骏：《空寂的神殿》，四川人民出版社 1987 年版。

187. 谢选骏：《神话与民族精神》，山东文艺出版社 1986 年版。

188. 童书业著，童教英整理：《童书业史籍考证论集》，中华书局 2005 年版。

189. 丁山：《中国古代宗教与神话考》，龙门联合书局 1961 年版。

190. 丁山：《古代神话与民族》，商务印书馆 2005 年版。

191. 朱芳圃遗著，王珍整理：《中国古代神话与史实》，中州书画社 1982 年版。

192. 鲁迅：《鲁迅全集》第八卷，人民文学出版社 1973 年版。

193. 赵国华：《生殖崇拜文化论》，中国社会科学出版社 1990 年版。

194. 杨宽：《杨宽古史论文选集》，上海人民出版社 2003 年版。

195. 陆思贤：《神话考古》，文物出版社 1995 年版。

196. 江林昌：《楚辞与上古历史文化研究——中国古代太阳循环文化揭秘》，齐鲁书社 1998 年版。

197. 萧兵：《楚辞的文化破解》，湖北人民出版社 1991 年版。

198. 萧兵：《楚辞新探》，天津古籍出版社 1988 年版。

199. 萧兵：《楚辞全译》，江苏古籍出版社 1998 年版。

200. 萧兵：《中国文化的精英——太阳英雄神话比较研究》，上海文艺出版社 1989 年版。

201. 刘尧汉、卢央合：《文明中国的彝族十月太阳历》，云南人民出版社 1986 年版。

202. 孙作云：《天问研究》，河南大学出版社 2008 年版。

203. 孙作云：《孙作云文集》（全三册），河南大学出版社 2003 年版。

204. 龚维英：《女神的失落》，河南大学出版社 1993 年版。

205. 游国恩主编，金开诚、董洪利、高路明补辑：《天问纂义》，中华书局 1982 年版。

206. 汤炳正等注：《楚辞今注》，上海古籍出版社 1995 年版。

207. 褚斌杰：《楚辞要论》，北京大学出版社 2003 年版。

208. 杜而未：《山海经神话系统》，台湾学生书局 1976 年版。

209. 杨希枚：《略论中国古代神秘数字》，载台湾《大陆杂志》第 44 卷第 5 期。

210. 易中天：《艺术人类学》，上海文艺出版社 1992 年版。

211. 和志武、钱安靖、蔡家麒等主编：《中国原始宗教资料丛编·纳西族卷》，上海人民出版社 1993 年版。

212. 金克木：《印度文化论集》，中国社会科学出版社 1983 年版。

213. 姜亮夫校注：《屈原赋校注》，人民文学出版社 1957 年版。

214. 姜亮夫：《楚辞通故》，齐鲁书社景印本 1985 年版。

215. 杨希枚：《先秦文化史论集》，中国社会科学出版社 1995 年版。

216. 杜贵晨：《数理批评与小说考论》，齐鲁书社 2006 年版。

217. 蓝允恭：《周易象数预测》，中州古籍出版社 1994 年版。

218. 王步贵：《神秘文化：谶纬文化新探》，中国社会科学出版社 1993 年版。

219. 朱狄：《原始文化研究》，生活·读书·新知三联书店 1988 年版。

220. 张文安：《中国与两河流域神话比较研究》，中国社会科学出版社 2009 年版。

221. 刘守华：《中国民间故事史》，湖北教育出版社 1999 年版。

222. 刘守华：《比较故事学》，上海文艺出版社 1995 年版。

223. 陈建宪：《神祇与英雄：中国古代神话的母题》，生活·读书·新知三联书店 1994 年版。

224. 陈建宪：《神话解读：母题分析方法探索》，湖北教育出版社 1997 年版。

附录二 前期公开发表的本书相关论文目录

1. 《泥土的神圣与卑污——三个民族泥土造人神话文化内涵比较分析》,《外国文学研究》2001年第3期。

2. 《鲧禹创世神话类型再探》,《民族文学研究》2007年第3期。

   （《2007年中国民间文艺学年鉴》转载）

3. 《从宇宙卵型和尸体化生型向世界祖宗型神话转化》,《民族文学研究》2013年第3期。

4. 《夏商创世神话宇宙圣数与中国文化元编码刍议》,《民族文学研究》2016年第2期。

5. 《羿射九日与胤讨羲和的商人创世神话底本》,《中国文学研究》2013年第3期。

6. 《"屠母分尸"隐含的夏人历史传说与神话底本》,《中国文学研究》2014年第3期。

7. 《世界祖宗型神话——中国古代创世神话叙事类型研究》,《中国文学研究》2016年第2期。

8. 《瞽叟生舜与混沌凿死隐含的商人创世神话》,《中国文化研究》2012年第3期。

9. 《"伯禹腹鲧"与"太一生水"隐含的创世密码》,《中国文化研究》2014年第1期。

10. 《盘古创世神话起源本土说证据再检讨》,《宗教学研究》2014年第3期。

11. 《颛顼双性同体的特征及其文化意义》,《江淮论坛》2008年第1期。

12. 《鲧的原初性别：女神还是男神?》,《东方丛刊》2008年第1期。

13. 《楚帛书创世神话神话产生的时代问题》,《东方丛刊》2009年第2期。

14. 《俊生日月与商人创世神话的宇宙圣数》,《中南民族大学学报》2013年第5期。

15. 《舜与二妃神话故事的真相》,《湖北师范学院学报》1993年第5期。

（人大复印资料《中国古代、近代文学研究》分册 1994 年第 4 期全文转载）

16.《夸父追日的深层叙事原型》，《云梦学刊》1994 年第 4 期。

（人大复印资料《中国古代、近代文学研究》分册 1995 年第 4 期全文转载）

17.《女娲与涂山氏及其在夏人创世神话中的地位和作用》，《徐州工程学院学报》2013 年第 3 期。

（《高等学校文科学术文摘》2013 年第 3 期摘载）

18.《启铸九鼎与夏人创世神话宇宙圣数》，《井冈山大学学报》2013 年第 5 期。

（人大复印资料《中国古代、近代文学研究》分册 2013 年第 12 期全文转载）

19.《帝舜形象的两个版本及其神话流变的叙事学考察》，《徐州工程学院学报》（社会科学版）2014 年第 3 期。

（《新华文摘》2014 年第 18 期重点摘载、《高校文科学术文摘》
2014 年第 4 期摘载）

20.《夔、喾、夋、舜的演变关系再检讨》，《湖北文理学院学报》（社会科学版）2014 年第 1 期。

（《新华文摘》2014 年第 12 期重点摘载）

21.《中国创世神话类型研究述评》，《湖北民族学院学报》2014 年第 3 期。

22.《伏羲作为华夏人文始祖形象的形成过程及原因浅探》，《湖北理工学院学报》（社会科学版）2008 年第 1 期。

23.《共工触山与夏人创世神话中的宇宙大灾难》，《长江大学学报》2015 年第 1 期。

24.《楚帛书甲篇新释》，《湖北师范学院学报》2012 年第 5 期。

25.《盘古创世神话外来说证据再检讨》，《贵州师范学院学报》2013 年第 5 期。

26.《盘古创世神话的外来影响与本土元素》，《湖北师范学院学报》2013 年第 5 期。

27.《后羿之死与羿之神性》，《湖北师范学院学报 1995 年第 4 期。

28.《崇桃风俗与桃之神性》，《烟台师范学院学报》1995 年第 4 期。

29.《鲧禹创世神话研究述评》，《湖北理工学院学报》（社会科学版）2014 年第 1 期。

30.《〈楚帛书·甲篇〉》新释》，《湖北师范学院学报》2014 年第 1 期。

31.《屈原时代的夏人农业之神》，《湖北师范学院学报》2008 年第 1 期。

32.《外来说与本土说：理由与问题——盘古创世神话研究述评》，《长江大学学报》2014 年第 4 期。

33.《夏铸九鼎与饕餮原型》，《井冈山大学学报》2014 年第 2 期。

34.《混沌创世神话研究述评》，《三峡大学学报》2014 年第 2 期。

35.《神桃五题》，《华中理工大学学报》（社会科学版）1994 年第 1 期。

附录三　张开焱神话学思想的
内在发展逻辑*

孙正国①

（华中师范大学文学院，湖北　武汉　430079）

《长江大学学报》编者按：

中国神话学的百年学术史，从多个视角切入，可以发现丰富多样的方法论模型与百家争鸣的学术思想。进入 21 世纪，神话学研究的多样性与转型特征，十分显著。基于此，《长江大学学报》与中国神话学会商议，自 2015 年起，计划用两年的时间，较为系统、深入地考察当代中国神话学的 20 位代表性学者，每期刊发两篇论文：一篇是代表性学者的最新研究成果；一篇是对代表学者神话学研究的综述与批评。期望以代表性学者的学术思想来构拟中国神话学的当代形态，思考中国神话学的当代问题与未来走向，建立起古典与未来、传统与现代的本土文化逻辑，进而为中国文化转型的良性发展，贡献中国神话学的理论与智慧。

认识张开焱先生很晚，拜读其《神话叙事学》并参考于我的硕士论文，却早在上世纪九十年代中期。那时候，叙事学刚刚为中国学术界所关注，笔者正在作故事学方向的硕士论文选题，偶然读到开焱先生的叙事学新著，内心充满感激之情。十五年后，因为国家级项目的申请，与开焱先生有了电话和邮件往来，但是直到2011 年的春季，才在一次学术会议上见到久违的开焱先生。2000 年，笔者曾在一篇小文中谈到中国民间文学的叙事性问题，认为开焱先生 1994 年出版的《神话叙事学》是填补空白之作，无论在神话学领域还是叙事学领域，都具有开风气之先的学术史意义。这一认识，至今仍是我学习开焱先生学术思想的基本观念。以此为前

---

* 本文发表于《长江大学学报》（社会科学版）2015 年第 1 期。收入本书作者作了些微修改。
　① 孙正国，1972 年生，博士，华中师范大学文学院教授，民间文学研究室主任，博士研究生导师。

提，近几年又陆续读到开焱先生关于中国创世神话的系列新成果，萌发了作一篇学习心得的念头，虽浅显，却是以感恩之心去学习的一种态度。而且，我也希望以学术史的观照，为开焱先生的神话学成就建立一些相对客观的理论界标，有益于自己的学术，也将增益于中国神话学史的书写。

一　从叙事学出发的理论转型

张开焱先生的学术历程中，有一个显著的理论转型，笔者称之为"从叙事学出发"，因为这一转型，他的学术之路由此步入了神话学领域。

叙事学在西方的大体脉络的回溯，可以视作开焱先生的理论认识：

一是 20 世纪 20 年代故事形态研究的发轫期。

前苏联著名民俗学家弗拉迪米尔·普洛普（VladimirJakovleoic Propp）对本国一百个民间童话作了极为细致的功能研究，归纳出了故事的 31 种功能①。这一理论主张对故事材料作科学的描述和精确的分类，对故事的叙事结构作出描述。其次，主张把文本意义与叙事结构的形式联接起来，使形态学研究最后的旨归仍然是故事的寓意。普洛普关于民间故事形态学理论的代表成果是 1928 年出版的《民间故事形态学》②，这部被西方学界誉为结构主义的奠基之作，为经典叙事学的形成提供了关键的理论模型。

第二阶段是法国结构主义的形成与发展（20 世纪 60、70 年代）。

列维—斯特劳斯、克洛德·布雷蒙、A. J. 格雷马斯等人对叙事结构的研究，都直接受惠于普洛普的研究，这对 60 年代法国结构主义叙事学的兴起产生了不可估量的作用。

列维—斯特劳斯于 1960 年撰写了《结构与形式》一文③，向法国学术界介绍普洛普理论。在列维—斯特劳斯的大力倡导下，出现了大量关于叙事作品结构分析的实践，这主要表现在两大方面。一方面是关于古代初级叙事形态（即民间故事体裁）的研究，以格雷马斯（A. J. Greimas）的神话分析④和布雷蒙（CI. Bremond）的民间故事分析⑤为代表。另一方面，是有关现代文学叙事形态的研究，以罗兰·

---

① Vladimir Jakovleoic Propp. Morphology of the Folktale. Astin：University of Texas. Press，1975.

② 李扬：《中国民间故事形态学》，汕头大学出版社 1996 年版，第 6 页。

③ ［法］列维—斯特劳斯：《结构人类学》，陆晓禾、黄锡光等译，文化艺术出版公司 1992 年版，第 114—144 页。

④ A. G. Greima. Du Sens. Paris Seuil，1979.

⑤ 张寅德：《叙述学研究》，中国社会科学出版社 1989 年版。

巴特、兹维坦、托多洛夫和杰拉尔·热奈特等人的小说研究为代表。巴特超越结构主义方法，寻求意义和功能规律，对作品展开全新的阅读，不再单纯的挖掘作品的潜在结构，而是积极地消解作品原有信息，把作品重新构建起来①。托多洛夫1965年将俄国形式主义论著编译成法文，以《文学理论》书名发表，为法国叙事学以及整个文学理论的崛起作了很大贡献。他在叙事学方面，以语法模式和诗学模式作了独特建树②。杰拉尔·热奈特于1922年发表的论文集《辞格之三》对20世纪70年代欧美叙事学产生了重大影响③。

第三阶段：当代叙事理论的变革（20世纪80年代以来）。

承接六、七十年代早期叙事文学的研究继续发展，主要有三种趋向：一是从被形式主义地界定的语言模式向交流模式的转移，一是对于解释问题的重新强调，一是研究文学的影响问题。这一时期较少有理论家研究和关注初级形态的叙事文本，有也只是拿它作小说文本的参照文本，这标志着叙事学逐步走向成熟。

归结而言，这些理论都推崇对叙事作品进行内在性与抽象性的研究。它的研究对象与其说是叙事作品，不如说是叙事作品的规律，因为它分析描写的并不是个别的、具体的叙事作品，而是存在于这些作品之中的抽象的结构。

开焱先生系统而深入地研究西方经典叙事学，考辩叙事学的理论源流，并对其影响中国学界的情况作出了细致梳理。他以敏锐的理论眼光，认识到叙事学的方法论意义，开始思考叙事学方法的中国化问题。他决定从神话问题入手去理解叙事学，这一视角，显然超越了当时学界对叙事学理论的一般性引介，较早实现了叙事学的方法论转型。

20世纪80年代中期，开焱先生作为我国较早关注叙事学方法的学者，很快将叙事学方法运用到自己的研究之中。在此之前对西方叙事学理论译介的著作有：王泰来等编译的《叙事美学》（1987）④、姚锦清等译的《叙事虚构作品》（1989）⑤、张寅德等编译的《叙述学研究》（1989）⑥以及华莱士·马丁著、任晓明译的《当代叙事学》（1990）⑦等，这些著作较为系统的翻译评介西方经典叙事学，成为中国学术界接受叙事学的肇始。几年后，一些学者借鉴西方叙事学理论

---

① ［法］兹维坦·托多洛夫：《批评的批评》，生活·读书·新知三联书店1988年版。
② ［法］杰拉尔·热奈特：《叙事话语　新叙事话语》，中国社会科学出版社1990年版。
③ ［法］罗兰·巴特：《符号学美学》，辽宁出版社1987年版。
④ 王泰来等编译：《叙事美学》，重庆出版社1987年版。
⑤ ［以］里蒙—凯南：《叙事虚构作品》，姚锦清等译，生活·读书·新知三联书店1989年版。
⑥ 张寅德：《叙述学研究》，中国社会科学出版社1989年版。
⑦ 华莱士·马丁：《当代叙事学》，任晓明译，北京大学出版社1990年版。

构建了叙事学理论体系的学术著作：徐岱的《小说叙事学》（1992）①、胡亚敏的《叙事学》（1994）②、罗钢的《叙事学导论》（1994）③ 等。徐岱以小说文本为其叙事理论的参照系，在对我国古代叙事思想的研讨中，提出了史传与诗骚两大传统，并认为我国古代叙事思想有一条始终连续的中心线，即对于通俗性的高度重视。开焱先生立足神话体裁的叙事学专著《神话叙事学》（1994）④ 出版，同时还出版了《文化与叙事》⑤，就理论研究的实绩而言，20 世纪 90 年代中期算得上叙事学方面的先锋学者了。《神话叙事学》作为我国第一部运用叙事学方法（同时综合了人类学、文化学、语言学和比较神话学的方法）对远古神话的叙事结构进行系统描述和分析的专著，标志着我国叙事学的专题研究已经达到较高的理论水平。《神话叙事学》从角色的创生、神格的构成、动力系统、行动者范畴与模式、功能基本范畴、功能组合的逻辑可能与文化选择等六个层面建构了神话的叙事模式，第一次在宏观体裁的意义上证实了民间文学叙事性研究的可行性和特殊价值，因而具有开拓性的贡献。⑥

在探索神话的叙事模式时，开焱先生引入了两个神话属性，创新了经典叙事学的理论范畴：一是神格的构成；二是文化选择。神格在神话叙事中居于核心地位，他的构成直接影响了叙事模式和叙事的发达状态，进而成为神话叙事区别于其他叙事的典型特征。经典叙事学强调叙事话语与叙事行为，将主体属性与文化语境隐藏起来，割裂了创作者与作品之间的深刻关联。开焱先生意识到内在的、封闭的经典叙事学方法，过分强调了作品内部的叙事结构，而忽略了作品外部的人与文化。因此，在研究神话的叙事规律时特别引入了神格、文化选择这两个范畴，以突显神话作品内部与外部的协调与统一。在西方叙事学引入中国学界的九十年代早期，神话叙事研究称得上匠心独运的学术领域。开焱先生的具体研究，可以见到他对叙事学基本概念的恰当运用，角色的划分，神话叙事动力系统的演绎，功能组合的逻辑分析，尤其是角色理论有较为成熟的把握和独特的理解。他认为，结构叙事学家们——尤其是格雷马斯对叙事作品的行为主体（角色 actants）的描述及理论基础结构二元对立原则有较大局限性。根据巴特关于语言的"中性化"观念，拉康用以描述象征界主体构成的"能指/所指/能指"三维结构模式，以及各民族文化崇"三"崇"中"的文化惯例与习俗，尤其是叙事作品内在构成与男权社会家庭三维

①　徐岱：《小说叙事学》，中国社会科学出版社 1992 年版。
②　胡亚敏：《叙事学》，华中师范大学出版社 1994 年版。
③　罗钢：《叙事学导论》，云南人民出版社 1994 年版。
④　张开焱：《神话叙事学》，中国三峡出版社 1994 年版。
⑤　张开焱：《文化与叙事》，中国三峡出版社 1994 年版。
⑥　孙正国：《叙事学方法：一段历程，一种拓展——关于 20 世纪中国民间故事叙事研究的回顾与思考》，《荆州师范学院学报》2000 年第 6 期。

结构的本质性关联等语言学、符号学、文化学和精神分析学的有关思想，开焱先生提出用三极鼎立模式代替二元对立原则来描述叙事作品（主要是神话、童话、民间传说等古代故事性较强的作品）角色构成的设想。①

叙事学方法的深度运用，显示了开焱先生理论借用的自觉转型，与当时的学术思潮密切关联，从此开始了以叙事学为基本理论方法的学术研究。同时，他把研究对象聚焦为神话，建构自己的神话叙事学体系，既明确了学习西方理论的实践对象，一定程度上也折射出他对叙事学的理论反思："结构叙事学家关于叙事普遍语法的预设是无法经受理论和事实检验的命题，但解构主义者彻底否认叙事规则的共同性也是不合适的。叙事语法得以产生的前提存在于特定的文化和历史土壤中。特定的历史逻辑和由此产生的文化逻辑在根本上决定了叙事文本的叙事逻辑，因此，某种叙事规则的效度只有放到特定历史情境和文化情境中考察才是合适的。叙事语法也不是历史生活逻辑和文化逻辑在叙事领域中简单而直接的搬移，而是通过作家文化心理的建构和积淀而在叙事活动中无意识投射的结果。"②

就此而论，叙事学成为开焱先生治学方法论的重要转型，为他后来的神话学研究立下了一座明亮的学术路标，学习西方理论，寻找本土路径，审慎地在学术实践中以中国材料为前提，实现了弥补经典叙事学的理论创新，而且为自己的学术大厦奠定了坚实、科学的方法论基础。

二　还原中国创世神话

如果说，神话叙事学体系的构建是开焱先生借鉴西方理论的方法论转型，那么，中国创世神话的深度研究，则是这一方法论转型后开焱先生的学术集成，展示了本土学术路径的开阔天地，为重建中国文化史提供了珍贵的学术成果。

为什么选择中国创世神话作为神话研究的核心对象呢？笔者一直抱有选题的好奇心与某种不得其解的疑惑。随着笔者学习的深入，较为全面地了解和把握开焱先生的学术史脉络之后，这个疑惑逐渐释然，也成为本文最终获得的关于开焱先生研究的一点心得。为论证的需要，在此还是按下不表，待细致考察开焱先生的中国创世神话研究，那份深邃的文化逻辑将会自然而显。

开焱先生认为，创世神话是指以天地宇宙、日月星辰、诸神世系、人类（民族）与万物的创生、劫难与再创生为主要内容的神话。③ 这一类型的神话已有近百

---

① 张开焱：《角色结构与范畴再描述》，《湖北师范学院学报》1996 年第 1 期。
② 张开焱：《叙事语法的历史前提》，《社会科学辑刊》2002 年第 2 期。
③ 张开焱：《中国创世神话类型研究述评》，《湖北民族学院学报》2014 年第 3 期。

年的研究历史，是中国神话学史上研究最为成熟的领域之一。有学者将中国创世神话研究史分为四个时期：20 世纪 20 年代：中国创世神话研究的起步时期；20 世纪 60—80 年代：中国创世神话史料整理时期；20 世纪 90 年代：中国创世神话研究的高峰时期；21 世纪：中国创世神话研究的成熟时期。"中国创世神话研究存在微观研究偏多、宏观研究不足的问题。单个的神话母题方面的研究较多，但对一些诸如"何谓创世神话"等基础性的研究显得不够。"在涉及中外创世神话比较研究时，学界均以中国创世神话为主体，其他民族的创世神话只是一种背景参照，没能作真正跨文化意义上的创世神话比较研究。"① 这一分期与论断尽管显得不够全面，但也体现了中国神话学史关于中国创世神话研究的基本面貌。与此不同的是，开焱先生回顾中国创世神话包括少数民族创世神话的历史，重点关注的是"中国古代创世神话作为中国文化的源头之一，它们有没有一个主要的类型存在？如果说神话是一个民族文化的源头并且会深刻地影响这个民族后世文化的发展这个观点是正确的，如果认为源远流长的中国文化总体上有自己某些独特而统一的特征和精神，那么，这个特征和精神在逻辑上应该首先体现在古代神话尤其是创世神话中。如果这个观点是不错的，那意味着，中国创世神话应该有某种类型是跨越和贯穿所有其他具体细分类型（或者可将这些细分类型称之为二级类型或三级类型）的，我们不妨将这种类型称之为主导性类型或基础性类型。这种主导性类型并不否认对创世神话类型进行多样细分的可能，而是强调对中国古代创世神话类型特征的总体性把握，而这恰是已有成果尚未注意到的。我相信这种主导型类型是存在的，它值得我们去研究。我认为，这种主导型类型就是世界祖宗型，其核心内容就是，在中国古代所有创世神话中，世界的创造神同时也是不同氏族、部落或民族的始祖神，中国古代创世神话，是创世神与祖宗神合一的神话，这是它与几大古老文明民族创世神话类型的最大区别所在，也是它自己的最大特征所在。中国文化强烈的祖宗崇拜特征，在自己文化源头的创世神话中就已经充分显现。"② 这一寓含强烈的问题意识的神话史辨析，将中国创世神话的类型思考，引入到中国神话史、中国文化史的大逻辑之中，让我们触及到"庖丁解牛式"的经由宏观审视而洞见微观问题的思辨力量。

　　开焱先生正是基于自己独特的现象学发现，认识到中国创世神话的创世神与祖先神的统一性，才集中研究了先秦典籍和考古发掘资料中几个中国古代创世神话的类型与内涵，聚焦女娲、尧、舜、鲧、禹、共工、羿等中国最核心的几位创世神，运用叙事学、文献学、考古学、民俗学、语言学、人类学等多学科方法，还原中国早期的夏人创世神话和商人创世神话，为中国文化的起源劈开了崭新的

---

① 　李滟波：《中国创世神话研究述评》，《上海师范大学学报》2006 年第 5 期。
② 　张开焱：《中国创世神话类型研究述评》，《湖北民族学院学报》2014 年第 3 期。

学术世界。

中国创世神话的理解，一旦进入文化传疑时代①，迷雾层叠、众说纷纭的学术争鸣，就会令人眼花缭乱，难以分辩。开焱先生却以自己扎实的古典学基础，良好的逻辑思辨能力，以古典与神话的互证方法，开宗立派，不避权威，自言其说，以革故鼎新的创见令古史迷案云开雾散，清新明了，成为中国创世神话研究领域独树一帜的"还原学派"。说他是还原学派，主要依据是开焱先生以还原夏人创世神话和商人创世神话的方法，条分缕析地将中国先秦典籍中诸多历史迷案澄清，并建构起自己的神话学理论。

就夏人创世神话的还原而言，他主要研究了鲧禹启与女娲神话。开焱先生认为，"中外学术界对鲧、禹传说性质的认定，经历了一个由传说到历史、由历史到神话、再由洪水神话到创世神话三个阶段的认知过程。将鲧、禹神话认定为创世神话并进行研究是最近半个世纪的事情。大林太良、叶舒宪、胡万川等人的成果具有重要意义，他们都将鲧、禹神话认定为陆地潜水型创世神话。笔者先前也将其认定为世界父母型创世神话，现在看来，这些观点都有重新探讨的必要。"② 张开焱先生后来认为，在鲧禹神话的今文本后潜藏着的一个关于鲧禹创世神话的前文本，这个前文本中的创世神话类型不是陆地潜水型，也不是（他自己先前认为的）世界父母型，而是世界祖宗型。③ "鲧禹洪水传说的源头乃是夏人创世神话，鲧在原初夏人创世神话中是原始水神，禹是地神。伯禹腹鲧的生殖关系深层原型意象乃是原始大水中创生了最初的大地。鲧与共工在原初本是同一个神，共工是后世出于宗法伦理的需要从鲧身上分化出来的一个神。夏人创世神话是宇宙水起源论，这和楚国帛书创世神话、郭店竹简《太一生水》的宇宙起源论都是一样的，这种相同性意味着楚文化与夏文化之间应该有一种内在承传的渊源关系。④ 鲧禹洪水神话是祖宗神话与创世神话的结合体。但其类型不是如某些学者确认的陆地潜水者创世型神话，而是世界祖宗创世型神话。在前文本神话原型中，鲧和禹之间曾经发生过激烈的冲突，这种冲突最后以禹战胜并诛杀鲧结局。鲧拥有息壤、鲧生禹的关目，在原型层面是原始大水中产生了大地的神话关目，禹用洪范九畴战胜洪水、禹战胜共工的关目，在原型层面是禹战胜鲧、用自己的模式创造和安排大地的神话关目。"⑤ 他的研究证明，鲧形象在夏以后的历史过程中，发生了很大改变。一是从他身上分化出

---

① 徐旭生：《中国古史的传说时代》，广西师范大学出版社 2003 年版。

② 张开焱：《鲧禹创世神话研究述评》，《湖北理工学院学报》2014 年第 1 期。

③ 张开焱：《世界祖宗型神话——中国古代创世神话叙事类型研究》，未刊稿（该文后发表于《中国文学研究》2016 年第 2 期）。

④ 张开焱：《"伯禹腹鲧"与"太一生水"隐含的创世密码》，《中国文化研究》2014 年第 1 期。

⑤ 张开焱：《鲧禹创世神话类型再探》，《民族文学研究》2007 年第 3 期。

一个恶神共工，他与儿子禹冲突的有关故事，都转移为共工与禹或其他神祇的冲突，从而掩盖了原初父子冲突、儿子惩父这样违背宗法制伦常的情节；二是在后世流传过程汇总，他的神性发生了改变，他由夏人创世神话中的原始大水之神，衍变为西周和春秋战国时代的带有农业神特征的神祇："如把鲧神话在西周和屈原所在的时代楚国的神性加以还原重构，则可见他与埃及大神奥赛里斯具有类似的神性和故事关目。在春秋战国时代，这个夏人的原始水神转化成了农业神、土地神、植物神、太阳神，有以农业为核心的许多贡献，有农业神都有的死亡和复活的关目，以及成为冥府之神的结局。"[①] 这是逐级还原夏人创世神话的视野下富于启迪意义的鲧禹神话的阐释，将鲧确认为春秋战国时代流传的夏人的农业神，令人耳目一新。

开焱先生分析夏人铸九鼎传说的主角应该是启而不是禹，认为"这个传说源自远古夏人创世神话构成的一部分，光明天神启在最后完成了世界的创造后，率领诸神在天穆之野举行隆重盛大的创世庆典，他创制了神舞神乐《九辩》、《九歌》，铸造了九鼎，以象征自己对九州天下的所有权和主宰权。九鼎上的图案纹饰饕餮是以虎为原型的，其威严、凌厉、恐怖、神秘的特征积淀了压抑与暴力内涵。启的神性形象就是寅虎，即东方早上的光明太阳神。后世商周青铜鼎上的饕餮纹饰与夏鼎纹饰有极大的继承性，都是以虎为原型的，同时，后世青铜鼎铸造中，一些其他动物如牛、羊等也可能成为饕餮纹饰图案的原型，但这些动物形象都被泛虎化了，都带上了虎所具有的那些特征。"[②] 开焱先生还从涂山氏与女娲两位女神之间的比较中，揭示出夏人神系中两位女神的同一性以及她们在夏人创世神话的独特地位。"她们都是古代南方的女神、都是禹的妻子、都是婚爱生殖之神、都是石神、都曾经被碎尸。因此，可以断定两者在远古夏人原初神话中本是同一个神祇，只是在后世的流传过程中被分离了。涂山氏女娲在夏人创世神话中具有重要地位，她生育了天空之神启、创造了人类、给人类制定了婚姻法规，她战胜了共工头触不周山导致的宇宙大灾难，最后她被儿神启杀死碎尸，尸化诸神万物，完成了夏人神话创世最后一环。"[③] 上述关于创世神话的研究个案，令人信服地见到开焱先生学术脉络中的"夏人轨迹"。

就商人创世神话的还原而言，开焱先生经过仔细研究揭示，秦汉典籍中的舜故事在是商代创世神话主神帝俊的故事在后世历史化的结果。在原初商人创世神话中，"瞽叟在创世神话中乃是一个黑暗的混沌元神，舜（帝俊）则是一个光明儿神，瞽叟生舜的关目乃是黑暗世界诞生光明世界的创世过程的形象表达；瞽叟生舜与另

---

①　张开焱：《屈原时代的夏人农业之神》，《湖北师范学院学报》2008 年第 1 期。

②　张开焱：《夏铸九鼎与饕餮原型》，《井冈山大学学报》2014 年第 2 期。

③　张开焱：《涂山氏与女娲及其在夏人创世神话中的地位和作用》，《徐州工程学院学报》2013 年第 3 期。

一个创世神话七窍凿而混沌死的混沌神话在深层具有共同的原型结构，瞽叟和混沌在原初很可能是同一个神；光明世界诞生是通过与黑暗世界的对抗和冲突、最后打败黑暗世界的方式完成的；舜作为中国上古孝子贤君的形象，是西周至秦汉间对舜（俊）形象和舜故事的伦理化处理的结果，这个处理既具有重大的文化意义和价值，同时也掩盖了其创世神话的原初特征和内容。"① 以"俊生日月"为核心关目的商人创世神话中，隐含着商人创世神话的宇宙圣数即文化元编码。商人是以"二"为文化元编码的，"二"及其倍数是商人创世神话的宇宙圣数。这个宇宙圣数还全面地影响到商人的自然世界、文化世界和现实生活世界的切分组构。它和夏人创世神话的宇宙圣数"三"一起成为《周易》的计数密码，从而深刻地影响着中国后世文化构造与社会生活。② 开焱先生还对王国维先生将甲骨文某一类符号认定为"夒"即"夔"字的著名结论提出异议。他辨析后世文献涉及的作为商人高祖的"夔"，在商代并不存在，商人甲骨文的高祖是"夋"（即俊），后演化为夒，夔则是周初出现的称谓，"是周人为了在意识形态的神话层面颠覆商人神话中商周地位等级而从夒字衍生的一个神帝。而舜则是周人去神话化、神话历史化过程中，由商人神话至上祖神帝俊转化为历史传说人物的结果。"③ 传说中的后羿射日与胤侯讨羲和事件，其历史基础乃是商人废弃太阳历、使用太阴历的历史选择。后羿射日传说与《尚书·胤征》之胤侯讨羲和事件有内在关联。胤侯讨羲和在历史传说中正发生在"后羿代夏"的夏仲康时期，因此，讨伐羲和的实际主使者是后羿。历史传说中后羿射九日和胤侯讨羲和的神话底本正是商人创世神话中的宇宙劫难与救治环节。在中国古代典籍记载中，十日并出的灾难在多个传说性朝代都出现过，也在后世中国许多民族神话传说中出现过，它们其实都是商人创世神话中的宇宙灾难在后世的碎片化与传说化结果。十日并出灾难在神话中与太阳母神羲和有关，羿射九日与羿讨羲和的故事，表明商人创世神话中曾经发生过一场神族内讧。④ 羿与逢蒙和桃正具有一种内在的相克性。如果羿射九日（或曰十日）的神话讲述的是太阳沉落、光明被黑暗所战胜的故事，那么逢蒙桃棓杀羿的神话则讲述的是光明又再次战胜黑暗的故事。这样，"帝俊生羿—羿射日—逢蒙杀羿"这一历程，其深层意象结构正是一个以太阳的循环运行为原型的模式，即，光明生黑暗—黑暗杀死光明—黑暗孕育光明（逢蒙乃羿的徒弟）—光明战胜黑暗。换一种表述方法，即："太阳从东方运行到西方，

---

① 张开焱：《瞽叟生舜、混沌凿死的深层结构与商人创世神话——商人创世神话研究之二》，《中国文化研究》2012 年第 3 期。

② 张开焱：《俊生日月与商人创世神话的宇宙圣数——商人创世神话研究之五》，《中南民族大学学报》2013 年第 5 期。

③ 张开焱：《夒、夔、夋、舜的演变关系再检讨》，《湖北文理学院学报》2014 年第 1 期。

④ 张开焱：《宇宙灾难与拯救：羿射九日与胤侯讨羲和的神话底本——商人创世神话研究之四》，《中国文学研究》2013 年第 3 期。

沉入黑暗世界，在黑暗世界的尽头，又再度从东方升起。羿正处于这一循环中的黑暗地带。只有把握了这一深层意象结构，我们才能准确把握羿的神性，及其死于桃棓的神话结局的真意。"① 开焱先生以严谨的文化史逻辑建构起由商人神话体系关联的上古传疑时代的真相，对"瞽叟生舜"、"俊生日月"、"商人夒神"、"后羿射日"的释源、训义，都能理据完备，启迪智慧，掀开了中国早期神话与历史互为表里的深层文化面纱。

运用同样的还原方法，开焱先生对楚帛书创世神话也作了深入研究，他认为《楚帛书·甲篇》讲述的是由伏羲女娲开始的原始大水中创世、世界灾难及其重建世界的神话。这一创世的主角是伏羲女娲所生的四个神子。他们完成世界的初创后，（很可能是由于日月乱行，天不兼复等原因）世界发生了天地倾覆的大灾难。又是伏羲女娲的四个神子为主的众神平息了灾难。灾难平息之后，炎帝命令祝融遣四神到人间大地，奠定天之三维与地之四极，并告诫下地民众：违逆九天诸神，天下就会出现大灾难，所以，绝不可以篾侮天神。此后，帝俊得以制定和安排日月正常运行的规则，后来共工氏（根据日月运行规则）推定十干、四季和闰月，制定了最早的历法，天地神灵自然，皆按照这个历法规定的秩序运行，不相错乱，共工又将制定历法的原则传给相土，相土又将一昼夜分为宵、朝、昼、夕四个时段，使时间更为精准。② 开焱先生经过深入研究认定，《楚帛书》创世神话的某些元素来源久远，但这个创世神话产生的时代，大约不会早过春秋晚期，很可能是战国早中期。在楚帛书创世神话之前，还有别的创世神话存在。③

还原中国创世神话的学术探索，不仅见证了开焱先生深厚渊博的国学功底，而且也显示出他辨析史料、溯源寻踪的哲思水平。更重要的是，开焱先生具备追索真理、敢于争鸣的开放视野与学术胆魄，使得他的考证与论述常常具有发人深省的对话力量，让读者在他披荆斩棘的辩难声中，感受到中国古代神话思想的巨大魅力。

小结　回归古典的文化逻辑

从叙事学出发，经由还原中国创世神话的系列论述，我们发现开焱先生治学思想的西学中用观念，即，辩证地对待红极一时的西方理论，从中国材料、中国问题中反思经典叙事学的局限性，进而顺利实现了叙事学的中国化：以中国文化史的实践为前提来考量和运用西方叙事学方法，通过还原中国创世神话的中国路径，回归

① 张开焱：《后羿之死与羿之神性》，《湖北师范学院学报》1995年第4期。
② 张开焱：《楚帛书·甲篇新释》，《湖北师范学院学报》2012年第5期。
③ 张开焱：《楚国帛书创世神话产生的时代问题》，《东方丛刊》2009年第2期。

古典，重新解释先秦典籍及考古材料的诸多迷案，对于中国文化史的源流也将产生深刻影响。至此，笔者文中自设的"开焱先生以中国创世神话为研究对象"的疑惑随之化解，因为其学术追求，立足于对中国文化起源的探索与思考，正是这一高远的学术理想，为张开焱先生建构了一条"回归古典"的文化逻辑，成就了中国神话研究的"还原学派"。

后　记

　　这部书从开始撰写到现在出版，整整用了 23 年时间。1993 年，在我完成《神话叙事学》后，便计划写一部关于中国创世神话研究的书，并开始实施这个计划。这部书稿一部分是在上世纪 90 年代写出来的，但因为觉得许多问题自己研究得不深入，所以，始终没有将其系统化为一部论著。只在 90 年代中期开始，将这个研究计划的某些部分分别作为论文公开发表，迄今断断续续发表了 30 多篇，其中大部分都发表在《外国文学研究》、《江淮论坛》、《中国文化研究》、《民族文学研究》、《中国文学研究》、《东方丛刊》、《宗教学研究》等专业核心刊物或被重要学术刊物转载、摘载，其中被《新华文摘》、《高校文科学术文摘》、人大复印资料、《中国民间文艺学年鉴》等刊物全文转载或重点摘载 8 篇（次）。一部书稿在这么长时间才最后完成，除了觉得很多问题没有研究深透、不愿轻易示人之外，人到中年，越来越不想胡乱编书也是很重要的原因。直到今天，如果不是手头这个教育部项目到期结题，以及实在不好意思对出版社一再爽约的压力逼迫我交稿，大约它的出生还要后延好多年。

　　最后组成这部书稿的时候，对于已经发表和尚未发表的部分都进行了一定幅度甚至很大幅度的重新修改和调整。原因在于这十多年来，学术界有关这个主题的成果又增加了许多，而我自己对相关问题的看法也有很大改变。以新的学术成果为背景，重新探讨有关问题，而不是只在古籍资料中关门自说自话，是我写这部书稿的一个基本原则。我希望在我的前辈和同辈学人已经很丰硕的成果基础上增加一点什么，将问题深入推进一步。至于这个目标是否实现，那要由本专业同仁评鉴了。正因为这样的意识，所以，本书中大多数章节的问题讨论都不仅十分重视原始资料的搜集、梳理，也大量涉及到现当代许多学人的丰富成果。本书对于所讨论领域中（包括王国维先生这样）很多著名大家的学术观点，既有认同吸纳的，更有驳难对话的，不管对他们的观点是认同还是质疑或重新讨论，在我这里，这都是对他们成果的肯定和尊重方式。

感谢《外国文学研究》、《民族文学研究》、《江淮论坛》、《中国文化研究》、《中国文学研究》、《宗教学研究》、《新华文摘》、《高等学校文科学术文摘》、人大复印资料等刊物编辑和主编们，不善交往的我与他们中的绝大多数都都素不相识，但对于我那些一般都过万字的长篇论文，他们给予宝贵的版面发表或转载摘载。这让我觉得学术界、学术刊物并非真如时下某些人所说的黑暗肮脏得一塌糊涂，还是有很多学者、编辑、主编们在坚守着学术操守的高地，我敬佩和感谢他们！

舒宪教授应邀为本书作序，让我感到欣慰，由衷感谢！舒宪教授在神话学、文学人类学研究领域已成卓然大家，影响远播海外。我们年纪相若，专业成就却云泥两间，令我常自惭愧。当年在中国社科院钱中文先生那里做访问学者时，钱先生见我对神话研究有兴趣，曾建议我多接触叶舒宪，说他在这个领域做得很好。我与舒宪教授在中国中外文艺理论学会会议上多次见面，都因来去匆匆，未得深晤。但我对他的学术成果却比较熟悉。他大部分著述我都看过，其成就识见令人敬佩。相当意义上，本书最初的写作动机，就是我当年在读他的《中国神话哲学》一书后萌发的。本书中许多地方都留下他成果的影响，这种影响既以认同的方式存在，也以辩难对话的方式体现，不管哪种方式，都意味着他的成果成为后续性研究必须面对的高原。我约舒宪教授作序，很重要的心理就是希望寻找一种学术对话的方式。所以，在邀约信中我说：

> 我知道今日给人著作写序已经成为一大难事，原因众所周知。我想我们也许可以学习西方人，将写序言作为学术交友、探讨和对话的一种方式，而不使其成为说几句不痛不痒好话的苦差事。我们这个年纪，其实已经过了很想别人说好话的时候，与其让作序人为难地写几句应付式的场面话，不如实实在在地进行一次学术交流和对话，以使问题有进一步的讨论和深化。

后来在多次通信中我都表达了这一想法，他的序言，渗透了内在的对话性，正符合我约他写序的初衷。舒宪教授序言中关于超越古籍文献资料、从前文字的文化器物中研究中国神话的主张，在他其他论文论著中关于"四重证据法"的论述中多次论及，他已以自己的许多研究成果显示其主张的可行性，对我的研究是一个提醒。因为本书研究的是"中国古代创世神话"，所以我在资料选择方面，基本只以文字记载的文本为主，佐证以少量其他图像与器物，这大约是受了我所从事的文学研究、尤其是叙事学研究的潜在影响的缘故。舒宪教授的观点，对于神话研究，是很有启发性和拓展性的。

神话学从 19 世纪开始，成为西方学术界的显学，中国学术界 20 世纪、尤其到 20 世纪中后期也掀起了神话研究的热潮。我对神话的研究兴趣，要追踪到 20 世纪 80 年代早中期的文化寻根热潮中。将神话作为民族和人类早期文化源头之一来探讨，并由此理解不同民族和人类后世文化的异同来源，是我当初进入这个研究领域的初衷。同时，80 年代中期以后，我的学术兴趣中又增加了对叙事学关注，这两者的结合，成为我研究神话问题的基本视角。这个学术过程以及这个过程中的相关研究成果，得到某些同仁的关注。华中师范大学孙正国教授就是持续关注我这个方面成果的学者之一。新世纪初，我就在他关于 20 世纪百年民间文学叙事理论、近 30 年中国神话研究的发展史综论的几篇论文中，看到他分别用较大篇幅对我神话叙事学研究方面成果的介绍。2014 年，中国神话学会与《长江大学学报》联合主办一个系列研究计划，在陆台港澳四地学者中，挑选近 20 位当代在神话学研究领域中有代表性的学者进行专题研究，并分专题分期发表，我有幸忝列其间。正国教授百忙之中又拨冗撰写关于我的神话学研究专论《张开焱神话学思想的内在发展逻辑》，并作为这个系列专题研究的首篇发表。这篇 1 万 4 千字的论文，基本将我在神话学领域的学术成果和历史做了大体勾勒。正国教授将我的神话学研究分为两个阶段，一个是上世纪后期的神话叙事学理论研究阶段，一个是本世纪开始的对中国古代创世神话源流与叙事类型研究的阶段。他的论文，对后一个阶段的叙述尤多。而他说的这一个阶段的成果，主要就是本书前期陆续发表的成果，所以对于理解本书内容较有意义，为了省却我在这里花更多篇幅介绍自己神话学研究过程和主要成果，所以我将该文作为本书附录之一收于书后。有兴趣的同仁，通过这篇论文，大体可以窥见我神话学研究历程和成果的概况了。至于正国教授在文中谬夸谬赏之语，当然只可视为一个同行学者的礼貌恭维。

我与正国教授交识较晚。尽管世纪初就阅读到他的一些论文，但直到 2008 年他通过电子信函约稿才开始有些交往。2011 年，华中师大民间文学学科召开一个全国性神话学与民间文学学术会议，我应邀与会，才与正国教授面识。那以后我们交往逐渐频繁，无论是通信还是见面交谈，正国教授治学的认真勤奋让人印象深刻，待人接物热情谦虚、体贴周到，都给我有如坐春风之感。同时，本书的完成，在课题申报、资料搜寻、学术信息通报、以及学术活动联系等方面，正国教授都提供了大量的帮助，其热情和细致，常让我感动。所以在此要特别对他的支持表示感谢！

书稿的完成还得到很多老师和朋友的帮助和支持，其中一些也不能不在此特别鸣谢：

感谢华中师大刘守华先生，先生乃中国当代民间文学、神话学和民俗学学界名宿，著述等身，声闻海内外。我多次有机会学术会议上谒见先生，聆听教诲，十分荣幸。要特别感谢的是刘先生年届八旬，仍欣然允诺作为拙著项目的评审专家，拨冗通读全稿，并给出十分认真的评鉴。2015 年 6 月我应邀到华中师大民间文学学科作学术报告时，先生还亲自到场支持并陪餐，这些都让我十分感动。先生尽管年过 80，仍然充满活力，思维清晰，精神矍铄，时见其大作问世，真令人欣慰和敬佩！

感谢华中师范大学陈建宪教授，他将在台湾学术刊物上发表的最新论文惠我，使我对相关研究有了进一步深化的参照；

感谢西北大学张弘（普慧）教授，他对于佛教和印度文化的精深研究使我受惠不浅，本书写作过程中涉及这方面的资料我多次向他讨教，得到热情帮助；

感谢湘潭大学李志宏博士，他在牛津大学访学期间耽误宝贵时间为我查阅《新大英百科全书》相关资料并录写惠我；

感谢北京大学比较文学博士李树春，他为本书某些英文资料提供了合适的翻译；

感谢中南民大赵辉教授、湖北师范大学景遐东教授和舒大清教授通读书稿，并给予鉴定。

特别感谢湖北师范大学现任党委书记、前任校长向显智教授、科研处长潘继成教授、教务处长陈强教授、研究生处长李必文教授，他们对本书的出版给予了大力支持！我在湖北师范大学工作期间，各项工作也得到他们的关照和支持，这份温馨的记忆会长期保留。祝愿我长期工作的这所学校在现任领导的带领下迭创辉煌！

还要特别感谢厦门大学嘉庚学院领导和文传学院领导，去年八月我入职这座花园一样的学校，他们给我提供了良好的生活和工作条件，使我在安心完成手头国家项目论著撰写的同时，也得以最后修改完成本书书稿。厦大漳州校区坐落厦门湾南岸，与厦大思明校区和鼓浪屿隔湾相望，傍山面海，校内山水相间，四季鲜花，环境幽雅，精致设计的校舍排列校河两边。建筑风格独特鲜明，给人强烈的审美享受。能在这里用几年时间给自己半生的学术活动做一个小结，正是我所希望的生活。

要特别感谢本书编审郭晓鸿女士，2010 年她将本书列入中国社会科学出版社的选题计划，促成了本书的出版。同时，因为教学与学科建设许多事务、书稿中许多地方反复斟酌、资料反复核查，加上这期间工作调动、还有一些其他研究课题分心，等等原因，本书交稿时间一再后延，给郭女士的工作造成了可以想象的麻烦，她的宽容和理解让我长存谢意。

当然，最应该感谢的是我的妻子、湖北师范大学图书馆王爱香副研究员。这本书许多资料的收集、查询和核实都是她帮助完成的，她在不同版本资料细致的核查和核对中，帮助矫正了本书资料引用中的不少讹误。我们的婚姻到现在已经有 31 年，这 31 年，她不仅承担了大部分家务，还通过多种方式对我的研究活动提供了重要的支持。这本书和我以前的几本书，都留下了她辛勤工作的印迹。我们携手走过了相对艰难的岁月，无论什么境况中，她都无怨无悔地支持我，理解我，这是我大半生中最感欣慰的事情。

我的研究生谭文威、朱国家、刘佳雪、雷新强、王忠田等同学先后参与本书资料的部分查询核对工作，这部书稿留下了他们在我身边学习生活的一份温馨记忆，这本书也是一段师生情谊的纪念。

　　最后，我把这部书稿献给我在天的父亲母亲，他们尽管离开了我许多年，但在我内心，最重要的那一块地方永远和他们相关。父亲母亲，您们安息！

2013 年元旦初撰、2014 年清明修改于黄石寓所
2016 年 7 月 20 日三改于厦门大学漳州校区寓所